I0214074

LA TORÁH

TORÁH-ENSEÑANZAS
NEVIIM-PROFETAS
KETUVIM-ESCRITOS

Autor: *YAHWEH* Elohim

Traducción Del Hebreo Israelita Biblia Mesiánica DE ESTUDIO ©

TÍTULO DEL LIBRO; La Tora

ISBN papel: 978-1-64153-397-3
ISBN Epub: 978-1-64153-396-6

Impreso en ingramspark
Editado por Libros espirituales

Contenido

Contents

Bereshit (En el principio) - tyvarb - Génesis-1

Parashah 1: Bereshit (En el principio)

1 En el principio[1] Elohim *Alef-Tav*[2] creó los cielos y la tierra.
2 La tierra estaba invisible y sin terminar, la oscuridad estaba sobre la faz del
abismo, y el *Ruaj* de Elohim se movía sobre la superficie de las aguas.
3 Entonces Elohim dijo: "Sea la luz"; y hubo luz.[3] 4 Elohim vio que la luz era
buena, y Elohim dividió la luz de la oscuridad. 5 Elohim llamó a la luz día, y
la oscuridad llamó noche. Así que hubo noche, y hubo mañana, un día.
6 Elohim dijo: "Sea el firmamento en el medio del agua; se divida el agua del
agua." 7Elohim hizo el firmamento y dividió el agua debajo del firmamento y
sobre el firmamento; así es como fue, 8 y Elohim llamó el firmamento Cielo
[shamayim] y Elohim vio que era bueno. Así que fue la noche, y la mañana
del segundo día.9 Elohim dijo: "El agua que está bajo el cielo sea reunida
junta en un lugar, y la tierra seca aparezca," y así es como fue. Y el agua cual
estaba debajo del cielo fue reunida en sus lugares, y la tierra seca apareció.
10 Elohim llamó a la tierra seca tierra, la reunión junta del agua El llamó
mares, y Elohim vio que era bueno.11 Elohim dijo: "Produzca la tierra hierba
que lleve *zera* de su tipo y de su semejanza, y árboles de fruta, cada uno
produciendo su propia *zera* que lleve fruto en la tierra"; y así es como fue.
12 La tierra produjo hierba que produjo su propia *zera* de su tipo y de su
semejanza, y árboles produciendo su propia fruta que lleva *zera* de su tipo
sobre la tierra; y Elohim vio que era bueno.13 Así que fue la noche, y fue la
mañana, un tercer día.14 Elohim dijo: "Sean las luces en el firmamento del
cielo para dar luz sobre la tierra, para dividir el día de la noche; sean por
señales para estaciones, días y años; 15 y sean para luces en el firmamento del
cielo para dar luz a la tierra"; y así es como fue. 16 Elohim hizo dos grandes
luces la mayor para regir el día y la luz menor para regir la noche – y las
estrellas. 17 Elohim las puso en el firmamento del cielo para dar luz a la tierra,
18 para regir sobre el día y sobre la noche, y para dividir la luz de la oscuridad;
y Elohim vio que era bueno. 19 Así que fue la noche, y fue la mañana, un
cuarto día.20 Elohim dijo: "Pulule el agua con enjambres de seres vivientes, y
las criaturas con alas que vuelan vuelen sobre la tierra en el firmamento
abierto del cielo." Y así fue. 21 Elohim creó las grandes criaturas del mar y
toda cosa viviente que se arrastra, así que el agua pululaba con toda clase de
ellos, y fue toda clase de criatura que vuela; y Elohim vio que era bueno.
22 Entonces Elohim los bendijo, diciendo: "Sean fructíferos, multiplíquense y
llenen el agua de los mares, y multiplíquense en la tierra." 23 Así que fue la
noche, y fue la mañana, un quinto día.24 Elohim dijo: "La tierra produzca cada
clase de ser viviente – cada clase de ganado, animal que se arrastra y bestia
salvaje"; y así es como fue. 25 Elohim hizo cada clase de bestiasalvaje, cada
clase de ganado y todas las clases de animales que se arrastran por el suelo; y

Elohim vio que era bueno.26 Entonces Elohim dijo: "Hagamos[4] a la humanidad a nuestra imagen, conforme a nuestra semejanza; y reinen sobre los peces en el mar, las criaturas que vuelan en el cielo, los animales, y sobre toda la tierra, y sobre toda criatura que se arrastra en la tierra." 27 Así que Elohim creó al hombre;[5] a la imagen de Elohim lo creó; macho y hembra El los creó.28 Elohim los bendijo, diciendo: "Sean fructíferos, multiplíquense, llenen la tierra y sométanla. Tengan dominio sobre los peces en los mares y las criaturas que vuelan en el cielo, y todo ganado y toda la tierra, y toda criatura viviente que se arrastra en la tierra." 29 Entonces Elohim dijo: "¡Miren! Por toda la tierra Yo les doy como comida toda planta que lleve *zera* y todo árbol con fruto que lleve *zera*. 30 Y a todo animal salvaje de la tierra, y a las criaturas que vuelan en el cielo y a toda criatura que se arrastra en la tierra, en la cual hay el aliento de vida, les estoy dando como comida toda clase de planta verde." Y así es como fue. Elohim vio que todo lo que El había hecho ciertamente era muy bueno. Así que fue la noche, y fue la mañana, un sexto día.[6]

1 Todos los nombres de los libros de la Toráh han sido cambiados y manipulados por los traductores, sin embargo, cada libro
lleva el nombre que está en la primera oración del libro, a saber "En el Principio/Bereshit" y no Génesis.

2 Podemos ver que Elohim *Alef Tav* que creó los Cielos y la Tierra es claramente Yahshúa (Elohim Hijo o *YAHWEH* Menor)
Heb. "*Bereshít bará Elohím "álef-tav" hashamáyim veet haáretz.*" Re 22:12-13. "¡Presten atención!" Dice Yahshúa: "Yo
vengo pronto, y mis recompensas están conmigo, para dar a cada persona de acuerdo con sus obras. Yo soy el *'Alef'* y la *'Tav,'*
El Primero y el Ultimo, el Principio y el Fin." He 1:2b: El nos ha hablado por medio de su Hijo, a quien ha constituido dueño
de todo, y por medio de El Creó el universo. (He 1:1-3) Abba *YAHWEH* es el Diseñador-Arquitecto de la Creación.
YAHWEH Crea a través de Su Hijo, de acuerdo a Pr 30:4 y 8:22-23-26.

3 ¿Cómo puede haber luz si *YAHWEH* creó las luces en el firmamento en el cuarto día (vv 14-19)? Rev. 21:23. La ciudad no
tiene necesidad del sol ni de la luna que resplandezcan sobre ella; porque la *Shejinah* de *YAHWEH* le da lu z, y su lámpara es
el Cordero. Jn 8:12a : Yahshúa les habló de nuevo: "Yo soy la luz del mundo" y Jn 1:4-11.

Bereshit (En el principio) – tyvarb – Génesis-2

Parashah 1: Bereshit (En el principio)

2 Así los cielos y la tierra fueron terminados, junto con todo en ellos. 2 En el
sexto día Elohim terminó con sus trabajos los cuales El había hecho, así que
El descansó en el séptimo día de todos sus trabajos que El hizo. 3 Elohim
bendijo el séptimo día y lo separó como *Kadosh*; porque en ese día Elohim
descansó de todos sus trabajos que Elohim había comenzado a hacer.[7]
4 Aquí está la historia de los cielos y la tierra cuando fueron creados. En el día
que *YAHWEH* Elohim hizo la tierra y el cielo, 5 todavía no había árbol
silvestre en la tierra, y ninguna planta silvestre aún había brotado; porque
*YAHWEH*Elohim no había causado que lloviera sobre la tierra, y no había un
hombre para trabajar el suelo. 6 Pero surgió una fuente que subía de la tierra y
regaba la superficie completa de la tierra. 7 Entonces *YAHWEH* Elohim formó
al hombre [Hebreo: *adam*] del polvo de la tierra [Hebreo: *admah*] y sopló
sobre su rostro el aliento de vida, y el hombre se convirtió en un alma
viviente. 8 *YAHWEH* Elohim plantó un paraíso hacia el este, en Edem, y allí
puso al hombre que El había formado. 9 De la tierra *YAHWEH* Elohim causó
que creciera todo árbol hermoso a la vista y bueno para comer, y el árbol de la
vida[8] en el medio del paraíso y el árbol del aprendizaje del conocimiento del
bien y el mal. 10 Un río salía del Edem para regar el jardín, y de allí se dividía
en cuatro corrientes. 11 El nombre de la primera es Pishon; circula por toda la
tierra de Havilah, donde hay oro. 12 El oro de la tierra es bueno; también hay
carbunclo y la piedra de esmeralda. 13 El nombre del segundo río es Guijon;
circula por la tierra de Kush. 14 El nombre del tercer río es Tigris [Eddekel],
es el que fluye hacia el este de Ashur. El cuarto río es el Eufrates. 15 Y
YAHWEH Elohim tomó al hombre cual El había formado y lo puso a él en el
jardín del Edem [Delicia], para cultivarlo y cuidarlo.[9] 16 *YAHWEH* Elohim
dio al hombre esta orden: "Puedes comer libremente de todos los árboles en el
paraíso, 17 pero del árbol del aprendizaje y el conocimiento del bien y el mal –
de éste tú no comerás, porque en el día que tú comas de él, será cierto que tú
morirás." 18 *YAHWEH* Elohim dijo: "No es bueno que el hombre esté solo.
Hagamos para él una compañera apropiada para que lo ayude." 19 Así que del
suelo *YAHWEH* Elohim formó todo tipo de animal salvaje y toda criatura que
vuela en el cielo, y El los trajo al hombre para ver lo que los llamaba. Lo que
el hombre llamara a cada criatura viviente, ese habría de ser su nombre. 20
Así, pues, el hombre dio nombres a todo ganado de cría, a las criaturas que
vuelan en el cielo y a toda bestia salvaje. Pero para Adam no fue hallada una
compañera apropiada para ayudarlo. 21 Entonces *YAHWEH* Elohim trajo un
trance sobre Adam, y él durmió, y El tomó una de sus costillas y cerró con
carne el lugar de donde había tomado la costilla. 22 De la costilla que
YAHWEH Elohim había tomado del hombre, El hizo una persona mujer; y El

la trajo a la persona hombre. 23 Y Adam dijo: Este es hueso de mis huesos y
carne de mi carne. Ella será llamada mujer [Hebreo: *ishah*], porque ella fue
sacada de su hombre [Hebreo: *ish*]." 24 Por esto el hombre dejará a su padre y
su madre y permanecerá con su esposa, y ellos serán una sola carne.
25 Ellos estaban ambos desnudos, el hombre y su esposa, y no estaban
avergonzados.

4 Aquí vemos la unidad "ejad" entre Padre *YAHWEH* e Hijo Yahshúa, *echad* significa una unidad compuesta o una pluralidad en la unidad.

5 Tárgum de Jonatan de Yerushalayim dice aquí: "La Palabra de Elohim..." Y la Palabra de Elohim es Yahshúa.

6 En los seis días de la Creación, se creó la noche primero y después el día, por el calendario Lunar, el cual es el Escritural, la humanidad lo ha cambiado todo y ahora usamos un calendario hecho por un papa de Roma, calendario Gregoriano.

7 Todos los días fueron creados por *YAHWEH*, pero sólo uno fue apartado o dedicado como Kadosh, el Shabbat.

8 Referencia a la Toráh, Pr 3:18: " Ella es árbol de vida para aquellos que la agarran; cualquiera que se aferre a ella será feliz."
De 32:45: Por medio de ella [la Toráh] ustedes tendrán larga vida en La Tierra que están cruzando el Yarden para poseer."

Bereshit (En el principio) – tyvarb – Génesis-3

Parashah 1: Bereshit (En el principio)

3 Ahora bien, la serpiente era más astuta que ningún animal salvaje que
YAHWEH Elohim había hecho. Ella dijo a la mujer: "¿Dijo realmente Elohim:
'No comerás de ningún árbol en el paraíso'?" 2 La mujer respondió a la
serpiente: "Podemos comer del fruto de los árboles del paraíso, 3 pero acerca
del fruto del árbol en el medio del paraíso, Elohim dijo: 'No comerán de él
ni lo tocarán, o morirán.'" 4 La serpiente dijo a la mujer: "No es verdad que de
cierto morirán; 5 porque Elohim sabe que en el día que coman de él, sus ojos
serán abiertos, y ustedes serán como Elohim, conociendo el bien y el mal." 6
Y la mujer vio que el árbol era bueno para comer, que era placentero a la vista
para mirarlo y hermoso para contemplarlo,[10] ella tomó algo de su fruto y sí
comió, y tambiéndio un poco a su esposo con ella, y ellos comieron 7
Entonces los ojos de ambos fueron abiertos, y ellos se percataron de que
estaban desnudos. Así que ellos cosieron hojas de higuera para hacerse
taparrabos. 8 Ellos oyeron la voz de *YAHWEH* Elohim caminando por el
paraíso a la hora de la brisa de la tarde, y el hombre y su esposa se
escondieron[11] de la presencia de *YAHWEH* Elohim entre los árboles del
jardín. 9 *YAHWEH* Elohim llamó al hombre: "¿Dónde estás tú?" 10 El
respondió: "Oí tu voz mientras caminabas en el paraíso, y tuve temor, porque

estoy desnudo, y me escondí." 11 Elohim le dijo a él: "¿Quién te dijo que estabas desnudo, a no ser que hayas comido del árbol del cual te ordené que de él no comieras?" 12 El hombre respondió: "La mujer que me diste para estar conmigo – ella me dio el fruto del árbol, y yo comí." 13 *YAHWEH* Elohim dijo a la mujer: "¿Qué es esto que tú has hecho?" La mujer respondió: "La serpiente me engañó, así que comí." 14 Y *YAHWEH* Elohim dijo a la serpiente: "Porque has hecho esto, tú eres más maldita que todo ganado de cría y todas las bestias de la tierra. Te arrastrarás sobre tu pecho y panza, y comerás tierra por el tiempo que vivas. 15 Pondré enemistad entre tú y la mujer, y entre tu *zera* y la *zera* de ella;[12] él vigilará contra tu cabeza, y tú vigilarás contra su calcañal. 16 A la mujer El dijo: "Yo grandemente aumentaré tus dolores y tus quejidos; tú darás a luz hijos con dolor, y tu recurso será hacia tu esposo, y él reinará sobre ti." 17 A Adam El dijo: "Porque escuchaste a la voz de tu esposa y comiste del árbol referente del cual te di una orden: 'De él no comerás,' maldita es la tierra en tus labores; en dolor comerás de ella por todo el tiempo de tu vida. 18 Ella producirá espinos y cardos para ti, y tú comerás plantas del campo. 19 Comerás pan por el sudor de tu frente hasta que regreses a la tierra – porque tú has sido sacado de ella; tú eres polvo, y regresarás al polvo." 20 El hombre llamó a su mujer Javah [vida], porque ella era la madre de todo lo viviente. 21 *YAHWEH* Elohim hizo vestiduras de pieles para Adam y su esposa, y los vistió. 22 *YAHWEH* Elohim dijo: "¡Aquí está, Adam se ha hecho como uno de nosotros, conociendo el bien y el mal! Ahora, para prevenir que extienda la mano y también tome del fruto del árbol de la vida, lo coma, y viva para siempre – " 23 por lo tanto *YAHWEH* Elohim lo echó del paraíso del Edem para cultivar la tierra de la cual había sido tomado. 24 Así que El echó a Adam, y lo causó vivir contra el paraíso de delicia y estacionó los *keruvim* con una espada flamante que revolvía por todas las direcciones para guardar el camino al árbol de la vida.

9 Primera alusión de que hay que trabajar, aun el primer hombre que *YAHWEH* creó le ordenó "cultivarlo y cuidarlo", de ahí:
2 Ts. 3:10b: "si alguno no quiere trabajar, no debe comer."
10 La mayoría de los pecados vienen por los ojos y fue como el pecado entró en el mundo:
1 Jn 2:16: porque todas las cosas
del mundo: …los deseos de los ojos, y las pretensiones de la vida, no son del Padre, sino del mundo.
11 No es extraño que los humanos no quieran aceptar a Yahshúa y quieran esconderse de El, porque el pecado quiere
permanecer en ellos.

Bereshit (En el principio) - tyvarb - Génesis-4

Parashah 1: Bereshit (En el principio)

4 El hombre tuvo relaciones sexuales con Javah su esposa; Ella concibió, dio
a luz a Kayin[adquisición], y dijo : "He adquirido un hombre de parte de
YAHWEH." 2 Además, ella dio a luz a su hermano Hevel [aliento]. Hevel
pastoreaba ovejas, mientras que Kayin trabajaba la tierra.3 En el curso del
tiempo Kayin trajo una ofrenda a *YAHWEH* del producto de la tierra; 4 y
Hevel trajo también del primogénito de sus ovejas, incluyendo su grasa.[13]
YAHWEH aceptó a Hevel y su ofrenda, 5 pero a Kayin y a sus sacrificios El
no consideró. Kayin estaba muy desconsolado, y su rostro languideció. 6
YAHWEH dijo a Kayin: "¿Por qué te has puesto tan desconsolado? ¿Por
qué tu rostro languidecido? 7 Si estás haciendo lo que es bueno, ¿no debías de
mantener la frente en alto? Y si no estás haciendo lo que es bueno, el
pecado[14] está tocando la puerta – te quiere a ti, pero debes regir sobre él." 8
Kayin dijo a Hevel su hermano: "Vamos a salir al campo."[15] Y sucedió
cuando ellos estaban en el campo, Kayin se levantó contra su hermano y lo
mató. 9 Y *YAHWEH* dijo a Kayin: "¿Dónde está Hevel tu hermano?" Y él
respondió: "Yo no sé; ¿soy el guarda de mi hermano?" 10 *YAHWEH* dijo:
"¿Qué es lo que has hecho? ¡La voz de la sangre de tu hermano está
gritándome desde la tierra! 11 Ahora tú eres maldito desde la tierra, la cual ha
abierto su boca para recibir la sangre de tu hermano de tus manos.[16] 12
Cuando coseches la tierra ya no te dará su fuerza a ti, temblores y quejidos
serás en la tierra." 13 Kayin dijo a *YAHWEH*: "Mi crimen es demasiado grande
para ser perdonado. 14 Me estás echando hoy de la tierra y de tu presencia.
Seré un fugitivo vagando por la tierra, y cualquiera que me encuentre me
matará." 15 Y *YAHWEH* le dijo a él: "Por lo tanto, cualquiera que mate a
Kayin recibirá venganza siete veces,"[17] y *YAHWEH* puso una señal en
Kayin, para que nadie que lo encontrara lo matara.16 Así que Kayin dejó la
presencia de *YAHWEH* y vivió en la tierra de Nod, contra Edem.
17 Kayin tuvo relaciones sexuales con su esposa; ella concibió y dio a luz a
Hanoj. Kayin edificó una ciudad y llamó la ciudad por el nombre de su hijo
Hanoj. 18 A Hanoj le nació Irad. Irad engendró a Mejuyael, Mejuyael
engendró a Metushael, y Metushael engendró a Lemej. 19 Lemej tomó para sí
dos esposas; el nombre de una era Adah, mientras el nombre de la otra era
Tzilah. 20 Adah dio a luz a Yaval; él fue el padre de aquellos que viven en
tiendas y tienen ganado. 21 El nombre de su hermano era Yuval; y él inventó
el salterio y la cítara. 22 Tzilah dio a luz a Tuval-Kayin, quien forjaba todo
tipo de herramientas de bronce y de hierro; la hermana de Tuval-Kayin fue
Naamah. 23 Lemej[18] dijo a sus esposas: "Adah y Tzilah, escúchenme;
esposas de Lemej, oigan mi voz, ustedes esposas de Lemej: Yo maté a un
hombre para mi aflicción, y a un joven para tristeza.24 Si Kayin será vengado

siete veces, ¡entonces Lemej setenta veces siete!"[19] 25 Adam tuvo relaciones
sexuales de nuevo con su esposa, y ella dio a luz a un hijo a quien llamó
Shet [otorgado], y dijo: "Porque *YAHWEH* me ha otorgado otra *zera* en lugar
de Hevel, puesto que Kayin lo mató." 26 A Shet también le nació un hijo, a
quien llamó Enosh. En este momento la gente comenzó a invocar el Nombre
de *YAHWEH*.[20]

12
Primera promesa del Mesías que vendría. También habla de la nación de Yisra'el que derrotará a la serpiente.
13 Ex 13:12: ustedes apartarán para *YAHWEH* todo lo que primero es nacido del vientre. Todo animal primogénito macho pertenecerá a *YAHWEH*. He 9:22 pues según la Toráh casi todo es purificado con sangre, y sin derramamiento de sangre no hay perdón.
14 Pecado, trasgresión de una ley moral o código moral, Hebreo Pesha – trasgresión voluntaria. Ver Ge 39:9.
15 Esta porción: " Vamos a salir al campo." sólo se encuentra en la LXX
16 Ge 9:5. "Yo de cierto demandaré una cuenta de la sangre en sus vidas; Yo la demandaré de todo animal y de todo ser humano."
17 Aquí vemos la eterna misericordia de *YAHWEH*.

Bereshit (En el principio) – tyvarb – Génesis-5

Parashah 1: Bereshit (En el princípio)

5 Este es el libro de las generaciones de los hombres: En el día que
YAHWEH hizo a Adam, a imagen de Elohim El los hizo; 2 El los hizo macho
y hembra; El los bendijo y los llamó Adam [humanidad, hombre] en el día
que fueron creados. 3 Y Adam vivió 230 años, y engendró un hijo como su
propia forma, y como su propia imagen y lo llamó Shet. 4 Después que Shet
nació, Adam vivió otros 700 años y tuvo ambos hijos e hijas. 5 Por todo,
Adam vivió 930 años, luego murió. 6 Shet vivó 205 años y engendró a Enosh.
7 Después que Enosh nació, Shet vivó otros 707 años y tuvo hijos e hijas. 8
Por todo, Shet vivió 912 años; luego murió. 9 Enosh vivió 190 años y
engendró a Kenan. 10 Después que Kenan nació, Enosh vivió otros 715 años y
tuvo hijos e hijas. 11 Por todo, Enosh vivió 905 años; luego murió. 12 Kenan
vivió 170 años y engendró a Mahalaleel. 13 Después que Mahalaleel nació,
Kenan vivió otros 740 años y tuvo hijos e hijas. 14 Por todo, Kenan vivió 910
años; luego murió. 15 Mahalaleel vivió 165 años y engendró a Yered.
16 Después que Yered nació, Mahalaleel vivió otros 730 años y tuvo hijos e
hijas. 17 Por todo, Mahalaleel vivió 895 años; luego murió. 18 Yered vivió 162
años y engendró a Hanoj. 19 Después que Hanoj nació, Yered vivió 800 años

y tuvo hijos e hijas. 20 Por todo, Yered vivió 962 años; luego murió. 21 Hanoj
vivó 165 años y engendró a Metushelaj. 22 Y Hanoj fue bien placentero a
YAHWEH después que engendró a Metushelaj, 200 años, y engendró hijos e
hijas. 23 Por todo, Hanoj vivió 365 años. 24 Y Hanoj fue bien placentero a
YAHWEH; y él no fue encontrado, porque *YAHWEH* lo trasladó. 25
Metushelaj vivió 167 años y engendró a Lemej. 26 Después que Lemej nació,
Metushelaj vivió 802 años y tuvo hijos e hijas. 27 Por todo, Metushelaj vivió
969 años; luego murió. 28 Lemej vivió 188 años y engendró un hijo, 29 a quién
llamó Noaj [lleno de descanso]; porque él dijo: "Este nos causará cesar de
nuestros trabajos, y del trabajo que hacemos con nuestras manos y de la tierra
cual el Adón *YAHWEH* maldijo." 30 Después que Noaj nació, Lemej vivió 565
años y tuvo hijos e hijas. 31 Todos los años de Lemej fueron 753 años; luego
murió. 32 Noaj era de 500 años de edad; y Noaj engendró a Shem, Ham y
Yefet.

18 El quinto descendiente de Kayin. El fue el primero que violó la ordenanza de matrimonio, Ge 4:18 -24. El fue un rudo y
rufián, sin temer ni a Elohim ni al hombre. Con él la cortina cae en los descendientes de Kayin.

19 Esto fue dicho por Lemej y no por *YAHWEH*, quizás fue lo que él deseaba en su corazón.

20 Concordancia Strongs #0368; 0113 y 0136 dicen que este es el Nombre verdadero de nuestro Elohim. Diccionario Bíblico
Clie. y el Nombre de *YAHWEH* lo sabía la humanidad mucho antes de ser dado a Moshe en Ex 3:15.

Bereshit (En el principio) – tyvarb – Génesis-6

Parashah 1: Bereshit (En el principio)

6 Al tiempo, cuando los hombres empezaron a multiplicarse en la tierra, e
hijas fueron nacidas a ellos, 2 los hijos de Elohim[21] vieron que las hijas de
los hombres eran atractivas; y ellos tomaron esposas para sí, cualquiera que
escogieron. 3 *YAHWEH* dijo: "Mi *Ruaj* no permanecerá entre estos hombre s
para siempre, porque ellos son carne; por lo tanto, sus días serán 120 años." 4
Ahora los gigantes[22] estaban sobre la tierra en aquellos días, y después de
eso, cuando los hijos de Elohim se llegaron a las hijas de los hombres, y ellos
engendraron hijos a ellas; aquellos fueron los gigantes de la antigüedad,
hombres de renombre. 5 *YAHWEH* vio que la gente en la tierra era demasiado
perversa, y todas las imaginaciones[23] de sus corazones eran siempre
solamente de maldad. 6 *YAHWEH* lo llevó al corazón que El había hecho al
hombre sobre la tierra; y lo ponderó profundamente. 7 Y *YAHWEH*

dijo: "Raeré de la faz de la tierra al hombre, la cual Yo he hecho; desde
hombres a ganado, y desde cosas que se arrastran a las criaturas que vuelan en
el cielo; porque estoy exasperado que Yo jamás los hice." 8 Pero Noaj
encontró gracia a los ojos de *YAHWEH*.

Referencias;
Haftarah Bereshit: Yeshayah (Isaías) 42:5-43:10
Lecturas sugeridas del Brit Hadashah para la Parashah Bereshit:
Mattityah (Mat.) 1:1-17; 19:3-9; Lucas 3:23-38; 10:1-12; Yojanán
(Juan) 1:1-18; 1
Corintios 6:15-20; 15:35:58; Romanos 5:12:21; Efesios 5:21-32;
Colosenses 1:14-17;
1 Timoteo 2:11-15; Israelitas Mesiánicos (Hebreos) 1:1-3; 3:7-4:11;
11:1-7; 2 Kefa
(Pedro) 3:3-14; Revelación 21:1-5; 22:1-5
Parashah 2: Noaj (Noé) Bereshit 6:9-11:32

9 Y éstas son las generaciones de Noaj. Noaj era un hombre recto y siendo
perfecto en su generación, Noaj era bien placentero a Elohim. 10 Noaj
engendró tres hijos, Shem, Ham, y Yefet. 11 La tierra estaba corrompida ante
Elohim, la tierra estaba llena de violencia. 12 *YAHWEH* Elohim vio la tierra, y
estaba corrompida; porque toda carne había corrompido su camino sobre la
tierra. 13 Y Elohim dijo a Noaj: "El tiempo de todo hombre ha venido ante mí,
pues a causa de ellos la tierra está llena de iniquidad. Yo los destruiré a ellos
y a la tierra. 14 Hazte un arca de madera cuadrada; harás el arca con
compartimientos y la cubrirás con brea por dentro y por fuera. 15 Aquí está
como la harás; el largo del arca será de 450 pies, su ancho setenta y cinco pies
y su altura cuarenta y cinco pies. 16 Estrecharás el arca cuando la estés
haciendo, y en un cubito hacia arriba tú la terminarás. Pon una puerta a su
lado, y la edificarás con piso de abajo, segundo y tercero la harás. 17
"Entonces Yo mismo traeré la inundación de agua sobre la tierra para destruir
de debajo del cielo toda cosa viviente que respira; todo en la tierra será
destruido. 18 Pero Yo estableceré un Pacto contigo; tú entrarás dentro del arca,
tú, tus hijos, tu esposa y las esposas de tus hijos contigo. 19 "Y de todo ganado
y de todas las cosas que se arrastran y de toda bestia salvaje, aun de toda
carne tú traerás por pares de todos, dentro del arca, para que puedas
alimentarlos contigo; ellos serán macho y hembra. 20 De cada clase de criatura
que vuela, cada clase de animal de crianza, en cada clase de animal que se
arrastra en la tierra, por parejas vendrán a ti, para que puedan mantenerse
vivos. 21 También toma de todas las clases de alimento, y recógelas para ti;

será alimento para ti y para ellos." 22 Esto es lo que Noaj hizo; él hizo todo lo
que *YAHWEH* Elohim le ordenó.

21 Job 1:6; 2:1. Otro día llegó cuando los hijos de Elohim vinieron a servir a *YAHWEH*, y entre ellos vino el adversario para
servir a *YAHWEH*. [*Malajim* que abandonaron su posición, demonios, *malajim* caídos materializados y tomaron mujeres de
entre los hombres, Libro de Enoc, Josefo, Filón de Alejandría]. Jud 6 y 2P 2:4.
22 Heb. Nefilim, significando "violentos" o "causando caer en admiración"; éstos eran los tiranos violentos de aquellos días,
hombres de renombre. En Nu 13:33 este nombre es dado a una tribu Kenaani, una raza de grande estatura, "los hijos de
Anak." esto fue para detener el plan de *YAHWEH* de llenar la tierra con un pueblo puro.
23 Heb. Yetzer, significa aparte de imaginación, propósitos y deseos. Yetzer ra'ah, propósitos malignos.

Bereshit (En el principio) – tyvarb – Génesis-7

Parashah 1: Bereshit (En el principio)

7 *YAHWEH* Elohim dijo a Noaj: "Entra en el arca, tú y toda tu familia;
porque Yo he visto que tú en esta generación eres justo delante de mí. 2 De
todo animal limpio[24] tomarás siete parejas, y de los animales inmundos, una
pareja; 3 y de las criaturas limpias que vuelan del cielo, por sietes, macho y
hembra; y de las criaturas inmundas que vuelan, por pares, macho y hembra,
para mantener *zera* en toda la tierra. 4 Porque en siete días más Yo causaré
que llueva sobre la tierra por cuarenta días y cuarenta noches; Yo raeré de la
tierra a todo ser viviente que Yo he hecho." 5 Noaj hizo todo lo que *YAHWEH*
le ordenó hacer. 6 Noaj tenía 600 años de edad cuando el agua inundó la
tierra. 7 Noaj entró en el arca con sus hijos, su esposa y las esposas de sus
hijos, a causa de las aguas de inundación. 8 De las criaturas limpias que
vuelan, y del ganado limpio y del ganado inmundo, y de todas las cosas que
se arrastran en la tierra, 9 entraron y fueron a Noaj en el arca, como *YAHWEH*
Elohim había ordenado a Noaj. 10 Después de siete días el agua inundó la
tierra. 11 En el vigésimo séptimo día del segundo mes de los 600 años de la
vida de Noaj todas las fuentes del gran abismo fueron rotas, y las ventanas del
cielo[25] fueron abiertas. 12 Llovió en la tierra por cuarenta días y cuarenta
noches. 13 En el mismo día que Noaj entró en el arca con Shem, Ham y Yefet,
los hijos de Noaj, la esposa de Noaj y las tres esposas de los hijos de Noaj que
los acompañaban; 14 y de toda bestia salvaje por su especie, todo animal de
cría de todas las especies, toda cosa que se arrastra por la tierra de todas las
especies, y toda criatura que vuela por su especie. 15 Ellos entraron y fueron a
Noaj en el arca, parejas de toda clase, toda carne , en los cuales hay aliento de
vida, como *YAHWEH* ordenó a Noaj. 16 Aquellos que entraron, macho y

hembra, de toda carne como *YAHWEH* Elohim le había ordenado; y
YAHWEH los encerró adentro. 17 La inundación[26] estuvo cuarenta días en la
tierra; el agua creció muy alto e hizo flotar el arca; así que fue levantada de la
tierra. 18 El agua inundó la tierra y creció más honda, hasta que el arca flotaba
en la superficie del agua. 19 El agua sobrecogió la tierra con gran fortaleza;
todas las montañas debajo del cielo fueron cubiertas; 20 el agua cubrió las
montañas por más de veintidós pies y medio. 21 Todos los seres que se
movían en la tierra perecieron – criaturas que vuelan, animales de crianza,
otros animales, insectos, y todo ser humano, 22 todas las cosas que tienen
aliento de vida; cualquier cosa que había en tierra seca murió. 23 El borró a
todo ser viviente de la faz de la tierra – no sólo seres humanos, sino animales
de crianza, animales que se arrastran y criaturas que vuelan. Ellos fueron
raídos de la tierra; solamente Noaj fue dejado, junto con aquellos que estaban
con él en el arca. 24 El agua retuvo su poder sobre la tierra por 150 días.

24 La distinción entre animal limpio e inmundo ya existía antes del diluvio, Le 11:1-43 De 14:1-21.
25 O las compuertas de inundación.
26 La inundación causada por el Diluvio fue en la tierra entera.

Bereshit (En el principio) – tyvarb – Génesis-8

Parashah 1: Bereshit (En el principio)

8 Y Elohim se acordó de Noaj, de toda bestia salvaje y todo animal de
crianza, y todas las criaturas que vuelan, y todas las cosas que se arrastran,
tantas como había con él en el arca, y Elohim causó un viento pasar por sobre
la tierra, y el agua se quedó. 2 También las fuentes del abismo y las ventanas
del cielo fueron cerradas, la lluvia del cielo fue restringida, 3 y el agua
regresó de completamente cubrir la tierra. Fue después de 150 días que el
agua bajó. 4 En el vigésimo séptimo día del séptimo mes el arca vino a
reposar en las montañas del Ararat[27] 5 El agua siguió bajando hasta el
décimo mes; en el primer día del décimo mes las cumbres de las montañas
fueron vistas. 6 Después de cuarenta días Noaj abrió la ventana del arca que él
había edificado; 7 y envió afuera al cuervo para ver si el agua había cesado, el
cual voló y no regresó hasta que el agua fue seca de la tierra. 8 Luego él envió
una paloma para ver si el agua se había ido de la superficie de la tierra. 9 Pero
la paloma no encontró lugar para que sus patas descansaran, así que ella
regresó a él en el arca, porque el agua todavía cubría la tierra. El la puso en
sus manos, la tomó y la trajo a él en el arca. 10 Esperó otros siete días y de
nuevo envió la paloma desde el arca. 11 La paloma vino a él al anochecer, y
allí en su pico había una hoja de olivo, una ramita en su boca, así que Noaj

supo que el agua había cesado de sobre la tierra. 12 El esperó aún otros siete
días y envió la paloma, y ella no regresó más a él. 13 Para el primer día del
primer mes del año 601 de la vida de Noaj el agua había menguado de la
tierra; y Noaj removió la cubierta del arca cual él había hecho, y vio que el
agua había menguado de la faz de la tierra. 14 Fue en el vigésimo séptimo día
del segundo mes que la tierra estaba seca. 15 Y *YAHWEH* Elohim habló a
Noaj, diciendo: 16 "Salgan del arca, tú, tu esposa, tus hijos y las esposas de tus
hijos contigo. 17 Traigan con ustedes toda carne que tienen con ustedes –
criaturas que vuelan, animales de crianza, y toda cosa que se arrastra en la
tierra – para que ellos puedan proliferar en la tierra, ser fructíferos y
multiplicarse en la tierra." 18 Así que Noaj salió con sus hijos, su esposa y las
esposas de sus hijos, 19 todos los animales, toda cosa que se arrastra y
toda criatura que vuela, lo que se moviera en la tierra, conforme a sus
familias, salieron del arca. 20 Noaj edificó un altar a *YAHWEH.* Entonces
tomó de todo animal limpio y de toda criatura que vuela limpia, y ofreció
ofrendas quemadas en el altar. 21 *YAHWEH* olió el aroma dulce, y *YAHWEH*
consideró, y dijo: "Yo nunca jamás maldeciré la tierra a causa de los
hombres, puesto que las imaginaciones del corazón de la persona son torcidas
desde su juventud; Yo no destruiré jamás toda criatura viviente como he
hecho. 22 Todos los días de la tierra, no cesará el tiempo de la siembra y de la
cosecha, frío y calor, verano y primavera, y día y noche."

Bereshit (En el principio) – tyvarb – Génesis-9

Parashah 1: Bereshit (En el principio)

9 Y *YAHWEH* Elohim bendijo a Noaj y a sus hijos, y les dijo a ellos:
"Aumenten y multiplíquense y llenen la tierra, y tengan dominio sobre ella. 2
El temor y el miedo a ustedes será sobre todo animal salvaje, toda criatura
que vuela en el cielo, toda criatura que pulula la tierra, y todos los peces del
mar; ellos han sido entregados a ustedes. 3 Toda cosa viviente que se
mueve será comida[28] para ustedes; así como antes les di plantas verdes, así
ahora les doy todo –

27 Tierra alta o sagrada. Es generalmente aplicado a una alta e inaccesible montaña que se levanta majestuosamente de las planicies del Araxes. Tiene dos picos cónicos, uno de 14,300 pies y el otro de 10,300 pies; 3,000 pies de la cumbre está cubierta de nieve perpetuamente. Es llamado Kuh-i-nuh, a saber "montaña de Noaj" por los Persas. Se han hecho expediciones y se han divisado partes del arca recientemente.

4 solamente carne con su vida, que es su sangre, no comerán. [29] 5 Yo de
cierto demandaré una cuenta de la sangre en sus vidas; Yo la demandaré de
todo animal y de todo ser humano. 6 Cualquiera que derrame sangre humana

por medio de su prójimo ser humano, su propia sangre se derramará; porque
Elohim hizo al ser humano a su imagen. 7 Y ustedes, gente, sean fructíferos,
multiplíquense, pululen sobre la tierra y multiplíquense en ella." 8 Elohim
habló con Noaj y sus hijos con él, El dijo: 9 "Contempla, Yo aun Yo estoy
estableciendo con esto mi Pacto [30] con ustedes, con su *zera* después de
ustedes, 10 y con toda criatura viviente que está con ustedes – las aves, el
ganado y todas las bestias salvajes de la tierra, tantos como haya en la tierra,
todos los que salen del arca. 11 Yo estableceré mi Pacto que nunca jamás serán
destruidos por las aguas de una inundación, y nunca jamás habrá inundación
para destruir la tierra."[31] 12 Y Elohim dijo a Noaj: "Aquí está la señal del
Pacto que estoy haciendo entre mí mismo y ustedes y toda criatura viviente
con ustedes, por todas las generaciones por venir; 13 estoy poniendo un arco
iris[32] en la nube – estará allí como señal del Pacto entre mí mismo y la tierra.
14 Cuando quiera que Yo traiga nubes sobre la tierra, y el arco iris sea visto en
las nubes; 15 Yo recordaré mi Pacto el cual es entre mí mismo y toda criatura
viviente de cualquier clase; y el agua nunca jamás se convertirá en inundación
para destruir a todos los seres humanos.

28 Este verso no puede ser utilizado para comer todo tipo de animal, limpio o inmundo, porque *YAHWEH* ya había dado la distinción entre limpio e inmundo a Noaj en Ge 7:2.
29 Como comida, prohibida aquí cuando el uso de animales para comida es permitido por primera vez. De 12:23 Le 3:17 7:26 17:10-14, este mandamiento de abstenerse de sangre es renovado en el decreto de Hch 15:29. Ha sido dicho por algunos que se niegan a obedecer a *YAHWEH*, y es incorrecto, que esta ley de prohibición era sólo ceremonial y temporal.
30 Vemos la dualidad la *ejad*. Este fue el primer Pacto que *YAHWEH* Elohim hizo con la humanidad, fue por medio de Noaj. 31 Promesa de multiplicidad física de la semilla de Noaj.
32 El Arco Iris causado por la reflexión y refracción de los rayos del sol sobre gotas de lluvia cayendo como testigos de fidelidad Divina. Apareció por primera vez aquí en la bóveda y nubes del cielo. Estas condiciones en la atmósfera que causan el arco iris no existían antes del Diluvio, puesto que el estado de la atmósfera era distinto al de después del diluvio. [Ez 1.27,28 Rc 4:1-3 10:1] 33 Shem.- Renombrado. Recibió una especial bendición de Noaj que implicaba que por medio sus descendientes se perpetuaría la adoración verdadera al Elohim verdadero., fue el padre de los pueblos semitas, los Israelitas, los Árabes. 34 Yefet.- engrandeciendo. Menor de los hijos de Noaj. Fue el padre de las naciones de Europa (Ge 10:5) y el norte de Asia.
35 Ham. - Tibio, caliente, y por ende sur; también una palabra Egipcia para "negro". La maldición pronunciada contra Ham, propiamente contra Kenaan, fue cumplida cuando los Hebreos subsecuentemente exterminaron a los Kenaanim. Uno de los hechos más importantes (Ge 10:1) es la fundación de la más antigua monarquía en Bavel por Nimrod el nieto de Ham (Ge 10:6-10). El primitivo imperio de Bavel era, por tanto, Hamítico y una raza relacionada con los habitantes de Arabia y Etiopía. La Raza de Ham eran los más energéticos de todos los descendientes de Noaj en los tiempos tempranos pre-Diluvianos.

16 El arco iris estará en la nube; para que cuando Yo lo mire, Yo recordaré el
Pacto perpetuo entre Elohim y toda criatura viviente de cualquier clase en la
tierra." 17 Elohim le dijo a Noaj: "Esta es la señal del Pacto que Yo he
establecido entre mí mismo y toda criatura viviente en la tierra." 18 Los hijos
de Noaj que salieron del arca fueron Shem,[33] Ham y Yefet.[34] Ham es el
padre de Kenaan. 19 Estos tres fueron los hijos de Noaj, y toda la tierra fue
poblada por ellos. 20 Noaj, un labrador, fue el primero en plantar una viña. 21
El bebió tanto del vino que se emborrachó y se acostó desnudo en su tienda.
22 Ham, el padre de Kenaan,[35] vio a su padre vergonzosamente expuesto,
salió y se lo dijo a sus dos hermanos. 23 Shem y Yefet tomaron un manto, lo
pusieron sobre ambos de sus hombros y, caminando hacia atrás, entraron y
cubrieron a su padre que estaba desnudo. Sus rostros estaban vueltos, así que
no vieron a su padre acostado allí vergonzosamente expuesto. 24 Cuando Noaj
se despertó de su vino, él supo lo que su hijo menor le había hecho. 25 El dijo:
"Maldito sea Kenaan; él será un sirviente de sirvientes[36] a sus hermanos." 26
Entonces dijo: "Bendito sea *YAHWEH*, el Elohim de She m; Kenaan será su
sirviente. 27 Engrandezca Elohim a Yefet; él habitará en las tiendas de
Shem,[37] pero Kenaan será el sirviente de ellos." 28 Después de la inundación
Noaj vivió 350 años. 29 Por todo, Noaj vivió 950 años; entonces murió.

Bereshit (En el principio) - tyvarb - Génesis-10

Parashah 1: Bereshit (En el principio)

10 Aquí está la genealogía de los hijos de Noaj – Shem, Ham y Yefet; hijos
fueron nacidos a ellos después de la inundación. 2 Los hijos de Yefet[38]
fueron Gomer, Magog, Madai, Yavan, Elisha, Tuval, Meshej y Tiras. 3 Los
hijos de Gomer fueron Ashkenaz, Rifat y Torgamah. 4 Los hijos de Yavan
fueron Elishah, Tarshish, Kittim y Dodanim. 5 De estos las islas de los
Gentiles fueron divididas en sus tierras, cada una de acuerdo a su idioma,
conforme a sus tribus en sus naciones.[39] 6 Los hijos de Ham[40] fueron Kush,
Mitzrayim, Put y Kenaan. 7 Los hijos de Kush fueron Seva, Havilah, Savta,
Ramah y Savteja. Los hijos de Ramah fueron Sheva y Dedan. 8 Kush
engendró a Nimrod,[41] él comenzó a ser un gigante sobre la tierra. 9 El fue un
cazador gigante delante de *YAHWEH* – por esto la gente dice: "Como
Nimrod, un cazador gigante delante de *YAHWEH* " 10 Su reino comenzó con
Bavel, Erej, Akkad y Kalneh, en la tierra

36 Esto significa el más degradado de los sirvientes. Hay que notar aquí que esta ira de Noaj fue producida por el estupor del vino, como la gente que bebe se despierta malhumorada y con ira, y que esta maldición haya sido pronunciada por efecto de este estupor, y esta maldición no es perpetua sobre la raza negra. 37 En estos versos Noaj, el profeta de *YAHWEH* oró y profetizó al mismo tiempo. El oró que en un tiempo futuro y lugar, todos lo hijos e hijas de Yefet (Naciones Gentiles) se unirán a Shem (todo Yisra'el), y serán obedientes al llamado de unirse al mayor Yisra'el. Era la boca de Noaj verbalizando los deseos y la voluntad de *YAHWEH*, que Yefet sería en un día agrandado y bendecido bajo las tiendas de Shem. Aquí está claro que los hijos de Yefet (Naciones Gentiles) encontrarán verdad y enriquecimiento espiritual es bajo las tiendas de Shem. En estos maravillosos pronunciamientos, Noaj profetizó que el día vendría por medio del Brit Hadashah y por medio de su mediador, el Mesías Yahshúa; que Yefet será engrandecido física, materialmente y, más importante, espiritualmente, bajo las tiendas de *YAHWEH Tzevaot*, lo cual es un sinónimo que las moradas de Shem. 38 Gomer- los Cimeranos (Toda la raza Celta puede referirse a descendientes de Gomer); Magog – Naciones Escitas y Tártaras que habitaban más allá del Caucáso y en las cercanías del Mar caspio; Madai – los Medos; Yavan – los Jonios y los Griegos; Tuval – Un pueblo de las zonas montañosas Asiáticas al oeste del alto Eufrates, al este del Mar Negro; Meshej – los Eslavos (Nación Rusa); Ashkenaz – los Escitas; Yavan – Griegos; Kittim – los Chipriotas (habitantes en el Mar Mediterráneo); los Dodanim – los habitantes de Rodas; Tarshish – Sur de España, no lejos de Gibraltar (Herodoto 4:152). Magog es identificado por Josefo Ant, 1:6,1) con los Escitas, pueblo de las hordas del Norte.

39 Se afirma aquí muy obviamente que los que están llamados por *YAHWEH* para vivir sus días bajo las tiendas de Shem son las naciones Gentiles. Este verso nos dice que los hijos de Yefet se asentarán en las costas de la tierra, o las áreas más lejos de Yerushalayim alrededor del globo. Estos versos dan a entender aun más que Yefet estaría en serio error y rebelión si él unilateralmente escogiera removerse a sí del lugar del llamado de *YAHWEH* y el favor de *YAHWEH*. Como una interesante nota al pie noten que los Kenaani/Cananitas se convertirán en esclavos de Shem y Yefet siempre que los dos se mantuvieran fieles a los caminos de Shem. Si cualquiera de los futuros Israelitas (Yahudáh o Efrayim) o futuros creyentes en *YAHWEH* (Yefet) no-Israelitas se apartaba de las moradas de Shem, ellos no podrían esclavizar a los Cananitas, al contrario, los Cananitas los esclavizarían a ellos. Históricamente esto ha jugado en tiempos que los Israelitas estuvieron dedicados al paganismo y así fueron capturados por varias naciones paganas. 40 Kush – "negro", Etíopes; Mitzrayim – Egipto; Put – Norte de África, Libia; Kenaan - Cananeos.

de Shinar. 11 Ashur salió de esa tierra y edificó a Ninveh, la ciudad de
Rejovot, Kelaj, 12 y Resen entre Ninveh y Kelah – esto es la gran ciudad.
13 Mitzrayim engendró a Ludim, los Anamin, los Lehavim, los Naftujim, 14
los Patrusim, los Kaslujim (de quien vinieron los Plishtim) y los Kaftorim.
15 Kenaan engendró a Tzidon su primogénito, Het, 16 los Yevusi, los Emori,
los Girgashi, 17 los Hivi, los Arki, los Sini, 18 los Arvadi, los Tzemari y los
Hamati. Después, las familias de los Kenaani fueron dispersas. 19 El territorio
de los Kenaani era desde Tzidon, en dirección a Gerar, hacia Azah; sigue
hacia Sedom, Amora, Dama y Tzevoyim, hasta Lesha. 20 Estos fueron los
hijos de Ham, conforme a sus familias y lenguas, en sus tierras y en sus
naciones. 21 Hijos fueron nacidos a Shem, antepasados de los hijos de Ever y
hermano mayor de Yefet. 22 Los hijos de Shem[42] fueron Elam, Ashur,
Arpajshad, Lud y Aram y Keinan. 23 Los hijos de Aram fueron Utz, Hul,
Geter y Mash. 24 Arpajshad engendró a Keinan y Keinan[43] engendró a
Shelaj, y Shelaj engendró a Ever. 25 A Ever le nacieron dos hijos. Uno fue
dado el nombre de Peleg [división], porque durante su vida la tierra fue
dividida. El nombre de su hermano fue Yoktan. 26 Yoktan engendró a
Almodad, Shelef, Hatzar-Mavet, Yeraj 27 Hadoram, Uzal, Diklah, 28 Avimael,
Sheva, 29 Ofir, Havilah y Yoav – todos fueron hijos de Yoktan. 30 El
territorio de ellos se extendía desde Mesha, continuaba hacia Sefar, a las
montañas en el este. 31 Estos fueron los hijos de Shem, conforme a sus
familias y lenguas, en sus tierras y sus naciones. 32 Estas fueron las tribus de
los hijos de Noaj, conforme a sus generaciones, en sus naciones. De ellos las
islas de Gentiles se esparcieron en la tierra después de la inundación.

Bereshit (En el principio) – tyvarb – Génesis-11

Parashah 1: Bereshit (En el principio)

11 Toda la tierra usaba la misma lengua, las mismas palabras. 2 Sucedió
que ellos viajaron desde el este, y encontraron una llanura en la tierra de
Shinar y vivieron allí. 3 Ellos se dijeron uno al otro: "Vamos, hagamos
ladrillos y los horneamos en el fuego." Así que tuvieron ladrillos por piedra y
asfalto por mortero. 4 Ellos dijeron: "Vamos, edifiquemos una ciudad con
una torre que tenga su cúspide llegando al cielo, para podernos hacer un
nombre para nosotros mismos y no seamos esparcidos por la tierra. 5 Y
YAHWEH descendió para ver la ciudad y la torre que la gente estaba
edificando. 6 *YAHWEH* dijo: "Mira, la gente se ha unido, ellos tienen una
misma lengua, ¡y mira lo que están empezando a hacer! ¡A este ritmo nada de
lo que se han empeñado en hacer será imposible para ellos! 7 Ahora, pues,
descendamos y confundamos[44] su lenguaje, para que no pueda entenderse

el habla del uno al otro." 8 Así que de allí *YAHWEH* los esparció por toda la
faz de tierra, y ellos dejaron de edificar la ciudad y la torre. 9 Por esta razón es
llamada Bavel [confusión] – porque allí *YAHWEH* confundió los labios de
toda la tierra, y de allí *YAHWEH* los esparció por toda la tierra. 10 Aquí está la
genealogía de Shem. Shem era de 100 años de edad cuando engendró a
Arpajshad dos años después de la inundación. 11 Después que Arpajshad
nació, Shem vivió 500 años y tuvo hijos e hijas y murió. 12 Arpajshad vivió
135 años y engendró Keinan. 13 Después que Keinan nació, Arpajshad vivió
otros 430 años y engendró hijos e hijas y murió. Y Keinan vivió 130 años y
engendró Shelaj; y Keinan vivió después que Shelaj nació 330 años y
engendró hijos e hijas y murió. 14 Shelaj vivió 130 años y engendró a Ever. 15
Después que Ever nació Shelaj vivió otros 330 años y engendró hijos e hijas y
murió.

42 Elam – Tierra alta, habitaron desde el este de Bavel hasta el mediterráneo; Ashur – Asirios de la tierra de Shinar y edificaron Nínive; Arpajshad – habitó en Mesopotamia y fue progenitor de los Kasdim (Caldeos); Lud – Progenitor de los Lidios; Aram – Siria, Arameos, misma raza que los Hebreos de donde eran Rivkah, Leah y Rajel, madres de Yisra'el. 43 Esta generación de Keinan está en la LXX y no en otras versiones.
44 Aquí vemos la pluralidad de *YAHWEH*, *YAHWEH*-Padre, el Arquitecto-Creador y *YAHWEH*-Hijo, Yahshúa, el Creador. En v 8 es el plan de *YAHWEH* para comenzar a regar la *zera* de Shem por todo el mundo conocido en esa época.

16 Ever vivió 134 años y engendró a Peleg. 17 Después que Peleg nació, Ever
vivió otros 370 años y engendró hijos e hijas y murió. 18 Peleg vivió 130 años
y engendró a Reu. 19 Después que Reu nació, Peleg vivió 209 años y
engendró hijos e hijas, y murió. 20 Reu vivió 132 años y engendró a Serug. 21
Después que Serug nació, Reu vivió otros 207 años y engendró hijos e hijas,
y murió. 22 Serug vivió 130 años y engendró a Najor. 23 Después que Najor
nació, Serug vivió otros 200 años y engendró hijos e hijas, y murió. 24 Najor
vivió 79 años y engendró a Teraj. 25 Después que Teraj nació, Najor vivió
otros 129 años y engendró hijos e hijas, y murió. 26 Teraj vivió setenta años y
engendró a Avram, a Najor y a Haran. 27 Aquí está la genealogía de Teraj.
Teraj engendró a Avram, a Najor y a Haran; y Haran engendró a Lot. 28 Haran
murió en la presencia de su padre Teraj en la tierra donde nació, en el país de
los Kasdim. 29 Entonces Avram y Najor tomaron esposas para ellos mismos.
El nombre de la esposa de Avram era Sarai, y el nombre de la esposa de
Najor, Milkah la hija de Haran. El fue el padre de Milkah y de Yiskah. 30
Sarai era estéril – ella no tenía hijo. 31 Teraj tomó a su hijo Avram, a Lot el
hijo de su hijo Haran, y a Sarai su nuera, la esposa de su hijo Avram; y salió
de Ur de los Kasdim para ir a la tierra de Kenaan. Pero cuando llegaron a
Haran, ellos se quedaron allí. 32 Y todos los días de Teraj en Haran fueron 205
años, y Teraj murió en Haran.

Referencias;
Haftarah Noaj: Yeshayah (Isaías) 52:13-55:5
Lecturas sugeridas del Brit Hadashah para la Parashah Noaj:
Mattityah (Mateo) 24:36:44; Lucas 17:26-37; Hechos 2:1-16;
1 Kefa (1 Pedro) 3:18-22; 2 Kefa (2 Pedro) 2:5
Parashah 3 Lej Lejah (Vete) 12:1-17:27

Bereshit (En el principio) – tyvarb – Génesis-12

Parashah 1: Bereshit (En el principio)

12 Ahora *YAHWEH*dijo a Avram: "Vete de tu país, lejos de tu familia y
lejos de la casa de tu padre,[45] y ve a la tierra que Yo te mostraré. 2 Yo te haré
una gran nación,[46] Yo te bendeciré, engrandeceré tu nombre; y tú serás
bendecido. 3 Yo bendeciré a aquellos que te bendigan, pero maldeciré a
cualquiera que te maldiga;[47] y por ti todas las tribus de la tierra serán
bendecidas." 4 Así que Avram salió, como *YAHWEH* le había dicho, y Lot fue
con él. Avram tenía 75 años de edad cuando él salió de Haran. 5 Avram tomó
a su esposa Sarai, a Lot el hijo de su hermano, y todas sus posesiones las
cuales habían acumulado, como también la gente que habían adquirido en
Haran; entonces ellos salieron para la tierra de Kenaan y entraron en la tierra
de Kenaan. 6 Avram pasó por la tierra hasta un lugar llamado Shijem, al cedro
alto. Los Kenaani estaban entonces en La Tierra. 7 *YAHWEH* se le apareció a
Avram, y dijo: "A tu *zera* Yo daré esta tierra." Así que él edificó un altar allí
a *YAHWEH*, quien se le había aparecido a él.

45 A Avram *YAHWEH* le ordena salir de Bavel de la misma forma que es ordenado hoy salir de sistemas de iglesia en Re 18:4: "¡Salgan de ella, pueblo mío! Para que no compartan en sus pecados… 46 A Avram *YAHWEH* no le dio muchas promesas, sino una de dos partes: Que su *zera* heredaría La Tierra y que sería muy numerosa. Ge 13:16-18; 15:5-6, 18-20; 17:4-8, 20-21; 22:17-18. Tan numerosa que comprende hoy en día la mayor parte de la humanidad, ésta es la nación de Yisra'el. Y la misma promesa fue hecha a Yitzjak y Ya'akov. 47 Avram, después Avraham, es el padre del pueblo Hebreo y no sólo de "los Judíos" y este verso se refiere a la nación Hebrea y no sólo a los Judíos.

8 El se fue de ese lugar, fue a la colina al este de Beit-El y plantó su tienda.
Con Beit-El al oeste y Ai al este, él edificó un altar allí e invocó el Nombre de
YAHWEH.[48] 9 Entonces Avram partió y salió, y acampó en el desierto. 10
Pero había hambruna en La Tierra, así que Avram descendió a Mitzrayim
para quedarse allí, porque la hambruna en La Tierra era severa.

11 Cuando él llegó cerca de Mitzrayim y estaba al entrar, él dijo a Sarai su
esposa: "Mira, yo sé que tú eres una mujer bien parecida; 12 así que cuando
los Mitzrayimim te vean, ellos dirán: 'Esta es su esposa,' y me matarán pero te
mantendrán viva. 13 Por favor di que eres mi hermana, para que me vaya bien
por causa tuya, y permanezca vivo por causa tuya." 14 Cuando Avram entró en
Mitzrayim, los Mitzrayimim sí notaron que la mujer era muy bella. 15 Los
príncipes de Faraón la vieron y la recomendaron a Faraón, así que la mujer
fue llevada a la casa de Faraón. 16 Ellos trataron bien a Avram por causa de
ella, y él tenía ovejas, ganado, asnos machos y hembras, esclavos hombres y
mujeres, y mulos, y camellos. 17 Pero *YAHWEH* afligió a Faraón y su casa
con grandes y severas aflicciones a causa de Sarai la esposa de Avram. 18
Faraón llamó a Avram, y le dijo: "¿Qué es esto que me has hecho? ¿Por qué
no me dijiste que era tu esposa? 19 ¿Por qué dijiste: 'Ella es mi hermana,' así
que yo la tomé para que fuera mi propia esposa? ¡Ahora, por lo tanto, aquí
está tu esposa! ¡Tómala y vete!" 20 Y Faraón dio órdenes a sus hombres
referentes a Avram, que se unieran en escoltarlo, y a esposa, y todo lo que
poseía, y Lot con él.

Bereshit (En el principio) - tyvarb - Génesis-13

Parashah 1: Bereshit (En el principio)

13 Avram subió de Mitzrayim – él, su esposa y todo lo que él tenía, y Lot
con él – al Neguev. 2 Avram se hizo rico, con mucho ganado, plata y oro. 3
Mientras iba en sus viajes por el Neguev, llegó a Beit-El, al lugar donde su
tienda había estado al principio, entre Beit-El y Ai, 4 cuando primero había
edificado el altar; y allí Avram invocó el Nombre de *YAHWEH.* 5 Lot, que
estaba viajando con Avram, también tenía rebaños, manadas y tiendas. 6 Pero
la tierra no era suficientemente grande para ellos vivir juntos, porque sus
posesiones eran muy grandes y no podían habitar juntos. 7 Además, se
levantaron peleas entre los pastores de Avram y los de Lot. Los Kenaani y los
Perizi estaban viviendo en La Tierra. 8 Avram dijo a Lot: "Por favor, vamos a
no tener peleas entre tú y yo, o entre mis pastores y los tuyos, puesto que
somos parientes. 9 ¿No está toda la tierra delante de ti? Por favor sepárate de
mí – si tú vas a la izquierda, yo iré a la derecha; si tú vas a la derecha, yo iré a
la izquierda." 10 Lot alzó su mirada y vio que toda la llanura del Yarden[49]
estaba bien regada por todos lados, antes que *YAHWEH* destruyera a Sedom y
Amora, como el paraíso de *YAHWEH*, como la tierra de Mitzrayim en la
dirección de Tzoar.[50] 11 Y Lot escogió todo el campo alrededor del Yarden
para sí mismo, y Lot viajó desde el este; así, pues, se separaron el uno del
otro. 12 Avram vivió en la tierra de Kenaan, y Lot vivió en una ciudad de los
pueblos vecinos, y plantó s u tienda Sedom.[51] 13 Ahora bien, los hombres de
Sedom eran excesivamente malvados y pecadores delante de *YAHWEH.*

48 También en 13:4, 21:33 y 22:14. Avraham conocía en Nombre *Kadosh* de *YAHWEH.*

49 Yarden/Jordán. Heb. "el que desciende." El río más importante de Eretz Yisra'el.
Fluye de norte a sur hacia un profundo valle en el centro del país. El nombre significa la
rapidez con la que desciende al Mar Muerto. Se origina en las nieves del Monte
Hermón, cual alimenta sus fuentes perennes. 50 Pequeño, un pueblo al este o sur-este del
Mar muerto, al cual Lot y sus hijas huyeron de Sedom (Sodoma) Ge 19:22-23. Fue
originalmente llamado Bela Ver. 14:2,8. Es referido por los profetas Is 15:5 y Je 48:34 .
Sus ruinas aún se ven cuando se abre la quebrada de Kerak, el moderno Tell Esh-
Shagur. 51 Quemándose, la ciudad amurallada en el valle de Siddim, Ge 14:10 . La
perversidad de sus habitantes causó su total destrucción y es aludida en De 29:23; 32:32.
Is 1:9, 10; 3:9; 13:19. Je 23:14. Ez 16:46 -56. Sof.2:9, Mt.10:15; Ro. 9:29; 2 He. 2:6.
Ninguna traza de esta ciudad u otras ciudades en la planicie ha sido descubierta, tan
completa fue su destrucción. Las ciudades de la planicie yacían en la parte sur del Mar
Muerto.

14 Y *YAHWEH* dijo a Avram, después que Lot se había ido de su lado: "Mira
por todo alrededor de ti desde donde estás, al norte, al sur, al este y al oeste. 15
Toda la tierra que ves Yo la daré a ti y a tu *zera* para siempre, 16 y Yo haré tu
zera tan numerosa como la arena en la tierra – que si una persona puede
contar la arena en la tierra, entonces tu *zera* puede ser contada. 17 Levántate y
camin a por entre la anchura y la longitud de La Tierra, porque Yo te la daré,
y a tu *zera* para siempre." 18 Avram movió sus tiendas y vino a vivir por los
Cedros de Mamre, que están en Hevron. Allí él edificó un altar a *YAHWEH.*

Bereshit (En el principio) – tyvarb – Génesis-14

Parashah 1: Bereshit (En el principio)

14 Cuando Amrafel era rey de Shinar, Aryoj rey de Elasar, Kedorlaomer
rey de Elam y Tidal rey de Goyim; 2 ellos hicieron la guerra juntos contra
Bera rey de Sedom y contra Birsha rey de Amora, Sinab rey de Admah,
Shemever rey de Tzavoyim, y el rey de Bela (que es el mismo que Tzoar). 3
Todos los últimos reyes juntaron sus fuerzas en un acuerdo en el Valle de
Sal, donde está el Mar Muerto. 4 Ellos habían servido a Kedorlaomer por doce
años, pero en el año decimotercero se rebelaron. 5 En el decimocuarto año
Kedorlaomer y los reyes con él vinieron y cortaron en pedazos a los
gigantes[52] en Ashterot-Karanayim, y a las naciones fuertes con ellos y los
Eimim[53] en la ciudad Shaveh 6 y los Hori en las montañas de Seir, hasta el
árbol de terebinto en Haran, que está en el desierto. 7 Después se volvieron y
vinieron al pozo del juramento (que es Kadesh), y cortaron en pedazos a los
príncipes de Amalek, y a los Emori, que vivían en Hatzatzon-Tamar. 8
Entonces los reyes de Sedom, Amora, Admah, Tzavoyim y Bela (esto es
Tzoar) salieron y pusieron en orden las tropas para la batalla en el Valle de
Siddim 9 contra Kedorlaomer rey de Elam, Tidal rey de Goyim, Amrafel rey

de Shinar y Aryoj rey de Elasar, cuatro reyes contra cinco. 10 Ahora bien, el Valle de Siddim estaba lleno de pozos de asfalto, y cuando los reyes de Sedom y Amora huyeron, algunos cayeron en ellos; mientras el resto huyó a las montañas. 11 Los victoriosos tomaron toda la caballería de Sedom y Amora y todas sus provisiones, entonces se fueron. 12 Pero mientras se iban, ellos tomaron a Lot, el hijo del hermano de Avram, y sus posesiones; puesto que él vivía en Sedom. 13 Alguien que había escapado vino y se lo dijo a Avram el Hebreo,[54] que estaba viviendo junto a los Cedros de Mamre el Emori, hermano de Eshjol y hermano de Aner; todos ellos aliados de Avram. 14 Cuando Avram oyó que Lot su hermano[55] había sido llevado cautivo, él numeró a sus sirvientes que habían nacido en su casa, 318 de ellos, y fue en persecución hasta Dan. 15 Durante la noche él y sus sirvientes dividieron las fuerzas contra ellos, entonces atacaron y los persiguieron hasta Hovah, que estaba a la mano izquierda de Dammesek. 16 El recuperó todos los bienes y trajo de regreso a su hermano Lot con sus bienes, junto con las mujeres y la otra gente. 17 Después de su regreso de matar a Kedorlaomer y los reyes con él, el rey de Sedom salió a recibirlo en el Valle de Shaveh, también conocido como el Valle de los Reyes.

52 Refaim una raza de gigantes que habitaban al este del Río Yarden, de quienes descendía Og. Ellos probablemente eran los habitantes originales de La Tierra antes de la inmigración Kenaani. Fueron conquistados por Kedorlaomer Ge 14:5 y sus territorios fueron prometidos como su posesión a Avraham Ge 15:20 Los Anakim, Zuzim y Eimim eran ramas de esta misma raza. En 2 S 21:16, 18, 20, 22 "el gigante" es el singular Hebreo ha rafah, cual posiblemente es el nombre del padre de los cuatro gigantes referidos aquí, o el fundador de Refaim. [2S 21:16, 18, 20, 22; Sal 88:10; 2:18; 9:18; 21:16; Is 26:14] 53 Antigua tribu guerrera de los antiguos Kenaanim. Ellos eran "Grandes y muchos, como los Anakim." De 2:10, 11.

54 Hebreo-Ibri. Significa "del otro lado", a saber del Eufrates, de la tierra de los Kasdim/Caldeos. Avraham no era Judío. 55 Lot no era hermano de Avraham, sino su sobrino: En este verso significa de la misma tribu.

18 Melki-Tzedek[56] rey de Shalem sacó pan y vino. El era *kohen* de *El Elyon* [Elohim Altísimo], 19 así que El lo bendijo de esta forma: "Bendito sea Avram de *El Elyon* creador del cielo y de la tierra; 20 y bendito sea *El Elyon*, el que entregó a tus enemigos en tus manos. Avram le dio una décima parte de todo.[57] 21 El rey de Sedom dijo a Avram: "Dame la gente, y toma para ti los caballos." 22 Pero Avram respondió al rey de Sedom: "Yo he extendido mi mano a *YAHWEH*, *El Elyon*, creador del cielo y de la tierra, 23 que no tomaré ni tan siquiera desde un hilo hasta una correa de sandalia de nada que es tuyo; para que no puedas decir: 'Yo hice rico a Avram.' 24 Yo solamente tomaré lo que mis tropas han comido y la parte del botín de los hombres que vinieron conmigo – Aner, Eshjol y Mamre; deja que ellos tomen su parte."

Bereshit (En el principio) - tyvarb - Génesis-15

Parashah 1: Bereshit (En el principio)

15 Algún tiempo después la palabra de *YAHWEH* vino a Avram en una
visión, diciendo: "No temas, Avram. Yo te escudo; tu recompensa será muy
grande." 2 Avram respondió: "*YAHWEH* Elohim ¿de qué me sirven tus dones
a mí si permanezco sin hijo, pero el hijo de Mazer la esclava nacida en mi
casa, éste Eliezer de Dammesek hereda mis posesiones? 3 Tú no me has dado
zera," Avram continuó, "así que alguien nacido en mi casa será mi
heredero.[58]" 4 Pero la palabra de *YAHWEH* vino a él: "Este hombre no será
tu heredero. No, tu heredero será un hijo de tu propio cuerpo." 5 Entonces El
lo llevó afuera, y le dijo: "Mira al firmamento, y cuenta las estrellas – ¡si tú
las puedes contar! ¡Tu *zera* será tan numerosa!" 6 Avram creyó en La Palabra
de *YAHWEH*,[Tárgum Jonatan] y El se lo acreditó a como justificación.[59]
7 *YAHWEH* le dijo a él: "Yo soy *YAHWEH*, quien te sacó de la tierra de los
Kasdim para darte esta tierra para que la heredes." 8 El respondió: "*YAHWEH*
Elohim ¿cómo sabré que la heredaré?" 9 El le respondió: "Tráeme una novilla
de tres años, una cordera de tres años, y un macho cabrío de tres años, una
paloma y un pichón." 10 El le trajo todos estos, cortó los animales en dos y
puso los pedazos opuestos uno del otro; pero él no cortó las criaturas que
vuelan a la mitad. 11 Y pájaros se abalanzaron sobre los cuerpos, pero Avram
se sentó junto a ellos. 12 Cuando el sol estaba poniéndose, un sueño profundo
cayó sobre Avram; horror y gran oscuridad vinieron sobre él. 13 *YAHWEH*
dijo a Avram: "Conoce esto por cierto: tu *zera* serán extranjeros en una tierra
que no es de ellos. Ellos los llevarán a esclavitud y serán tratados con maldad
y humillados allí por cuatrocientos años. 14 Pero Yo también juzgaré aquella
nación, la que los pone en esclavitud. Luego ellos se irán con muchas
posesiones. 15 En cuanto a ti, tú te reunirás con tus padres en *Shalom* y serás
sepultado en buena vejez. 16 Solamente en la cuarta generación regresará aquí
tu *zera*, porque sólo entonces los Emori estarán maduros para castigo." 17 Y
cuando el sol se estaba poniendo, hubo una llama y, contempló, aparecieron
una olla de fuego humeante y una antorcha flamante, que pasaron entre estas
partes divididas. 18 Ese día *YAHWEH* hizo un Pacto[60] con Avram, diciendo:
"Yo daré esta tierra a tu *zera* – desde el Vadi [Arroyo] de Mitzrayim hasta el
río grande, el Río Eufrates – 19 el territorio de los Kenni, los Kenizi, los
Kadmoni, 20 los Hitti, los Perizi, los Refaim, 21 los Emori, los Kenaani, los
Evites, los Girgashi y los Yevusi."

56 Hebreos hace una notable aplicación tipológica a esta misteriosa aparición. Aharon, con sus sucesores, era una figura anticipada de Yahshúa, nuestro Kohen hagadol, considerando sobre todo en su obra de expiación (Le 16; He 9:11-12:24). Pero al ser Aharon pecador y mortal, su sacerdocio tenía que ser transmitido a otros después de él, también pecadores y mortales. Por otra parte tenían que ofrecer sacrificios de animales constantemente. El Salvador del mundo al

derramar su sangre y resucitar, tiene un Sacerdocio a perpetuidad: el de Melki Tzedek. Melki Tzedek era Rey y *Kohen* de la misma manera que Yahshúa es Rey y *Kohen HaGadol* a perpetuidad sobre el Trono de Yisra'el (Zc 6:12 -13). Rey de justicia según el significado de su nombre y Rey De Shalom (He 7:2) dos términos que caracterizan igualmente al Mashíaj Yahshúa. 57 En este verso (y algunos otros) se apoyan muchos pastores y rabinos para quitarle dinero a los hermanos, pero eso es tergiversar las Escrituras para lucro. 58 Vemos a Avram deseoso de ayudar a *YAHWEH* a cumplir la promesa de Ge 13, al escoger prematura e incorrectamente al Gentil Eliezer quien no era de la propia *zera* o esperma de Avram, a ser la persona a través de quien la promesa sería cumplida. *YAHWEH* regaña a Avram y le aclara que Su promesa de multiplicidad física que llegaría a ser un número que ningún hombre sería capaz de contar, no vendría a través de un Gentil adoptado o elección de segunda clase. ¡No! Nuestro Padre Celestial ordenó que su heredero prometido vendría del propio cuerpo o esperma de Avram. El no sería adoptado sino que sería un descendiente físico de Avram. Es a través de este descendiente físico que *YAHWEH* una vez más promete a Avram que su descendencia sería mayor que las estrellas del Cielo. Obviamente, a través de la ciencia moderna, nosotros sabemos que nuestra galaxia tiene trillones de estrellas, y que, por supuesto, otras galaxias tienen muchos más trillones. Estas estrellas en totalidad producen un número que la humanidad no puede siquiera sondear. *YAHWEH* reta la falta de habilidad de Avram en contar las estrellas con las palabras "si tu puedes" en el verso cinco. Es debido a la fe pura de Avram y a la confianza en *YAHWEH* que éste recibe justicia imputada como resultado de su creencia y confianza en la promesa de YAHWEH. Hay sólo una promesa, no muchas promesas. Avram fue declarado justo por fe en la promesa de *YAHWEH*. 59 Aquí es donde el caminar de Avraham con *YAHWEH* comienza, y 17:1 y 26:5: esta promesa es literal.

Bereshit (En el principio) – tyvarb – Génesis-16

Parashah 1: Bereshit (En el principio)

16 Ahora bien, Sarai la esposa de Avram no le había dado hijos. Pero ella
tenía una esclava Mitzrayimi llamada Hagar; 2 así que Sarai dijo a Avram:
"Mira, *YAHWEH* no me ha permitido tener hijos; ve y duerme con mi
esclava. Quizá yo podré tener hijos por medio de ella." Avram escuchó lo que
Sarai dijo. 3 Fue cuando Avram había vivido diez años en la tierra de Kenaan
que Sarai la esposa de Avram tomó a Hagar la Mitzrayimi, su esclava, y la
dio a Avram su esposo para ser su esposa. 4 Avram tuvo relaciones sexuales
con Hagar, y ella concibió, pero cuando ella se percató que estaba preñada,
ella miraba a su señora con desprecio. 5 Sarai dijo a Avram: "¡Este ultraje que
se está haciendo conmigo es tu culpa! Verdad es, que yo te di mi esclava para
que durmieras con ella; pero cuando ella vio que estaba preñada, ella
comenzó a despreciarme. ¡Que *YAHWEH* decida quién está en lo correcto –
yo o tú!" 6 Sin embargo, Avram respondió a Sarai: "Mira, ella es tu esclava.
Trata con ella como tú creas correcto." Entonces Sarai la trató tan
bruscamente que ella huyó de su presencia. [61] 7 El *Malaj*[62] de *YAHWEH* la

encontró junto a una fuente en el desierto, la fuente en el camino a Shur, 8 y
dijo: "¡Hagar! ¡La esclava de Sarai! ¿De dónde has venido y a dónde vas?"
Ella respondió: "Estoy huyendo de mi señora Sarai." 9 El *Malaj* de *YAHWEH*
le dijo a ella: "Regresa a tu señora, y sométete a su autoridad." 10 El *Malaj* de
YAHWEH le dijo a ella: "Yo grandemente aumentaré tu *zera*; habrá tantos que
será imposible contarlos." 11 El *Malaj* de *YAHWEH* le dijo a ella: "Mira, estás
preñada y darás a luz un hijo. Lo llamarás Yishmael [Elohim presta atención]
porque *YAHWEH* ha prestado atención a tu miseria. 12 El será un hombre
salvaje, con su mano contra todos, y la mano de todos contra él, viviendo su
vida en desavenencia con todos sus parientes."

60 Segundo Pacto que *YAHWEH* Elohim hace, este lo hace con Abraham y con su *zera*, darles Eretz Yisra'el, el cual ratifica en 17:7-8, como Pacto perpetuo. Por tanto, ningún gobernante moderno tiene derecho Divino para dividir a Eretz Yisra'el. 61 El odio de los países Árabes hacia la nación Hebrea, Yisra'el, no es algo moderno, sino que comienza aquí vv 4-6.

62 Cuando vemos El Malak de *YAHWEH* con el artículo "El", este es un Malak específico. El verso 13 prueba que este es *YAHWEH*, pero no *YAHWEH* Padre, porque El nunca ha salido del cielo, si lo hiciera, la tierra se derretiría. Este es Yahshúa, *YAHWEH* Hijo. En Bereshit siempre que es "El Malaj," es Yahshúa.

13 Así que ella llamó a *YAHWEH* quien había hablado con ella El Roi [Elohim
que ve], porque ella dijo: "¿He visto en verdad al que me ve [y he
permanecido viva]?" 14 Por esto la fuente ha sido llamada el pozo de El a
quien he visto abiertamente, está entre Kadesh y Bered. 15 Hagar dio a luz
para Avram un hijo, y Avram llamó al hijo el cual Hagar había dado a
luz Yishmael [Elohim oirá]. 16 Avram era de 86 años de edad cuando Hagar
dio a luz a Yishmael para Avram.

Bereshit (En el principio) – tyvarb – Génesis-17

Parashah 1: Bereshit (En el principio)

17 Cuando Avram era de 99 años de edad, *YAHWEH* se le apareció a
Avram y le dijo: "Yo soy *El Shaddai* [Elohim amo de todos los *ruajim*
inmundos], sé bien placentero delante de mí y sé sin culpa. 2 Yo haré mi Pacto
entre Yo y tú, y Yo aumentaré tus números grandemente." 3 Avram cayó
sobre su rostro, y Elohim continuó hablando con él: 4 "En cuanto a mí, este es
mi Pacto[63] contigo: tú serás el padre de muchas naciones. 5 Tu nombre ya no
será Avram [padre exaltado], sino tu nombre será Avraham [padre de
muchos], porque Yo te he hecho padre de muchas naciones. 6 Yo te causaré
ser muy fructífero. Yo haré naciones de ti, reyes descenderán de ti. 7 "Yo
estoy estableciendo mi Pacto entre Mi Palabra [Tárgum Jonatan] y tú, junto
con tu *zera* después de ti, generación por generación, como Pacto perpetuo,

de ser Elohim para ti y tu *zera* después de ti. 8 Yo te daré a ti y a tu *zera*
después de ti La Tierra en la cual ahora son extranjeros, toda la tierra de
Kenaan, como posesión permanente; y Yo seré su Elohim." 9 Elohim dijo a
Avraham: "En cuanto a ti, tú guardarás mi Pacto completamente, tú y tu
zera después de ti, generación por generación. 10 Aquí está mi Pacto, el cual
guardarás, entre Yo y tú, y tu *zera* después de ti por sus generaciones: todo
varón entre ustedes será circuncidado. 11 Serás circuncidado en la carne de tu
prepucio; ésta será la señal del Pacto entre Yo y tú. 12 Generación por
generación, todo varón entre ustedes que sea de ocho días de nacido será
circuncidado, incluyendo a esclavos nacidos dentro de tu casa y aquellos
comprados a un extranjero que no sea de tu *zera*. 13 El esclavo nacido en tu
casa y la persona comprada con tu dinero serán circuncidado, así mi Pacto
estará en tu carne como Pacto perpetuo. 14 Cualquier varón incircunciso que
no permita que lo circunciden en la carne de su prepucio en el octavo día
– esa persona será totalmente destruida de su familia, porque él ha roto mi
Pacto."[64] 15 Elohim dijo a Avraham: "En cuanto a Sarai tu esposa, no la
llamarás Sarai [burla]; su nombre será Sarah [princesa] 16 Yo la bendeciré;
además, Yo te daré un hijo de ella. Yo lo bendeciré; él se convertirá en
naciones; reyes de pueblos vendrán de él." 17 A esto Avraham cayó sobre su
rostro y se rió – él pensó para sí: "¿Nacerá un hijo a un hombre de cien años?
¿Dará a luz Sarah con noventa?" 18 Avraham dijo a Elohim: "¡Si sólo
Yishmael pudiera vivir en tu presencia!" 19 Elohim respondió: "No, pero
Sarah tu esposa te dará a luz un hijo, y tú lo llamarás

63 Tercer Pacto Perpetuo que *YAHWEH* hace, segundo con Avraham, Pacto de la circuncisión, para TODO Yisra'el y para todos los que regresan a Yisra'el reunidos de las naciones, vv 7-14 (Ethnos, *Goyim*, Gentiles). Esta promesa de bendición y multiplicidad física es renovada en v 4 en donde a Avram le es dicho que esta promesa le establecerá a él como padre de muchas naciones o "hamon goyim." Este término "hamon goyim" se encuentra también en el v 5 y literalmente significa una multitud ruidosa de naciones Gentiles. Esta semilla física que literalmente llenará el globo no será un grupo silencioso de amigos religiosos, más bien ellos serán una multitud grande y ruidosa, haciendo gran ruido y tumulto acerca de *YAHWEH* y
Su *besorah* de amor a la humanidad. En el verso 6 se promete a Avram que a través de ésta semilla de la promesa, serían manifestados reyes. Esto, por supuesto, está hablando acerca de los reyes que un día constituirían la Casa Real de David a través de la cual vendría el Mesías a Su trono. En el v 7 *YAHWEH* le asegura a Avraham que esta promesa de grandeza a través de multiplicidad física sería incondicional y para siempre.

64 La circuncisión es un mandamiento y es la señal de este Pacto, es para Efrayim, Yahudáh y los extranjeros que se unan.

Yitzjak [risa][65]. Yo estableceré mi Pacto con él como Pacto perpetuo para su
zera después de él. 20 Pero en cuanto a Yishmael, Yo te he oído. Yo lo he
bendecido. Yo lo haré fructífero y le daré mucha *zera*. Doce tribus
engendrará, y Yo lo haré una gran nación. 21 Pero Yo estableceré mi

Pacto con Yitzjak, el cual Sarah te dará a luz en este tiempo el año que
viene." 22 Con eso, Elohim terminó de hablar con Avraham y subió de él.
23 Avraham tomó a Yishmael su hijo, todos sus esclavos nacidos en su casa y
a todos los que habían sido comprados con su dinero, todo varón entre la
gente en la casa de Avraham, y circuncidó la carne del prepucio de ellos ese
mismo día, justo como Elohim le había dicho. 24 Avraham era de noventa y
nueve años de edad cuando él fue circuncidado en la carne de su prepucio, 25
y Yishmael su hijo era de trece años de edad cuando él fue circuncidado en la
carne de su prepucio. 26 Avraham y Yishmael su hijo fueron circuncidados en
el mismo día; 27 y todos los hombres en su casa, ambos esclavos nacidos en su
casa y aquellos comprados por dinero a un extranjero, fueron circuncidados
con él.

Referencias;
Haftarah Lej Leja: Yeshayah (Isaías) 40:27-41:16
Lecturas sugeridas del Brit Hadashah para la Parashah Lej Leja:
Hechos 7:1-8; Romanos 3:19-5:6; Gálatas 3:15-18; 5:1-6;
Colosenses 2:11-15; Israelitas Mesiánicos (Hebreos) 7:1-19; 11:8-12
Parashah 4: Vayera (El apareció) 18:1-22:24

Bereshit (En el principio) – tyvarb – Génesis-18

Parashah 1: Bereshit (En el princípio)

18 *YAHWEH* se le apareció a Avraham por los Cedros de Mamre mientras
él se sentaba a la entrada de la tienda en el calor del día. 2 El alzó sus ojos y
miró, y allí delante de él había tres hombres[66]. Al verlos, él corrió desde la
puerta de la tienda para recibirlos, se postró en la tierra, 3 y dijo: "Mi Adón, si
he encontrado favor a tu vista, por favor no dejes a tu siervo. 4 Por favor
déjame mandar a traer un poco de agua, y deja que ellos les laven los pies
entonces refrésquense debajo del árbol, 5 y yo traeré pan y ustedes comerán.
Después de esto ustedes seguirán su jornada, a causa de lo cual se han vuelto
a su siervo." "Muy bien," ellos respondieron, "haz lo que has dicho."
6 Avraham se apresuró a ir dentro de la tienda a Sarah, y dijo : "Deprisa, ¡tres
medidas de la mejor harina! Amásala y haz panes." 7 Avraham corrió hacia la
manada y cogió un becerro bueno y tierno, y se lo dio al sirviente, quien se
apresuró a prepararlo. 8 Luego tomó cuajada, leche y el becerro el cual había
preparado, y lo puso todo delante de los hombres, y se estuvo con ellos
debajo del árbol mientras ellos comían[67]. 9 Ellos le dijeron: "¿Dónde está
Sarah tu esposa?" El dijo: "Allí, en la tienda." 10 El dijo: "Yo de cierto
regresaré a ti alrededor de este tiempo el año que viene, y Sarah tu esposa
tendrá un hijo." Sarah le oyó desde la entrada a la tienda, detrás de

él. 11 Avraham y Sarah eran viejos, de edad avanzada; Sarah le había pasado la edad de concebir. 12 Y Sarah se rió dentro de sí misma, diciendo: "La cosa aún no me ha pasado, aún hasta ahora, y

65 Vemos esta promesa de incremento físico siendo renovada con Yitzjak, el hijo de Avraham. Ge 26:4. A él le es dicho que su zera será más que las estrellas del cielo. Yitzjak llega a ser el heredero de esta promesa, no Yishmael. Por tanto, cuando *YAHWEH* cumple esta grande y preciosa promesa, no será a través de un Gentil adoptado como Elie zer o un hijo de la carne como Yishmael, sino a través del hijo de la promesa (Yitzjak), el heredero procedente del propio cuerpo de Avraham. 66 De estos tres hombres que se le aparecieron a Avraham, vemos por el verso 13 y del 22-32 que uno de estos tres era *YAHWEH*-Yahshúa y los otros dos eran dos malajim v 19:1. 67 Este verso (8) echa por tierra la "ley oral" de no comer carne con leche, ya que el mismo Yahshúa lo comió de manos de Avraham.

mi señor está viejo." 13 *YAHWEH* le dijo a Avraham: "¿Por qué Sarah se rió, y preguntó: 'Voy yo en verdad a parir cuando estoy tan vieja?" 14 ¿Hay algo muy difícil para *YAHWEH*? En el tiempo estipulado, en esta temporada el año que viene, Yo regresaré a ti; y Sarah tendrá un hijo." 15 Sarah lo negó, diciendo: "Yo no me reí," porque ella tenía miedo. El dijo: "No es así – tu sí te reíste." 16 Los hombres salieron de allí y miraron hacia Sedom y Amora, y Avraham fue con ellos atendiéndolos en su jornada. 17 *YAHWEH* dijo: ¿Debía Yo esconder de Avraham mi siervo lo que estoy por hacer, 18 puesto que Avraham ciertamente se convertirá en una nación grande y fuerte, y todas las naciones de la tierra serán bendecidas por él? 19 Pues Yo me he dado a conocer a él, para que él dé órdenes a sus hijos y a su casa después de él para que guarden el camino de *YAHWEH* y para que hagan lo que es recto y justo, para que *YAHWEH* haga suceder para Avraham lo que El le ha prometido.[68]" 20 *YAHWEH* dijo: "El grito de clamor contra Sedom[69] y Amora[70] es tan grande y el pecado de ellos tan serio 21 que Yo descenderé ahora y veré si sus obras merecen el clamor que ha llegado hasta mí; si no, Yo lo sabré." 22 Los hombres se volvieron de allí y fueron hacia Sedom, pero Avraham permaneció parado delante de *YAHWEH*. 23 Avraham se acercó, y dijo: ¿Destruirás tú a los justos con los perversos? "¿Y serán los justos como los perversos? 24 Quizás haya cincuenta justos en la ciudad; ¿en verdad barrerás la ciudad, y no la perdonarás por amor a los cincuenta justos que están allí? 25 ¡Lejos esté de ti hacer tal cosa – matar a los justos junto con los perversos, así los justos y los perversos son tratados por igual! ¡Lejos esté de ti! ¿No debe el juez de toda la tierra hacer lo que es justo?" 26 *YAHWEH* dijo: "Si Yo encuentro en Sedom cincuenta que son justos, entonces perdonaré a todo el lugar por amor a ellos." 27 Avraham dijo: "Ahora bien, yo, que soy sólo polvo y cenizas, lo he tomado sobre mi persona hablar a *YAHWEH*. 28 ¿Qué si hay cinco menos que cincuenta justos?" El dijo : "No la destruiré si encuentro cuarenta y cinco allí." 29 El le habló aun de nuevo: "¿Qué si

cuarenta son encontrados allí?" El dijo: "Por amor a los cuarenta no lo haré."
30 Y él dijo: "¿Habrá algo contra mí, *YAHWEH* si yo hablo? ¿Qué si treinta
son encontrados allí? El dijo: "No la destruiré si encuentro treinta allí." 31 El
dijo: "Ahora bien, lo he tomado sobre mi persona hablar a *YAHWEH.*
¿Qué si veinte son encontrados allí?" El dijo: "Por amor a los veinte no la
destruiré." 32 El dijo: "¿Habrá algo contra mí, *YAHWEH* si hablo sólo una vez
más. ¿Qué si diez son encontrados allí?" El dijo: "Por amor a los diez no la
destruiré." 33 *YAHWEH* siguió por su camino después de acabar de hablar con
Avraham, y Avraham regresó a su lugar.

Bereshit (En el principio) – tyvarb – Génesis-19

Parashah 1: Bereshit (En el principio)

19 Los dos *malajim* vinieron a Sedom esa tarde, cuando Lot estaba sentado
a la puerta de Sedom. Lot los vio, se levantó para saludarlos y se postró en
tierra. 2 El dijo: "Miren ahora, mis señores, por favor vengan a la casa de su
siervo. Pasen la noche, lávense los pies, se levantan temprano, y sigan por su
camino." "No," ellos respondieron, "nos quedaremos en la plaza." 3 Pero
él seguía presionándolos; así que fueron a casa con él; y él les hizo una
comida, horneando *matzah* para su cena, la cual ellos comieron. 4 Pero antes
de que pudieran ir a dormir, los hombres de la ciudad, los Sedomi, rodearon
la casa – jóvenes y viejos, todo el pueblo junto. 5 Ellos llamaron a Lot, y le
dijeron: "¿Dónde están los hombres que vinieron a quedarse contigo esta
noche? ¡Sácalos afuera a nosotros!

68 En este verso y 17:9-14 y se nos dice claramente que tenemos que obedecer las órdenes dadas a Avraham nuestro padre, y circuncidar el prepucio de los varones, mandamiento por perpetuidad para **TODO** Yisra'el. 69 Ver nota 13:12. 70 Sumersión, una de las cinco ciudades de las planicies de Siddim que fueron destruidas por fuego y azufre. Esta ciudad
siempre se menciona con Sedom, ambas son prototipo de perversión homosexual y como una advertencia para lo días del *ajarit hayamim* (tiempos del fin).

¡Queremos tener sexo con ellos!" 6 Lot salió a ellos y se paró en el umbral de
la puerta, cerrando la puerta detrás de él, 7 y dijo: "De ninguna manera, mis
hermanos, no hagan cosa tan perversa. 8 Miren aquí, yo tengo dos hijas que
no han conocido hombre. Yo las sacaré a ustedes, y las usan como les
complazca; sólo que a estos hombres no hagan ninguna injusticia, porque han
venido bajo el cobijo de mi techo." 9 "¡Échate hacia atrás!" Ellos
respondieron. "Este tipo vino a vivir aquí, y ahora ha decidido jugar de juez.
¡Por eso trataremos peor contigo que con el resto!" Entonces se amontonaron
sobre Lot, para poder acercarse y tumbar la puerta. 10 Pero los hombres
dentro extendieron las manos, trajeron a Lot dentro de la casa a ellos, y
cerraron la puerta. 11 Entonces ellos golpearon con ceguera a los hombres que

estaban a la puerta de la casa, ambos pequeños y grandes, así no podían
encontrar la puerta. 12 Los hombres dijeron a Lot: "¿Tienes aquí alguno más
aparte de ti? Cualquiera que tengas en la ciudad – yerno, tus hijos, tus hijas –
sácalos de este lugar; 13 porque vamos a destruirlo. *YAHWEH* se ha percatado
del clamor contra ellos, y *YAHWEH* nos ha enviado a destruirlo." 14 Lot salió
y habló con sus yernos, quienes se habían casado con sus hijas, y dijo:
"Levántense y salgan de este lugar, porque *YAHWEH* va a destruir la ciudad."
Pero sus yernos no lo tomaron seriamente. 15 Cuando se hizo de mañana, los
malajim le dijeron a Lot que se apurara. "Levántate," ellos dijeron, "y toma a
tu mujer y a tus dos hijas las que están aquí; de otra forma serás destruido
con las iniquidades de la ciudad." 16 Pero ellos estaban preocupados, así que
los *malajim* lo tomaron de la mano, de la mano de su mujer, y de las manos
de sus dos hijas – *YAHWEH*estaba siendo misericordioso con él – y los
guiaron, dejándolos afuera de la ciudad. 17 Cuando ellos lo habían llevado
afuera, le dijeron: "¡Salven su vida de todas las maneras! ¡No mires atrás, y
no te detengas en el campo alrededor, sino escapa a las montañas! De otra
forma serás barrido con ellos." 18 Lot les dijo: "¡Por favor, no mi señor! 19
Mira, tu siervo ya ha encontrado favor a tu vista, y ustedes me han mostrado
aun mayor misericordia por haber salvado mi vida. Pero no puedo escapar a
las montañas, porque temo que el desastre me alcanzará, y moriré. 20 Mira,
hay una ciudad cerca para huir allá, y es una pequeña. Allí seré preservado –
¿no es sólo pequeña? – y de esa forma mi alma vivirá." 21 El respondió: "Está
bien, estoy de acuerdo con lo que has pedido. No derribaré la ciudad de la
cual has hablado. 22 Deprisa, escapa a ese lugar, porque no puedo hacer nada
hasta que llegues allí." Por esta razón la ciudad fue llamada Tzoar
[pequeña][71]. 23 Al tiempo que Lot llegó a Tzoar, el sol se había levantado
sobre la tierra. 24 Entonces La Palabra de [Tárgum Jonatan] *YAHWEH* causó
que lloviera azufre y fuego sobre Sedom y Amora de *YAHWEH* del cielo. 25
El destruyó esas ciudades, la planicie completa, todos los habitantes de las
ciudades y todo lo que crecía en la tierra. 26 Pero su esposa detrás de él miró
hacia atrás, y ella se convirtió en una columna de sal.[72] 27 Avraham se
levantó temprano en la mañana, fue al lugar donde había estado delante de
YAHWEH, 28 y miró hacia Sedom y Amora, y recorrió con la vista el campo
alrededor. ¡Entonces delante de él el humo subía de la tierra como humo de
un horno! 29 Pero cuando Elohim destruyó las ciudades de la planicie, El se
acordó de Avraham y sacó a Lot fuera de la destrucción, cuando El destruyó
las ciudades donde vivía Lot. 30 Lot subió a Tzoar y vivió en las montañas con
sus dos hijas, porque tenía temor de quedarse en Tzoar. El hizo que sus dos
hijas vivieran en una cueva. 31 La mayor le dijo a la

71 Ver nota en 13:10 . 72 Corresponde con las palabras de Yahshúa en Lu 9:62 : "Nadie que pone su mano en el arado y se mantiene mirando hacia atrás, es digno para servir en el Reino de *YAHWEH*."

menor: "Nuestro padre está viejo, y no hay un hombre en la tierra para que
venga a nosotras en la forma de la costumbre en el mundo. 32 Ven, hagamos
que nuestro padre beba vino; entonces dormiremos con él, y de esa forma
facilitaremos a nuestro padre tener *zera*." 33 Así que hartaron a su padre de
vino esa noche, y la mayor entró y durmió con su padre; él no supo cuando
ella se acostó ni cuando se levantó. 34 Al día siguiente, la mayor dijo a la
menor: "Mira, yo dormí anoche con mi padre. Vamos a hacerle beber vino de
nuevo esta noche, y tú entras y duermes con él, y eso facilitará que nuestro
padre tenga *zera*." 35 Ellas hartaron a su padre con vino esa noche también, y
la menor se levantó y durmió con él, y él no supo cuando ella se acostó ni
cuando se levantó. 36 Así que ambas hijas de Lot concibieron de su padre.
37 La mayor dio a luz un hijo y lo llamó Moav, él es el padre de Moav hasta
este día. 38 La menor también dio a luz a un hijo, y ella lo llamó Ben-Ammi;
él es el padre del pueblo de Amón hasta este día.

Bereshit (En el principio) – tyvarb – Génesis-20

Parashah 1: Bereshit (En el principio)

20 Avraham viajó de allí hacia el Neguev y vivió entre Kadesh y Shur.
Mientras vivía como extranjero en Gerar, 2 y Avraham decía de Sarah su
esposa: "Ella es mi hermana," por temor a decir: "Ella es mi esposa," no fuera
que los hombres de la ciudad lo mataran a causa de ella, así que Avimelej rey
de Gerar mandó y tomó a Sarah. 3 Pero Elohim vino a Avimelej en un sueño
una noche, y le dijo: "Estás a punto de morir a causa de la mujer que has
tomado, puesto que ella es la esposa de alguien." 4 Ahora bien, Avimelej no
se había llegado a ella; así que él dijo: "Señor, ¿matarás a una nación recta y
sin conocimiento? 5 ¿No fue él mismo que me dijo: 'Ella es mi hermana? Y
aun ella misma dijo: 'El es mi hermano.' En hacer esto, mi corazón ha sido
puro y mis manos inocentes." 6 Elohim le dijo en un sueño: "Sí, Yo sé que
haciendo esto tu corazón ha sido puro; y Yo también te he detenido de pecar
contra mí. Por esto no te dejé tocarla. 7 Por lo tanto devuelve la esposa del
hombre a él ahora. El es un profeta, y él orará por ti para que vivas. Pero si no
la devuelves, sabes que de cierto morirás – tú y todos los que pertenecen a ti."
8 Avimelej se levantó temprano en la mañana, llamó a todos sus sirvientes y
les dijo estas cosas; y los hombres tuvieron mucho temor. 9 Entonces
Avimelej llamó a Avraham, y le dijo: "¿Qué nos has hecho? ¿Cómo he
pecado contra ti que has causado traer sobre mí y mi reino un gran pecado?
Me has hecho cosas que sencillamente no se hacen." 10 Avimelej siguió,
preguntándole a Avraham: "¿Qué te pudo haber causado hacer tal cosa?" 11
Avraham respondió: "Fue porque pensé: 'Seguramente no hay adoración a

Elohim en este lugar, así que me matarán a causa de mi mujer.' 12 Pero ella en
verdad es también mi hermana, la hija de mi padre pero no la hija de mi
madre, y así la tomé por mujer. 13 Cuando Elohim me hizo dejar la casa de mi
padre, yo le dije: 'Hazme este favor: donde quiera que vayamos, di de mí: "El
es mi hermano."' 14 Avimelej tomó mil piezas de plata, y ovejas, y ganado, y
esclavos y esclavas y los dio a Avraham; y le devolvió a Sarah su esposa. 15
Entonces Avimelej dijo: "Mira, mi país yace delante de ti; vive donde
gustes." 16 A Sarah él dijo: "Mira, he dado a tu hermano mil piezas de plata.
Esto será por el honor de tu continencia, y a todas las mujeres contigo; y
habla la verdad en todas las cosas" 17 Avraham oró a Elohim, y Elohim sanó a
Avimelej y a su esposa y a las esclavas, así para que pudieran concebir. 18
Porque *YAHWEH* había hecho que todas las mujeres en la casa de Avimelej
fueran estériles a causa de Sarah la esposa de Avraham.

Bereshit (En el principio) - tyvarb - Génesis-21

Parashah 1: Bereshit (En el principio)

21 *YAHWEH* visitó a Sarah como El había dicho, y *YAHWEH* hizo por
Sarah lo que El había prometido. 2 Sarah concibió y dio a Avraham un hijo en
su vejez, en el mismo tiempo que Elohim le había dicho. 3 Avraham llamó a
su hijo, nacido a él, el cual Sarah le dio, Yitzjak. 4 Avraham circuncidó a su
hijo Yitzjak cuando él tenía ocho días de nacido, como Elohim le había
ordenado. 5 Avraham tenía cien años de edad cuando su hijo Yitzjak [risa] fue
nacido a él. 6 Sarah dijo: "Elohim ha hecho la risa para mí; ahora todos los
que lo oigan se regocijarán conmigo." 7 Y ella dijo: "¿Quién hubiera dicho a
Avraham que Sarah amamantaría niños? ¡No obstante, yo le he dado un hijo
en mi vejez!" 8 El niño creció y fue destetado, y Avraham dio un gran
banquete en el día que Yitzjak fue destetado. 9 Pero Sarah vio al hijo de Hagar
la Mitzrayimi, quien Hagar le dio a Avraham, se burlaba de Yitzjak su hijo; 10
así que Sarah dijo a Avraham: "¡Echa fuera a esta esclava! ¡Y a su hijo! ¡No
tendré al hijo de esta esclava como tu heredero junto con mi hijo Yitzjak!"
11 Avraham se puso muy afligido sobre este asunto de su hijo. 12 Pero Elohim
dijo a Avraham: "No dejes que la palabra referente al niño y referente a la
esclava sea oída delante de ti. Escucha a todo lo que Sarah te dice, porque es
en Yitzjak que será llamada tu *zera*.[73] 13 Pero Yo también haré una nación
del hijo de la esclava, puesto que él también es tu *zera*."[74] 14 Avraham se
levantó temprano en la mañana, tomó pan y un odre de agua y los dio a
Hagar, y puso al muchacho sobre su hombro y entonces la despidió. Después
de salir, anduvo errante por el desierto alrededor de Beer-Sheva. 15 Cuando se
había acabado el agua del odre, ella dejó al muchacho debajo de un arbusto de
abeto, 16 y fue y se sentó, mirando hacia el otro lado, como a un tiro de arco

de él; porque ella dijo: "No puedo soportar ver a mi hijo morir." Así que ella
se sentó allí, mirando hacia el otro lado, y el muchacho lloró a gran voz y
sollozó. 17 Elohim oyó la voz del muchacho desde el lugar donde él estaba, y
el *Malaj* de Elohim llamó a Hagar desde el cielo, y le dijo: "¿Qué te pasa,
Hagar? No tengas temor, porque Elohim ha oído la voz del muchacho desde
el lugar donde él está. 18 Levántate, alza al muchacho, y sostenlo firme en tu
mano, porque lo voy a hacer una gran nación." 19 Entonces Elohim abrió los
ojos de ella, y ella vio un pozo de agua. Así que ella fue, llenó el odre con
agua, y le dio al muchacho agua de beber. 20 Elohim estaba con el muchacho,
y él creció. Vivió en el desierto y se hizo arquero. 21 Vivió en el Desierto de
Paran, y su madre escogió una esposa para él de la tierra de Mitzrayim. 22 En
aquel tiempo Avimelej y Ojotzah su amigo, y Pijol el comandante de su
ejército hablaron con Avraham. Ellos dijeron: "Elohim está contigo en todo lo
que haces. 23 Por lo tanto, júrame aquí por Elohim que tú nunca tratarás
falsamente conmigo ni a mi *zera*, ni a mi nombre; sino de acuerdo a la
rectitud que he hecho contigo, tú me tratarás conmigo y a la tierra de tu
estancia. 24 Avraham dijo: "Yo lo juro." 25 Ahora Avraham se había quejado a
Avimelej acerca de un pozo que los sirvientes de Avimelej le habían quitado.
26 Avimelej respondió: "Yo no sé quien ha hecho esto. No me lo habías dicho,
y sólo oí acerca de esto hoy." 27 Avraham cogió ovejas y ganado y los dio a
Avimelej, y ambos hicieron un pacto. 28 Entonces Avraham puso siete
corderas aparte. 29 Avimelej le preguntó a Avraham: "¿Cuál es el significado
de estas siete corderas que has apartado?" 30 El respond ió: "Aceptarás estas
siete corderas de mí como testigos que yo cavé este pozo." 31 Por esto ese
lugar fue llamado Beer-Sheva [pozo de siete, pozo de un juramento] porque
ambos hicieron juramento allí. 32 Cuando hicieron el pacto en Beer-Sheva,
Avimelej se fue con Ojotzah su amigo y Pijol el comandante de su ejército y
regresó a la tierra de los Plishtim. 33 Y Avraham plantó un campo junto al
pozo del juramento y allí clamó en el Nombre de *YAHWEH*, el Elohim eterno.
34 Avraham habitó mucho tiempo como extra njero en la tierra de
los Plishtim.

73 Gálatas 4:28 [Ustedes, hermanos, como Yitzjak, son los hijos a los que se refiere la promesa de Elohim.] confirma que solamente Yitzjak es el hijo de la promesa. ¿Cuál promesa? La promesa de multiplicidad física que llenaría la tierra, y aún poseería la tierra de Kenaan como su hogar.

74 A Avraham *YAHWEH* le prometió ser padre de muchas naciones, la promesa pasó a Yitzjak y después a Ya'akov, pero a Yishmael, el hijo de la esclava, *YAHWEH* le promete ser padre de UNA nación con 12 tribus, eso es todo.

Bereshit (En el principio) - tyvarb - Génesis-22
Parashah 1: Bereshit (En el principio)

22 Después de estas cosas, Elohim probó a Avraham. El le dijo:
"¡Avraham!" y él respondió: "Aquí estoy." 2 El dijo: "Toma a tu hijo, tu único
hijo, al cual tú amas, Yitzjak; y ve a la tierra de Moriyah. Allí lo ofrecerás
como ofrenda quemada sobre las montañas que Yo te señalaré.[He 11:17 -19]"
3 Avraham se levantó temprano en la mañana, ensilló su asno, y tomó a dos de
sus muchachos con él, junto con Yitzjak su hijo. Cortó la leña para la ofrenda
quemada, salió y fue hacia el lugar que Elohim había señalado. 4 Al tercer día,
Avraham levantó sus ojos y vio el lugar a la distancia. 5 Avraham dijo a sus
muchachos: "Quédense aquí con el asno. Yo y el joven iremos allí,
adoraremos y regresaremos a ustedes." 6 Avraham cogió la leña para la
ofrenda quemada y la puso sobre Yitzjak su hijo. Entonces tomó en su mano
el fuego y el cuchillo, y los dos siguieron juntos. 7 Yitzjak habló a Avraham
su padre: "¿Mi padre?" El respondió: "Aquí estoy hijo mío." El dijo: "Yo veo
el fuego y la leña, pero ¿dónde está el cordero para la ofrenda quemada?" 8
Avraham respondió: "Elohim se proveerá a Sí Mismo el Cordero[75] para la
ofrenda quemada, hijo mío"; y los dos seguían juntos. 9 Ellos llegaron al lugar
que Elohim le había dicho; y Avraham edificó el altar allí, puso la leña en
orden, ató los pies de Yitzjak su hijo y lo acostó sobre el altar, sobre la leña.
10 Entonces Avraham extendió su mano y tomó el cuchillo para matar a su
hijo. 11 Pero el *Malaj*[76] de *YAHWEH* lo llamó desde el cielo: "¡Avraham!
¡Avraham!" El respondió: "Aquí estoy." 12 El dijo: "¡No pongas tu mano
sobre el muchacho! ¡No le hagas nada! Porque ahora Yo sé que tú eres un
hombre que teme a Elohim, porque por amor a mí no has retenido tu hijo
amado." 13 Avraham levantó sus ojos y miró, y allí detrás de él había un
carnero trabado en los arbustos por sus cuernos. Avraham fue y cogió el
carnero y lo ofreció como ofrenda quemada en lugar de su hijo. 14 Avraham
llamó al lugar *YAHWEH Yireh* [*YAHWEH* se ocupará, *YAHWEH* proveerá] –
como es dicho hasta este día: "En la montaña *YAHWEH* es visto." 15 El *Malaj*
de *YAHWEH* llamó a Avraham una segunda vez desde el cielo. 16 El dijo: "He
jurado por mí mismo – dice *YAHWEH* – que porque tú has hecho esto, y por
cuenta mía no has retenido a tu hijo amado, 17 Yo en verdad bendiciendo te
bendeciré; y Yo en verdad multiplicando te multiplicaré tu *zera* a tantos como
hay estrellas en el firmamento o granos de arena en la costa del mar. Tu *zera*
poseerá las ciudades de sus enemigos, 18 y por tu *zera* todas las naciones de la
tierra serán benditas – porque tú obedeciste mi orden." 19 Así que Avraham
regresó a sus muchachos. Ellos se levantaron y fueron juntos a Beer-Sheva.
[77] 20 Después de esto, le fue dicho a Avraham: "Milkah también le ha dado
hijos a tu hermano Najor – 21 Utz su primogénito, Buz su hermano, Kemuel el
padre de Aram, 22 Kesed, Hazo, Pildash, Yidlaf y Betuel. 23 Betuel engendró a

Rivkah. Estos ocho Milkah dio a Najor el hermano de Avraham. 24 Su
concubina, cuyo nombre era Reumah, tuvo hijos también: Tevaj, Gajam,
Tajash y Maajah.

75 Esto es un profecía y un prototipo de que *YAHWEH*-Yahshúa sería el Cordero expiatorio.

76 El Malaj de *YAHWEH*, "El" indica que es *YAHWEH*-Yahshúa, corroborado por los vv 1, 9, 14 y 16.

77 *YAHWEH* renueva la promesa, debido a la gran obediencia de Avraham en atar a Isaac en el monte Moriyah. En los vv 17-18 *YAHWEH* le recuerda a Avraham que es él quien heredará la promesa de multiplicidad física cuando un día su *zera* llegue a ser más que las estrellas del cielo y el polvo de la tierra. En el verso 18 vemos que de esta *zera* que llenaría la tierra, vendría uno (Mesías), a través de quien todas las familias de la tierra serían bendecidas. v 18; Hch 3:25.

Referencias;

Haftarah Vayera: Melajim Bet (2Reyes) 4:1-37

Lecturas sugeridas del Brit Hadashah para la Parashah Vayera: Lucas 17:26-37;

Romanos 9:6-9; Gálatas 4:21-31; Israelitas Mesiánicos (Hebreos) 6:13-20; 11:13-19;

Ya'akov 2:14-24; 2 Kefa (2 Pedro) 2:4-10

Parashah 5: Hayyei-Sarah (La vida de Sarah) 23:1-25:18

Bereshit (En el principio) – tyvarb – Génesis-23

Parashah 1: Bereshit (En el principio)

23 Sarah vivió 127 años; estos fueron los años de la vida de Sarah. 2 Sarah
murió en Kiryat- Arba, también conocida por Hevron, en la tierra de Kenaan;
y Avraham vino a hacer duelo por Sarah y a llorarla. 3 Entonces él se levantó
de delante de su muerta, y dijo a los hijos de Het: 4 "Yo soy un extranjero
habitando en tierra foránea con ustedes; déjenme tener un lugar de sepultura
entre ustedes, para poder sepultar a mi esposa muerta." 5 Los hijos de Het
respondieron a Avraham: 6 "Escúchanos, mi señor, Tú eres un rey de Elohim
entre nosotros, así que escoge cualquiera de nuestras sepulturas para sepultar
a tu muerta – ni uno de nosotros te rehusará su sepultura para sepultar a tu
muerta." 7 Avraham se levantó, se inclinó delante del pueblo de la tierra, los
hijos de Het, 8 y habló con ellos: "Si es su deseo ayudarme a sepultar mi
muerta, entonces escúchenme: pidan a Efron el hijo de Tzojar 9 que me dé la
cueva de Majpelah, la cual posee, la que está al extremo de su campo. El debe
vendérmela en presencia de ustedes a su precio actual; entonces yo tendré un
lugar de sepultura de mi propiedad." 10 Efron el Hitti estaba sentado entre los
hijos de Het, y dio a Avraham su respuesta en la presencia de los hijos de Het

que pertenecían al concejo gobernante de la ciudad: 11 "No, mi señor,
escúchame: yo te doy el campo, con su cueva – yo te lo estoy dando a ti. En
la presencia de mi pueblo yo te lo doy." 12 Avraham se inclin ó delante del
pueblo de la tierra 13 y habló a Efron en la audiencia del pueblo de la tierra:
"Puesto que tú estás de mi parte, escúchame. Toma de mí el precio del
campo; y sepultaré a mi muerta allí." 14 Pero Efron respondió a Avraham: 15
"No mi señor, yo ciertamente he oído, la tierra vale 400 *shekels* de plata –
¿qué es eso entre tú y yo? Sólo sepulta a tu muerta." 16 Avraham se percató de
lo que Efron había dicho, así que pesó para Efron la cantidad de dinero que él
había especificado en la presencia de los hijos de Het, 400 *shekels* de plata del
peso aceptado entre los mercaderes [diez libras]. 17 Así el campo de Efron en
Majpelah, el cual está junto a Mamre – el campo, su cueva y todos los árboles
en él y alrededor de él – fueron inscritos a 18 Avraham como su posesión en la
presencia de los hijos de Het que pertenecían al concejo gobernante de la
ciudad. 19 Luego Avraham sepultó a Sarah su esposa en la cueva del campo de
Majpelah, junto a Mamre, también conocido por Hevron, en la tierra de
Kenaan. 20 El campo y su cueva habían sido comprados por Avraham de los
hijos de Het como sitio de sepultura el cual le habría de pertenecer a él.

Bereshit (En el principio) – tyvarb – Génesis-24

Parashah 1: Bereshit (En el principio)

24 Ahora Avraham ya era viejo, avanzado en años; y *YAHWEH* había
bendecido a Avraham en todo. 2 Avraham dijo al sirviente que le había
servido por más tiempo, quien estaba a cargo de todo lo que poseía: "Pon tu
mano debajo de mi muslo; 3 porque yo quiero que jures por *YAHWEH*,
Elohim del cielo y Elohim de la tierra, que tú no escogerás una esposa para
mi hijo de entre las mujeres de Kenaan, entre quienes estoy habitando; 4 sino
que irás a mi tierra, donde yo nací, y a mi tribu, y tú tomarás de allí una
esposa para mi hijo Yitzjak." 5 El sirviente respondió: "Supón que la mujer no
está dispuesta a seguirme a esta tierra. ¿Debo entonces llevar a tu hijo a la
tierra de la cual tú viniste?" 6 Avraham le dijo: "Ocúpate de no llevar a mi hijo
de regreso allá. 7 *YAHWEH* el Elohim del cielo , el Elohim de la tierra – quien
me sacó de la casa de mi padre y lejos de la tierra donde crecí, quien me
habló y me juró: 'Yo daré esta tierra a ti a tu *zera*' – El enviará su *malaj*
delante de ti; y tú tomarás una esposa para mi hijo Yitzjak de allí. 8 Pero si la
mujer no quiere seguirte, entonces serás libre de tu obligación bajo mi
juramento. Sólo no lleves a mi hijo de regreso allá." 9 El sirviente puso su
mano debajo del muslo de Avraham su amo y le juró referente al asunto.
10 Entonces el sirviente tomó diez de los camellos de su amo y toda clase de
regalos de su amo con él, se levantó y fue a Aram-Naharayim, a la ciudad de
Najor. 11 Hacia el anochecer, cuando las mujeres salen a sacar agua, él hizo

que los camellos se arrodillaran fuera de la ciudad junto al pozo. 12 El dijo:
"*YAHWEH*, Elohim de mi amo Avraham, por favor déjame tener éxito
hoy; y muestra tu gracia a mi amo Avraham. 13 Aquí estoy, parado junto a la
fuente de agua, mientras las hijas de los hombres del pueblo salen a sacar
agua. 14 Yo diré a una de las vírgenes: 'Por favor baja tu cántaro, para que yo
pueda beber.' Si ella respond e: 'Sí, bebe; y yo daré agua a tus camellos
también,' entonces que sea ella la que tú has destinado para tu siervo Yitzjak.
Así es como conoceré que has mostrado gracia a mi amo." 15 Antes de que él
hubiera terminado de hablar, Rivkah la hija de Betuel, hijo de Milkah, la
esposa de Najor, el hermano de Avraham, salió con su cántaro sobre su
hombro. 16 La virgen era muy bonita, una virgen, nunca había tenido
relaciones sexuales con ningún hombre. Ella descendió a la fuente de agua,
llenó su cántaro y subió. 17 El sirviente corrió a encontrarse con ella, y dijo:
"Por favor dame un poco de agua de tu cántaro para beber." 18 "Bebe, mi
señor," ella respondió, e inmediatamente bajó el cántaro a sus manos y dejó
que él bebiera, 19 hasta que cesó de beber, y ella dijo: "Además, sacaré agua
para tus camellos hasta que hayan bebido hasta saciarse." 20 Ella se dio prisa y
vació su cántaro en la pila, entonces corrió de nuevo al pozo para sacar agua,
y siguió sacando agua para todos sus camellos. 21 El hombre la observó en
silencio, queriendo saber si *YAHWEH* había prosperado su viaje o no.
22 Cuando los camellos habían terminado de beber el hombre tomó un
pendiente de nariz de oro que pesaba una quinta parte de una onza y dos
brazaletes de oro que pesaban cuatro onzas, 23 y él le preguntó a ella: "¿De
quién eres tú hija? Dime, por favor. ¿Hay lugar en la casa de tu padre para
que nosotros pasemos la noche?" 24 Ella respondió: "Yo soy la hija de Betuel
el hijo que Milkah le dio a Najor," 25 añadiendo: "Tenemos mucha paja y
forraje, y espacio para que pasen la noche." 26 El hombre, estando bien
complacido, inclinó su cabeza y se postró delante de *YAHWEH*. 27 Entonces
dijo: "Bendito sea *YAHWEH*, Elohim de mi amo Avraham, quien no ha
abandonado su fiel amor por mi amo; porque *YAHWEH* me ha guiado a la
casa de los parientes de mi amo."28 La muchacha corrió , y dijo a la casa de su
madre lo que había pasado. 29-30 Rivkah tenía un hermano llamado Lavan.
Cuando él vio el pendiente de nariz, y, además, los brazaletes en las muñecas
de su hermana, y cuando él oyó el reporte de su hermana Rivkah de lo que el
hombre le había dicho a ella, corrió hacia la fuente de agua y encontró al
hombre parado allí junto a los camellos. 31 "Ven adentro," él dijo, "¡tú a quien
YAHWEH ha bendecido! ¿Por qué estás parado afuera cuando yo he hecho
lugar en la casa y he preparado un lugar para los camellos?" 32 Así que el
hombre entró, y mientras los camellos estaban siendo descargados y
proveídos con paja y forraje, agua le fue traída para lavarse sus pies y los pies
de los hombres con él. 33 Pero cuando una comida le fue puesta delante, él
dijo: "No comeré hasta que diga lo que tengo que decir." Lavan dijo: "Habla."

34 El dijo: "Yo soy el sirviente de Avraham. 35 *YAHWEH* ha bendecido a mi
amo grandemente, él es exaltado. El le ha dado rebaños y manadas, plata y
oro, esclavos y esclavas, camellos y asnos. 36 Sarah la esposa de mi amo le
dio un hijo cuando ya era vieja, y él le ha dado todo lo que tiene. 37 Mi amo
me hizo jurar, diciendo: 'No escogerás una esposa para mi hijo de entre las
mujeres de Kenaan, entre quienes estoy habitando; 38 más bien, irás a la casa
de mi padre, a mi tribu, para escoger una esposa para mi hijo.' 39 Yo dije a mi
amo: "Supón que la mujer no quiere seguirme.' 40 Avraham me dijo:
'*YAHWEH*, en cuya presencia yo he estado bie n placentero, enviará su *malaj*
contigo para hacer tu viaje exitoso; y tú escogerás una esposa para mi hijo de
mi tribu en la casa de mi padre; 41 esto te librará de la maldición bajo mi
juramento. Pero si cuando vayas a mi tribu, ellos rehúsan dártela, esto
también te librará de mi juramento.' 42 "Así que hoy, yo vine a la fuente de
agua, y dije: "*YAHWEH*, Elohim de mi amo Avraham, sí Tú estás causando
que mi viaje tenga éxito en su propósito, 43 entonces, aquí estoy, parado junto
a la fuente de agua. Diré a una de las muchachas que salen a sacar agua:
"Déjame beber un poco de agua de tu cántaro." 44 Si ella responde: "Si, bebe,
y daré de beber a tus camellos también," entonces deja que ella sea la esposa
que *YAHWEH* ha preparado para su propio siervo Yitzjak y, por lo tanto , yo
sabré que Tú has traído misericordia sobre mi amo Avraham.' 45 Y aun antes
de que yo terminara de hablar a mi corazón allí vino Rivkah, saliendo con su
cántaro sobre su hombro; ella descendió a la fuente y sacó agua. Cuando yo le
dije: 'Por favor dame un poco para beber, 46 ella inmediatamente bajó el
cántaro de su hombro, y dijo: 'Bebe, y yo daré de beber a tus camellos
también.' Así que bebí, y ella hizo que los camellos bebieran también.
47 "Yo le pregunté: '¿De quién eres tú hija?' Y ella respondió: 'La hija de
Betuel hijo de Najor, quien Milkah le dio a luz.' Entonces puse el pendiente
en su nariz y brazaletes en sus muñecas, 48 y estando bien complacido incliné
mi cabeza, me postré delante de *YAHWEH* y bendije a *YAHWEH*, Elohim de
mi amo Avraham, por haberme guiado en la dirección correcta para obtener la
nieta del hermano de mi amo para su hijo. 49 "Así que si ustedes tienen
intenciones de mostrar gracia y justicia a mi amo, díganmelo. Pero si no,
díganme, para poder ir a otra parte." 50 Lavan y Betuel respondieron: "Puesto
que esto viene de *YAHWEH*, no podemos decir nada a ti bueno o malo. 51
Rivkah está aquí delante de ti; tómala y vete. Que ella sea la esposa del
hijo de tu amo, como *YAHWEH* ha dicho." 52 Cuando el sirviente de Avraham
oyó lo que ellos dijeron, se postró en tierra para *YAHWEH*. 53 Entonces el
sirviente sacó plata y joyas de oro, junto con ropa, y los dio a Rivkah. El
también dio regalos valiosos al hermano de ella y a su madre. 54 El y sus
hombres entonces comieron, bebieron y fueron a dormir. En la mañana él se
levantó, y dijo: "Envíennos a nuestro amo." 55 El hermano de ella y su madre
dijeron: "Deja que la virgen se quede por unos días, por lo menos diez.
Después de eso, ella irá." 56 El les respondió: "No me atrasen, puesto que

YAHWEH ha prospe rado mi viaje, sino déjenme ir de vuelta a mi amo." 57
Ellos dijeron: "Llamaremos a la virgen y veremos lo que ella dice." 58 Ellos
llamaron a Rivkah, y le preguntaron: "¿Irás con este hombre?" Y ella dijo:
"Iré." 59 Así que ellos despidieron a Rivkah, con su sirvienta y sus bienes, a
los sirvientes de Avraham y a sus hombres. 60 Ellos bendijeron a Rivkah con
estas palabras: "Nuestra hermana, que tú seas la madre de millones, y que tu
zera posea las ciudades de aquellos que los odian.[78]" 61 Entonces Rivkah y
sus sirvientas se montaron en los camellos y siguieron al hombre. Por tanto,
el sirviente tomó a Rivkah y se fue por su camino. 62 Mientras tanto, Yitzjak,
un atardecer después de venir por el camino de Beer-Lajai-Roi – él estaba
viviendo en la tierra del sur – 63 salió a caminar por el campo hacia el
atardecer para meditar, y mientras alzó su mirada, vio camellos que se
acercaban.

78 La familia de Rivkah ora proféticamente por ella para que sus hijos lleguen a ser "miríadas de pueblos" y gobiernen sobre sus enemigos. Estos son billones, y es una profecía de la promesa dada por *YAHWEH* a Avraham, Yitzjak y Ya'akov.

64 Rivkah también alzó su mirada; y cuando ella vio a Yitzjak, deprisa se
desmontó de su camello. 65 Ella dijo al sirviente: "¿Quién es ese hombre que
camina por el campo para recibirnos?" Cuando el sirviente respondió: "Es mi
amo," ella tomó su velo y se cubrió.[79] 66 El sirviente le dijo a Yitzjak todo lo
que había hecho. 67 Entonces Yitzjak le trajo adentro de la tienda de su madre
y tomó a Rivkah, y ella fue su esposa, y él la amó. Así fue Yitzjak consolado
por la pérdida de Sarah su madre.

Bereshit (En el principio) – tyvarb – Génesis-25

Parashah 1: Bereshit (En el princípio)

25 Avraham tomó otra esposa, cuyo nombre era Keturah. 2 Ella le dio a luz
a Zimran, Yokshan, Medan, Midyan, Yishbak, y Shuaj. 3 Yokshan engendró a
Sheva y Tzaeman y a Dedan. Los hijos de Dedan fueron Raguel y Nabdeel y
los Ashurim, Letushim, Leumim. 4 Los hijos de Midyan fueron Efah, Efer,
Hanoj, Abida, y Eldaah. Todos estos eran hijos de Keturah. 5 Avraham dio en
herencia todo lo que él poseía a Yitzjak. 6 Pero a los hijos de las concubinas él
dio dones mientras todavía vivía y los envió al este, a la tierra de Kedem,
lejos de Yitzjak su hijo. 7 Y esto fue cuanto Avraham vivió: 175 años. 8
Entonces Avraham respiró por última vez, muriendo a una edad madura, un
hombre viejo lleno de años; y él fue reunido con su pueblo. 9 Yitzjak y
Yishmael sus hijos lo sepultaron en la cueva de Majpelah, en el campo de
Efronel hijo de Tzojar el Hitti, junto a Mamre, 10 el campo que Avraham
compró de los hijos de Het. Avraham fue sepultado allí con Sarah su esposa.
11 Avraham murió, Elohim bendijo a Yitzjak su hijo, y Yitzjak habitó cerca de

Beer-Lajai-Roi. 12 Aquí está la genealogía de Yishmael, el hijo de Avraham, a
quien Hagar la Mitzrayimi había dado a luz a Avraham. 13 Estos son los
nombres de los hijos de Yishmael, nombrados en el orden de su nacimiento.
El primogénito de Yishmael fue Nevayot; seguido de Kedar, Adbeel,
Mivsam, 14 Mishma, Dumah, Massa, 15 Hadad, Teima, Yetur, Nafish y
Kedmah. 16 Estos son los hijos de Yishmael, y estos son sus nombres,
conforme a sus asentamientos y sus campamentos, doce jefes de tribus.[80] 17
Esto es cuanto tiempo Yishmael vivió: 137 años. Entonces él respiró por
última vez, murió y fue reunido a su pueblo. 18 Los hijos de Yishmael
habitaron entre Havilah y Shur, cerca de Mitzrayim como cuando uno va
hacia Ashur; él se asentó cerca de todos sus hermanos.

Haftarah Hayyei-Sarah: Melajim Alef (1 Reyes) 1:1-31
Lecturas sugeridas del Brit Hadashah para la Parashah Hayyei - Sarah:
Mattityah (Mateo) 8:19-22; 27:3-10; Lucas 9:57-62
Parashah 6: Tol'dot (Historia) 25:19-28:9

19 Aquí está la historia de Yitzjak, el hijo de Avraham. Avraham engendró a
Yitzjak. 20 Yitzjak tenía cuarenta años cuando él tomó a Rivkah, la hija de
Betuel el Arami de Paddam-Aram y hermana de Lavan el Arami, para ser su
esposa.[81] 21 Yitzjak oró a *YAHWEH* por su esposa porque ella era estéril.
YAHWEH escuchó su oración, y Rivkah concibió. 22 Los hijos peleaban el
uno con el otro dentro de ella tanto que ella dijo: "Si va a ser así conmigo,
¿por qué es esto a mí?" Así que ella fue a consultar a *YAHWEH*,

79 La razón por la cual la mujer debe usar velo, es para demostrar que está bajo autoridad, y esto tiene que ver con los *malajim*.[1C 11:10]
80 A Yishmael se le dio ser padre de una sola nación con 12 tribus, no muchas naciones, ver nota en v 21:13.
81 Podemos ver que hay mucha sangre Aramea en Yisra'el, Rivkah era Aramea; Rajel y Leah hijas de Lavan eran Arameas.

23 quien le respondió: "Hay dos naciones en tu vientre. Desde el nacimiento
ellos serán dos pueblos rivales. Uno de estos pueblos será más fuerte que el
otro, y el mayor servirá al menor." 24 Cuando el tiempo de dar a luz vino,
había gemelos en su vientre. 25 El primero en salir era rojizo y cubierto por
todos lados de pelo, como una piel; y lo nombraron Esav [completamente
formado, esto es, teniendo pelo ya]. 26 Entonces su hermano emergió, con su
mano agarrando el calcañal de Esav, así que él fue nombrado Ya'akov [él
agarra el calcañal, él suplanta]. Yitzjak tenía sesenta años de edad cuando ella
los tuvo. 27 Los niños crecieron; y Esav se hizo un cazador habilidoso,
hombre de monte; mientras Ya'akov era un hombre quieto que se quedaba en

las tiendas. 28 Yitzjak favorecía a Esav, porque él tenía gusto por el venado;
Rivkah favorecía a Ya'akov. 29 Un día cuando Ya'akov había cocinado un
guiso, Esav vino del campo abierto, exhausto, 30 y dijo a Ya'akov: "¡Por
favor! Déjame engullir algo de esa cosa roja – ¡esa cosa roja! ¡Estoy
exhausto! (Por esto él fue llamado Edom [rojo].) 31 Ya'akov respondió:
"Primero véndeme este día tus derechos de primogenitura." 32 "¡Mira, estoy al
morir!" Dijo Esav. "¿Qué uso tendrán para mí mis derechos de
primogenitura?" 33 Ya'akov dijo: "¡Primero júramelo!" Así que él le juró, así
vendiendo los derechos de primogenitura a Ya'akov. 34 Entonces Ya'akov le
dio pan y guisado de lentejas, él comió y bebió, se levantó y siguió su
camino. Así demostró Esav qué poco valoraba su primogenitura.[82]

Bereshit (En el principio) - tyvarb - Génesis-26

Parashah 1: Bereshit (En el principio)

26 Una hambruna vino sobre La Tierra, no la misma que la primera
hambruna, que tuvo lugar cuando Avraham estaba vivo. Yitzjak fue a Gerar, a
Avimelej rey de los Plishtim. 2 *YAHWEH* se le apareció, y dijo: "No
desciendas a Mitzrayim, sino habita donde Yo te digo. 3 Quédate en esta
tierra, y Yo estaré contigo y te bendeciré, porque Yo daré todas estas tierras a
ti y a tu *zera*. Yo cumpliré mi juramento que hice a Avraham tu padre – 4 Yo
haré tu *zera* tan numerosa como las estrellas en el firmamento, Yo daré todas
estas tierras a tu *zera*, y por tu *zera* todas las naciones de la tierra se
bendecirán a sí. 5 Todo esto porque Avraham tu padre escuchó lo

82 En He 8:8, escrito a las dos casas de Yisra'el, conocimiento acerca de la revelación de He 12:15-17. Sabemos que Esav, que era el primogénito de Yitzjak, vendió su primogenitura por un potaje de lentejas, Ge 25:29-34. En He 12:17 Esav se encontraba en línea para heredar la bendición del hijo primogénito (*mishpat bajor)* además de la renovación del Pacto con
Avraham, eterno e incondicional, mediante el cual Esav era el próximo en línea para que su simiente llenase el mundo con la multiplicidad física que primeramente le había sido prometida a Avraham y Yitzjak. He 11:9 nos recuerda que los patriarcas confiaban y esperaban en una y la misma promesa de la multiplicidad física, que habría de incluir a una nación y una compañía de naciones (Ge 35:10-11) o a las dos casas, juntamente con el Mesías mismo, que habría de surgir de la misma *zera*. Esav podría haber sido la misma vasija de la renovación de *YAHWEH* en relación con esa promesa única. El primogénito correcto (estatuto respecto al primogénito) es al mismo tiempo el heredero de una doble porción de la herencia
material, es el *mishpat bajor* o el primogénito correcto del primer hijo varón. El estatuto de *mishpat bajor* nombraba a los primogénitos de aquellos que después habrían de convertirse en la nación de Yisra'el, como los que habrían de recibir la doble porción de la herencia familiar, que había comenzado con Avraham y Yitzjak y que se transmitía por medio de las futuras
generaciones a través de los primogénitos de Yisra'el. El hijo de *mishpat bajor* recibía el liderazgo familiar, una doble porción, un estado preferencial, la santidad, la autoridad, el honor, la reputación y la preeminencia. Nuestro Salvador, el Mesías Yahshúa fue el Cordero sin pecado en este mundo y, además, el primero en resucitar de los muertos. Por lo tanto,

recibió el doble honor y la doble porción de la herencia de *YAHWEH*. ¡Fue el primero y el único hombre que vivió una vida exenta de pecado en este mundo y el primero en resucitar de manera física y permanente de entre los muertos para el *olam habah* o el mundo venidero! ¡De ese modo, hereda tanto esta era como la próxima (He 1:2) y se convierte en la personificación del heredero primogénito definitivo de Yisra'el, venciendo a ambos mundos!

que Yo dije e hizo todo lo que Yo le dije que hiciera – él obedeció mis
mitzvot, mis regulaciones y mis enseñanzas.[83] 6 Así que Yitzjak se asentó en
Gerar. 7 Los hombres del lugar le preguntaron acerca de su esposa y, por
miedo, él dijo: "Ella es mi hermana." El pensó: "Si les digo que ella es mi
esposa, me pueden matar para tomar a Rivkah. Después de todo, ella es una
mujer bella." 8 Y él permaneció allí por largo tiempo, y Avimelej el rey de los
Plishtim miró hacia adentro por la ventana cuando él vio a Yitzjak
acariciando a Rivkah su esposa. 9 Avimelej mandó a llamar a Yitzjak, y dijo:
"¿Es ella tu esposa? ¿Por qué dijiste: 'Ella es mi hermana'?" Yitzjak
respondió: "Porque yo pensé: 'Me pueden matar por causa de ella.'" 10
Avimelej dijo: "¿Por qué nos has hecho esto a nosotros? Uno del pueblo
fácilmente pudo haber dormido con tu esposa, ¡y tú hubieras traído pecado de
ignorancia sobre nosotros!" 11 Entonces Avimelej advirtió a todo el pueblo:
"Cualquiera que toque a este hombre o a su esposa de cierto será puesto a
muerte." 12 Yitzjak plantó cultivos en la tierra y cosechó ese año cien veces
más cebada de lo que había sembrado, *YAHWEH* lo había bendecido. 13 El
hombre se enriqueció y prosperó más y más, hasta que ciertamente se había
vuelto muy rico. 14 El tenía rebaños de ovejas, reses y bueyes, y mucha tierra
cosechada; y los Plishtim lo envidiaban. 15 Ahora los Plishtim habían tapado y
llenado de tierra todos los pozos que los sirvientes de su padre habían cavado
durante la vida de Avraham su padre. 16 Avimelej dijo a Yitzjak: "Te tienes
que ir de nosotros, porque te has hecho mucho más poderoso de lo que somos
nosotros." 17 Así que Yitzjak se fue, y acampó en el Vadi Gerar, y vivió allí.
18 Yitzjak volvió a cavar los pozos que habían sido cavados durante la vida de
Avraham su padre, los mismos que los Plishtim habían tapado después que
Avraham había muerto, y los llamó por los nombres que su padre había usado
para ellos. 19 Los sirvientes de Yitzjak cavaron en el valle de Gerar y
descubrieron una fue nte de agua viviente. 20 Pero los pastores de Gerar
riñeron con los pastores de Yitzjak, reclamando: "¡El agua es nuestra!" Así
que él llamó el pozo Esek [riña], porque riñeron con él. 21 El se fue entonces,
y cavaron otro pozo y también riñeron sobre él. Así que lo llamó Sitnah
[enemistad, hostilidad]. 22 El se fue de allí y cavó otro pozo, y sobre ese no
riñeron. Así que lo llamó Rejovot [espacios abiertos], y dijo: "Porque ahora
YAHWEH nos ha dado espacio, y nos ha aumentado en esta tierra." 23 De allí
Yitzjak subió a Beer-Sheva. 24 *YAHWEH* se le apareció esa misma noche, y le
dijo: "Yo soy el Elohim de Avraham tu padre. No tengas temor, porque Yo
estoy contigo; Yo te bendeciré y multiplicaré tu *zera* por amor a mi siervo

Avraham." 25 Allí él edificó un altar e invocó El Nombre de *YAHWEH*.[84] El
plantó su tienda allí, y allí los sirvientes de Yitzjak cavaron un pozo.
26 Entonces Avimelej fue a él desde Gerar con su amigo Ojotzah y Pijol el
comandante de su ejército. 27 Yitzjak les dijo a ellos: "¿Por qué vienen a mí, a
pesar de que se enemistaron conmigo y me echaron de entre ustedes?" 28 Ellos
respondieron: "Vimos claramente que *YAHWEH* ha estado contigo, así que
dijimos: 'Haya entre nosotros un juramento; hagamos un pacto entre nosotros
y tú 29 que no nos harán ningún daño, así como nosotros no te hemos
aborrecido sino que te hemos hecho nada más que lo bueno y te hemos
mandado fuera en *Shalom*. Ahora estás bendecido por *YAHWEH*.'"

83 En el v 4 vemos esta promesa de incremento físico siendo renovada con Yitzjak, el hijo de Avraham. A él le es dicho que su *zera* será más que las estrellas del cielo. Yitzjak llega a ser el heredero de esta promesa, no Yishmael. Por tanto, cuando *YAHWEH* cumple esta grande y preciosa promesa, no es a través de un Gentil adoptado como Eliezer o un hijo de la carne
como Yishmael, sino a través del hijo de la promesa (Yitzjak), el heredero procedente del propio cuerpo de Avraham. Ga 4:28: "Ustedes, hermanos, como Yitzjak, son los hijos a los que se refiere la promesa de Elohim;" confirma que solamenteYitzjak es el hijo de la promesa. ¿Cuál promesa? La promesa de multiplicidad física que llenaría la tierra, y aún poseería la tierra de Kenaan como su hogar. 84 Tal como Avraham sabía e invocaba el Nombre de *YAHWEH*, así también Yitzjak lo sabía e invocaba, y nosotros también.

30 Yitzjak preparó un banquete para ellos, y comieron y bebieron. 31 La
mañana siguiente, ellos se levantaron temprano y juraron el uno al otro.
Entonces Yitzjak los envió de camino, y lo dejaron pacíficamente. 32 Ese
mismo día los sirvientes de Yit zjak vinieron y le dijeron acerca del pozo que
habían cavado: "No hemos encontrado agua." 33 Así que lo llamó Sheva
[juramento, siete], y por esta razón el nombre de la ciudad es Beer-Sheva
[pozo de siete, pozo del juramento] hasta este día. 34 Cuando Esav tenía
cuarenta años de edad, tomó como esposas a Yehudit la hija de Beeri el Hitti
y a Basmat la hija de Elon el Hitti. 35 Pero ellas estaban provocando a Yitzjak
y Rivkah.

Bereshit (En el principio) – tyvarb – Génesis-27

Parashah 1: Bereshit (En el principio)

27 En el curso del tiempo, después que Yitzjak se había puesto viejo y sus
ojos se nublaron, no pudiendo ver, él llamó a Esav su hijo mayor, y le dijo:
"¿Hijo mío?" Y él respondió: "Aquí estoy." Y él dijo: 2 "Mira, ahora ya estoy
viejo, yo no sé cuando moriré. 3 Por lo tanto, por favor coge tu atavío de caza
– tu aljaba de flechas y tu arco; sal al campo, y trae venado. 4 Hazme carnes,
como a mí me gusta; y tráela a mí para comer. Entonces te bendeciré [como
primogénito], antes de morir.

5 Rivkah estaba escuchando cuando Yitzjak habló con su hijo Esav. Así que
cuando Esav salió al campo para cazar venado para su padre y traerlo de
regreso, 6 ella dijo a su hijo Ya'akov: "¡Escucha! Yo oí a tu padre decir a tu
hermano Esav: 7 'Tráeme venado y hazlo como a mí me gusta, para poder
comerlo. Entonces yo te daré mi bendición en la presencia de *YAHWEH*,
antes de morir. 8 Ahora préstame atención, hijo mío; y haz lo que yo te digo. 9
Ve al rebaño, y trae dos cabritos de primera. Yo los haré de buen gusto para
tu padre, de la forma que a él le gusta; 10 y tú los llevarás a tu padre para
comer; así él dará su bendición a ti antes de morir." 11 Ya'akov respondió a
Rivkah su madre: "Mira, Esav es velludo, y yo de piel suave. 12 Supón que mi
padre me toca – ¡él sabrá que estoy tratando de engañarlo, y traeré maldición
sobre mí mismo, no una bendición!" 13 Pero su madre dijo: "¡Deja que tu
maldición esté sobre mí, y ve a traerme los cabritos!" 14 Así que él fue, los
cogió y los trajo a su madre; y su madre los preparó de buen gusto de la forma
que su padre amaba. 15 Después Rivkah tomó las mejores ropas de Esav su
hijo mayor, las cuales tenía con ella en la casa, y las puso a Ya'akov su hijo
menor; 16 y puso las pieles de los cabritos en sus manos y en la parte de su
cuello que no tenía vello. 17 Entonces dio a su hijo Ya'akov la comida gustosa
y el pan que ella había preparado. 18 El los trajo a su padre, y dijo: "¿Mi
padre?" El respondió: "Aquí estoy; ¿quién eres tú, hijo mío?" 19 Ya'akov dijo
a su padre: "Yo soy Esav tu primogénito. He hecho lo que me pediste
que hiciera. Levántate, siéntate, come el venado, y dame tu bendición" 20
Yitzjak dijo a su hijo: "¿Cómo lo encontraste tan rápido, hijo mío?" El
respondió: "*YAHWEH* tu Elohim hizo que sucediera de esa forma." 21 Yitzjak
dijo a Ya'akov: "Ven acá, cerca de mí, para poder tocarte, hijo mío, y saber sí
eres de hecho mi hijo Esav o no." 22 Ya'akov se acercó a Yitzjak su padre,
quien lo tocó, y dijo: "La voz es la voz de Ya'akov, pero las manos son las
manos de Esav." 23 Sin embargo, él no lo detectó, porque sus manos estaban
velludas como las de su hermano Esav; así que le dio la bendición. 24 El
preguntó: "¿Eres realmente mi hijo Esav?" Y él respondió: "Yo soy." 25 El
dijo: "Tráelo aquí, para comer el venado de mi hijo, así te podré dar mi
bendición." 26 Entonces su padre Yitzjak le dijo: "Acércate aho ra, y bésame,
mi hijo." 27 El se acercó y lo besó. Yitzjak olió sus ropas y bendijo a Ya'akov
con estas palabras: "Mira, mi hijo huele como un campo que *YAHWEH* ha
bendecido. 28 Así que Elohim te dé el rocío del cielo, la riqueza de la tierra, y
grano y vino en abundancia. 29 Naciones te sirvan y príncipes se inclinen ante
ti. Seas señor sobre tu hermano, los hijos de tu padre te hagan reverencia.
¡Maldito sea cualquiera que te maldiga, y bendito sea cualquiera que te
bendiga![85]" 30 Pero tan pronto Yitzjak había terminado de dar su bendición a
Ya'akov, cuando Ya'akov apenas había dejado la presencia de su padre, Esav
su hermano vino de su caza. 31 El también había preparado una carne gustosa
y la trajo a su padre, y ahora dijo a su padre: "Mi padre se levante y coma del
venado de su hijo, para que me puedas dar tu bendición." 32 Yitzjak su padre

le dijo: "¿Quién eres tú?" Y él respondió: "Yo soy tu hijo, tu primogénito,
Esav." 33 Yitzjak empezó a temblar incontrolablemente, y dijo: "Entonces,
¿quién preparó venado y me lo trajo? Yo lo comí todo justo antes de que tú
vinieras, y di mi bendición a él. Esa es la verdad, y la bendición
permanecerá." 34 Cuando Esav oyó las palabras de su padre rompió en un alto,
amargo sollozo: "Padre, bendíceme a mí también," él rogó. 35 El respondió:
"Tu hermano vino engañosamente y se llevó tu bendición." 36 Esav dijo: "Su
nombre, Ya'akov [el suplantador], realmente le va bien – ¡porque él me
suplantó dos veces: él se llevó mi primogenitura, y aquí, ahora se ha llevado
mi bendición!" Entonces preguntó: "¿No has guardado una bendición para
mí?" 37 Yitzjak respondió a Esav: "Mira, yo lo he hecho tu señor, yo le he
dado todos sus parientes como sirvientes, y le he dado grano y vino para
sustentarlo. ¿Qué más hay que pueda hacer por ti, hijo mío?" 38 Esav dijo a su
padre: "¿Tienes tú sólo una bendición, mi padre? ¡Padre, bendíceme
también!" Y Yitzjak, estando preocupado, Esav alzó su voz llorando, 39 y
Yitzjak su padre le dijo: "¡Toma! Tu casa será la riqueza de la tierra y el rocío
del cielo de arriba. 40 Vivirás por la espada, y servirás a tu hermano. Pero
cuando te liberes, sacudirás su yugo de tu cuello." 41 Esav odió a su hermano
a causa de la bendición que su padre le había dado. Esav se dijo a sí: "El
tiempo para enlutarse por mi padre pronto vendrá, y entonces mataré a mi
hermano Ya'akov." 42 Pero las palabras de Esav el hijo mayor de ella fueron
reportadas a Rivkah. Ella mandó a llamar a Ya'akov su hijo menor, y le dijo:
"Mira, tu hermano Esav está amenazando matarte. 43 Por lo tanto, hijo mío,
escúchame; levántate y escapa a Lavan mi hermano en Haran. 44 Quédate con
él por un tiempo, hasta que el enojo de tu hermano se atenúe. 45 La ira de tu
hermano se volverá de ti, y él se olvidará lo que tú le hiciste. Entonces yo
enviaré y te traeré de allí. ¿Por qué he de perder a ambos de ustedes en el
mismo día? 46 Rivkah dijo a Yitzjak: "¡Estoy harta hasta la muerte de las
mujeres Hitti! Si Ya'akov se casa con una de las mujeres Hitti, como esas que
viven aquí, mi vida no valdría para nada vivirla."

Bereshit (En el principio) – tyvarb – Génesis-28

Parashah 1: Bereshit (En el principio)

28 Así que Yitzjak llamó a Ya'akov, y, después de bendecirlo, le ordenó:
"No escogerás una esposa de entre las mujeres Hitti. 2 Ve a la casa de Betuel
el padre de tu madre, y escoge una mujer allí de las hijas de Lavan el hermano
de tu madre. 3 Que *El Shaddai* te bendiga, te haga fructífero y multiplique tu
zera, hasta que se hagan una total asamblea de naciones [Gentiles]. 4 Y que El
te dé la bendición la cual dio a Avraham, a ti y a tu *zera* contigo, para que así
poseas la tierra por la cual viajarás, La Tierra que Elohim dio a Avraham.[86]"

85 Los tratos de Ya'akov [el suplantador] con Esav demostraron mucho egoísmo y astucia mezquina Ge 25:29-34. Cuando Yitzjak era alrededor de 160 años de edad, Ya'akov y su madre Rivkah conspiraron para engañar al viejo Patriarca Ge 27:1s con la esperanza de transferir la primogenitura. La primogenitura le aseguraba un rango superior en la familia; una doble porción de la herencia paterna; una ordenanza sacerdotal en la familia y la promesa da la *zera* en la cual todas las naciones serían bendecidas Ge 22:18. Después de la bendición de su padre, Ya'akov se dio cuenta de su iniquidad, y estando temeroso de la ira de su hermano, a la sugerencia de su madre Rivkah, él se fue a Haran para encontrar esposa entre su familia, la familia de Lavan el Arami (Sirio) Ge 28:1-22. Todo esto permitido por *YAHWEH* para crear las doce tribus de Yisra'el.

86 Verso 3 encuentra a Yitzjak bendiciendo a Ya'akov y profetizando que la promesa que *YAHWEH* dio a Avraham y a Yitzjak sería ahora concedida sobre Ya'akov y no Esav. Vemos que en el v 3 Yitzjak ora que la zera de Ya'akov, fuera

5 Así que Yitzjak despidió a Ya'akov; y él fue a Paddan-Aram, a Lavan, hijo
de Betuel el Arami, el hermano de Rivkah, la madre de Ya'akov y de Esav. 6
Ahora Esav vio que Yitzjak había bendecido a Ya'akov y lo había despedido
hacia Paddan-Aram para escoger una esposa de allí, y que mientras lo
bendijo, le ordenó: "No escogerás una mujer Kenaani como tu esposa," 7 y
que Ya'akov había escuchado a su padre y madre y se había ido a Paddan-
Aram 8 Esav también vio que las mujeres Kenaani eran malditas delante de su
padre Yitzjak. 9 Así que Esav fue a Yishmael y tomó, aparte de las mujeres
que ya tenía, a Majalat [Bashemat] la hija de Yishmael el hijo de Avraham, la
hermana de Nevayot, para ser su esposa.[87]

Referencias;
Haftarah Tol'dot: Malawi (Malaquías) 1:1-2:7
Lecturas sugeridas del Brit Hadashah para la Parashah Tol'dot:
Romanos 9:6-16; Israelitas Mesiánicos (Hebreos) 11:20; 12:14-17
Parashah 7: Vayetze (El salió) 28:10-32-3

10 Ya'akov salió de Beer-Sheva y viajó hacia Haran. 11 El llegó a cierto lugar y
se quedó allí la noche, porque el sol se había puesto. Tomó una piedra del
lugar, la puso debajo de su cabeza y se acostó allí a dormir. 12 Soñó que allí
delante de él había una escalera descansando en la tie rra y con su extremo
llegaba al cielo, y los *malajim* de *YAHWEH* subían y bajaban por ella.[88] 13
Entonces de repente *YAHWEH* estaba parado allí junto a él; y El dijo : "Yo
soy *YAHWEH* el Elohim de Avraham tu padre [abuelo] y el Elohim de
Yitzjak. No temas, La Tierra sobre la cual estás acostado Yo la daré a ti y a tu
zera. 14 Tu *zera* será tan numerosa como los granos de arena en la tierra. Te
expandirás hacia el oeste y hacia el este, hacia el norte y hacia el sur. Por ti y
tu *zera* todas las tribus de la tierra serán bendecidas. 15 Mira, Yo estoy
contigo. Yo te guardaré dondequiera que vayas, y Yo te traeré de regreso a

esta tierra, porque no te dejaré hasta que Yo haya hecho lo que te he prometido.[89]"

bendecida y llegara a ser un "kehelat Goyim" o "asamblea de naciones/ *Goyim.*" Por primera vez en la Escritura obtenemos un destello del plan de *YAHWEH* para llenar la tierra con la *zera* de Avraham, Yitzjak y Ya'akov. De alguna manera, El lo haría al juntar una asamblea de *Goyim.* El v 4 confirma que lo que Yitzjak está concediendo sobre Ya'akov no es nada más que la bendición de Avraham.

87 En este verso tenemos la unión de dos fuerzas que odian y han odiado a Ya'akov/Yisra'el; Esav/Edom/Roma y Yishmael/Árabes/Islam.

88 Jn 1:51 Entonces El [Yahshúa] le dijo: "¡Si, en verdad Yo les digo que ustedes verán el cielo abierto, y a **los *malajim* de *YAHWEH* que suben y descienden** sobre el Ben Ha Adam!"

89 En estos versos encontramos a *YAHWEH* diciéndole a Ya'akov que su *zera* sería esparcida como el polvo de la tierra a las cuatro esquinas del mundo. Su simiente encontraría su hogar en la tierra de Kenaan, pero de alguna manera llegaría hasta las cuatro esquinas de la tierra a través del plan Divino de *YAHWEH.* Es la misma concesión sobre Ya'akov de la promesa y bendición de Avraham. El término Hebreo usado en Ge 28:14 es "*parats*", significando regar. Literalmente significa el saltar y regar rápidamente. Esta promesa de multiplicidad física debe venir a través de Avraham, Yitzjak y Ya'akov, anulando cualquier reclamo hecho por el Islam y los Yishmaelim o cualquier otro escolar bíblico desorientado afirmando que esta promesa es cumplida al juntar a los Judíos y a los Musulmanes. Esto es incorrecto puesto que esta promesa debe venir a través de Yit zjak y Ya'akov y no a través de Yishmael y Esav. Los pueblos Yismaelim, Árabes y Musulmanes son los descendientes físicos solamente de Avraham, no los herederos prometidos Yitzjak y Ya'akov. Ellos no cumplen las normas fijadas por *YAHWEH* cuando El estableció que la promesa de multiplicidad física vendría a través de Avraham, Yitzjak y Ya'akov. ¡La fe del Islam no es la fe de Avraham puesto que para tener la fe de Avraham, uno tiene que creer que fue Yitzjak y no Yishmael quien fue la zera escogida!

16 Ya'akov se despertó de su sueño, y dijo: "Ciertamente *YAHWEH* está en
este lugar – ¡y yo no lo sabía!" 17 Entonces tuvo temor, y dijo: "¡Este lugar es
temeroso! ¡Esta tiene que ser la casa de Elohim! ¡Esta es la puerta del cielo!"
18 Ya'akov se levantó temprano en la mañana, tomó la piedra que tenía debajo
de la cabeza, la puso como piedra de señal, derramó aceite de oliva sobre ella
19 y llamó al lugar Beit-El [casa de Elohim]; pero el pueblo se había llamado
originalmente Luz. 20 Ya'akov hizo este voto: "Si *YAHWEH*Elohim está
conmigo y me guarda en este camino que estoy viajando, dándome pan para
comer y ropa para vestir, 21 para que regrese a la casa de mi padre en *Shalom*,
entonces *YAHWEH* será mi Elohim; 22 y esta piedra, que he puesto como
piedra de señal, será la casa de Elohim; y de todo lo que Tú me des, yo
fielmente regresaré una décima parte a ti."

Bereshit (En el principio) - tyvarb - Génesis-29

Parashah 1: Bereshit (En el principio)

29 Y Ya'akov comenzó, y fue a la tierra del este a Lavan, el hijo de Betuel
el Arami y el hermano de Rivkah, madre de Ya'akov y Esav. 2 Mientras miró
vio un pozo en el campo; y había tres rebaños de ovejas acostados allí junto a
él; porque ellos daban a beber a las ovejas de ese pozo. La piedra a la boca
del pozo era grande, 3 y solamente cuando todos los rebaños se habían juntado
allí ellos corrían la piedra de la boca del pozo y daban de beber a las ovejas.
Entonces ponían la piedra de regreso en su lugar sobre la boca del pozo.
4 Ya'akov les dijo a ellos: "Mis hermanos, ¿de dónde son ustedes?" Ellos
respondieron: "Somos de Haran." 5 El les preguntó: "¿Conocen ustedes a
Lavan el hijo [nieto] de Najor?" Ellos dijeron: "Lo conocemos." 6 El les
preguntó "¿Van las cosas bien con él?" "Si," ellos respondieron, "y aquí viene
su hija Rajel con las ovejas." 7 El dijo: "Miren, todavía hay suficiente luz del
día; y no es hora de llevar los animales a casa, así que den de beber a las
ovejas, entonces se van, y las ponen a pacer." 8 Ellos respondieron: "No
podemos, no hasta que los rebaños se hayan juntado, y ellos rueden la piedra
de la boca del pozo. Entonces daremos de beber a las ovejas." 9 Mientras él
todavía hablaba con ellos, Rajel la hija de Lavan vino con las ovejas de su
padre, porque ella era quien alimentaba las ovejas de su padre. 10 Cuando
Ya'akov vio a Rajel la hija de Lavan el hermano de su madre, y las ovejas de
Lavan el hermano de su madre, Ya'akov subió y rodó la piedra de la boca del
pozo y le dio de beber las ovejas de Lavan el hermano de su madre. 11
Ya'akov besó a Rajel y sollozó en voz alta. 12 Ya'akov le dijo a Rajel que él
era pariente de su padre, y que él era el hijo de Rivkah; y ella corrió y se lo
reportó a su padre de acuerdo a estas palabras. 13 Cuando Lavan oyó las
noticias de Ya'akov el hijo de su hermana, él corrió a conocerlo, lo abrazó y
lo besó, y lo trajo a su casa. Ya'akov le dijo a Lavan todo lo que había
pasado. 14 Lavan le dijo: "Tú eres ciertamente mi propia carne y sangre."
Después que Ya'akov se había quedado con él por un mes entero, 15 Lavan le
dijo: "¿Por qué has de trabajar para mí por nada, sólo porque tú eres mi
pariente? Dime cuánto te debo pagar." 16 Ahora bien, Lavan tenía dos hijas; el
nombre de la mayor era Leah, y el nombre de la menor era Rajel. 17 Los ojos
de Leah eran débiles; pero Rajel era bien parecida, con bellas facciones.
18 Ya'akov se había enamorado de Rajel, y dijo: "Yo trabajaré para ti por siete
años a cambio de Rajel tu hija menor." 19 Lavan respondió: "Es mejor que te
la dé a ti que a otro; quédate conmigo." 20 Así que Ya'akov trabajó siete años
por Rajel, y le pareció sólo unos días, porque él estaba tan enamorado de ella.
21 Ya'akov dijo a Lavan: "Dame mi esposa, puesto que mi tiempo ha
terminado, para que pueda empezar a vivir con ella." 22 Lavan reunió a todos
los hombres del lugar y dio un banquete de matrimonio. 23 En la noche él

tomó a su hija Leah y la trajo a Ya'akov, y él entró y durmió con ella. 24
Lavan también dio su esclava Zilpah a su hija Leah como su esclava.
25 En la mañana Ya'akov vio que estaba con Leah, y dijo a Lavan: "¿Qué
clase de cosa es ésta que me has hecho? ¿No trabajé para ti por Rajel? ¿Por
qué me has engañado?" 26 Lavan respondió: "En nuestro lugar así no es como
se hace, de dar la hija menor antes que la primogénita. 27 Termina la semana
de bodas de ésta, y te daremos la otra también a cambio del trabajo que harás
para mí aun por otros siete años." 28 Ya'akov acordó en esto, así que terminó
su semana, y Lavan le dio su hija Rajel como su esposa. 29 Lavan también dio
a su hija Rajel su esclava Bilhah como su esclava. 30 Así que no sólo Ya'akov
fue y durmió con Rajel, sino que él amó a Rajel más que a Leah. Entonces
sirvió a Lavan por otros siete años. 31 *YAHWEH* vio que Leah era odiada, El
abrió su vientre, mientras que Rajel permaneció estéril. 32 Leah concibió y dio
a luz un hijo, a quien llamó Reuven [¡mira, un hijo!], pues ella dijo: "Es
porque *YAHWEH* ha visto qué humillada he sido, pero ahora mi esposo me
amará." 33 Ella concibió de nuevo, dio a luz un hijo, y dijo: "Es porque
YAHWEH ha oído que no soy amada; por lo tanto me ha dado este hijo
también." Así que lo llamó Shimeon [oído]. 34 Una vez más ella concibió y
tuvo un hijo; y ella dijo: "Ahora esta vez mi esposo será unido a mí, porque le
he dado tres hijos." Por lo tanto ella lo llamó Levi [uniéndose] 35 Ella
concibió aun otra vez, tuvo un hijo, y dijo : "Esta vez alabaré a *YAHWEH*";
por lo tanto ella lo llamó Yahudáh [Alabanza a *YAHWEH*]. Entonces ella dejó
de tener hijos.

Bereshit (En el principio) – tyvarb – Génesis-30

Parashah 1: Bereshit (En el principio)

30 Cuando Rajel vio que ella no estaba dando hijos a Ya'akov, ella envidió
a su hermana, y dijo a Ya'akov: "¡Dame hijos, o moriré!" 2 Esto hizo que
Ya'akov se enojara con Rajel; él respondió: ¿Estoy yo en el lugar de Elohim?
El es el que te está negando hijos." 3 Ella dijo: "Aquí esta mi esclava Bilhah.
Ve a dormir con ella, y deja que ella de a luz un hijo que será puesto en
mis rodillas, para que así por medio de ella yo también pueda edificar una
familia." 4 Así que ella le dio a Bilhah su esclava como su esposa, y Ya'akov
entró y durmió con ella. 5 Bilhah la esclava de Rajel concibió y le dio a
Ya'akov un hijo. 6 Rajel dijo: "Elohim ha juzgado a mi favor; de cierto El me
ha oído y me ha dado un hijo." Por lo tanto ella lo llamó Dan [El juzgó].
7 Bilhah la esclava de Rajel concibió otra vez y dio a Ya'akov un segundo
hijo. 8 Rajel dijo: "He luchado fuertemente con mi hermana y he ganado," y lo
llamó Naftali [mi lucha]. 9 Cuando Leah vio que ella había cesado de tener
hijos, ella tomó a Zilpah su esclava y la dio a Ya'akov como su esposa. 10 Y él

entró sobre ella, y Zilpah la esclava de Leah concibió dio a Ya'akov un hijo;
11 y Leah dijo: "Buenaventura ha venido," llamándolo Gad [buenaventura].
12 Zilpah la esclava de Leah le dio a Ya'akov un segundo hijo; 13 y Leah dijo:
"¡Qué feliz estoy! ¡Las mujeres dirán que soy feliz!" Y lo llamó Asher [feliz].
14 Durante la temporada de cosecha del trigo Reuven fue y encontró
mandrágoras[90] en el campo y las trajo a su madre Leah. Rajel dijo a Leah:
"Por favor dame algunas mandrágoras [para que pueda ser fértil]." 15 Ella
respondió: "¿No es suficiente que has tomado a mi esposo? ¿También tienes
que tomar las mandrágoras de mi hijo?" Rajel dijo: "Muy bien, a cambio por
las mandrágoras de tu hijo, duerme con él esta noche." 16 Cuando Ya'akov
vino del campo en la noche, Leah salió a recibirlo, y dijo: "Tienes que venir a
dormir conmigo, porque te he alquilado por las mandrágoras de mi hijo." Así
que Ya'akov durmió con Leah esa noche. 17 "Elohim escuchó a Leah y Leah
concibió, y le dio a Ya'akov un quinto hijo. 18 Leah dijo: "Elohim me ha
dado mi recompensa, porque di mi esclava a mi esposo." Así que lo llamó
Yissajar [salario, recompensa].90 Ver g losario.
19 Leah concibió otra vez y dio un sexto hijo a Ya'akov. 20 Leah dijo: "Elohim
me ha dado un regalo maravilloso. Ahora por fin mi esposo vivirá conmigo,
puesto que le he dado seis hijos." Y ella lo llamó Zevulun [habitando juntos].
21 Después de esto ella dio a luz a una hija y la llamó Dinah [controversia
sobre derechos]. 22 Entonces Elohim tomó nota de Rajel, escuchó su oración y
la hizo fértil. 23 Ella concibió, tuvo un hijo, y dijo : "Elohim ha quitado mi
desgracia." 24 Ella lo llamó Yosef [que El añada], diciendo: "*YAHWEH* me
añada otro hijo." 25 Después que Rajel había dado a luz a Yosef, Ya'akov dijo
a Lavan: "Envíame de camino, para que pueda regresar a mi propio lugar, a
mi propio país. 26 Déjame llevarme a mis esposas, por quienes te he servido, y
a mis hijos; y déjame ir. Tú sabes muy bien como te he servido fielmente." 27
Lavan le respondió: "Si me consideras favorablemente, entonces por favor
escucha: Yo he observado las señales que *YAHWEH* me ha bendecido a causa
tuya. 28 Nombra tus jornales," él dijo, "y yo los pagaré." 29 Ya'akov respondió:
"Tú sabes como te he servido fielmente y como tu ganado ha prosperado bajo
mi cuidado. 30 Los pocos que tenías antes de que yo viniera han aumentado
sustancialmente; *YAHWEH* te ha bendecido dondequiera que yo he ido. Pero
ahora, ¿cuándo proveeré yo para mi propia casa?" 31 Lavan dijo: "¿Qué debo
darte?" "Nada," respondió Ya'akov, "sólo haz esta cosa por mí: una vez más
yo pastorearé tu rebaño y lo cuidaré. 32 También pasaré por todo el rebaño y
escogeré todas las ovejas grises entre los carneros, y todas las que son
manchadas y pintas entre los carneros; estos serán mis jornales. 33 Y yo dejaré
que mi integridad esté como testigo contra mí en el futuro, porque es mi
recompensa delante de ti, Todo carnero que no sea manchado o pintado entre
los carneros y los grises entre los carneros contará como robado por mí." 34
Lavan respondió: "Como tú lo has dicho, así será." 35 Ese día Lavan removió
los carneros que eran manchados o pintados y todas las cabras

que eran manchadas o pintadas, todas las ovejas grises, y todos los que eran
blancos entre ellos; y las dio a sus hijos; 36 y puso tres días de distancia entre
él y Ya'akov. Ya'akov apacentó el resto de los rebaños de Lavan. 37 Ya'akov
tomó ramas verdes de árbol de estoraque, noga l y castaño, y peló en ellas
franjas blancas descortezando las ramas; y mientras pelaba lo verde, la franja
blanca, cual él había hecho, aparecía alternando en las ramas. 38 Y puso las
ramas que había descortezado paradas delante de los bebederos de agua, para
que los animales las vieran cuando vinieran a beber. Y puesto que ellas
procreaban cuando venían a beber, 39 los animales se juntaban delante de las
ramas y parían cabritos manchados, pintados y listados. 40 Ya'akov dividió los
animales e hizo que los animales se aparearan con los pintados y oscuros en
el rebaño de Lavan. El también mantuvo su propio rebaño separado y no los
unió con el rebaño de Lavan. 41 Cuando fuera que los animales más fuertes
venían a celo, Ya'akov ponía las ramas en los bebederos; para que los
animales las vieran y concibieran en su panza delante de ellas; 42 pero él no
ponía las ramas delante de los animales más débiles. Así los más débiles eran
de Lavan y los más fuertes eran de Ya'akov.[91] 43 De esta forma el hombre se
enriqueció y tenía grandes rebaños, junto con esclavos y esclavas, camellos y
asnos.

91 Estos versos, aunque difíciles de comprender, están explicados más abajo en los versos 11-13 del capítulo 37.

Bereshit (En el principio) – tyvarb – Génesis-31

Parashah 1: Bereshit (En el principio)

31 Pero entonces él oyó lo que estaban diciendo los hijos de Lavan:
"Ya'akov se ha cogido todo lo que nuestro padre tenía una vez. Es de lo que
solía pertenecer a nuestro padre que Ya'akov se ha vuelto tan rico." 2 El
también vio que lo tenían en diferente estima a la de antes. 3 *YAHWEH* dijo a
Ya'akov: "Regresa a la tierra de tus padres, a tus parientes; Yo estaré
contigo." 4 Así que Ya'akov mandó a llamar a Rajel y a Leah y las hizo venir
al campo donde estaba su rebaño. 5 El les dijo a ellas: "Veo por la forma en
que el padre de ustedes mira que él se siente diferente hacia mí que antes;
pero el Elohim de mi padre ha estado conmigo. 6 Ustedes saben que yo he
servido a su padre con toda mi fuerza, 7 y que el padre de ustedes me ha
engañado, y ha cambiado mis jornales diez ovejas; pero Elohim no le dio
poder para dañarme. 8 Si él decía: 'Las manchadas serán tus jornales,'
entonces todos los animales parían cabritos manchados; y si él decía: 'Las
blancas serán tus jornales,' entonces todos los animales parían cabritos
blancos. 9 Así es como Elohim ha quitado los animales al padre de ustedes y
me los ha dado a mí. 10 Una vez, cuando los animales se estaban apareando,

yo tuve un sueño: Alcé mi mirada y allí delante de mí los carneros que se
apareaban con las hembras eran manchados, pintados y vetados. 11 Entonces,
en el sueño, el *Malaj* de Elohim me dijo: '¡Ya'akov!' Y yo respondí: 'aquí
estoy.' 12 El continuó: 'Levanta tus ojos ahora, y mira: todos los carneros
apareándose con las hembras son manchados, pintados y vetados; porque Yo
he visto todo lo que Lavan te ha estado haciendo. 13 Yo soy el Elohim que se
apareció a ti en de Beit-El, donde tú ungiste la piedra con aceite, donde
hiciste tu voto a mí. Ahora levántate, sal de esta tierra, y regresa a la tierra
donde naciste.'" 14 Rajel y Leah le respondieron: "Nosotras ya no tenemos
herencia de las posesiones de nuestro padre; 15 y él nos considera extranjeras,
puesto que él nos ha vend ido; además, él ha consumido todo lo que recibió
a cambio de nosotras. 16 Sin embargo, la riqueza y la gloria que Elohim ha
quitado a nuestro padre se ha vuelto de nosotros y de nuestros hijos de todas
maneras; así que cualquier cosa que Elohim te ha dicho que hagas, hazla."
17 Entonces Ya'akov se levantó, puso a sus hijos y esposas en los camellos, 18
y puso en camino todo su ganado, junto con las riquezas que había acumulado
en Padam-Aram, el ganado en su posesión que él había adquirido en Paddan-
Aram, para ir a Yitzjak su padre en la tierra de Kenaan. 19 Ahora Lavan había
ido a trasquilar sus ovejas, así que Rajel robó los *ídolos*[92] que pertenecían a
su padre, 20 y Ya'akov engañó con astucia a Lavan el Arami por no decirle de
su intencionada huida. 21 Así él huyó con todo lo que tenía: él salió y cruzó el
Río [Eufrates] y fue hacía la zona montañosa de Gilead. 22 No fue hasta el
tercer día que le fue dicho a Lavan el Arami que Ya'akov había huido.
23 Lavan tomó sus parientes con él y pasó los próximos siete días
persiguiendo a Ya'akov, alcanzándolo en la zona montañosa de Gilead. 24
Pero Elohim vino a Lavan el Arami en un sueño esa noche, y le dijo: "Ten
cuidado de no hablar a Ya'akov palabras malvadas." 25 Cuando Lavan alcanzó
a Ya'akov, Ya'akov había acampado en la zona montañosa; así que Lavan y
sus parientes acamparon en la zona montañosa de Gilead. 26 Lavan dijo a
Ya'akov: "¿Qué quieres decir por engañarme y llevándote a mis hijas como si
fueran cautivas tomadas en guerra? 27 ¿Por qué huiste en secreto y me
engañaste y no me lo dijiste? Yo te hubiera despedido con alegría y cantando
a la música de panderos y liras. 28 ¡Ni siquiera me dejaste besar a mis hijos
e hijas y despedirme de ellos! ¡Qué cosa tan estúpida has hecho! 29 Yo lo
tengo en mi poder de hacerte daño; pero el Elohim de tu padre me habló
anoche , y me dijo: 'Ten cuidado de no hablar a Ya'akov palabras malvadas.'
30 De acuerdo que te tenías que ir, porque extrañabas tan profundamente la
casa de tu padre; pero ¿por qué robaste mis dioses?" 31 Ya'akov le respondió a
Lavan: "Porque tuve temor. Yo dije: '¿Supón que te llevas a tus hijas y todas
mis posesiones de mí a la fuerza? 32 Toma nota de lo que yo tenga de tu
propiedad y tómalo.' Y él no encontró nada y Ya'akov dijo: Pero si tú
encuentras tus dioses con alguien, esa persona no permanecerá viva

entre sus hermanos." Ya'akov no sabía que Rajel los había robado. 33 Lavan
entró y registró la tienda de Leah. Y salió de la tienda de Leah, y registró la
tienda de Ya'akov y la tienda de las dos esclavas; pero no los encontró.
También fue a la tienda de Rajel

92 Terafim: Dadores de prosperidad, ídolos en forma de humanos, grandes o pequeños, análogos a las imágenes de los antepasados las cuales después fueron reverenciadas por los Romanos.

34 Ahora, Rajel había cogido los *ídolos*, pero los puso en la montura del
camello y estaba sentada sobre ellos. 35 Ella dijo a su padre: "Por favor no te
enojes que no me levanto en tu presencia, pero es el tiempo de mi período.
[93]" Así que él buscó, pero no encontró los *ídolos*.

93 Heb.*Nidah*, menstruación.

36 Entonces Ya'akov se enojó y comenzó a discutir con Lavan: "¿Qué mal he
hecho?" El demandó. "¿Cuál es mi ofensa, que has venido tras de mí en
persecución agitada? 37 Has buscado entre todas mis cosas, pero ¿qué has
encontrado de los enseres de tu casa? ¡Ponlo aquí delante de mis parientes y
los tuyos, para que ellos puedan rendir juicio entre nosotros dos! 38 ¡Yo he
estado contigo por estos veinte años! Tus ovejas y tus cabras nunca abortaron
a sus pequeños, y yo no he comido los animales machos en tus rebaños. 39 Si
uno de entre tu rebaño fue destruido por un animal salvaje, no traje el cadáver
a ti sino que pagué la pérdida yo mismo. Tú demandaste que yo te
compensara por cualquier animal robado, así de día como de noche. 40 Aquí
está como fue para mí; durante el día me consumía la sed, y en la noche el
frío – mi sueño huyó de mis ojos. 41 Estos veinte años que he estado en tu
casa – ¡yo te serví catorce años por tus dos hijas y seis años por tu rebaño, y
tú falsamente ajustaste mis jornales por diez veces! 42 Si el Elohim de mi
padre, el Elohim de Avraham, al que Yitzjak le teme, no hubiera estado de mi
parte, ¡de cierto ahora me hubieras mandado de camino con nada! Elohim ha
visto cuan afligido he estado, y qué duro he trabajado, y anoche El dictó
juicio a favor mío." 43 Lavan respondió a Ya'akov: "¡Las hijas son mis hijas,
los hijos son mis hijos, los rebaños son mis rebaños, y todo lo que ves es mío!
Pero ¿qué puedo hacer hoy acerca de estas hijas mías o los hijos que les han
nacido? 44 Así que ahora, ven, déjame hacer un pacto, yo y tú; y que esté
como testimonio entre yo y tú." Y él le dijo: "Observa, no hay nadie con
nosotros; observa Elohim es testigo entre yo y tú." 45 Ya'akov cogió una
piedra y la puso parada como piedra de señal. 46 Entonces Ya'akov dijo a sus
parientes: "Junten algunas piedras"; y ellos cogieron piedras, hicieron un
montón de ellas y comieron allí sobre el montón de piedras. Y Lavan le dijo a
él: "Este montón atestigua hoy entre yo y tú.

47 Lavan la llamó Y'gar-Sahaduta ["pila de testimonio" en Caldeo/Arameo],
mientras que Ya'akov la llamó Gal- Ed ["pila de testimonio" en Hebreo].
48 Lavan dijo a Ya'akov: "Observa este montón, y el pilar cual he puesto entre
yo y tú, este montón atestigua, y este pilar atestigua. Por esto es llamada Gal-
Ed 49 y también HaMitzpah [torre de vigía], porque él dijo: "*YAHWEH* vigile
entre yo y tú cuando estemos separados el uno del otro. 50 Si tú causas dolor a
mis hijas, o si tomas esposas aparte de mis hijas, entonces, si aun no hay
nadie allí con nosotros, todavía Elohim es testigo entre yo y tú. 51 Lavan
también dijo a Ya'akov: "Aquí está la pila, y aquí la piedra de señal que he
puesto entre yo y tú." 52 Si yo no cruzaré a ti, tampoco tú deberás cruzar a mí,
más allá de este montón y este pilar, para mal. 53 Que el Elohim de Avraham
y también el dios de Najor, juzgue entre nosotros." Pero Ya'akov juró por
el temor de su padre Yitzjak. 54 Ya'akov ofreció un sacrificio en la montaña e
invitó a sus parientes a la comida. Ellos comieron la comida y bebieron y
durmieron en la montaña.

Bereshit (En el principio) – tyvarb – Génesis-32

Parashah 1: Bereshit (En el principio)

32 Y Ya'akov salió a su viaje, y miró hacia arriba, y vio al ejército de
Elohim acampado; 2 y los *malajim* de Elohim salieron a su encue ntro. Y
Ya'akov, cuando los vio, dijo: "Este es el Campamento de Elohim," y llamó a
ese lugar Majanayim [campamentos].

Referencias;
Haftarah Vayetze: Hoshea (Oseas) 11:7 -13:10
Lecturas sugeridas del Brit Hadashah para la Parashah Vayetze:
Yojanán (Juan) 1:43-51
Parashah 8: Vayishlaj (El envió) 32:4-36:43

3 Ya'akov envió mensajeros delante de él a Esav su hermano hacia la tierra de
Seir, el país de Edom, 4 con estas instrucciones: "Aquí está lo que tienen que
decir a mi señor Esav: 'Tu sirviente Ya'akov dice: 'Yo he estado viviendo con
Lavan y me he quedado hasta ahora. 5 Tengo ganado, asnos y rebaños, y
esclavos y esclavas. Estoy enviando a decir esta noticia a mi señor, para poder
ganar tu favor.'" 6 Los mensajeros regresaron a Ya'akov diciendo: "Fuimos a
tu hermano Esav, él está viniendo a recibirte; con él hay cuatrocientos
hombres." 7 Ya'akov se puso muy temeroso y afligido. El dividió la gente,
rebaños, ganado y los camellos con él en dos campamentos,[94] 8 diciendo: "Si
Esav viene a un campamento y lo ataca, por lo menos el campamento que
queda escapará." 9 Entonces Ya'akov dijo: "Elohim de mi padre Avraham y
Elohim de mi padre Yitzjak, *YAHWEH*, quien me dijo: 'Regresa deprisa a la

tierra de tu nacimiento y Yo te haré bien.' 10 Que haya para mí una suficiencia
de toda la justicia y verdad que Tú has mostrado a tu siervo, desde que crucé
el Yarden con sólo mi cetro. Pero ahora me he hecho dos campamentos. 11
¡Por favor! ¡Rescátame de mi hermano Esav! Yo le temo a él, temo
que regrese y me ataque, sin consideración por madres o niños.[95] 12 Tú
dijiste: 'Yo ciertamente te haré bien y haré tu *zera* tan numerosa como los
granos de arena junto al mar, que son tantos que no se pueden contar.'"
13 El se quedó allí esa noche; entonces escogió entre sus posesiones lo s
siguientes como regalos para Esav su hermano: 14 doscientas cabras y veinte
carneros, doscientas ovejas y veinte corderos, 15 treinta camellas lecheras y
sus crías, cuarenta vacas y diez toros, veinte asnas y diez potros. 16 El se los
entregó a sus sirvientes, cada manada de por sí, y dijo a sus sirvientes:
"Crucen delante de mí, y mantengan espacio entre cada manada y la
próxima." 17 El instruyó al sirviente al frente: "Cuando Esav mi hermano se
encuentre contigo , y te pregunte: '¿De quién eres tú el sirviente? ¿Adónde
vas? Y ¿De quién son estos animales? 18 Entonces le dirás: 'Ellos pertenecen a
tu siervo Ya'akov, y son un regalo que él ha mandado a mi señor Esav; y el
mismo Ya'akov está justo detrás de nosotros.'" 19 El instruyó al primer
sirviente, al segundo, y al tercero, y a todos los que seguían las manadas:
"Cuando se encuentren con Esav, hablarán con él de la misma forma, 20
y tienen que añadir: 'Y allí justo detrás de nosotros, está tu sirviente
Ya'akov.'" Porque él dijo: "Yo lo apaciguaré primero con los regalos que van
delante de su presencia, después de eso, yo mismo veré su rostro – y quizá él
sea amistoso hacia mí." 21 Así que el regalo cruzó delante de él, y él mismo se
quedó esa noche en el campamento. 22 El se levantó esa noche, tomó a sus dos
esposas, sus dos esclavas, y a sus once hijos, y cruzó el Yabok. 23 Los tomó y
los mandó a cruzar el arroyo, y después mandó a cruzar sus posesiones; 24 y
Ya'akov se quedó solo. Entonces un hombre luchó con él hasta el alba. 25
Cuando él vio que no había vencido a Ya'akov, golpeó a Ya'akov en el encaje
de la cadera, así su cadera fue dislocada mientras luchaba con él. 26 El hombre
dijo: "Déjame ir, porque ya rompe el día." Pero Ya'akov respondió: "No te
dejaré ir si no me bendices."

94 En el futuro *YAHWEH* dividió las dos casas de Yisra'el por la misma razón, que no fueran exterminados; Yahudáh sufrió exterminaciones, pero no lo pudieron aniquilar, mientras que Efrayim estaba seguro entre las naciones (*Goyim*). Esta es, entonces, una profecía de la futura división de Yisra'el en el reino del norte/Efrayim y el reino del sur/Yahudáh, hasta hoy.

95 Este es el mismo problema de hoy. Edom, eterno enemigo de Yisra'el, habiéndose convertido en Roma, es la que creó el Islam y la promotora de todos los ataques perpetrados por los "Palestinos" en contra de ciudadanos Israelitas en Yisra'el.

27 El hombre preguntó: "¿Cuál es tu nombre? Y él respondió: "Ya'akov." 28
Entonces el hombre dijo: "Desde ahora en adelante ya no te llamarás Ya'akov,
sino Yisra'el;[96] porque has mostrado tu fuerza a ambos Elohim y a los

hombres y has prevalecido." 29 Ya'akov le pidió: "Por favor, dime tu nombre."
Pero él respondió: "¿Por qué estás preguntando mi nombre?"[97] Y lo bendijo
allí. 30 Ya'akov llamó al lugar Peni- El [Rostro de Elohim], "porque he visto a
Elohim cara a cara, aun mi vida fue perdonada." 31 Mientras el sol salió sobre
él pasó Peni- El, cojeando de la cadera.[98] 32 Por está razón, hasta este día, los
hijos de Yisra'el no come n el músculo del muslo que pasa por el encaje de la
cadera – porque el hombre golpeó a Ya'akov en el encaje de la cadera.

Bereshit (En el principio) - tyvarb - Génesis-33

Parashah 1: Bereshit (En el principio)

33 Ya'akov levantó sus ojos y miró; y allí estaba Esav viniendo, y
cuatrocientos hombres con él. Así que Ya'akov dividió los niños entre Leah,
Rajel y las dos esclavas, 2 poniendo a las esclavas y sus hijos primero, Leah y
sus hijos segundos, y a Rajel y Yosef últimos. 3 Entonces él mismo pasó
delante de ellos y se postró en la tierra siete veces antes de acercarse a su
hermano. 4 Esav corrió a encontrarse con él, lo abrazó, se echó sobre su cuello
y lo besó; y ellos lloraron. 5 Esav levantó la vista; al ver las mujeres y los
niños, preguntó: "¿Quiénes son estos contigo?" Ya'akov respondió: "Los hijos
que Elohim con gracia ha dado a tu sirviente." 6 Entonces las esclavas se
acercaron con sus hijos, y ellas se postraron; 7 Leah y sus hijos también se
acercaron y se postraron; y por último vinieron Yosef y Rajel, y ellos se
postraron. 8 Esav preguntó: "¿Cuál fue el significado de está procesión de
manadas que encontré?" Y él respondió: "Fue para ganar el favor de mi
señor." 9 Esav respondió: "Ya yo tengo suficiente, mi hermano, quédate con
tus posesiones para ti." 10 Ya'akov dijo: "¡No, por favor! Si ahora he ganado
tu favor, entonces acepta las bendiciones. Solo ver tu rostro ha sido como ver
el rostro de Elohim, ahora que me has recibido. 11 Así que por favor acepta el
regalo que te he traído, pues Elohim ha tratado bondadosamente conmigo y
tengo suficiente." Así que él le insistió, hasta que lo aceptó. 12 Esav dijo:
"Vamos a recoger el campamento y en marcha. Yo iré primero." 13 Ya'akov le
dijo a él: "Mi señor sabe que los niños son muy tiernos, y las ovejas y el
ganado amamantando a sus crías me preocupan, porque si los fatigo aun por
un día, todos los rebaños morirán. 14 En cambio, por favor, mi señor, ve
delante de tu sirviente. Yo viajaré más despacio, al paso del ganado delante
de mí y al paso de los niños, hasta que llegue a mi señor en Seir." 15 Esav
respondió: "Entonces déjame dejar contigo alguna de la gente que tengo
conmigo." Pero Ya'akov dijo: "No hay necesidad para que mi señor sea tan
bondadoso para conmigo." 16 Así que Esav se fue ese día para regresar a Seir.
17 Ya'akov siguió hacia Sukkot, donde se edificó una casa y puso cabañas para
el ganado. Por esto el lugar es llamado *Sukkot* [Tabernáculos, Cabañas].

18 Habiendo viajado desde Paddan-Aram, Ya'akov arribó seguro a la ciudad
de Shejem, en Kenaan, y acampó cerca de la ciudad. 19 De los hijos de Hamor
el padre de Shejem él compró por cien ovejas la parcela de tierra donde había
plantado su tienda. 20 Allí erigió un altar, el cual llamó El-Elohei-Yisra'el
[Elohim, el Elohim de Yisra'el].

96 Este verso lo utilizan y predican los Israelitas que regresan a Yisra'el para cambiarse el nombre a un nombre Hebreo, pero no es así, aquí fue el propio *YAHWEH*-Yahshúa quien le cambió el nombre a Ya'akov, tal como El dice que lo hará con todos los demás, y El sabe el nombre que quiere para cada uno, no un cambio en la carne, (Re 3:17).

97 Este hombre que luchó con Ya'akov y luego le cambió el nombre es Yahshúa (35.10), el mismo que fue a Avraham con los dos *malajim* antes de la destrucción de Sedom y Amorah. Si hubiera sido *YAHWEH*-Padre, Ya'akov hubiera muerto, v 30.

98 A muchos *YAHWEH* les da una marca, una espina en su costado, cuando se convierten a El, para que siempre recuerden.

Bereshit (En el principio) – tyvarb – Génesis-34

Parashah 1: Bereshit (En el principio)

34 Una vez Dinah la hija de Leah, quien ella había dado a luz a Ya'akov,
salió a visitar las muchachas locales; 2 y Shejem el hijo de Hamor el Hivi, el
gobernante local, la vio, la agarró, la violó y la humilló. 3 Pero realmente él
estaba fuertemente atraído al alma de Dinah la hija de Ya'akov; y se enamoró
de la muchacha y trató de ganar su afecto. 4 Shejem habló con su padre
Hamor, y dijo : "Toma esta muchacha para mí; yo quiero que sea mi esposa."
5 Cuando Ya'akov oyó que él había deshonrado a su hija, sus hijos estaban
con su ganado en el campo; así que Ya'akov se restringió hasta que ellos
llegaron. 6 Hamor el padre de Shejem salió para ver a Ya'akov para hablar con
él 7 justo cuando los hijos de Ya'akov estaban regresando del campo. Cuando
ellos oyeron lo que había sucedido, los hombres se entristecieron y estaban
muy enfurecidos con la vileza que este hombre había cometido contra
Yisra'el, por violar a la hija de Ya'akov, algo que sencillamente no se hace. 8
Pero Hamor les dijo a ellos: "El corazón de mi hijo Shejem está apegado a tu
hija. Por favor dásela como su esposa; 9 y únanse en matrimonio con nosotros,
dennos sus hijas a nosotros, y tomen nuestras hijas para ustedes. 10 Ustedes
vivirán con nosotros, y la tierra estará disponible para ustedes – ustedes
vivirán, negociarán y adquirirán posesiones aquí." 11 Entonces Shejem dijo al
padre y hermanos de ella: "Sólo acéptenme, y yo daré lo que sea que me
digan. 12 Pidan tan grande dote como ustedes gusten, pagaré lo que ustedes
me digan. Sólo déjenme casarme con la muchacha." 13 Los hijos de Ya'akov
respondieron a Shejem y a Hamor su padre engañosamente, porque él había
deshonrado a Dinah la hermana de ellos. 14 Shimeon y Levi, los hermanos de
Dinah, les dijeron: "no podemos hacerlo, porque sería una deshonra dar a

nuestra hermana a alguien que no haya sido circuncidado. 15 Solamente con
esta condición nosotros consentiremos a lo que estás pidiendo, y habitaremos
entre ustedes: que se hagan como nosotros, circuncidando a todo varón entre
ustedes. 16 Entonces nosotros daremos nuestras hijas a ustedes, y tomaremos
sus hijas para nosotros, y viviremos con ustedes y nos haremos un pueblo. 17
Pero si no hacen como decimos y se circuncidan, entonces tomaremos a
nuestra hija y nos iremos." 18 Lo que ellos dijeron pareció justo a Hamor y a
Shejem el hijo de Hamor, 19 y el joven no retrasó hacer lo que se le había
pedido, aun cuando era el miembro más respetado en la familia de su padre,
porque él tanto deseaba la hija de Ya'akov. 20 Hamor y Shejem su hijo
vinieron a la entrada de su ciudad y hablaron con los dirigentes de su ciudad:
21 "Este pueblo es pacífico con nosotros; por lo tanto déjenlos vivir en la tierra
y negociar en ella; pues, como pueden ver, la tierra es suficientement e grande
para ellos. Tomemos sus hijas como esposas para nosotros, y nosotros les
daremos nuestras hijas. 22 Pero ellos consentirán vivir con nosotros y hacernos
un pueblo solamente con esta condición: que todo varón entre nosotros sea
circuncidado, como ellos mismos son circuncidados. 23 ¿No serán de nosotros
su ganado, sus posesiones y sus animales? Sólo vamos a consentir a lo que
ellos piden, y ellos vivirán con nosotros." 24 Todos los que salían por la puerta
de la ciudad escucharon a Hamor y Shejem su hijo; así que todo varón fue
circuncidado en el prepucio de su carne, todos los que salían por la puerta de
la ciudad. 25 Al tercer día después de la circuncisión, cuando ellos estaban con
dolor, dos de los hijos de Ya'akov, Shimeon y Levi, hermanos de Dinah,
tomaron sus espadas, audazmente descendieron sobre la ciudad y mataron a
todos los varones. 26 Ellos mataron a Hamor y a Shejem su hijo con sus
espadas, sacaron a Dinah de la casa de Shejem, y se fueron. 27 Entonces los
hijos de Ya'akov entraron sobre los cuerpos muertos de aquellos que habían
sido matados y saquearon la ciudad en represalia por haber deshonrado a su
hermana. 28 Ellos tomaron sus rebaños, ganado y asnos, y todo lo demás, así
fuera en la ciudad o en el campo, 29 y todas las personas en ellos, y todo su
almacén y a sus esposas tomaron cautivas, y saquearon ambos cualquier cosa
que había en la ciudad y todo lo que había en sus casas. 30 Pero Ya'akov dijo a
Shimeon y Levi: "Ustedes me han hecho odiado, para ser maldito a los
habitantes de la tierra, ambos entre los Kenaani y los Perizi. Puesto que yo no
tengo mucha gente, ellos se reunirán y se juntarán contra mí y me cortarán en
pedazos, y seré totalmente destruido, y mi casa." 31 Ellos respondieron:
"¿Debemos dejar que nuestra hermana sea tratada como una ramera?"

Bereshit (En el principio) - tyvarb - Génesis-35

Parashah 1: Bereshit (En el principio)

35 Elohim dijo a Ya'akov: "Levántate y ve a Beit-El y vive allí, y haz allí un
altar a Elohim, quien se te apareció cuando huiste de Esav tu hermano." 2
Entonces Ya'akov dijo a su familia y a todos con él: "Desechen los dioses
ajenos que tienen con ustedes, y pónganse ropa fresca.[99] 3 Vamos a ponernos
en camino e iremos a Beit-El. Allí haré un altar a Elohim, quien me respondió
cuando estaba en tal aflicción y me preservó por toda la jornada por la cual
fui." 4 Ellos dieron a Ya'akov todos los dioses extraños en posesión de ellos y
los aretes que estaban usando en sus orejas, y Ya'akov los enterró debajo del
árbol de terebinto[100] cerca de Shejem, y los destruyó hasta este día. 5 Por
tanto Yisra'el salió de Shejem, un terror de Elohim cayó sobre las ciudades
alrededor de ellos, así que ninguno de ellos persiguió a los hijos de Yisra'el.
6 Ya'akov y toda la gente con él arribaron en Luz (esto es, Beit- El) en la tierra
de Kenaan. 7 El edificó allí un altar y llamó el lugar El-Beit-El [Elohim de
Beit-El], porque fue allí donde Elohim se había revelado a él, en el tiempo
que él estaba huyendo de su hermano. 8 Entonces Devorah la nodriza de
Rivkah, murió. Ella fue sepultada al pie de Beit-El debajo del cedro, que fue
dado el nombre de Alon-Bajut [cedro del llanto] 9 Después que Ya'akov había
vuelto de Paddan-Aram, Elohim se le apareció otra vez y lo bendijo. 10
Elohim le dijo : "Tu nombre es Ya'akov, pero ya no te llamarás Ya'akov; tu
nombre será Yisra'el." Así que El le puso por nombre Yisra'el.[101] 11 Además,
Elohim le dijo: "Yo soy *El Shaddai*. Sé fructífero y multiplícate. Naciones,
ciertamente una asamblea de naciones, saldrá de ti; reyes descenderán de
ti.[102] 12 Además, la tierra que Yo le di a Avraham y a Yitzjak Yo te la he
dado a ti, y será para ti y para tu *zera* después de ti que Yo daré esta tierra.[
103]" 13 Entonces Elohim subió de él allí donde había hablado con él. 14
Ya'akov erigió una piedra de señal en el lugar que El le había hablado, un
pilar de piedra. Entonces derramó sobre ella una ofrenda de libación y
derramó aceite sobre ella. 15 Ya'akov llamó el lugar donde Elohim había
hablado con él Beit-El. 16 Y Ya'akov removido de Beit-El, y plantó su tienda
más allá de la torre de Gader, y sucedió que él hizo la noche en Yarbrat para
entrar a Efrat, Rajel comenzó con dolores de parto, y tuvo gran dificultad. 17
Mientras ella estaba pasando por esta gran dificultad con el parto, la partera le
dijo: "No te preocupes, éste también es un hijo para ti." 18 Pero ella murió
dando a luz. Mientras estaba muriendo ella nombró a su hijo Ben-Oni [hijo de
aflicción], pero su padre llamó a su hijo Binyamin [hijo de mi mano derecha,
hijo del sur]. 19 Así que Rajel murió y fue sepultada en el camino a Efrat (esto
es Beit-Lejem). 20 Ya'akov erigió un pilar de piedra en su sepultura; es
el pilar de piedra de la sepultura de Rajel hasta este día.

99 Este es un llamado a todo Yisra'el y los que se quieran unir, desechen los ídolos, vengan a Mashíaj Yahshúa; vístanse con ropa limpia, vestiduras limpias es un símbolo de la Toráh, vengan a la Toráh, Re 7:13.
100 Llamado el árbol del hechicero.
101 En los vv 9-10 tenemos prueba del que se le apareció a Ya'akov y cambió su nombre (32:24-29) fue *YAHWEH*-Yahshúa.
102 Muchos reyes han descendido por medio de la *zera* de David y Shlomó, y otros reyes *Goyim* por la *zera* de las 10 tribus.
103 *YAHWEH* declara a Ya'akov que él ya no sería más conocido como Ya'akov sino como Yisra'el. Yisra'el significa uno que como príncipe lucha con *YAHWEH* y prevalece. Es como Yisra'el que Ya'akov producirá el esperma que conducirá al establecimiento de una nación y una compañía de naciones. La nación de curso está destinada a ser Yisra'el y la compañía de
naciones será el "kehelat Goyim" o la asamblea de naciones (Gentiles) que procederán de su propio cuerpo, las 10 tribus.

21 Yisra'el continuó sus viajes y plantó su tienda en el otro lado de Migdal-
Eder. 22 Fue mientras Yisra'el vivía en esa tierra que Reuven fue y durmió con
Bilhah la concubina de su padre, y Yisra'el oyó, y la cosa lució gravosa ante
él. Ya'akov tuvo doce hijos. 23 Los hijos de Leah fueron Reuven el
primogénito de Ya'akov, Shimeon, Levi, Yahudáh, Yissajar y Zevulun. 24 Los
hijos de Rajel fueron Yosef y Binyamin. 25 Los hijos de Bilhah la esclava de
Rajel fueron Dan y Naftali. 26 Y los hijos de Zilpah la esclava de Leah fueron
Gad y Asher. Estos fueron los hijos de Ya'akov, nacidos a él en Paddan-
Aram. 27 Ya'akov vino a casa a su padre Yitzjak en Mamre, a una ciudad en la
planicie, esto es Kiryat-Arba (también conocido por Hevron), en la tierra de
Kenaan, donde Avraham y Yitzjak habían vivido como extranjeros. 28 Yitzjak
vivió 180 años. 29 Entonces tuvo su último hálito de aliento, murió y fue
reunido con su pueblo, un hombre viejo lleno de años; y sus hijos Esav y
Ya'akov lo sepultaron.

Bereshit (En el principio) – tyvarb – Génesis-36

Parashah 1: Bereshit (En el principio)

36 Esta es la genealogía de Esav (esto es, Edom). 2 Esav escogió esposas de
las hijas de las Kenaani como sus esposas: Adah la hija de Eilon el Hitti;
Oholivamah la hija de Anah el hijo de Tziveon el Hivi; 3 y Basmat la hija de
Yishmael, hermana de Nevayot. 4 Adah dio a luz para Esav a Elifaz, Basmat
dio a luz Reuel, 5 y Oholivamah dio a luz a Yeush, Yalam y Koraj. Estos
fueron los hijos de Esav nacidos a él en la tierra de Kenaan. 6 Esav Tomó a
sus esposas, sus hijos e hijas, todas las personas en su casa, su ganado y
otros animales y todo lo demás que poseía, lo que adquirió en la tierra de
Kenaan, y salió de la tierra de Kenaan y se fue de delante del rostro de su
hermano Ya'akov. 7 Porque sus posesiones se habían hecho muy grandes para

que ellos pudieran seguir viviendo juntos; y la tierra donde habitaban eran
extranjeros, y no podía sustentar tantas reses.[104] 8 Así que Esav habitó en la
zona montañosa de Seir. (Esav es Edom.) 9 Esta es la genealogía de Esav el
padre de Edom en la zona montañosa de Seir. 10 Los nombres de los hijos de
Esav fueron Elifaz, hijo de Adah la esposa de Esav, y Reuel el hijo de Basmat
la esposa de Esav. 11 Los hijos de Elifaz fueron Te man, Omar, Tzefo, Gatam
y Kenaz. 12 Timmah fue la concubina de Elifaz el hijo de Esav, y ella dio a
luz para Elifaz a Amalek. Estos fueron los hijos de Adah la esposa de Esav. 13
Los hijos de Reuel fueron Najat, Zeraj, Shammah y Mizah. Estos fueron los
hijos de Basmat la esposa de Esav. 14 Estos fueron los hijos de Oholivamah, la
hija de Anah el hijo de Tziveon, la esposa de Esav. Ella dio a luz para Esav a
Yeush, Yalam y Koraj. 15 Los jefes de entre los hijos de Esav fueron los hijos
de Elifaz el primogénito de Esav y los jefes de Teman, Omar, Tzefo, Kenaz,
16 Koraj, Gatam y Amalek. Estos fueron los jefes que descendieron de Elifaz
en Edom y de Adah. 17 Los hijos de Reuel el hijo de Esav fueron los jefes de
Najat, Zeraj, Shammah y Mizah. Estos fueron los jefes que descendieron
de Reuel en la tierra de Edom y de Basmat la esposa de Esav. 18 Los hijos de
Oholivamah la esposa de Esav fueron los jefes de Yeush, Yalam y Koraj.
Estos fueron los jefes que descendieron de Oholivamah la hija de Anah, la
esposa de Esav. 19 Estos fueron los hijos de Esav (esto es, Edom), y estos
fueron sus jefes.[105] 20 Estos fueron los hijos de Seir el Hori, los habitantes
locales: Lotan, Shoval, Tziveon, Anah, 21 Dishon, Etzer y Dishan. Ellos eran
los jefes que descendieron de Hori, el hijo de Seir en la tierra de Edom. 22 Los
hijos de Lotan fueron Hori y Hemam; la hermana de Lotan fue Timan. 23
Los hijos de Shoval fueron Alvan, Manajat, Eival, Shefo y Onam. 24 Los hijos
de Tziveon fueron Ayah y Anah. Este es el Anah que encontró las fuentes
calientes en el desierto mientras pastoreaba los asnos de su padre.

104 En este texto vemos que Yisra'el está compuesto por una mezcla de naciones, se consideraban extranjeros/*guerim*.

105 Aunque todos estos Edomitas no son descendientes de Yitzjak, pueden ser Yisra'el por medio de la Sangre de Yahshúa.

25 Los hijos de Anah fueron Dishon y Oholivamah la hija de Anah. 26 Los
hijos de Dishon fueron Hemdan, Eshban, Yitran y Keran. 27 Los hijos de
Etzer fueron Bilhan, Zaavan y Akan. 28 Los hijos de Dishan fueron Utz y
Aran. 29 Estos fueron los jefes que descendieron de los Hori: los jefes de
Lotan, Shoval, Tziveon, Anah, 30 Dishon, Etzer y Dishan. Ellos fueron los
jefes que descendieron de los Hori por sus clanes en Seir. 31 Los siguientes
son los reyes que reinaron en la tierra de Edom antes que ningún rey reinara
sobre el pueblo de Yisra'el. 32 Bela el hijo de Beor reinó en Edom; el nombre
de su ciudad era Dinhavah. 33 Cuando Bela murió, Yoav el hijo de Zeraj de
Botzrah reinó en su lugar. 34 Cuando Yoav murió, Husham de la tierra de los
Temani reinó en su lugar. 35 Cuando Husham murió, Hadad el hijo de Bedad,

quien mató a Midyan en el campo de Moav, reinó en su lugar; el nombre de
su ciudad era Avit. 36 Cuando Hadad murió, Samlah de Masrekah reinó en su
lugar. 37 Cuando Samlah murió Shaúl de Rejovot-junto-al-Río reinó en su
lugar. 38 Cuando Shaúl murió, Baal-Janan el hijo de Ajbor reinó en su lugar.
39 Cuando Baal-Janan murió, Hadar reinó en su lugar, el nombre de su ciudad
era Pau; y el nombre de su esposa fue Meheitavel la hija de Matred, la hija de
Mei- Zahav. 40 Estos son los nombres de los jefes que descendieron de Esav,
conforme a sus clanes, lugares y nombres: los jefes de Timna, Alvah, Yetet,
41 Oholivamah, Elah, Pinon, 42 Kenaz, Teman, Mivtzar, 43 Magdiel e Iram.
Estos fueron los jefes de Edom conforme a sus asentamientos en la tierra que
poseían. Este es Esav el padre de Edom.

Referencias;

Haftarah Vayishlaj: Hoshea (Oseas) 11:7-12:12; Ovadyah (Abdías) 1-21

Lecturas sugeridas del Brit Hadashah para la Parashah Vayishlaj:

1 Corintios 5:1-13; Revelación 7:1-12

Parashah 9: Vayeshev (El continuó viviendo) 37:1-40:23

Bereshit (En el principio) – tyvarb – Génesis-37

Parashah 1: Bereshit (En el principio)

37 Ya'akov continuó viviendo en la tierra donde su padre había vivido como
extranjero, la tierra de Kenaan. 2 Estas son las generaciones de Ya'akov.
Cuando Yosef tenía diecisiete años de edad él solía pastorear el rebaño de su
padre con sus hermanos, aun a pesar de que todavía era un muchacho. Una
vez él estaba con los hijos de Bilhah y los hijos de Zilpah, las esposas de su
padre, él trajo un mal reporte de ellos a su padre. 3 Ahora bien, Yisra'el amaba
a Yosef más que a todos sus hijos, porque él era el hijo de su vejez; y él le
hizo una túnica de muchos colores. 4 Cuando sus hermanos vieron que su
padre lo amaba a él más que a todos sus hermanos, ellos comenzaron a
odiarlo y llegó al punto donde ellos no podían ni hablar con él en una forma
civilizada. 5 Yosef tuvo un sueño el cual contó a sus hermanos. 6 El les dijo a
ellos: "Escuchen mientras les cuento acerca de este sueño mío. 7 Estábamos
atando manojos de trigo en el campo cuando de repente mi manojo se levantó
por sí mismo y se paró derecho; entonces los manojos de ustedes vinieron, se
reunieron alrededor del mío y se postraron delante de él." 8 Sus hermanos
protestaron: "Sí, seguramente serás nuestro rey. ¡Harás un buen trabajo
ordenándonos a todos nosotros!" Y ellos lo odiaron aun más por sus sueños y

por lo que él dijo. 9 El tuvo otro sueño el cual contó a su padre y a sus
hermanos: "Aquí está, tuve otro sueño, y allí estaban el sol, la luna y once
estrellas postrándose delante de mí." 10 Pero su padre lo reprendió: "¿Qué es
este sueño que has tenido? ¿Realmente esperas que yo, tu madre y tus
hermanos vengamos y nos postremos en la tierra delante de ti?" 11 Sus
hermanos tenían celos de él, pero su padre mantuvo el asunto en su mente.[106]
12 Después de esto, cuando sus hermanos habían ido a pastorear las ovejas de
su padre en Shejem, 13 Yisra'el le preguntó a Yosef: "¿No están tus hermanos
pastoreando las ovejas en Shejem? Ven, te enviaré a ellos." El respondió:
"Aquí estoy." 14 El le dijo: "Ve ahora, ve a ver si las cosas están yendo bien
con tus hermanos y las ovejas, y tráeme noticias de regreso." Así que él lo
envió desde el Valle de Hevron, y él fue a Shejem, 15 donde un hombre lo
encontró andando errante por el campo. El hombre le preguntó: "¿Qué estás
buscando?" 16 "Estoy buscando a mis hermanos," él respondió. "Dime, por
favor, ¿dónde están pastoreando las ovejas?" 17 El hombre dijo: "Ellos se han
ido de aquí; porque les oí decir: 'Vamos a ir a Dotan.'" Yosef fue tras de sus
hermanos y los encontró en Dotan.[107] 18 Ellos lo vieron a la distancia, y
antes de que él llegara donde ellos estaban, ya habían maquinado matarle. 19
Ellos se dijeron el uno al otro: "¡Miren, este soñador está viniendo! 20 Así
que vengan ahora, vamos a matarlo y echarlo en una de estas cisternas de
agua que hay aquí. Entonces diremos que un animal salvaje lo devoró.
¡Veremos entonces qué será de sus sueños!" 21 Pero cuando Reuven oyó esto,
él lo salvó de ser destruido por ellos. El dijo: "No debemos tomar su vida. 22
No derramen sangre," añadió Reuven. Echenlo en esta cisterna aquí en el
desierto, pero no pongan ustedes mismos sus manos sobre él." El tenía
intenciones de rescatarlo más tarde de ellos y devolverlo a su padre.
23 Sucedió, pues, que cuando Yosef llegó a donde sus hermanos, ellos le
arrebataron la túnica de muchos colores[108] que tenía puesta, 24 lo agarraron y
lo echaron en la cisterna (la cisterna estaba vacía, sin ninguna agua en ella). 25
Entonces ellos se sentaron a comer; pero mientras alzaron la mirada, vieron
delante de ellos una caravana de Yishmaelim viniendo de Gilead, sus
camellos cargados con resina aromática, bálsamo y opio, en camino a
Mitzrayim. 26 Yahudáh dijo a sus hermanos: "¿De qué nos aprovecha si
matamos a nuestro hermano y cubrimos su sangre? 27 Vengan, vendámosle a
los Yishmaelim,[109] en vez de matarlo con nuestras propias manos. Después
de todo, él es nuestro hermano, nuestra propia carne." Sus hermanos prestaron
atención a él. 28 Entonces cuando pasaban los mercaderes Midyanim, ellos
sacaron a Yosef de la cisterna y lo vendieron por media libra de *shekels* de
plata a los Yishmaelim, quienes llevaron a Yosef a Mitzrayim. 29 Reuven
regresó a la cisterna y, al ver que Yosef no estaba en ella, rasgó sus vestidos
en señal de duelo. 30 El regresó a sus hermanos, y dijo : "¡El muchacho no
está allí! ¿Adónde puedo ir ahora?" 31 Ellos cogieron la túnica de Yosef,
mataron un carnero y empaparon la túnica con la sangre. 32 Entonces enviaron

la túnica de muchos colores, y la trajeron a su padre, diciendo: "Hemos
encontrado esto. ¿Sabes si es la túnica de tu hijo o no?" 33 El la reconoció y
gritó: "¡Es la túnica de mi hijo! ¡Algún animal salvaje ha rasgado a Yosef en
pedazos y lo ha devorado; una bestial salvaje se ha llevado a Yosef!" 34
Ya'akov rasgó sus ropas y, poniendo cilicio alrededor de su cintura, guardó
luto por su hijo por muchos días. 35 A pesar de que todos sus hijos e hijas se
reunieron alrededor de él y trataron de consolarlo, él rehusó toda consolación,
diciendo: "No, descenderé a la sepultura, a mi hijo, enlutado." Y su padre
lloró por él. 36 En Mitzrayim los Midyanim vendieron a Yosef a Potifar, uno
de los oficiales de Faraón, un capitán de la guardia.

106 Estos sueños de Yosef, por los cuales sus hermanos lo llegaron a odiar fueron sueños proféticos que se materializaron.
107 (*dos pozos* o *doble fiesta*). Actualmente se llama Tell Dota y cerca del lugar hay cisternas semejantes a aquella donde pusieron a Yosef (v 17ss). Dotan es también el lugar donde «*YAHWEH* abrió los ojos del criado» de Elisha para que viera la protección con que *YAHWEH* guardaba a su amo de los Sirios que sitiaban la ciudad (2R 6.13ss).
108 Aquí se manifiesta que el futuro reino del norte/Yosef/Efrayim sería compuesto de muchas razas y colores.
109 La idea de venderlo vino de *YAHWEH* por la boca de Yahudáh, ya que Yosef preservaría de la muerte a todas las 12 tribus cuando vino la hambruna que se describe más adelante. Lo mismo ha sucedido hoy, Yosef/Efrayim es el que ha preservado a la nación de Yisra'el por medio del Efrayim Estados Unidos de América en sus guerra contra los Árabes y ataques Palestinos.

Bereshit (En el principio) – tyvarb – Génesis-38

Parashah 1: Bereshit (En el principio)

38 Fue en este tiempo que Yahudáh salió de entre sus hermanos y se asentó
cerca de un hombre llamado Hirah que era un Adulami. 2 Allí Yahudáh vio
una de las hijas de un cierto Kenaani cuyo nombre era Shua, y él la tomó y
durmió con ella. 3 Ella concibió y tuvo un hijo, a quien llamó Er. 4 Ella
concibió otra vez y tuvo un hijo, a quien ella llamó Onan. 5 Entonces ella
concibió aun otra vez y tuvo un hijo a quien ella llamó Shelah, y ella estaba
en Keziv cuando ella les dio a luz. 6 Yahudáh tomó esposa para Er su
primogénito, y su nombre era Tamar. 7 Pero Er, el primogénito de Yahudáh,
era maldito a los ojos de *YAHWEH*, así que *YAHWEH* lo mató. 8 Yahudáh
dijo a Onan: "Ve a dormir con la esposa de tu hermano – hazle a ella el deber
del hermano del esposo, y preserva la línea de *zera* de tu hermano." 9 Sin
embargo, Onan sabía que la *zera* no contaría como de él; así que cuando él
tenía relaciones con la esposa de su hermano, él vertía el semen en la tierra,
para así no dar *zera* a su hermano. 10 Lo que él hacía era maldito ante

los ojos de *YAHWEH*, así que El lo mató también.[110] 11 Entonces Yahudáh
dijo a Tamar su nuera: "Quédate viuda en la casa de tu padre hasta que mi
hijo Shelah crezca"; porque él pensó: "Yo no quiero que él muera también,
como sus hermanos." Así que Tamar fue y habitó en casa con su padre. 12 Al
tiempo, Shua, la esposa de Yahudáh, murió. Después que Yahudáh se había
consolado, subió para estar con sus trasquiladores en Timan, él y su amigo
Hirah el Adulami. 13 Le fue dicho a Tamar: "Tu suegro ha subido a Timan
para trasquilar sus ovejas." 14 Así que ella se quitó la ropa de viuda, cubrió su
rostro completamente con un velo, y embelleció su rostro, y se sentó a la
entrada de Einayim, que está en el camino a Timan. Porque ella vio que
Shelah había crecido, pero ella aun no había sido dada a él como esposa. 15
Cuando Yahudáh la vio, él pensó que ella era una prostituta, porque ella
se había cubierto el rostro, y él no la reconoció. 16 Así que él fue a ella donde
ella estaba sentada, y dijo, sin darse cuenta que ella era su nuera: "Ven,
déjame dormir contigo." Ella respondió: "¿Qué pagarás por dormir
conmigo?" 17 El dijo: "Yo te enviaré un cabrito del rebaño de carneros." Ella
dijo: "¿Me darás algo como garantía que lo enviarás? 18 El respondió: "¿Qué
te daré como garantía?" Ella dijo: "Tu sello, con su cordón, y el cetro que
llevas en la mano." Así que él se los dio a ella, entonces fue y durmió con
ella; y ella concibió de él. 19 Ella se levantó y se fue, se quitó su velo y se
puso su ropa de viuda. 20 Yahudáh envió el cabrito con su amigo el Adulami
para recibir las cosas de garantía de la mujer, pero él no la encontró. 21 El le
preguntó a la gente que estaba cerca de donde ella había estado: "¿Dónde está
la prostituta que estaba en el camino a Einayim?" Pero ellos respondieron:
"No ha habido ninguna prostituta aquí." 22 Así que él regresó a Yahudáh, y
dijo : "No la pude encontrar, también la gente allí dijo: 'No ha habido ninguna
prostituta aquí.'" 23 Yahudáh dijo: "Está bien, deja que se quede con las cosas,
para que no seamos avergonzados públicamente. Yo envié el cabrito, pero tú
no pudiste encontrarla." 24 Después de tres meses le fue dicho a Yahudáh:
"Tamar tu nuera ha estado actuando como una ramera, además, ella está
preñada como resultado de su prostitución." Yahudáh dijo: "¡Sácala, y que
sea quemada viva!"

110 Onan fue muerto por verter el semen en tierra y negar descendencia a su hermano, de acuerdo a las leyes de Levirato, De 25:5. Y de esa forma quiso frustrar el plan de *YAHWEH* de multiplicidad física de Yisra'el entre las naciones.

25 Cuando ella fue sacada, envió este mensaje a su suegro: "Estoy preñada por
el hombre a quien pertenecen estas cosas. Determina, te imploro, de quién
son – el sello, el cordón y el cetro." 26 Entonces Yahudáh reconoció que le
pertenecían. El dijo: "Tamar es justificada en vez de ser yo, porque yo no la
dejé ser la esposa de mi hijo Shelah." Y él nunca más volvió a dormir con
ella.

27 Cuando ella tuvo los dolores de parto, fue evidente que iba a tener gemelos.
28 Mientras estaba con los dolores de parto, uno de ellos sacó su mano; y la
partera tomó su mano y puso una cinta escarlata en ella, diciendo: "Este salió
primero." 29 Pero entonces él retrocedió su mano, y su hermano salió; así que
ella dijo: "¿Cómo te las arreglaste para romper primero?" Por lo tanto él
fue nombrado Peretz [rompimiento].[111] 30 Entonces salió su hermano, con la
cinta escarlata en su mano, y fue dado el nombre de Zeraj [escarlata].

Bereshit (En el principio) - tyvarb - Génesis-39

Parashah 1: Bereshit (En el principio)

39 Yosef fue llevado a Mitzrayim, y Potifar, un oficial de Faraón y capitán
de la guardia, un Mitzrayimi, lo compró de los Yishmaelim que lo habían
llevado allá. 2 *YAHWEH* estaba con Yosef, y él se enriqueció mientras estuvo
en la casa de su amo el Mitzrayimi. 3 Su amo vio como *YAHWEH* estaba con
él, que *YAHWEH* prosperaba todo lo que él hacía. 4 Yosef le complacía
mientras le servía, y su amo lo nombró administrador de su casa; él confió
todas sus posesiones a Yosef. 5 Desde el tiempo que lo nombró administrador
de su casa y de todas sus posesiones, *YAHWEH* bendijo la casa del
Mitzrayimi por amor a Yosef; la bendición de *YAHWEH* estaba sobre todo lo
que él poseía, ya fuera en la casa o en el campo. 6 Así que él dejó todas sus
posesiones al cuidado de Yosef; y a causa de tenerlo a él, no prestaba
atención a sus asuntos, excepto por la comida que comía. Ahora, Yosef era
hermoso y bien parecido también. 7 Al tiempo, el día llegó cuando la esposa
le dio una buena mirada a Yosef, y dijo: "¡Duerme conmigo!" 8 Pero él
rehusó, diciendo a la esposa de su amo: "Mira, porque mi amo me tiene, él no
sabe lo que pasa en su casa. El ha puesto todas sus posesiones a mi cargo. 9
En esta casa yo soy igual que él; él no ha reservado nada de mí excepto a ti,
porque tú eres su esposa. ¿Cómo entonces pudiera yo hacer cosa tan
perversa y pecar contra Elohim?" 10 Pero ella se mantenía presionándolo, día
tras día. No obstante, él no la escuchaba, él rehusó dormir con ella y aun estar
con ella. 11 Sin embargo, un día, cuando él entró en la casa para hacer su
trabajo, y ninguno de los hombres que vivían en la casa estaba allí dentro, 12
ella lo agarró por su manto, y dijo: "¡Duerme conmigo!" Pero él huyó,
dejando su manto en las manos de ella, y salió. 13 Cuando ella vio que él
había dejado su manto en sus manos y había huido, 14 ella llamó a los
hombres de su casa, y les dijo: "¡Miren esto! Mi esposo trajo un Hebreo para
que se mofara de nosotros. El entró y quiso dormir conmigo, pero yo grité a
grandes voces. 15 Cuando él me oyó gritando de esa forma, dejó su manto
conmigo y corrió afuera." 16 Ella puso el manto a un lado hasta que su esposo
vino a casa. 17 Entonces ella le dijo a él: "Este esclavo Hebreo que nos trajiste
vino para hacer burla de mí, y me dijo: 'Yo me acostaré contigo.' 18 Pero

cuando yo grité, él dejó s u manto conmigo y huyó afuera." 19 Cuando su amo
oyó lo que dijo su esposa mientras le mostró: "Mira lo que tu esclavo
me hizo," él se enfureció. 20 El amo de Yosef lo agarró y lo echó en prisión,
en el lugar donde tenían los prisioneros del rey; y allí es taba en prisión.
21 Pero *YAHWEH* estaba con Yosef, mostrándole gracia y dándole favor a la
vista del jefe de la prisión. 22 El jefe de la prisión hizo a Yosef supervisor de
todos los prisioneros en la prisión; así que cualquier cosa que ellos hicieran
allí, él estaba a cargo de ello. 23 El jefe de la prisión no prestaba ninguna
atención a lo que Yosef hacía, porque *YAHWEH* estaba con él; y cualquier
cosa que hiciera, *YAHWEH* prosperaba.

111 El mayor de los hijos gemelos de Yahudáh, de la línea real de David y Yahshúa (Mt 1:3).

Bereshit (En el principio) – tyvarb – Génesis-40

Parashah 1: Bereshit (En el principio)

40 Algún tiempo después sucedió que el jefe de los coperos del rey
Mitzrayimi y el jefe de los panaderos dieron ofensa a su señor el rey de
Mitzrayim. 2 Faraón se enfureció con sus dos eunucos, el jefe de los coperos y
el jefe de los panaderos. 3 Así que él los puso en custodia en la prisión, a la
vista del capitán de la guardia, en el mismo lugar donde Yosef estaba. 4 El
capitán de la guardia encargó a Yosef estar con ellos, y él fue y les servía
mientras estuvieron en prisión. 5 Una noche, el copero y el panadero del rey
de Mitzrayim, allí en prisión, ambos tuvieron sueños, cada sueño con su
propio significado. 6 Yosef vino a ellos en la mañana y vio que ellos lucían
tristes. 7 El preguntó a los eunucos de Faraón con él allí en la prisión de la
casa de su amo: "¿Por qué lucen tan tristes hoy?" 8 Ellos le dijeron: "Cada uno
de nosotros tuvimos un sueño, y no hay nadie que lo interprete." Yosef les
dijo a ellos: "¿No pertenecen las interpretaciones a Elohim? Cuéntenmelos
por favor." 9 Entonces el jefe de los coperos contó a Yosef su sueño: "En mi
sueño, allí delante de mí había una vid, 10 y la vid tenía tres ramas. Las ramas
brotaron, entonces de repente comenzaron a florecer, y finalmente racimos de
uvas maduras aparecieron. 11La copa de Faraón estaba en mi mano, así que
tomé las uvas y las prensé en la copa de Faraón, y le di la copa a Faraón." 12
Yosef le dijo: "Aquí está la interpretación: tres ramas son tres días. 13 Al cabo
de tres días Faraón alzará tu cabeza y te restaurará a tu cargo; tú estarás dando
la copa a Faraón como solías hacer cuando eras su copero. 14 Pero recuérdate
de mí cuando te vaya bien; y muéstrame bondad, por favor; y hagas mención
de mí a Faraón, para que él me libere de esta prisión. 15 Porque la verdad es
que yo fui secuestrado de la tierra de los Hebreos, y aquí también no he hecho
nada malo que justifique ponerme en esta mazmorra." 16 Cuando el jefe de los

panaderos vio que la interpretación era favorable, él dijo a Yosef: "Yo
también vi en mi sueño: había tres cestos de pan blanco sobre mi cabeza. 17
En el cesto más alto había toda clase de cosas horneadas para Faraón, pero los
pájaros se las comieron del cesto sobre mi cabeza." 18 Yosef respondió: "Aquí
está la interpretación: los tres cestos son tres días. 19 Al cabo de tres días
Faraón alzará tu cabeza de ti – él te colgará de un árbol, y los pájaros se
comerán tu carne de sobre ti." 20 Al tercer día, que era el cumpleaños de
Faraón, él dio una fiesta para todos sus oficiales, y él alzó la cabeza del jefe
de los coperos y la cabeza del jefe de los panaderos de entre sus sirvientes.[
112] 21 El restauró al jefe de los coperos de regreso a su posición, así que él dio
de nuevo su copa a Faraón. 22 Pero él ahorcó al jefe de los panaderos, como
Yosef había interpretado a ellos. 23 Sin embargo, el jefe de los coperos no se
acordó de Yosef, sino que lo olvidó.

112 El cumpleaños es una celebración pagana, y aquí se menciona por ser el de Faraón, Yisra'el celebra el día de la muerte.

Referencias;
Haftarah Vayeshev: Amos 2:6 - 3:8
Lecturas sugeridas del Brit Hadashah para la Parashah Vayeshev: Hechos 7:9-16
Parashah 10: Mikketz (Al final) 41:1-44:17

Bereshit (En el principio) – tyvarb – Génesis-41

Parashah 1: Bereshit (En el princípio)

41 Al final de dos años, Faraón tuvo un sueño: él estaba parado junto al Río
Nilo; 2 y salieron del río siete vacas, hermosas y gordas; y ellas empezaron a
pacer en la hierba del pantano. 3 Después de ellas, salieron del río siete vacas
más, que lucían miserables y flacas; y ellas se pararon a la orilla del río junto
a las otras vacas. 4 Entonces las vacas que lucían miserables se comieron a las
vacas hermosas y gordas. En este punto Faraón se despertó. 5 Pero fue a
dormir otra vez y soñó una segunda vez: siete espigas llenas de grano,
maduras, crecían en una sola caña. 6 Después de ellas, salieron siete espigas
menudas y abatidas por el viento del este. 7 Y las espigas menudas y abatidas
por el viento se comieron las espigas llenas y maduras. Entonces Faraón se
despertó y se percató que había sido un sueño. 8 En la mañana su alma estaba
turbada y mandó a llamar a todos los intérpretes de Mitzrayim y a todos los
sabios. Faraón les contó sus sueños, pero nadie allí pudo interpretarlos para
él. 9 Entonces el jefe de los coperos le dijo a Faraón: "Hoy me recuerda de
algo donde estoy en falta: 10 Faraón estaba furioso con sus sirvientes y me
echó en la prisión de la casa del capitán de la guardia, a mí y al jefe de los

panaderos. 11 Una noche ambos yo y él tuvimos sueños, y el sueño de cada
hombre tenía su propio significado. 12 Allí estaba un joven con nosotros, un
Hebreo,[113] un sirviente del capitán de la guardia; y nosotros le contamos
nuestros sueños, y él los interpretó para nosotros nuestros sueños.

113 Yosef fue un Hebreo, padre de la tribu que lleva su nombre, nunca Judío, Yahudáh fue el padre de los Judíos.

13 Y sucedió como él los había interpretado para nosotros – yo fui restaurado
a mi cargo, y él fue ahorcado." 14 Entonces Faraón mandó a llamar a Yosef, y
ellos lo trajeron deprisa de la mazmorra. El se rasuró, cambió de ropas, y vino
a Faraón. 15 Faraón dijo a Yosef: "Tuve un sueño y no hay nadie que lo pueda
interpretar; pero he oído que ha sido dicho acerca de ti que cuando tú oyes un
sueño, lo puedes interpretar." 16 Yosef respondió a Faraón: "No soy yo,
Elohim dará a Faraón una respuesta que pondrá tu mente en *Shalom*." 17
Faraón dijo a Yosef: "En mi sueño yo estaba parado en la orilla del río; 18 y
salieron del río siete vacas, hermosas y gordas; y empezaron a pacer en la
hierba del pantano. 19 Después de ellas salieron del río siete vacas más,
pobres, lucían miserables y flacas – ¡yo nunca he visto vacas que luzcan tan
mal en toda la tierra de Mitzrayim! 20 Entonces las vacas flacas y que lucían
miserables se comieron las primeras siete vacas gordas. 21 Pero después que
se las habían comido, no se podía distinguir que se las habían comido; porque
lucían tan miserables como antes. En este punto me desperté. 22 Pero soñé
otra vez y vi siete espigas de grano llenas, maduras que crecían en una sola
caña. 23 Después de ellas, salieron siete espigas menudas y abatidas por el
viento del este y brotaron cerca de ellas. 24 Y las siete espigas menudas se
comieron a las siete espigas maduras. Yo conté esto a los magos, pero
ninguno de ellos me lo pudo explicar. 25 Yosef dijo a Faraón: "Los sueños de
Faraón son los mismos: Elohim le ha dicho a Faraón lo que El está por hacer.
26 Las siete buenas vacas son siete años y las siete buenas espigas de grano
son siete años – los sueños son los mismos. 27 Asimismo las siete vacas flacas
y que lucían miserables que salieron después de los siete años, y también las
siete espigas vacías abatidas por el viento del este – habrá siete años de
hambruna. 28 Esto es lo que dije a Faraón: Elohim ha mostrado a Faraón lo
que El está por hacer. 29 Aquí está: habrá siete años de abundancia por toda la
tierra de Mitzrayim; 30 pero después vendrán siete años de hambruna; y
Mitzrayim se olvidará de toda la abundancia. La hambruna consumirá la
tierra, 31 y la abundancia no será reconocida en la tierra a causa de la
hambruna que seguirá, porque será realmente terrible. 32 ¿Por qué fue el sueño
doble para Faraón? Porque el asunto es firme de parte de Elohim, y Elohim
causará que suceda pronto. 33 "Por lo tanto, Faraón debe buscar un hombre
que sea ambos discreto y sabio para ponerlo a cargo de la tierra de Mitzrayim.

34 Faraón debe hacer esto, y debe nombrar supervisores sobre la tierra para
que reciban impuesto del veinte por ciento sobre los productos de la tierra de
Mitzrayim durante los siete años de abundancia. 35 Ellos deben reunir todos
los alimentos producidos en estos buenos años que vienen y apartar grano
bajo la supervisión de Faraón para ser usado como alimento en las ciudades, y
ellos deben almacenarlo. 36 Esta será la provisión de alimento para los siete
años de hambruna que vendrán sobre la tierra de Mitzrayim, para que la
tierra no perezca como resultado de la hambruna." 37 La propuesta pareció
buena ambos para el Faraón y para todos sus oficiales. 38 Faraón dijo a sus
oficiales: "¿Podemos encontrar algún otro como él? ¡El *Ruaj* de Elohim vive
en él!" 39 Así que Faraón dijo a Yosef: "Puesto que Elohim te ha mostrado
todo esto – no hay nadie con discernimiento y tan sabio como tú – 40 tú
estarás a cargo de mi casa; todo mi pueblo será regido por lo que tú dices.
Sólo cuando yo reine desde mi trono, seré yo mayor que tú." 41 Faraón dijo a
Yosef: "Mira, te pongo a car go de toda la tierra de Mitzrayim." 42 Faraón
quitó su anillo de sellar de su mano y lo puso en la mano de Yosef, hizo que
lo vistieran de lino fino con una cadena de oro en su cuello, 43 y lo hizo
montar en el segundo mejor carruaje; y un heraldo hizo proclamación delante
de él." Así que lo puso a cargo de toda la tierra de Mitzrayim. 44 Faraón dijo a
Yosef: "Yo, Faraón, decreto que sin tu aprobación nadie puede levantar su
mano en toda la tierra de Mitzrayim." 45 Faraón llamó a Yosef por el nombre
de Tzafnat-Paneaj[114] y le dio como esposa a Osnat[115] la hija de Poti-
Fera[116] sacerdote de On. Entonces Yosef salió y fue por toda la tierra de
Mitzrayim.

114 Esta es una palabra estrictamente Egipcia. Algunos de los significados que los eruditos le dan: "creador"; "preservador de vida"; "gobernador del distrito del lugar de vida", a saber Goshen, otros explican su significado como "revelador de secretos."
Yosef, un hombre Hebreo, prototipo de lo que vino a ser las 10 tribus del norte que se gentilizaron hasta el día de hoy.
115 Nombre Egipcio que significa: "regalo del dios sol."
116 Nombre Egipcio que significa: "aquel que Ra (dios Egipcio) dio."

46 Yosef era de treinta años de edad cuando se presentó delante de Faraón rey
de Mitzrayim; entonces dejó la presencia de Faraón y viajó por toda la tierra
de Mitzrayim. 47 Durante los siete años de abundancia, la tierra produjo
montones de alimentos. 48 El reunió todo el alimento de estos siete años en la
tierra de Mitzrayim y lo almacenó en las ciudades – los alimentos que
crecieron fuera de cada ciudad los almacenó en esa ciudad. 49 Yosef almacenó
grano en cantidades como la arena en la costa del mar, tanto que ellos pararon
de contar, porque no se podía medir. 50 Dos hijos le nacieron a Yosef antes
que el año de hambruna viniera; Osnat la hija de Poti-Fera sacerdote de On
los dio a luz para él. 51 Yosef llamó al primogénito Menasheh

[causando a olvidar], "Porque Elohim me ha causado que olvide todas las
aflicciones que sufrí a las manos de mi familia." 52 Al segundo él llamó
Efrayim [fruto], "Porque Elohim me ha hecho fructífero en la tierra de mi
desgracia." 53 Los siete años de abundancia en la tierra de Mitzrayim
terminaron; 54 y los siete años de hambruna empezaron a venir, tal como
Yosef había dicho. Hubo hambruna en todas las tierras, pero en toda la tierra
de Mitzrayim había alimento. 55 Cuando toda la tierra de Mitzrayim empezó
a sentir la hambruna, el pueblo clamó a Faraón por comida, y Faraón dijo a
todos los Mitzrayimim: "Vayan a Yosef, y hagan lo que él les diga." 56 La
hambruna estaba sobre la faz de toda la tierra, pero entonces Yosef abrió
todos los almacenes y vendió comida a los Mitzrayimim. 57 Además, todos los
países vinieron a Mitzrayim a Yosef para comprar grano, porque la hambruna
era seve ra a través de toda la tierra.

Bereshit (En el principio) - tyvarb - Génesis-42

Parashah 1: Bereshit (En el principio)

42 Ahora Ya'akov vio que había grano en Mitzrayim; así que Ya'akov dijo a
sus hijos: "¿Por qué se miran el uno al otro? 2 Miren," él dijo, "he oído que
hay grano en Mitzrayim. Desciendan allá y compren un poco de allá para
nosotros, ¡para que podamos mantenernos vivos y no muramos!" 3 Así, pues,
los diez hermanos de Yosef descendieron para comprar grano de Mitzrayim,
4 excepto por Binyamin, el hermano de Yosef. Ya'akov no lo envió con sus
hermanos, porque tenía temor que algo le podría suceder. 5 Los hijos de
Yisra'el vinieron a comprar junto con los otros que vinieron, puesto que la
hambruna se extendió a la tierra de Kenaan. 6 Yosef era gobernador sobre la
tierra; él era quien vendía a toda la gente de la tierra. Ahora, cuando los
hermanos de Yosef vinieron y se postraron delante de él en la tierra, 7 Yosef
vio a sus hermanos y los reconoció; pero actuó hacia ellos como si él fuera un
extraño y les habló ásperamente. El les preguntó: "¿De dónde son?" Ellos
respondieron: "De la tierra de Kenaan para comprar alimentos." 8 Así que
Yosef reconoció a sus hermanos, pero ellos no lo reconocieron a él.
9 Recordando los sueños que él había tenido acerca de ellos, Yosef les dijo:
"¡Ustedes son espías! ¡Ustedes han venido para detectar las debilidades de
nuestro país!" 10 "No, mi señor," ellos respondieron, "tus sirvientes han
venido para comprar alimento. 11 Todos somos hijos de un hombre, somos
hombres rectos; tus sirvientes no son espías." 12 "No," él les dijo a ellos,
"ustedes han venido a espiar las debilidades de nuestro país." 13 Ellos dijeron:
"Nosotros, tus sirvientes, somos doce hermanos, los hijos de un hombre en la
tierra de Kenaan; el menor se quedó con nuestro padre, y otro se ha ido." 14
"Justo como dije," respondió Yosef, "¡son espías! 15 Aquí está como pueden
probar que no están mintiendo; como vive Faraón, ustedes no se irán a no ser

que su hermano menor venga aquí. 16 Envíen a uno de ustedes, y que él traiga
al hermano de ustedes. Mientras tanto ustedes estarán bajo custodia. Esto
probará si hay alguna verdad en lo que ustedes dicen. De otra forma, como
vive Faraón, ustedes de cierto son espías." 17 Entonces él los puso a todos en
prisión por tres días. 18 Al tercer día, Yosef les dijo a ellos: "Hagan lo que yo
digo, y permanezcan vivos, porque yo temo a Elohim. 19 Si ustedes son
hombres rectos, dejen que uno de sus hermanos permanezca encarcelado en la
prisión que ustedes están, mientras ustedes van y llevan grano de regreso para
aliviar la hambruna en sus casas. 20 Pero tráiganme a su hermano menor. De
esta forma sus palabras serán verificadas, y ustedes no morirán." Así lo
hicieron. 21 Ellos se dijeron el uno al otro: "Nosotros somos de hecho
culpables referente a nuestro hermano. El estaba afligido y nos rogaba;
nosotros lo vimos y no quisimos escuchar. Por eso ahora ha venido esta
aflicción sobre nosotros." 22 Reuven les respondió: "¿No les dije: 'no hagan
daño al muchacho'? Pero ustedes no quisieron escuchar. ¡Ahora viene la
demanda por su sangre!" 23 Ellos no tenían idea que Yosef los entendía,
puesto que un intérprete estaba traduciendo para ellos. 24 Yosef se apartó de
ellos y lloró; entonces regresó y habló con ellos: " El tomó a Shimeon de
entre ellos y lo puso en prisión delante de sus ojos. 25 Luego ordenó que
llenaran sus sacos de grano, que el dinero de todos los hombres fuera puesto
de regreso en su saco y que le fueran dadas provisiones para el viaje. Cuando
estas cosas fueron hechas para ellos, 26 cargaron el grano en sus asnos y se
fueron. 27 Pero esa noche en el campamento, cuando uno de ellos abrió su
saco para dar forraje a su asno, se percató de su dinero – allí estaba, justo
dentro del saco. 28 El dijo a sus hermanos: "¡Mi dinero se me ha devuelto –
aquí está, en mi saco!" A esto, sus corazones desmayaron; ellos se volvieron,
temblando, el uno al otro, y dijeron: "¿Qué es esto que Elohim nos ha hecho a
nosotros?" 29 Ellos regresaron a Ya'akov su padre en la tierra de Kenaan y le
dijeron todo lo que les había pasado: 30 "El hombre, el señor de la tierra, nos
habló ásperamente. Nos puso en prisión como espías de la tierra. 31 Nosotros
le dijimos: 'Somos hombres rectos, no somos espías; 32 somos doce hermanos,
hijos de nuestro padre; uno se ha ido, y el menor se quedó con nuestro
padre en la tierra de Kenaan.' 33 Pero el hombre, el señor de la tierra, nos dijo:
"'Aquí está cómo yo sabré que ustedes son hombres rectos; dejen a uno de sus
hermanos conmigo, tomen grano para aliviar la hambruna en sus casas y
vayan de camino; 34 traigan a su hermano menor a mí. Por esto sabré que no
son espías, sino hombres rectos; entonces yo devolveré a su hermano; y
ustedes negociarán en la tierra.'" 35 Luego, mientras vaciaban sus sacos, allí
estaba la bolsa de dinero de cada hombre en su saco; y cuando ellos y su
padre vieron sus bolsas de dinero, ellos tuvieron temor. 36 Ya'akov el padre de
ellos les dijo: "¡Ustedes me han robado de mis hijos! ¡Yosef se ha ido,
Shimeon se ha ido, ahora se están llevando a Binyamin – todo cae sobre mí!"
37 Reuven dijo a su padre: "¡S i yo no lo traigo pronto de regreso, puedes

matar a mis propios dos hijos! Ponlo a mi cuidado; yo lo regresaré a ti." 38
Pero él respondió: "Mi hijo no descenderá contigo. Su hermano está muerto, y
sólo queda él. Si algo le fuera a pasar a él mientras viaja contigo, tú harás
descender mis canas al Sheol con dolor.

Bereshit (En el principio) - tyvarb - Génesis-43

Parashah 1: Bereshit (En el principio)

43 Pero la hambruna era severa en la tierra; 2 así que cuando se habían
comido el grano cual habían traído de Mitzrayim, su padre les dijo a ellos:
"Vayan de nuevo, compren un poco de alimentos." 3 Yahudáh le dijo: "El
hombre expresamente nos advirtió: "Ustedes no verán mi rostro si su
hermano no está con ustedes.' 4 Si mandas a nuestro hermano con nosotros,
nosotros descenderemos y te compraremos alimentos; 5 pero si no lo envías,
nosotros no descenderemos; pues el hombre nos dijo: 'Ustedes no verán mi
rostro si su hermano no está con ustedes.'" 6 Yisra'el dijo: "¿Por qué trajeron
tal problema por mi camino por decir al hombre que tenían otro hermano?" 7
Ellos respondieron: "El hombre seguía cuestionándonos acerca de nosotros y
nuestros parientes. También él preguntó: '¿Está el padre de ustedes aun vivo?'
'¿Tienen ustedes otro hermano?' Y nosotros respondimos de acuerdo al
sentido literal de sus preguntas. ¿Cómo podríamos saber que él iba a decir:
'Traigan a su hermano'?" 8 Yahudáh dijo a Yisra'el su padre: "Manda al
muchacho conmigo; y haremos preparaciones y saldremos; para que
permanezcamos vivos y no muramos, ambos nosotros y tú, y también nuestro
almacén. 9 Yo mismo garantizo su seguridad, me puedes hacer responsable. Si
no lo traigo a ti y lo presento a tu rostro, déjame llevar la culpa para siempre.
10 Si no nos hubiéramos demorado tanto, ya ahora estuviéramos allí."
11 El padre de ellos, Yisra'el, les dijo a ellos: "Si así es como es, ha gan esto:
tomen en sus sacos algunos de los mejores productos de La Tierra, y lleven
un regalo al hombre – alguna resina curativa, un poco de miel, resina
aromática, opio, nueces de pistacho y almendras. 12 Lleven el doble de dinero
con ustedes y devuelvan el dinero que vino de regreso con ustedes en sus
sacos – pudo haber sido un descuido. 13 Sí, y lleven a su hermano también; y
alístense, y vayan de nuevo al hombre. 14 Que *El Shaddai* les dé favor a los
ojos del hombre, para que libere a ustedes a su otro hermano tal como a
Binyamin. En cuanto a mí, si tengo que perder mis hijos, los perderé." 15 Los
hombres tomaron el regalo, y llevaron el doble del dinero con ellos, y a
Binyamin; entonces ellos, preparados, descendieron a Mitzrayim y se
presentaron delante de Yosef. 16 Cuando Yosef los vio a ellos y a su hermano
Binyamin, nacido de la misma madre, él dijo al mayordomo de su casa:
"Lleva los hombres dentro de la casa, mata los animales y prepara

la carne. Estos hombres comerán conmigo al mediodía." 17 El hombre hizo
como Yosef le había ordenado y trajo los hombres dentro de la casa de Yosef.
18 Al ser llevados dentro de la casa de Yosef los hombres se pusieron
temerosos. Ellos dijeron: "Es a causa del dinero que fue devuelto la primera
vez en nuestros sacos que hemos sido traídos dentro – para que él pueda
usarlo como excusa para atacarnos, tomarnos como esclavos, y echar manos a
nuestros asnos también." 19 Así que se acercaron al mayordomo de la casa de
Yosef y le hablaron en la entrada de la casa 20 "Por favor, mi señor, la primera
vez nosotros ciertamente vinimos a comprar alimentos; 21 pero cuando
llegamos al campamento, abrimos nuestros sacos, y allí dentro de nuestros
sacos estaba el dinero de cada uno, la cantidad completa. La hemos traído de
regreso con nosotros; 22 además, hemos traído otro dinero para comprar
alimentos. Nosotros no tenemos idea quién puso el dinero en nuestros sacos."
23 "Dejen de preocuparse," él respondió, "no tengan temor. El Elohim de
ustedes y el Elohim de su padre puso el tesoro en sus sacos. En cuanto al
dinero de ustedes – yo fui el que lo recibió." Entonces él sacó a Shimeon y lo
llevó a ellos. 24 El hombre trajo a los hombres a la casa de Yosef y les dio
agua, y ellos lavaron sus pies, y les dio forraje para sus asnos. 25 Entonces
ellos prepararon el regalo para cuando Yosef llegara al mediodía, porque ellos
habían oído que iban a comer allí. 26 Cuando Yosef llegó a la casa, ellos
entraron en la casa y le presentaron con el regalo que habían traído con ellos,
entonces se postraron delante de él en la tierra. 27 El les preguntó cómo
estaban e inquirió: "¿Está el padre de ustedes bien, el anciano de quien
hablaron? ¿Aún vive?" 28 Ellos respondieron: "Tu sirviente nuestro padre está
bien; sí, aún vive." Y él dijo: "Que ese homb re sea bendecido por Elohim"; y
ellos se inclinaron, y le hicieron reverencia. 29 El alzó su mirada y vio a
Binyamin su hermano, el hijo de su madre, y dijo: "¿Es éste el hermano
menor de ustedes, de quien me hablaron?" y añadió, "Elohim sea bueno
contigo, hijo mío." 30 Entonces Yosef se apresuró a ir fuera, porque sus
sentimientos hacia su hermano eran tan fuertes que quería llorar; él fue a su
cuarto y allí lloró. 31 Entonces se lavó la cara y salió, pero se controló según
dio la orden de servir la comida. 32 Ellos le sirvieron aparte, los hermanos
aparte, y los Mitzrayimim incluidos en la comida aparte – los Mitzrayimim no
comen con los Hebreos, porque eso es abominación para ellos.[117] 33 Así que
ellos se sentaron enfrente de él, el primogénito en el lugar de honor, el menor
en el último lugar; y los hombres expresaron su asombro el uno al otro. 34
Cada uno le fue dada su porción allí delante de él, pero la porción de
Binyamin era cinco veces mayor que la de ninguno de ellos, Así que ellos
bebieron y disfrutaron con él.

117 Esto describe las prácticas de los Egipcios, pero nosotros somos los que no podemos sentarnos con los paganos a comer comidas inmundas, tampoco podemos entrar en yugo desigual de matrimonio, amistad o negocios con ellos.

Bereshit (En el principio) - tyvarb - Génesis-44

Parashah 1: Bereshit (En el principio)

44 Luego él ordenó al mayordomo de su casa: "Llena los sacos de los
hombres con alimentos, tanto como puedan cargar, y pon el dinero de cada
hombre dentro de su saco. 2 Y pon mi copa, la de plata, justo dentro del saco
del menor, junto con su dinero para el grano." El hizo lo que Yosef le ordenó
que hiciera. 3 Al romper el día los hombres fueron despedidos con sus asnos; 4
pero antes de que estuvieran lejos de la ciudad Yosef le dijo a su mayordomo:
"Levántate, ve tras los hombres; y cuando los alcances, dile a ellos: '¿Por qué
han pagado el bien con el mal? 5 ¿No es ésta la copa de la cual mi señor bebe,
ciertamente la que él usa para adivinar? ¡Lo que ustedes han hecho es
maldito!'" 6 Así que él los alcanzó, y dijo estas palabras a ellos. 7 Ellos
respondieron: "¿Por qué mi señor habla de esta forma? ¡No permita el cielo
que hagamos tal cosa! 8 ¡Mira, el dinero que encontramos dentro de nuestros
sacos lo trajimos de vuelta a ti desde la tierra de Kenaan! Así que ¿cómo
habríamos de robar plata u oro de la casa de nuestro señor? 9 ¡Al que de
nosotros le sea encontrada la copa que sea puesto a muerte – y el resto de
nosotros seremos los esclavos de nuestro señor!" 10 El respondió: "Bien, que
sea como tú has dicho: Al que le sea encontrada será mi esclavo. Pero el resto
de ustedes estarán sin culpa." 11 Entonces cada uno de ellos se apresuró a
poner sus sacos en la tierra, y cada uno abrió su saco. 12 El buscó, empezando
con el mayor y terminando con el menor; y la copa fue encontrada en el saco
que pertenecía a Binyamin. 13 A esto, ellos rasgaron sus ropas a causa del
dolor. Entonces cada uno cargó su asno y regresaron a la ciudad. 14 Yahudáh
y sus hermanos llegaron a la casa de Yosef. El aún estaba allí y ellos cayeron
a tierra delante de él. 15 Yosef les dijo a ellos: "¿Cómo pudieron hacer tal
cosa? ¿No saben que un hombre tal como yo puede saber la verdad por
adivinación?" 16 Yahudáh dijo: "¡No hay nada que podamos decir a mi señor!
¿Cómo podríamos hablar? ¡No hay forma de podernos justificar! Elohim ha
revelado la culpa de tus sirvientes; así que aquí estamos, los esclavos de mi
señor – ambos, nosotros y al que se le encontró tu copa en su posesión." 17
Pero él respondió: "No lo permita el cielo que yo actúe de esa forma. El
hombre en cuya posesión fue encontrada la copa será mi esclavo; pero en
cuanto a ustedes, vayan en *Shalom* a su padre."

Referencia;

Haftarah Mikketz: Melajim Alef (1 Reyes) 3:15-4:1

Lecturas sugeridas del Brit Hadashah para la Parashah Mikketz: Hechos 7:9-16

Parashah 11: Vayigash (El se acercó) 44:18-47:27

18 Entonces Yahudáh se acercó a Yosef, y dijo: "¡Por favor, mi señor! Deja
que tu sirviente te diga algo en privado; y no te enojes con tu sirviente,
porque tú eres como el mismo Faraón. 19 Mi señor preguntó a sus sirvientes:
'¿Tienen un padre, o un hermano?' 20 Nosotros le respondimos a nuestro
señor: 'Tenemos un padre que es un hombre viejo, y un hijo de su vejez, un
pequeño cuyo hermano está muerto; de los hijos de su madre él solo queda, y
su padre lo ama.' 21 Pero tú dijiste a tus sirvientes: 'Tráigalo a mí, yo lo
cuidaré.' 22 Nosotros respondimos a nuestro señor: 'El muchacho no puede
dejar a su padre; si él fuera a dejar a su padre, su padre moriría.' 23 Tú dijiste
a tus sirvientes: 'Ustedes no verán mi rostro otra vez si su hermano no está
con ustedes.' 24 Subimos a tu sirviente mi padre y le dijimos lo que mi señor
había dicho; 25 pero cuando nuestro padre dijo: 'Vayan otra vez, y compren
alimentos para nosotros,' 26 nosotros respondimos: 'No podemos descender.
Sola mente descenderemos si nuestro hermano menor está con nosotros.' 27
Entonces el padre de tu sirviente nos dijo: 'Ustedes saben que mi esposa me
dio a luz dos hijos, 28 uno se fue de mí, y yo dije: "Seguramente ha sido
rasgado en pedazos," y no lo he visto desde entonces. 29 Ahora, si ustedes me
quitan a éste también, y algo le pasa, ustedes harán descender mis canas al
Sheol con dolor.' 30 Si ahora voy a tu sirviente mi padre y el muchacho no está
con nosotros – viendo cómo su corazón está vinculado al corazón del
muchacho – 31 cuando él vea que el muchacho no está con nosotros, él morirá;
y tus sirvientes harán descender las canas de tu sirviente nuestro padre al
Sheol con dolor. 32 Porque tu sirviente mismo garantizó su seguridad; Yo dije:
'Si yo fracaso en traértelo de regreso y me pare delante de ti, entonces cargaré
con la culpa delante de mi padre para siempre.' 33 Por lo tanto, yo te suplico,
permite que tu sirviente se quede como esclavo para mi señor en vez del
muchacho, y deja que el muchacho se vaya con sus hermanos.[118] 34 Porque
¿cómo puedo subir a mi padre si el muchacho no está conmigo? No soportaría
ver a mi padre tan sobrecogido por angustia."

118 Todos los hermanos de Yosef estaban abrumados con cargo de conciencia,
Yahudáh fue el de la idea de venderlo; ellos
aun no reconocían a Yosef, y ahora Yahudáh quiere aplacar su pecado.

Bereshit (En el principio) – tyvarb – Génesis-45

Parashah 1: Bereshit (En el principio)

45 Al fin Yosef ya no pudo controlar sus sentimientos delante de todos los
que lo atendían, y gritó: "¡Qué todos se retiren de mí!" Así que nadie más
estaba con él cuando Yosef reveló a sus hermanos quién él era. 2 El lloró a
gritos, y los Mitzrayimim oyeron, y la casa de Faraón oyó. 3 Yosef dijo a sus
hermanos: "¡Yo soy Yosef! ¿Es verdad que mi padre aún vive?" Sus
hermanos no le podían responder, estaban tan asombrados de verlo.[] 4 Yosef

dijo a sus hermanos: "¡Por favor, acérquense!" Y ellos se acercaron. El dijo:
"Yo soy Yosef, su hermano, a quien vendieron a Mitzrayim. 5 Pero no estén
tristes de que me vendieron a esclavitud acá ni se enojen con ustedes mismos,
porque fue Elohim quien me envió delante de ustedes para preservar la
vida.[119] 6 La hambruna ha estado sobre la tierra por los dos últimos años, aún
por otros cinco años no habrá siembra ni cosecha. 7 Elohim me envió delante
de ustedes para asegurar que ustedes tendrán *zera* en La Tierra y para que
pudiera quedar a ustedes un remanente en la tierra, aun para darles vida
mediante una gran liberación.[120] 8 Así que no fueron ustedes que me
enviaron aquí, sino Elohim; y El me ha hecho un padre para Faraón, señor de
toda su casa y regidor sobre toda la tierra de Mitzrayim. 9 Dense prisa, suban
a mi padre, y le dicen: 'Aquí está lo que tu hijo Yosef dice: "¡Elohim me ha
hecho señor de todo Mitzrayim! ¡Desciende a mí, no te demores! 10 Vivirás en
la tierra de Goshen[121] y estarás cerca de mí – tú, tus hijos, tus nietos,
rebaños, ganado, todo lo que posees. 11 Yo proveeré aquí para ti, para que no
seas golpeado por la pobreza, tú, tu casa y todo lo que tienes; porque aún
quedan cinco años de hambruna. 12 Miren, sus propios ojos ven, y los ojos de
mi hermano Binyamin, que es mi propia boca la que les habla. 13 ¡Digan a mi
padre cuan respetado soy en Mitzrayim y todo lo que han visto, y deprisa
desciendan con mi padre!" 14 Entonces abrazó a su hermano Binyamin y lloró,
y Binyamin lloró en su cuello, 15 y besó a todos sus hermanos y lloró sobre
ellos. Después de eso, sus hermanos hablaron con él.[122] 16 El reporte de esto
llegó hasta la casa de Faraón: "Los hermanos de Yosef han venido"; y Faraón
y sus sirvientes estaban complacidos.

119 Tal como hoy, *YAHWEH* ha enviado a Efrayim a las naciones y desde las naciones estamos preservando a la Tierra de Yisra'el y a Yahudáh, siendo que Yahudáh no puede solo contra 100 millones de Árabes que los quieren echar al mar.
120 Sólo un remanente de ambas casas de Yisra'el se Salvará por medio de una gran liberació n, la de Yahshúa.
121 Goshen, la tierra de Raamses, los pueblos de Piton y Raamses están en sus fronteras, también Zoan o Tanis. Está en el lado este del Nilo, y aparentemente no lejos de la residencia real. Era un distrito pastoral y ahora es un desierto.
122 Esto sucederá en el final de los tiempos bajo Yahshúa, todas las tribus de Yisra'el olvidarán el odio y rencor, y habrá amor.

17 Faraón dijo a Yosef: "Di a tus hermanos: 'Aquí está lo que tienen que hacer:
Carguen sus animales, vayan a la tierra de Kenaan, 18 tomen a su padre y sus
familias, y regresen a mí. Yo les daré buena propiedad en Mitzrayim, y
comerán de la médula de la tierra. 19 "'Además – y esto es una orden – hagan
esto, tomen carretas de la tierra de Mitzrayim para cargar a sus pequeños y a
sus esposas, y traigan a su padre, y vengan. 20 No se preocupen de sus cosas,
porque todo lo bueno en la tierra de Mitzrayim es de ustedes.'" 21 Los hijos de
Yisra'el actuaron de acuerdo a esto; y Yosef les dio carretas, como Faraón
había ordenado, y les dio provisiones para el viaje. 22 A cada uno de ellos les

dio una muda de ropas nuevas; pero a Binyamin él dio siete y media libras de
plata y cinco mudas de ropa nueva. 23 Asimismo, a su padre él mandó diez
asnos cargados con los mejores productos de Mitzrayim, como también diez
asnas cargadas con grano, pan y alimentos para su padre comer en el camino.
24 Así que envió a sus hermanos por su camino, y ellos se fueron; él les dijo:
"¡No peleen entre ustedes mientras viajan!" 25 Por tanto, subieron de
Mitzrayim, entraron en la tierra de Kenaan y llegaron a Ya'akov su padre. 26
Ellos le dijeron: "¡Yosef aún vive! El es el gobernador sobre toda la tierra de
Mitzrayim!" Y Ya'akov estaba sorprendido, no podía creerles. 27 Así que le
reportaron todo lo que Yosef les había dicho a ellos; pero fue sólo cuando vio
las carretas que Yosef había mandado para llevarlo, que el *ruaj* de Ya'akov su
padre comenzó a revivir.[123] 28 Yisra'el dijo: "¡Suficiente! ¡Mi hijo Yosef aún
vive! Tengo que ir a verle antes de que muera."

Bereshit (En el principio) – tyvarb – Génesis-46

Parashah 1: Bereshit (En el principio)

46 Yisra'el llevó con él en el viaje todo lo que poseía. Llegó a Beer-Sheva y
ofreció sacrificios al Elohim de su padre Yitzjak. 2 En una visión de noche
Elohim llamó a Yisra'el: "¡Ya'akov! ¡Ya'akov!" El respondió: "Aquí estoy." 3
El dijo: "Yo soy el Elohim de tus padres. No temas en descender a Mitzrayim.
Es allí donde Yo te haré una gran nación.[124] 4 No sólo iré Yo contigo a
Mitzrayim; sino Yo también te traeré de regreso, después que Yosef haya
cerrado tus ojos." 5 Así que Ya'akov salió de Beer-Sheva; los hijos de Yisra'el
llevaron a su padre y el equipaje, a sus pequeños y sus esposas en las carretas
que Yosef había enviado para cargarlos. 6 Ellos tomaron sus bienes y sus
pertenencias que habían adquirido en la tierra de Kenaan y llegaron a
Mitzrayim, Ya'akov y toda su *zera* con él – 7 sus hijos, nietos, hijas, nietas y
toda su *zera* trajo con él a Mitzrayim. 8 Estos son los nombres de los hijos de
Yisra'el que vinieron a Mitzrayim, Ya'akov y sus hijos: Reuven el
primogénito de Ya'akov; 9 y los hijos de Reuven – Hanoj, Pallu, Hetzron y
Karmi. 10 Los hijos de Shimeon: Yemuel, Ohad, Yajin, Tzojar y Shaúl el hijo
de una mujer Kenaani. 11 Los hijos de Levi: Gershon, Kehat y Merari. 12 Los
hijos de Yahudáh: Er, Onan, Dela, Peretz y Zeraj; pero Er y Onan murieron
en la tierra de Kenaan. Los hijos de Peretz fueron Hetzron y Hamul. 13 Los
hijos de Yissajar: Tola, Puvah, Yov y Shimron. 14 Los hijos de Zevulun:
Serted, Elon y Yajleel. 15 Estos eran hijos de Leah que les dio a luz para
Ya'akov en Paddan- Aram con su hija Dinah. En total, sus hijos e hijas
numeraban treinta y tres. 16 Los hijos de Gad: Tzifyon, Shuni, Etzbon, Eri,
Arodi y Areli. 17 Los hijos de Asher: Yimnah, Yishvah, Yioshvi,

Beriah y la hermana de ellos Seraj. Los hijos de Beriah eran Hever y Melkiel.
18 Estos eran los hijos de Zilpah, quien Lava n dio a Leah su hija; ella los dio
a luz para Ya'akov – dieciséis personas. 19 Los hijos de Rajel la esposa de
Ya'akov: Yosef y Binyamin. 20 A Yosef en la tierra de Mitzrayim le nacieron
hijos, los cuales Osnat la hija de Poti-Fera sacerdote de On dio a luz para él,
incluso Menasheh y Efrayim. Y hubo hijos nacidos a Menasheh, cuales la
concubina Arami le dio a luz para él, incluso Majir. Y Majir engendró a
Galaad. Y los hijos de Efrayim, el hermano de Menasheh: Shetalaam y Taam.
Y los hijos de Shetalaam: Edem 21 Los hijos de Binyamin: Bela, Jobor,
Ashbel, y los hijos de Bela fueron Gera, Naaman, Enjis, Rosh, Mumpim,
Ofimin y Gera engendró a Arad. 22 Estos eran los hijos de Rajel cuales ella
dio a luz para Ya'akov – en total, dieciocho almas. 23 Los hijos de Dan:
Hushim. 24 Los hijos de Naftali: Yajtzeel, Guni, Yatzer y Shillem. 25 Estos
eran los hijos de Bilhah, quien Lavan dio a Rajel su hija; ella les dio a luz
para Ya'akov – en total, siete personas. 26 Todas las almas que pertenecían a
Ya'akov cuando fue a Mitzrayim, su *zera* directa (sin contar las esposas de los
hijos de Ya'akov), fueron sesenta y seis. 27 Los hijos de Yosef, nacidos a él en
Mitzrayim, fueron dos[125] almas. Así, pues, toda la gente en la casa de
Ya'akov que entró en Mitzrayim era setenta y cinco.[126] 28 Ya'akov envió a
Yahudáh delante de él a Yosef, para le guiara en el camino a Goshen;
así llegaron a la tierra Goshen.[127] 29 Yosef preparó su carruaje y subió a
Goshen para recibir aYisra'el su padre. Se presentó a él, lo abrazó y lloró en
su cuello por largo rato.

123 Así sucederá cuando TODO Yisra'el esté reunido y en *Shalom*, su *ruaj* revivirá, cuando regrese Mashíaj Yahshúa.
124 Aquí se renueva la promesa de *YAHWEH* a Avraham y Yitzjak, una gran nación, (ethnos, Gentil, *Goy*).
125 La LXX dice en esta porción del pasaje: " fueron nueve almas." Quizás Yosef tuvo más hijos después que Ya'akov murió.
126 Este número está mal, en otras versiones dice setenta, aquí se corrigió a setenta y cinco. Hch 7:14; la LXX y los
Manuscritos del Mar Muerto. Yosef mandó a traer a su padre Jacob, y a todos sus familiares, setenta y cinco personas.
127 Por este verso se entiende que Yahudáh por medio del Mesías guiará el camino a la restauración total de Yisra'el.

30 Entonces Yisra'el dijo a Yosef: "Ahora puedo morir, porque he visto tu
rostro y he visto que aún estás vivo." 31 Yosef dijo a sus hermanos y a la
familia de su padre: "Voy a subir a decirlo a Faraón. Yo le diré: 'Mis hermano
s y la familia de mi padre, que estaban en la tierra de Kenaan, han venido a
mí. 32 Los hombres son pastores y ganaderos; ellos han traído sus rebaños, sus
manadas y todas sus posesiones.' 33 Ahora, cuando Faraón los haga llamar y
pregunte: '¿Cuál es el oficio de ustedes?' 34 Le dicen: "Tus sirvientes han sido
ganaderos desde la juventud hasta ahora, ambos

nosotros y nuestros antepasados.' Esto asegurará que habitarán en la tierra de
Goshen – porque cualquier pastor es abominación[128] a los Mitzrayimim."

Bereshit (En el principio) - tyvarb - Génesis-47

Parashah 1: Bereshit (En el principio)

47 Entonces Yosef entró, y le dijo a Faraón: "Mi padre y mis hermanos han
venido de la tierra de Kenaan con sus rebaños, ganado y todas sus posesiones;
ahora mismo están en la tierra de Goshen." 2 El tomó cinco de sus hermanos y
los presentó a Faraón. 3 Faraón dijo a sus hermanos: "¿Cuál es la ocupación
de ustedes?" Ellos respondieron a Faraón: "Tus sirvientes son pastores, ambos
nosotros y nuestros antepasados." 4 Y añadió: "hemos venido a vivir en la
tierra, porque en la tierra de Kenaan no hay lugar para pastar los rebaños de
tus sirvientes, la hambruna es tan severa allí. Por lo tanto, por favor, deja que
tus sirvientes vivan en la tierra de Goshen." 5 Faraón dijo a Yosef: "Que vivan
en la tierra de Goshen. Y si tú conoces que entre ellos hay hombres capaces,
hazlos cuidar mi ganado." Así, pues, Ya'akov y sus hijos vinieron a
Mitzrayim. Y Faraón rey de Mitzrayim, oyó de esto. Y Faraón habló a Yosef,
diciendo: "Tu padre y tus hermanos han venido a ti, 6 observa, y la tierra de
Mitzrayim está delante de ti; en la mejor tierra asienta a tu padre y tus
hermanos." 7 Yosef entonces trajo a Ya'akov su padre y lo presentó a Faraón,
y Ya'akov bendijo a Faraón. 8 Faraón preguntó a Ya'akov: "¿Qué edad
tienes?" 9 Y Ya'akov respondió: "Los días de mi peregrinación han sido de
130 años; ellos han sido pocos y difíciles, y no alcanzan al número de los
años de la vida de mis padres en su peregrinación.[129]"

128 Todo pastor era una abominación para los Egipcios. Esta aversión a los pastores, tales como los Hebreos, sucedió probablemente porque el Medio y Bajo Egipto estaban bajo sujeción a una tribu nómada, los Hyksos (Reyes Pastores), quienes habían sido echados recientemente. Pero la nación restaurada de Yisra'el será una de pastores de la verdad y amor.

129 Vemos que nosotros estamos en esta tierra como una peregrinación, no es nuestro hogar, sino es el Reino de *YAHWEH*.

10 Entonces Ya'akov bendijo a Faraón y se fue de su presencia. 11 Yosef
encontró un lugar para su padre y hermanos, y les dio propiedad en la tierra
de Mitzrayim, en la mejor región del país, en la tierra de Raamses, como
Faraón había ordenado. 12 Yosef proveyó alimentos para su padre, sus
hermanos, toda la casa de su padre, grano para cada persona. 13 No había
alimentos en ningún lugar, porque la hambruna era severa, así que ambos
Mitzrayim y Kenaan se volvieron débiles del hambre. 14 Yosef recogió todo el
dinero que había en Mitzrayim y Kenaan a cambio del grano que ellos

compraron, y puso el dinero en el tesoro de Faraón. 15 Cuando todo el dinero en Mitzrayim había sido gastado, y asimismo en Kenaan, todos los Mitzrayimim se acercaron a Yosef, y dijeron: "Danos algo de comer, aun si no tenemos dinero; ¿por qué hemos de morir delante de tus ojos?" 16 Yosef respondió: "Denme sus animales de cría y yo les daré alimentos a cambio de su ganado." 17 Así que ellos trajeron a Yosef su ganado; y Yosef les dio alimentos a cambio de caballos, rebaños, ganado y asnos – todo ese año él les proveyó con alimentos a cambio de su ganado. 18 Cuando ese año se terminó, ellos se acercaron a Yosef otra vez, y le dijeron: "¿Debemos nosotros ser destruidos delante de nuestro señor? Porque si nuestro dinero ha fallado, y nuestras posesiones, y nuestro ganado, traído a ti nuestro señor, y no ha quedado de nosotros delante de nuestro señor nada sino nuestros cuerpos y nuestra tierra, estamos ciertamente desvalidos. 19 ¿Por qué hemos de morir delante de tus ojos? Cómpranos a nosotros y a nuestra tierra por alimentos, y nosotros y nuestra tierra estaremos esclavizados a Faraón. Pero también danos *zera* para plantar, para que podamos permanecer vivos y no muramos, y para que la tierra no se vuelva estéril." 20 Así que Yosef adquirió toda la tierra de Mitzrayim para Faraón, pues los Mitzrayimim vendieron su tierra a Faraón, porque la hambruna pesaba sobre ellos tan severamente. Así que la tierra se convirtió en propiedad de Faraón. 21 En cuanto a la gente, él la redujo a esclavitud ciudad por ciudad, desde un extremo del territorio de Mitzrayim hasta el otro. 22 Solamente él no adquirió la tierra de los sacerdotes, porque los sacerdotes tenían derecho a provisiones de Faraón, y ellos comían de lo que Faraón les proveía; por lo tanto, ellos no vendieron su tierra. 23 Entonces Yosef dijo al pueblo: "Desde hoy yo los he adquirido a ustedes y su tierra para Faraón. Aquí esta la *zera* para que siembren la tierra. 24 Cuando llegue el tiempo de cosecha, ustedes darán veinte por ciento a Faraón, ochenta por ciento será de ustedes para quedárselo para *zera* para plantar en los campos, como también para su alimento y para el de sus casas y sus pequeños." 25 "¡Tú has salvado nuestras vidas! Así que si le place a mi señor, nosotros seremos los esclavos de Faraón." 26 Yosef lo hizo ley para el país de Mitzrayim, válida hasta este día, que Faraón habría de tener veinte por ciento. Solamente la propiedad que pertenecía a los sacerdotes no pasó a ser de Faraón. 27 Yisra'el vivió en la tierra de Mitzrayim diecisiete años. Ellos adquirieron posesiones en ella y fueron productivos, y sus números se multiplicaron grandemente.

Referencias;

Haftarah Vayigash: Yejezkel (Ezequiel) 37:15-28
Lecturas sugeridas del Brit Hadashah para la Parashah Vayigash: Hechos 7:9-16
Parashah 12: Vayeji (El vivió) 47:28-50:26

28 Ya'akov vivó en la tierra de Mitzrayim por diecisiete años; por tanto
Ya'akov vivió 147 años. 29 El tiempo llegó cuando Yisra'el se acercaba a la
muerte; así que mandó a llamar a su hijo Yosef y le dijo: "Si tú en verdad me
amas, por favor pon tu mano debajo de mi muslo y que ejecutarás misericordia
hacia mí y no me sepultarás en Mitzrayim. 30 Más bien, cuando duerma con
mis padres, me llevarás fuera de Mitzrayim y me sepultas donde ellos están
sepultados." El respondió: "Yo haré como tú has dicho." 31 El dijo:
"Júramelo," y él lo juró. Entonces Yisra'el, apoyándose en su bastón, se
inclinó reverentemente en adoración.

Bereshit (En el principio) - tyvarb - Génesis-48

Parashah 1: Bereshit (En el principio)

48 Un tiempo después alguien le dijo a Yosef que su padre estaba enfermo.
El tomó con él sus dos hijos, Menasheh y Efrayim, y vino a Ya'akov. 2 Le
dijeron a Ya'akov: "Aquí viene tu hijo Yosef." Yisra'el reunió su fuerza y se
sentó en la cama. 3 Ya'akov le dijo a Yosef: "*El Shaddai* se me apareció en
Luz en la tierra de Kenaan, y me bendijo, 4 diciéndome: 'Yo te haré fructífero
y numeroso. Yo te haré multitud de naciones; y Yo daré esta tierra a tu *zera*
para que la posean para siempre.' 5 Ahora tus dos hijos, que te nacieron en la
tierra de Mitzrayim antes de que yo viniera a ti en Mitzrayim, son míos;
Efrayim y Menasheh serán tan míos como Reuven y Shimeon lo son. 6 Los
hijos nacidos a ti después de ellos serán tuyos, pero para el propósito de
herencia ellos serán contados con sus hermanos mayores.[130] 7 "Ahora en
cuanto a mí, cuando yo vine de Padam, Rajel tu madre murió en la tierra de
Kenaan, mientras hicimos noche en Yabrat en la tierra de Kenaan, para así
venir a Efrat; así que yo la sepulté allí en el camino hacia Efrat (también
conocida por Beit-Lejem)." 8 Entonces Yisra'el vio a los hijos de Yosef, y
preguntó: "¿Quiénes son estos?" 9 Yosef respondió a su padre: "Ellos son mis
hijos, quc Elohim me ha dado aquí." Ya'akov respondió: "Yo quiero que los
traigas aquí a mí, para poder bendecirlos." 10 Ahora los ojos de Yisra'el
estaban apagados por la vejez, así que no podía ver. Yosef trajo sus hijos
cerca de él, y él los besó y los abrazó. 11 Yisra'el dijo a Yosef: "Observa, no
he sido privado de ver tu rostro, ¡pero Elohim me ha permitido ver tu *zera*
también!" 12 Entonces Yosef los sacó de entre sus rodillas y se postró
en la tierra. 13 Y Yosef los tomó a ambos, Efrayim en su mano derecha hacia
la mano izquierda de Yisra'el y Menasheh en su mano izquierda hacia la
mano derecha de Yisra'el, y los trajo cerca de él. 14 Pero Yisra'el extendió su
mano derecha y la puso sobre la cabeza del más joven, Efrayim, y puso su
mano izquierda en la cabeza de Menasheh – él intencionalmente cruzó sus
manos, aun siendo Menasheh el primogénito. 15 Entonces él los bendijo a

ellos: "El Elohim en cuya presencia mis padres Avraham y Yitzjak fueron
bien placenteros, el Elohim que me ha alimentado desde mi juventud hasta
este día, 16 el *malaj* que me rescató de todo peligro, bendiga estos niños. Que
ellos recuerden quién yo soy y qué es lo que represento, y asimismo mis
padres Avraham y Yitzjak, quiénes fueron ellos y qué representan. Y que
ellos crezcan a producir multitudes en la tierra.[131]" 17 Cuando Yosef vio que
su padre estaba poniendo su mano derecha sobre la cabeza de Efrayim no le
complació, y levantó la mano de su padre para quitarla de la cabeza de
Efrayim y ponerla en la cabeza de Menasheh. 18 Yosef le dijo a su padre: "No
lo hagas de esa forma, mi padre, porque éste es el primogénito. Pon tu mano
derecha en su cabeza." 19 Pero su padre rehusó, y dijo : "Yo sé eso, hijo mío,
yo lo sé. El también se hará un pueblo, y él también será grande; no
obstante su hermano menor será mayor que él, y su *zera* formará multitud de
naciones.[132]" 20 Entonces ese día añadió su bendición sobre ellos: "En
ustedes Yisra'el será bendecido, diciendo: 'Que Elohim te haga como Efrayim
y Menasheh.'" Así él puso a Efrayim delante de Menasheh.

130 Ya'akov adopta a los hijos de Yosef nacidos en Mitzrayim, Efrayim y Menasheh, como suyos propios. El está declarando su última voluntad y testamento allí mismo delante de Yosef. El oficialmente adopta a estos dos hijos de manera que Yosef, su hijo más querido pueda recibir una doble porción de bendición a través de ambos hijos. [ver v 22]

131 Ya'akov llama a estos dos nietos "Yisra'el", puesto que él no sólo los adopta sino que declara proféticamente que la promesa física de multiplicidad global vendría a través de ellos. Luego de declarar dejen que mi nombre sea invocado sobre ellos, significando que ellos son los hijos de Yisra'el, él ora que ellos lleguen a ser una multitud. El Término Hebreo usado
aquí para multitud puede leerse como "Una abundante multitud de peces." Es interesante recordar que no fue sino nuestro Mesías Yahshúa quien declaró que El nos haría pescadores de hombres. Los *talmidim* de Yahshúa (Mt 4.19) son enviados a pescar esta multitud de Yisra'el, **TODOS** nosotros también tenemos esa orden dada al final de todos los evangelios/*besorot*.

132 Aquí tenemos una de las más maravillosas e importantes profecías de la Escritura. Al bendecir a Efrayim por sobre su hermano, Yisra'el [Ya'akov] declara que la semilla o *zera* de Efrayim llegará a ser el "meloh ha-Goyim", o la "plenitud de los Gentiles." La semilla física de Avraham, Yitzjak y Ya'akov que fue prometida a literalmente llenar la tierra un día como la arena y polvo de la tierra y como las estrellas del cielo, ahora vendría a pasar en y a través de Efrayim. Efrayim sería el vehículo a través del cual la gran y preciosa promesa única de multiplicidad física ocurriría literalmente. E término "maleh hagoyim" es "plenitud de los Gentiles." Ro 11:25. Shaúl lo dice como el método y medio por el cual todo Yisra'el sería salvo. La única otra vez en que esta palabra es usada en el Tanaj es en el Sal 24:1, en donde el salmista declara que la Tierra y su plenitud son de *YAHWEH*. La Tierra está llena de pueblos, lugares y cosas que pertenecen a *YAHWEH*. No habrá casi nadie en la tierra que no pertenezca a la semilla de Efrayim, puesto que es en la semilla de Efrayim en donde todas las promesas de multiplicidad física serán encontradas.

21 Yisra'el entonces dijo a Yosef: "Tú ves que estoy muriendo, pero Elohim
estará contigo y te devolverá a la tierra de tus padres.[133] 22 Además, Yo te

estoy dando un *sh'jem* [hombro, parte, cerro, ciudad de Shejem] más que a tus hermanos; yo la capturé de los Emori con mi espada y arco."

Bereshit (En el principio) - tyvarb - Génesis-49

Parashah 1: Bereshit (En el principio)

49 Entonces Ya'akov llamó a sus hijos, y dijo: "Reúnanse y yo les diré
lo que sucederá en el *ajarit-hayamim*. 2 Reúnanse y escuchen, hijos de
Ya'akov; presten atención a Yisra'el su padre.[134] 3 "Reuven, tú eres mi
primogénito, mi fuerza, y el primero de mis hijos. duro para ser soportado,
duro y obstinado. 4 Rompiendo en insolencia, no debiste haber hervido como
agua, porque trepaste en la cama de tu padre y profanaste el lecho, entonces
tú trepaste.[135] 5 "Shimeon y Levi son hermanos, relacionados por armas de
violencia. 6 Que mi alma no entre en su consejo, ni mi honor se adhiera a su
asamblea,[136] porque en su ira ellos mataron hombres, y en su pasión
desjarretaron un toro. 7 Maldita sea su ira, porque ha sido fiera; su furia,
porque ha sido cruel. Yo los dividiré en Ya'akov y los esparciré en Yisra'el.
8 "Yahudáh, tus hermanos te reconocerán, tu mano estará en la cerviz de tus
enemigos, los hijos de tu padre se inclinarán delante de ti. 9 Yahudáh es un
cachorro de león: desde la planta tierna, mi hijo, te paras sobre la presa. El se
agacha y se extiende como león; como cachorro de león, ¿quién se atreve a
provocarlo?

133 En estos precisos momentos Yahshúa está recogiendo a todo Yisra'el para llevarnos a La Tierra de nuestro padres, y Yosef nos ha legado las riquezas de los Emori (v 22). ¡No dejes que nadie te la arrebate quitándote Toráh y Mesías Yahshúa!

134 Así nos reuniremos todos los hijos de Yisra'el en los últimos días para oír la Palabra de *YAHWEH* de la boca de Yahshúa.

135 No solamente vemos a Efrayim recibiendo el derecho de la primogenitura por sobre su hermano mayor Menasheh, sino que Yisra'el también lo remueve de Reuven puesto que Reuven contaminó la cama de su padre y era sexualmente impuro referente a la privacidad e intimidad del lecho matrimonial de Yisra'el. Así que en realidad Efray im es colocado delante de Reuven, Yosef y Menasheh para recibir la bendición de primogenitura de Yisra'el. IR 5:1-2; Je 31:9 lo confirman.

136 Violó a Tamar y se arrepintió, pero querían venir a Yisra'el y todos se circuncidaron (cap. 34), siendo que Yisra'el siempre fue y es una mezcla de gentes y pueblos, tengamos cuidado con los que quieren destruir con sus doctrinas demoníacas.

10 Un regidor no fallará de Yahudáh, ni un príncipe de sus lomos, hasta que
venga para quien es reservado, (Shiloh[137]); y El es la expectación de las
naciones.[138] 11 Atando a la vid su asno, y el potro del asno a la vid de uvas
escogidas, El lava sus ropas en vino, sus mantos en la sangre de uvas. 12 Sus
ojos más oscuros que el vino, sus dientes más blancos que la leche.
13 "Zevulun habitará en la costa del mar, con barcos anclados a lo largo de su
costa y su frontera en Tzidon. 14 "Yissajar ha deseado aquello que es bueno;

descansando entre las herencias. 15 Al ver el lugar de descanso que era bueno
y la tierra que era fértil, él sujetó su hombro a labor, y se convirtió en
agricultor. 16 "Dan juzgará a su pueblo como una de las tribus de Yisra'el.[139]
17 Y que Dan sea víbora en el camino, tendido en emboscada sobre la senda,
que muerde los talones del caballo así su jinete cae hacia atrás.[140]

137 Hasta que venga al que le pertenece la obediencia, éste es Yahshúa.

138 Cuando Yisra'el dio la primogenitura a Efrayim, él se la dio con una reservación mayor en donde a Yahudáh le es dada preeminencia o poder para mandar y gobernar realmente sobre la Casa de Yisra'el. El v 9 declara que la preeminencia causaría que todo Yisra'el rindiera homenaje al León de Yahudáh, a quién el v 10 se refiere con el título Mesiánico de Shiloh. Shiloh significa el "enviado" o el Rey Mesías ungido de la línea real de Yahudáh quien sería manifiesto en lo natural a través de la tribu de Yahudáh. He 7:14 aclara que Yahshúa era Shiloh y es evidente que El brotó de Yahudáh. ¡Ya'akov trajo división entre los hijos de Yisra'el puesto que un hijo tenía la primogenitura pero el otro hijo, Yahudáh, tenía el derecho a reinar! Los hijos de Yisra'el se someterían a la semilla de Yahudáh, no a la de Efrayim, sin embargo, la semilla de Efrayim llegaría a ser la plenitud de los Gentiles. Yahudáh reinaría sobre la Casa de Yisra'el, pero Efrayim traería la *zera* prometida que llenaría el mundo con la promesa a los patriarcas de mult iplicidad física. Yisra'el sabía lo que estaba haciendo puesto que él estaba ministrando a través del *Ruaj HaKodesh* . El partió la autoridad y bendición entre los dos hermanos que continuarían guerreando sobre la plenitud de la bendición que últimamente sería decidida en una batalla real sobre el título de ¿Quién es Yisra'el? De acuerdo con el verso 10 será el León de Yahudáh (Mesías Yahshúa), quien reuniría la semilla de Efrayim de regreso a la Casa de Yisra'el.

139 Aquí dice que Dan juzgará, por siete años el Antimesías juzgará con mano dura y se cree que vendrá de la tribu de Dan.

140 Esta víbora ataca a los "del camino," los primeros conversos Israelita Mesiánicos le llamaban "los del Camino." Yahshúa en los últimos días está montado en un caballo blanco (Re 19:11), entonces nos dice que el Antimesías de la tribu de Dan será ese que muerde al caballo, entonces Ya'akov clamará por la salvación de Yahshúa. La tribu de Dan no está incluida en los 144,000 de los últimos días (Re 7:4), pero esto no significa que Dan no tenga Salvación, sino que no es escogido para este trabajo. Podemos ver en Ezequiel 48:2 a Dan se le da su porción de tierra después que el tercer Templo esté edificado por Mesías Yahshúa. Como nadie sabe de qué tribu es, ni dónde precisamente están las tribus, Roma también tiene Israelitas de sangre, y de ahí vendrá todo esto. Ya en un tiempo hubo un papa Judío, ("La Historia Verídica de un papa Judío").

141 La tierra está llena de la semilla de Yosef, hermanos y hermanas permanezcan agarrados al Mesías y a la Toráh, no pierdan estas maravillosas bendiciones y la Salvación eterna.

18 Yo espero por tu salvación, *YAHWEH.* 19 "Gad, una tropa saqueadora lo
saqueará a él, pero él los saqueará a ellos, persiguiendo a sus pies. 20 "La
comida de Asher es rica – él proveerá comida digna de un rey. 21 "Naftali es
tallo que se esparce, otorgando belleza en su fruto. 22 "Yosef es un hijo
exaltado, mi preciado amado hijo es magnificado, mi hijo más joven, vuelve a
mí. 23 Contra quien hombres tomando consejo maldito lo despreciaron,
y los arqueros presionaron fuerte sobre él. 24 Pero sus arcos fueron
poderosamente rotos, y los tendones de sus brazos fueron aflojados
por las manos del Poderoso de Ya'akov, de allí es aquel que fortaleció a
Yisra'el, 25 por el Elohim de tu padre, y mi Elohim te ayudó, por *EL Shaddai,*

El te bendijo, con bendiciones del cielo arriba, bendiciones de la tierra
poseyendo todas las cosas, a causa de las bendiciones de los pechos y del
vientre. 26 Las bendiciones de tu padre y de tu madre – prevalecen por encima
de las bendiciones de las duraderas montañas, y más allá de las bendiciones
de las colinas eternas; serán sobre la cabeza de Yosef, sobre la corona de su
cabeza de él quien de sus hermanos tomó la primacía.[141] 27 "Binyamin es un
lobo enfurecido, en la mañana comerá quieto, en el atardecer él da comida."
28 Todos estos son los doce hijos de Ya'akov, y así es como su padre habló a
ellos y los bendijo, dando a cada uno su propia bendición individual.
29 Entonces él les ordenó como sigue: "Yo estoy al ser unido con mi pueblo.
Sepúltenme con mis padres en la cueva que está en el campo de Efron el
Hitti, 30 la cueva en el campo de Majpelah, junto a Mamre, en la tierra de
Kenaan, la cual Avraham compró junto con el campo de Efron el Hitti como
lugar de sepultura perteneciente a él – 31 allí ellos sepultaron a Avraham y su
esposa Sarah, allí sepultaron a Yitzjak y su esposa Rivkah, y allí sepulté a
Leah – 32 el campo y la cueva en él, el cual fue comprado de los hijos de Het."
33 Cuando Ya'akov había terminado ordenando a sus hijos, recogió sus pies en
la cama, respiró por última vez y fue reunido con su pueblo.

Bereshit (En el principio) - tyvarb - Génesis-50

Parashah 1: Bereshit (En el principio)

50 Yosef cayó sobre el rostro de su padre, lloró sobre él y lo besó. 2
Entonces Yosef ordenó a sus sirvientes que embalsamaran a su padre. Así que
los embalsamadores embalsamaron a Yisra'el. 3 Esto tomó cuarenta días, el
tiempo normal para embalsamar. Entonces los Mitzrayimim hicieron luto por
setenta días. 4 Cuando el período de luto había terminado, Yosef se dirigió a
los príncipes de Faraón: "Si yo he encontrado favor a su vista, hablen
referente a mí en los oídos de Faraón, diciendo: 5 'Mi padre me hizo hacer un
juramento. El dijo: "Yo voy a morir. Tú me sepultarás en mi sepultura, la cual
yo cavé por mí mismo en la tierra de Kenaan." 'Por lo tanto, te imploro,
déjame subir y sepultar a mi padre; yo regresaré.'" 6 Faraón respondió: "Sube
y sepulta a tu padre, como él te hizo jurar." 7 Así que Yosef subió a sepultar a
su padre. Con él fueron todos los sirvientes de Faraón, los dirigentes de su
casa y los dirigentes de la tierra de Mitzrayim, 8 junto con la casa completa de
Yosef, sus hermanos y toda la casa de su padre y sus parientes; solamente sus
rebaños y sus ganados ellos dejaron en la tierra de Goshen. 9 Además,
subieron con él carruajes y jinetes – era una caravana muy grande.
10 Cuando ellos arribaron a la era en Atad, del otro lado del Yarden, ellos
levantaron gran y amarga lamentación, haciendo luto por su padre por siete
días. 11 Cuando los habitantes locales, los Kenaani, vieron la lamentación en

la era de Atad ellos dijeron: "¡Qué amargamente los Mitzrayimim se están
lamentando!" Por esto el lugar fue dado el nombre de Avel-Mitzrayim
[lamentación de Mitzrayim], allí del otro lado del Yarden. 12 Sus hijos
hicieron como él les había ordenado – 13 ellos lo llevaron a la tierra de Kenaan
y lo sepultaron en la cueva de Majpelah, la cual Avraham había comprado,
junto con el campo, como lugar de sepultura perteneciente a él, de Efron el
Hitti, junto a Mamre. 14 Entonces, después de sepultar a su padre, Yosef
regresó a Mitzrayim, él, sus hermanos y todos los que habían subido con él
para sepultar a su padre. 15 Sabiendo que su padre estaba muerto, los
hermanos de Yosef dijeron: "Yosef puede odiarnos ahora y pagarnos por
completo por todo el sufrimiento que nosotros le causamos." 16 Así
que ellos vinieron a Yosef, y dijeron: "Tu padre dio esta orden antes de morir:
17 'Digan a Yosef, "Yo te imploro ahora, por favor perdona el crimen de tus
hermanos y la perversidad de hacerte daño.' Así que ahora, nosotros te
imploramos, perdona el crimen de los sirvientes del Elohim de tu padre."
Yosef lloró cuando ellos hablaron con él; 18 y sus hermanos también vinieron,
se postraron delante de él, y dijeron: "Aquí, somos tus esclavos." 19 Pero
Yosef dijo a ellos: "No tengan temor, porque yo soy el siervo de Elohim. 20
Ustedes quisieron hacerme daño para maldad, pero Elohim lo tomó para el
bien – para que viniera a ser como es hoy, para que mucha gente fuera
alimentada. 21 Así que no tengan temor – yo proveeré para ustedes y sus
familias." De esta forma él los consoló; hablando bondadosamente a ellos.
22 Yosef continuó viviendo en Mitzrayim, él y sus hermanos y toda la familia
de su padre. Yosef vivió 110 años. 23 Yosef vivió para ver los hijos de los
nietos de Efrayim, y los hijos del hijo de Menasheh, Majir, nacieron en las
piernas de Yosef. 24 Yosef dijo a sus hermanos: "Estoy muriendo: Pero
Elohim por cierto los recordará y los hará subir fuera de esta tierra a la tierra
que El juró a Avraham, Yitzjak y Ya'akov." 25 Entonces Yosef tomó
juramento de los hijos de Yisra'el: "Elohim ciertamente se acordará de
ustedes, y cargarán mis huesos fuera de aquí." 26 Así que Yosef murió a la
edad de 110 años, y ellos lo embalsamaron y lo pusieron en un ataúd en
Mitzrayim.

Referencias;

Haftarah Vayeji: Melajim Alef (1 Reyes) 2:1 -12
Lecturas sugeridas del Brit Hadashah para la Parashah Vayeji: Hechos 7:9-16;
Israelitas Mesiánicos (Hebreos) 11:21-22; 1 Kefa (1 Pedro) 1:3-9; 2:11-17
Nota Final de Bereshit, tySarb.

Esto concluye el libro de Bereshit, el más antiguo registro en el mundo, incluyendo la Historia de dos Grandes y Estupendos Eventos, la Creación e Intervención Divina, de cada uno presenta un resumen, pero sorprendentemente con suma precisión y detalle. De este libro, casi todos los filósofos antiguos, astrónomos, cronologistas, e historiadores, han tomado su información
respectiva; y todos los inventos modernos y descubrimientos en diferentes artes y ciencias, sólo han servido para confirmar los hechos detallados por Moshe, y para mostrar que todos los escritores antiguos sobre estos tópicos se han acercado o retirado de, la verdad y la maravilla de la Naturaleza, en exactamente la misma proporción que se han acercado o alejado de, la historia de Moshe, la cual fue dada a él por la propia boca de Yahshúa. La Gran verdad del Diluvio es completamente confirmada por fósiles en todas partes del mundo. Añade a esto, las grandes tradiciones del Diluvio que han sido trazadas por los Egipcios, Chinos, Japoneses, Indios, Burmanos, y los antiguos Godos y Druidas, Mexicanos, peruanos, Brasileños, Indios Norteamericanos, habitantes de Groenlandia, y muchísimos otros, casi toda nación bajo el cielo, mientras que la alegoría pomposa de estas distorsionadas tradiciones suficientemente las distingue de las sencillez sin adornos de la narrativa de Moshe. En el tiempo, sin esta historia, el mundo estaría en oscuridad total, sin saber de dónde vino, ni a dónde se dirige. En la primera página, un niño puede aprender más en una hora, que todos los filósofos del mundo aprendieron sin ella en mil años.

Shemot (Nombres) – twmv– Éxodo 1

Parashah 13 Shemot (Nombres) 1:1-6:1

1 [1705 AEC] Estos son los nombres[1] de los hijos de Yisra'el que fueron a
Mitzrayim junto con Ya'akov su padre; cada hombre con su familia: 2 Reuven,
Shimeon, Levi, Yahudáh, 3 Yissajar, Zevulun, Binyamin, 4 Dan, Naftali, Gad,
y Asher. 5 Todos contados, había setenta y cinco almas[2] nacidas de Ya'akov;
Yosef ya estaba en Mitzrayim. 6[1635 AEC]Yosef murió, como todos sus
hermanos y toda esa generación. 7 Los hijos de Yisra'el fueron fructíferos,
aumentaron abundantemente, se multiplicaron y crecieron poderosamente; la
tierra se llenó con ellos.[3] 8 Ahora allí se levantó un nuevo rey sobre
Mitzrayim.[4] El no sabía nada de Yosef, 9 y dijo a su pueblo: "Miren, los hijos
de Yisra'el se han convertido en un pueblo demasiado numeroso y poderoso
para nosotros. 10 Vengan, usemos astucia para tratar con ellos. De otra
forma, ellos continuarán multiplicándose; y en el acontecimiento de guerra
ellos se pueden aliar con nuestros enemigos, pelear contra nosotros e irse de
la tierra completamente."[Jue 5:3; Sal 10:2] 11 Así, pues, pusieron amos de esclavos
sobre ellos para oprimirlos con trabajos gravosos, y ellos edificaron para
Faraón las ciudades de almacenamiento de Piton[5] y Raamses[6] y On[7]
que es Heliópolis. 12 Pero mientras más los Mitzrayimim los oprimían a ellos,
tanto más se multiplicaban y crecían, hasta que los Mitzrayimim llegaron a
temer a los hijos de Yisra'el 13 y los hacían trabajar implacablemente, 14
haciendo sus vidas amargas con trabajo gravoso – haciendo barro, haciendo
ladrillos y toda clase de trabajo de campo; y en toda esta labor no fueron
mostrados ninguna misericordia. 15 Además, el rey de Mitzrayim habló con
las parteras Hebreas, una llamada Shifrah y la otra Puah: 16 "Cuando ustedes
atiendan a las mujeres Hebreas y les vean dando a luz," él dijo, "si es un niño,
mátenlo; pero si es una niña, la dejan vivir."[8] 17 Sin embargo, las parteras
eran mujeres temerosas de Elohim, así que no hicieron como el rey de
Mitzrayim ordenó sino dejaron que los niños vivieran. 18 El rey de Mitzrayim
mandó a llamar a las parteras y demandó de ellas: "¿Por qué han hecho esto y
han dejado a los niños vivir?" 19 Las parteras respondieron a Faraón: "Es
porque las mujeres Hebreas no son como las mujeres Mitzrayimim – ellas
están de parto y dan a luz antes de que la patera llegue." 20 Por lo tanto
Elohim prosperó a las parteras, y el pueblo continuó multiplicándose y creció
muy poderosamente. 21 En verdad, porque las parteras temían
a Elohim, El las hizo fundadoras de familias. 22 Entonces Faraón dio esta
orden a su pueblo: "Todo niño que nazca, échenlo al río, pero dejen que las
niñas vivan."[Hch 7:19]

1 Todos los nombres de los libros de la Toráh han sido cambiados y manipulados por los traductores, sin embargo, cada libro lleva el nombre que está en la primera oración del libro, a saber "Nombres/Shemot" y no Éxodo. 2 Este número está mal en otras versiones dice setenta, aquí se corrigió a setenta y cinco según la LXX; los manuscritos del Mar Muerto y Hch 7:14 lo corrobora.
3 Aquí en v 9 ya se ve cumpliendo la promesa de multiplicidad física, esto preocupaba mucho a los Egipcios, v 10.
4 Probablemente Raamses Miamum, o su hijo Amenofis, quien lo sucedió cerca de este período, y por él no conocer a Yosef se refiere a no reconocer su obligación con él. [Ec 9:15; Hch 7:18]
5 Egipcio, Pa-Tum, "casa de Tum," el dios sol. Aquí se han descubierto las ruinas de las cámaras de grano, era una gran ciudad de almacenaje de grano en el tiempo de Yosef. Ahora es Tell-el-Maskhuta, a doce millas de Ismailia.
6 Una de las razones por la esclavitud Egipcia fue mantener al pueblo seguro fuera de todas las guerras vecinas para que se pudiera multiplicar tanto como la arena del mar, en el cap. 12 vemos la multitud que salió de Egipto.
7 Luz, el sol, la gran sede de adoración al sol, en la rivera del río Nilo, a unas millas de Memfis.
8 Siempre ha sido el propósito de ha satán exterminar el pueblo amado de *YAHWEH*, con Faraón o Hitler en el siglo 20.

Shemot (Nombres) - twmv- Éxodo 2

2[1572 AEC] Un hombre de la tribu de Levi tomó una mujer también de la tribu
de Levi como su esposa.[9] 2 Cuando ella concibió y tuvo un hijo, al ver lo
hermoso que era, ella lo escondió por tres meses.[Hch 7:20; He 11:23] 3 Cuando ella
no lo podía esconder más, tomó una cesta de papiro, la cubrió con barro y
brea, puso al niño en ella y la puso entre el carrizo en la orilla del río.[Mt 2:13]
4 Su hermana se quedó parada a la distancia para ver lo que le sucedería a
él.[cp 15:20] 5 La hija de Faraón descendió a bañarse en el río mientras sus
sirvientas caminaban por la ribera del río. Viendo la cesta entre el carrizal,
mandó a sus esclavas a cogerla. 6 Ella la abrió y miró dentro, ¡y allí frente a
ella había un niño llorando! La hija de Faraón, movida con piedad, dijo: "Este
debe ser uno de los hijos de los Hebreos." 7 En este punto, la hermana de él
dijo a la hija de Faraón: "¿Quieres que vaya a buscar una de las mujeres
Hebreas para que amamante al niño para ti? 8 La hija de Faraón respondió:
"Sí, ve." Así, pues, la muchacha fue y llamó a la propia madre del niño. 9 La
hija de Faraón le dijo: "Toma este niño y amamántalo por mí, y te pagaré por
hacerlo." Así que la mujer tomó al niño y lo amamantó. 10 Entonces, cuando
el niño había crecido algo, ella lo trajo a la hija de Faraón; y ella empezó a
criarlo como su hijo. Ella lo llamó Moshe [Sacado], explicando: "Porque yo
lo saqué del agua."[Sal 113:7; He 11:24] 11[1531 AEC] Un día, cuando Moshe era ya un
hombre crecido, salió a visitar a sus hermanos

de los hijos de Yisra'el; y él los vio luchando con trabajos gravosos. El vio un
Mitzrayimi golpear a un Hebreo, uno de sus hermanos. 12 El miró a este lado
y al otro; y cuando él vio que no había nadie alrededor, mató al Mitzrayimi y
escondió su cuerpo en la arena.[10] 13 Al día siguiente, él salió y vio a dos
hombres Hebreos peleando el uno con el otro. Entonces dijo al que estaba
haciendo el mal: "¿Por qué estás golpeando a tu compañero?"[Mt 5:9; Mr 9:33]
14 El respondió: "¿Quién te nombró jefe y juez sobre nosotros? ¿Tienes
intenciones de matarme como mataste al Mitzrayimi?" Moshe tuvo miedo;
"claramente," él pensó, "el asunto es conocido."[Mal 2:10] 15 Cuando Faraón lo
oyó, él trató de matar a Moshe. Pero Moshe huyó de Faraón para habitar en la
tierra de Midyan.[11] Y habiendo ido a tierra de Midyan se sentó junto al pozo,
16 las siete hijas de un sacerdote de Midyan vinieron a sacar agua. Ellas
habían llenado las pilas para dar a beber a las ovejas de su padre Yitro,[12] 17
cuando los pastores vinieron y trataron de echarlas. Pero Moshe se levantó y
las defendió; entonces él dio de beber a las ovejas de ellas. 18 Cuando ellas
vinieron a Reuel el padre de ellas, él dijo: "¿Por qué están de regreso tan
pronto hoy?" 19 Ellas respondieron: "Un Mitzrayimi nos rescató de los
pastores; más que eso, él sacó agua por nosotras y dio de beber a las ovejas."
20 El preguntó a sus hijas: "¿Dónde está él? ¿Por qué dejaron al hombre allí?
Invítenlo para que venga a comer." 21 Moshe estaba feliz de quedarse con el
hombre, y le dio a Moshe su hija Tzipporah [Ave] en matrimonio.[Nu 12:1] 22
Ella dio a luz un hijo, y él lo nombró Gershom [extranjero aquí], porque él
dijo: "Yo he sido extranjero en una tierra foránea."[Hch 7:29; He 11:13-14] 23 En
algún momento durante esos muchos años el rey de Mitzrayim murió, pero
los hijos de Yisra'el aún gemían bajo el yugo de la esclavitud, y ellos
clamaron, y su clamor para rescate de la esclavitud subió a Elohim. 24 Elohim
oyó el gemido de ellos, y Elohim recordó su Pacto con Avraham, Yitzjak y
Ya'akov. 25 Elohim miró los hijos de Yisra'el y se les dio a conocer.

9 Amram se casó con Yojeved (Ex 6:20). Nombre del padre y madre de Moshe.[cp 6:16-20; Nu 1:49; 26:59]

10 Si el Egipcio mató al Hebreo, Moshe actuó de acuerdo a la ley Divina (Ge 9:6) matando al Egipcio, tampoco violó la ley de Egipto, de acuerdo a Diodorus Siculus (1.1.17) "Aquel que vio a un hombre siendo muerto, o violentamente asaltado en el camino, y no lo rescataba si podía era castigado con la muerte."

11 Territorio en el desierto norte de la península de Arabia, la tribu que descendió de Midyan, hijo de Avraham y Keturah.

12 Su nombre era Reuel (hijo de Elohim), hijo de Esav y Basmat (Ge.36:4, 10). Yitro es un titulo oficial que significa excelencia. Suegro de Moshe.

Shemot (Nombres) - twmv- Éxodo 3

3 Ahora Moshe estaba atendiendo las ovejas de su suegro Yitro, el sacerdote
de Midyan. Guiando al rebaño hacia el lado extremo del desierto, él llegó al
Monte de Elohim, Horev.[13] 2 El *Malaj* de *YAHWEH* se le apareció en un
fuego ardiente desde el medio de una zarza. El miró y vio que a pesar de que
la zarza estaba ardiendo en fuego, la zarza no se quemaba.[14] 3 Moshe
dijo: "Voy a ir allá y ver esta sorprendente visión y ver porqué la zarza no se
está quemando." 4 Cuando *YAHWEH* vio que él había ido a ver, Elohim lo
llamó desde el medio de la zarza: "¡Moshe! ¡Moshe!" El respondió: "Aquí
estoy."[Ge 46:2] 5 El dijo: "¡No te acerques más! Quita tus sandalias de tus pies,
porque el lugar donde estás parado es tierra *Kadosh*.[Jos 5:15; Ec 5:1] 6 Yo soy el
Elohim de tus padres," El continuó, "el Elohim de Avraham, el Elohim de
Yitzjak y el Elohim de Ya'akov." Moshe inclinó su rostro, porque tenía miedo
de mirar a Elohim. 7 *YAHWEH* dijo: "Yo he visto cómo mi pueblo está siendo
oprimido en Mitzrayim y he oído su clamor por rescate de sus amos, porque
conozco el dolor de ellos. 8 Yo he descendido para rescatarlos de los
Mitzrayimim, y sacarlos de ese país a una tierra buena y espaciosa, una tierra
que fluye con leche y miel, el lugar de los Kenaani, Hitti, Emori, Perizi, Hivi
y Yevusi. 9 Sí, el clamor de los hijos de Yisra'el ha llegado a mí, y Yo he visto
qué terriblemente los Mitzrayimim los oprimen. 10 Por lo tanto, ahora, ven; y
Yo te mandaré a Faraón, para que puedas guiar a mi pueblo, los hijos de
Yisra'el, fuera de la tierra de Mitzrayim." 11 Moshe dijo a Elohim: "¿Quién
soy yo, que yo he de ir a Faraón y guiar a los hijos de Yisra'el fuera de
Mitzrayim?"[15] 12 El respondió: "Yo de cierto estaré contigo [Tárgum
Onkelos: Mi Palabra será tu ayudador]. Tu señal que Yo te he enviado será
que cuando guíes al pueblo fuera de Mitzrayim, tú adorarás a Elohim sobre
este Monte." 13 Moshe dijo a Elohim: "Mira, cuando yo me presente delante
de los hijos de Yisra'el y diga a ellos: 'El Elohim de sus padres me ha
mandado a ustedes'; y ellos me pregunten: '¿Cuál es Su Nombre? ¿Qué es lo
que les diré?" 14 Elohim dijo a Moshe: "*Ehyeh Asher Ehyeh* □[Yo soy/seré
el que soy/seré][16]," y añadió: Aquí está lo que decir a los hijos de Yisra'el:
'*Ehyeh* [Yo soy o Yo seré] me ha enviado a ustedes.'"

13 [1491 AEC] De 1:6; 1C 27:29; 7:20; Fil 4:11. Horev: Desierto o Nombre general para la cordillera donde está el Monte Sinai como una de sus cumbres y donde *YAHWEH* por medio de "El Malaj" o Yahshúa entregó la Toráh a Moshe. El nombre moderno para la cordillera es Jebel Musa. Es un bloque de montañas inmenso, con una llanura en su parte noreste, llamada Er Rahah donde los Israelitas acamparon cerca de un año.[cp 3:1; 17:6; 33:6; Sal 106:19] 14 Esta aparición fue el propio Yahshúa, corroborado en los vv.4-10, Ge 16:7-13; 48:15; De 33:6; Jue 13:20-23; Is 10:17; 63:9; Hch 7:30¨35. 15 Moshe trató de rechazar esta orden de *YAHWEH* hacia él en varias ocasiones, vv 13; 4:1, 10,13, hasta que *YAHWEH* se enfureció con él, v.4:13. [Pr 29:25; Is 6:5-8; Je 1:6; Lu 14:18; Ef 6:10]
16 El texto Hebreo aquí lee '*ehyeh asher ehyeh*', la palabra *ele* siendo derivada de *hayah* que siginifica *ser, existir*, pero el texto Arameo aquí en v.14 lee; *ahyah ashar ahyah*. Este no es Su Nombre, sino una explicación que lleva a la revelación de
Su Nombre en v. 15: YHWH.[Is 7:14; 9:6; Sal 68:4; 83:18; Jn 8:24; He 13:8; Re 1:4,8]

15 Elohim, además, dijo a Moshe: "*YAHWEH*, Yud-Heh-Vav- Heh
[vuvh-YHWH],[17] El Elohim de tus padres, el Elohim de Avraham, el
Elohim de Yitzjak y el Elohim de Ya'akov, me ha enviado a ustedes.'
Este es Mi Nombre para siempre; este es Mi Memorial generación tras
generación.

17 ¡La prohibición en relación con el verdadero Nombre de *YAHWEH* no procede del Sinai, sino de una cátedra desierta en una casa desierta y solo aquellos que se contentan con estar en el desierto continuarán situándose bajo la prohibición que Yahshúa el Mesías ha venido a eliminar y a librarnos de ella (Jn 17:6; Ex 3:14-16)! ¡*YAHWEH* nos ha dado Su Nombre como un recordatorio para que todas las generaciones lo proclamen por toda la tierra! ¡Como somos parte de todas las generaciones, tenemos que invocar Su Nombre![Mt 22:32; Mr 12:28; Hch 3:13; He 13:8]. El uso del Nombre de *YAHWEH* es la marca de identificación del pueblo verdadero de El, esto puede ser visto en Re 14:1. Muchas personas que dicen ser hermanos los sustituyen por apelativos paganos Adonai/Baal, D-os, HaShem; y esto sin hablar de la iglesia cual lo ha cambiado a nombres de falsos dioses utilizados por la Ramera de Roma y ellos en su necedad lo heredaron sin hacer ninguna investigación.

16 Ve, reúne a los ancianos[18] de los hijos de Yisra'el en asamblea y di a ellos:
'*YAHWEH*, el Elohim de sus padres, el Elohim de Avraham, el Elohim de
Yitzjak y el Elohim de Ya'akov, se ha revelado a mí y ha dicho: "Yo he
estado prestando cuidadosa atención a ustedes y he visto lo que se les hace a
ustedes en Mitzrayim; 17 y Yo he dicho que Yo te guiaré fuera de la miseria
de Mitzrayim a la tierra de los Kenaani, Hitti, Emori, Perizi, Hivi y Yevusi, a
una tierra que fluye con leche y miel."'[Ge 15:13-21] 18 Ellos escucharán lo que tú
dices. Entonces tú vendrás, tú y los ancianos de Yisra'el, ante el rey de
Mitzrayim; y tú le dirás: '*YAHWEH*, el Elohim de los Hebreos, se ha
encontrado con nosotros. Ahora, por favor, déjanos ir una jornada de tres días
dentro del desierto; para que podamos sacrificar para *YAHWEH* nuestro
Elohim.' 19 Yo sé que el rey de Mitzrayim no los dejará ir excepto con una
mano poderosa. 20 Pero Yo extenderé mi mano y golpearé a Mitzrayim con
todas mis maravillas que haré allí. Después de eso, él los dejará ir. 21 Además,
Yo haré que los Mitzrayimim estén tan bien dispuestos hacia este pueblo que
cuando se vayan, no se irán con las manos vacías. 22 Más bien, todas las
mujeres pedirán a sus vecinos y a sus huéspedes joyas de plata y oro, y ropa,
la cual vestirán sus propios hijos e hijas. De esta forma saquearán a los
Mitzrayimim."

Shemot (Nombres) - twmv- Éxodo 4

4 Moshe respondió: "Pero yo estoy seguro que ellos no me creerán, y no
escucharán a lo que yo digo, porque ellos dirán: '*YAHWEH* no se te ha
aparecido a ti.[19]'" 2 *YAHWEH* le respondió: "¿Qué es eso en tu mano?" Y él
dijo: "Una vara." 3 El dijo: "¡Echala en la tierra!" Y él la echó en la tierra: Se
convirtió en una serpiente, y Moshe retrocedió de ella. 4 Entonces
YAHWEH dijo a Moshe: "Extiende tu mano y cógela por la cola." El extendió
su mano y la cogió, y se convirtió en una vara en su mano. 5 "¡Esto es para
que ellos crean que *YAHWEH*, el Elohim de sus padres, el Elohim de
Avraham, el Elohim de Yitzjak y el Elohim de Ya'akov, se ha aparecido a
ti![Jn 3:2; 20:27;] 6 Además, *YAHWEH* le dijo a él: "Ahora pon tu mano en tu
seno." El puso su mano en su seno; y cuando la sacó, su mano estaba leprosa,
tan blanca como la nieve.[Nu 12:10; 2R 5:27] 7 Entonces Elohim dijo: "Ahora pon
tu mano de regreso en tu seno." El puso su mano de regreso en su seno; y
cuando la sacó, estaba saludable como el resto de su cuerpo.[Dt 32:39Mt 8:3] 8 "Si
ellos no te creen o no escuchan la evidencia de la primera señal, se
convencerán por la segunda. 9 Pero si no son persuadidos aun por ambas de
estas señales y aún no escuchan lo que tú dices, entonces toma un poco de
agua del río, y derrámala en la tierra. El agua que saques del río se convertirá
en sangre en la tierra seca." 10 Moshe dijo a *YAHWEH*: "¡Oh *YAHWEH*, yo
soy un orador terrible! ¡Yo siempre lo he sido, y no soy mejor ahora, aun
después que Tú has hablado con tu siervo! Mis palabras vienen despacio, y
mi lengua se mueve despacio."[Je 1:6] 11 *YAHWEH* le respondió: "¿Quién da a
la persona una boca? ¿Quién hace a la persona sorda o muda, al de buena
vista y al ciego? ¿No soy Yo, *YAHWEH*?

18 Título frecuentemente usado en las Escrituras significando una persona investida de autoridad, y merecedora de respeto, Moshe abrió esta comisión a ellos, setenta de ellos estaban con él cuando fue entregada la Toráh (cp 24:1). Setenta también fueron seleccionados para aliviar la carga de Moshe (Nu 11:16-17). [Ge 50:24; Lu 1:68]

19 El cuestionamiento de Moshe se basa en el entendimiento de que los Israelitas conocían ya claramente el Nombre, y que si Moshe mismo no conocía el verdadero Nombre que los israelitas ya conocían, ¡entonces sería rechazado enseguida como su libertador! Moisés sabía que Israel lo pondría a prueba en cuanto a este asunto. La respuesta de "Seré lo que seré" en Ex 3:14 no era una respuesta a un hombre que hacía una pregunta plausible sino más bien fue enunciada por la ira de *YAHWEH*, debido al cuestionamiento de Moshe cuando en realidad no estaba buscando una respuesta sino más bien usando la pregunta como una excusa para rechazar su gran asignación. Los hijos de Yisra'el cuestionarían solamente la aparición de *YAHWEH* a Moshe, no el Nombre de *YAHWEH* mismo, el cual ellos conocían por la historia de los patriarcas.[Jn 8:47; Ro 1:16]

12 Ahora, por lo tanto, ve; y Yo estaré con tu boca y te enseñaré que decir.[20]"
13 Pero él respondió: "¡Por favor, Amo, a algún otro – a cualquiera que Tú
quieras!" 14 A esto, la furia de *YAHWEH* se encendió contra Moshe; El dijo:
"¿No tienes un hermano, Aharon el *Levi*? Yo sé que él es un buen orador, de
hecho, aquí está él, viniendo para encontrarse contigo; y él estará feliz de
verte. 15 Tú hablarás con él y pondrás las palabras en su boca; y Yo estaré con
tu boca y con la de él, enseñándoles a ambos qué hacer.[Nu 22:38; Dt 18:18;J n ª7:8] 16
Así que él será tu orador al pueblo, de hecho, para ti, él será una boca; y para
él tú serás como Elohim. 17 Ahora toma esta vara en tu mano, porque la
necesitas para hacer las señales."[cp 7:1; Ge 6:17; Sal 82:6] 18 Moshe se fue, regresó a
Yitro su suegro, y le dijo: "Te ruego que me dejes ir y regresar a mis
hermanos en Mitzrayim, para ver si aún están vivos." Yitro dijo a Moshe: "Ve
en *Shalom*." 19 *YAHWEH* dijo a Moshe en Midyan: "Ve de regreso a
Mitzrayim, porque todos los hombres que querían matarte están muertos." 20
Así que Moshe tomó a su esposa e hijos, los montó en las bestias, y salió para
Mitzrayim. Moshe tomó la vara de Elohim en su mano.[cp 2:21; 18:2-4] 21
YAHWEH dijo a Moshe: "Cuando llegues a Mitzrayim, asegúrate de hacer
delante de Faraón cada una de estas maravillas que Yo te capacité para hacer.
No obstante, Yo lo voy a volver de corazón duro, y él rehusará dejar ir al
pueblo. 22 Entonces dirás a Faraón: '*YAHWEH* dice: "Yisra'el es mi hijo
primogénito. 23 Yo te he dicho que dejes a mi hijo ir para que me pueda
adorar, pero tú has rehusado dejarlo ir. ¡Bueno, entonces, Yo mataré a tu
primogénito![21]" 24 En una posada en el camino, *YAHWEH* se encontró con
Moshe y lo hubiera matado, 25 si Tzipporah no hubiera cogido un pedernal y
hubiera cortado el prepucio de su hijo. [Ge 17:14, Jos 5:2] Ella lo tiró a sus pies
diciendo: "¡La sangre de la circuncisión de mi hijo es incondicional!" 26
Pero entonces, Elohim dejó a Moshe estar. Ella añadió: "¡La sangre de la
circuncisión de mi hijo es incondicional!"[22] 27 *YAHWEH* dijo a Aharon: "Ve
al desierto a recibir a Moshe," El fue, lo recibió en el Monte donde se reveló
la *Shejinah* de Elohim, y lo besó. 28 Moshe le dijo todo lo que *YAHWEH*
había dicho al enviarlo, incluyendo todas las señales que El le había ordenado
hacer. 29 Moshe y Aharon fueron, buscaron y se reunieron con todos los
ancianos de los hijos de Yisra'el. 30 Aharon dijo todo lo que *YAHWEH* le
había dicho a Moshe, quien después hizo las señales para que el pueblo las
viera. 31 El pueblo creyó; cuando ellos oyeron que *YAHWEH* se había
acordado de los hijos de Yisra'el y había visto como ellos eran oprimidos,
ellos inclinaron sus cabezas y adoraron. [cp3:18]

Shemot (Nombres) - twmv- Éxodo 5

5 Después de eso, Moshe y Aharon vinieron, y dijeron a Faraón: "Aquí está
lo que *YAHWEH*, el Elohim de Yisra'el dice: 'Deja ir a mi pueblo, para que
ellos puedan celebrar una festividad en el desierto para honrarme.[cp 10:9]'" 2
Pero Faraón respondió: ¿Quién es *YAHWEH* que yo he de obedecer lo que él
dice que deje ir a los hijos de Yisra'el? Yo no conozco a *YAHWEH*, y
tampoco dejaré ir a Yisra'el.[Job 21:15]"

20 Tárgum Onkelos: "y Mi Palabra estará con tu boca, y Yo te enseñaré qué decir."
21 Aquí se habla de los tres hijos de *YAHWEH* como Adam, Yisra'el, y el Mesías Yahshúa. Serían la luz para las naciones, y les fue ordenado llevar la luz, y la verdad libertadora de la Toráh a todas las naciones. Por ese propósito, todo Yisra'el se prometió al Todo Poderoso *YAHWEH*. Por misericordia fue liberado Yisra'el de Egipto para cumplir el propósito de *YAHWEH*, y así también para cumplir el Pacto con sus patriarcas. Lamentablemente Yisra'el no cumplió su misión Divina, debido al cerco rabínico que se impuso a la Toráh para prevenir que otros gozaran de su luz y misericordia. Estas añadiduras hechas por hombres, y estas cercas diseñadas a mantener al no-Judío fuera de la luz de la Toráh, fueron desaprobadas y desagradables para *YAHWEH*. El se dirigiría hacia este asunto en el futuro.[cp 12:29; Sal 78:51; 105:36; 135:8]
22 Tárgum Onkelos. "Por cuenta de esta sangre de la circuncisión deja que mi esposo sea devuelto a mí. Y cuando El había destinado para él (Moshe), ella dijo: "Si no fuera por la sangre de esta circuncisión mi esposo hubiera sido condenado a morir."

3 Ellos dijeron: "El Elohim de los Hebreos se ha encontrado con nosotros. Por
favor déjanos ir la jornada de tres días dentro del desierto, para que podamos
sacrificar para *YAHWEH* nuestro Elohim. De lo contrario, El nos golpeará
con plaga o con la espada." 4 El rey de Mitzrayim les respondió: "Moshe y
Aharon, ¿qué quieren decir por sacar a la gente de su trabajo? ¡Regresen a su
labor! 5 ¡Miren!" Faraón añadió: "¡la población de la tierra ha crecido, y aun
ustedes están tratando que dejen de trabajar!" 6 Ese mismo día ordenó a los
cuadrilleros y a los capataces de los esclavos del pueblo que tenían a su
cargo: 7 "De ahora en adelante ya no proveerán paja para los ladrillos que el
pueblo está haciendo, como hicieron antes. Que vayan y recojan la paja por
ellos mismos. 8 Pero ustedes les requerirán que produzcan la misma cantidad
de ladrillos que producían antes, no la reduzcan, porque se están volviendo
ociosos. Por esto están gritando: 'Déjanos ir para sacrificar para nuestro
Elohim.' 9 Den a este pueblo trabajo más duro para hacer. Eso los mantendrá
muy ocupados para prestar atención a palabras vanas." 10 Los cuadrilleros del
pueblo salieron, los capataces también, y dijeron al pueblo: " Aquí está lo que
Faraón dice: 'Ya no les daré paja. 11 Ustedes mismos vayan y recojan paja
donde la puedan encontrar. Pero su producción no será reducida.'" 12 Así que

el pueblo se dispersó por toda la tierra de Mitzrayim para recoger rastrojo en
lugar de paja. 13 Los cuadrilleros los seguían presionando. "¡Sigan trabajando!
Hagan la tarea de cada día en su día, como cuando se les daba paja." 14 Los
capataces de los hijos de Yisra'el, a quienes los cuadrilleros de Faraón habían
nombrado para estar sobre ellos, fueron azotados, y les preguntaron: "¿Por
qué no han llenado la cuota de ladrillos ayer y hoy como lo hacían antes?"
15 Entonces los capataces de los hijos de Yisra'el vinieron, y protestaron a
Faraón: "¿Por qué estás tratando a tus sirvientes de esta forma? 16 Ninguna
paja es dada a tus sirvientes, aun ellos se mantienen diciéndonos que hagamos
ladrillos. Y ahora tus sirvientes están siendo azotados, pero la falta yace en tu
propio pueblo." 17 "¡Vagos!" El respondió, "¡Ustedes son vagos! Por eso
dicen: 'Déjanos ir a sacrificar para *YAHWEH*.' 18 ¡En marcha ahora, y regresen
a trabajar! Ninguna paja les será dada, y ustedes aun entregarán la cantidad
completa de ladrillos." 19 Cuando ellos dijeron: "Ustedes no reducirán la
producción diaria de ladrillos," los capataces de los hijos de Yisra'el podían
ver que tenían un grave problema. 20 Según se retiraban de Faraón, se
encontraron a Moshe y Aharon parados por el camino; 21 ellos les dijeron:
"¡Que *YAHWEH* los mire y juzgue de acuerdo, porque ustedes nos han hecho
totalmente aborrecibles a los ojos de Faraón y sus sirvientes, y ustedes han
puesto una espada en las manos de ellos para matarnos!"[Mr 7;22; Re 1:12] 22
Moshe regresó a *YAHWEH*, y dijo: "*YAHWEH*, ¿por qué has tratado a este
pueblo tan terriblemente? ¿Cuál ha sido el valor de enviarme?[2R 19:14] 23
¡Porque desde que vine a Faraón para hablar en Tu Nombre, él ha tratado
terriblemente con este pueblo![23] ¡Pero liberando Tú no has liberado a tu
pueblo!"

23 ABBA *YAHWEH* toca los corazones de la gente para aceptar Su Nombre, los que se enemisten por el Nombre son enemigos de *YAHWEH* y siervos de ha satán, aunque algunos encubiertos, pero es la llave para entrar en Yisra'el. Vemos que los que no quieren usar Su Nombre, también son los que cambian la Toráh por los escritos de hombre como Talmud y Zoar.

Shemot (Nombres) - twmv- Éxodo 6

6 *YAHWEH* dijo a Moshe: "Ahora tú verás lo que voy a hacer a Faraón.
¡Con una mano poderosa él los dejará ir; con fuerza él los echará de la
tierra!"[cp 3:19; 12:31] 2 Elohim habló a Moshe, El le dijo: "Yo soy *YAHWEH*. 3
Yo me aparecí a Avraham, Yitzjak y Ya'akov como *El Shaddai*, ¿no me hice
conocer a ellos por Mi Nombre, *Yud-Heh-Vav-Heh* [*YAHWEH*]? [24] 4
También con ellos Yo establecí mi Pacto de darles la tierra de Kenaan, la
tierra donde ellos erraron de aquí para allá y habitaron como extranjeros. 5
Además, Yo he oído el gemido de los hijos de Yisra'el, a quienes los

Referencias;
Haftarah Shemot: Yeshayah (Isaías) 27:6-28:13; 29:22-23; Yirmeyah (Jeremías) 1:1-2:3 Lecturas sugeridas del Brit Hadashah para la Parashah Shemot: Mattityah (Mateo) 22:23-33; 41-46; Yojanán Mordejai (Marcos) 12:18-27; 35-37; Lucas 20:27-44; Hechos 3:12-15; 5:27-32; 7:17-36; 22:12-16; 24:14-16; Israelitas Mesiánicos (Hebreos) 11:23-26 Parashah 14: Va'era (Yo aparecí) 6:2-9:35

Mitzrayimim tienen en esclavitud; y Yo he recordado mi Pacto. 6 "Por lo
tanto, di a los hijos de Yisra'el: 'Yo soy *YAHWEH*. Yo los libraré del trabajo
gravoso de los Mitzrayimim, los rescataré de la opresión de ellos, y los
redimiré con brazo[25] extendido y con grandes juicios. 7 Yo los tomaré como
mi pueblo, y Yo seré su Elohim. Entonces ustedes conocerán que Yo soy
YAHWEH, quien los liberó de la tiranía de los Mitzrayimim. 8 Yo los traeré a
la tierra que Yo juré[26] dar a Avraham, Yitzjak y Ya'akov – Yo se las daré
como su herencia, Yo soy *YAHWEH*.[cp 15:12; Dt 7:8; 26:8; Sal 136:11;/Ge 17:7; Dt 4:20; 7:6;
26:18; 2S 7:23; Je 31:33; Os 1:10;] 9 Moshe dijo esto a los hijos de Yisra'el. Pero ellos
no querían escucharle, porque estaban tan desanimados y la esclavitud de
ellos era tan cruel. 10 *YAHWEH* dijo a Moshe: 11 "Entra, di a Faraón, rey de
Mitzrayim, que deje a los hijos de Yisra'el salir de su tierra." 12 Moshe dijo a
YAHWEH: "Mira, los hijos de Yisra'el no me han escuchado; así que ¿cómo
me escuchará Faraón, pobre orador que yo soy?[Hch 7:25]" 13 Pero *YAHWEH*
habló a Moshe y a Aharon, y les dio órdenes referente a ambos los hijos de
Yisra'el y Faraón rey de Mitzrayim, de sacar a los hijos de Yisra'el fuera de la
tierra de Mitzrayim. 14 Estos eran los cabezas de familias: Los hijos de
Reuven el primogénito eran Hanoj, Pallu, Hetzron y Karmi. Estas eran las
familias de Reuven.[Ge 46:9; 1Cr 5:3] 15 Los hijos de Shimeon eran Yemuel,
Yamin, Ohad, Yajin, Tzojar y Shaúl el hijo de una mujer Kenaani.[27] Estas
eran las familias de Shimeon.[1Cr 4:24] 16 Estos eran los nombres de los hijos de
Levi con sus hijos: Gershon, Kejat y Merari. Levi vivió hasta tener 137 años
de edad.[Nu 3:17; 1Cr 6;1] 17 Los hijos de Gershon fueron Livni y Shimi, con sus
familias. 18 Los hijos de Kejat fueron Amram, Yitzhar, Hevron y Uziel. Kejat
vivió hasta ser de 133 años de edad. [Nu 26:57; 1Cr 6:2] 19 Los hijos de Merari
fueron Majli y Mushi. Estas eran las familias de Levi de acuerdo a sus
generaciones.[1Cr 23:21] 20 Amram se casó con Yojeved la hija del hermano de
su padre, y ella le dio a luz para él a Aharon y Moshe, y Miryam su hermana.
Amram vivió hasta ser de 132 años de edad. 21 Los hijos de Yitzhar fueron
Koraj, Nefeg y Zijri. 22 Los hijos de Uziel fueron Mishael, Eltzafan y Sitri.
23 Aharon se casó con Elisheva hija de Amminadav y hermana de Najshon, y
ella le dio a luz para él a Nadav, Avihu, Eleazar e Itamar. 24 Los hijos de
Koraj fueron Asir, Elkanan y Aviasaf. Estas eran las familias Korji. 25 Eleazar

el hijo de Aharon se casó con una de las hijas de Putiel, y ella le dio a luz a
Pinjas. Estos eran los cabezas de las familias de Levi, familia por familia.
26 Estos son el Aharon y Moshe a quienes *YAHWEH* dijo: "Saquen a los hijos
de Yisra'el fuera de Mitzrayim, división por división,[cp 13:18; 33:1]" 27 y quien
dijo a Faraón rey de Mitzrayim que dejara a los hijos de Yisra'el salir de
Mitzrayim. Estos son los mismos Moshe y Aharon.[Sal 77:20] 28 En el día que
YAHWEH habló con Moshe en la tierra de Mitzrayim, 29 El dijo: "Yo soy
YAHWEH. Di a Faraón rey de Mitzrayim todo lo que Yo te digo a ti."[cp 23:28;
Mt 28:20] 30 Moshe respondió a *YAHWEH*: "Mira, yo soy tal pobre orador que
Faraón no me escuchará."[cp 4:10]

24 Aún el tono de *YAHWEH* está airado con Moshe por tratar de soltarse de su asignación (Ex 3:11; 4:1, 10, 13) afirmando así su intención de destruir a Egipto y librar a Yisra'el. *YAHWEH* entonces continúa recordándole a Moshe que él se les había aparecido antes a Avraham, Yitzjak, y Ya'akov como el Todopoderoso Omnipotente El Shaddai. Su Nombre *Kadosh* estaba en juego en esta asignación a Moshe. En el paleo-hebreo no había signos gramáticos de interrogación. ¡Por lo tanto la única base para entender los textos antiguos era el contexto actual de los eventos! Ex 6:3 es en realidad una pregunta retórica de parte de un Elohim todavía agitado hacia un Moshe todavía renuente. Él está diciendo: "Ahora que conoces que mi Nombre es *YAHWEH*, el El-Shaddai que conocieron Avraham, Yitzjak y Ya'akov, ponte en camino porque ¿no fue por este mismo Nombre que me di a conocer a ellos y los libré? [Y así está en el Tárgum] El hebreo dice en realidad: "Ohshemí YHWH lo nodatí lahém?", "Por mi nombre YHWH, ¿no me di a conocer a ellos?"[Ge 19:24; Sal 68:4; Jn 8:58;Re 1:4, 8]
25 El Brazo de *YAHWEH* es una metáfora de Su Salvación, Su liberación. ¿Quién es la salvación de *YAHWEH*? Yahshúa, de modo que los que esperan la salvación, también esperarán la Toráh (v 4) que sale de ese mismo brazo, [que se dice que es un *zeruah netuyah* o brazo extendido en hebreo, una metáfora del Mesías de Yisra'el.
26 Tárgum Onkelos: "He jurado en Mi Palabra dar a Avraham, Yitzjak y Ya'akov..."
27 Aquí hay otro ejemplo de que la sangre Israelita es mixta y en Yisra'el hay sangre de todas las naciones.

Shemot (Nombres) – twmv– Éxodo 7

7 Pero *YAHWEH* dijo a Moshe: "Yo te he puesto en el lugar de Elohim para
Faraón, y Aharon tu hermano será tu profeta.[Je 1:10; Lu 21:15] 2 Dirás todo lo que
Yo te ordene, y Aharon tu hermano hablará a Faraón y le dirá que deje salir a
los hijos de Yisra'el de su tierra.[Je 1:7] 3 Pero Yo lo volveré de corazón duro. A
pesar de que Yo aumentaré mis señales y maravillas en la tierra de
Mitzrayim, 4 Faraón no te escuchará. Entonces Yo pondré mis manos sobre
Mitzrayim y traeré mis ejércitos, mi pueblo, los hijos de Yisra'el, fuera de la
tierra de Mitzrayim con grandes actos de juicio. 5 Entonces, cuando Yo
extienda mi mano sobre Mitzrayim y saque a los hijos de Yisra'el de entre
ellos, los Mitzrayimim conocerán que Yo soy *YAHWEH*.[Sal 9:16] 6 Moshe y
Aharon hicieron exactamente lo que *YAHWEH* les ordenó hacer. 7 Moshe

tenía ochenta años de edad y Aharon ochenta y tres, cuando ellos hablaron
con Faraón.[Dt 29:15; 31:2; 34:7] 8 *YAHWEH* dijo a Moshe y a Aharon: 9 "Cuando
Faraón les diga a ustedes: 'Hagan un milagro,' dile a Aharon que tome su vara
y la tire al suelo delante de Faraón, para que se pueda convertir en una
serpiente."[Jn 2:18; 6:30] 10 Moshe y Aharon fueron delante de Faraón e hicieron
esto, como *YAHWEH* había ordenado – Aharon tiró al suelo su vara delante
de Faraón y sus sirvientes, y se convirtió en una serpiente. 11 Pero Faraón a su
vez mandó a llamar a sus sabios y hechiceros, y ellos también, los magos de
Mitzrayim, hicieron lo mismo, haciendo uso de sus artes secretas.[Ge 41:8; Da 2:2;
2T 3:8] 12 Cada uno tiró su vara al suelo, y ellas se convirtieron en serpientes.
Pero la vara de Aharon se tragó las de ellos. 13 No obstante, Faraón fue vuelto
de corazón duro; él no los escuchó a ellos, como *YAHWEH* había dicho que
sucedería.[Dt 2:30] 14 *YAHWEH* dijo a Moshe: "Faraón es testarudo. El rehúsa
dejar ir al pueblo. 15 Ve a Faraón en la mañana cuando él vaya al agua. Párate
en la ribera del río para confrontarlo, toma en tu mano la vara que fue
convertida en una serpiente, 16 y dile a él: '*YAHWEH*, el Elohim de los
Hebreos, me envió a ti para decir: "Deja a mi pueblo ir, para que ellos me
puedan adorar en el desierto." Pero hasta ahora tú no has escuchado; 17 así que
YAHWEH dice: "Esto te dejará saber que Yo soy *YAHWEH*"; Yo tomaré la
vara en mi mano y golpearé el agua en el río, y se convertirá en sangre. 18 Los
peces en el agua morirán, el río hederá y los Mitzrayimim no querrán beber
agua del río." 19 *YAHWEH* dijo a Moshe: "Dile a Aharon: 'Toma tu vara,
extiende tu mano sobre las aguas de Mitzrayim, sobre los ríos, canales,
estanques y sobre todas las reservas de agua, para que se puedan convertir en
sangre. Esta será sangre sobre toda la tierra de Mitzrayim, aun en los cubos de
madera y las vasijas de piedra.'" 20 Moshe y Aharon hicieron exactamente lo
que *YAHWEH* había ordenado. El levantó la vara y, a la vista de Faraón y sus
sirvientes, golpeó el agua en el río, y toda el agua en el río fue convertida en
sangre. 21 Los peces en el río murieron, y el río hedía tan mal que los
Mitzrayimim no podían beber su agua. Había sangre por toda la tierra de
Mitzrayim. 22 Pero los magos de Mitzrayim hicieron lo mismo con sus artes
secretas, así que Faraón fue hecho de corazón duro y no los escuchó a ellos,
como *YAHWEH* había dicho que sucedería. 23 Faraón sólo se volvió y regresó
a su palacio, sin tomar nada de esto en el corazón.[Is 26:11] 24 Todos los
Mitzrayimim cavaron alrededor del río por agua para beber, porque no podían
beber el agua del río. 25 Siete días después que *YAHWEH* había golpeado el
río,

Shemot (Nombres) - twmv- Éxodo 8

8 *YAHWEH* dijo a Moshe: "Ve a Faraón y dile: 'Aquí está lo que *YAHWEH*
dice: "Deja ir a mi pueblo, para que me puedan adorar. 2 Si rehúsas dejarlo ir,
Yo golpearé todo tu territorio con ranas.[28] 3 El río pululará con ranas. Ellas

subirán, entrarán en tu palacio y entrarán en tu habitación, subirán a tu cama.
Ellas entrarán en las casas de tus sirvientes y tu pueblo e irán dentro de tus
hornos y en tus tazones de amasar. 4 Las ranas treparán sobre ti, tu pueblo y
tus sirvientes.'" 5 *YAHWEH* dijo a Moshe: "Dile a Aharon: 'Extiende tu mano
con tu vara sobre los ríos, canales y estanques; y haz que ranas suban a la
tierra de Mitzrayim.'" 6 Aharon extendió su mano sobre las aguas de
Mitzrayim, y las ranas subieron y cubrieron la tierra de Mitzrayim. 7 Pero los
magos hicieron lo mismo con sus artes secretas y trajeron ranas sobre la tierra
de Mitzrayim. 8 Entonces Faraón mandó a llamar a Moshe y a Aharon, y dijo:
"Intercede con *YAHWEH* para que quite las ranas de mí y mi pueblo,[1R 13:6;
Hch 8:24] y yo dejaré al pueblo ir y sacrificar para *YAHWEH*" 9 Moshe dijo a
Faraón: "No sólo eso, pero puedes tener el honor de nombrar el momento
cuando yo oraré por ti, tus sirvientes y tu pueblo para que sean liberados de
las ranas, ambos ustedes y sus casas, y que ellas se queden solamente en el
río." 10 El respondió: "Mañana." Moshe dijo: "Será tan pronto como tú has
dicho, y de esto tú aprenderás que *YAHWEH* no tiene igual. 11 Las ranas te
dejarán a ti y a las casas de ustedes, también a tus sirvientes y a tu pueblo;
ellas se quedarán solamente en el río." 12 Moshe y Aharon se fueron de la
presencia de Faraón, y Moshe clamó a *YAHWEH* acerca de las ranas que El
había traído sobre Faraón. 13 *YAHWEH* hizo como Moshe pidió – las ranas
murieron en las casas, patios y campos; 14 ellos las recogieron en montones
hasta que la tierra hedía. 15 Pero cuando Faraón vio que había recibido algún
alivio, se volvió duro de corazón y no quería escucharles, así como *YAHWEH*
había dicho que sucedería.[cp 7:4; Is 26:10; Je 34:7-11; Os 6:4; Zc 7:11-12; Ec 8:11; Pr 29:1; He
3:8,15; Re 16:9] 16 *YAHWEH* dijo a Moshe: "Dile a Aharon: 'Extiende tu vara con
tu mano y golpea el polvo[29] en el suelo; se convertirá en piojos[30] por toda la
tierra de Mitzrayim.'" 17 Ellos lo hicieron – Aharon extendió su mano con su
vara y golpeó el polvo en el suelo, y había piojos sobre la gente y animales;
todo el polvo del suelo se convirtió en piojos por toda la tierra de Mitzrayim.
18 Los magos trataron con sus artes secretas de producir piojos, pero no
pudieron. Había piojos en la gente y animales. 19 Entonces los magos dijeron
a Faraón: "Este es el dedo de Elohim." Pero Faraón fue vuelto de duro
corazón, así que él no les escuchó, así como *YAHWEH*
había dicho que sucedería.[1S 6:3; Mt 12:28; Lu 11:20]

28 "Y yo vi tres *ruajim* inmundos que lucían como ranas; ellos salen de la boca del dragón, de la boca de la bestia y de la boca del falso profeta…" (Re 16:13-14). [Sal 78:45; 105:30]

29 Polvo es usado para indicar la sepultura (Job 7:21). "Sacudirse el polvo de los pies" contra otro es renunciar toda relación futura con él (Mt. 10:14; Hch 13:51). "Lamer el polvo" es un signo de sumisión servil (Sal 72:9). Y tirar polvo a alguien es una señal de aborrecimiento (2S 16:13).

30 Milagrosamente producidos del polvo de la tierra. Los entomólogos Kirby y Spence ponen a estos minúsculos pero aborrecibles insectos en el primer rango de aquellos que causan aflicción al hombre.

20 *YAHWEH* dijo a Moshe: "Levántate temprano en la mañana, párate delante
de Faraón cuando él salga al agua, y dile: 'Aquí está lo que *YAHWEH* dice:
"Deja a mi pueblo ir, para que me puedan adorar. 21 De lo contrario, si no
dejas a mi pueblo ir, Yo mandaré enjambres[31] de insectos sobre ti, tus
sirvientes y tu pueblo, y dentro de tus casas. Las casas de los Mitzrayimim
estarán llenas de enjambres de insectos, y asimismo la tierra donde están en
pie. 22 Pero Yo apartaré la tierra de Goshen, donde habita mi pueblo – ningún
enjambre de insectos habrá allí – para que sepas que Yo soy *YAHWEH*, aquí
mismo en la tierra. 23 Sí, Yo distinguiré entre mi pueblo y tu pueblo, y esta
señal sucederá para mañana.'" 24 *YAHWEH* lo hizo, enjambres terribles
de insectos fueron al palacio de Faraón y dentro de todas las casas de sus
sirvientes – los insectos arruinaron la tierra entera de Mitzrayim.[cp 21; Sal 78:45;
105:31] 25 Faraón mandó a llamar a Moshe y a Aharon, y dijo: "Vayan, y
sacrifiquen para su Elohim aquí en la tierra." 26 Pero Moshe respondió: "Sería
inapropiado para nosotros hacer eso, porque el animal que sacrificaremos a
YAHWEH es abominación[32] para los Mitzrayimim. ¿No nos apedrearán hasta
la muerte los Mitzrayimim si delante de sus propios ojos sacrificamos lo
que consideran una abominación? 27 No, nosotros iremos la jornada de tres
días[2Co 6:17] dentro del desierto y sacrificaremos para *YAHWEH* nuestro
Elohim, como El nos ha ordenado hacer." 28 Faraón dijo: "Yo los dejaré ir,
para que puedan sacrificar para *YAHWEH* su Elohim en el desierto. Sólo que
no irán lejos.[33] Intercedan por mí." 29 Moshe dijo: "Está bien, yo me iré de ti,
y yo intercederé con *YAHWEH*; así mañana los enjambres de insectos dejarán
a Faraón, sus sirvientes y su pueblo. Sólo que estés seguro que Faraón deja de
jugar con el pueblo por impedirlos de ir y sacrificar para *YAHWEH*."[Hch 5:3; Ga
6:7] 30 Moshe dejó a Faraón e intercedió con *YAHWEH*, 31 y *YAHWEH* hizo lo
que Moshe había pedido, El removió los enjambres de insectos de Faraón, sus
sirvientes y su pueblo – ni uno permaneció. 32 Pero esta vez también Faraón
se volvió testarudo y no dejó ir al pueblo.

Shemot (Nombres) - twmv- Éxodo 9

9 Entonces *YAHWEH* dijo a Moshe: "Ve a Faraón, y dile: 'Aquí está lo que
YAHWEH el Elohim de los Hebreos dice: "Deja a mi pueblo ir, para que ellos
me puedan adorar. 2 Si rehúsas dejarlos ir y persistes en detenerlos,[Lv 26:21; Ro
2:8] 3 la mano de *YAHWEH* estará sobre el ganado en los campos – sobre los
caballos, asnos, camellos, reses y rebaños – y los hará sufrir una enfermedad
devastadora. 4 Pero *YAHWEH* hará maravillosas distinciones entre el ganado
de Mitzrayim y el de los hijos de Yisra'el – nada perteneciente a los hijos de
Yisra'el morirá.'"[Mal 3:18] 5 Y Elohim fijó un tiempo, diciendo: "Mañana
YAHWEH hará esto en la tierra." 6 Al día siguiente, *YAHWEH* lo hizo, todos

los animales de cría de los Mitzrayimim murieron; pero ni uno de los animales pertenecientes a los hijos de Yisra'el murió.[1Cr 14:17; Sal 118:10; Re 13:7-8]
7 Faraón investigó y encontró que ni aun uno de los animales de los hijos de Yisra'el murió. Sin embargo, el corazón de Faraón permaneció testarudo, y él no dejó ir al pueblo.

31 "Moscas" está añadido en algunas versiones, diciendo en las más antiguas "enjambres" de insectos, Is 7:18.
32 Todo pastor era una abominación para los Egipcios. Esta aversión a los pastores, tales como los Hebreos, sucedió probablemente porque el Medio y Bajo Egipto estaban bajo sujeción a una tribu nómada, los Hyksos (Reyes Pastores), quienes habían sido echados recientemente, y en parte también porque los Egipcios detestaban los hábitos anárquicos de los pastores errantes, también la vaca o el buey eran sagrados, y ellos lo tenían como sacrílego matarlos, eran los animales que los Egipcios adoraban y causaría gran ofensa a los Egipcios, como lo hicieron todas las plagas, porque ellas golpearon a los propios objetos y criaturas más adoradas por los Egipcios. [De 7:25; 12:30]
33 Aquí tenemos una prueba que ha satán siempre ha hecho lo mismo, no quiere que los conversos se vayan muy lejos de él.

8 *YAHWEH* dijo a Moshe y a Aharon: "Tomen puñados de cenizas del horno,
y que Moshe los tire al aire delante de los ojos de Faraón. 9 Se convertirá en
polvo fino sobre toda la tierra de Mitzrayim y se hará llagas[34] infecciosas
sobre ambos hombres y bestias por todo Mitzrayim." 10 Así que ellos cogieron
cenizas de un horno, se pararon delante de Faraón y las tiraron al aire; y se
convirtieron en llagas infecciosas sobre ambos hombres y bestias.[Dt 28:27] 11
Los magos no podían ni pararse en la presencia de Moshe a causa de las
llagas que estaban en ellos como también en los otros Mitzrayimim.[2T 3:8-9] 12
Pero *YAHWEH* volvió a Faraón duro de corazón, así que él no los escuchó –
así como *YAHWEH* había dicho a Moshe.[Is 16:14; 63:17] 13 *YAHWEH* dijo a
Moshe: "Levántate temprano en la mañana, párate delante de Faraón,
y dile a él: 'Aquí está lo que *YAHWEH* dice: "Deja a mi pueblo ir, para que
ellos me puedan adorar. 14 Porque esta vez, Yo infligiré mis plagas sobre tu
corazón, y sobre el corazón de tus oficiales y tu pueblo; para que así sepas
que Yo soy sin igual, el Soberano de toda la tierra.[Mi 6:13] 15 Para ahora Yo
pude haber extendido mi mano y haberte golpeado y a tu pueblo con plagas
tan severas que habrían sido barridos de la faz de la tierra. 16 Pero es por esta
misma razón que los he mantenido vivos – para mostrarte el poder de Mi
Nombre en toda la tierra.[Sal 76:10; Pr 16:4] 17 Puesto que aún te estás
indisponiendo en contra y no los dejas ir, 18 mañana, alrededor de esta hora,
Yo causaré una tormenta de granizo[35] tan pesada que Mitzrayim nunca ha
tenido nada como esto desde el día que fue fundado hasta ahora. 19 Por lo
tanto, manda a traer dentro de las puertas todos los animales de cría y todo lo
demás que tengas en el campo. Porque el granizo caerá sobre todo ser
humano y animal dejado en el campo que no haya sido traído a casa, y
morirán.'" 20 Cualquiera entre los sirvientes de Faraón que temió lo que

YAHWEH dijo hizo que sus esclavos y sus animales de cría escaparan hacia dentro de las casas;[Pr 23:3; Jon 3:5] 21 pero aquellos que no tuvieron respeto por lo que *YAHWEH* había dicho, dejaron sus esclavos y animales de cría en el campo. 22 *YAHWEH* dijo a Moshe: "Extiende tu mano hacia el cielo, para que haya granizo cayendo sobre el pueblo, animales y todo lo que crece en el campo, por toda la tierra de Mitzrayim." 23 Moshe extendió su vara hacia el cielo, y *YAHWEH* mandó truenos [voces] y granizo, y fuego corrió hacia la tierra. *YAHWEH* causó el granizo sobre la tierra de Mitzrayim – 24 Cayó granizo, y fuego resplandeció con el granizo; fue terrible, peor que cualquier tormenta de granizo en todo Mitzrayim desde que se hizo nación. 25 Por toda la tierra de Mitzrayim, el granizo golpeó todo en el campo, ambos hombres y bestias; y el granizo golpeó toda planta que crecía en el campo y quebró a todo árbol allí.[Sal 105:33] 26 Pero en la tierra de Goshen, donde estaban los hijos de Yisra'el, no hubo granizo.[Is 32:18-19] 27 Faraón mandó a llamar a Moshe y a Aarón, y les dijo a ellos: "Esta vez he pecado; *YAHWEH* es justo; Yo y mi pueblo somos malvados. 28 Intercede con *YAHWEH* – no podemos recibir más de esta terrible tormenta y granizo y fuego[36]; y yo los dejaré ir, ustedes no se detendrán más." 29 Moshe le dijo a él: "Tan pronto como me haya ido fuera de la ciudad, extenderé mis manos a *YAHWEH*; los truenos cesarán, y no habrá más granizo – para que puedas saber que la tierra pertenece a *YAHWEH*.[Sal 24:1; 1C 10:26] 30 Pero tú y tus sirvientes, yo sé que aún no temerán a *YAHWEH* Elohim."[Je 2:19; Lu 16:31] 31 El lino y la cebada fueron arruinados, porque la cebada estaba madura y el lino en capullos. 32 Pero el trigo y el centeno no fueron arruinados, porque espigan más tarde.

34 Ocurre solo en relación con la sexta plaga de Egipto. Parece haber sido la temible plaga de lepra negra, un tipo de elefantitis que produce unas úlceras ardientes.[Jue 7:2; 1R 18:25; Is 10:15] 35 Granizo mezclado con fuego. Hay evidencias de que no se trató de un granizo normal, sino que se trataba de piedras calientes; es posible que este fenómeno estuviera relacionado con algo de carácter cósmico, y que fuera una granizada de grava procedente de la descomposición de un cometa. [cp 22-25; 1R 19:2; 20:6; 2R 7:1,18; Sal 83:15]
36 Aquí podemos ver que no era un granizo normal.

33 Moshe salió de la ciudad, lejos de Faraón, y extendió sus manos a *YAHWEH*. La tormenta y el granizo terminaron, y la lluvia cesó de verterse sobre la tierra. 34 Cuando Faraón vio que la lluvia, granizo y tormenta habían terminado, pecó aún más por volverse de duro corazón, él y sus sirvientes.[2Cr 33:23] 35 Faraón fue vuelto de duro corazón, y él no dejó a los hijos de Yisra'el irse, así como *YAHWEH* había dicho por medio de Moshe.

Referencias;
Haftarah Va'era Yejezkel (Ezequiel) 28:25-29:21
Lecturas sugeridas del Brit Hadashah para la Parashah Va'era:
Romanos 9:14-17; 2 Corintios 6:14-7:1
Parashah 15: Bo (Ve) 10:1-13:16

Shemot (Nombres) - twmv- Éxodo 10

10 *YAHWEH* dijo a Moshe: "Ve a Faraón, porque Yo lo he vuelto a él y a
sus sirvientes de corazón endurecido, para que Yo pueda demostrar estas
señales mías entre ellos, 2 para que le puedas decir a tu hijo y al hijo de tu hijo
acerca de cuantas cosas hice para burlarme de los Mitzrayimim y acerca de
mis maravillas que Yo demostré entre ellos, para que así todos ustedes
sepan que Yo soy *YAHWEH.* " 3 Moshe y Aharon fueron a Faraón, y le
dijeron a él: "Aquí está lo que *YAHWEH,* Elohim de los Hebreos, dice: '¿Por
cuánto tiempo más rehusarás someterte a mí? Deja a mi pueblo ir, para que
ellos me puedan adorar. 4 De lo contrario, si rehúsas dejar ir a mi pueblo,
mañana traeré langostas a tu territorio. 5 Uno no podrá ver el suelo,[37] tan
completamente las langostas lo cubrirán. Ellas se comerán lo que tú aún
tienes que escapó al granizo, incluyendo todo árbol que tienes creciendo en el
campo. 6 Ellas llenarán tus casas y las de tus sirvientes y de todos los
Mitzrayimim. Será como nada que tus padres o sus padres hayan visto jamás
desde el día que nacieron hasta ahora.'" Entonces Moshe volvió su espalda y
se fue. 7 Los sirvientes de Faraón le dijeron a él: "¿Por cuánto tiempo más
será esto una trampa para nosotros? Deja al pueblo ir y adorar a *YAHWEH* su
Elohim. ¿No entiendes todavía que Mitzrayim está siendo destruido?" 8 Así
que Moshe y Aharon fueron traídos a Faraón otra vez, y él les dijo a ellos:
"Vayan, adoren a *YAHWEH* su Elohim. Pero, ¿quién exactamente irá?" 9
Moshe respondió: "Nosotros iremos con nuestros jóvenes y nuestros
ancianos, nuestros hijos y nuestras hijas; e iremos con nuestras manadas y
rebaños; porque tenemos que celebrar festividad para *YAHWEH.*[38]" 10
Faraón les dijo a ellos: "¡*YAHWEH* ciertamente estará con ustedes si los
dejo ir con sus niños! Está claro que no van a hacer nada bueno. 11 ¡Nada de
eso! Sólo los hombres entre ustedes vayan a adorar a *YAHWEH.* Eso es lo que
quieren, ¿no es así?" Y fueron echados de la presencia de Faraón.
12 *YAHWEH* dijo a Moshe: "Extiende tu mano sobre la tierra de Mitzrayim,
para que las langostas invadan la tierra y coman toda planta que el granizo
dejó." 13 Moshe extendió su mano con su vara sobre la tierra de Mitzrayim, y
YAHWEH causó un viento del este que soplara sobre la tierra todo el día y
toda la noche; y en la mañana el viento del este trajo las langostas. 14 Las
langostas fueron por toda la tierra de Mitzrayim y se asentaron por todo el
territorio de Mitzrayim. Fue una invasión más severa que jamás había habido
o habrá otra vez. 15 Ellas cubrieron la tierra completamente, así que la tierra
estaba devastada. Comieron toda planta que crecía en el campo desde la tierra
y todos los árboles frutales dejados por el granizo. Ni una cosa verde quedó,
ni un árbol y ni una planta en el campo, en toda la tierra de Mitzrayim

37 Tárgum Onkelos: "Cubriré el ojo del sol de la tierra."
38 Sal 30:29 (Festividad solemne); 118:27 (sacrificio); Is 29:1 (sacrificios); 30:29
(solemnidad); 1C 5:7-8

16 Faraón se apresuró en mandar a llamar a Moshe y a Aharon, y dijo: "He
pecado contra *YAHWEH* el Elohim de ustedes y contra ustedes. 17 Ahora, por
lo tanto, por favor perdonen mi pecado sólo esta vez; e intercedan con
YAHWEH su Elohim, ¡para que El por lo menos quite de mí esta plaga
mortífera!" 18 El salió de delante de Faraón e intercedió con *YAHWEH*. 19
YAHWEH revirtió el viento y lo hizo soplar muy fuertemente desde el oeste.
Cogió a las langostas y las llevó al Mar de Suf; ni una langosta quedó en la
tierra de Mitzrayim. 20 Pero *YAHWEH* volvió a Faraón duro de corazón, y él
no dejó a los hijos de Yisra'el ir.[cp 4:21; Dt 2:30; Ro 9:18] 21 *YAHWEH* dijo a
Moshe: "Extiende tu mano hacia el cielo, y habrá oscuridad sobre la tierra de
Mitzrayim, ¡oscuridad tan densa que puede ser sentida!"[Jud 13] 22 Moshe
extendió su mano hacia el cielo, y hubo oscuridad densa en la tierra de
Mitzrayim completa por tres días. 23 La gente no se podía ver una a la otra, y
nadie fue a ningún sitio por tres días. Pero todos los hijos de Yisra'el tenían
luz en su casa.[39][Sof 2:15; Sal 105:28/ Mal 3:18; Ef 5:8; 1P 2:9] 24 Faraón mandó a llamar
a Moshe y a Aharon, y dijo: " Ve, adora a *YAHWEH*; sólo deja tus ganados y
rebaños detrás – tus niños pueden ir contigo." 25 Moshe respondió: "También
tienes que ocuparte de darnos los sacrificios y las ofrendas quemadas, para
que podamos sacrificar para *YAHWEH* nuestro Elohim. 26 Nuestros animales
de cría irán con nosotros – ni una sola pezuña será dejada atrás – porque
debemos escoger algunos de ellos para adorar a *YAHWEH* nuestro Elohim, y
no sabemos cuales necesitaremos para adorar a *YAHWEH* hasta que
lleguemos allí." 27 Pero *YAHWEH* endureció el corazón de Faraón, y él no los
dejaba ir. 28 Faraón les dijo a ellos: "¡Váyanse de mi presencia! ¡Y mejor que
no vean mi rostro otra vez, porque el día que vean mi rostro, ustedes
morirán!" 29 Moshe respondió: "¡Bien dicho! Yo no veré más tu rostro."[He
11:27]

Shemot (Nombres) - twmv- Éxodo 11

11 *YAHWEH* dijo a Moshe: "Aún Yo traeré una plaga más sobre Faraón y
Mitzrayim, y después de eso él los dejará irse de aquí. Cuando él los deje
salir, ¡él los echará completamente![Lv 26:21] 2 Ahora di al pueblo que todo
hombre pedirá a su vecino y toda mujer a su vecina joyas de oro y plata." 3
YAHWEH hizo que los Mitzrayimim estuvieran dispuestos favorablemente
hacia el pueblo. Además, Moshe era respetado por los sirvientes de Faraón y
el pueblo como un gran hombre en la tierra de Mitzrayim.
4 Moshe dijo: "Aquí está lo que *YAHWEH* dice: 'Cerca de la medianoche Yo
saldré en Mitzrayim,[2R 19:35] 5 y todos los primogénitos en la tierra de

Mitzrayim morirán, desde el primogénito de Faraón sentado en el trono hasta
el primogénito de la esclava en el molino, y todos los primogénitos de los
animales de cría. 6 Habrá tremendo lamento por toda la tierra de Mitzrayim –
nunca ha habido uno como éste, y nunca lo habrá otra vez. 7 Pero ni aun un
gruñido de perro será oído contra ninguno de los hijos de Yisra'el, ni contra
gente ni contra animales. De esta forma ustedes se darán cuenta de qué
amplia distinción *YAHWEH* hace entre Mitzrayim y Yisra'el.[40] 8 Todos sus
sirvientes descenderán a mí, se postrarán delante de mí, y dirán: '¡Váyanse! –
¡Ustedes y todo el pueblo que los sigue! ¡Y después de eso yo saldré!" Y él
salió de delante de Faraón en el calor de la ira.[Ef 4:26] 9 *YAHWEH* dijo a
Moshe: "Faraón no te escuchará, así que aun grandemente multiplicare mis
maravillas en la tierra de Mitzrayim."[Ro 9:16:18] 10 Moshe y Aharon hicieron
todas estas maravillas delante de Faraón, pero *YAHWEH* había vuelto a
Faraón de corazón endurecido, y él no dejó que los hijos de Yisra'el dejaran la
tierra de Mitzrayim.[Ro 2:4-5]

39 Yisra'el tiene que caminar en luz como pueblo e individualmente, ¿de qué otra forma podemos ser luz para las naciones?
40 ABBA *YAHWEH* hace una amplia distinción, todos los que han recibido la Sangre del Mesías y caminan en Toráh.

Shemot (Nombres) – twmv– Éxodo 12

12[1491 AEC] *YAHWEH* habló con Moshe y Aharon en la tierra de Mitzrayim;
El dijo: 2 "Ustedes empezarán su calendario este mes; será el primer mes[41]
del año para ustedes. 3 Habla a la asamblea de los hijos de Yisra'el, y di: "En
el décimo día de este mes, cada hombre cogerá un cordero para su familia,
uno por familia[42] – 4 excepto si la familia es muy pequeña para un cordero
entero, entonces él y su vecino del lado compartirán uno, dividiéndolo en la
proporción al número de almas comiéndolo. 5 Tu animal tiene que ser sin
defecto, macho en su primer año, y lo puedes escoger de entre cualquiera de
los corderos o de los carneros.[43] 6 "Lo apartarán hasta el día catorce de este
mes, entonces toda la multitud de la asamblea de los hijos de Yisra'el lo
matará entre anocheceres.[44] 7 Ellos tomarán algo de la sangre y la untarán en
los dos postes y en el dintel de la puerta a la entrada de la casa en donde lo
coman.[45] 8 Esa noche, comerán la carne asada al fuego; la comerán con
matzah[46] y *marror*[47]. 9 No la coman cruda o hervida, sino asada al fuego,
con su cabeza, las partes inferiores de sus patas y sus órganos internos. 10
Nada quede hasta la mañana; si algo queda, quémenlo completamente.[Dt 16:4]

11 "Aquí está como han de comerlo: con sus cintos abrochados, sus sandalias
en sus pies y su vara en su mano; y lo tienen que comer apresuradamente. Es
el *Pésaj*[48] [Pasar por Alto, Pascua] de *YAHWEH.* 12 Porque esa noche, Yo
pasaré por la tierra de Mitzrayim y mataré a todos los primogénitos en la
tierra de Mitzrayim, ambos hombres y animales; y Yo ejecutaré juicio contra
todos los dioses[49] de Mitzrayim; Yo soy *YAHWEH.* 13 La sangre servirá
como señal que marca las casas donde ustedes están; cuando Yo vea la
sangre, Yo pasaré por sobre ustedes – cuando Yo golpee la tierra de
Mitzrayim, el golpe de muerte no los golpeará a ustedes.

41 Obviamente si *YAHWEH* le dice a Moshe que aquí se empezará el calendario es que el año lunar empieza aquí y no cuando ha impuesto el Judaísmo Ortodoxo desobediente con su fiesta inventada de Rosh Hashannah en el séptimo mes lunar. ¿Cómo se puede tener año nuevo en el séptimo mes?[De 16:1; Est 3:7]

42 Esta Festividad de *Pésaj* no es una "Fiesta Judía," sino es un mandamiento perpetuo para **TODO** Yisra'el.

43 Yahshúa subió a Yerushalayim el 10 de Aviv (Jn 12:1) y nadie pudo encontrarle mancha ni defecto, después Kefa nos dice: Por el contrario, fue la costosa muerte del sangriento sacrificio del Mashíaj, como un cordero sin defecto o mancha. *YAHWEH* sabía esto desde antes de la fundación del universo, pero lo reveló en el *ajarit-hayamim* por amor a ustedes.
(1P 1:19-20)[Le 1:3; 22:19:24; De 17:1; He 9:13]

44 Tárgum Onkelos; "Los matarán entre los soles." En verso 9: "Ni hervido con agua hervida." Yahshúa murió en el Día de la Preparación, cuando se matan los corderos por esta ordenanza, (Mt 27:62; Mr 15:42; Lu 23:54; Jn 19:14-18). [2Cr 30:15; Is 53:6]

45 Antes de que Yisra'el sirviera a *YAHWEH* en la expiación de Yom Kippur y todas las ordenanzas del Tabernáculo del Desierto, ellos primero tenían que tener la redención en Egipto en el Éxodo por sacrificar el cordero de Pascua, cuya sangre los redimió de la esclavitud de Egipto. La sangre del cordero de Pascua es la conmemoración del paso inicial a la liberación, y pone en movimiento todo lo demás incluyendo el recibir la Toráh, guardar Toráh, Yom Kippur, todos los servicios del Tabernáculo y como destino la entrada y asentamiento en La Tierra Prometida. Sin la sangre de redención del cordero de Pascua, todas esas cosas no podían haber sido heredadas. Mesías, sabiendo esto, y sabiendo que no puede haber tal cosa como Yom Kippur como definido en la Toráh, sin la liberación de la nación se ordenó a El mismo morir como El Cordero de *YAHWEH* en Pascua y esto nos llevará a la Gloria del Reino y vida eterna. El solamente siguió el diseño para redención que está descrito en estos versos. [Ef 1:7; He 12:24; 1P 1:2]

46 Pan sin lavadura, porque la levadura es un símbolo de hipocresía y, por tanto, de la mentira. Este término es usado en el *Brit Hadashah* en 1C 5:6-8 para demostrar el poder secreto de la mentira e hipocresía (levadura) de penetrar y difundirse. Es también un símbolo de corrupción y perversión, Mt. 16:6, 11; Mr. 8:15.

47 Marror son hierbas amargas y son símbolo de la aflicción, miseria y esclavitud de Yisra'el en Egipto.[1Ts 1:6]

48 Celebrar *Pésaj* es Toráh a perpetuidad para todo Yisra'el no sólo para los Judíos, como reclama el cristianismo para desobedecer. Fue primero una ordenanza para celebrar la liberación de la esclavitud de Egipto. El uso de vino, y de hierbas amargas lo vemos en Lu.22:17, 20 y Jn 13:26. Y después se celebra lo mismo y la gran liberación del pecado (Egipto) otorgada por el sacrificio sangriento de Yahshúa. 1C 5:7; Jn 1:29; Jn 19:32-36; 1P 1:19; Ga 4:4.

49 Por medio de estas plagas *YAHWEH* ejecutó juicio no sólo sobre Egipto, sino también sobre sus dioses, el gran dios Nilo quedó contaminado; el mismo Faraón que era considerado como divino quedó humillado y su hijo muerto; el sol, el mayor de los dioses de Egipto, se sumió en tinieblas. [Nu 33:4; Sal 82:1,6; 138:1; Is 19:1; Jn 10:34]

14 "Este será un día para ustedes recordar y celebrar como Festividad a
YAHWEH, de generación a generación lo celebrarán por ordenanza
perpetua.[50] 15 "Por siete días comerán *matzah* – en el primer día removerán
la levadura de sus casas. Porque el que coma *jametz* [pan leudado] desde el
primer día hasta el séptimo día será cortado de Yisra'el. 16 En el primer y
séptimo días, tendrán asamblea apartada para Elohim. En estos días
ningún trabajo será hecho, excepto lo que cada uno tiene que hacer para
preparar su comida; sólo pueden hacer eso. 17 Observarán la festividad de
matzah, porque en este día Yo saqué sus divisiones de la tierra de Mitzrayim.
Por lo tanto, observarán este día de generación en generación por ordenanza
perpetua. 18 Desde el anochecer del decimocuarto día del primer mes hasta el
anochecer del vigésimo primer día, comerán *matzah*. 19 Durante esos siete
días, no se encontrará levadura en sus casas. Cualquiera que coma comidas
con *jametz* será cortado de la congregación de los hijos de Yisra'el – no
importa si es extranjero o ciudadano de La Tierra. 20 No coman nada con
levadura. Dondequiera que vivan, coman *matzah*." 21 Entonces Moshe mandó
a llamar a todos los ancianos de los hijos de Yisra'el, y dijo: "Seleccionen y
cojan corderos para sus familias, y sacrifiquen el cordero de *Pésaj*.[51] 22 Cojan
un puñado de hojas de hisopo y mójenlo en la sangre que está en una jofaina,
y la untan en los dos postes y en el dintel del marco de la puerta. Entonces,
ninguno de ustedes saldrá de la puerta de su casa hasta la mañana.[He 11:28] 23
Porque *YAHWEH* pasará matando a los Mitzrayimim, pero cuando El vea la
sangre en el dintel y los dos postes, *YAHWEH* pasará por encima de la puerta
y no permitirá al Matador entrar en sus casas y matarlos a ustedes[52]. 24
Observarán esto como ley, ustedes y sus hijos para siempre.[2S 24:6; Esd 9:4; Re 7:3,
9:4] 25 "Cuando vengan a la tierra que *YAHWEH* les dará, como El ha
prometido, observarán esta ceremonia. 26 Cuando sus hijos les pregunten:
'¿Qué significa esta ceremonia?' 27 Digan: 'Es el sacrificio del *Pésaj* [Pasar
por alto, Pascua] de *YAHWEH*, porque *YAHWEH* pasó por encima
de las casas de los hijos de Yisra'el en Mitzrayim cuando mató a los
Mitzrayimim, pero libró nuestras casas.'" Los.hijos de Yisra'el inclinaron sus
cabezas y adoraron. 28 Entonces los hijos de Yisra'el fueron e hicieron como
YAHWEH había ordenado a Moshe y a Aharon – eso fue lo que hicieron.
29 A la medianoche *YAHWEH* mató todos los primogénitos en la tierra de
Mitzrayim, desde el primogénito de Faraón sentado en el trono hasta el
primogénito del prisionero en la mazmorra, y todo primogénito de los
animales de cría.[Jue 34:19; 1Ts 5:2-3] 30 Faraón se levantó en la noche, él, todos sus
sirvientes y todos los Mitzrayimim; y había llanto horrendo en Mitzrayim;

porque no hubo una sola casa sin algún muerto en ella.[Pr 2:13] 31 El mandó a
llamar a Moshe y a Aharon por la noche, y dijo: "Levántense y dejen mi
pueblo, ambos ustedes y los hijos de Yisra'el; y váyanse, sirvan a *YAHWEH*
como han dicho.[Sal 105:38] 32 Lleven ambos sus rebaños y sus manadas, como
ustedes dijeron, y ¡váyanse de aquí! Pero bendíganme también." 33 Los
Mitzrayimim presionaron para mandar a los hijos de Yisra'el fuera de la tierra
rápidamente, porque ellos dijeron: "¡De lo contrario todos estaremos
muertos!" 34 El pueblo cogió su masa antes de que se leudara y envolvieron
sus tazones de amasar en sus ropas sobre sus hombros. 35 Los hijos de Yisra'el
habían hecho lo que Moshe había dicho – ellos habían pedido a los
Mitzrayimim darles joyas de oro y plata;[Sal 105:37] 36 y *YAHWEH* había vuelto
a los Mitzrayimim tan favorablemente dispuestos hacia los hijos de Yisra'el
que ellos les dieron lo que habían pedido. Así ellos saquearon a los
Mitzrayimim.[Ge 15:14; Pr 16:7;]

50 No hay orden de *YAHWEH* para abolir nada, es Toráh a perpetuidad. [2R 23:21; Lu 22:19; 1C 5:7-8; 11:23-26]

51 Este mismo día Yahshúa murió. [Jos 5:10; Esd 6;19; Mt 26:17-19; Mr 14:12-16; Lu 22:21]

52 Esta sangre del cordero en el dintel hizo expiación por Yisra'el y los preparó para recibir la Toráh en el Monte Sinai, igual que la Sangre de Yahshúa, la Toráh encarnada hace expiación por nosotros y seguimos en obediencia a la Toráh (Toda la Escritura) Ver Jn 1. En el contexto del *Brit Hadashah*, los Israelitas que profesamos fe en el Mesías Yahshúa debemos de rociar la sangre expiadora sobre los dinteles de nuestros corazones, que es el hogar donde el *Ruaj HaKodesh* mora.

37 Los hijos de Yisra'el viajaron de Raamses a Sukkot, algunos seiscientos mil
hombres a pie, sin contar los niños.[53] 38 También fue con ellos una multitud
mixta,[54] como también animales de cría en grandes números, ambos rebaños
y manadas. 39 Hornearon tortas de *matzah* de la masa que habían sacado de
Mitzrayim, puesto que no estaba leudada; porque los Mitzrayimim los habían
echado de Mitzrayim sin tiempo para preparar provisiones para sí. 40 El
tiempo que los hijos de Yisra'el vivieron en Mitzrayim y en la tierra de
Kenaan fue de 430 años.[55] 41 Al cabo de 430 años al día, todas las divisiones
de *YAHWEH* dejaron la tierra de Mitzrayim.[Hab 2:3] 42 Esta fue una noche
cuando *YAHWEH* guardó vigilia para sacarlos de la tierra de Mitzrayim, y
esta misma noche continúa siendo una noche cuando *YAHWEH* guarda
vigilia para todos los hijos de Yisra'el por todas sus generaciones.[56]
43 *YAHWEH* dijo a Moshe y a Aharon: "Esta es la regulación para el cordero
de *Pésaj*: ningún extranjero la comerá.[57] 44 Pero si alguno tiene un esclavo
que compró por dinero, cuando lo hayas circuncidado, él puede comerla.[Ge
17:12] 45 Ni un viajero ni un sirviente a jornal puede comerla. 46 Se comerá en
una casa. No sacarán nada de la comida fuera de la casa, y no quebrarán

ninguno de sus huesos.[Lv 22:10; Ef 2:12] 47 Toda la congregación de los hijos de
Yisra'el la guardará.[Is 53:6] 48 Si un extranjero que se está quedando contigo
quiere observar el *Pésaj* de *YAHWEH,* a todos sus varones circuncidarás.
Entonces él puede tomar parte y observarla; él será como un ciudadano de La
Tierra. Pero ninguna persona incircuncisa puede comerla.[58]

53 Se calcula que contando todos los otros se estima el Éxodo en 3 o 4 millones de personas, cumpliendo la promesa de YAH.

54 Tárgum Onkelos; "Una multitud de extranjeros también fue con ellos." Yisra'el es un pueblo mixto.[Ge 46:3; 47:11]

55 La Toráh de Shomron (Samaritana) dice: "Ahora, la estancia de los hijos de Israel, y de sus padres en la tierra de Kenaan y en la tierra de Egipto fue de 430 años, igual que la LXX, y la misma afirmación es hecha por Shaúl en Ga 3:17, quien calcula desde la promesa hecha a Avraham hasta la entrega de la Toráh. Que estos tres testigos tienen la verdad, la cronología misma lo prueba; porque es evidente que los descendientes de Israel no habitaron 430 años en Egipto., mientras es muy evidente que el período desde la entrada de Avraham a Kenaan al Éxodo, es exactamente ese número. Por tanto, desde la entrada de Avraham a La Tierra Prometida al nacimiento de Yitzjak, fue 25 años; Yitzjak tenía 60 en el nacimiento de Ya'akov, Ya'akov tenía 130 cuando fue a Egipto, donde él y sus hijos continuaron por 215 años más, sumando los 430 años completos.

56 Así de importante es para nosotros guardar esta Festividad de *Pésaj* a perpetuidad. *YAHWEH* guarda vigilia para todos los hijos de Yisra'el. [De 16:1-6]

57 Targun Onkelos: "Ningún hijo de Yisra'el que sea apóstata puede comerla."

58 El que no se circuncide, no celebrará el *Pésaj* con el Mashíaj a su regreso.[Nu 9:14; Is 56:6; Ga 3:28]

49 La misma *Toráh* se aplicará igualmente al ciudadano y al extranjero
viviendo entre ustedes." 50 Todos los hijos de Yisra'el hicieron justo como
YAHWEH había ordenado a Moshe y a Aharon.[Dt 12:32] 51 En aquel mismo día,
YAHWEH sacó a los hijos de Yisra'el fuera de la tierra de Mitzrayim por sus
divisiones.

Shemot (Nombres) - twmv- Éxodo 13

13 *YAHWEH* dijo a Moshe: 2 "Aparta para mi todos los primogénitos.
Cualquiera que sea primero del vientre entre los hijos de Yisra'el, ambos
humanos y animales, me pertenece a mí."[59] 3 Moshe dijo al pueblo:
"Recuerden este día, en el que salieron de la tierra de Mitzrayim, de la casa de
esclavitud; porque *YAHWEH,* por el poder de su mano, los ha sacado de este
lugar. No coman *jametz*.[Dt 16:3] 4 Están saliendo hoy, en el mes de Aviv. 5
Cuando *YAHWEH* los traiga a la tierra de los Kenaani, Hitti, Emori, Hivi y
Yevusi, la cual El juró a sus padres darles, una tierra que fluye con leche y
miel, ustedes observarán esta ceremonia este mes. 6 Por siete días comerán
matzah y el séptimo día será una festividad para *YAHWEH.* 7 *Matzah* se
comerá por todos los siete días; ni *jametz* ni ningún agente leudante serán
vistos con ustedes por todo su territorio.

59 La palabra *Kadash*/apartado de propósitos comunes o seculares para algún uso Kadosh, porque todo lo separado para *YAHWEH* era apartado de todo uso mundano. [Le 27:26; Nu 3:13; De 15:19; 1C 15:20; Col 1:15; He 12:23]

8 En ese día dirán a su hijo: 'Es a causa de lo que *YAHWEH* hizo por mí
cuando salí de Mitzrayim.' 9 "Además, les servirá como señal en su mano y
como recordatorio a sus ojos, para que la *Toráh* de *YAHWEH* pueda estar en
sus labios; porque con mano poderosa *YAHWEH* los sacó de la tierra de
Mitzrayim.[60] 10 Por lo tanto observarán esta regulación en su tiempo
adecuado, año tras año. 11 Cuando *YAHWEH* los traiga a la tierra de los
Kenaani, como El juró a ustedes y a sus padres, y se las dé a ustedes,
12 ustedes apartarán para *YAHWEH* todo lo que primero es nacido del vientre.
Todo animal primogénito macho pertenecerá a *YAHWEH*.[Nu 8:17; Dt 15:19;Ez
44:30] 13 Todo primogénito de un asno redimirán con un cordero; pero si
escogen no redimirlo, quebrarán su cerviz. Pero del pueblo, redimirán todo
hijo primogénito.[Nu 3:46-51; 18:15; Re 5:9] 14 Cuando, en un tiempo futuro, tu hijo
te pregunte: '¿Qué es esto?' Entonces di a él: 'Con una mano poderosa
YAHWEH nos sacó de Mitzrayim, fuera del yugo de la esclavitud.[Dt 6:20-25] 15
Cuando Faraón no quería dejarnos ir, *YAHWEH* mató todos los primogénitos
machos en la tierra de Mitzrayim, ambos primogénitos de humanos y
primogénitos de animales. Por esto yo sacrifico a *YAHWEH* cualquier macho
que es el primero del vientre de un animal, pero todos los primogénitos de
mis hijos, yo redimo.' 16 Esto servirá como señal en su mano y en la frente
entre sus ojos, que con una mano poderosa *YAHWEH* nos sacó de
Mitzrayim."[ver nota v.9]

Referencias;

Haftarah Bo: Yirmeyah (Jeremías) 46:13-28

Lecturas sugeridas del Brit Hadashah para la Parashah Bo: Lucas 2:22-24; Yojanán (Juan) 19:31-37; Hechos 13:16-17; Revelación 8:6-9:12; 16:1-21 Parashah 16: B'shallaj (Después que él los había dejado ir) Shemot 13:17-17:16

17 Después que Faraón había dejado al pueblo ir, Elohim no los guió por el
camino que va por la tierra de los Plishtim, porque estaba cerca – Elohim
pensó que el pueblo, al ver la guerra, pudiera cambiar la forma de pensar y
regresar a Mitzrayim. 18 Más bien, Elohim guió al pueblo por una ruta
rodeando por el desierto, junto al Mar de Suf. Y la quinta generación de los
hijos de Yisra'el subieron de la tierra de Mitzrayim completamente
armados.[Nu 33:6-8; Dt 32:10] 19 Moshe cogió los huesos de Yosef con él[61],
porque Yosef había hecho que los hijos de Yisra'el hicieran un juramento
cuando él dijo: "Elohim ciertamente los visitará; y ustedes llevarán

mis huesos con ustedes fuera de aquí." 20 Y los hijos de Yisra'el viajaron de Sukkot y acamparon en Etam, al borde del desierto. 21 *YAHWEH* fue delante de ellos en una columna de nubes durante el día para guiarlos en su camino[62], y de noche en una columna de fuego para darles luz; así podían viajar ambos de día y de noche. 22 Ni la columna de nubes de día ni la columna de fuego de noche se apartó de delante del pueblo.[Sal 121:4-8; Ne 9:19]

60 Atenlas en su mano como señal, pónganlas alrededor de la frente con una banda (De. 6:8). Tefillim (oraciones); esta costumbre alude a la costumbre de los Orientales de quemarse la mano derecha todo tipo de marcas con cenizas de henna [nombre común de un pequeño arbusto del Oriente y África de cuyas hojas se extrae el tinte henna], que da un color indeleble, y esto es hecho
hasta este día. También estaban acostumbrados a escribir todo tipo de dichos, y frecuentemente palabras supersticiosas en pedazos de lino, cuales usaban como ornamentes en su frente. [De 11:18-21; 30:1]

61 Aquí hay una referencia de que no debemos permitir que quemen nuestros huesos después de la muerte.

62 *YAHWEH* que guiaba al pueblo era El Malaj de *YAHWEH*, Yahshúa, ver 14:19.[Nu 9:15-23; Ne 9:12; Is 45:6;1C 10:1]

Shemot (Nombres) - twmv- Éxodo 14

14 *YAHWEH* dijo a Moshe: 2 "Habla a los hijos de Yisra'el que se vuelvan y acampen delante de Pi-Hajirot, entre Migdol y el mar, enfrente de Baal-Tzefon; acampen frente a él, junto al mar. 3 Entonces Faraón dirá que los hijos de Yisra'el están errando en el campo sin dirección, el desierto los ha encerrado.[Sal 71:11] 4 Yo endureceré tanto el corazón de Faraón que él los perseguirá: así obtendré Gloria para mí mismo a costa de Faraón y su ejército, y los Mitzrayimim conocerán al fin que Yo soy *YAHWEH*." El pueblo hizo como fue ordenado.[Ro 9;17] 5 Cuando le fue dicho al rey de Mitzrayim que el pueblo había huido, Faraón y sus sirvientes cambiaron de forma de pensar en su corazón hacia el pueblo. Ellos dijeron: "¿Qué hemos hecho, dejando que los hijos Yisra'el dejen de ser nuestros esclavos?"[Sal 105:25] 6 Así que él preparó sus carruajes y llevó a su pueblo con él – 7 él llevó 600 carruajes de primera calidad, como también todos los otros carruajes en Mitzrayim, junto con sus comandantes.[Sal 20:7] 8 *YAHWEH* hizo que Faraón endureciera su corazón, y él persiguió a los hijos de Yisra'el, mientras que los hijos de Yisra'el salían con valentía.[Dt 20:6] 9 Los Mitzrayimim fueron tras ellos, todos los caballos y carruajes de Faraón, con su caballería y ejército, y los alcanzaron cuando ellos estaban acampados junto al mar, junto a Pi-Hajirot, frente a Baal-Tzefon. 10 Mientras Faraón se acercaba, los hijos de Yisra'el alzaron los ojos y vieron a los Mitzrayimim allí mismo, viniendo tras ellos. En gran temor los hijos de Yisra'el clamaron a *YAHWEH*, 11 y dijeron a Moshe: "¿Fue porque no había suficientes sepulcros en Mitzrayim que nos

trajiste a morir en el desierto? ¿Por qué nos has hecho esto a nosotros,
sacándonos de Mitzrayim?[Sal 106: 7-8] 12 ¿No te dijimos en Mitzrayim que
nos dejaras estar, seguiremos siendo esclavos para los Mitzrayimim? ¡Sería
mejor para nosotros ser esclavos de los Mitzrayimim que morir en el
desierto!" 13 Moshe respondió al pueblo: "¡Dejen de ser tan temerosos!
Permanezcan quietos, y verán la salvación que es de *YAHWEH.* El lo hará
hoy – hoy ustedes han visto a los Mitzrayimim, ¡pero nunca los verán otra
vez!" 14 ¡*YAHWEH* peleará la batalla por ustedes! ¡Sólo cálmense, estén
tranquilos!" 15 *YAHWEH* preguntó a Moshe: "¿Por qué estás clamando a mí?
¡Dile a los hijos de Yisra'el que marchen hacia delante![Is 65:24; Ro 8:26] 16 Alza
tu vara, extiéndela con tu mano sobre el mar, y divídelo en dos. Los hijos de
Yisra'el avanzarán hacia dentro del mar sobre tierra seca. 17 Y en cuanto a mí,
Yo endureceré el corazón de los Mitzrayimim; y marcharán tras ellos; así
obtendré Gloria para mí mismo a costa de Faraón y su ejército, carruajes y
caballería. 18 Entonces los Mitzrayimim conocerán que Yo soy *YAHWEH,*
cuando haya obtenido Gloria a costa de Faraón, sus carruajes y su caballería."
19 Después, el *Malaj*[63] de Elohim, que iba delante del campamento de los
hijos de Yisra'el, se apartó y fue detrás de ellos; 20 se estacionó entre el
campamento de Mitzrayim y el campamento de Yisra'el – había nubes y
oscuridad aquí, pero allá, luz de noche; así que el uno no se acercó al otro
toda esa noche.[Sal 18:11; Pr 4:18-19; Is 8:14; 2Co 2:15-16; Col 1:2; Jud 13] 21 Moshe extendió
su mano sobre el mar, y *YAHWEH* causó que el mar se retrajera delante de un
viento fuerte del este toda la noche. El hizo que el mar se convirtiera en tierra
seca, y su agua se dividió en dos. 22 Entonces los hijos de Yisra'el entraron al
mar en tierra seca, con el agua como una pared a su derecha y a su
izquierda[64]. 23 Los Mitzrayimim continuaron su persecución, yendo tras ellos
dentro del mar – todos los caballos de Faraón, carruajes y caballería. 24 Justo
antes del alba, *YAHWEH* miró por medio de la columna de fuego a los
Mitzrayimim y los echó en un pánico. 25 El causó que las ruedas de los
carruajes se rompieran, así sólo se podían mover con dificultad. Los
Mitzrayimim dijeron: "¡*YAHWEH* está peleando por Yisra'el contra los
Mitzrayimim! ¡Vamos a irnos lejos de ellos!"

63 Ver verso 24, El Malaj era *YAHWEH*-Yahshúa. [cp 23:20; Nu 20:16; Is 63:9]
64 Por el aliento de Elohim, el hielo es dado, y las anchas aguas se congelan. Job 15:8; 37:10. ¿Del vientre de quién sale el hielo? ¿Quién da a luz a la escarcha del cielo, cuando el agua se vuelve tan dura como la piedra, y la superficie de las profundidades se congela sólidamente? Job 38:29-30.[Hab 3:8-10; 1C 10:1]

26 *YAHWEH* dijo a Moshe: "Extiende tu mano por sobre el mar, y el agua
regresará y cubrirá los Mitzrayimim con sus carruajes y caballería."[Sal 77:16-19]
27 Moshe extendió su mano por sobre el mar, y para el alba el mar había
regresado a su profundidad anterior. Los Mitzrayimim trataron de huir, pero
YAHWEH los barrió hacia el mar. 28 El agua regresó y cubrió todos los

carruajes y caballería del ejército de Faraón que los habían seguido hasta
dentro del mar – ni uno de ellos quedó. 29 Pero los hijos de Yisra'el caminaron
sobre tierra seca dentro del mar, con el agua como una pared para ellos a su
derecha y a su izquierda. 30 En ese día, *YAHWEH* salvó a Yisra'el de los
Mitzrayimim; Yisra'el vio a los Mitzrayimim muertos en la orilla.[Sal 106:8] 31
Cuando Yisra'el vio la obra poderosa que *YAHWEH* había hecho contra los
Mitzrayimim, el pueblo temió a *YAHWEH*, y creyó en *YAHWEH* y en su
siervo Moshe.[Nu 14:11; Sal 106:12; Jn 8:30-32; Hch 8:13]

Shemot (Nombres) – twmv– Éxodo 15

15 Entonces Moshe y los hijos de Yisra'el cantaron este canto a *YAHWEH*:
"Yo cantaré a *YAHWEH*, porque El es altamente exaltado: al caballo y su
jinete El echó en el mar. 2 *Yah* es mi fuerza y mi canto, [Is 12:2; 25:1; 45:17] y El se
ha convertido en mi salvación.[Sal 59:17; 62:6-7] Este es mi Elohim; yo lo
glorificaré;[Re 15:3] el Elohim de mi padre; yo lo exaltaré.[65] 3 *YAHWEH* es mi
guerrero; [Sal 24:8] *YAHWEH* es Su Nombre.[Sal 83:18] 4 Los carruajes y el
ejército de Faraón El lanzó al mar. Sus comandantes escogidos
fueron ahogados en el Mar de Suf.[66] 5 Las aguas profundas los cubrieron;
se hundieron a las profundidades como una piedra.[Re 18:21] 6 Tu mano derecha
[Yahshúa], *YAHWEH*, es excelsamente poderosa; tu mano derecha,
YAHWEH, hace añicos al enemigo.[Sal 118:15] 7 Por la abundancia de Tu Gloria
has quebrantado tus enemigos en pedazos;[Dt 33:26] Tú envías tu ira para
consumirlos como a paja menuda.[Is 47:14; Mal 4:1; Mt 3:12] 8 Con el soplo de tus
narices las aguas se amontonaron –[Job 4:9] las aguas se congelaron como una
pared, las profundidades del mar se hicieron tierra firme. 9 El enemigo dijo:
"Yo perseguiré y alcanzaré, dividiré el botín y me hartaré de ellos."

[65] Esta frase profética es repetida en Sal 118:14 e Is 12:2, en ambos de éstos uno puede verlo como profecía Mesiánica por venir: la *yeshu'ah* (salvación) de *YAHWEH*.- dándonos indicación de quién Mesías es y lo que significa Su Nombre.
[66] El Mar Rojo se extiende por la costa oeste de Arabia por 1,400 millas, y separa Asia de África.

10 Tú soplaste con tu viento, el mar los cubrió, ellos se hundieron como plomo
en las aguas poderosas. 11 ¿Quién es como Tú, *YAHWEH*, entre los
poderosos?[2S 7:22; Sal 86:8; 89:6-8] ¿Quién es como Tú, sublime en *Kedushah*,[Is
6:3; 30:11] imponente en esplendor, haciendo maravillas?[Sal 2:1; Re 15:4 19:1-6]
12 Tú extendiste tu mano derecha [Yahshúa]; la tierra se los tragó. 13 En tu
amor, Tú guiaste en justicia al pueblo al cual redimiste;[Sal 73:24] en tu fuerza,

Tú los guiaste hacia tu morada Kadosh.[Sal 78:54] 14 Los pueblos han oído, y
ellos tiemblan;[Jos 2:9-10; Sal 48:6] la angustia se apodera de aquellos que habitan
en Pleshet; 15 entonces los jefes de Edom están desmayados;[Nu 22:3-5; Hab 3:7]
trepidación se apodera de la cabeza de Moav; todos los que habitan en
Kenaan están desfallecidos. 16 Terror y pánico cae sobre ellos; por el poder de
tu brazo ellos están tan quietos como piedra hasta que tu pueblo pase,
YAHWEH, hasta que el pueblo que Tú compraste pase.[Hch 20:28] 17 Tú los
traerás y los plantarás[Sal 44:2; 80:8] en la montaña que es tu herencia, el lugar,
YAHWEH, que Tú hiciste tu morada, el Lugar Kadosh, *YAHWEH*, que tus
manos establecieron. 18 *YAHWEH* reinará por siempre y para siempre.[Sal
146:10] 19 Pues los caballos de Faraón fueron con sus carruajes y con su
caballería hacia dentro del mar, pero *YAHWEH* trajo de regreso las aguas del
mar sobre ellos, mientras los hijos de Yisra'el caminaron sobre tierra seca
¡en el medio del mar! 20 También Miryam la profetiza, hermana de Aharon,
tomó un pandero en su mano; y todas las mujeres salieron tras ella,
danzando,[67] 21 según Miryam cantaba a ellas: "¡Canten a *YAHWEH*, porque
El es exaltado! ¡El caballo y su jinete El echó al mar!" 22 Moshe guió a los
hijos de Yisra'el hacia delante del Mar de Suf. Ellos entraron al Desierto de
Shur; pero, después de viajar tres días en el desierto, no habían encontrado
ninguna agua. 23 Ellos arribaron en Marah pero no podían beber el agua allí,
porque estaba amarga. Por esto lo llamaron Marah [amargor]. 24 El pueblo
murmuró contra Moshe, y preguntó: "¿Qué beberemos?" 25 Moshe clamó a
YAHWEH; y *YAHWEH* le mostró un cierto pedazo de madera, el cual él echó
en el agua, hizo que el agua supiera bien.[68] Allí *YAHWEH* hizo leyes y reglas
de vida para ellos, y allí El los probó, 26 El dijo: "Si tú escucharas
intensamente a la voz de *YAHWEH* tu Elohim, haces lo que El considera
correcto; prestas atención a sus *mitzvot* y observas sus leyes, Yo no te afligiré
con ninguna de las enfermedades que Yo traje sobre los Mitzrayimim; porque
Yo soy *YAHWEH* tu sanador.[69] " 27 Ellos llegaron a Eilim, donde había doce
fuentes de agua y setenta palmeras, y acamparon allí junto al agua.[70]

67 En Yisra'el las mujeres son tratadas con equidad, no como los Árabes que ellas comen después que los camellos.
68 Nuestra vida sabe bien cuando llegamos a la estaca de ejecución del Mesías Yahshúa, esto es un prototipo de la Salvación

Shemot (Nombres) – twmv– Éxodo 16

16 [1491 AEC] Viajaron de Eilim, y toda la congregación de los hijos de
Yisra'el arribó en el Desierto de Seen, entre Eilim y Sinai, en el decimoquinto
día del segundo mes después de partir de la tierra de Mitzrayim. [Nu 33:10-12] 2

Allí en el desierto toda la congregación de los hijos de Yisra'el murmuró
contra Moshe y Aharon.[1C 10:10] 3 Y los hijos de Yisra'el les dijeron a ellos:
"¡Hubiéramos querido que *YAHWEH* usara su propia mano para matarnos en
Mitzrayim! Allí nos sentábamos alrededor de la olla con la carne hirviendo, y
teníamos tanta comida como quisiéramos. ¡Pero ustedes nos han traído a este
desierto, para dejar que toda esta asamblea se muera de hambre!"[La 4:9]
4 *YAHWEH* dijo a Moshe: "Mira, Yo causaré que llueva pan del cielo para ti.
El pueblo saldrá y recogerá una ración para un día todos los días. Por esto Yo
probaré si ellos observarán mi *Toráh* o no. 5 En el sexto día, cuando ellos
preparen lo que han traído, se convertirá en el doble de lo que han recogido
en los otros días." 6 Moshe y Aharon dijeron a toda la congregación de los
hijos de Yisra'el: "Este anochecer, ustedes conocerán que ha sido *YAHWEH*
quien los sacó de Mitzrayim; 7 y en la mañana, ustedes verán la Gloria de
YAHWEH. Porque El ha oído sus murmuraciones contra *YAHWEH* – ¿qué
somos nosotros que ustedes murmuran contra nosotros?" 8 Moshe añadió: "Lo
que yo he dicho sucederá cuando *YAHWEH* les dé carne para comer esta
tarde y su porción de pan mañana en la mañana. *YAHWEH* ha escuchado sus
quejas y murmuraciones contra El – ¿qué somos nosotros? Sus
murmuraciones no son contra nosotros sino contra *YAHWEH*."[1S 8:7; Ro 13:2]
9 Moshe dijo a Aharon: "Dile a toda la congregación de los hijos de Yisra'el:
'Acérquese a la presencia de *YAHWEH*, porque El ha oído sus
murmuraciones.'"[Nu 16:16] 10 Mientras Aharon hablaba a toda la congregación
de los hijos de Yisra'el, ellos miraron hacia el desierto; y allí delante de ellos
la Gloria de *YAHWEH* apareció en la nube;[1R 8:10] 11 y *YAHWEH* dijo a
Moshe: 12 "Yo he oído las murmuraciones de los hijos de Yisra'el. Dile a
ellos: 'Al atardecer ustedes comerán carne, y en la mañana tendrán su porción
de pan. Entonces conocerán que Yo soy *YAHWEH* su Elohim.'" 13 Esa tarde,
codornices vinieron y cubrieron el campamento; mientras que en la mañana
había una capa de rocío todo alrededor del campamento.[Sal 78:27] 14 Cuando el
rocío se había evaporado, allí en la superficie del desierto había una sustancia
fina en forma de hojuelas, como una escarcha fina en el suelo.[Dt 8:3] 15 Cuando
los hijos de Yisra'el la vieron, se preguntaron uno al otro: "*¿Man hu*? [¿Qué
es eso?]" Porque ellos no sabían lo que era. Moshe les respondió: "Es el pan
que *YAHWEH* les ha dado para comer. 16 Aquí está lo que *YAHWEH* ha
ordenado: cada hombre debe recoger de acuerdo a su apetito – cada uno
cogerá un *omer*[71] por persona para cada uno en su tienda." 17 Los hijos de
Yisra'el hicieron esto. Algunos recogieron más, algunos menos; 18 pero
cuando lo pusieron en la medida de *omer*, los que recogieron más no
tuvieron exceso; los que recogieron poco no les faltó; no obstante, cada
persona había recogido de acuerdo a su apetito.[2C 8:14-15]

69 Esta es la primera mención que *YAHWEH* hace de la entrega de la Toráh y por obedecerla tendremos sanidad, por eso es que los hospitales están llenos, por desobediencia a la Toráh [*YAHWEH-Rafah*].

70 Setenta ancianos de Yisra'el alimentando y dando agua de la Toráh a las doce tribus de Yisra'el.

71 Un décimo de un efah, medio galón de medida seca, dos cuartos.[Sal 136:5; Jn 6:31; 1P 2:2]

19 Moshe les dijo a ellos: "Nadie dejará nada de ello hasta la mañana." 20 Pero
ellos no prestaron atención a Moshe, y algunos dejaron las sobras hasta la
mañana. Crió gusanos y se pudrió, lo cual hizo que Moshe se enojara con
ellos. 21 Así que lo recogieron mañana tras mañana, cada persona de acuerdo a
su apetito; pero según el sol se calentaba, se derretía.[Ya 5:2-3] 22 En el sexto día
ellos recogieron el doble del pan, dos *omer* por persona; y todos los ancianos
de la asamblea vinieron y reportaron a Moshe. 23 El les dijo: "Esto es lo que
YAHWEH ha dicho: 'Mañana es *Shabbat Kadosh*[72] para *YAHWEH*. Horneen
lo que quieran hornear; hiervan lo que quieran hervir; y lo que sobre,
apártenlo y guarden para mañana.'" 24 Ellos lo apartaron hasta la mañana,
como Moshe había ordenado; y no se pudrió ni tuvo gusanos. 25 Moshe dijo:
"Hoy coman eso, porque hoy es *Shabbat* para *YAHWEH* – hoy no lo
encontrarán en el campo. 26 Recójanlo seis días, pero el séptimo día es
Shabbat – en ese día no habrá nada."[73] 27 Sin embargo, en el séptimo día,
algunos del pueblo salieron para recoger y no encontraron nada. 28 *YAHWEH*
dijo a Moshe: "¿Hasta cuando rehusarán observar mis *mitzvot* y mis
enseñanzas? 29 Mira, *YAHWEH* les ha dado el *Shabbat*. Por esto El está
proporcionando pan para dos días el sexto día[74]. Cada uno de ustedes
quédese donde está; nadie saldrá de su lugar el séptimo día." 30 Así que el
pueblo descansó en el séptimo día. 31 El pueblo llamó al alimento *man*. Era
como semilla de cilantro blanco; y sabía como tortas de miel. 32 Moshe dijo:
"Aquí está lo que *YAHWEH* ha ordenado: Dejen un *omer* de *man* para ser
guardado por todas sus generaciones, para que ellos puedan ver el pan que Yo
les di a comer en el desierto cuando los saqué de la tierra de Mitzrayim.'" 33
Moshe dijo a Aharon: "Toma una vasija,[He 9:4] pon en ella un *omer* de *man*, y
apártala delante de *YAHWEH* para ser guardada por todas tus generaciones."
34 Así como *YAHWEH* ordenó a Moshe, Aharon la apartó delante del
Testimonio para ser guardado. 35 Los hijos de Yisra'el comieron *man* por
cuarenta años hasta que arribaron a la frontera de la tierra de Kenaan. 36 (Un
omer es un décimo de *eifah* lo cual es 3.7 litros de medida seca

Shemot (Nombres) – twmv– Éxodo 17

17 Toda la congregación de los hijos de Yisra'el dejó el Desierto de Seen,
viajando en etapas, como *YAHWEH* había ordenado, y acamparon en
Refidim; pero no había agua para el pueblo beber. 2 El pueblo altercó con

Moshe, demandando: "¡Danos agua para beber!" Pero Moshe respondió:
"¿Por qué escogen pelear conmigo? ¿Por qué están probando a *YAHWEH*?" 3
Sin embargo, el pueblo estaba sediento por agua y murmuró contra Moshe:
"¿Para qué nos sacaste de Mitzrayim? ¿Para matarnos de sed, y a nuestros
hijos y a nuestros animales de cría?" 4 Moshe clamó a *YAHWEH*: "¿Qué voy a
hacer con este pueblo? ¡Están listos para apedrearme!" 5 *YAHWEH* respondió
a Moshe: "Ve delante del pueblo, y trae contigo a los ancianos de Yisra'el.
Toma tu vara en tu mano, la que usaste para golpear el río, y ve. 6 Yo me
pararé delante de ti allí en la Roca en Horev.[75] Golpearás la Roca, y el agua
saldrá de ella, para que el pueblo pueda beber." Moshe hizo esto a la vista de
los hijos de Yisra'el. 7 El lugar fue llamado Massah [prueba, tentación] y
Merivah [pelea] a causa de la pelea de los hijos de Yisra'el y porque probaron
a *YAHWEH* por preguntar: "¿Está *YAHWEH* con nosotros o no?"

72 El cumplir el Shabbat es tan importante que *YAHWEH* se lo ordenó a Israel antes de dar las Diez Palabras en el Monte Sinai.[cp 31:15; 35:3] [Ver "La importancia del Shabbat"

73 El lenguaje que se usa no es como entregando un nuevo mandamiento, sino restaurando uno antiguo y muy conocido aunque incumplido. Tres milagros sucedían todas las semanas con relación al honor del *Shabbat*, antes de la promulgación de la Toráh en el Monte Sinai, 1) La cantidad que caía el día anterior era el doble y nadie carecía, 2) nada caía en *Shabbat*, 3) lo
que caía el día antes de *Shabbat* se guardaba hasta el día de *Shabbat* y no se pudría ni criaba gusanos, si se guardaba los otros días sí criaba gusanos. Esto confirma que la institución del *Shabbat* fue desde el principio y no hay hombre que tenga potestad para cambiarlo, es la señal (Ex 31:12-17) de los Hijos de *YAHWEH,* la adoración en domingo (sun-day/día de
Tamuz) es la señal de los hijos de Roma (del Papa) o del diablo.[Ex 20:9-11]

74 Referencia a que si somos obedientes en cumplir con el *Shabbat*, *YAHWEH* proveerá el resto de la semana.

75 Ver nota en Ex 3:1. Roca [*Tzur*], empleada como símbolo de *YAHWEH*-Yahshúa. [Is 43:19; Sal 105:41; 114:8; Jn 4:10]

8 Luego Amalek vino y peleó contra Yisra'el en Refidim. 9 Moshe dijo a
Yahoshúa: "Escoge hombres para nosotros, sal, y pelea con Amalek[76].
Mañana yo me pararé en la cumbre de la colina con la vara de Elohim en mi
mano." 10 Yahoshúa hizo como Moshe le había dicho y peleó con Amalek.
Entonces Moshe, Aharon y Hur subieron a la cumbre de la colina. 11 Cuando
Moshe alzaba su mano, Yisra'el prevalecía; pero cuando la bajaba, Amalek
prevalecía.[Sal 56:9] 12 Sin embargo, las manos de Moshe se pusieron pesadas;
así que ellos cogieron una piedra y la pusieron debajo de él, y él se sentó
sobre ella. Aharon y Hur sostenían sus manos, el uno por un lado y el otro por
el otro; así sus manos se quedaron firmes hasta que se puso el sol. 13 Por
tanto, Yahoshúa derrotó a Amalek, pasando a su gente por la espada.
14 *YAHWEH* dijo a Moshe: "Escribe esto en un libro para ser recordado, y
díselo a Yahoshúa: Yo borraré completamente la memoria de Amalek de

debajo del cielo." 15 Moshe edificó un altar, lo llamó *YAHWEH Nissi*
[*YAHWEH* es mi bandera / milagro], 16 y él dijo: "Porque la mano de ellos
estaba contra el trono de *Yah*, *YAHWEH* peleará contra Amalek de generación
en generación."[Sal 68:4]

> ***Referencias;***
> ***Haftarah B'shallaj: Shoftim (Jueces) 4:4-5:31***
> ***Lecturas sugeridas del Brit Hadashah para la Parashah B'shallaj: Lucas 2:22-24; Yojanán (Juan) 6:25-35; 19:31-37; 1 Corintios 10: 1-13; 2 Corintios 8:1-15; Revelación: 1:4 Parashah 17: Yitro (Jetró) 18:1-20:23(26)***

Shemot (Nombres) - twmv- Éxodo 18

18 Ahora Yitro el sacerdote de Midyan el suegro de Moshe, oyó todo lo
que Elohim había hecho por Moshe y por Yisra'el su pueblo, como *YAHWEH*
había sacado a Yisra'el de Mitzrayim. 2 Después que Moshe había despedido a
su esposa Zipporah y sus dos hijos, Yitro el suegro de Moshe los tomó de
vuelta. 3 El nombre de un hijo era Gershom, porque Moshe había dicho: "Yo
he sido extranjero en tierra foránea."[Hch 7:29] 4 El nombre del otro era Eliezer
[Mi Elohim ayuda], "porque el Elohim de mi padre me ayudó por rescatarme
de la espada de Faraón." 5 Yitro el suegro de Moshe trajo a los hijos de Moshe
y la esposa a él al desierto donde estaba acampado, en el Monte de Elohim. 6
Por medio de mensajeros, de antemano, él envió palabra a Moshe: "Yo, tu
suegro Yitro, estoy yendo a ti con tu esposa y sus dos hijos." 7 Moshe salió a
recibir a su suegro, se postró y lo besó.[77] Entonces, después de preguntar
por el bienestar de cada cual, entraron en la tienda. 8 Moshe dijo a su suegro
todo lo que *YAHWEH* había hecho a Faraón y a los Mitzrayimim por amor a
Yisra'el, todas las vicisitudes que habían sufrido mientras viajaban y cómo
YAHWEH los había rescatado.[Sal 105:1; 145:4] 9 Yitro se regocijó por todo el bien
que *YAHWEH* había hecho por Yisra'el por haberlos rescatado de los
Mitzrayimim. 10 Yitro dijo: "Bendito sea *YAHWEH*, quien te ha rescatado de
los Mitzrayimim y Faraón, quien ha rescatado al pueblo de la mano dura de
los Mitzrayimim. 11 Ahora yo sé que *YAHWEH* es más grande que todos los
otros dioses, porque El rescató a aquellos que fueron tratados tan
arrogantemente."

76 Morador en un valle, el hijo de Elifaz y nieto de Esav Ge 36:12 1Cr 1:36, jefe de una tribu de los hijos de Esav (Edom), Ge 36:16. Amalek siendo hijo (nieto) de Evav (Edom), Roma (la Gran Ramera), será completamente destruida por su odio a los hijos de Yisra'el. Re 14:9; 16:19; 18:2; 10, 21. El rey Shaúl de Yisra'el los aplastó pero no completamente. [He 2:10; 7:25]

77 Esto no fue hecho por Moshe en sentido de adoración, sino por una costumbre de respeto.

12 Yitro el suegro de Moshe trajo una ofrenda quemada y sacrificios
a Elohim, y Aharon vino con todos los ancianos de Yisra'el para compartir la
comida delante de Elohim con el suegro de Moshe.[1C 10:18] 13 Al día siguiente
Moshe se sentó para resolver disputas para el pueblo, mientras el pueblo
estaba alrededor de Moshe desde la mañana hasta la noche. 14 Cuando el
suegro de Moshe vio todo lo que él estaba haciendo al pueblo, dijo: "¿Qué es
esto que haces al pueblo? ¿Por qué te sientas ahí solo, con todo el pueblo
parado alrededor de ti desde la mañana hasta la noche?" [78] 15 Moshe
respondió a su suegro: "Es porque el pueblo viene a mí para buscar el consejo
de Elohim. 16 Cuando sea que ellos tienen una disputa, y vienen a mí; yo
juzgo entre una persona y otra, y yo explico a ellos las leyes y enseñanzas de
Elohim." 17 El suegro de Moshe le dijo a él: "Lo que estás haciendo no es
bueno. 18 De cierto te agotarás del todo – y no sólo tú mismo, pero este pueblo
aquí contigo también. Es mucho para ti – no lo puedes hacer solo, por ti
mismo. 19 Así que escucha ahora lo que yo tengo que decir. Yo te daré algún
consejo, y Elohim estará contigo. Tú debes representar al pueblo delante de
Elohim, y tú debes traer sus casos a Elohim. 20 Tú también debes enseñarles
las leyes y las enseñanzas, y mostrarles cómo deben vivir sus vidas y qué
trabajo deben hacer. 21 Pero debes escoger de entre todo el pueblo hombres
competentes que son temerosos de Elohim, honestos e incorruptibles, que
odien el orgullo para ser sus jueces, a cargo de miles, cientos, cincuentas y
diez.[79] 22 Normalmente, ellos zanjarán las disputas del pueblo. Ellos deben
traerte los casos difíciles; pero asuntos ordinarios ellos deben decidir por sí
mismos. De esta forma, ellos lo harán más fácil para ti y compartirán la carga
contigo.[Nu 11:16] 23 Si haces esto – y Elohim te está dirigiendo a hacerlo – tú
podrás perdurar; y todo este pueblo también arribará a su destino
pacíficamente." 24 Moshe prestó atención al consejo de su suegro e hizo todo
lo que él dijo.[Pr 1:5] 25 Moshe escogió hombres competentes de Yisra'el y los
hizo jefes sobre el pueblo, a cargo de miles, cientos, cincuentas y dieses.[Dt
1;13-15] 26 Como regla general, ellos zanjaban las disputas del pueblo – los
casos difíciles ellos traían a Moshe, pero todo asunto simple ellos decidían
por sí mismos. 27 Entonces Moshe dejó que su suegro se fuera, y fue a su
propio país.[Nu 10:29; Jue 1:16]

Shemot (Nombres) - twmv- Éxodo 19

19[1491 AEC] En el tercer mes después que los hijos de Yisra'el habían salido
de la tierra de Mitzrayim, el mismo día ellos vinieron al Desierto del Sinai.
2 Después de salir de Refidim y arribar en el Desierto del Sinai, ellos
acamparon en el desierto; allí delante de la montaña, Yisra'el acampó.[cp 3:1;
17:1] 3 Moshe subió a Elohim, y *YAHWEH* lo llamó desde la montaña: "Aquí

está lo que dirás a la casa de Ya'akov, que digan a los hijos de Yisra'el: 4
'Ustedes han visto lo que Yo hice a los Mitzrayimim, y como Yo los cargué
sobre alas de águila y los he traído a mí. 5 Ahora si ustedes prestan cuidadosa
atención a lo que Yo digo y guardan mi Pacto,[80] entonces ustedes serán mi
propio tesoro de entre todos los pueblos, porque toda la tierra es mía.;

78 Aquí Yitro y Moshe demuestran habilidades valiosas para dar consejo y para recibirlo y beneficiarse de ello (2R 5:13; Pr 9:8). Moshe necesitaba aprender la valiosa habilidad de delegar autoridad. Hay necesidad de establecer prioridades, y limitarnos a hacer las cosas que podemos hacer, que otros no pueden hacer, a no ser que como Moshe, asumamos mucho de
la carga. [Ex 7:25; Mr 6:31; Hch 6:2-4; 2T 2:2]

79 Este consejo, aunque excelente, estaba llevando la división muy lejos, eran 600,000 hombres, y de acuerdo con este plan tendrían que haber 60,000 jefes de diez, 6,000 jefes de cientos, y 600 jefes de miles; ¡por todo 78,000 jueces! Aparentemente fue encontrado impracticable, porque después setenta ancianos fueron escogidos, a pesar que referencia a miles en el Tanaj sugiere que alguna forma de esta organización permaneció en lugar (Ge 18:24-25; Mi 5:2; Jue 7:16; 1S 25:13; Mr 6:40; Hch 1:15). Por este sistema, cada juez tendría a su cargo sólo diez personas. Los estudios demuestran que el máximo del grupo debe ser 10 o 12 para poder escuchar atentamente uno al otro. El Mesías Yahshúa tuvo 12 emisarios y para establecer una sinagoga eran necesarios 10 jefes de familias.

6 y ustedes serán un reino de *kohanim* para mí, una nación apartada.' Estas son
las palabras que tienen que hablar a los hijos de Yisra'el."[1P 2:9] 7 Moshe vino,
mandó a llamar a todos los ancianos del pueblo y les presentó con todas estas
palabras que *YAHWEH* le había ordenado decir. 8 Todo el pueblo respondió
como uno: "Todo lo que *YAHWEH* ha dicho, nosotros haremos." Moshe
reportó las palabras del pueblo a *YAHWEH*.[Dt 5:27-29; 26:17-19] 9 *YAHWEH* dijo a
Moshe: "Mira, Yo estoy viniendo a ti en una nube espesa, para que el pueblo
pueda oír cuando Yo hablo contigo y también que confíen en ti para siempre."
Moshe había dicho a *YAHWEH* lo que el pueblo había dicho;[cp 24:15; Sal 18:11; Mt
17:5] 10 así que *YAHWEH* dijo a Moshe: "Ve al pueblo; hoy y mañana apártalos
para mí haciendo que ellos laven sus ropas; 11 y se preparen para el tercer día.
Porque en el tercer día, *YAHWEH* descenderá en el Monte Sinai delante de
los ojos de todo el pueblo. 12 Pondrás límites para el pueblo todo derredor; y
dirás: 'Tengan cuidado de no ir a la montaña ni aun tocar su base; cualquiera
que toque la montaña de cierto será puesto a muerte. 13 Ninguna mano la
tocará; porque él tiene que ser apedreado o matado con flechas; ni animal ni
humano le será permitido vivir.' Cuando las voces y el *shofar* suenen, y las
nubes se aparten de la montaña, ellos pueden subir a la montaña." 14 Moshe
descendió de la montaña al pueblo y apartó al pueblo para Elohim, y ellos
lavaron sus ropas. 15 El dijo al pueblo: "Prepárense para el tercer día; no se
acerquen a una mujer."[Am 4:2 1Co 7:5] 16 En la mañana del tercer día, hubo
truenos, relámpagos y una nube espesa sobre la montaña. Entonces un *shofar*
sonó tan altamente que toda la gente en el campamento tembló.[81] 17 Moshe
sacó al pueblo fuera del campamento para recibir a Elohim; ellos se pararon

cerca de la base de la montaña. 18 El Monte Sinai se envolvió en humo, porque *YAHWEH* descendió sobre él en fuego – su humo subió como humo de un horno, y toda la montaña se estremeció violentamente. 19 Según el sonido del *shofar* se hacía más y más alto, Moshe habló; y Elohim le respondió con una voz. 20 *YAHWEH* descendió sobre el Monte Sinai, a la cumbre de la montaña; entonces *YAHWEH* llamó a Moshe a la cumbre de la montaña. 21 *YAHWEH* dijo a Moshe: "Desciende y advierte al pueblo que no traspasen el límite para ver a *YAHWEH*; si lo hacen, muchos de ellos perecerán.[1S 6:19] 22 Aun los *kohanim*, que les es permitido acercarse a *YAHWEH*, tienen que mantenerse *Kadoshim*; de lo contrario, *YAHWEH* puede irrumpir contra ellos."[2S 6:6-8] 23 Moshe dijo a *YAHWEH*: "El pueblo no puede subir al Monte Sinai, porque Tú nos ordenaste poner límites en derredor de la montaña y apartarla."[Jos 3:4-5] 24 Pero *YAHWEH* le respondió a él: "¡Ve desciende! Entonces sube otra vez, tú y Aharon contigo. Pero no dejes que el pueblo y los *kohanim* traspasen el límite para subir a *YAHWEH*, o El irrumpirá contra ellos." 25 Así que Moshe descendió al pueblo y se los dijo.

80 *YAHWEH* dice que Avraham prestó cuidadosa atención a su Voz y se convirtió en el padre de Yisra'el y de multitud de naciones. (Ge 20:5). Aquí vemos la condición imperativa para ser parte de Su pueblo escogido – necesitamos obedecer a Su Voz. ¡Nuestro Mesías siendo la personificación de Su Voz! Vemos esta misma condición en Jn 3:36; 8:31, 51, 52; 12:50;
14:15, 21; 15:10.

81 La entrega de la Toráh fue acompañada por temblores, humo, luz, y truenos; la palabra truenos es usada en vez de la palabra singular trueno. La asamblea en Sinai donde la *Ekklesia* primero nació alrededor del 1500 AEC, estuvo junta para ver esta luz y espectáculo de fuego, para que ellos en turno recurrieran a las naciones, y dejaran que la luz de *YAHWEH* brillara.

Entre las muchas manifestaciones estaba la del retumbo de los truenos constantemente. De acuerdo al entendimiento del Israel Judío, los truenos fueron dados en forma plural, para que los oráculos vivos de la Toráh fueran dados en varias lenguas, y que todas las naciones conocidas en ese tiempo debían y podrían recibir la misericordia que Israel recibía en Sinai. Fue el propósito de *YAHWEH* mandar Su Palabra en (70) lenguas, para que todas las naciones que se conocían, debieran y pudieran andar en la luz de la Toráh, como una lámpara a sus pies, y una luz en su camino (Sal 119:105).

Shemot (Nombres) – twmv– Éxodo 20

20 Entonces Elohim pronunció todas estas Palabras[82]: 2 א "Yo soy vuvh tu Elohim, quien los sacó de la tierra de Mitzrayim, fuera de la casa de esclavitud. 3 ב "No tendrás otros dioses delante de mí. 4 No te harás para ti imagen tallada de ningún tipo de representación de ninguna cosa arriba en el

cielo, debajo en la tierra o en el agua debajo de la línea de la orilla.[83] 5 No te
inclinarás a ellas ni las servirás; Porque Yo, vuvh tu Elohim, soy un Elohim
celoso, castigando a los hijos por los pecados de los padres hasta la tercera y
cuarta generación de aquellos que me odian, 6 pero exhibiendo misericordia
hasta la milésima generación de aquellos que me aman y obedecen mis
mitzvot. 7 ג "No usarás a la ligera el Nombre de vuvh tu Elohim, porque vuvh
no dejará sin castigo a alguien que use Su Nombre a la ligera.[84]
8 ד "Recuerda el día *Shabbat*, para apartarlo para Elohim. 9 Tienes seis días
para laborar y hacer todo tu trabajo, 10 pero el séptimo día es *Shabbat* para
vuvh tu Elohim. En él, no harás ninguna clase de trabajo – ni tú, tu hijo o tu
hija, ni tu esclavo o tu esclava, ni tus animales de cría, y ni el extranjero
viviendo contigo dentro de las puertas de tu propiedad. 11 Porque en seis días
vuvh hizo el cielo y la tierra, el mar y todo en ellos; pero en el séptimo día El
descansó. Por esta razón vuvh bendijo el día, *Shabbat*, y lo apartó para El
mismo.[85]

82 Estos no se llaman los Diez Mandamientos, se llaman las Diez Palabras, como pueden ver el primero no es un mandamiento, sino una afirmación de fe. Si no crees en esa afirmación, mejor ni seguir. Las Diez Palabras son paralelas al Temor a *YAHWEH*, de hecho, sinónimas.[De 4:33,36; 5:4,22; Hch 7:38,53]

83 El entendimiento de este verso es no hacerse ni tener ningún tipo de imagen tallada o en foto, o estampitas, como también todos los animalitos que usan la mayoría de los hermanos para adornar sus casas, y todas las fotos aun de miembros de la familia ya muertos. Esto está bien corroborado en De 4:15-20. Busca estos versos, son importantes.

84 El Elohim de Israel nos advierte en los términos más sencillos y claros posibles que no hagamos que Su nombre no valga nada o que no tomemos Su nombre en vano, lo cual es inapropiado o algo vacío. Nuestro Creador sabía, en Su gran conocimiento omnisciente y por adelantado, que ésta sería una tendencia continua en el hombre, contra la cual necesitaría
guardarse con todo cuidado, a fin de que la humanidad no copiase las costumbres de los paganos (Je 10:1-4). En Ex 3:13-15 El Creador le reveló a Moshe que el Nombre eterno es *YAHWEH* y afirma que el "Nombre" mismo debe de ser usado, difundido y pronunciado por todos los verdaderos adoradores. El dio a Moshe y a todo los hijos de Yisra'el Su Nombre como un recuerdo eterno para todas las generaciones. YHVH es el tetragrámaton para la frase hebrea Ehyeh asher ehyeh "Me convertiré en lo que me convertiré." *YAHWEH* le estaba revelando a Moshe y a nosotros que El se convertiría en la solución y la respuesta a cualquier problema con el que se enfrentase Moisés en su llamamiento para redimir a nuestro pueblo de Egipto. Yahshúa claramente dice que El vino a revelar el Nombre del Padre, cuyo Nombre estaba escondido por los Fariseos, costumbre de inefabilidad que aprendieron de los paganos en la cautividad Babilónica. [Jn 17:6; 17:26] 85 Por la complejidad de este tema es imposible explicarlo en una nota al pie, por eso exhorto a estudiar "La importancia del Shabbat."

14 ז "No cometerás adulterio.
15 ח "No robarás.[87][cp 22:15; Dt 5:19; Jos 7:24; Ez 33:15; Zc 5:3; Sal 62:10; Pr 3:27; 22:22; 28:24; 29:24; 30:8; Mr 12:40; Lu 3:8; 20:47; 1Co 6:10; Ef 4:28; Col 4:1; T 2:10; Ya 5:4]
16 ט "No darás falso testimonio contra tu prójimo.[Dt 5:20; 19:15-21; Sal 15:3; 101:5-7]
17 י "No codiciarás la casa de tu prójimo; no codiciarás la esposa de tu
prójimo, su esclavo o su esclava, su buey, su asno, ni nada que pertenezca a tu

prójimo."[88] 18 Todo el pueblo sintió los truenos, los relámpagos, el sonido del *shofar*, y la montaña humeando. Cuando el pueblo lo vio, ellos temblaron. Parados a la distancia, 19 ellos dijeron a Moshe: "Tú, habla con nosotros; y nosotros escucharemos. Pero no dejes que Elohim hable con nosotros, o moriremos." 20 Moshe respondió al pueblo: "No tengan temor, porque Elohim solamente ha venido para probarlos y hacer que le teman a El, para que no cometan pecados." 21 Así que el pueblo se paró a la distancia, pero Moshe se acercó a la oscuridad densa donde estaba Elohim.[89] 22 *YAHWEH* dijo a Moshe: "Aquí está lo que dirás a la casa de Ya'akov y reportarás a los hijos de Yisra'el: 'Ustedes mismos han visto que Yo hablé con ustedes desde el cielo.[Ne 9:13; He

86 En otras versiones dice no matarás, pero *YAHWEH* mismo mandó a matar muchas veces a los habitantes de Kenaan.

87 Este mandamiento es claramente todo lo que sea la injusta adquisición de la propiedad de otra persona. Y esto se refiere al robo de diezmos con prédicas que son un chantaje sicológico para los ignorantes. El robo es aludido por Yahshúa como males que proceden del corazón, Mt 7:21-22. El Creyente tiene que ser totalmente honesto en su corazón, la honestidad tiene que caracterizar todos sus tratos con otros, y enriquecerse tomando ventaja de la debilidad, necesidad o ignorancia de otros es un gran pecado a los ojos de *YAHWEH*. [Ex 15:26; Pr 10:4; 18;9]

88 Este *mitzvah* ha sido dividido en dos por la Iglesia Católica y en su lugar han borrado el segundo sobre ídolos.

89 La asamblea en Sinai donde la Ekklesia primero nació en 1500 AEC, estuvo junta para ver esta luz y espectáculo de fuego, para que ellos en turno recurrieran a las naciones, y dejaran que la luz de *YAHWEH* brillara por delante. Entre las muchas manifestaciones estaba la del retumbo de los truenos constantemente. (¡Plural!) De acuerdo al entendimiento del Israel Judío, los truenos fueron dados en forma plural, para que los oráculos vivos de la Toráh fueran dados en varias lenguas, y que todas las naciones conocidas en ese tiempo debían y podrían recibir el favor que Israel recibía en Sinai. Fue el propósito de *YAHWEH* mandar Su Palabra en lenguas, para que todas las naciones que se conocían debieran y pudieran andar en la luz de la Toráh, como una lámpara a sus pies, y una luz en su camino (Sal 119:105). Los retumbos representaron la afirmación de *YAHWEH* que era su deseo que todas las naciones escucharan su palabra, no sólo los que estuvieron en Sinai. Es más, en Sinai, Sal 138:4 comenzó a dar lugar, mientras la Toráh se daba en las lenguas de todos los gobernantes de la tierra, que a su vez también le enseñarían a todo su pueblo. ¡Fue por esta razón que la nación escuchó truenos y no sólo un trueno! Aquí fue donde empezó la llamada "iglesia" y no en Hechos capítulo 2. 12:25]

23 No harán conmigo dioses de plata, ni se harán dioses de oro para ustedes mismos. 24 Para mí solamente necesitan hacer un altar de tierra; sobre él ustedes sacrificarán sus ofrendas quemadas, ofrendas de *Shalom*, ovejas, carneros, y reses. En todo lugar que Yo cause Mi Nombre ser mencionado, Yo vendré a ustedes y los bendeciré. 25 Si ustedes me hacen un altar de piedra, no lo edificarán con piedras talladas; porque si usan una herramienta sobre él, lo profanan. 26 Asimismo, no usarán gradas para subir a mi altar; para que no se descubran indecentemente.'"

Referencias;
Haftarah Yitro: Yeshayah (Isaías) 6:1-7:6; 9:5-6 (6-7)
Lecturas sugeridas del Brit Hadashah para la Parashah Yitro: Mattityah (Mateo) 5:21- 30; 15:1-11; 19:16-30; Yojanán Mordejai (Marcos) 7:5-15; 10:17-31; Lucas 18:18-30; Hechos 6:1-7; Romanos 2:17-29; 7:7-12; 13:8-10; Efesios 6:1-3: 1 Timoteo 3:1-14; 2 Timoteo 2:2; Tito 1:5-9; Israelitas Mesiánicos (Hebreos) 12:18-29; Ya'akov (Jacobo) 2:8-13; 1 Kefa (Pedro) 2:9-10 Parashah 18: Mishpatim (Estatutos) 21:1-24:18

Shemot (Nombres) - twmv- Éxodo 21

21 Estos son las ordenanzas que tú pondrás delante de ellos: 2 "Si tú
compras un esclavo Hebreo, él trabajará seis años; pero en el séptimo, se le
dará la libertad sin que tenga que pagar nada. 3 Si él vino soltero, se irá
soltero; si estaba casado cuando vino, su esposa irá con él cuando él se vaya. 4
Pero si su amo le dio una esposa, y ella le dio a luz hijos o hijas, entonces la
esposa y los hijos pertenecen al amo de ella, y él se irá solo. 5 Sin embargo, si
el esclavo declara: 'Yo amo a mi amo, a mi esposa y a mis hijos, así que no
quiero ser libre,' 6 entonces su amo lo traerá delante de Elohim; y allí en la
puerta o en los postes de la puerta, su amo le perforará la oreja con un
punzón; y el hombre será su esclavo de por vida. 7 "Si un hombre vende a su
hija como esclava, ella no será libre como los hombres esclavos.[Ne 5:5] 8 Si su
amo se casó con ella pero decide que ella ya no le place, entonces él permitirá
que ella sea redimida. A él no se le permite venderla a un pueblo extranjero,
porque él la ha tratado injustamente. 9 Si él la ha hecho casarse con su hijo,
entonces él la tratará como a una hija. 10 Si él se casa con otra esposa, él no
reducirá su comida, ropas o derechos maritales. 11 Si él no le provee con estas
tres cosas, a ella se le dará su libertad sin tener que pagar nada.[90]
12 "Cualquiera que ataque a una persona y cause su muerte tiene que ser
puesto a muerte.13 Si no fue premeditado sino un acto de Elohim, entonces
Yo designaré para ustedes un lugar a donde puede huir. 14 Pero si alguno, de
su propia voluntad, mata a otro deliberadamente después de premeditarlo, lo
tomarás aun de mi altar y lo matarás.[Nu 35:20-21; Dt 19:11-13:He 10:26] 15 "Cualquiera
que ataque a su padre o madre tiene que ser puesto a muerte.[1T 1:9]
16 "Cualquiera que secuestre a alguno de los hijos de Yisra'el tiene que ser
puesto a muerte, indiferentemente si ya lo ha vendido o la persona es
encontrada aún en su poder.[Dt 24:7] 17 "Cualquiera que maldiga a su padre o
madre tiene que ser puesto a muerte.[Lv 20:9; Pr 20:20] 18 "Si dos personas pelean,
y una golpea a la otra con una piedra o con su puño, y la persona herida no
muere pero tiene que quedarse en cama; 19 entonces, si se recupera lo
suficiente para poder caminar por fuera, aun con un bastón, el que atacó será

libre de toda culpa, excepto de compensarlo por la pérdida de tiempo y tomar
la responsabilidad por su cuidado hasta que la recuperación sea completa.

> 90 El no sólo le dará suficiente comida como antes, también de la misma calidad.
> A ella no se le puede alimentar como a un esclavo común con suficiente pan,
> sino con carne, leche, vegetales, y otras clases de comidas, 1C 7:16.

20 "Si una persona golpea con una caña a su esclavo o su esclava tan
severamente que muere, él será castigado;[Ro 13:4; Ef 6:9] 21 excepto si el esclavo
sobrevive por un día o dos, no será castigado, puesto que el esclavo es su
propiedad. 22 "Si algunos están peleando uno con otro y de casualidad hieren a
una mujer preñada tan severamente que aborte al niño y no muere, entonces,
aun si no tiene otro daño, tiene que ser multado. Pagará la cantidad que
imponga el esposo de la mujer y confirmado por los jueces. 23 Pero si hay
algún daño, entonces darás vida por vida, 24 ojo por ojo, diente por diente,
mano por mano, pie por pie, 25 quemadura por quemadura, herida por herida y
magulladura por magulladura.[91] 26 "Si una persona golpea el ojo de su
esclavo o esclava y lo destruye, él lo tiene que dejar ir libre en compensación
por su ojo. 27 Si le hace perder un diente a su esclavo o esclava, tiene
que dejarlo ir libre en compensación por su diente. 28 "Si un buey acornea de
muerte un hombre o una mujer, el buey tiene que ser apedreado y su carne no
se comerá, y el dueño del buey ya no tendrá más obligación. 29 Sin embargo,
si el buey tenía el hábito de acornear en el pasado, y el dueño fue advertido
pero no lo encerró, y terminó matando un hombre o una mujer; entonces el
buey tiene que ser apedreado, y el dueño también será puesto a muerte. 30 Sin
embargo, un rescate puede ser impuesto sobre él; y la sentencia de muerte
será sustituida si él paga la cantidad impuesta.[Nu 35:31-33] 31 Si el buey acornea
un hijo o una hija, el mismo estatuto se aplica. 32 Si el buey acornea un
esclavo o esclava, el dueño dará al amo de ellos doce onzas de plata; y el
buey tiene que ser apedreado de muerte. 33 "Si alguien remueve la cubierta de
una cisterna o cava una y no la cubre, y un buey o asno cae en ella, 34 el dueño
de la cisterna tiene que asumir la pérdida compensando al dueño del animal;
pero el animal muerto será de él. 35 "Si el buey de una persona acornea al
buey del prójimo, así que muere, tienen que vender al buey vivo y dividir el
dinero de la venta; y también dividirán el animal muerto. 36 Pero si es
conocido que el buey tenía el hábito de acornear en el pasado, y el dueño no
lo encerró; él pagará buey por buey, pero el animal muerto será de él.[Pr 22:3]

Shemot (Nombres) - twmv- Éxodo 22

22 "Si alguien roba un buey o una oveja y la sacrifica o la vende, pagará
cinco bueyes por un buey y cuatro ovejas por una oveja.[2S 12:6; Lu 19:8] 2 Si un
ladrón es sorprendido en el acto de irrumpir y es golpeado de muerte, no es

asesinato; 3 a no ser que suceda después de la salida del sol, en cuyo caso es
asesinato. Un ladrón tiene que restituir; así que, si él no tiene nada, él mismo
tiene que ser vendido para restituir la pérdida del robo. 4 Si lo que robó es
encontrado vivo en su posesión, él pagará el doble, no importa si es un buey,
un asno o una oveja. 5 Si una persona deja pastar en un campo o una viña o
deja su animal suelto para pastar en el campo de otro, tiene que hacer
restitución de su campo de acuerdo a su cosecha de su propio campo y viña; y
si ha consumido el campo completo, pagará como restitución lo mejor de su
campo y lo mejor de su viña. 6 Si un fuego es prendido y al quemar espinos se
quema grano almacenado, grano en pie o un campo es destruido, la persona
que lo prendió tiene que hacer restitución.[Nu 32:23]

91 Ley del Talión, pago de lo mismo por lo mismo. Los crímenes capitales bajo de código Mosaico (Toráh) eran: 1) Asesinato, Nu 35:16; 2) Blasfemia; Lev 24:16; 3) Secuestro, Ex 21:15; 1T 1:10; 4) Idolatría, Ex 22:20; De 17:2; 5) Llevar a idolatría, De 13:6-9; 6) Adulterio, Le 20:10; 7) Sodomía e inmundicia, Le 20:13; 17:20; 8) Incesto, Le 29:14-21; 9)Bestialidad, Le 20:15-16; 10) Hechicería, Ex 22:18; 11) Golpear padres, Ex 21:15; De 27:16; 12) Maldecir a padres, Ex 21:17; Le 20:9; 13) Desobedecer a padres, De 21:20-21; 14) Profanación del *Shabbat*, Ex 35:2; Nu 15;32; 15) Poner en peligro vida humana, Ex 21:29.

7 "Si una persona confía en mano de su vecino dinero o bienes, y son robados
de la casa del depositario, entonces, si el ladrón es encontrado, él tiene que
pagar el doble. 8 Pero si el ladrón no es encontrado, entonces el depositario
tiene que declarar delante de Elohim que él mismo no fue el que tomó los
bienes de la persona. 9 En todo caso de disputa sobre posesión, ya sea de un
buey, un asno, una oveja, ropa o cualquier propiedad perdida, donde una
persona dice: 'Esto es mío,' ambas partes tienen que venir delante de Elohim;
y al que Elohim condene tiene que pagar al otro el doble.[Dt 25:1; 2Cr 19.10]
10 "Si una persona confía a un vecino cuidar un asno, buey, oveja o cualquier
animal, y dicho animal muere, es herido o se escapa sin ser visto, 11 entonces
el juramento del vecino delante de *YAHWEH* que él no ha cogido los bienes
zanjará el asunto entre ellos – el dueño lo aceptará sin que el vecino haga
restitución.[1R 2:42; Mt 26:63] 12 Pero si fue robado del vecino, él tiene
que restituir al dueño.[Ge 31:30] 13 Si fue rasgado en pedazos por un animal, el
vecino lo traerá como evidencia, entonces él no tiene que pagar la pérdida.
14 Si alguien toma algo prestado de su vecino, y sufre daño o muere y el
dueño no está presente, él tiene que hacer restitución. 15 Si el dueño estaba
presente, él no tiene que pagar la pérdida. Si el dueño lo había alquilado, la
pérdida está cubierta por el precio del alquiler. 16 "Si un hombre seduce una
virgen que no está comprometida para casarse y duerme con ella, él tiene que
pagar el precio de la dote por ella para que sea su esposa. 17 Pero si su padre
rehúsa dársela a él, él tiene que pagar una suma equivalente al precio de la
dote por vírgenes. 18 "No permitirás que una hechicera viva. 19 "Cualquiera
que tenga relaciones sexuales con un animal tiene que ser puesto a muerte.

20 "Cualquiera que sacrifique para cualquier dios excepto solamente
YAHWEH tiene que ser completamente destruido. 21 "No puedes dañar ni
oprimir a un extranjero que viva contigo, porque tú mismo fuiste
extranjero en la tierra de Mitzrayim. 22 "No abusarás de ninguna viuda ni
huérfano. 23 Si abusas de ellos en cualquier forma, y ellos claman a mí, Yo
ciertamente escucharé su clamor. 24 Mi furia arderá, y Yo te mataré con la
espada – tus propias esposas serán viudas y tus propios hijos huérfanos.
25 Si prestas dinero a uno de mi pueblo que es pobre, no puedes tratar con él
como lo haría un acreedor; y no le cobrarás interés. 26 Si tomas el abrigo de tu
vecino como prenda, se lo devolverás cuando se ponga el sol, 27 porque es su
única prenda de vestir – él la necesita para arroparse; ¿qué otra cosa tiene
para dormir? Además, si él clama a mí Yo escucharé, porque Yo soy
compasivo. 28 "No maldecirás a los elohim [jueces], y no maldecirás a un
dirigente de tu pueblo.[92] 29 "No tardarás en ofrecer de tu cosecha de grano,
aceite de oliva o vino. El primogénito de tus hijos tienes que dármelo a mí. 30
Tienes que hacer lo mismo con tus bueyes y tus ovejas – se quedará con su
madre siete días, y en el octavo día tienes que dármelo a mí. 31 "Tienes que
ser un pueblo especialmente apartado. Por lo tanto no comerás ninguna
carne desgarrada por animales salvajes en el campo; más bien, échala a los
perros.

92 Este verso lo usan mucho los líderes que son dictadores para no tener ninguna crítica ni nadie que se les oponga, aun cuando tienen la verdad de la Toráh. el verso dice claramente "no maldecirás," no dice que no le puedas llamar la atención con testigos, y más ahora que muchos han cambiado la bendita Toráh por el Talmud y Zoar, también enseñan que hay que
esconder el Nombre de *YAHWEH* o cambiarlo por sustitutos como HaShem o D-os. Por supuesto hay que reprenderlos.

Shemot (Nombres) – twmv– Éxodo 23

23 "No repetirás falsos rumores; no unas tus manos con el perverso
ofreciendo testimonio de perjurio. 2 No te asociarás con la multitud para el
mal; y no permitas que el sentir popular te incline en ofrecer testimonio por
cualquier causa si el fin es pervertir la justicia. 3 Ni mostrarás deferencia al
pobre en su disputa. 4 "Si te encuentras el buey o asno de tu enemigo
extraviado, lo devolverás a él. 5 Si ves el asno que pertenece a tu enemigo
caído debajo de su carga, no pasarás de largo sino que irás a ayudarle a
librarlo. 6 "No negarás a nadie justicia en un pleito simplemente porque es
pobre. 7 Mantente alejado del fraude, y no causes la muerte del inocente y
justo; porque Yo no justificaré al perverso. 8 No recibirás soborno, porque el

soborno ciega los ojos del que ve y pervierte la causa del justo. 9 "No
oprimirás al extranjero, porque tú sabes cómo se siente el extranjero, puesto
que fuiste extranjero en la tierra de Mitzrayim.[93] 10 "Por seis años sembrarás
tu tierra con *zera* y recogerás en la cosecha.[Lv 25:3] 11 Pero el séptimo año, la
dejarás descansar y que yazca baldía, para que el pobre de entre tu pueblo
pueda comer; y lo que ellos dejen, los animales salvajes en el campo pueden
comer. Haz lo mismo con tu viña y tu olivar.[Dt 15:1] 12 "Por seis días
trabajarás. Pero en el séptimo día, descansarás, para que tu buey y asno
puedan descansar, y el hijo de tu esclava y el extranjero sean renovados.[Ver Ex
20:8-11] 13 "Presta atención a todo lo que Yo te he dicho; no invoques los
nombres de otros dioses ni aun sean escuchados cruzando tus labios.[94]
14 "Tres veces al año tienes que observar una festividad para mí. 15 Guarda la
festividad de *matzah*: por siete días, como Yo te ordené, tienes que comer
matzah en el tiempo determinado en el mes de Aviv; porque fue en ese mes
que saliste de Mitzrayim. Nadie se presentará delante de mí con las manos
vacías. 16 Sigue la festividad de la cosecha, los primeros frutos de tu esfuerzo,
que hayas sembrado en el campo; y último, la festividad de la recogida, al
final del año, cuando recojas del campo el resultado de tus esfuerzos. 17 Tres
veces al año todos tus hombres aparecerán delante del Amo *YAHWEH*.[95]
18 "No ofrecerás sangre de mi sacrificio con pan leudado, ni la grasa de mi
festividad permanecerá toda la noche hasta la mañana. 19 Traerás los mejores
primeros frutos de tu tierra a la casa de *YAHWEH* tu Elohim. "No cocerás un
cabrito en la leche de su madre.[96] 20 "Yo estoy enviando Mi *Malaj* delante de
ti para guardarte en el camino y te traiga al lugar que Yo he preparado. 21
Presta atención a él, escucha lo que él dice y no te rebeles contra él; porque él
no perdonará ninguna obra de maldad tuya, puesto que Mi Nombre reside en
él.[97] 22 Pero si tú escuchas lo que él dice y haces todo lo que Yo te diga,
entonces Yo seré un enemigo a todos tus enemigos y adversario de tus
adversarios.[Is 41:11] 23 Cuando mi *Malaj* vaya delante de ti y te traiga a los
Emori, Hitti, Perizi, Kenaani, Hivi, Yevusi y Guirgashi,[Jos 24:8] Yo terminaré
con ellos.

93 Yisra'el Efrayim es considerado extranjero, esto está dirigido a Yahudáh que siempre ha oprimido a Efrayim.

94 Esto es prueba que debemos cuidar nuestro lenguaje y no seguir llamando a nuestro Elohim, *YAHWEH* por nombres paganos y que sólo debemos prestar atención a la voz de *YAHWEH* como Escrita en la Toráh. "Porque entonces Yo cambiaré a los pueblos, para que tengan labios puros, para invocar El Nombre de *YAHWEH-Elohim Tzevaot*, todos ellos, y servirle de común acuerdo." Sof 3:8

95 Ver Vayikra capítulo 23.

96 Era una costumbre con los antiguos paganos, cuando habían recogido todos sus primeros frutos, tomar un cabrito, y cocerlo en la leche de su madre; y después en una forma mágica, ir a rociar todos los árboles, y los campos, y los jardines, y hortalizas con la leche, pensando que por estos medios, los hacían fructíferos, y producir más abundantemente el próximo año. Entonces *YAHWEH* prohibió a los hijos de Yisra'el, en tiempo de cosecha, usar ninguna superstición ni rito idólatra.

97 Cuando *YAHWEH* habla de El o Mi *Malaj*, está hablando de un *Malaj* específico y éste es Yahshúa, confirmado por el v.21 "Guárdalos por el poder de Tu Nombre, que a mí me has dado, para que ellos sean uno, como somos nosotros." (Jn 17:11b). El Nombre del Padre reside en Yahshúa y no en otro *malaj*. Confirmación es que puede perdonar pecados.

24 No adorarás a sus dioses, ni los servirás ni seguirás sus prácticas; más bien, los demolerás completamente y destrozarás en pedazos sus estatuas de piedra.[Ver Ex 20:5] 25 "Servirás a *YAHWEH* tu Elohim; y El bendecirá tu comida y tu agua. Yo quitaré la enfermedad de entre ustedes.[98] 26 En tu tierra las mujeres no abortarán ni serán estériles, y vivirás el lapso completo de tu vida.[99] 27 Yo enviaré terror de mí delante de ti, echando a confusión todas las naciones donde entres; y Yo haré que tus enemigos te vuelvan las espaldas.[Ge 35:5; Dt 2:25; Jos 2:9-11] 28 Yo enviaré avispas delante de ti para echar al Hivi, Kenaani y al Hitti de delante de ti.[Jos 24:11] 29 Yo no los echaré en un año, lo que causará a la tierra volverse desolada y los animales salvajes sean muchos para ti. 30 Yo los echaré de delante de ti gradualmente, hasta que hayas crecido en números y puedas tomar posesión de La Tierra. 31 Yo pondré tus fronteras desde el Mar de Suf hasta el Mar de los Plishtim y desde el desierto hasta el Río [Eufrates], porque Yo entregaré los habitantes de La Tierra a ti, y tú los echarás de delante de ti. 32 No harás pacto con ellos ni con sus dioses.[100] 33 Ellos no vivirán en tu tierra; de lo contrario ellos te harán pecar contra mí entrampándote para servir a sus dioses.[101]"

98 ¿Por qué están los hospitales llenos de católicos y cristianos? Aquí está la respuesta, no obedecen Toráh.
99 *YAHWEH* ha estipulado que el lapso de nuestras vidas sea 70 años, y para los más fuertes 80 (Sal 90:10); entonces, ¿porqué tanta gente muere joven? Por no obedecer Toráh.

100 Aquí se prohíben los pactos que el gobierno secular de Yisra'el hace con los asesinos de Israelitas, "paz por tierra."
101 Como lo está haciendo Roma y lo ha hecho en toda su existencia.[Jos 23:13; Jue 2:3]

Shemot (Nombres) – twmv– Éxodo 24

24 *YAHWEH* dijo a Moshe: "Sube a *YAHWEH* – tú, Aharon, Nadav, Avihu y setenta de los ancianos de Yisra'el. Póstrense a la distancia,[cp 28:1; Lv 10:1] 2 mientras solamente Moshe se acerca a *YAHWEH* – los otros no se acercarán y el pueblo no subirá con él." 3 Moshe vino, y dijo al pueblo todo lo que *YAHWEH* había dicho, incluyendo todos los estatutos. El pueblo respondió a una sola voz: "Nosotros obedeceremos toda palabra que *YAHWEH* ha hablado.[102]" 4 Moshe escribió todas las palabras de *YAHWEH*.[103] El se levantó temprano en la mañana, edificó un altar al pie de la montaña y puso doce grandes piedras para representar las doce tribus de Yisra'el. 5 El mandó a los jóvenes de los hijos de Yisra'el a ofrecer ofrendas quemadas y sacrificios de ofrendas de *Shalom* de bueyes para *YAHWEH*. 6 Moshe tomó la mitad de la sangre y la puso en vasijas; la otra mitad de la sangre él roció contra el altar. 7 Luego él tomó el libro del Pacto y lo leyó en voz alta, para que el

pueblo pudiera oír; y ellos respondieron: "Todo lo que *YAHWEH* ha hablado,
nosotros haremos y obedeceremos.[104]" 8 Moshe tomó la sangre, la roció
sobre el pueblo, y dijo: "Esta es la sangre del Pacto el cual *YAHWEH* ha
hecho con ustedes de acuerdo a todas estas palabras."[105] 9 Moshe, Aharon,
Nadav, Avihu y setenta de los ancianos subieron; 10 y ellos vieron al Elohim
de Yisra'el.[106] Debajo de sus pies había algo como un pavimento de piedra
de zafiro tan cristalino como el mismo cielo. 11 El no extendió su mano contra
estos notables de Yisra'el; por el contrario, ellos vieron a Elohim, aun cuando
estaban comiendo y bebiendo.[Ge 16:13; Dt 4:33;]

102 Hay que entender que allí al pie del Monte Sinai estaba reunido todo Israel y la multitud de extranjeros que salieron con ellos de Egipto, entonces la Toráh no fue dada sólo para la tribu Judía, sino para todas las doce tribus de Israel y para todos los extranjeros y esa es la promesa que hicieron nuestras padres hasta el día de hoy.[Ga 3:19-20]

103 Aquí se ve claramente que ninguna "Toráh Oral" le fue dada a Moshe en el Monte, él escribió **todas** las palabras.

104 Ver v.3. Nosotros tenemos que cumplir las palabras que nuestros padres (antepasados) prometieron al pie del Monte Sinai.

105 La sangre del cordero selló las palabras de la Toráh, así como la Sangre del Cordero Yahshúa selló el *Brit Hadashah.* 106 Ellos vieron a Elohim y no murieron, por la tanto, a quien vieron fue a *YAHWEH*-Yahshúa, El dador de la Toráh.

12 *YAHWEH* dijo a Moshe: "Sube a mí en la montaña, y quédate allí. Yo te
daré las tablas de piedra con la *Toráh* y los *mitzvot* que Yo he escrito en ellas,
para que los puedas enseñar."[Dt 5:22; Ez 7:10] 13 Moshe se levantó, también
Yahoshúa su asistente; y Moshe subió a la montaña de Elohim. 14 A los
ancianos él dijo: "Quédense aquí por nosotros, hasta que regresemos a
ustedes. Miren, Aharon y Hur están con ustedes; cualquiera que tenga un
problema debe volverse a ellos." 15 Moshe subió a la montaña, y la nube
cubrió la montaña.[Mt 17:5] 16 La Gloria de *YAHWEH* se quedó sobre el Monte
Sinai, y la nube lo cubrió por seis días. Al séptimo día El llamó a Moshe
desde la nube. 17 Para los hijos de Yisra'el la Gloria de *YAHWEH* lucía como
fuego abrasador en la cumbre de la montaña.[He 12:18] 18 Moshe entró en la
nube y subió a la montaña; él estuvo en la montaña por cuarenta días y
noches.

Referencias;

Haftarah Mishpatim: Yirmeyah (Jeremías) 33:25-26; 34:8-22
Lecturas sugeridas del Brit Hadashah para la Parashah Mishpatim: Mattityah (Mateo) 5:38-42; 15:1-20; Yojanán Mordejai (Marcos) 7:1-23;
Hechos 23:1-11; Israelitas Mesiánicos (Hebreos) 9:15-22; 10:28-39
Parashah 19: T'rumah (Contribución) 25:1-27:19

25 *YAHWEH* dijo a Moshe: 2 "Dile a los hijos de Yisra'el que hagan una
colecta para mí – acepta una contribución de cualquiera que de todo corazón
quiera dar.[107] 3 La contribución que tomarás de ellos es de oro, plata y
bronce; 4 hilo azul, púrpura y escarlata; lino fino, pelo de carnero, 5 pieles de
machos cabríos teñidas y piel fina; madera de acacia; 6 aceite para la luz,
especias para el aceite de la unción y para el incienso fragante; 7 piedras de
ónice y otras piedras para ser puestas, para la vestidura sacerdotal y el
oráculo.[cp 27:20; 29:4, Is 1:16; 41:9; Re 19:8] 8 "Tienes que hacerme un Lugar Kadosh,
para que Yo pueda habitar entre ellos. 9 Lo harás de acuerdo a todo lo que Yo
te muestre – el diseño del Tabernáculo y el diseño de su mobiliario.
Así es como lo tienes que hacer.[cp 29:45; He 3:6; 9:1-2; Re 21:3] 10 "Tienes que hacer
un Arca de madera de acacia tres y tres cuartos pies de largo, dos y cuarto
pies de ancho y dos y cuarto pies de alto. 11 Lo recubrirás con oro puro –
recubriéndolo ambos por dentro y por fuera – y pones una moldura de oro
alrededor de la parte superior de él. 12 Fundirás cuatro argollas para ella y las
prenderás a sus cuatro patas, dos argollas en cada lado. 13 Harás unas varas de
madera de acacia, recúbrelas con oro. 14 Pon las varas por las argollas a los
lados del Arca; las usarás para cargar el Arca. 15 Las varas permanecerán en
las argollas del Arca; no serán removidas de ella. 16 Dentro del Arca pondrás
los Testimonios cuales Yo te daré.[108] 17 "Harás una cubierta[109] de oro puro
para el Arca; será de tres y tres cuartos pies de largo y dos y cuarto pies de
ancho. 18 Harás dos *keruvim*[110] de oro. Hazlos labrados a martillo por los
dos extremos de la cubierta del Arca. 19 Haz un *keruv* para un extremo y el
otro *keruv* para el otro extremo; haz los *keruvim* de una pieza con la cubierta
del Arca a ambos extremos.[111] 20 Los *keruvim* tendrán sus alas extendidas
por encima, para que sus alas cubran el Arca, sus rostros el uno enfrente del
otro y hacia la cubierta del Arca. [He 9:5] 21 Pondrás la cubierta del Arca encima
del Arca. Dentro del Arca pondrás los Testimonios[v.16] que Yo te daré.

107 Debemos recordar este verso cuando la contribución pedida era para el Tabernáculo de *YAHWEH* y no como los dirigentes actuales piden para su propio beneficio. Y dice "de corazón" y no obligado como ocurre actualmente

108 De acuerdo a la LXX "los Testimonios", a saber la Toráh completa y no las tablas de las Diez Palabras solamente.

109 Propiciatorio, Hebreo *Kapporet*. La cubierta de oro de propiciación donde el kohen hagadol rociaba el asiento siete veces en Yom Kippur como reconciliación del pueblo con *YAHWEH*. [cp 37:6; Ro 3:25; He 9:5]

110 Los que guardaban el camino al Árbol de la Vida en Edem y previnieron que Adam y Javah se acercaran a él. De la misma forma guardaban el Árbol de la Vida que era la Toráh y la Toráh estaba guardada en el Arca.

111 Dos querubines representan lo que eventualmente serían las dos casas de Yisra'el, Yisra'el Efrayim y Yisra'el Yahudáh.

22 Allí me reuniré contigo. Yo hablaré contigo desde arriba de la cubierta del
Arca, desde entre los dos *keruvim* que están sobre el Arca para el Testimonio,
acerca de todas las órdenes que Yo te estoy dando para los hijos de Yisra'el.
23 "Harás una mesa de madera de acacia tres pies de largo, dieciocho pulgadas
de ancho y dieciocho pulgadas de alto.[1R 7:48; He 9:2] 24 Recúbrela con oro puro,
y pon una moldura de oro alrededor de la cubierta de ella. 25 Harás alrededor
de ella un reborde de un palmo menor de anchura, y pon una moldura de oro
alrededor del reborde. 26 Haz cuatro argollas para ella, y prende las argollas a
las cuatro esquinas, cerca de sus cuatro patas. 27 Las argollas para sostener
las varas usadas para cargar la mesa serán puestas cerca del reborde. 28 Haz
las varas de madera de acacia, recúbrelas con oro, y úsalas para cargar la
mesa. 29 "Haz sus platos, sartenes, tazones y jarras de oro puro.[Nu 4:7] 30 Sobre
la mesa pondrás el Pan de la Presencia en mi presencia siempre.[112]
31 Harás una *menorah* de oro puro. Tiene que ser hecha labrada a martillo; su
base, astil, tazas, círculo de hojas y pétalos exteriores serán hechos de una
pieza con ella.[113] 32 Tendrá seis ramas extendiéndose de sus lados, tres ramas
de la *menorah* en un lado de ella y tres en el otro lado. 33 En una rama habrá
tres copas moldeadas en forma de flores de almendro, cada una con un aro
exterior de hojas y pétalos; asimismo en la rama opuesta tres copas
moldeadas como flores de almendro, cada una con un aro exterior de hojas y
pétalos; y similarmente todas las seis ramas que se extienden de la *menorah.*
34 En el astil central de la *menorah* habrá cuatro copas moldeadas como flores
de almendro, cada una con su aro externo de hojas y pétalos. 35 Donde cada
par de ramas se une al astil central habrá un aro exterior de hojas de una pieza
con las ramas – así para todas las seis ramas. 36 Los aros de las hojas
exteriores y sus ramas serán de una pieza con el astil. Así la *menorah*
completa será de una sola pieza labrada a martillo hecha de oro puro. 37 Harás
siete lámparas para la *menorah*, y las montarás como para dar luz al espacio
al frente de ella. 38 Sus tenazas y bandejas serán de oro puro. [1R 7:49] 39 La
menorah y sus utensilios serán hechos de sesenta y seis libras de oro puro. 40
Mira que las hagas de acuerdo al diseño que se te ha mostrado en la
montaña.[Nu 8:4; Hch 7:44]

Shemot (Nombres) – twmv– Éxodo 26

26 "Harás un Tabernáculo de diez cortinas de lino fino tejido y con hilo
azul, púrpura y escarlata. Las harás con los *keruvim* bordados de oficio de
artífice. 2 Cada una será de cuarenta pies de largo y seis pies de ancho; todas
las cortinas serán del mismo tamaño. 3 Cinco cortinas estarán unidas una a la
otra, y las otras cinco cortinas estarán unidas una a la otra. 4 Haz gazas de azul
en el borde de la cortina exterior en el primer juego, y haz lo mismo en el
borde de la cortina exterior en el segundo juego. 5 Haz cincuenta gazas en la

primera cortina, y haz cincuenta gazas en el borde de la cortina en el segundo juego; las gazas estarán opuestas unas a otras. 6 Haz cincuenta broches de oro, y enlaza las cortinas una con otra con los broches, para que el Tabernáculo forme una sola unidad.

112 Este Pan consistía en doce hogazas de la harina más fina. Eran delgadas y chatas, y fueron puestas en dos hileras de seis sobre la mesa en el Lugar Makon Kadosh delante de *YAHWEH*. Eran renovadas cada *Shabbat*. El número de hogazas representaban las doce tribus de Yisra'el, las dos hileras, las futuras dos casas, y por ponerlas aquí, representaba Yisra'el dedicado como *Kadosh* a *YAHWEH*, y su aceptación de *YAHWEH* como su Elohim.[Le 24:5; Nu 4:7; Sal 23:51Co 10:31]
113 Que quede claro que la *menorah* no es un candelabro para velas, tenía unas copas (ver. 32 y 27:20) para quemar aceite. Muchas versiones tienen la palabra candelabro, pero está mal, es lámpara de aceite. Las velas se inventaron en Egipto.

7 "Harás cortinas de pelo de cabra[114] para ser usadas como una tienda que
cubra el Tabernáculo; haz once cortinas. 8 Cada cortina será de cuarenta y
cinco pies de largo y seis pies de ancho – todas las once cortinas serán del
mismo tamaño. 9 Une cinco cortinas y seis cortinas, y dobla la sexta cortina al
frente de la tienda. 10 Haz cincuenta gazas en el borde de la cortina al extremo
en el primer juego y cincuenta gazas en el borde de la cortina al extremo del
segundo juego. 11 Haz cincuenta broches de bronce, pon los broches en las
gazas, y une la tienda, para que así forme una sola unidad. 12 En cuanto a la
parte que sobrepase que queda de las cortinas que forman la tienda, la mitad
de la cortina que queda estará colgando en la parte de atrás del Tabernáculo;
13 y las dieciocho pulgadas en un lado y las dieciocho pulgadas en el otro lado
de lo que queda en el largo de las cortinas que forman la tienda colgará del
Tabernáculo para cubrirlo en cada lado. 14 "Harás una cubierta para la tienda
de pieles de machos cabríos teñidas y una cubierta exterior de piel fina.[cp
36:19; 1Co 12:13] 15 "Harás las tablas verticales del Tabernáculo de madera de
acacia. 16 Cada tabla será de quince pies de largo y dos y cuarto pies de ancho.
17 Habrá dos proyecciones en cada tabla, y las tablas serán unidas una con
otra. Así es como harás todas las tablas para el Tabernáculo. 18 "Haz las tablas
para el Tabernáculo como sigue: veinte tablas para el lado sur, mirando
hacia el sur. 19 Haz cuarenta bases de plata debajo de las veinte tablas, dos
bases debajo de una tabla para sus dos proyecciones y dos bases debajo de
otra tabla para sus dos proyecciones. 20 "Para el segundo lado del
Tabernáculo, al norte, haz veinte tablas 21 y sus cuarenta bases de plata,
dos bases debajo de una tabla y dos debajo de otra. 22 "Para la parte de atrás
del Tabernáculo, hacia el oeste, haz seis tablas. 23 Para las esquinas del
Tabernáculo en la parte de atrás, haz dos tablas; 24 éstas serán dobles desde la

parte de abajo hasta la de arriba pero unidas en un solo aro. Haz lo mismo con
ambas; ellas formarán dos esquinas.[Ef 4:15-16] 25 Así habrá ocho tablas con sus
bases de plata, dieciséis bases, dos bases debajo de una tabla y dos debajo de
la otra. 26 "Haz travesaños de madera de acacia, cinco para las tablas de un
lado del Tabernáculo, 27 cinco travesaños para las tablas del otro lado del
Tabernáculo, y cinco travesaños para las tablas para el lado del Tabernáculo
en la parte de atrás hacia el oeste. 28 El travesaño del medio, hacia la mitad de
las tablas, se extenderá de un extremo al otro. 29 Recubre las tablas con oro,
haz argollas de oro para ellas por las cuales pasarán los travesaños, y recubre
los travesaños con oro. 30 "Erigirás el Tabernáculo de acuerdo al diseño que se
te ha mostrado en la montaña.[Ef 2:19-22; Hch 7:44] 31 "Harás una cortina de hilo
azul, púrpura y escarlata y lino fino tejido. Hazla con *keruvim* trabajados, que
han sido tallados por artesano experimentado. 32 Cuélgala con argollas de
oro en cuatro postes de madera de acacia recubiertos con oro y los pondrás en
cuatro bases de plata. 33 Cuelga las cortinas debajo de los broches. Luego trae
el Arca para el Testimonio dentro de la cortina; la cortina será la división para
ti entre el Lugar Makon Kadosh y el Lugar Kadosh Kadoshim. 34 Pondrás la
cubierta del Arca sobre la Arca para el Testimonio en el Lugar Kadosh
Kadoshim.[He 9:5] 35 Pondrás la mesa fuera de la cortina y la *menorah* frente a
la mesa en el lado del Tabernáculo hacia el sur; y la mesa en el lado norte.
36 "Para la entrada a la tienda, haz una pantalla de hilo de azul, púrpura y
escarlata y lino fino tejido; será en colores, el trabajo de un tejedor. 37 Para la
pantalla, haz cinco postes de madera de acacia; recúbrelos con oro; y funde
para ellos cinco bases de bronce.

114 En muchas partes del Oriente Medio las cabras tienen pelo largo, tan fino como seda, cual es cortado en los tiempos propicios y tejido en atuendos.

Shemot (Nombres) - twmv- Éxodo 27

27 "Harás el altar de madera de acacia, siete y medio pies de largo y siete y
medio pies de ancho – el altar será cuadrado y cuatro y medio pies de alto.[He
13:10] 2 Haz cuernos para él en sus cuatro esquinas; los cuernos serán de una
pieza con él; y los recubrirás de bronce.[115] 3 "Haz sus ollas para remover las
cenizas, y sus palas, tazones, garfios de carne y braseros; todos los utensilios
harás de bronce. 4 Harás un enrejado de malla de bronce; y en las cuatro
esquinas de la malla, haz cuatro argollas de bronce. 5 Ponlo debajo del borde
del altar, para que la malla llegue a la mitad del altar. 6 Haz las varas de
madera de acacia para el altar y recúbrelas con bronce. 7 Sus varas se pondrán
por las argollas; las varas estarán a ambos lados del altar para cargarlo. 8 El
altar será hecho de tablas y hueco por dentro. Ellos lo harán justo como fuiste

mostrado en la montaña. 9 "Aquí está como harás el patio para el
Tabernáculo. En la parte sur, mirando al sur, harás tapices para el patio
hechos de lino fino tejido, 150 pies para un lado, 10 sostenidos sobre veinte
postes en veinte bases de bronce; los ganchos en los postes y las argollas
enganchadas para colgar serán de plata. 11 Asimismo, en el lado norte habrá
tapices 150 pies de largo, colgados sobre veinte postes en veinte bases de
bronce, con ganchos y argollas de plata para los postes. 12 A través del ancho
del patio en la parte oeste habrá tapices de setenta y cinco pies de largo,
colgados sobre diez postes en diez bases. 13 El ancho del patio en la parte este,
mirando al este, será de setenta y cinco pies. 14 Los tapices para un lado [de la
entrada] serán de veintidós y medio pies de largo, colgados sobre tres postes
en tres bases; 15 para el otro lado habrá tapices veintidós y medio píes de largo
sobre tres postes en tres bases. 16 "Para la entrada del patio habrá una pantalla
de treinta pies hecha de hilo de azul, púrpura y escarlata y lino fino tejido.
Será en colores, el trabajo de un tejedor. Estará sobre cuatro postes en cuatro
bases. 17 Todos los postes por todo derredor del patio serán cubiertos de plata
y en bases de bronce. 18 El largo del patio será de 150 pies y el ancho setenta
y cinco pies por todos los lados; con la altura siete y medio pies. Los tapices y
pantallas serán de lino fino tejido, y las bases serán de bronce. 19 Todo el
equipo necesitado para todo tipo de servicio en el Tabernáculo; como también
las estacas de tienda para el Tabernáculo y para el patio serán de bronce.

Referencias;
Haftarah T'rumah: Melajim Alef (1 Reyes) 5:26-6:13
Lecturas sugeridas del Brit Hadashah para la Parashah T'rumah:
Israelitas Mesiánicos (Hebreos) 8:1-6; 9:23-24; 10:1
Parashah 20: Tetzaveh (Ordenarás) 27:20-30:10

20 "Ordenarás a los hijos de Yisra'el que te traigan aceite puro de olivas
machacadas para la luz, y para mantener una lámpara encendida
continuamente.[Sal 119; 105; Mt 5:16; 1Jn 2:20] 21 Aharon y sus hijos la pondrán en el
Tabernáculo del Testimonio, fuera de la cortina al frente del Testimonio, y la
mantendrán ardiendo desde la tarde hasta la mañana delante de *YAHWEH*.
Esta será una regulación permanente por todas las generaciones de los hijos
de Yisra'el.[116]

115 Los cuernos pueden haber sido diseñados no sólo por ornamentos, sino para prevenir que los sacrificios se cayeran y para amarrar la víctima antes de ser sacrificada. También la sangre se ponía en los cuatro cuernos, prototipo de redención a Yisra'el que sería dispersa a los cuatro vientos o cuatro esquinas del mundo.

116 Heb. *mishkan*, es propiamente el "Lugar de Morada," que contenía la presencia de *YAHWEH* evidenciado por la *Shejinah* o Gloria, o la nube, en el Lugar Kadosh Kadoshim.

Shemot (Nombres) - twmv- Éxodo 28

28 "Llamarás a tu hermano Aharon y sus hijos que vengan de entre los hijos
de Yisra'el a ti, para que me puedan servir como *kohanim* – Aharon y sus
hijos Nadav, Avihu, Eleazar, e Itamar.[Nu 18:7] 2 Harás para tu hermano Aharon
vestiduras apartadas para servir a *YAHWEH*, que expresen dignidad y
esplendor. 3 Habla a todos los artesanos a quienes Yo he dado un *Ruaj* de
Sabiduría, y hazlos hacer las vestiduras de Aharon para apartarlo para mí,
para que me pueda servir en el oficio de *kohen*. 4 "Las vestiduras que harán
son éstas: un pectoral, un efod, un manto, una túnica a cuadros, un turbante y
una banda. Ellos harán vestiduras *Kadoshim* para tu hermano Aharon y sus
hijos, para que me puedan servir en el oficio de *kohen*. 5 Usarán oro; hilo de
azul, púrpura y escarlata, y lino fino. 6 Harán el efod de oro, de hilo de azul,
púrpura y escarlata y lino finamente tejido, bordado por un experto
artesano.[1S 2:18; 22:18; 2S 6:14] 7 Dos hombreras que se junten a los bordes de
su extremo para que se pueden abrochar.[117] 8 Su banda decorada se hará de la
misma hechura y materiales – oro, hilo de azul, púrpura y escarlata, y lino
finamente tejido.[Is 11:5; Ef 6:14; Re 1:13] 9 Toma dos piedras de esmeralda y graba
en ellas los nombres de los hijos de Yisra'el – 10 seis de los nombres en una
piedra y seis de los nombres restantes en la otra, conforme al orden del
nacimiento de ellos. 11 Un grabador debe grabar los nombres de los hijos de
Yisra'el en las dos piedras como se grabara un sello. Monta las piedras en una
montura de oro,[Cnt 8:6; Hag 2:23] 12 y pon las dos piedras en las hombreras del
efod para traer a la mente los hijos de Yisra'el. Aharon llevará los nombres de
los hijos de Yisra'el delante de *YAHWEH* sobre sus dos hombros como
recordatorio. 13 "Haz engastes de oro puro 14 y dos cadenas de oro puro,
torcidas como cordones; une las cadenas como cordones a los engastes.
15 "Haz el oráculo de juicio. Sea bordado por un experto artesano; hazlo como
la obra del efod – hazlo de oro, hilo de azul, púrpura y escarlata, y lino
finamente tejido. 16 Cuando doblado en dos será cuadrado – de un palmo por
un palmo. 17 Y lo entretejerás con una textura de cuatro hileras de piedras; la
primera hilera será una cornalina, un topacio y una esmeralda; 18 la segunda
hilera será un feldespato verde, un zafiro, y un diamante; 19 la tercera hilera
será un circón naranja, un ágata y una amatista; 20 y la cuarta hilera un berilo,
un ónice y un jaspe. Serán montadas en las montaduras de oro. 21 Las piedras
corresponderán a los nombres de los doce hijos de Yisra'el; serán grabadas
con sus nombres, grabadas como un sello, representarán las doce tribus.[118][Is
43;4; Mal 3:17] 22 "En el oráculo, haz dos cadenas de oro puro torcidas como
cordones. 23 También para el oráculo, haz dos argollas de oro; y pon las dos
argollas en los dos extremos del oráculo; 24 Pon las dos cadenas de oro
torcidas en las dos argollas en los dos extremos del oráculo; 25 Une los otros

dos extremos de las cadenas torcidas al frente de las hombreras del efod. 26
Haz dos argollas de oro y ponlas en los dos extremos del oráculo, en el borde,
en la parte que mira al efod. 27 También haz dos argollas de oro y únelas abajo
en la parte delantera de las hombreras del efod, cerca de la juntura del efod y
la banda decorada. 28 Entonces une el oráculo por sus argollas a las argollas
del efod con un cordón azul, para que pueda estar en la banda decorada del
efod, y para que el oráculo no se suelte del efod. 29 Aharon llevará los
nombres de los hijos de Yisra'el en el oráculo de juicio, sobre su corazón,
cuando él entre en el Lugar Makon Kadosh, como un recordatorio continuo
delante de *YAHWEH*.[119] 30 Pondrás el *urim* y el *tumim*[120] en el oráculo de
juicio; ellos estarán sobre el corazón de Aharon cuando él entre en la
presencia de *YAHWEH*. Así Aharon siempre tendrá los medios para hacer
decisiones para los hijos de Yisra'el sobre su corazón cuando él esté en la
presencia de *YAHWEH*.[Nu 27:21; 1S 28:6; Ez 2:63]

117 Aquí el *kohen hagadol* cargaba los pecados de ambas casas de Yisra'el hacia *YAHWEH*.
118 El *kohen hagadol* tenía las 12 tribus en su corazón, bajo la unidad de *YAHWEH*.
119 Mesías Yahshúa hace lo mismo hoy, El lleva los nombres y oraciones de los hijos de Yisra'el y los presenta a *YAHWEH*.

31 Harás el manto para el efod de azul en su totalidad. 32 Tendrá una abertura
para la cabeza en el medio. Alrededor de la abertura habrá un borde tejido
como el cuello de un abrigo de malla, para que no se rasgue. 33 En la parte
inferior harás granadas de azul, púrpura y escarlata; y ponlas en todo
derredor, con campanillas de oro entre ellas en todo derredor – 34 campanilla
de oro, granada, campanilla de oro, granada, todo derredor del dobladillo del
manto. 35 Aharon lo usará cuando ministre, y su sonido será oído cuando él
entre al Lugar Makon Kadosh delante de *YAHWEH* y cuando salga, para que
no muera.[Sal 2:11] 36 "Harás un ornamento de oro puro y graba en él como en
un sello: 'Apartado para *YAHWEH*.' 37 Atalo al turbante con un cordón azul,
en la parte delantera del turbante, 38 sobre la frente de Aharon. Porque Aharon
lleva la culpa de los errores cometidos por los hijos de Yisra'el en dedicar sus
ofrendas *Kadoshim*, este ornamento estará siempre sobre su frente, para que
las ofrendas para *YAHWEH* sean aceptadas por El.[121] 39 "Tejerás la túnica a
cuadros de lino fino, haz un turbante de lino fino, y haz una banda, el trabajo
de tejedor, en colores. 40 Asimismo para los hijos de Aharon haz túnicas,
bandas y atuendos de cabeza que expresen dignidad y esplendor.[Ez 44:17; Mt
22:12; Ef 6:13] 41 Con ellas viste a Aharon y a sus hijos. Luego úngelos, los
inauguras, y los dedicas como *Kadosh*, para que ellos me puedan servir en el
oficio de *kohen*.[Lv 8:12] 42 También haz para ellos calzoncillos de lino que

lleguen desde la cintura hasta los muslos, para cubrir su carne desnuda. 43
Aharon y sus hijos los usarán cuando vayan el Tabernáculo del Testimonio y
cuando ellos se acerquen al altar para ministrar en el Lugar Makon Kadosh,
para que no incurran en culpa y mueran. Esta será una regulación perpetua,
ambos para él y para su *zera* para siempre.[Lv 5:1; 22:9]

Shemot (Nombres) - twmv- Éxodo 29

29 "Aquí está lo que tienes que hacer para dedicarlos como *Kadosh* a ellos
para ministrarme a mí en el oficio de *kohen*. Toma un novillo de la manada y
dos carneros sin defecto,[Mal 1:13] 2 también *matzah*, tortas de *matzah*
mezcladas con aceite de oliva, y obleas de *matzah* untadas con aceite – todas
hechas de harina fina de trigo;[Lv 6:20-22] 3 ponlos juntos en una cesta, y
preséntalos en la cesta, junto con el novillo y los dos carneros.
4 "Trae a Aharon y a sus hijos a la entrada del Tabernáculo del Testimonio, y
lávalos con agua.[Lv 8:3-6] 5 Toma las vestiduras, y pon a Aharon la túnica, el
manto para el efod, el efod, y el oráculo. Ata para él el oráculo al efod. 6 Pon
el turbante[122] en su cabeza y ata el ornamento *Kadosh* al turbante. 7 Luego
toma el aceite de la unción, y lo unges derramándolo sobre su cabeza.[He 1:9;
1Jn 2:27] 8 Trae a sus hijos; pon túnicas sobre ellos; 9 ponles las bandas alrededor
de ellos, Aharon y sus hijos; y pon los atuendos de cabeza en sus cabezas. El
oficio de *kohen* será de ellos por regulación perpetua. Así dedicarás como
Kadosh a Aharon y a sus hijos.[He 7:23-28] 10 "Trae al novillo al frente del
Tabernáculo del Testimonio. Aharon y sus hijos pondrán sus manos sobre la
cabeza del novillo.[Is 53:6; 2Co 5:21] 11 y sacrificarás al novillo en la presencia de
YAHWEH en la entrada del Tabernáculo del Testimonio.[Lv 1:4] 12 Toma un
poco de la sangre del novillo, y úntala con tus dedos en los cuernos del altar;
vierte el resto de la sangre en la base del altar.[Lv 8:15]

120 *Urim*-Revelación, *Tumim*-Perfección (Manifestación de la Verdad), lo que eran no puede ser determinado con ninguna certidumbre. Todo lo que sabemos es que fueron medios divinamente dados por los cuales Elohim impartía, por medio del *kohen hagadol*, dirección y consejo a Israel, cuando estos eran necesitados. Nunca más fueron vistos después del cautiverio Babilónico.

121 Los que rehúsan usar el Nombre de *YAHWEH*, ¿para quién están apartados? ¿Para D-os o Hashem? Dice para *YAHWEH*.

122 Esto, de ninguna manera, es la mitra del Papa, como dicen las demás traducciones. Hebreo *mitznefetz* que es el turbante del *Kohen HaGadol*. Y aquí dice claramente *kohen* (hijo de Aharon) y no líderes de congregación ni el pueblo.

13 Toma toda la grasa que cubre los órganos internos, la que cubre el hígado y
los dos riñones con su grasa, y ofrécelos, conviértelos en humo sobre el altar.
14 Pero la carne del novillo, piel y estiércol destruirás por fuego fuera del

campamento; es una ofrenda de pecado.[He 13:11] 15 "Toma uno de los carneros. Aharon y sus hijos pondrán sus manos en la cabeza del carnero, 16 y tú sacrificarás el carnero; toma su sangre, y salpícala en todos los lados en derredor del altar.[1P 1:2] 17 Corta el carnero en secciones, lava los intestinos y piernas, y los pondrás sobre sus trozos y su cabeza. 18 Entonces ofrece el carnero completo sobre el altar hasta convertirlo en humo. Es una ofrenda quemada para *YAHWEH*, un aroma placentero, una ofrenda hecha a *YAHWEH* por fuego.[Ge 8:21; Lv 1:17; Ef 5:2 Fil 4:18] 19 "Toma el otro carnero,[Lv 8:22-29] Aharon y sus hijos pondrán sus manos en la cabeza del carnero; 20 y tú sacrificarás al carnero; toma un poco de su sangre, ponla en el lóbulo de la oreja derecha de Aharon, y en los lóbulos de las orejas derechas de sus hijos, en los dedos pulgares de sus manos derechas y en los dedos pulgares del pie derecho de ellos. Toma el resto de la sangre y salpícala en todos los lados en derredor del altar. 21 Luego toma un poco de sangre que hay en el altar y un poco del aceite de la unción y rocíalo sobre Aharon y sus vestiduras y sobre sus hijos y las vestiduras de sus hijos con él; para que él y sus vestiduras sean dedicados como *Kadosh*, y con él sus hijos y las vestiduras de sus hijos.[He 9:12,22] 22 También toma la grasa del carnero, la grasa de la cola, la grasa que cubre los órganos internos, los dos riñones, la grasa que los cubre y el muslo derecho – porque es un carnero para dedicarlos como *Kadosh* – 23 junto con una hogaza de pan, una torta de pan con aceite y una oblea de *matzah* de la cesta que está delante de *YAHWEH* – 24 y ponlo todo en las manos de Aharon y sus hijos. Ellos los mecerán[123] como ofrenda mecida en la presencia de *YAHWEH*. 25 Los tomarás de vuelta; y los quemarás hasta convertirlos en humo sobre el altar, encima de la ofrenda quemada, para que sea aroma placentera delante de *YAHWEH*; es una ofrenda hecha a *YAHWEH* por fuego. 26 "Toma el pecho del carnero para dedicar a Aharon, y mécelo como ofrenda mecida delante de *YAHWEH*; será tu porción. 27 Dedica el pecho de la ofrenda mecida y el muslo de cualquier contribución que ha sido mecida y elevada,[124] ya sea del carnero de la dedicación, o de cualquier cosa intencionada para Aharon y sus hijos; 28 esto pertenecerá a Aharon y sus hijos como la porción de ellos perpetuamente de los hijos de Yisra'el – será una contribución de los hijos de Yisra'el de sus ofrendas de *Shalom*, la contribución de los hijos de Yisra'el a *YAHWEH*. 29 Las vestiduras *Kadoshim* de Aharon serán usadas por sus hijos después de él; ellos serán ungidos y dedicados como *Kadosh* en ellas.[Nu 9:26-28] 30 El hijo que sea *kohen* en su lugar, quien venga dentro del Tabernáculo del Testimonio para servir en el Lugar Makon Kadosh, las usará por siete días. 31 Toma el carnero de la dedicación, y cocerás su carne en un lugar *Kadosh*. 32 Aharon y sus hijos comerán la carne del carnero y el pan en la cesta en la entrada del Tabernáculo del Testimonio. 33 Ellos comerán las cosas con las cuales expiación fue hecha para ellos, para inaugurarlos y dedicarlos como *Kadosh*;

nadie más puede comer esta comida, porque es *Kadosh.* 34 Si algo de la carne
para dedicarlos o algo del pan permanece hasta la mañana,
quema lo que quede; no se comerá, porque es *Kadosh.* 35 Cumple con todas
estas órdenes que Yo te he dado referente a Aharon y sus hijos. Pasarás siete
días dedicándolos como *Kadosh* a ellos. 36 Cada día ofrece un novillo como
ofrenda de pecado, aparte de las otras ofrendas de la unción; ofrece la ofrenda
de pecado en el altar como tu expiación para él; entonces úngelo para 37 Siete
días harás expiación en el altar y lo dedicarás; así el altar será especialmente
Kadosh, y cualquier cosa que toque el altar se hará *Kadosh.* 38 Ahora esto es
lo que ofrecerás en el altar: dos corderos de un año, regularmente, todos
los días.[125] dedicarlo como *Kadosh.*[He 10:11]

123 Es una ofrenda mecida hacia los cuatro puntos cardinales, señal de presentación especial solemne a *YAHWEH* como Amo de la tierra.[Le 23:15; De 16:16]

124 Ofrenda presentada con movimientos de abajo hacia arriba, verticalmente, para *YAHWEH* como Amo del cielo.

39 Un cordero ofrecerás en la mañana y el otro al anochecer.[Sal 55:16] 40 Con un
cordero ofrecerás dos cuartos de harina fina amasada con un cuarto de aceite
de olivas machacadas; junto con un cuarto de vino como ofrenda de libación.
41 El otro cordero ofrecerás al anochecer; haz con él como las ofrendas de
grano y la libación de la mañana – será aroma placentero delante de
YAHWEH, una ofrenda por fuego hecha a *YAHWEH.*[2R 16:15] 42 Por todas las
generaciones ésta será la ofrenda quemada continua a la entrada del
Tabernáculo del Testimonio delante de *YAHWEH.* Allí es donde me reuniré
con ustedes para hablarles.[Nu 28:6; Da 9:21] 43 Allí me reuniré con los hijos de
Yisra'el; y el lugar será dedicado como *Kadosh* por mi Gloria 44 Yo dedicaré
como *Kadosh* el Tabernáculo del Testimonio y el altar, asimismo Yo dedicaré
como *Kadosh* a Aharon y sus hijos para servirme en el oficio de *kohen.* 45 Yo
habitaré entre los hijos de Yisra'el y seré su Elohim; 46 Yo soy *YAHWEH* su
Elohim, quien los sacó de la tierra de Mitzrayim para habitar entre ellos. Yo
soy *YAHWEH* su Elohim

Shemot (Nombres) - twmv- Éxodo 30

30 "Harás un altar para quemar incienso; hazlo de madera de acacia.[Re 5:8;
8:3] 2 Será de dieciocho pulgadas cuadradas y tres pies de alto; sus cuernos
serán de una sola pieza con él. 3 Recúbrelo de oro puro – su cubierta, todo
alrededor sus lados, y sus cuernos; y pon derredor de él una moldura de oro. 4
Haz dos argollas de oro para él debajo de su moldura en las dos esquinas en
ambos lados; aquí es donde irán las varas para cargarlo. 5 Haz las varas de
madera de acacia, y recúbrelas con oro. 6 "Ponlo delante de la cortina junto al

Arca para el Testimonio, delante de la cubierta del Arca que está sobre el Testimonio, donde Yo me reuniré contigo.[He 9:24] 7 Aharon quemará incienso fragante sobre él como aroma placentero todas las mañanas; él lo quemará mientras preparara los corderos.[Lu 1:19] 8 Aharon también lo quemará cuando él encienda las lámparas entre anocheceres; este es el quemado de incienso regular delante de *YAHWEH* por todas tus generaciones. 9 No ofrecerás incienso extraño[126] sobre él, ni ofrenda quemada ni ofrenda de grano; y no verterás ofrenda de libación sobre él. 10 Aharon hará expiación sobre sus cuernos una vez al año – con la sangre de la ofrenda de pecado de la expiación él hará expiación por él una vez al año por todas sus generaciones; es especialmente *Kadosh* para *YAHWEH*.[Lv 16:18; 23:27]

Referencias;
Haftarah Tetzaveh: Yejezkel (Ezequiel) 43:10-27
Lecturas sugeridas del Brit Hadashah para la Parashah Tetzaveh: Filipenses 4:10-20
Parashah 21: Ki Tissa (Cuando tomes) 30:11-34:35

11 *YAHWEH* dijo a Moshe: 12 "Cuando tomes un censo de los hijos de Yisra'el y los inscribas, cada uno, al inscribirse, pagará a *YAHWEH* un recate por su vida, para evitar la diseminación de una plaga entre ellos en el tiempo del censo.[1T 2:6; 1P 1:18; 4:19] 13 Todos los sujetos al censo pagarán una ofrenda a *YAHWEH* de medio *shekel* [una quinta parte de una onza de plata] conforme al *shekel* del Lugar Kadosh [un *shekel* es igual a veinte *gerah*].

125 Una ofrenda diaria por cada casa de Yisra'el.
126 Incienso extraño es incienso preparado diferente a las medidas que *YAHWEH* le dio a Moshe en los vv 34-38, o cuando se ofrece sin la autorización de *YAHWEH* o por alguien no autorizado. También esta expresión es usada cuando se hace algo que *YAHWEH* no ha ordenado, (Le 10:1-2) donde los hijos de Aharon Nadav y Avihu murieron por tal causa.[Le 23:13]

14 Todos los mayores de veinte años de edad que están sujetos al censo darán esta ofrenda a *YAHWEH* – 15 El rico no dará más ni el pobre dará menos que medio *shekel* cuando den la ofrenda de *YAHWEH* para expiación por sus vidas. 16 Tomarás el dinero de la expiación de los hijos de Yisra'el y lo usas para el servicio del Tabernáculo del Testimonio, para que sea un recordatorio de los hijos de Yisra'el delante de *YAHWEH* para expiar por sus vidas. 17 *YAHWEH* dijo a Moshe: 18 "Harás la pila de bronce, con una base de bronce, para lavarse. Ponlo entre el Tabernáculo del Testimonio y el altar y pon agua en él. 19 Aharon y sus hijos lavarán sus manos y pies allí 20 cuando ellos entren al Tabernáculo del Testimonio – se lavarán con agua, para que no mueran.[127] También cuando ellos se acerquen al altar para ministrar quemando una ofrenda para *YAHWEH*, 21 ellos se lavarán sus manos y sus pies, para que no mueran. Esta será una ley perpetua para ellos por todas sus

generaciones."[128] 22 *YAHWEH* dijo a Moshe: 23 "Toma las mejores especias – 500 *shekels* de mirra [12½ libras], la mitad de esta cantidad (250 *shekels*) de canela aromática [6¼ libras], 250 *shekels* de caña aromática, 24 500 *shekels* de casia (usa la medida del Lugar Kadosh), y un galón de aceite de oliva – 25 y harás de ello un aceite *Kadosh* de unción; mézclalo y perfúmalo como lo haría un experto perfumero; será aceite *Kadosh* de unción. [He 1:19] 26 Usalo para ungir el Tabernáculo del Testimonio, el Arca para el Testimonio,[Lv 8:10-12; Is 6:11; 2Co 1:21; 1Jn 2:20] 27 la mesa y todos los utensilios, la *menorah* y todos sus utensilios, el altar del incienso, 28 el altar para las ofrendas quemadas, la pila y su base. 29 Los dedicarás – serán especialmente *Kadoshim*, y cualquier cosa que los toque será *Kadosh*. 30 Entonces ungirás a Aharon y a sus hijos – los dedicarás como *Kadoshim* para servirme a mí en el oficio de *kohen*.
31 "Dile a los hijos de Yisra'el: 'Este será aceite *Kadosh* de la unción para mí por todas sus generaciones. 32 No se usará para ungir el cuerpo de una persona; y no harán ninguno como él, con la misma composición de ingredientes – es *Kadosh*, y tú lo tratarás como *Kadosh*. 33 Cualquiera que haga una unción como ésta o la use en una persona no permitida será cortado de su pueblo.'" 34 *YAHWEH* dijo a Moshe: "Toma sustancias aromáticas de plantas – resina de bálsamo onycha [129] y gálbano aromático – estas especias con incienso puro, todas en cantidades iguales; 35 y haz incienso, mezclado y perfumado como lo haría un experto perfumero, rociado con sal, puro y *Kadosh*. 36 Molerás muy fino un poco de ello y ponlo al frente del Testimonio en el Tabernáculo del Testimonio donde Yo me reuniré contigo; lo considerarás como especialmente *Kadosh*. 37 No harás para tu propio uso ningún incienso como éste, con la misma composición de ingredientes – lo tratarás como *Kadosh*, para *YAHWEH*. 38 Cualquiera que haga algo como éste para usar como perfume será cortado de su pueblo."

127 Esta pila era un estanque pequeño, no era una bañadera, ni era utilizado como tal. Se usaba para tener agua y de allí sacarla para lavar manos y pies de los *kohanim* y lavar los sacrificios. No se metían las manos y los pies dentro del estanque.
128 Insisto otra vez en aclarar, en el desierto solamente había esta pila para uso del Tabernáculo, no había inmersión en agua, sólo se sacaba el agua que se utilizaba para lavar manos y pies, y los sacrificios. La suposición de que los *kohanim* se metían dentro de la pila no es correcta, y ¡sería profano e indecente!
129 Esto es lo que después se llamó el bálsamo de Yerijo o bálsamo de Gilead, como onycha sólo ocurre aquí. Es la concha del *púrpura,* y de toda la clase de *murex*, y sirve como base principal en los perfumes de India; y el gálbano es la resina de una planta que crece en el Medio Oriente.

Shemot (Nombres) - twmv- Éxodo 31

31 *YAHWEH* dijo a Moshe: 2 "Yo he señalado a Betzalel el hijo de Uri el
hijo de Hur, de la tribu de Yahudáh.[Is 45:3] 3 Yo lo he llenado a él con el *Ruaj*
de Elohim[130] – con sabiduría, entendimiento y conocimiento referente a
todos los tipos de artesanía. 4 El es maestro en diseño en oro, plata, bronce, 5
cortando piedras preciosas para montar, talla de madera y toda otra arte.
6 "Yo también he nombrado como su asistente a Oholiav el hijo de Ajisamaj,
de la tribu de Dan. Además, Yo he dotado a todos los artesanos con sabiduría
para hacer todo lo que Yo te he ordenado – 7 el Tabernáculo del Testimonio,
el Arca para el Testimonio, la cubierta del Arca sobre ella, todo el mobiliario
de la tienda, 8 la mesa y sus utensilios, la *menorah* pura y todos sus utensilios,
el altar del incienso, 9 el altar para ofrendas quemadas y todos sus utensilios,
la pila y su base, 10 las vestiduras para oficiar, las vestiduras *Kadoshim* para
Aharon el *kohen* y las vestiduras para sus hijos, para que ellos puedan servir
en el oficio de *kohen*, 11 el aceite de la unción y el incienso de especias
aromáticas para el Lugar Makon Kadosh; ellos harán todo conforme Yo te lo
he ordenado." 12 *YAHWEH* dijo a Moshe: 13 "Dile a los hijos de Yisra'el:
"Ustedes observarán mis *Shabbatot*; porque ésta es una señal entre Yo y
ustedes por todas sus generaciones; para que ustedes sepan que Yo soy
YAHWEH, quien los aparta para mí.[131] 14 Por lo tanto ustedes guardarán mi
Shabbat, porque es apartado para ustedes. Todos los que lo traten como
ordinario serán puestos a muerte; porque cualquiera que haga cualquier
trabajo en él será cortado de su pueblo.[Nu 15:35; Dt 5:12-15; Je 17:21] 15 En seis días
el trabajo será hecho; pero el séptimo día es *Shabbat* para descanso completo,
apartado para *YAHWEH*. Cualquiera que haga algún trabajo en el día de
Shabbat será puesto a muerte. 16 Los hijos de Yisra'el guardarán el *Shabbat*,
observará el *Shabbat* por todas sus generaciones como Pacto perpetuo. 17 Es
una señal entre Yo y los hijos de Yisra'el para siempre; porque en seis días
YAHWEH hizo el cielo y la tierra, pero en el séptimo día El cesó de trabajar y
descansó." 18 Cuando El había terminado de hablar con Moshe en el Monte
Sinai, *YAHWEH* le dio las dos tablas del Testimonio, tablas de piedra
inscritas por el dedo de Elohim.

Shemot (Nombres) - twmv- Éxodo 32

32 Cuando el pueblo vio que Moshe se estaba tomando mucho tiempo en
descender de la montaña, ellos se reunieron alrededor de Aharon, y le dijeron:
"Ocúpate, y haznos dioses que vayan delante de nosotros; porque este Moshe,

el hombre que nos sacó de la tierra de Mitzrayim – no sabemos lo que le haya acontecido."[Hch 7:40] 2 Aharon les dijo a ellos: "Hagan que sus esposas, hijos e hijas se quiten los aretes de oro; y me los traigan a mí." 3 El pueblo se quitó los aretes de oro y los trajeron a Aharon. 4 El recibió lo que ellos le dieron; lo fundió, y le dio forma de un becerro.[132] Ellos dijeron: "¡Yisra'el! ¡Aquí está tu dios, que te sacó de la tierra de Mitzrayim!" 5 Al ver esto, Aharon edificó un altar delante de él y proclamó: "Mañana será fiesta para *adonai*.[133]" 6 Temprano en la siguiente mañana ellos se levantaron y ofrecieron ofrendas quemadas y presentaron ofrendas de *Shalom*. Después, el pueblo se sentó a comer y beber; y ellos se levantaron para entregarse a rebeldía.[134]

130 Betzalel: Elohim es protección. [cp 35:31; 36:1; 1R 3:9; 7:14 Isa 28:6,26; 54:16; Hch 2:4; 1C 12:4-11; Ya 1:17]
131 Este verso nos dice claramente que observar el Shabbat es una señal de estar apartados para *YAHWEH*, en cambio observar el domingo es estar apartados para ha satán. Y esta señal es para siempre, v. 17.[*YAHWEH Kaddishkem*]
132 Este era el dios Apis, becerro sagrado de Egipto. Cuando los Israelitas salieron de Egipto había una multitud mixta, Egipcios salieron con ellos y ellos siguieron adorando sus dioses. Siglos después de esto, Yeroveam, rey de Israel, las Diez Tribus del Norte, pusieron dos becerros ídolos, uno en Dan y otro en Beit El 1R 12.[Sal 106: 19-21]
133 Se utiliza la palabra *adonai*/señor/ba'al (Os 2:13; 16-17) aquí porque a los demonios es que ellos ofrecieron.
134 El pueblo se entregó a orgías también. [Nu 25:2; Jue 16:23-25; Am 2:8;Hch 7:41-42; 1C 10:7; Re 11:10]

7 *YAHWEH* dijo a Moshe: "¡Desciende! ¡Apúrate! ¡Tu pueblo, al que has sacado de la tierra de Mitzrayim, se ha vuelto corrupto! 8 ¡Tan rápido se han vuelto del camino que les ordené seguir! Ellos tienen una estatua de metal fundido de un becerro, la han adorado, han sacrificado a ella, y han dicho: '¡Yisra'el! ¡Aquí está tu dios que te sacó de la tierra de Mitzrayim!'" 9 *YAHWEH* continuó hablando con Moshe: "Yo he estado observando a este pueblo, y tú puedes ver lo duro de cerviz que ellos son. 10 ¡Ahora, déjame solo, para que mi ira se pueda encender contra ellos; y Yo ponga fin a ellos! Yo haré una gran nación de ti en lugar de ellos." 11 Moshe le suplicó a *YAHWEH* su Elohim. El dijo: "*YAHWEH*, ¿ha de encenderse tu ira contra tu propio pueblo, el cual Tú sacaste de la tierra de Mitzrayim con gran poder y una mano fuerte? 12 ¿Por qué dejar que los Mitzrayimim digan: 'Fue con intenciones malignas que El los sacó, para matarlos en las montañas y borrarlos de la faz de la tierra'? ¡Vuélvete de tu ira furiosa! ¡Aplácate! ¡No traigas tal desastre sobre tu pueblo! 13 Recuerda a Avraham, Yitzjak y Yisra'el, tus siervos, a quienes Tú juraste por ti mismo; Tú les prometiste: 'Yo haré su *zera* tantos como las estrellas en el firmamento; y Yo daré esta tierra de la cual Yo he hablado a tu *zera*; y ellos la poseerán para siempre.'" 14 *YAHWEH* entonces cambió de manera de pensar acerca del desastre que El había planeado para su pueblo. 15 Moshe se volvió y descendió de la montaña

con las dos tablas del Testimonio en su mano, tablas inscritas en ambos lados,
por delante y por detrás.[Dt 9:15] 16 Las tablas eran el trabajo de *YAHWEH*; y la
escritura era la escritura de *YAHWEH*, grabada en las tablas. 17 Cuando
Yahoshúa oyó el ruido del pueblo gritando, él dijo a Moshe: "¡Suena como
guerra en el campamento!"[135] 18 El respondió: "Ese no es el clamor de
victoria ni el gemido de la derrota; lo que oigo es el sonido de gente
cantando." 19 Pero en el momento que Moshe se acercó al campamento,
cuando él vio el becerro y el baile, su propia ira se encendió. El tiró las tablas
que él había estado sujetando y las destrozó al pie de la montaña. 20
Agarrando el becerro que ellos habían hecho, lo fundió en el fuego y lo
molió hasta reducirlo a polvo, el cual tiró al agua. Entonces hizo que los hijos
de Yisra'el lo bebieran. 21 Moshe dijo a Aharon: "¿Qué te hizo este pueblo que
te llevó a guiarlos a tan terrible pecado?" 22 Aharon respondió: "Mi señor no
debe estar tan enojado. Tú sabes como es este pueblo, que ellos están
determinados en hacer el mal.[136] 23 Así que ellos me dijeron: 'Haznos dioses
que vayan delante de nosotros; porque este Moshe, el hombre que nos sacó de
la tierra de Mitzrayim – nosotros no sabemos lo que le ha acontecido.' 24 Yo
les respondí: ¡Cualquiera que tenga oro, quíteselo!' Así que me lo dieron a mí.
Yo lo tiré en el fuego, ¡y salió este becerro!" 25 Cuando Moshe vio que el
pueblo estaba fuera de control – porque Aharon les había permitido
desenfrenarse, para escarnio de sus enemigos– 26 Moshe se paró a la entrada
del campamento, y gritó: "¡El que esté por *YAHWEH*, venga a mí!" Todos los
hijos de Levi[137] se juntaron alrededor de él. 27 El les dijo: "Aquí está lo que
YAHWEH el Elohim de Yisra'el dice: '¡Cada uno de ustedes ponga su espada
en su costado; vayan de arriba a bajo en el campamento, de puerta en puerta;
y todo hombre matará a su propio hermano, su propio amigo y su propio
vecino!'"[Nu 25:5] 28 Los hijos de Levi hicieron lo que Moshe dijo, y ese día tres
mil del pueblo murieron.[He 2:2-3] 29 Moshe dijo: "Ustedes se han dedicado hoy
como *Kadosh* a *YAHWEH*, porque cada uno de ustedes ha estado contra su
propio hijo y contra su propio hermano, para traer una bendición sobre
ustedes hoy.[138]"

135 Yahoshúa había esperado durante todos los 40 días en el lugar donde Moshe lo había dejado, debajo de la cumbre del Monte, a una distancia del pueblo y fuera del camino de la tentación.[Jos 6:5; Jue 15:14; Esd 3:11-13; Sal 47:1]

136 Aharon se pudo salvar de la muerte porque fue obligado por el pueblo a hacer el becerro de oro, pero él también pecó.

137 Los Levitas guardaron la pureza de la adoración Israelita al dirigir la adoración y rehusando tomar parte en cualquier asunto de cualquier campo o adoración pagana, los defensores de la verdadera adoración de la Toráh, del memorial del Nombre de *YAHWEH* y del ministerio de Moshe. [Ge 34:25; Nu 1:53; Jos 24:15; 2Cr 30:25]

30 Al día siguiente Moshe dijo al pueblo: "Ustedes han cometido un pecado
terrible. Ahora subiré a *YAHWEH*; quizás pueda expiar su pecado." 31 Moshe

subió otra vez a *YAHWEH*, y dijo: "¡Por favor! Este pueblo ha cometido un
terrible pecado: ellos se han hecho un dios de oro.[Dt 9:18] 32 ¡Ahora, si es tu
voluntad, perdona su pecado! ¡Pero si no lo haces, te suplico, bórrame de tu
libro que Tú has escrito." 33 *YAHWEH* le respondió a Moshe: "Aquellos que
han pecado contra mí son los que borraré de mi libro. 34 Ahora ve y guía al
pueblo al lugar que te dije; mi *Malaj* irá delante de ti. Sin embargo, el tiempo
para castigar vendrá; y entonces Yo los castigaré por su pecado." 35 *YAHWEH*
golpeó al pueblo con una plaga[139] porque ellos habían hecho el becerro, el
que Aharon hizo.[Je 2:19]

Shemot (Nombres) - twmv- Éxodo 33

33 *YAHWEH* dijo a Moshe: "Sal, tú y el pueblo que tú has sacado de la
tierra de Mitzrayim; y muévanse de aquí hacia la tierra de la cual Yo juré a
Avraham, Yitzjak y Ya'akov: 'Yo la daré a su *zera*.' 2 Yo mandaré Mi *Malaj*
delante de ustedes; y Yo echaré los Kenaani, Emori, Hitti, Perizi, Hivi y
Yevusi.[Jos 24:11] 3 Ustedes irán a una tierra que fluye con leche y miel; pero Yo
mismo no iré, porque ustedes son un pueblo tan duro de cerviz que Yo podría
destruirlos por el camino."[Hab 1:13] 4 Cuando el pueblo oyó esta mala noticia,
ellos se enlutaron, y nadie usó sus adornos. 5 *YAHWEH* dijo a Moshe: "Dile a
los hijos de Yisra'el: '¡Ustedes son un pueblo de dura cerviz! ¡Si Yo fuere a
subir con ustedes por tan solo un momento, Yo los exterminaría! Ahora,
mantén tus adornos quitados; entonces Yo decidiré lo que voy a hacer con
ustedes.'" 6 Así que desde el Monte Horev en adelante, los hijos de Yisra'el se
quitaron sus adornos. 7 Moshe tomaba el Tabernáculo y lo plantaba fuera del
campamento, lejos del campamento. El lo llamó el Tabernáculo del
Testimonio. Todos los que querían consultar a *YAHWEH* iban fuera al
Tabernáculo del Testimonio, fuera del campamento. 8 Cuando fuera que
Moshe salía al Tabernáculo, todo el pueblo se levantaba y se ponía en pie,
cada hombre a la puerta de su tienda, y miraba a Moshe hasta que él llegaba y
entraba en el Tabernáculo. 9 Cuando fuera que Moshe entraba en el
Tabernáculo, la columna de nube descendía y se estacionaba a la entrada del
Tabernáculo; y *YAHWEH* hablaba con Moshe.[Sal 99:7] 10 Cuando todo el
pueblo veía la columna de nube estacionada a la entrada del Tabernáculo,
ellos se levantaban y se postraban, cada hombre a la puerta de su tienda. 11
YAHWEH hablaba con Moshe cara a cara, como un hombre habla con su
amigo. Luego regresaba al campamento; pero el joven que era su asistente,
Yahoshúa el hijo de Nun, nunca salía de adentro del Tabernáculo.[140]
12 Moshe dijo a *YAHWEH*: "Mira, Tú me dices: '¡Haz que este pueblo se
mueva adelante!' Pero Tú no me has dicho a quién mandarás conmigo. Sin
embargo, Tú has dicho: 'Yo te conozco por nombre', y también: 'Has
encontrado favor a mi vista.'[Sal 1:6] 13 Ahora, por favor, si es en realidad el

caso que yo he encontrado favor a tu vista, muéstrame tus caminos; para que
yo te entienda a ti y continúe encontrando favor a tu vista. Además, sigue
mirando a esta gran nación como tu pueblo." 14 El respondió: "Pon tu mente
en reposo – mi presencia irá contigo, después de todo." 15 Moshe respondió:
"Si tu presencia no va con nosotros, no nos hagas seguir de aquí. 16 Porque
¿de qué otra forma se conocerá que yo he encontrado favor a tu vista, yo y tu
pueblo, sino por Tú yendo con nosotros? Eso es lo que nos distingue a
nosotros, a mí y a tu pueblo, de todos los otros pueblos de la tierra."

138 En este momento los Levitas se dedicaron como apartados para el sacerdocio que fue ordenado como recompensa y bendición que permitió a los Levitas convertirse en *kohanim* del sistema de sacrificio de animales usado antes del primer advenimiento de Yahshúa.[Nu 25:11-13; De 13:6-11; 33:9-10; 1S 15:18-22; Zc 13:3; Pr 21:3; Mt 10:37]

139 Plagas/pestilencias son castigos que *YAHWEH* inflinge a la humanidad, la mayor parte de ellas mencionadas en Las Escrituras son pestilencias o enfermedades por la desobediencia, pero el castigo en otras ocasiones es de otra índole.

140 *YAHWEH* Padre no es el que hablaba con Moshe, ya que el Padre nunca ha salido de los cielos, Moshe hablaba con *YAHWEH* Hijo o Yahshúa, quien era la nube por el día y la columna de fuego por la noche.[Is 42:8; Ya 2:23]

17 *YAHWEH* dijo a Moshe: "Yo también haré lo que tú me has pedido que
haga, porque tú has encontrado favor a mi vista, y Yo te conozco por
nombre." 18 Pero Moshe dijo: "¡Yo te suplico que me muestres Tu Gloria!" 19
El respondió: "Yo causaré toda mi bondad pasar delante de ti, y en tu
presencia Yo pronunciaré El Nombre de *YAHWEH*. Además, Yo muestro
favor a quien se lo muestro, y manifiesto misericordia a quien sea que se la
manifiesto. 20 Pero mi rostro," El continuó, "no puedes ver, porque un ser
humano no me puede mirar y permanecer vivo. 21 Mira," El dijo, "hay un
lugar cerca de mí; párate en la roca. 22 Cuando Mi Gloria pase, Yo te pondré
en una hendidura de la roca y te cubriré con mi mano, hasta que Yo haya
pasado. 23 Entonces removeré mi mano, y tú verás mi espalda, pero mi rostro
no es para ser visto."[141]

Shemot (Nombres) - twmv- Éxodo 34

34 *YAHWEH* dijo a Moshe: "Corta por ti mismo dos tablas de piedra como
las primeras; y Yo inscribiré en las tablas las palabras que estaban en las
primeras tablas, las cuales tú rompiste. 2 Prepárate para mañana; en la mañana
ascenderás el Monte Sinai y te presentarás a mí en la cumbre de la montaña. 3
Nadie subirá contigo, y nadie será visto en ningún sitio de la montaña, ni aun
dejes que los rebaños o las manadas pacen al pie de la montaña." 4 Moshe
cortó dos tablas de piedra como las primeras. Entonces se levantó temprano
en la mañana y, con las dos tablas de piedra en sus manos, ascendió al Monte

Sinai, como *YAHWEH* había ordenado a él hacer. 5 *YAHWEH* descendió en la nube, se paró allí con él, y pronunció El Nombre de *YAHWEH*. 6 *YAHWEH* pasó delante de él y proclamó: "¡¡¡*YUD-HEH-VAV-HEH*!!! *Yud-Heh-Vav-Heh* [vuvh-YHWH] es Elohim, misericordioso y compasivo, tardo para la ira, rico en misericordia, resignación, compasión y verdad; 7 mostrando gracia hasta la milésima generación, perdonando iniquidad, transgresiones y pecados; aun absolviendo al que no es inocente,[142] pero causando los efectos negativos de las ofensas de los padres que sean experimentados por sus hijos y nietos, y aun por la tercera y cuarta generaciones.[143]" 8 A una Moshe inclinó su cabeza a tierra, se postró, 9 y dijo: "Si yo ahora he encontrado favor a tu vista, *YAHWEH*, entonces deja que *YAHWEH* vaya con nosotros, aun si ellos son un pueblo de dura cerviz; y perdona nuestras ofensas y nuestro pecado; y tómanos como tu posesión." 10 El dijo: "Aquí está, Yo estoy haciendo un Pacto delante de todo tu pueblo. Yo haré maravillas cuales no han sido creadas en ningún sitio en la tierra ni en ninguna nación. Todo el pueblo alrededor de ti verá la obra de *YAHWEH*. ¡Lo que Yo voy a hacer a través de ti será imponente! 11 Observa lo que Yo te estoy ordenando hacer hoy.[Dt 5:32; 12:28; 28:1] ¡Aquí está! Estoy echando delante de ti al Emori, Hitti, Perizi, y Yevusi. 12 Ten cuidado de no hacer un pacto con la gente que vive en la tierra a donde tú vas, para que ellos no se conviertan en trampa entre las propias fronteras de ustedes.[Jos 23:12; Sal 106:36]

141 Como dicho anteriormente, el que se mostró a Moshe era *YAHWEH*-Yahshúa, no le mostró el rostro porque hay un nivel de esa *Shejinah* (Gloria) del Padre *YAHWEH* que no es permitido a los humanos verla, porque es tan brillante, y tan deslumbrante, que no hay mortal capaz de comprenderla, pero si alguien se atreve a mirarla, todo su ser se derretiría. En tal
inconcebible Esplendor en la Majestad Divina revelada a los habitantes del mundo celestial, donde se dice que El habita en luz que ningún humano se puede acercar, (1 Ti 6:16).

142 Heb, *nakkeh lo yenakkeh*, "absolviendo al que no es inocente." Nada puede expresar mejor la bondad de *YAHWEH* hacia los débiles mortales que esta declaración que ha sido malentendida y mal traducida. En todas las otras versiones dice: "no perdonando al culpable," lo cual no tiene sentido porque todos pecamos y todos somos culpables y lo hemos sido.

143 De aquí sale el término "maldiciones generacionales", pero el método de romper con estas no es el de "limpias cristianas hechiceras" o "liberaciones cristianas" sino con obediencia a la Toráh y usando los nombres *Kadoshim* de *YAHWEH* y Yahshúa (Jos 1:3-9; Ef 6:10-18). ¿Puede un pastor cristiano que está en desobediencia a la Toráh, liberarte de nada?

13 Más bien, demolerás sus altares, destroza sus imágenes de piedra y corta sus postes sagrados;[144] 14 Porque no te inclinarás a ningún otro dios; puesto que *YAHWEH* – cuyo mismo Nombre es Celoso – es un Elohim celoso. 15 No hagas un pacto con el pueblo que vive en La Tierra. Te causará ir extraviado tras sus dioses y sacrificar a sus dioses. Luego ellos te invitarán a que te unas

con ellos para comer de sus sacrificios, 16 y tomarás sus hijas como esposas
para tus hijos.[145] ¡Sus hijas se prostituirán tras sus propios dioses y harán que
tus hijos hagan lo mismo! 17 "No se fundirán dioses de metal para ustedes
mismos.[cp 32:8; Le 19:4 Is 46:6-7; Je 10:14; Hch 17:29] 18 "Guarda la festividad de *matzah*
comiendo *matzah*, como Yo te ordené, por siete días durante el mes de Aviv;
porque fue en el mes Aviv que saliste de la tierra de Mitzrayim.[ver cp 12]
19 "Todo lo que es primer nacido del vientre es mío. De todos tus animales de
cría, apartarás para mí los machos, el primogénito del ganado y del rebaño.[Je
1:5; Sal 58:3] 20 El primogénito del asno redimirás con un cordero; si no lo
redimes, quiebra su cerviz. Todos los hijos primogénitos de tus hijos
redimirás, nadie aparecerá delante de mí con las manos vacías. 21 "Seis días
trabajarás, pero en el séptimo descansarás – aun en temporada de siembra y
cosecha descansarás.[cp 20:9-11; Dt 5:12; Lu 13:14] 22 Observa la festividad de
Shavuot con el primer producto recogido de la cosecha de trigo, y la
festividad de la recogida al final del año. 23 Tres veces al año todos tus
hombres se presentarán delante del Amo *YAHWEH*, el Elohim de Yisra'el.[Lv
23] 24 Porque Yo voy a echar las naciones delante de ti y expandiré tu
territorio, y nadie ni aun codiciará tu tierra cuando subas a aparecer delante de
YAHWEH tu Elohim tres veces al año. 25 No ofrecerás la sangre de mi
sacrificio con pan leudado, y el sacrificio de la festividad de *Pésaj* no será
dejado hasta la mañana. 26 Traerás los mejores frutos de tu tierra a la casa de
YAHWEH tu Elohim.[Dt 26:12; Pr 3:9; Mt 6:33; 1Co 15:20; Ya 1:18] "No cocerás un
cabrito en la leche de su madre.[ver nota cp 23:19]" 27 *YAHWEH* dijo a Moshe:
"Escribe estas palabras, porque son los términos del Pacto que Yo he hecho
contigo y con Yisra'el." 28 Moshe estuvo allí con *YAHWEH* cuarenta días y
cuarenta noches, durante cuyo tiempo no comió alimento ni bebió agua.
YAHWEH escribió en las tablas las palabras del Pacto. Las Diez Palabras.[cp
31:18; 32;16; Dt 31:9; 49:8] 29 Cuando Moshe descendió del Monte Sinai con las dos
tablas del Testimonio en su mano, él no sabía que la piel de su rostro estaba
enviando rayos de luz como resultado de él hablar con *YAHWEH*.[Ro 10:4; 2Co
3:7-9] 30 Cuando Aharon y los hijos de Yisra'el vieron a Moshe, la piel de su
rostro resplandecía; y ellos tenían temor de acercarse a él. 31 Pero Moshe los
llamó hacia él; entonces Aharon y todos los ancianos de la asamblea vinieron
a él, y Moshe habló con ellos. 32 Después, todos los hijos de Yisra'el se
acercaron; y él pasó a ellos todas las órdenes que *YAHWEH* le había dicho en
el Monte Sinai.

144 Los demonios han tenido éxito en conseguir que los hombres adoraran a los elementos de la naturaleza, al sol, a las estrellas, a los animales, árboles, abejas, pájaros, reptiles, y todo lo que *YAHWEH* una vez creó. Pero, lo más sencillo para convencer al hombre de que adore es el sexo. Por eso los satanistas crearon el ***Octuplo Sendero hacia la Iluminación***, con el círculo en el centro. Este círculo representa la vulva de la hembra en su enseñanza espiritual ocultista. El obelisco fue creado por el demonio "Príncipe de Egipto", uno de los demonios más poderosos del Infierno. El susurró en la mente de los líderes Egipcios que el *ruaj* de su dios Sol, Ra, vivía dentro del obelisco. Los Egipcios fueron persuadidos a "darle la cara al obelisco" por lo menos una vez al día, y hasta tres veces si fuese posible. El obelisco es el símbolo perfecto del miembro masculino erecto. Hay un obelisco en el centro de la Plaza de "San Pedro" en Roma.[cp 23:24; De 7:5,25-26; 12:2-3; Jue 2:2; 6:25; 2R 18:4; 23:14; Is 19:19; 2Cr 31:1; 34:3-4]

145 Shaúl lo llama Yugo Desigual. [Nu 25:1-2; De 7:3-4; 1R 11:2-4; Esd 9:2; Ne 13:23,25; 2C 6:14-17]

33 Una vez que Moshe había terminado de hablar con ellos, él puso un velo en
su rostro. 34 Pero cuando él iba delante de *YAHWEH* para que El hablara, él se
quitaba el velo hasta que salía; luego, cuando salía, él le decía a los hijos de
Yisra'el lo que El había ordenado. 35 Pero cuando los hijos de Yisra'el vieron
el rostro de Moshe, que la piel del rostro de Moshe resplandecía, él se ponía el
velo de vuelta sobre su rostro hasta que iba otra vez a hablar con
YAHWEH.[He 4:16]

Referencias;
Haftarah Ki Tissa: Melajim Alef (1 Reyes) 18:1-39
Lecturas sugeridas del Brit Hadashah para la Parashah Ki Tissa:
Lucas 11:14-20; Hechos 7:35-8:1; 1c Corintios 10:1-13; 2 Corintios 3:1-18
Parashah 22: Vayak'hel (El congregó) 35:1-38:20

Shemot (Nombres) – twmv– Éxodo 35

35 Moshe reunió a toda la congregación de los hijos de Yisra'el, y les dijo a
ellos: "Estas son las cosas que *YAHWEH* les ha ordenado hacer:[Mt 7:21; Ya 1:22]
2 En seis días se trabajará, pero el séptimo día será un día *Kadosh* para
ustedes, un *Shabbat* de completo descanso en honor de *YAHWEH*. Cualquiera
que haga algún tipo de trabajo en él será puesto a muerte.[cp 20] 3 No
encenderán un fuego en ninguna de sus casas en *Shabbat*."[cp 16:23; 58:13]
4 Moshe dijo a toda la congregación de los hijos de Yisra'el: "Aquí está lo que
YAHWEH ha ordenado: 5 'Tomen una colecta para *YAHWEH* de entre ustedes
– cualquiera cuyo corazón le hace dispuesto a traer la ofrenda a *YAHWEH*:
oro, plata y bronce; 6 hilo azul, púrpura y escarlata; lino fino, pelo de cabra, 7
pieles de carnero teñidas y piel fina; madera de acacia; 8 aceite para la luz,
especias para el aceite de la unción y para el incienso fragante; 9 piedras de
esmeralda y piedras para ser montadas, para el efod y el oráculo.[ver 25:2-7]
10 "Entonces que todos los artesanos de entre ustedes vengan y hagan todo lo
que *YAHWEH* ha ordenado: 11 el Tabernáculo con su tienda, cubierta,
broches, tablas, travesaños, postes y bases; 12 el Arca con sus varas, la
cubierta del Arca y la cortina para taparla; 13 la mesa con sus varas, todos sus
utensilios y el pan de la presencia; 14 la *menorah* para la luz con sus utensilios
y lámparas, y el aceite para la luz; 15 el altar del incienso con sus varas; el
aceite de la unción; el incienso fragante; la pantalla para la entrada del
Tabernáculo; 16 el altar para las ofrendas quemadas, con sus varas y todos sus

utensilios; la pila con su base; 17 los tapices para el patio, con sus postes y
bases; la pantalla para la entrada del patio; 18 las estacas para la tienda para
el Tabernáculo; las estacas para el patio, con sus cuerdas; 19 las vestiduras
para oficiar, para servir en el Lugar Makon Kadosh; y las vestiduras
Kadoshim para Aharon el *kohen* y las vestiduras para sus hijos, para que
puedan servir en el oficio de *kohen*.'" 20 Entonces toda la congregación de los
hijos de Yisra'el se retiró de la presencia de Moshe; 21 y ellos vinieron, todos
los que cuyos corazones se dispusieron y todos los que su espíritu los dispuso,
y trajeron ofrendas para *YAHWEH* para el trabajo en el Tabernáculo del
Testimonio, para el servicio y para las vestiduras *Kadoshim*. 22 Ambos
hombres y mujeres vinieron, todos con corazones dispuestos; trajeron argollas
de nariz, aretes, anillos, cintos, todo tipo de joyas de oro – todos traían una
ofrenda de oro para *YAHWEH*. 23 Todos los que tenían hilo de azul, púrpura o
escarlata; lino fino; pieles de carnero teñidas o pieles finas las trajeron. 24
Todos los que contribuían plata o bronce trajeron su ofrenda para *YAHWEH*,
y todos los que tenían madera de acacia apropiada para el trabajo la trajeron.
25 Todas las mujeres que eran experimentadas en hilar se pusieron a trabajar y
trajeron lo que habían hilado, el hilo azul, púrpura y escarlata, y el lino fino.
26 Asimismo las mujeres cuyos corazones las movían para usar su destreza
hilaron el pelo de cabra. 27 Los ancianos trajeron las piedras de esmeralda y
las piedras para montarlas, para el efod y el oráculo; 28 las especias; el aceite
para la luz, para el aceite de la unción y para el incienso fragante. 29 Así todos
los hombres y mujeres de los hijos de Yisra'el cuyo corazón lo movió a
contribuir a cualquier trabajo que *YAHWEH* había ordenado por medio de
Moshe lo trajo a *YAHWEH* como ofrenda voluntaria. 30 Moshe dijo a los hijos
de Yisra'el: "Miren, *YAHWEH* ha escogido a Betzalel el hijo de Uri, el hijo de
Hur, de la tribu de Yahudáh. 31 El lo ha llenado con el *Ruaj* de Elohim – con
sabiduría, entendimiento y conocimiento referente a todo tipo de artesanía. 32
El es maestro de diseño en oro, plata, bronce, 33 cortando piedras preciosas
para montar, tallando madera y todas las otras artesanías. 34 *YAHWEH*
también le ha dado a Oholiav el hijo de Ajisamaj, de la tribu de Dan, la
habilidad para enseñar a otros. 35 El los ha llenado con la destreza necesitada
para todo tipo de trabajo, ya sea hecho por un artesano, un diseñador, un
bordador usando hilo de azul, púrpura y escarlata y lino fino, o un tejedor –
ellos tienen la destreza para todo tipo de trabajo y diseño.

Shemot (Nombres) – twmv– Éxodo 36

36 "Betzalel y Oholiav, junto con todos los artesanos a quienes *YAHWEH*
había dotado con la sabiduría y la destreza necesaria para hacer el trabajo
necesitado para el Lugar Kadosh, harán exactamente de acuerdo a todo lo que
YAHWEH ha ordenado." 2 Moshe llamó a Betzalel, Oholiav y a todos los

artesanos a quienes *YAHWEH* había dado sabiduría, todo al que su corazón lo
movió para venir y tomar parte en el trabajo. 3 Ellos recibieron de Moshe
todas las ofrendas que los hijos de Yisra'el habían traído para el trabajo de
edificar el Lugar Kadosh. Pero ellos aun seguían trayendo ofrendas
voluntarias todas las mañanas, 4 hasta que los artesanos que hacían el trabajo
para el Lugar Kadosh dejaron el trabajo en el cual estaban envueltos 5 para
decirle a Moshe: "La gente está trayendo mucho más de lo que es necesitado
para hacer el trabajo que *YAHWEH* ha ordenado." 6 Así que Moshe dio una
orden que fue proclamada por el campamento: "Ni hombres ni mujeres harán
más esfuerzos para hacer contribuciones adicionales. 7 Porque lo que ellos ya
tenían no sólo era suficiente para hacer todo el trabajo, ¡sino demasiado![146]
8 Todos los hombres con destreza entre ellos que hicieron el trabajo hicieron
el Tabernáculo, usando diez cortinas de lino fino finamente tejido y de hilo de
azul, púrpura[147] y escarlata.[148] Las hicieron con *keruvim* bordados que
habían sido hechos por artesanos diestros. 9 Cada cortina era de cuarenta y
dos pies de largo y seis pies de ancho; todas las cortinas eran del mismo
tamaño. 10 Unió cinco cortinas una con otra, y las otras cinco cortinas unió
una con otra. 11 Hizo gazas de azul en el borde de la cortina al extremo del
primer juego e hicieron lo mismo en el borde de la cortina al extremo del
segundo juego. 12 Hizo cincuenta gazas en la primera cortina, y cincuenta
gazas al borde de la cortina en el segundo juego; las gazas estaban opuestas
una a la otra. 13 Hizo cincuenta broches de oro y abrochó las cortinas una con
otra con los broches, así el Tabernáculo formó una sola unidad.
14 Hizo cortinas de pelo de cabra para ser usadas como una tienda de cubierta
para el Tabernáculo, él hizo once cortinas. 15 Cada cortina era de cuarenta y
cinco pies de largo y seis pies de ancho; todas las once cortinas eran del
mismo tamaño. 16 Unió cinco cortinas una a la otra y seis cortinas una a la
otra. 17 Hizo cincuenta gazas en el borde de la cortina del extremo en el
primer juego y cincuenta gazas en la cortina del extremo en el segundo juego.

146 Cuando ABBA *YAHWEH* pone en el corazón traer ofrenda, la gente trae más de lo que se necesita v. 35:29, pero cuando el pastor la exige, es para su propio beneficio y eso no es lo que enseñó Yahshúa.

147 Azul y púrpura, Se supone que era obtenido de un molusco del mediterráneo, el Helix ianthina de Linnaeus.

148 Este tinte era obtenido por los Egipcios del molusco Carthamus tinctorius; y por los Hebreos era sacado del Coccus ilicism un insecto que infesta los árboles de Roble, llamado kermes por los Árabes.

18 Hizo cincuenta broches de bronce para unir la tienda, para que fuera una
sola unidad. 19 Hizo una cubierta para la tienda de pieles de carnero teñidas y
una cubierta exterior de piel fina. 20 Hizo las tablas verticales para el
Tabernáculo de madera de acacia. 21 Cada tabla era de quince pies de largo y
dos y cuarto pies de ancho. 22 Había dos proyecciones en cada tabla, y las

tablas fueron unidas una con otra. Así es como hizo todas las tablas para el
Tabernáculo. 23 Hizo las tablas para el Tabernáculo como sigue: veinte tablas
para el lado sur, mirando hacia el sur. 24 Hizo cuarenta bases de plata debajo
de las veinte tablas, dos bases debajo de una tabla para sus proyecciones y dos
bases debajo de otra tabla para sus dos proyecciones. 25 Para el segundo lado
del Tabernáculo, hacia el norte, hizo veinte tablas 26 y sus cuarenta bases de
plata, dos bases debajo de una tabla y dos debajo de otra. 27 Para la parte de
atrás del Tabernáculo, hacia el oeste, hizo seis tablas. 28 Para las esquinas del
Tabernáculo en la parte de atrás hizo dos tablas 29 dobles desde abajo hasta
arriba pero unidas por una sola argolla. Hizo lo mismo con ambas de ellas en
las dos esquinas. 30 Así que había ocho tablas con sus bases de plata, dieciséis
bases, dos bases debajo de cada tabla. 31 Hizo travesaños de madera de acacia,
cinco para las tablas de un lado del Tabernáculo, 32 cinco travesaños para las
tablas del otro lado del Tabernáculo, y cinco travesaños para las tablas en el
otro lado del Tabernáculo en la parte de atrás hacia el oeste. 33 Hizo el
travesaño del medio para que se extendiera desde un extremo de las tablas
hasta el otro, a la mitad. 34 Recubrió las tablas con oro, hizo argollas de oro
para ellas por las cuales los travesaños pasaban y recubrió los travesaños con
oro. 35 Hizo la cortina de hilo de azul, púrpura y escarlata y lino finamente
tejido.[149] Y lo hizo con *keruvim* bordados que habían sido hechos por un
diestro artesano. 36 Hizo para él cuatro postes de madera de acacia y los
recubrió de oro, y cuatro ganchos; y fundió para ellos cuatro bases de plata.
37 Para la entrada a la tienda hizo una pantalla de hilo de azul, púrpura y
escarlata y lino finamente tejido, en colores, el trabajo de un tejedor; 38 con
sus cinco postes y sus ganchos. Recubrió con oro los capiteles de los postes y
sus argollas unidas para colgar, mientras que las cinco bases eran de bronce.

Shemot (Nombres) - twmv- Éxodo 37

37 Betzalel hizo el Arca de madera de acacia tres y tres cuarto pies de largo,
dos y cuarto pies de ancho y dos y cuarto pies de alto. 2 Lo recubrió con oro
puro por dentro y por fuera y puso una moldura de oro en derredor de la parte
superior. 3 Fundió cuatro argollas de oro para sus cuatro patas, dos argollas en
cada lado. 4 Hizo varas de madera de acacia y las recubrió con oro. 5 Puso las
varas para cargar el Arca en las argollas a los lados del Arca. 6 Hizo una
cubierta para el Arca de oro puro, tres y tres cuartos pies de largo y dos y
cuarto pies de ancho. 7 Hizo dos *keruvim* de oro; los hizo labrados a martillo
para los dos extremos de la cubierta del Arca. – 8 un *keruv* para un extremo y
un *keruv* para el otro extremo; hizo los *keruvim* de una pieza con la cubierta
del Arca en sus dos extremos. 9 Los *keruvim* tenían sus alas extendidas por
encima, así sus alas cubrían el Arca; sus rostros uno enfrente del otro y
hacia la cubierta del Arca.

149 Heb. *Parajot,* de *paraj,* separar, dividir, hacer distinción entre algo. El velo interior que dividía el tabernáculo en dos, y separaba, y hacía una distinción entre el Lugar Makon Kadosh y el Lugar Kadosh Kadoshim.

10 Hizo la mesa de madera de acacia, tres pies de largo, dieciocho pulgadas de
ancho y dieciocho pulgadas de alto. 11 La recubrió con oro puro y puso una
moldura de oro en derredor de la tapa. 12 Hizo en derredor de ella un reborde
de un palmo menor de anchura y puso una moldura de oro en derredor del
reborde. 13 Fundió para ella cuatro argollas de oro y unió las argollas a las
cuatro esquinas cerca de las cuatro patas. 14 Las argollas para sostener las
varas de cargar para la mesa fueron puestas cerca del reborde. 15 Hizo las
varas de cargar para la mesa de madera de acacia y las recubrió de oro. 16
Hizo los utensilios que habrían de ser puestos en la mesa – sus platos,
sartenes, tazones y jarras – de oro puro. 17 Hizo la *menorah* de oro puro. La
hizo labrada a martillo; su base, astil, tazas, circuito de hojas y flores
exteriores eran una sola unidad. 18 Había seis ramas que se extendían de sus
lados, tres ramas de la *menorah* en un lado y tres en el otro. 19 En una rama
había tres tazas moldeadas en forma de flores de almendro, un aro exterior de
hojas y pétalos, asimismo en la rama opuesta tres tazas moldeadas en forma
de flores de almendro, un aro exterior de hojas y pétalos; y similarmente para
todas las seis ramas que se extendían de la *menorah.* 20 En el astil central de la
menorah había cuatro tazas moldeadas en forma de flores de almendro, cada
una con su aro exterior de hojas y pétalos. 21 Donde cada par de ramas se unía
al astil central había un aro exterior de hojas y pétalos con el par de ramas, así
era para todas las seis ramas. 22 Sus aros de hojas exteriores y sus ramas eran
de una pieza con el astil. Así toda la *menorah* era de una pieza labrada a
martillo hecha de oro puro. 23 Hizo sus siete lámparas, sus tenazas y bandejas
de oro puro. 24 La *menorah* y sus utensilios fueron hechos de sesenta y seis
libras de oro puro. 25 Hizo el altar en el cual quemar incienso de madera de
acacia, dieciocho pulgadas cuadradas y tres pies de alto; sus cuernos eran una
sola unidad. 26 Lo recubrió con oro puro – su cubierta, y todo en derredor de
los lados y sus cuernos; y puso en derredor de él una moldura de oro. 27 Hizo
dos argollas de oro para él debajo de su moldura en las dos esquinas en ambos
lados, para sostener las varas de cargar. 28 Hizo las varas de madera de acacia
y las recubrió con oro. 29 Hizo el aceite *Kadosh* de la unción y el incienso
puro de sustancias de plantas aromáticas como lo haría un experto perfumero.

Shemot (Nombres) - twmv- Éxodo 38

38 El hizo el altar para las ofrendas quemadas de madera de acacia, siete y
medio pies de largo y siete y medio pies de ancho – era cuadrado – y cuatro y

medio pies de alto.[150] 2 Hizo cuernos para él en sus cuatro esquinas, los
cuernos eran de una sola pieza con él, y lo recubrió con bronce. 3 Hizo todos
los utensilios para el altar – sus ollas, palas, tazones, garfios para la carne y
braseros; todos los utensilios hechos de bronce. 4 Hizo para el altar un
enrejado de malla de bronce, debajo de su reborde, llegando hasta la mitad del
altar. 5 Fundió cuatro argollas para las cuatro esquinas del enrejado de bronce
para sostener las varas. 6 Hizo las varas de madera de acacia y las recubrió
con bronce. 7 Puso las varas de cargar en las argollas en los lados del altar;
lo hizo de tablas y hueco por dentro. 8 Hizo la pila con su base de bronce de
los espejos de las mujeres[151] que servían a la entrada de el Tabernáculo del
Testimonio. 9 Hizo el patio. En el lado sur, mirando al sur, los tapices para el
patio eran hechos de lino finamente tejido, 150 pies de largo, 10 sostenidos
sobre veinte postes en veinte bases de bronce; los ganchos en los postes y las
argollas unidas para colgar eran de plata.

150 El altar se supone que estuviera lleno de tierra cuando era usado, como es expresamente dicho en c 20:24, que el altar tiene que ser de tierra.

151 Estos espejos no son como los que conocemos ahora, ya que en ese tiempo no se conocían. Eran de bronce pulido o algún otro metal, podrían haber sido de plata.

11 En el lado norte los tapices eran de 150 pies de largo, colgados en veinte
postes en veinte bases de bronce, con los ganchos de los postes y las argollas
de plata. 12 En el lado oeste los tapices eran de setenta y cinco pies de largo,
colgados en diez postes en diez bases, con los ganchos en los postes y las
argollas de plata. 13 En el lado este los tapices eran de setenta y cinco pies de
largo. 14 Los tapices para un lado [de la entrada] eran veintidós y medio pies,
colgados en tres postes en tres bases; 15 asimismo para el otro lado – en cada
lado [de la entrada] había tapices de veintidós y medio píes de largo en tres
postes en tres bases. 16 Todos los tapices para el patio, a todo derredor, eran
de lino finamente tejido; 17 las bases para los postes eran de bronce; los
ganchos en los postes y sus argollas eran de plata; los capiteles de los postes
estaban recubiertos con plata; y todos los postes del patio eran enchapados
con plata. 18 La pantalla para la entrada al patio era el trabajo de un tejedor en
colores de hilo de azul, púrpura y escarlata y lino finamente tejido. Su largo
era treinta pies y su altura siete y medio pies en toda la altura, como los
tapices del patio. 19 Tenía cuatro postes en cuatro bases de bronce, con
ganchos de plata, capiteles recubiertos con plata y broches de plata. 20 Las
estacas de tienda para el Tabernáculo y para el patio en derredor de él eran de
bronce.

Haftarah Vayak'hel: Melajim Alef (1 Reyes) 7:13-50
Lecturas sugeridas del Brit Hadashah para la Parashah Vayak'hel:
2 Corintios 9:1-15; Israelitas Mesiánicos 9:1-14; Revelación 11:1-13
Parashah 23: P'kudei (Cuentas) 38:21-40:38
[En años regulares leer con Parashah 22, en años bisiestos leer separadamente]

21 Estas son las cuentas del Tabernáculo del Testimonio, registradas, como
Moshe ordenó, por los *Leviim* bajo la dirección de Itamar el hijo de Aharon,
el *kohen.* 22 Betzalel el hijo de Uri, el hijo de Hur, de la tribu de Yahudáh,
hizo todo lo que *YAHWEH* ordenó a Moshe hacer. 23 Asistiéndole estaba
Oholiav el hijo de Ajisamaj, de la tribu de Dan, que era grabador, diseñador y
tejedor en colores – en hilo de azul, púrpura y escarlata y en lino fino.
24 Todo el oro usado para el trabajo en todo lo necesitado para el Lugar
Kadosh, el oro de la ofrenda, pesaba 29 talentos y 730 *shekels* [1,930 libras],
usando el *shekel* del Lugar Kadosh. 25 La plata dada por la congregación
pesaba 100 talentos y 1,775 *shekels* [6,650 libras], usando el *shekel* del Lugar
Kadosh. 26 Esto era un *beka* por persona, esto es, medio *shekel* [la quinta parte
de una onza], usando el *shekel* del Lugar Kadosh, para todos los de veinte
años o mayores contados en el censo, 603,550 hombres. 27 Los cien talentos
de plata fueron usados para fundir bases para el Lugar Kadosh y las bases
para las cortinas – cien bases hechas de los cien talentos, un talento [sesenta y
seis libras] por base. 28 Los 1,775 *shekels* [cincuenta libras] él usó para hacer
ganchos para los postes, para recubrir sus capiteles y para hacer broches para
ellos. 29 El bronce en la ofrenda fue de 4,680 libras. 30 El lo usó para hacer las
bases para la entrada del Tabernáculo del Testimonio, el altar de bronce, su
enrejado de bronce, todos los utensilios para el altar, 31 las bases para el patio
alrededor, las bases para la entrada, todas las estacas de tienda para el
Tabernáculo y todas las estacas de tienda para el patio alrededor de él.

Shemot (Nombres) - twmv- Éxodo 39

39 Del hilo de azul, púrpura y escarlata ellos hicieron las vestiduras para
oficiar, para servir en el Lugar Makon Kadosh; e hicieron las vestiduras
Kadoshim para Aharon, como *YAHWEH* había ordenado a Moshe. 2 El hizo
el efod de oro, de hilos de azul, púrpura y escarlata, y de lino finamente
tejido. 3 Martillaron el oro en placas delgadas y las cortaron en tiras para
poderlas trabajar en el hilo de azul, púrpura y escarlata y el lino fino trabajado
por artesanos diestros. 4 Ellos hicieron hombreras para ello, uniéndolas;
estaban unidas a los dos extremos. 5 La banda decorada en el efod, usada para
sujetarlo, era del mismo trabajo y materiales – oro, hilo de azul, púrpura y
escarlata; y lino finamente tejido – como *YAHWEH* había ordenado a Moshe.
6 Ellos trabajaron las piedras de esmeralda,[152] montadas sobre monturas de
oro, grabándolas con los nombres de los hijos de Yisra'el como grabarían en
un sello. 7 Entonces las puso en las hombreras del efod recordando los hijos
de Yisra'el, como *YAHWEH* había ordenado a Moshe. 8 El hizo el oráculo; fue
hecho por un diestro artesano y hecho como el trabajo del efod – de oro, hilo
de azul, púrpura y escarlata; y lino finamente tejido. 9 Cuando doblado en dos,

el oráculo era cuadrado – doblado, era de un palmo por un palmo. 10 Ellos
montaron en él cuatro hileras de piedras; la primera hilera era una cornalina,
un topacio y una esmeralda; 11 la segunda hilera era un feldespato verde, un
zafiro, y un diamante; 12 la tercera hilera era un circón naranja, un ágata y un
amatista; 13 y la cuarta hilera un berilo, un ónice y un jaspe. Fueron montadas
en las montaduras de oro. 14 Las piedras corresponderán a los nombres de los
doce hijos de Yisra'el; fueron grabadas con sus nombres, grabadas como un
sello es grabado, cada nombre representando una de las doce tribus. 15 "En el
oráculo ellos hicieron dos cadenas de oro puro torcidas como cordones. 16
También para el oráculo hicieron dos molduras de oro y dos argollas de oro; y
pusieron las dos argollas en los dos extremos del oráculo. 17 Pusieron las dos
cadenas de oro torcidas en las dos argollas en los dos extremos del oráculo; 18
unieron los otros dos extremos de las cadenas torcidas al frente de las
hombreras del efod. 19 Hicieron también dos argollas de oro y las pusieron en
los dos extremos del oráculo, en el borde, en la parte que mira al efod. 20
También hicieron dos argollas de oro y las unieron abajo en la parte delantera
de las hombreras del efod, cerca de la juntura del efod y la banda decorada. 21
Entonces unieron el oráculo por sus argollas a las argollas del efod con un
cordón azul, para que pudiera estar en la banda decorada del efod, y para que
el oráculo no se soltara del efod – como *YAHWEH* había ordenado a Moshe.
22 El hizo el manto para el efod; fue tejido en su totalidad de azul, 23 con su
abertura para la cabeza en el medio como de un abrigo de malla, con un
reborde alrededor de la abertura, para que no se rasgara. 24 En el dobladillo
hicieron granadas de azul, púrpura y escarlata y lino tejido en todo derredor;
25 e hicieron campanillas de oro puro y pusieron las campanillas entre las
granadas en todo derredor en el dobladillo – 26 esto es, campanilla de oro,
granada, campanilla de oro, granada, todo alrededor del dobladillo del manto
para el servicio – como *YAHWEH* había ordenado a Moshe. 27 Hicieron
túnicas de lino finamente tejido para Aharon y sus hijos, 28 el turbante de lino
fino, el espléndido atuendo de cabeza de lino fino, los calzoncillos de lino, 29
y la banda de lino finamente tejido de hilo de azul, púrpura y escarlata, el
trabajo de un tejedor en colores – como *YAHWEH* había ordenado a Moshe.
30 Ellos hicieron el ornamento para el turbante *Kadosh* de oro puro,
escribieron en él las palabras: "Apartado para *YAHWEH*," como grabado de
sello; 31 y ataron un cordón azul en él para sujetarlo al frente del turbante –
como *YAHWEH* había ordenado a Moshe. 32 Así todo el trabajo para el
Tabernáculo del Testimonio, fue terminado, con los hijos de Yisra'el haciendo
exactamente como *YAHWEH* había ordenado a Moshe.

152 La palabra Hebrea usada es *shoham* y no ha sido determinado su exacto significado, puede ser ónice o esmeralda.

33 Entonces trajeron el Tabernáculo a Moshe – la tienda y todo su mobiliario,
broches, tablas, travesaños, postes y bases; 34 la cubierta de pieles de carnero
teñidas, la cubierta de piel fina, y la cortina para la pantalla; 35 el Arca para el
Testimonio, sus varas y la cubierta del Arca; 36 la mesa, todos los utensilios y
el Pan de la Presencia; 37 la *menorah* pura, sus lámparas y según el arreglo de
exhibición, sus accesorios y aceite para la luz; 38 el altar de oro; el aceite de la
unción; el incienso fragante; la pantalla para la entrada a la tienda; 39 el altar
de bronce con su enrejado de bronce, varas y todos sus utensilios; la pila con
su base; 40 los tapices para el patio, con sus postes y bases; la pantalla para la
entrada al patio, con sus cuerdas y las estacas de tienda; todos los utensilios
para el servicio en el Tabernáculo del Testimonio; 41 Las vestiduras para
oficiar, para el servicio en el Lugar Makon Kadosh; las vestiduras *Kadoshim*
para Aharon el *kohen*; y las vestiduras para sus hijos para servir en el oficio
de *kohen*. 42 Los hijos de Yisra'el hicieron todo el trabajo justo como
YAHWEH le había ordenado a Moshe. 43 Moshe vio todo el trabajo, y – ¡allí
estaba! – ¡ellos lo habían hecho! Exactamente como *YAHWEH* había
ordenado, ellos lo habían hecho. Y Moshe los bendijo.

Shemot (Nombres) - twmv- Éxodo 40

40 *YAHWEH* dijo a Moshe: 2 "En el primer día del primer mes en al luna
nueva armarás el Tabernáculo del Testimonio. 3 Pon en él el Arca para el
Testimonio, y oculta el Arca con la cortina. 4 Trae la mesa adentro, y arregla
su exhibición. Trae la *menorah* adentro, y enciende sus lámparas. 5 Pon el
altar de oro para el incienso al frente del Arca para el Testimonio, y pon la
pantalla a la entrada del Tabernáculo. 6 Pon el altar para las ofrendas
quemadas delante de la entrada del Tabernáculo del Testimonio. 7 Pon la pila
entre el Tabernáculo del Testimonio y el altar, y pon agua en ella. 8 Monta el
patio todo en derredor, y cuelga la pantalla para la entrada al patio. 9 "Toma el
aceite de la unción, y unge el Tabernáculo y todo en él – dedícalo como
Kadosh con todo su mobiliario; entonces será *Kadosh*. 10 Unge el altar para
las ofrendas quemadas con sus utensilios – dedica el altar; entonces el altar
será especialmente *Kadosh*. 11 Unge la pila y su agua, y dedícala como
Kadosh. 12 "Entonces trae a Aharon y sus hijos a la entrada del Tabernáculo
del Testimonio y lávalos con agua. 13 Viste a Aharon con las vestiduras
Kadoshim, úngelo, y dedícalo como *Kadosh*, para que él pueda servir en el
oficio de *kohen*. 14 Trae a sus hijos, pon túnicas sobre ellos, 15 y úngelos como
ungiste a su padre, para que ellos me puedan servir en el oficio de *kohen*. Su
unción significará que el oficio de *kohen* es de ellos por todas sus
generaciones.[153]" 16 Moshe hizo esto – él actuó de acuerdo con todo lo que
YAHWEH le había ordenado a él hacer.

17 En el primer día del mes del segundo año, después que ellos habían salido
de la tierra de Mitzrayim, en la luna nueva, el Tabernáculo fue erigido. 18
Moshe erigió el Tabernáculo, puso sus bases en su lugar, erigió las tablas,
puso los travesaños y puso sus postes. 19 El extendió la tienda sobre el
Tabernáculo y puso la cubierta de la tienda sobre ella, como *YAHWEH* había
ordenado a Moshe. 20 El tomó y puso el Testimonio dentro del Arca, puso las
varas en el Arca, y puso la cubierta del Arca encima, sobre el Arca. 21
Entonces él trajo el Arca dentro del Tabernáculo, puso la cortina como
pantalla y ocultó El Arca para el Testimonio, como *YAHWEH* había ordenado
a Moshe.

153 El sacerdocio levita es de los descendientes de los hijos de Aharon para siempre. Como ahora las tribus están dispersas y nadie sabe a qué tribu pertenece, no hay sacerdocio levítico hijos de Aharon. Hay pastores cristianos diciendo que ellos son levitas, cuando no saben ni lo que significa. ¿Puede alguien ser *kohen* o levita si desobedece **TODA** la Toráh?

22 El puso la mesa en el Tabernáculo del Testimonio en el lado del
Tabernáculo mirando al norte, fuera de la cortina. 23 Arregló una hilera de pan
sobre ella delante de *YAHWEH*, como *YAHWEH* había ordenado a Moshe.
24 El puso la *menorah* en el Tabernáculo del Testimonio, delante de la mesa,
en el lado del Tabernáculo mirando al sur. 25 Entonces encendió las lámparas
delante de *YAHWEH*, como *YAHWEH* había ordenado a Moshe. 26 El puso el
altar de oro en el Tabernáculo del Testimonio delante de la cortina 27 y quemó
sobre él incienso hecho de especias aromáticas, como *YAHWEH* había
ordenado a Moshe. 28 El montó la pantalla en la entrada del Tabernáculo. 29 El
altar para las ofrendas quemadas él puso a la entrada al Tabernáculo del
Testimonio, y ofreció en él la ofrenda quemada y la ofrenda de grano, como
YAHWEH había ordenado a Moshe. 30 El puso la pila entre el Tabernáculo del
Testimonio y el altar y puso agua en ella para lavarse, 31 para que Moshe y
Aharon y sus hijos pudieran lavarse las manos y los pies allí – 32 para que se
pudieran lavar cuando entraran al Tabernáculo del Testimonio y cuando se
acercaran al altar, como *YAHWEH* había ordenado a Moshe. 33 Finalmente él
erigió al patio alrededor del Tabernáculo y el altar, y montó la pantalla
para la entrada al patio. 34 Entonces la nube cubrió el Tabernáculo del
Testimonio, y la Gloria de *YAHWEH* llenó el Tabernáculo. 35 Moshe no pudo
entrar al Tabernáculo del Testimonio, porque la nube permaneció en ella, y la
Gloria de *YAHWEH* llenó el Tabernáculo. 36 Cuando la nube era levantada del
Tabernáculo, los hijos de Yisra'el continuaban con todos sus viajes. 37 Pero si
la nube no era levantada, entonces ellos no viajaban de nuevo hasta el día que
era levantada. 38 Porque la nube de *YAHWEH* estaba sobre el Tabernáculo
durante el día, y fuego estaba en [la nube] de noche, para que toda la casa de
Yisra'el la pudiera ver en todos sus viajes.

Referencias;
Haftarah P'kudei: Melajim Alef (1 Reyes) 7:40-8:21
Lecturas sugeridas del Brit Hadashah para la Parashah P'kudei: Revelación 15:5-8

Nota final:

Moshe sin duda fue el autor del libro de Shemot, que forma una continuación de Bereshit, y fue evidentemente escrito después de promulgada la Toráh. Moshe, habiendo en el libro de Bereshit descrito la Creación del mundo, el origen de las naciones, detalla en el libro de Shemot el principio de la Asamblea de los Hijos de Yisra'el, en donde Yahshúa no sólo aparece como el Creador, sino Elohim y Rey. Por tanto, éste y los otros libros de Moshe no son puramente históricos; sino que contienen no sólo la Toráh para la regulación de la conducta moral y las ceremonias de la adoración, sino leyes, estatutos y juicios relacionados con el gobierno y la vida civil. Una nota importante es que Numenius, un filósofo de la época de Pitágoras, citado por Eusebius, habla de la oposición de los magos, a quienes él llama Jannes y Jambres, a los milagros de Moshe, de lo cual Shaúl sin duda cita (2Ti 3:8). Añade a este hecho que muchas de las nociones de los paganos referente a la Deidad, y sus instituciones religiosas y leyes, fueron tomadas prestadas de este libro, y muchas de sus fábulas eran no más que tradiciones distorsionadas de los eventos que están relatados por Moshe.

Vayikra (El llamó) - arqyw - Levítico 1

Parashah 24: Vayikra (El llamó) 1:1-5:26 (6:7)

1 *YAHWEH* llamó[1] a Moshe y habló con él desde el Tabernáculo del
Testimonio. El dijo: 2 "Habla con los hijos de Yisra'el; dile a ellos: 'Cuando
cualquiera de ustedes traiga una ofrenda a *YAHWEH*, pueden traer su ofrenda
animal del rebaño o de la manada. 3 Si su ofrenda es ofrenda quemada de la
manada, ofrecerá un macho sin defecto. Lo traerá a la entrada del
Tabernáculo del Testimonio, para que pueda ser aceptada por *YAHWEH*. 4
Pondrá su mano sobre la cabeza de la ofrenda quemada, y será aceptada en
nombre de él para hacer expiación[2] suya. 5 El sacrificará el novillo delante
de *YAHWEH*; y los hijos de Aharon, los *kohanim*, presentarán la sangre. Ellos
salpicarán la sangre contra todos los lados del altar, el cual está a la entrada
del Tabernáculo del Testimonio. 6 Despellejará la ofrenda quemada y la
cortará en pedazos. 7 Los hijos de Aharon el *kohen* pondrán fuego en el altar y
arreglarán la leña sobre el fuego. 8 Los hijos de Aharon, los *kohanim*,
arreglarán los pedazos, la cabeza y la grasa sobre la leña que está sobre el
fuego en el altar. 9 Lavarán con agua las entrañas y partes bajas de las piernas,
y el *kohen* causará que todo ello suba en humo sobre el altar como ofrenda
quemada; es ofrenda hecha por fuego, un aroma fragante para *YAHWEH*.
10 "Si su ofrenda es del rebaño, así sea de ovejas o de carneros, para una
ofrenda quemada, ofrecerá un macho sin defecto. 11 El la sacrificará en el lado
norte del altar delante de *YAHWEH*; y los hijos de Aharon, los *kohanim*,
salpicarán su sangre contra todos los lados del altar. 12 La cortará en pedazos,
y el *kohen* los arreglará con la cabeza y la grasa sobre la leña que está sobre el
fuego en el altar. 13 Lavará con agua las entrañas y las partes bajas de las
piernas; y el *kohen* lo ofrecerá completo y lo hará volverse humo sobre el
altar como ofrenda quemada; es una ofrenda hecha por fuego, aroma fragante
para *YAHWEH*. 14 "Si su ofrenda para *YAHWEH* es una ofrenda quemada de
aves, ofrecerá una paloma o un pichón. 15 El *kohen* lo traerá al altar, le quitará
la cabeza, y lo hará volverse humo en el altar; su sangre será escurrida sobre
el lado del altar. 16 Removerá el buche y sus plumas del cuello y lo echará en
la pila de cenizas al este del altar. 17 Lo abrirá con un ala en cada lado, sin
rasgarlo a la mitad. El *kohen* lo hará subir en humo sobre el altar, sobre la
leña que está sobre el fuego, como ofrenda quemada; es una ofrenda hecha
por fuego. Aroma fragante para *YAHWEH*.

Vayikra (El llamó) - arqyw - Levítico 2
Parashah 24: Vayikra (El llamó) 1:1-5:26 (6:7)

2 "Cualquiera que traiga una ofrenda de grano para *YAHWEH* hará su
ofrenda de harina fina; verterá aceite de oliva sobre ella y pondrá incienso en
ella, es un sacrificio. 2 El la traerá a los hijos de Aharon, los *kohanim*. El
kohen tomará un puñado de harina fina de ello, junto con su aceite de oliva y
todo el incienso, y hará esta porción de recordatorio subir en humo sobre el
altar como ofrenda hecha por fuego, aroma fragante para *YAHWEH*. 3 Pero el
resto de la ofrenda de grano pertenecerá a Aharon y sus hijos; es una parte
especialmente *Kadosh* de las ofrendas para *YAHWEH* hechas por fuego.

1 Todos los nombres de los libros de la Toráh han sido cambiados y manipulados por los traductores, sin embargo, cada libro lleva el nombre que está en la primera oración del libro, a saber "El llamó/ Vayika" y no Levítico.

2 La palabra para expiación en Hebreo es ***kofar*** o cubrir y habla de un indulto temporal, limitado y condicional, la sangre de toros, carneros y machos cabríos y las ofrendas de harina, aceite y pichones eran todos limitados y condicionales, pero no universales para ambos pecados de comisión y omisión para todos los hombres en todos los lugares. Pero en *Yom Kippur*, el perdón era todos los pecados, y en Yahshúa la persona es perdonada, portodos los tiempos y épocas por venir.

4 "Cuando traigas una ofrenda de grano que ha sido horneada en el horno,
consistirá de tortas de harina fina sin levadura mezcladas con aceite de oliva o
matzah untado con aceite de oliva. 5 Si tu ofrenda es ofrenda de grano cocida
en una plancha, consistirá de harina fina sin levadura mezclada con aceite de
oliva; 6 la partirás en pedazos y verterás aceite de oliva sobre ella – es una
ofrenda de grano. 7 Si tu ofrenda es ofrenda de grano cocida en olla, consistirá
de harina fina mezclada con aceite. 8 "Traerás la ofrenda de grano preparada
en cualquiera de estas formas a *YAHWEH*; será presentada al *kohen*, y él la
ofrecerá en el altar. 9 El *kohen* removerá la porción de recordatorio de la
ofrenda de grano y la hará subir en humo sobre el altar como una ofrenda
hecha por fuego, un aroma fragante para *YAHWEH*. 10 Pero el resto de la
ofrenda de grano pertenecerá a Aharon y sus hijos; es una parte especialmente
Kadosh de las ofrendas para *YAHWEH* hechas por fuego. 11 "No leudarás
ningún sacrificio que traigas a *YAHWEH*, porque no causarás ninguna
levadura o miel que suba en humo como ofrenda hecha por fuego para
YAHWEH. 12 Como ofrenda de primeros frutos puedes traer éstas para
YAHWEH, pero no serán traídas al altar para hacer un aroma fragante. 13
Sazonarás con sal toda ofrenda tuya – no omitas de la ofrenda la sal del Pacto
con tu Elohim, sino que ofrece sal con todas tus ofrendas.[3] 14 "Si traes una
ofrenda de grano de primeros frutos a *YAHWEH*, traerás como la ofrenda

de grano de tus primeros frutos granos de espigas frescas, secados y
horneados con fuego. 15 Pon aceite de oliva sobre ellos, y echa incienso sobre
ellos, es una ofrenda de grano. 16 El *kohen* causará que la porción de
recordatorio de ello, su arenisca y aceite de oliva, con todo su incienso, suba
en humo; es una ofrenda hecha por fuego para *YAHWEH.*

Vayikra (El llamó) - arqyw - Levítico 3

Parashah 24: Vayikra (El llamó) 1:1-5:26 (6:7)

3 "Si tu ofrenda es un sacrificio de ofrenda de *Shalom*, entonces, si él ofrece
delante de *YAHWEH* un animal de la manada, entonces, no importa si es un
macho o hembra, tiene que ser sin defecto. 2 El pondrá su mano sobre la
cabeza de su ofrenda y la sacrificará a la entrada del Tabernáculo del
Testimonio ; y los hijos de Aharon, los *kohanim*, salpicarán la sangre contra
los lados del altar. 3 El presentará el sacrificio de ofrendas de *Shalom* como
una ofrenda hecha por fuego para *YAHWEH*; consistirá de la grasa que cubre
los órganos internos, y la grasa encima de los órganos internos, 4 los dos
riñones, la grasa sobre ellos cerca de las ijadas, y la que cubre el hígado, la
cual removerá con los riñones. 5 Los hijos de Aharon la harán subir en humo
sobre el altar encima de la ofrenda quemada la cual está sobre la leña en el
fuego; es una ofrenda hecha por fuego, un aroma fragante para *YAHWEH.*
6 "Si tu ofrenda por una ofrenda de sacrificio de *Shalom* para *YAHWEH* es del
rebaño, entonces, cuando él la ofrezca, no importa si es macho o hembra,
tiene que ser sin defecto. 7 Si trae un cordero para su ofrenda, entonces lo
presentará delante de *YAHWEH.* 8 El pondrá su mano en la cabeza de su
ofrenda y la sacrificará a la entrada del Tabernáculo del Testimonio , y los
hijos de Aharon salpicarán su sangre contra los lados del altar. 9 De los
sacrificios hechos como ofrendas de *Shalom*, él presentará a *YAHWEH* con
una ofrenda hecha por fuego, consistirá de su grasa, la cola de grasa
completa, la cual removerá cerca de la espina dorsal inferior, la grasa que
cubre los órganos internos, toda la grasa por encima de los órganos internos,

3 Nosotros como hijos de Yisra'el debemos asegurarnos que la sal no falte en ningún servicio, o acto de obediencia hacia o por *YAHWEH* nuestro Elohim. Esta *mishpat*/regla jamás ha sido negada o quitada del *Brit Hadashah*. Todas las ofrendas no sólo tenían que ser sazonadas con sal pero también tenían que estar sin levadura, un tipo de pecado, y de miel, que era algo
que las naciones paganas usaban en sus sacrificios. Se conocía que los dioses paganos tenían un apetito por la miel, un sustituto dulce pero también falso de la dulzura que sólo puede venir de una relación tan apegada con el Rey de Yisra'ely Su Hijo. ¡La miel se usaba para satisfacer a los dioses falsos, tanto como para humanizarlos al darles miel! Al darles ofrendas
con sabor dulce, el hombre pensaba que el dios sería más apto de responder favorablemente.

10 los riñones, la grasa sobre ellos cerca de las ijadas, y la que cubre el hígado,
la cual él removerá con los riñones. 11 El *kohen* lo hará subir en humo sobre el
altar; es un sacrificio de aroma fragante, una ofrenda hecha por fuego delante
de *YAHWEH.* 12 "Si tu ofrenda es cabra, entonces la presentará delante de
YAHWEH. 13 El pondrá su mano en su cabeza y la sacrificará delante del
Tabernáculo del Testimonio, y los hijos de Aharon salpicarán su sangre
contra los lados del altar. 14 Presentará de ello su ofrenda, una ofrenda hecha
por fuego delante de *YAHWEH*; consistirá de la grasa que cubre los órganos
internos, toda la grasa encima de los órganos internos, 15 los dos riñones, la
grasa en ellos cerca de las ijadas, y la que cubre el hígado, la cual removerá
con los riñones. 16 El *kohen* los hará subir en humo sobre el altar; es comida,
una ofrenda hecha por fuego para ser de aroma fragante; toda la grasa
pertenece a *YAHWEH.* 17 Será una regulación permanente por todas sus
generaciones dondequiera que vivan, no comerán grasa ni sangre.[4]"

Vayikra (El llamó) - arqyw - Levítico 4

Parashah 24: Vayikra (El llamó) 1:1-5:26 (6:7)

4 *YAHWEH* dijo a Moshe: 2 "Dile a los hijos de Yisra'el: 'Si alguno peca
inadvertidamente[5] contra alguno de los *mitzvot* de *YAHWEH* referente a
cosas que no deben ser hechas, si él hace alguna de ellas, 3 entonces, si es el
kohen ungido el que peca y así trajo culpa sobre el pueblo, él ofrecerá a
YAHWEH un novillo sin defecto como ofrenda de pecado por el pecado que
él cometió. 4 Traerá el novillo a la entrada del Tabernáculo del Testimonio
delante de *YAHWEH*, pondrá su mano en la cabeza del novillo y sacrificará al
novillo en la presencia de *YAHWEH.* 5 El *kohen* ungido tomará un poco de la
sangre del novillo y la traerá al Tabernáculo del Testimonio. 6 El *kohen*
mojará su dedo en la sangre y salpicará algo de la sangre siete veces en la
presencia de *YAHWEH* delante de la cortina del Lugar Kadosh. 7 El *kohen*
pondrá algo de la sangre del novillo en los cuernos del altar para incienso
fragante delante de *YAHWEH* allí en el Tabernáculo del Testimonio. Toda la
sangre del novillo que sobre la verterá en la base del altar para ofrendas
quemadas, que está a la entrada del Tabernáculo del Testimonio. 8 Removerá
del novillo para la ofrenda de pecado toda su grasa – la grasa que cubre los
órganos internos, toda la grasa encima de los órganos internos, 9 los dos
riñones, la grasa sobre ellos cerca de las ijadas, y la que cubre el hígado, la
cual removerá con los riñones 10 como es removida de un buey sacrificado
como ofrenda de *Shalom*; y el *kohen* hará que estas partes suban en humo
sobre el altar para ofrendas quemadas. 11 Pero el cuero del novillo y toda su
carne, con su cabeza, las partes bajas de sus piernas, sus órganos internos y
estiércol – 12 en otras palabras el novillo entero – traerá fuera del campamento
a un lugar limpio, donde las cenizas son echadas. Allí lo quemará sobre leña

con fuego; allí, donde las cenizas son echadas, él será quemado. 13 'Si toda la
congregación de Yisra'el peca inadvertidamente, y la asamblea no se ha dado
cuenta del asunto, y ellos hacen algo contra alguno de los *mitzvot* de
YAHWEH referente a cosas que no deben ser hechas, ellos son culpables. 14
Cuando el pecado que ellos han cometido se haga conocido, entonces la
asamblea ofrecerá un novillo como ofrenda de pecado y lo traerá delante
del Tabernáculo del Testimonio.. 15 Los ancianos de la congregación pondrán
sus manos en la cabeza del novillo y sacrificarán al novillo en la presencia de
YAHWEH. 16 El *kohen* ungido traerá un poco de la sangre del novillo al
Tabernáculo del Testimonio . 17 El *kohen* mojará su dedo en la sangre y la
salpicará siete veces en la presencia de *YAHWEH* delante de la cortina. 18 El
pondrá algo de la sangre en los cuernos del altar delante de *YAHWEH*, allí en
el Tabernáculo del Testimonio. Toda la sangre que sobre él la verterá en la
base del altar para ofrendas quemadas, que está a la entrada del Tabernáculo
del Testimonio..

4 Si en el país donde tú vives no puedes encontrar carne "kosher", puedes poner la carne en una vasija con agua y sal y esto la desangra y así puedes cumplir con el mandamiento. Es un *mitzvah* muy importante no comer sangre. Ver 7:26; 10:14; Ge 9:4; De 12:23. Los hijos de Yisra'el cometieron un gran pecado cuando comieron sangre en 1S 14:32-34.

5 Hay una gran diferencia entre pecado involuntario y pecado voluntario, como veremos más adelante.

19 El removerá toda su grasa y la hará subir en humo sobre el altar. 20 Esto es
lo que hará con el novillo – hará lo mismo con este novillo como hace con el
que es para la ofrenda de pecado. Así el *kohen* hará expiación por ellos, y
ellos serán perdonados. 21 Traerá el novillo fuera del campamento y lo
quemará como quemó el primer novillo; es una ofrenda de pecado para la
asamblea. 22 'Cuando un jefe peque e inadvertidamente haga algo contra
alguno de los *mitzvot* de *YAHWEH* referente a cosas que no deben ser hechas,
él es culpable. 23 Si el pecado que él ha cometido se hace conocido a él, él
traerá como su ofrenda un macho cabrío sin defecto, 24 pondrá su mano en la
cabeza del macho cabrío y lo sacrificará en el lugar donde ellos sacrificaron la
ofrenda quemada en la presencia de *YAHWEH*; es una ofrenda de pecado. 25
El *kohen* tomará un poco de la sangre de la ofrenda de pecado con su dedo y
la pondrá en los cuernos del altar para ofrendas quemadas. La sangre que
sobre la verterá sobre la base del altar para ofrendas quemadas. 26 Toda su
grasa la hará subir en humo sobre el altar, como la grasa para el sacrificio
de ofrendas de *Shalom*; así el *kohen* hará expiación para él referente al
pecado, y él será perdonado. 27 'Si un individuo entre el pueblo comete un
pecado inadvertidamente, haciendo algo contra los *mitzvot* de *YAHWEH*
referente a cosas que él no debe hacer, él es culpable. 28 Si el pecado cometido
se hace conocido a él, él traerá como ofrenda una cabra sin defecto por el

pecado que él cometió. 29 Pondrá su mano en la cabeza de la ofrenda de
pecado y sacrificará la ofrenda de pecado en el lugar para ofrendas quemadas.
30 El *kohen* tomará un poco de su sangre con su dedo y la pondrá en los
cuernos del altar para ofrendas quemadas. Toda la sangre que sobre la verterá
en la base del altar. 31 Toda su grasa él removerá, como la grasa removida
para el sacrificio de ofrenda de *Shalom*; y el *kohen* la hará subir en humo en
el altar como aroma fragante para *YAHWEH.* Así el *kohen* hará expiación por
él, y será perdonado. 32 'Si él trae un cordero como su ofrenda de pecado,
traerá una hembra sin defecto, 33 pondrá su mano en la cabeza de la ofrenda
de pecado y la sacrificará como ofrenda de pecado en el lugar donde ellos
sacrifican ofrendas quemadas. 34 El *kohen* tomará un poco de la sangre con su
dedo y la pondrá en los cuernos del altar para ofrendas quemadas. Toda la
sangre que sobre la verterá en la base del altar. 35 Toda su grasa él removerá,
como la grasa de un cordero es removida del sacrificio para ofrendas de
Shalom; y el *kohen* la hará subir en humo en el altar sobre las ofrendas para
YAHWEH hechas por fuego. Así el *kohen* hará expiación por él referente
al pecado que él cometió, y será perdonado.

Vayikra (El llamó) - arqyw - Levítico 5

Parashah 24: Vayikra (El llamó) 1:1-5:26 (6:7)

5 Si una persona que es un testigo, que ha jurado para testificar, peca por
rehusar declarar lo que él ha visto u oído sobre el asunto, él cargará con las
consecuencias. 2 Si una persona toca algo inmundo, ya sea el cadáver de un
animal salvaje inmundo, un animal doméstico o un reptil, él es culpable, aun
si no sabe que él es inmundo. 3 Si él toca alguna inmundicia humana, no
importa cual es la fuente de la inmundicia, y él es ignorante de ello, entonces,
cuando conozca sobre ello, él es culpable. 4 Si alguien permite que se salga de
su boca un juramento para hacer el mal o el bien, y él no recuerda que
claramente habló este juramento, entonces, no importa de que se trataba,
cuando conozca acerca de ello, él es culpable. 5 Una persona culpable de
cualq uiera de estas cosas confesará en qué forma él pecó 6 y traerá su ofrenda
de culpa para *YAHWEH* por el pecado cometido; será una hembra del rebaño,
una oveja o una cabra, como ofrenda de pecado; y el *kohen* hará expiación
por él referente a su pecado que él ha cometido y el pecado le será perdonado.
7 Si él no tiene lo suficiente para una oveja, traerá como su ofrenda de culpa
por el pecado que él cometió dos palomas y dos pichones para *YAHWEH* – el
uno como ofrenda de pecado y el otro como ofrenda quemada. 8 El los traerá
al *kohen*, quien ofrecerá uno por ofrenda de pecado primero. El torcerá su
pescuezo pero no removerá la cabeza, 9 salpicará un poco de la sangre en el

lado del altar y escurrirá el resto de la sangre en la base del altar, es una
ofrenda de pecado. 10 El preparará el segundo como ofrenda quemada de la
manera prescrita. Así el *kohen* hará expiación por él referente al pecado que
él cometió, y será perdonado. 11 Pero si sus medios no son suficientes aun
para las dos palomas y los dos pichones jóvenes, entonces traerá como su
ofrenda por el pecado que él cometió dos cuartos de harina fina por una
ofrenda de pecado; no pondrá ningún aceite de oliva ni incienso en ella,
porque es una ofrenda de pecado. 12 El la traerá al *kohen*, y el *kohen* tomará
un puñado de ella como la porción de recordatorio y la hará subir en humo en
el altar encima de la ofrenda para *YAHWEH* hecha por fuego; es una ofrenda
de pecado. 13 Así el *kohen* hará expiación por él referente al pecado que él
cometió referente a cualquiera de estas cosas, y será perdonado. El resto
pertenecerá a los *kohanim*, como con la ofrenda de grano.'" 14 *YAHWEH* dijo
a Moshe: 15 "Si alguno actúa impropiamente o inadvertidamente peca
referente a las cosas *Kadoshim* de *YAHWEH*, él traerá como su ofrenda de
culpa para *YAHWEH* un carnero sin defecto del rebaño o su equivalente en
shekels de plata (usando el *shekel* establecido del Lugar Kadosh), de acuerdo
a tu estimación de su valor; es una ofrenda de culpa. 16 Y hará restitución por
lo que fuera que hizo mal referente a la cosa *Kadosh*; además, añadirá a
ellos una quinta parte y la dará al *kohen*. Entonces el *kohen* hará expiación
con el carnero para la ofrenda quemada, y será perdonado. 17 "Si alguien peca
por hacer algo contra alguno de los *mitzvot* de *YAHWEH* refe rente a cosas
que no se deben hacer, él es culpable, aun si no lo sabe; y carga con las
consecuencias de su mal obrar. 18 Traerá un carnero sin defecto del rebaño, o
su equivalente de acuerdo a tu estimación, al *kohen* para ofrenda de culpa; el
kohen hará expiación referente al error que él cometió, aun si él no lo sabía, y
será perdonado. 19 Es una ofrenda de culpa – él ciertamente es culpable
delante de *YAHWEH*."

Vayikra (El llamó) - arqyw - Levítico 6

Parashah 24: Vayikra (El llamó) 1:1-5:26 (6:7)

6 *YAHWEH* dijo a Moshe: 2 "Si alguno peca y actúa perversamente contra
YAHWEH por tratar falsamente con su vecino referente a un depósito o
prenda confiada a él, por robarle a él, por extorsionarlo, 3 o por tratar
falsamente referente al objeto perdido que él ha encontrado, o por jurar a una
mentira – si una persona comete alguno de estos pecados, 4 entonces, si él
pecó y es culpable, él restaurará lo que fuera que él robó u obtuvo por
extorsión, o lo que fuera que fue depositado con él, o el objeto perdido que él
encontró, 5 o cualquier cosa por la cual haya jurado falsamente. El lo
restaurará por completo, además, una quinta parte adicional; él lo restaurará a
la persona que es dueña de ello, en el día que él presente su ofrenda de

Shalom.[6] 6 Traerá como su ofrenda de culpa para *YAHWEH* un carnero sin
defecto del rebaño, o su equivalente de acuerdo a tu estimación, al *kohen*; es
una ofrenda de culpa. 7 Así el *kohen* hará expiación por él delante de
YAHWEH, y él será perdonado referente a lo que fuera que él hizo que lo hizo
culpable.[7]

6 No es suficiente pedir perdón, hay que devolver lo robado.
7 Aquí vemos una de las diferencias del pecado voluntario, hay un castigo, una multa, aparte de la ofrenda y no puede ser ofrenda sustituida por palomas o pichones o grano de los vv 7 al 13.

Referencias;

Haftarah Vayikra: Yeshayah (Isaías) 43:21-44:23
Lecturas sugeridas del Brit Hadashah para la Parashah Vayikra:
Romanos 8:1-13; Israelitas Mesiánicos 10:1-14; 13:10-16
Parashah 25: Tzav (Da una orden) 6:1(8)-8:36

8 *YAHWEH* dijo a Moshe: 9 "Da esta orden a Aharon y a sus hijos: 'Esta es la
ley para las ofrendas quemadas [Hebreo: *olah*]; es lo que sube sobre su leña
para el fuego sobre el altar toda la noche, hasta la mañana; de esta forma el
fuego en el altar permanecerá ardiendo. 10 Cuando el fuego haya consumido la
ofrenda quemada sobre el altar, el *kohen*, habiéndose puesto sus vestiduras de
lino y cubierto con sus calzoncillos de lino, removerá las cenizas y las pondrá
a un lado del altar. 11 Entonces él se quitará esas vestiduras y se vestirá con
otras, antes de cargar las cenizas fuera del campamento a un lugar limpio. 12
De esta forma, el fuego en el altar permanecerá encendido, no permitiendo
extinguirse. Cada mañana el *kohen* prenderá la leña sobre él, arreglará la
ofrenda quemada y hará que la grasa de las ofrendas de *Shalom* suba en
humo. 13 El fuego permanecerá encendido en el altar continuamente; no se
apagará.[8] 14 "Esta es la ley para la ofrenda de grano, que los hijos de Aharon
ofrecerán delante de *YAHWEH* delante del altar. 15 Tomarán de la ofrenda de
grano un puñado de su harina fina, algo de su aceite de oliva y todo el
incienso que está en la ofrenda de grano; y harán que esta porción de
recordatorio suba en humo del altar como aroma fragante para *YAHWEH*. 16
El resto de ella la comerán Aharon y sus hijos; será comida sin levadura en un
lugar *Kadosh* – ellos la comerán en el patio del Tabernáculo del Testimonio.
17 No se horneará con levadura. Yo la he dado como la porción de ellos de mi
ofrenda hecha por fuego; como la ofrenda de pecado y la ofrenda de culpa,
es especialmente *Kadosh*. 18 Todo varón hijo de Aharon puede comer de ella;
es su parte de las ofrendas para *YAHWEH* hechas por fuego por todas tus
generaciones. Cualquier cosa que toque esas ofrendas se convertirá en
Kadosh." 19 *YAHWEH* dijo a Moshe: 20 "Esta es la ofrenda para *YAHWEH* que
Aharon y sus hijos ofrecerán en el día que él sea ungido: dos cuartos de
harina fina, la mitad en la mañana y la otra mitad en el anochecer, como
ofrenda de grano desde ahí en adelante. 21 Será bien mezclada con aceite de

oliva y frita en una plancha, pártela en pedazos y ofrece la ofrenda de grano como aroma fragante para *YAHWEH.* 22 El *kohen* ungido que tomará el lugar de Aharon de entre sus hijos la ofrecerá; es una obligación perpetua. Será hecha subir en humo en su totalidad para *YAHWEH;* 23 toda ofrenda de grano del *kohen* será hecha subir en humo en su totalidad – no se comerá." 24 *YAHWEH* dijo a Moshe: 25 "Dile a Aharon y a sus hijos: 'Esta es la ley para la ofrenda de pecado: la ofrenda de pecado será sacrificada delante de *YAHWEH* en el lugar donde la ofrenda quemada es sacrificada; es especialmente *Kadosh.* 26 El *kohen* que la ofrezca por pecado la comerá – será comida en un lugar *Kadosh,* en el patio del Tabernáculo del Testimonio. 27 Cualquier cosa que toque su carne se convertirá en *Kadosh;* si algo de su sangre salpica en una prenda de vestir, la lavarás en un lugar *Kadosh.* 28 La olla de barro en la cual es cocinada tiene que ser quebrada; si es cocinada en una olla de bronce, se estregará y enjuagará con agua. 29 Cualquier varón de la familia de los *kohanim* puede comer la ofrenda de pecado; es especialmente *Kadosh.* 30 Pero no se comerá ninguna ofrenda de pecado de la cual se ha traído algo de su sangre al Tabernáculo del Testimonio para hacer expiación en el Lugar Makon Kadosh; será quemada completamente.

8 La presencia de *YAHWEH* siempre está con su pueblo Yisra'el, especialmente en la noche de *Pésaj.*

Vayikra (El llamó) - arqyw - Levítico 7

Parashah 24: Vayikra (El llamó) 1:1-5:26 (6:7)

7 "Esta es la ley para la ofrenda de culpa; es especialmente *Kadosh.* 2 Ellos sacrificarán la ofrenda de culpa en el lugar donde ellos sacrifican la ofrenda quemada, y su sangre se salpicará contra todos los lados del altar. 3 El ofrecerá toda su grasa – la cola de grasa, la grasa que cubre los órganos internos, 4 los dos riñones, la grasa sobre ellos cerca de las ijadas, y la que cubre el hígado, la cual él removerá con los riñones. 5 El *kohen* los hará subir en humo en el altar como ofrenda hecha por fuego a *YAHWEH;* es una ofrenda de culpa. 6 Todos los varones de la familia de los *kohanim* pueden comerla; será comida en un lugar *Kadosh;* es especialmente *Kadosh.* 7 La ofrenda de culpa es como la ofrenda de pecado; la misma ley la gobierna – pertenecerá al *kohen* que la use para hacer expiación. 8 "El *kohen* que ofrece la ofrenda quemada de alguien poseerá la piel de la ofrenda quemada la cual él ha ofrecido. 9 "Toda ofrenda de grano horneada en el horno, cocinada en una olla o frita en la plancha pertenecerá al *kohen* que la ofrece. 10 Pero toda ofrenda de grano que es mezclada con aceite de oliva o es seca pertenecerá equitativamente a todos los hijos de Aharon. 11 "Esta es la ley para sacrificar ofrendas de *Shalom* ofrecidas a *YAHWEH:* 12 Si la persona la ofrece para dar

gracias, la ofrecerá con el sacrificio de acción de gracias de tortas sin
levadura mezcladas con aceite de oliva, *matzah* untado con aceite de oliva, y
tortas hechas de harina fina mezcladas con aceite de oliva y fritas. 13 Con
tortas de pan leudado él presentará su ofrenda junto con el sacrificio de su
ofrenda de *Shalom* para dar gracias. 14 De cada clase de ofrenda presentará
una como ofrenda para *YAHWEH* que pertenecerá al *kohen* que salpica la
sangre de la ofrenda de *Shalom* contra el altar. 15 La carne del sacrificio de su
ofrenda de *Shalom* para dar gracias será comida en el día de su ofrenda; él no
dejará nada hasta la mañana. 16 Pero si el sacrificio unido con la ofrenda es
por un voto u ofrenda voluntaria, entonces, en tanto se comerá en el mismo
día, lo que sobre de ella puede ser comido al día siguiente. 17 Sin embargo, lo
que quede de la carne del sacrificio al tercer día será totalmente quemado. 18
Si algo de la carne del sacrificio de su ofrenda de *Shalom* es comido en el
tercer día, el sacrificio no será aceptado ni acreditado a la persona que lo
ofrece; más bien, se habrá convertido en cosa abominable, y cualquiera que la
coma cargará con las consecuencias de su mal obrar. 19 La carne que toque
algo inmundo no se comerá sino se quemará completa. En cuanto a la carne,
todos los que están limpios pueden comerla; 20 pero una persona en un estado
de inmundicia que coma algo de carne del sacrificio de ofrendas de *Shalom*
hechas a *YAHWEH* será cortado de su pueblo. 21 Cualquiera que toque algo
inmundo – ya sea que la inmundicia sea de una persona, de un animal
inmundo o alguna otra cosa inmunda detestable – y después coma la carne del
sacrificio de ofrendas de *Shalom* para *YAHWEH*, esa persona será cortada de
su pueblo." 22 *YAHWEH* dijo a Moshe: 23 "Dile a los hijos de Yisra'el: 'No
comerán la grasa de toros, ovejas o carneros. 24 La grasa de animales que
mueren por sí mismos o son matados por animales salvajes puede ser usada
para cualquier otro propósito, pero bajo ninguna circunstancia la comerán. 25
Porque cualquiera que coma la grasa de animales de la clase usada para
presentar una ofrenda hecha por fuego a *YAHWEH* será cortado de su pueblo.
26 No comerán ninguna clase de sangre, ya sea de aves o animales, en ninguna
de sus casas. 27 Cualquiera que coma alguna sangre será cortado de su
pueblo." 28 *YAHWEH* dijo a Moshe: 29 "Dile a los hijos de Yisra'el: 'Una
persona que ofrezca su sacrificio de ofrenda de *Shalom* a *YAHWEH* traerá
parte de su sacrificio de ofrendas de *Shalom* para *YAHWEH*. 30 El traerá con
sus propias manos las ofrendas para *YAHWEH* hechas por fuego – traerá el
pecho con su grasa. El pecho se mecerá como ofrenda mecida delante de
YAHWEH. 31 El *kohen* hará la grasa subir en humo en el altar, pero el pecho
pertenecerá a Aharon y sus hijos. 32 Darán al *kohen* como contribución el
muslo derecho de sus sacrificios de ofrendas de *Shalom*. 33 El hijo de Aharon
que ofrezca la sangre de ofrendas de *Shalom* tendrá el muslo derecho como
su parte. 34 Porque el pecho que ha sido mecido y el muslo que ha sido contrib
uido Yo he tomado de los hijos de Yisra'el de sus sacrificios de ofrendas de
Shalom y los he dado a Aharon el *kohen* y a sus hijos como su parte para

siempre de los hijos de Yisra'el." 35 En el día que Aharon y sus hijos fueron
presentados para servir a *YAHWEH* en el oficio de *kohen*, esta porción fue
apartada para él y sus hijos de las ofrendas para *YAHWEH* hechas por fuego.
36 En el día que ellos fueron ungidos, *YAHWEH* ordenó que esto fuera dado a
ellos por los hijos de Yisra'el. Es su parte para siempre por todas las
generaciones. 37 Esta es la ley para la ofrenda quemada, la ofrenda de grano,
la ofrenda de pecado, la ofrenda de culpa, la ofrenda de la dedicación como
Kadosh y el sacrificio de ofrendas de *Shalom* 38 la cual *YAHWEH* ordenó a
Moshe en el Monte Sinai en el día que El ordenó a los hijos de Yisra'el
presentar sus ofrendas a *YAHWEH*, en el Desierto de Sinai.

Vayikra (El llamó) - arqyw - Levítico 8

Parashah 24: Vayikra (El llamó) 1:1-5:26 (6:7)

8 *YAHWEH* dijo a Moshe: 2 "Toma a Aharon y a sus hijos con él, las
vestiduras, el aceite de la unción, el novillo para la ofrenda de pecado, los dos
carneros y la cesta de *matzah*; 3 y reúne a la congregación completa de los
hijos de Yisra'el a la entrada del Tabernáculo del Testimonio ." 4 Moshe hizo
como *YAHWEH* le ordenó, y la congregación fue reunida a la entrada del
Tabernáculo del Testimonio. 5 Moshe dijo a la congregación: "Esto es lo que
YAHWEH ha ordenado para ser hecho." 6 Moshe trajo a Aharon y a sus hijos,
los lavó en agua, 7 puso la túnica sobre él, envolvió la banda alrededor de él,
lo vistió con el manto, le puso el efod, envolvió alrededor de él el cinturón
decorado y ató el efod a él con ello. 8 El le puso el oráculo, y en el oráculo él
puso el *urim* y *tumim*.[9] 9 El le puso el turbante en la cabeza, y al frente del
turbante él fijó la lámina de oro, el ornamento especialmente *Kadosh*, como
YAHWEH le había ordenado a Moshe. 10 Entonces Moshe tomó el aceite de la
unción y ungió el Tabernáculo y todo en él, así dedicándolos como *Kadosh*. 11
El rocío algo sobre el altar siete[10] veces, ungiendo el altar con todos sus
utensilios y la pila con su base, para dedicarlos como *Kadosh*. 12 El vertió
algo del aceite de la unción sobre la cabeza de Aharon, y lo ungió para
dedicarlo como *Kadosh*. 13 Moshe trajo a los hijos de Aharon, los vistió con
túnicas, y les puso turbantes,[11] como *YAHWEH* había ordenado a Moshe.
14 Entonces el novillo para la ofrenda de pecado fue traído, y Aharon y sus
hijos pusieron sus manos en la cabeza del novillo para la ofrenda de pecado.
15 Después que había sido sacrificado, Moshe tomó la sangre y la puso en los
cuernos del altar por todo derredor con su dedo, así purificando el altar. La
sangre que sobró él la vertió en la base del altar y lo dedicó como *Kadosh*,
para hacer expiación para él. 16 Moshe tomó toda la grasa de los órganos
internos, la que cubría el hígado, los dos riñones y su grasa, y lo hizo subir en
humo en el altar.

9 Urim-Revelación, Tumim-Perfección (Manifestación de la Verdad), lo que eran no puede ser determinado con ninguna certidumbre. Todo lo que sabemos es que fueron medios divinamente dados por los cuales *YAHWEH* impartía, por medio del kohen hagadol, dirección y consejo a Yisra'el, cuando estos eran necesitados. Nunca más fueron vistos después del
cautiverio Babilónico. v 9 no hay una orden de usar *kippah,* esta orden de turbante es para los *kohanim* hijos de Aharon.
10 Siete: Integridad espiritual usualmente en los positivo, pero a veces en sentido negativo. Siete días de la semana, siendo el séptimo el Shabbat, cada séptimo año era de reposo a la tierra y año de remisión; cada siete veces siete años se introducía el Jubileo/*yovel.* La Creación quedó finalizada para el séptimo día, introduciendo el Shabbat de Elohim *Alef Tav* (Yahshúa).
Había siete lámparas en la *Menorah de oro.* La sangre era rociada delante de *YAHWEH* siete veces. Siete días de la Festividad de *Pésaj.* Siete días la Festividad de *Sukkot,* cp 23. Siete *Ruajim* delante del Trono Rev 1:4. Siete abominaciones en el corazón del hombre Pr. 26:25. La primera bestia tiene siete cabezas, Rev. 13:1. El perdón tiene que ser otorgado setenta
veces siete Mat. 18:22.
11 Esta orden claramente es para los *kohanim* de la tribu de Levi, hijos de Aharon, no para arbitrariamente ordenar *kippah.* la
cual en ningún verso de las Escrituras está mencionada, así que es añadirle a la Toráh los que ordenen su uso.

17 Pero el novillo, su piel, su carne y su estiércol fueron llevados fuera del
campamento y quemados completamente, como *YAHWEH* había ordenado a
Moshe. 18 Después, el carnero para la ofrenda quemada fue presentado.
Aharon y sus hijos pusieron sus manos en la cabeza del carnero; 19 y después
que había sido sacrificado, Moshe salpicó la sangre en todos los lados del
altar. 20 Cuando el carnero había sido cortado en pedazos, Moshe hizo que la
cabeza, los pedazos y la grasa subieran en humo. 21 Cuando los órganos
internos y las partes bajas de las piernas habían sido lavados en agua, Moshe
hizo que el carnero completo subiera en humo en el altar; fue una ofrenda
quemada dando aroma fragante, una ofrenda hecha por fuego a *YAHWEH*–
como *YAHWEH* había ordenado a Moshe. 22 Entonces el otro carnero fue
presentado, el carnero de la dedicación como *Kadosh*; Aharon y sus hijos
pusieron sus manos en la cabeza del carnero. 23 Después que había sido
sacrificado, Moshe tomó algo de su sangre y la puso en la punta de la oreja
derecha de Aharon, en el dedo pulgar de su mano derecha, y en el dedo pulgar
del pie derecho.[12] 24 Después los hijos de Aharon fueron traídos, y Moshe
puso algo de la sangre en las puntas de sus orejas derechas, en los dedos
pulgares de sus manos derechas, y en los dedos pulgares de sus pies derechos;
entonces Moshe salpicó la sangre en todos los lados del altar. 25 El tomó la
grasa, la cola de grasa, y toda la grasa que cubría los órganos internos, la que
cubría el hígado, los dos riñones con su grasa, y la pierna derecha. 26 De la
cesta de *matzah* que estaba delante de *YAHWEH* él tomó un pedazo de

matzah, una torta de pan aceitado y una oblea, y los puso sobre la grasa y
sobre la pierna derecha. 27 Entonces él lo puso todo en las manos de Aharon y
en las manos de sus hijos y los meció como ofrenda mecida delante de
YAHWEH. 28 Moshe lo tomó de sus manos y lo hizo subir en humo en
el altar encima de la ofrenda quemada; fueron ofrenda de dedicació n como
Kadosh dando aroma fragante; una ofrenda hecha por fuego a *YAHWEH*. 29
Moshe tomó el pecho y lo meció como ofrenda mecida delante de *YAHWEH*;
era la porción de Moshe del carnero de dedicación como *Kadosh* – como
YAHWEH había ordenado a Moshe. 30 Moshe tomó algo del aceite de la
unción y algo de la sangre que estaba en el altar y lo roció sobre Aharon y su
vestidura, y sobre sus hijos con él y sus vestiduras, y dedicó como *Kadosh* a
Aharon y su vestidura junto con sus hijos y la vestidura de ellos. 31 Moshe
dijo a Aharon y a sus hijos: "Hiervan la carne a la puerta del Tabernáculo del
Testimonio; y cómanla allí con el pan que está en la cesta de la dedicación,
como Yo ordené cuando dije que Aharon y sus hijos habrían de comerla. 32
Lo que sobre de la car ne y el pan lo quemarán completamente. 33 No saldrán
de la entrada del Tabernáculo del Testimonio por siete días, hasta que los días
de su dedicación hayan pasado; puesto que *YAHWEH* los estará dedicando
por siete días. 34 El ordenó hacer lo que ha sido hecho hoy, para poder hacer
expiación por ustedes. 35 Ustedes permanecerán a la entrada del Tabernáculo
del Testimonio día y noche por siete días, de este modo obedeciendo lo que
YAHWEH ordenó hacer, para que no mueran. Porque esto es lo que yo fui
ordenado." 36 Aharon y sus hijos hicieron todas las cosas que *YAHWEH*
ordenó por medio de Moshe.[13]

12 Esto significaba la obligación de ellos a diligentemente *shema*/escuchar para hacer la Palabra [Toráh] de *YAHWEH*, y caminar en la Palabra [Toráh] de *YAHWEH* y hacer Su trabajo como la orden de su oficio requería, con perseverancia; y que ellos no podían hacer estas cosas sin la sangre expiatoria, recibida y aplicada para su escuchar y su caminar. Y el rociar de la sangre sobre sus vestiduras representa la purificación para dedicarlos como *Kadosh* , una representación de la purificación por la Sangre de Yahshúa.

Referencias;

Haftarah Tzav: Yirmeyah (Jeremías) 7:21-8:3; 9:22-23 Lecturas sugeridas del Brit Hadashah para la Parashah Tzav: Yojanán Mordejai (Marcos) 12:28-34; Romanos 12:1-2; 1 Corintios 10: 14-23 Parashah 26: Sh'mini (Octavo) 9:1-11:47

Vayikra (El llamó) - arqyw - Levítico 9
Parashah 24: Vayikra (El llamó) 1:1-5:26 (6:7)

9 En el octavo día,[14] Moshe llamó a Aharon, a sus hijos y a los ancianos de
Yisra'el, 2 y dijo a Aharon: "Toma un becerro para una ofrenda de pecado y
un carnero para una ofrenda quemada, sin defecto, y ofrécelos delante de
YAHWEH. 3 Entonces dile a los hijos de Yisra'el:[15] 'Tomen un macho cabrío
para una ofrenda de pecado y un becerro y un cordero, ambos de un año y sin
defecto, para una ofrenda quemada, 4 y un buey y un carnero para ofrendas de
Shalom, para sacrificar delante de *YAHWEH*; también una ofrenda de grano
mezclada con aceite de oliva – porque hoy *YAHWEH* se va a aparecer entre
ustedes.'" 5 Ellos trajeron lo que Moshe había ordenado delante del
Tabernáculo del Testimonio , y toda la congregación se acercó y se paró
delante de *YAHWEH.* 6 Moshe dijo: "Esto es lo que *YAHWEH* les ha ordenado
hacer, para que la Gloria de *YAHWEH* aparezca entre ustedes." 7 Moshe le
dijo a Aharon: "Acércate al altar ofrece tu ofrenda de pecado y tu ofrenda
quemada, y haz expiación por ti mismo y por el pueblo. Entonces presenta
la ofrenda del pueblo y haz expiación por ellos, como *YAHWEH* ordenó." 8
Por tanto, Aharon se acercó al altar y sacrificó el becerro de la ofrenda de
pecado la cual era por él mismo. 9 Los hijos de Aharon presentaron la sangre
a él; él mojó su dedo en la sangre y la untó en los cuernos del altar; entonces
él vertió la sangre en la base del altar. 10 Pero la grasa, los riñones y la grasa
que cubre el hígado de la ofrenda de *Shalom* él hizo subir en humo en al altar,
como *YAHWEH* había ordenado a Moshe. 11 La carne y la piel fueron
quemadas completamente fuera del campamento. 12 Después él sacrificó la
ofrenda quemada; los hijos de Aharon le trajeron la sangre y él la salpicó
contra los lados del altar. 13 Ellos le trajeron la ofrenda quemada pedazo por
pedazo, y la cabeza; y él los hizo subir en humo en el altar. 14 El lavó los
órganos internos y las partes bajas de las piernas y los hizo subir en humo
encima de la ofrenda quemada en el altar. 15 Entonces fue presentada la
ofrenda del pueblo. El tomó el carnero de la ofrenda de pecado la cual era por
el pueblo, la sacrificó y la ofreció por pecado, como la ofrenda para pecado
anterior. 16 La ofrenda quemada fue presentada y él la ofreció de la forma
prescrita. 17 La ofrenda de grano fue presentada; él tomó un puñado de ella y
la hizo subir en humo en el altar, además de la ofrenda quemada de la
mañana. 18 El sacrificó el buey y el carnero, el sacrificio del pueblo como
ofrenda de *Shalom*; los hijos de Aharon le trajeron la sangre, la cual él salpicó
contra todos lados del altar, 19 y la grasa del buey y del carnero – la cola de
grasa, la grasa que cubre los órganos internos, los riñones y la que cubre el
hígado. 20 Ellos pusieron la grasa sobre los pechos, y él hizo que la grasa
subiera en humo en el altar.

13 Esto fue añadido necesariamente para mostrar exacto cumplimiento de los estatutos y mandamientos dados a Moshe en Ex cap. 29; y consecuentemente completar la dedicación como *Kadosh* de Aharon y sus hijos para el muy importante oficio de *kohen*, para ofrecer sacrificios, y hacer expiación por los pecados del pueblo.
14 No en el octavo día del mes, sino en el primer día después de la dedicación, la cual ocupaba siete días, y antes de que ellos fueran dignos de ministrar las cosas *Kadoshim*. Todas las criaturas eran consideradas en estado de inmundicia siete días, y perfeccionadas en el octavo día. Ver 12:2, 3; 14:8-10; 15:13, 14; 22:27; Nu 6:9, 10.
15 La lectura aquí de la Samaritana y la LXX:"habla a los Ancianos de Yisra'el."

21 Los pechos y pierna derecha Aharon meció como ofrenda mecida delante
de *YAHWEH*, como Moshe había ordenado.[16] 22 Aharon levantó su mano[17]
hacia el pueblo, los bendijo y descendió de ofrecer la ofrenda de pecado, la
ofrenda quemada, y las ofrendas de *Shalom*. 23 Moshe y Aharon entraron en
el Tabernáculo del Testimonio, salieron y bendijeron al pueblo, ¡entonces la
Gloria de *YAHWEH* apareció a todo el pueblo! 24 Fuego salió de delante de la
presencia de *YAHWEH*, consumiendo la ofrenda quemada y la grasa en el
altar.[18] Cuando todo el pueblo lo vio, ellos gritaron y cayeron sobre sus
rostros.

Vayikra (El llamó) - arqyw - Levítico 10

Parashah 24: Vayikra (El llamó) 1:1-5:26 (6:7)

10 Pero Nadav y Avihu, los dos hijos de Aharon, cada uno tomó su
incensario, pusieron fuego en él, pusieron incienso en él, y ofrecieron fuego
extraño delante de *YAHWEH*, algo que *YAHWEH* no les había ordenado
hacer.[19] 2 A esto, fuego salió de la presencia de *YAHWEH* y los devoró, así
que ellos murieron en la presencia de *YAHWEH*.[20] 3 Moshe dijo a Aharon:
"Esto es lo que *YAHWEH* dijo: 'Por medio de aquellos que están cerca de mí
Yo seré dedicado como *Kadosh*, y delante de todo el pueblo Yo seré
glorificado.'" Aharon se mantuvo en silencio. 4 Moshe llamó a Mishael y a
Eltzafan, hijos de Uriel el tío de Aharon, y les dijo: "Vengan acá, y llévense a
sus primos fuera de delante de este Lugar Kadosh a un lugar fuera del
campamento." 5 Ellos se acercaron y se los llevaron en sus túnicas fuera del
campamento, como Moshe había dicho. 6 Moshe dijo a Aharon y a sus hijos
Eleazar e Itamar: "No se deshagan el cabello ni se rasguen sus ropas en señal
de luto, para que ustedes no mueran y para que la ira de *YAHWEH* no caiga
sobre la congregación completa. Más bien, dejen que sus hermanos – toda la
casa de Yisra'el – se enluten, a causa de la destrucción que *YAHWEH* trajo
por medio de fuego. 7 Además, no salgan de la entrada del Tabernáculo del
Testimonio, o ustedes morirán, porque el aceite de la unción de *YAHWEH*
está sobre ustedes." 8 *YAHWEH* dijo a Aharon: 9 "No bebas ningún vino ni

otro licor intoxicante, ni tú ni tus hijos contigo, cuando entren en el Tabernáculo del Testimonio, para que ustedes no mueran. Esta será una regulación permanente por todas sus generaciones,

16 El texto Samaritano, la LXX, la Arábiga, el Tárgum Onkelos y 30 manuscritos tienen aquí: "*kaasher tzivvah YAHWEH et Moshe,*" como *YAHWEH* ordenó a Moshe, y es la lectura correcta, confirmada por el resto del capítulo.

17 Su mano, en vez de "sus manos," para significar la mano derecha, porque estaba más alta que la izquierda. El levantar la mano era un gesto usado al hablar, y significar cualquier cosa de peso, como el bendecir al pueblo.

18 Estas víctimas fueron consumidas por un fuego que no fue prendido por manos humanas. Josefo dice que "un fuego procedió de las misma víctimas, de su propio acuerdo, cual tenía la apariencia de un destello de relámpago, y consumió todo lo que estaba arriba del altar."

19 Es algo muy peligroso en el servicio de *YAHWEH*, apartarse de Sus instrucciones; tenemos que hacer lo que *YAHWEH*, quien es sabio para prescribir Su propia adoración, y Poderoso para vengar lo que El no ha prescrito, las añadiduras .

20 Ellos murieron – el pago del pecado es muerte – Murieron de repente – murieron delante de *YAHWEH*, esto es, delante del velo que cubre el Asiento de la Misericordia (Propiciatorio, Oráculo) – murieron por fuego, como que por fuego pecaron. El fuego no los quemó hasta las cenizas, como había hecho a los sacrificios, ni quemó sus vestiduras, (v 5), pero los golpeó de muerte instantáneamente. Por estos efectos diferentes del fuego, aprendemos que no era un fuego común, sino prendido por el Altísimo *YAHWEH*.

[21] 10 para que ustedes distingan entre lo *Kadosh* y lo profano, y entre lo
inmundo y lo limpio; 11 y para que ustedes le enseñen a los hijos de Yisra'el
todos lo s estatutos que *YAHWEH* les ha dicho a ellos por medio de Moshe."
12 Moshe dijo a Aharon y a Eleazar e Itamar, los hijos que le quedaban:
"Tome n lo que queda de la ofrenda de grano de las ofrendas para *YAHWEH*
hechas por fuego, y cómanlas sin levadura junto al altar, porque es
especialmente *Kadosh*. 13 Cómanlas en un lugar *Kadosh*, porque es tu parte y
la de tus hijos de las ofrendas para *YAHWEH* hechas por fuego; por esto se
me ha ordenado. 14 El pecho que fue mecido y la pierna que fue levantada lo
comerán en un lugar limpio – tú, tus hijos y tus hijas contigo; porque éstas
son dadas como tu parte y la de tus hijos de los sacrificios de ofrenda de
Shalom presentados por los hijos de Yisra'el. 15 Ellos traerán la pierna
levantada y el pecho mecido, junto con las ofrendas de grasa hechas por
fuego, y la mecerán como ofrenda mecida delante de *YAHWEH*; entonces
pertenecerá a ustedes y a sus hijos con ustedes como su parte por ordenanza
perpetua, como *YAHWEH* ha ordenado." 16 Entonces Moshe investigó lo que
había pasado con el carnero de la ofrenda de pecado y descubrió que había
sido quemada. El se enojó con Eleazar e Itamar, los hijos que habían quedado
de Aharon, y preguntó: 17 "¿Por qué no comieron ustedes la ofrenda de
pecado en el área del Lugar Kadosh, puesto que es especialmente *Kadosh*? El
se la dio a ustedes para quitar la culpa de la congregación, para hacer

expiación por ellos delante de *YAHWEH.* 18 ¡Miren! ¡Su sangre no fue traída
al Lugar Kadosh! Ustedes debieron haberla comido allí en el Lugar Kadosh,
como ordenado." 19 Aharon respondió a Moshe: "Aunque ellos ofrecieron su
ofrenda de pecado y ofrenda quemada hoy, ¡cosas como ésta me han
sucedido! ¿Si hubiera comido la ofrenda de pecado hoy, le hubiera
complacido a *YAHWEH*?" 20 Al oír esta respuesta, Moshe quedó satisfecho.

Vayikra (El llamó) - arqyw - Levítico 11

Parashah 24: Vayikra (El llamó) 1:1-5:26 (6:7)

11 *YAHWEH* dijo a Moshe y a Aharon: 2 "Digan a los hijos de Yisra'el:
'Estás son las criaturas vivientes que ustedes pueden comer entre todos los
animales de tierra:[22] 3 Cualquiera que tenga pezuña hendida que está
completamente dividida y rumie – estos animales pueden comer. 4-6 Pero no
pueden comer aquellos que solamente rumien o solamente tengan pezuñas
hendidas. Por ejemplo, el camello, el conejo y la liebre son inmundos para
ustedes, porque ellos rumian pero no tienen pezuña hendida; 7 mientras que el
puerco[23] es inmundo para ustedes, porque a pesar de que tiene pezuña
hendida y completamente dividida, no rumia. 8 Ustedes no comerán carne de
éstos ni tocarán sus cadáveres; son inmundos para ustedes. 9 "'De todas las
cosas que viven en el agua, ustedes pueden comer éstas: cualquier cosa en
el agua que tenga aletas y escamas, ya sea en los mares o en ríos – estos
pueden comer. 10 Pero cualquier cosa en los mares y ríos sin las dos, aletas y
escamas, de todas las criaturas de agua pequeñas y de todas las criaturas
vivientes en el agua, es cosa detestable para ustedes. 11 Sí, estos serán
detestables para ustedes – ustedes no comerán su carne, y ustedes detestarán
sus cadáveres. 12 Cualquier cosa que carezca de aletas y escamas en las aguas
es cosa detestable para ustedes. 13 "'Las siguientes criaturas en el aire serán
detestables para ustedes – no serán comidas, ellos son cosa detestable: el
águila, el cóndor, el quebrantahuesos, 14 el milano, ninguna especie
de alfaneque, 15 ninguna especie de cuervo, 16 el avestruz, la lechuza, la
gaviota, ninguna especie de gavilán,

21 Hebreo *shejer*, cualquier tipo de licor fermentado e intoxicante además del vino, ya sea hecho de grano, jugo de frutas, miel, dátiles, o cualquier otra fruta.

22 Los hijos de Yisra'el, Efrayim y Yahudáh y todos los extranjeros que se unan, tienen que caminar por las reglas de Yisra'el, no pueden escoger, esto es Toráh. Y tenemos que comer lo que *YAHWEH* ordena.

23 El puerco ABBA *YAHWEH* lo considera tan inmundo como comer ratón, Is 65:4; 66:3; y además es el emblema de Roma.

17 el búho, el mochuelo, el calamón, 18 el pelícano, el buitre, el somormujo, 19
la cigüeña, ninguna especie de garza, la abubilla y murciélagos. 20 "'Todas las
criaturas de enjambre con alas que andan sobre las cuatro patas son cosas
detestables para ustedes; 21 excepto que de todas las criaturas de enjambre que
andan sobre las cuatro patas, ustedes pueden comer aquellos que tienen
coyunturas en las piernas arriba de sus patas, que los permita saltar sobre la
tierra. 22 Específicamente, de estos pueden comer varias especies de langostas,
saltamontes, langostines y grillos. 23 Pero fuera de esos, todas las criaturas
de enjambre que tienen cuatro patas son cosa detestable para ustedes. 24 "'Los
siguientes los hará inmundos a ustedes; cualquiera que toque el cadáver de
ellos estará inmundo hasta la noche, 25 y cualquiera que recoja alguna parte de
su cadáver lavará sus ropas y estará inmundo hasta la noche: 26 todo animal
que tiene pezuña hendida pero incompletamente dividida o que no rumie es
inmundo para ustedes; cualquiera que los toque estará inmundo. 27 Cualquier
cosa que ande sobre sus garras, entre todos los animales que andan sobre las
cuatro patas, es inmundo para ustedes; cualquiera que toque su cadáver estará
inmundo hasta la noche; 28 y cualquiera que alce su cadáver lavará sus ropas y
estará inmundo hasta la noche – estos son inmundos para ustedes. 29 "'Los
siguientes serán inmundos para ustedes entre todas las criaturas pequeñas que
pululan sobre la tierra: la comadreja, el ratón, las diferentes especies de
lagartos, 30 el erizo, el cocodrilo de tierra, el escinco, el lagarto de arena y el
camaleón. 31 Ellos son cosas inmundas que se arrastran; cualquiera que los
toque cuando ellos están muertos estará inmundo hasta la noche. 32 Sobre
cualquier cosa que ellos caigan cuando muertos será inmunda – utensilio de
madera, artículo de vestir, piel, saco – cualquier utensilio usado para trabajar;
será puesto en agua, y estará inmundo hasta la noche; entonces será limpio. 33
Si alguno cae dentro de una vasija de barro, lo que esté dentro de ella se
convertirá en inmundo, y romperás la vasija. 34 Cualquier cosa para comer
que agua de esa vasija caiga sobre ella será inmunda, cualquier líquido
permitido en dicha vasija se convertirá en inmundo. 35 Todas las cosas que
sobre ellas caiga cualquier parte del cadáver de ellas se convertirá en
inmunda; ya sea horno o estufa; será roto en pedazos – son inmundos y serán
inmundos para ustedes; 36 a pesar de que una fuente o cisterna para recoger
agua permanecerá limpia. Pero cualquiera que toque uno de sus cadáveres
estará inmundo. 37 Si cualquier parte de un cadáver de ellos cae sobre
cualquier *zera* para ser sembrada, estará limpia; 38 pero si se le pone agua a la
zera y cualquier parte del cadáver de ellos cae sobre ellas, están inmundas
para ustedes. 39 "'Si un animal de cualquier especie que ustedes están
permitidos comer, muere, cualquiera que toque su cadáver estará inmundo
hasta la noche. 40 Una persona que coma carne de su cadáver o cargue su
cadáver lavará sus ropas; estará inmunda hasta la noche. 41 "'Cualquier
criatura que se arrastre sobre la tierra es cosa detestable, no se comerá –

42 cualquier cosa que se mueva sobre su estómago, ande sobre sus cuatro o
más patas – todas las criaturas que se arrastran sobre la tierra; ustedes no las
comerán, porque son cosa detestable. 43 Ustedes no se harán detestables con
ninguna de estas criaturas que se arrastran o trepan; no se hagan inmundos
con ellas, no se profanen a ustedes mismos con ellas. 44 Porque Yo soy
YAHWEH su Elohim; por lo tanto, dedíquense y sean *Kadoshim*, porque Yo
soy *Kadosh*; y no se profanen con ninguna especie de criaturas de enjambre
que se mueve sobre la tierra. 45 Porque Yo soy *YAHWEH*, quien los sacó de la
tierra de Mitzrayim para ser su Elohim. Por lo tanto, ustedes serán *Kadoshim*,
porque Yo soy *Kadosh*. 46 Tal, entonces, es la ley referente a animales,
criaturas que vuelan, todas las criaturas que se mueven en el agua, y todas las
criaturas que se arrastran sobre la tierra.[24] 47 Su propósito es distinguir entre
lo inmundo y lo limpio, y entre las criaturas que se pueden comer y aquellas
que no se pueden comer.'"[25]

Referencias;
Haftarah Sh'mini: Sh'mu'el Bet (2 Samuel) 6:1-7:17
Lecturas sugeridas del Brit Hadashah para la Parashah Sh'mini:
Yojanán Mordejai (Marcos) 7:1-23; Hechos 5:1-11; 10:1-35;
2 Corintios 6:14-7:1; Gálatas 2:11-16; 1 Kefa (Pedro) 1:14-16
Parashah 27: Tazria (Ella concibe) 12:1-13:59
[en años regulares leer con Parashah 28, en años bisiestos leer por separado]

Vayikra (El llamó) - arqyw - Levítico 12

Parashah 24: Vayikra (El llamó) 1:1-5:26 (6:7)

12 *YAHWEH* dijo a Moshe: 2 "Dile a los hijos de Yisra'el: 'Si una mujer
concibe y da a luz un niño, ella estará inmunda por siete días con la misma
inmundicia como en *niddah*, cuando ella está teniendo su período de
menstruación. 3 Al octavo día, la carne de su prepucio será circuncidada. 4
Ella esperará treinta y tres días adicionales para ser purificada de su sangre;
ella no tocará ninguna cosa *Kadosh* ni entrará al Lugar Kadosh hasta que se
cumpla el tiempo de su purificación. 5 Pero si ella da a luz a una niña, ella
estará inmunda por dos semanas, como en su *niddah*; y ella e sperará otros
sesenta y seis días para ser purificada de su sangre. 6 "'Cuando los días de su
purificación hayan terminado, ya sea por un hijo o una hija, ella traerá un
cordero en su primer año para una ofrenda quemada y un pichón o una
paloma para una ofrenda de pecado a la entrada del Tabernáculo del
Testimonio , al *kohen*. 7 El lo ofrecerá delante de *YAHWEH* y hará expiación
por ella, así ella será purificada de su descarga de sangre. Tal es la ley para

una mujer que da a luz, ya sea a un niño o una niña. 8 Si no puede económicamente para un cordero, ella traerá dos palomas o dos pichones, uno para la ofrenda quemada y el otro para la ofrenda de pecado; el *kohen* hará expiación por ella, y ella estará limpia.'"[26]

Vayikra (El llamó) - arqyw - Levítico 13

Parashah 24: Vayikra (El llamó) 1:1-5:26 (6:7)

13 *YAHWEH* dijo a Moshe y a Aharon: 2 "Si alguien le sale en su piel una hinchazón, una costra o decoloración la cual pueda convertirse en la enfermedad de *tzaraat*,[27] él será traído a Aharon el *kohen* o a uno de sus hijos que son *kohanim*.

24 Había varias razones para establecer esta dieta: 1.Una prueba de obediencia, y para enseñar a los Israelitas los hábitos de abstención, y el gobierno de nuestros apetitos. 2. Asegurar la salud de la nación. Los alimentos prohibidos eran por lo general animales que merodeaban en la basura y se alimentaban de animales muertos; por lo tanto podían transmitir enfermedades. 3. Sacrificio común de las religiones paganas. Los Cananitas no solo comían los animales que Moshe prohibió, pero también otros, como el perro. Además, muchos de esos declarados inmundos eran "sagrados" entre los paganos, y sacrificados a sus dioses, como el puerco. 4. Para evitar asociaciones censurables. Los animales que andan a ras de suelo, por ejemplo, hacían pensar en las serpientes, que a menudo simbolizaban el pecado.

25 El término hebreo *kashrut* se refiere sencillamente a las leyes dietéticas de la Toráh. Se refiere al plan de *YAHWEH* en la Toráh, de separación entre los animales impuros y los limpios. Estas instrucciones dietéticas fueron diseñadas por *YAHWEH* con el fin de reflejar Su *kedushah*, como apartado de los pecadores, así como para mostrar que servía de poste indicador para protección, a fin de proteger a Su pueblo Yisra'el de todas las enfermedades que las naciones paganas estaban contrayendo debido a su manera de alimentarse. El *kashrut* es, por lo tanto, una señal visible en una comunidad de personas, que han sido llamadas aparte y con las cuales *YAHWEH* ha hecho un pacto mediante un llamamiento a una *kedushah* personal y práctica.

26 Esto fue lo que hizo Miryam la madre de Yahshúa, y dado para todos los pobres en Yisra'cl.

27 Lepra, llamada «llaga de lepra» es un nombre que se aplica a varias enfermedades de la piel, y en los tiempos antiguos se le temía grandemente. Algunas de estas enfermedades, a diferencia de la enfermedad que hoy en día llamamos lepra o enfermedad de Hansen, eran sumamente contagiosas. Las peores destruían el cuerpo lentamente y, en la mayoría de los casos, eran fatales. Los leprosos eran separados de su familia y amigos y eran confinados a lugares alejados del campamento. Como los *kohanim* eran responsables de la salud del campamento, era su deber expulsar y readmitir leprosos. Si la lepra de alguno parecía desaparecer, sólo el *kohen* podía decidir si esa persona estaba verdaderamente curada. En la Escritura se usa a menudo la lepra como una ilustración del pecado porque es contagiosa, destructiva y conduce a la separación.

3 El *kohen* examinará la llaga de la piel; si el pelo en la llaga se ha vuelto
blanco y la llaga parece que ha profundizado en la piel, es *tzaraat* y, después
de examinarlo el *kohen*, lo declarará inmundo. 4 Si la decoloración en la piel
es blanca, pero no parece que ha profundizado en la piel, y su pelo no se ha
vuelto blanco, entonces el *kohen* lo aislará por siete días. 5 Al séptimo día el
kohen lo examinará otra vez, y si la llaga parece la misma que antes y no se
ha extendido en la piel, entonces el *kohen* lo aislará por siete días más. 6 Al
séptimo día el *kohen* lo examinará otra vez, y si la llaga se ha disipado y no se
ha extendido por la piel, entonces el *kohen* lo declarará limpio – es sólo una
costra, él lavará sus ropas y será limpio. 7 Pero si la costra se extiende más en
la piel después que él haya sido examinado por el *kohen* y declarado limpio,
él se dejará examinar aun otra vez por el *kohen*. 8 El *kohen* lo examinará, y si
él ve que la costra se ha extendido en la piel, entonces el *kohen* lo declarará
inmundo; es *tzaraat*. 9 "Si una persona tiene *tzaraat*, será traída al *kohen*. 10 El
kohen la examinará, y si él ve que hay una hinchazón blanca en la piel la cual
ha vuelto el pelo blanco y piel inflamada en la hinchazón, 11 entonces es
tzaraat crónica en su piel, y el *kohen* la declarará inmunda. El no la aislará,
porque ya está claro que es inmunda. 12 Si el *tzaraat* brota por todo su cuerpo,
por lo cual, hasta donde pueda el *kohen* percatarse, la persona con *tzaraat*
tiene llagas por todo su cuerpo, desde su cabeza hasta sus pies; 13 entonces el
kohen la examinará, y si él ve que el *tzaraat* ha cubierto todo su cuerpo, él
pronunciará limpia a la persona con llagas – todo se ha vuelto blanco y está
limpia.[28] 14 Pero si un día aparece en él carne inflamada, será inmunda. 15 El
kohen examinará su carne inflamada y la declarará inmunda; la carne
inflamada es inmunda; es *tzaraat*. 16 Sin embargo, si la carne inflamada se
vuelve blanca, vendrá al *kohen*. 17 El *kohen* la examinará, y si él ve que las
llagas se han vuelto blancas, entonces el *kohen* declarará limpia a la persona
con las llagas; está limpia. 18 "Si una persona tiene en su piel un tumor que
sane 19 en tal manera que en lugar del tumor hay una inflamación blanca o una
brillante mancha blanca rojiza, será enseñada al *kohen*. 20 El *kohen* la
examinará; si él ve que parece ser más profunda que la piel alrededor, y su
pelo se ha vuelto blanco; entonces el *kohen* la pronunciará inmunda – la
enfermedad de *tzaraat* ha brotado en el tumor. 21 Pero si el *kohen* lo mira y no
ve ningún pelo blanco en ella y no está más profunda que la piel alrededor de
ella pero parece descolorida, el *kohen* la aislará por siete días. 22 Si se
extiende en la piel, el *kohen* la declarará inmunda; es la enfermedad. 23 Pero si
la mancha blanca se queda donde está y no se ha extendido; es la cicatriz de
un tumor; y el *kohen* la declarará limpia. 24 "O si alguien tiene en su piel una
quemada causada por fuego; y la carne inflamada donde fue quemada se
vuelve una mancha brillante, blanca-rojiza o blanca, 25 entonces el *kohen*
la examinará; y si él ve que el pelo en la mancha brillante se ha vuelto blanco
y parece estar más profunda que la piel alrededor de ella, es *tzaraat*; ha

brotado en la quemada, y el *kohen* la declarará inmunda; es llaga de *tzaraat*.
26 Pero si el *kohen* la examina y no ve pelo blanco en la mancha brillante, y no está más profunda que la piel alrededor de ella pero luce decolorada, entonces el *kohen* la aislará por siete días.

28 Puede lucir extraño que un leproso parcial sea pronunciado inmundo y uno que está totalmente cubierto por la enfermedad, limpio. Esto se debe a diferente especie y estado de la enfermedad., el que tiene la parcial, totalmente contagiosa; y el otro no. Es evidente que había o dos clases de la enfermedad o dos etapas diferentes, para que una fuera declarada limpia y la otra inmunda.

27 Al séptimo día el *kohen* la examinará; si se ha extendido en la piel,
entonces el *kohen* la declarará inmunda; es llaga de *tzaraat*. 28 Pero si la
mancha blanca se queda donde está y no se ha extendido en la piel sino que
parece descolorida, es inflamación causada por la quemada; y el *kohen* la
declarará limpia; porque es sólo una cicatriz de la quemada. 29 "Si un hombre
o una mujer tiene una llaga en la cabeza o un hombre en la barba, 30 entonces
el *kohen* examinará la llaga; si él ve que parece estar más profunda que la piel
alrededor de ella con pelo fino y amarillento, entonces el *kohen* la declarará
inmunda; es un área encostrada, *tzaraat* en la cabeza o en la barba.31 Si el
kohen examina el área enferma encostrada y ve que parece ser más profunda
que la piel alrededor de ella, y sin ningún pelo negro en ella, entonces el
kohen aislará por siete días a la persona con el área encostrada enferma. 32 Al
séptimo día el *kohen* examinará la llaga, y si él ve que el área encostrada no
se ha extendido, y que no tiene pelo amarillento en ella, y que el área
encostrada no está más profunda que la piel alrededor de ella; 33 entonces la
persona se rasurará, excepto por el área encostrada misma, y el *kohen* la
aislará por siete días más. 34 Al séptimo día el *kohen* examinará el área
encostrada; y si él ve que el área encostrada no se ha extendido en la piel y no
parece ser más profunda que la piel alrededor de ella, entonces el *kohen* la
declarará limpia; lavará sus ropas y es limpia. 35 Pero si el área encostrada se
extiende después de su purificación, 36 entonces el *kohen* la examinará; y si él
ve que el área encostrada se extiende en la pie l, el *kohen* no buscará pelo
amarillento; es inmunda. 37 Pero si la apariencia del área encostrada no
cambia, y crece pelo negro sobre ella; entonces el área encostrada está
sanada; es limpia; y el *kohen* la declarará limpia. 38 "Si un hombre o una
mujer tiene manchas en la piel, manchas blancas brillantes; 39 entonces el
kohen lo examinará. Si él ve que las manchas brillantes en la piel son blancas
descoloridas, es sólo una erupción que ha brotado en la piel; está limpio.
40 "Si el pelo de un hombre se ha caído de su cuero cabelludo, él es calvo;
pero es limpio. 41 Si el pelo se le ha caído de la parte delantera de su cabeza,
él es calvo en el frente; pero él es limpio. 42 Pero si en la parte calva o en la
frente hay una llaga blanca-rojiza, es *tzaraat* brotando en su calvicie o frente.
43 Entonces el *kohen* lo examinará; si él ve que hay una inflamación blanca-

rojiza en su calvicie o en su frente, que se parece al *tzaraat* del resto del
cuerpo, 44 él es una persona con *tzaraat*; él es inmundo; el *kohen* lo declarará
inmundo; la llaga está en su cabeza. 45 "Todos los que tengan llagas de *tzaraat*
usarán vestiduras rasgadas y pelo suelto, cubrirán su labio superior y gritarán:
'¡Inmundo! ¡Inmundo!' 46 Por el tiempo que tenga las llagas, estará inmundo;
puesto que es inmundo, vivirá aislado; vivirá fuera del campamento. 47
"Cuando el *tzaraat* infecte un artículo de vestir,[29] ya sea un artículo de lana o
lino, 48 en los hilos o en las partes tejidas de lino o lana, o en un cuero o un
artículo hecho de piel; 49 entonces si la vena en el artículo, cuero, hilos, partes
tejidas o el artículo de piel es verdosa o rojiza, es una infección de *tzaraat* y
será enseñado al *kohen*. 50 El *kohen* examinará la mancha y aislará el artículo
que tiene la infección por siete días. 51 Al séptimo día él examinará la
mancha; si la mancha se ha extendido en el artículo, hilos, partes tejidas o
piel, cualquiera que sea su uso, la infección es *tzaraat* contagioso; el artículo
es inmundo.

29 La lepra en atuendos (o casas) de vestir nos parece extraño, y ha inducido a algunos que es un extraordinario castigo de *YAHWEH* sobre los Israelitas. Pero consideremos esto: en el Oriente mucha gente, y más cuando son pastores, se cubren con pieles. El animal cuando está vivo no muestra trazas de la enfermedad, pero la lana de ovejas que mueren, si no fue mostrada cuando el animal estaba vivo, puede brotar en la piel después que el animal muere. Esta infección ha sido responsable por los peores casos de escarlatina, y aun la plaga, y los infectados con la *psora* o picazón animal, han comunicado la enfermedad aun seis y siete años después de la infección.

52 El quemará el artículo, hilos, partes tejidas de lino o lana, o el artículo de
piel que tiene la infección; porque es *tzaraat* contagioso; será quemado
completamente. 53 Pero si cuando el *kohen* lo examina, él ve que la infección
no se ha extendido en el artículo o en los hilos, partes tejidas o artículo de
cuero, 54 entonces el *kohen* ordenará lavar el artículo que tiene la infección y
aislarlo por siete días. 55 Entonces el *kohen* lo examinará después que la
mancha haya sido lavada, y si él ve que la mancha no ha cambiado de color,
entonces, si aun la macha no se ha extendido, es inmundo; lo quemarás
completamente – está podrido, no importa si la mancha está en el interior o en
el exterior. 56 Si el *kohen* lo examina y ve que la mancha se ha decolorado
después de ser lavado, entonces él cortará la mancha del artículo, piel, hilos o
partes tejidas. 57 Si aparece otra vez en el artículo, hilos, partes tejidas o
artículo de piel, es contagioso, y quemarás completamente el artículo que
tiene la mancha. 58 Pero si la infección se quitó del artículo, hilos, partes
tejidas, o artículo de piel que tú lavaste, entonces se lavará una segunda vez, y
será limpio. 59 Esta es la ley referente a las infecciones de *tzaraat* en artículo
de lino o lana, o en hilos o en partes tejidas, o en cualquier artículo de piel –
cuando declararlo limpio y cuando declararlo inmundo.

Referencias;
Haftarah Tazria: Melajim Bet (2Reyes) 4:42-5:19
Lecturas sugeridas del Brit Hadashah para la Parashah Tazria:
Mattityah (Mateo) 8:1-4, 11:2-6; Yojanán Mordejai (Marcos) 1:40-
45;
Lucas 2:22-24; 5:12 -16; 7:18-23
Parashah 28: M'tzora (Persona afligida con tzaraat) 14:1-15:33
[En años regulares leer con Parashah 27, en años bisiestos leer por separado]

Vayikra (El llamó) - arqyw - Levítico 14
Parashah 24: Vayikra (El llamó) 1:1-5:26 (6:7)

14 *YAHWEH* dijo a Moshe: 2 "Esta será la ley referente a la persona afligida
con *tzaraat* en el día de su purificación: Será traído al *kohen*, 3 y el *kohen* irá
fuera del campamento y lo examinará allí. Si él ve que las llagas del *tzaraat*
han sanado en la persona afligida, 4 entonces el *kohen* ordenará que dos aves
vivas sean llevadas para ser purificado, junto con madera de cedro, hilo
escarlata y hojas de orégano. 5 El *kohen* ordenará sacrificar una de las aves en
una olla de barro sobre agua corriente. 6 En cuanto al ave viva él la llevará
con la madera de cedro, hilo escarlata y hojas de orégano y los mojará con la
sangre del ave sacrificada y todo lo sumergirá en agua corriente, 7 y rociará a
la persona que va a ser purificada del *tzaraat* siete veces. Después dejará el
ave viva en libertad en un campo abierto. 8 Aquel que será purificado lavará
sus ropas, rasurará todo su pelo y se bañará en agua. Entonces estará limpio; y
después de eso, él puede entrar en el campamento; pero él debe vivir fuera de
su tienda por siete días. 9 Al séptimo día él se rasurará todo el pelo de su
cabeza, también su barba y cejas – él se rasurará todo su pelo; y lavará sus
ropas y se bañará en agua; entonces estará limpio. 10 "Al octavo día él tomará
dos corderos sin defecto, una cordera en su primer año sin defecto y seis y
medio cuartos de harina fina para una ofrenda de grano, mezcladas con aceite
de oliva, y dos y media pintas de aceite de oliva. 11 El *kohen* que lo está
purificando a él pondrá la persona que está siendo purificada con todas estas
cosas delante de *YAHWEH* a la entrada del Tabernáculo del Testimonio . 12 El
kohen tomará uno de los corderos y lo ofrecerá como ofrenda de culpa con
dos tercios de pinta de aceite de oliva, entonces lo mecerá como ofrenda
mecida delante de *YAHWEH*. 13 El sacrificará el cordero en el lugar del Lugar
Kadosh para sacrificar ofrendas de pecado y ofrendas quemadas, porque la

ofrenda de culpa pertenece al *kohen*, así como la ofrenda de pecado; es
especialmente *Kadosh.* 14 El *kohen* tomará algo de la sangre de la ofrenda de
culpa y la pondrá en la punta de la oreja derecha de la persona que está siendo
purificada, en el dedo pulgar de su mano derecha y en el dedo pulgar de su
pie derecho. 15 Después, el *kohen* tomará algo de los dos tercios de pinta del
aceite de oliva y lo derramará en la palma de su propia mano izquierda, 16
mojará su dedo derecho en el aceite que está en su mano izquierda y rociará
del aceite con su dedo siete veces delante de *YAHWEH.* 17 Entonces el *kohen*
pondrá algo de lo que quede del aceite en su mano en la punta de la oreja
derecha de la persona que está siendo purificada, en el dedo pulga r de su
mano derecha, y en el dedo pulgar de su pie derecho y en la sangre de la
ofrenda de culpa. 18 Finalmente, el *kohen* pondrá el resto del aceite de
oliva que queda en su mano en la cabeza de la persona que está siendo
purificada; y el *kohen* hará expiación por él delante de *YAHWEH.* 19 El *kohen*
ofrecerá la ofrenda de pecado y hará expiación por la persona que está siendo
purificada a causa de su inmundicia; después, él sacrificará la ofrenda
quemada. 20 El *kohen* ofrecerá la ofrenda quemada y la ofrenda de grano en el
altar; así el *kohen* hará expiación por él; y él será limpio. 21 "Si él es pobre,
que no pueda económicamente para tanto, él tomará un cordero como ofrenda
de culpa para ser mecido, para hacer expiación para él; dos cuartos de harina
fina mezclados con aceite de oliva para una ofrenda de grano; dos tercios de
pinta de aceite de oliva; 22 y dos palomas o dos pichones, según como pueda,
una para ofrenda de pecado y la otra para ofrenda quemada. 23 Al octavo día,
él los traerá al *kohen* para su purificación, a la entrada del Tabernáculo del
Testimonio delante de *YAHWEH.* 24 El *kohen* tomará el cordero de la ofrenda
de culpa y dos tercios de pinta de aceite de oliva y los mecerá como ofrenda
mecida delante de *YAHWEH.* 25 El sacrificará el cordero de la ofrenda de
culpa; y el *kohen* tomará algo de la sangre de la ofrenda de culpa y la pondrá
en la punta de la oreja derecha de la persona que está siendo purificada, en el
dedo pulgar de su mano derecha y en el dedo pulgar de su pie derecho. 26 El
kohen tomará algo del aceite de oliva y lo derramará en la palma de su propia
mano izquierda, 27 y rociará con su mano derecha algo del aceite de oliva que
está en su mano izquierda siete veces delante de *YAHWEH.* 28 El *kohen*
pondrá algo del aceite en su mano en la punta de la oreja derecha de la
persona que está siendo purificada, en el dedo pulgar de la mano derecha, y
en el dedo pulgar de su pie derecho – en el mismo lugar que la sangre de la
ofrenda de culpa. 29 Finalmente, el *kohen* pondrá el resto del aceite de oliva en
su mano sobre la cabeza de la persona que está siendo purificada, para hacer
expiación por él delante de *YAHWEH.* 30 El ofrecerá una de las palomas o
pichones, tal como la persona pueda, 31 lo que sea que sus medios le permitan
– una para ofrenda de pecado y la otra para ofrenda quemada – con la ofrenda
de grano; así el *kohen* hará expiación delante de *YAHWEH* por la persona que
está siendo purificada. 32 Tal es la ley para la persona que tiene llagas de

tzaraat si no puede económicamente para los elementos usuales usados para
su purificación." 33 *YAHWEH* dijo a Moshe y a Aharon: 34 "Cuando hayan
entrado a la tierra de Kenaan la cual les estoy dando como su posesión, y Yo
ponga una infección[30] de *tzaraat* en una casa en La Tierra que ustedes
poseen, 35 entonces el dueño de la casa vendrá a decírselo al *kohen*: 'Me
parece que puede haber una infección en la casa.' 36 El *kohen* ordenará que se
desocupe la casa antes que él vaya a inspeccionar la infección, para que todo
en la casa no se vuelva inmundo; después, el *kohen* entrará a inspeccionar la
casa. 37 El examinará la infección, y si él ve que está en las paredes de la casa,
con depresiones verdosas o rojizas que parecen estar más profundas que la
superficie de la pared, 38 él saldrá de la casa a la puerta de ella y sellará la casa
por siete días. 39 El *kohen* vendrá otra vez al séptimo día y examinará la casa;
si él ve que la infección se ha extendido por las paredes,

30 Fue probablemente de este texto "Yo ponga," que la lepra o *tzaraat* es considerada una enfermedad supernatural, infligida inmediatamente por el mismo *YAHWEH*, como es bien sabido, *YAHWEH* en las Escrituras es representado como haciendo, en el curso de la Providencia. El sólo permite ser hecho.

40 él les ordenará remover las piedras infectadas y echarlas en un lugar
inmundo fuera de la ciudad. 41 Después, él hará que el interior de la casa sea
raspado completamente, y el yeso que raspen será echado fuera de la ciudad
en un lugar inmundo. 42 Finalmente, otras piedras serán puestas en el lugar de
las primeras piedras y otro yeso será usado para enyesar la casa. 43 Si la
infección regresa y brota en la casa después que las piedras hayan sido
removidas y la casa raspada y enyesada; 44 entonces el *kohen* entrará y la
examinará. Si él ve que la infección se ha extendido en la casa, es *tzaraat*
contagioso en la casa; es inmunda 45 Demolerá la casa y tomará sus piedras,
madera y yeso fuera de la ciudad a un lugar inmundo. 46 Además, cualquiera
que entre en la casa en cualquier momento mientras está sellada estará
inmundo hasta la noche. 47 Cualquiera que se acueste o coma en la casa lavará
sus ropas. 48 Si el *kohen* entra, la examina y ve que la infección no se ha
extendido en la casa desde que se enyesó; entonces él declarará la casa
limpia; porque la infección está curada. 49 "Para purificar la casa, él tomará
dos aves, madera de cedro, hilo escarlata y hojas de hisopo. 50 El sacrificará
una de las aves en una olla de barro sobre agua corriente. 51 El tomará la
madera de cedro, el hisopo, el hilo escarlata y el ave viva y los mojará en la
sangre del ave sacrificada y en el agua corriente, y rociará la casa siete veces.
52 El purificará la casa con la sangre del ave, el agua corriente, el ave viva, la
madera de cedro, el hisopo y el hilo escarlata. 53 Pero él dejará libre el ave
viva fuera de la ciudad en un campo abierto, así hará expiación por la casa; y
será limpia. 54 "Tal es la ley para todo tipo de llagas de *tzaraat*, para un área
encostrada, 55 para *tzaraat* en un artículo de vestir, para una casa, 56 para una

inflamación, para una costra y para una mancha brillante, 57 para determinar
cuando es limpio y cuando es inmundo. Esta es la ley referente al *tzaraat*."

Vayikra (El llamó) - arqyw - Levítico 15
Parashah 24: Vayikra (El llamó) 1:1-5:26 (6:7)

15 *YAHWEH* dijo a Moshe y a Aharon: 2 "Digan a los hijos de Yisra'el:
'Cuando cualquier hombre tenga flujo de su cuerpo, el flujo es inmundo. 3 Y
ésta es la ley de la inmundicia: Cualquiera que tenga gonorrea de su cuerpo
ésta es la inmundicia en él por razón de su flujo, por el cual, su cuerpo está
afectado por medio del flujo, todos los días del flujo de su cuerpo por el
cual su cuerpo está afectado por el flujo es su inmundicia. 4 En toda cama que
la persona con flujo yazca es inmunda, y todo el que sobre ella se siente es
inmundo. 5 Cualquiera que toque su cama lavará sus ropas y se bañará en
agua; estará inmunda hasta el anochecer. 6 Cualquiera que se siente sobre algo
donde se sentó la persona con flujo lavará sus ropas y se bañará en agua;
estará inmunda hasta el anochecer. 7 Cualquiera que toque el cuerpo de una
persona con el flujo lavará sus ropas y se bañará en agua; estará inmunda
hasta la noche. 8 Si una persona con el flujo escupe sobre alguien que está
limpio, éste lavará sus ropas y se bañará en agua; estará inmundo hasta la
noche. 9 Cualquier montura que la persona con flujo monte estará inmunda. 10
Cualquiera que toque algo que haya estado debajo de él estará inmundo hasta
el anochecer. Aquel que lleva esas cosas para lavar sus ropas y bañarse en
agua; estará inmundo hasta la noche. 11 Si una persona con flujo no se lava las
manos en agua, estará inmunda hasta el anochecer. 12 Si la persona con el
flujo toca una olla de barro, ésta será quebrada, si toca un utensilio de madera,
será lavado en agua. 13 "'Cuando una persona con un flujo se haya librado de
él, contará siete días para su purificación. Entonces lavará sus ropas y se
bañará en agua corriente; después de eso, estará limpia. 14 Al octavo día,
tomará por sí mismo dos palomas o dos pichones, vendrá delante de
YAHWEH a la entrada del Tabernáculo del Testimonio y los dará al *kohen*. 15
El *kohen* los ofrecerá, uno como ofrenda de pecado y el otro como ofrenda
quemada; así el *kohen* hará expiación por él a causa de su flujo delante de
YAHWEH. 16 "'Si un hombre tiene una emisión de semen, tiene que bañar su
cuerpo completo en agua; él estará inmundo hasta la noche. 17 Cualquier ropa
o piel donde haya semen será lavado con agua; estará inmundo hasta el
anochecer. 18 Si un hombre va a la cama con una mujer y tiene relaciones
sexuales, ambos se bañarán en agua; ellos estarán inmundos hasta el
anochecer. 19 Si una mujer tiene flujo, y el flujo de su cuerpo es sangre, ella
estará en su estado de *niddah* por siete días. Cualquiera que la toque estará
inmundo hasta el anochecer. 20 Todo donde ella se siente o se acueste en su

estado de *niddah* estará inmundo. 21 Cualquiera que toque su cama lavará sus
ropas y se bañará en agua; estará inmundo hasta el anochecer. 22 Cualquiera
que toque cualquier cosa donde ella se siente lavará sus ropas y se bañará en
agua; él estará inmundo hasta la noche. 23 Si él está en la cama o en algo
donde ella se siente, cuando él lo toque, estará inmundo hasta la noche. 24 Si
un hombre va a la cama con ella, y su menstruación lo toca, él estará inmundo
por siete días; y en toda cama que él se acueste será inmunda. 25 "'Si una
mujer tiene flujo de sangre por muchos días que no es durante su período de
menstruación, o si su flujo dura más que el período normal, entonces por el
tiempo que ella esté teniendo un flujo inmundo ella estará como cuando está
en *niddah* – ella está inmunda. 26 Toda cama donde ella se acueste en
cualquier momento que ella está teniendo el flujo será para ella como la cama
que usa durante su tiempo de *niddah*; y todo donde ella se siente será
inmundo con inmundicia como la del tiempo de su *niddah*. 27 Cualquiera que
toque esas cosas será inmundo; lavará sus ropas y se bañará en agua, estará
inmundo hasta el anochecer. 28 "'Si ella se ha librado de su flujo, ella contará
siete días; después de eso, ella estará limpia. 29 En el octavo día, ella llevará
por sí misma dos palomas o dos pichones y los traerá al *kohen* a la entrada del
Tabernáculo del Testimonio. 30 El *kohen* ofrecerá una como ofrenda de
pecado y la otra como ofrenda quemada; así el *kohen* hará expiación para ella
delante de *YAHWEH* a causa de su flujo inmundo. 31 "'De esta forma ustedes
separarán a los hijos de Yisra'el de su inmundicia, para que ellos no mueran
en un estado de inmundicia por profanar Mi Tabernáculo el cual está allí con
ellos. 32 "'Tal es la ley para una persona que tiene flujo; para el hombre que
tiene una emisión de semen que lo hace inmundo; 33 para la mujer en *niddah*
durante su período menstrual; para la persona, hombre o mujer, con flujo; y
para el hombre que tiene relaciones sexuales con una mujer que está inmunda.

Vayikra (El llamó) - arqyw - Levítico 16

Parashah 24: Vayikra (El llamó) 1:1-5:26 (6:7)

16 *YAHWEH* habló con Moshe después de la muerte de los dos hijos de
Aharon, cuando ellos trataron de sacrificar delante de *YAHWEH* y murieron;
2 *YAHWEH* dijo a Moshe "Dile a tu hermano Aha ron que no venga en
cualquier momento al Lugar Makon Kadosh más allá de la cortina, delante de
la cubierta del Arca la cual está sobre el Arca, para que él no muera; porque
Yo aparezco en la nube por encima de la cubierta del Arca. 3 "Así es como
Aharon entrará en el Lugar Makon Kadosh: con un novillo como ofrenda
de pecado y un carnero como ofrenda quemada. 4 El se pondrá la túnica
Kadosh de lino, tendrá sus calzoncillos de lino sobre su carne, tendrá la banda
de lino alrededor de él, y estará usando el turbante de lino – son vestiduras

Kadoshim. El lavará su cuerpo en agua y se los pondrá. 5 "Tomará de la
congregación de los hijos de Yisra'el dos machos cabríos para ofrenda de
pecado y un carnero para ofrenda quemada. 6 Aharon presentará el novillo
para la ofrenda de pecado el cual es por él mismo y hará expiación por él
mismo y su casa. 7 Tomará los dos machos cabríos y los pondrá delante de
YAHWEH a la entrada del Tabernáculo del Testimonio. 8 Entonces Aharon
echará suertes por los dos machos cabríos, una suerte por *YAHWEH*
[sacrificio *asham*] y la otra por *Azazel*.[31]

31 El escenario completo de *Azazel* donde el carnero fue llevado al desierto es simbólico de la muerte de Yahshúa fuera del campamento, y después habiéndose llevado los pecados fuera del campamento para siempre. En vez de un hombre o mujer de Israel siendo castigado fuera del campamento, Yahshúa fue afuera, para que aquellos que lo reciben puedan permanecer dentro del campamento eternamente con ABBA-*YAHWEH*. Yahshúa cumplió la parte del cordero expiatorio de *Azazel* de la ceremonia de Le 16 **DESPUÉS** de la temporada de Pascua. Yahshúa de hecho fue liberado por Pilatos y era en ese punto un hombre libre. Pero la voz del pueblo prevaleció y *Azazel* no fue realmente puesto en libertad. Era todo parte del plan de *YAHWEH* para proveer a Yahshúa como ambos "el cordero para *YAHWEH*" o el sacrificio *asham* después que había sido el *Azazel* declarado libre por Pilatos. Sin embargo, hay otra dimensión de esta verdad de Yahshúa siendo el total cumplimiento de *Asham* y de *Azazel*. Después de Su resurrección El caminó fuera de la sepultura y fue permanentemente liberado para ser predicado y vivir libremente en el desierto de las naciones de la tierra. El sacrifico anual de *Asham* y *Azazel* de *Yom Kippur* en Le 16 eran vicarios. Sacrificios vicarios son la médula y espina dorsal virtual de las leyes, decretos y juicios de la Toráh

9 Aharon presentará el macho cabrío cuya suerte cayó en *YAHWEH* y lo
ofrecerá como ofrenda de pecado. 10 Pero el macho cabrío cuya suerte cayó
Azazel será presentado vivo a *YAHWEH* para ser usado para hacer expiación
sobre él por mandarlo fuera al desierto para *Azazel*. 11 Aharon presentará el
novillo para la ofrenda de pecado por él mismo; y hará expiación por él
mismo y su casa; sacrificará el novillo de la ofrenda de pecado la cual es por
él mismo. 12 Tomará el incensario lleno de carbones ardientes del altar
delante de *YAHWEH* y, con sus manos llenas de incienso molido fragante, lo
traerá dentro de la cortina. 13 Pondrá incienso en el fuego delante de
YAHWEH, para que la nube del incienso cubra la cubierta del Arca la cual
está sobre el Testimonio, para que él no muera. 14 Tomará algo de la sangre
del novillo y la rociará con su dedo en la cubierta del Arca hacia el este; y
delante de la cubierta del Arca rociará algo de la sangre con su dedo siete
veces. 15 "Después, él sacrificará el macho cabrío de la ofrenda de pecado el
cual es por el pueblo y traerá su sangre dentro de la cortina y hará con su
sangre lo que hizo con la sangre del novillo, rociarla sobre la cubierta del
Arca y delante de la cubierta del Arca. 16 El hará expiación para el Lugar

Makon Kadosh a causa de la inmundicia de los hijos de Yisra'el y por sus
transgresiones – todos sus pecados; y él hará lo mismo para el Tabernáculo
del Testimonio que está allí con ellos justo en el medio de su inmundicia. 17
Nadie estará presente en el Tabernáculo del Testimonio desde el momento
que él entre al Lugar Makon Kadosh para hacer expiación por él mismo, por
su casa y por toda la congregación de los hijos de Yisra'el. 18 Entonces saldrá
al altar que está delante de *YAHWEH* y hará expiación por él; tomará algo de
la sangre del novillo y algo de la sangre del macho cabrío y la pondrá en los
cuernos del altar. 19 Rociará algo de la sangre sobre él con su dedo siete veces,
así purificándolo y apartándolo de la inmundicia de los hijos de Yisra'el.
20 "Cuando él haya terminado de hacer expiación por el Lugar Makon
Kadosh, del Tabernáculo del Testimonio y el altar, presentará el macho cabrío
vivo. 21 Aharon pondrá ambas manos sobre la cabeza del macho cabrío vivo y
confesará sobre él todas las transgresiones, crímenes y pecados de los hijos de
Yisra'el; él los pondrá sobre la cabeza del macho cabrío y después lo mandará
al desierto con un hombre nombrado para este propósito. 22 El macho cabrío
cargará todas sus transgresiones a un lugar aislado, y dejará que el macho
cabrío vaya al desierto.[32] 23 "Aharon regresará al Tabernáculo del
Testimonio , donde se quitará las vestiduras de lino que se puso cuando entró
en el Lugar Makon Kadosh, y los dejará allí. 24 Entonces lavará su cuerpo en
agua en un lugar *Kadosh*, se pondrá sus otras ropas, saldrá y ofrecerá su
ofrenda quemada y la ofrenda quemada del pueblo, así haciendo expiación
para el mismo y para el pueblo. 25 El hará que la grasa de la ofrenda de
pecado suba en humo en el altar. 26 "El hombre que soltó el macho cabrío por
Azazel lavará sus ropas y se bañará en agua; después de eso, él puede regresar
al campamento. 27 "El novillo para la ofrenda de pecado y el macho cabrío
para la ofrenda de pecado, cuya sangre fue traída para hacer expiación en el
Lugar Makon Kadosh, serán llevados fuera del campamento; allí quemarán
completamente sus cueros, carne y estiércol. 28 La persona que los queme
lavará sus ropas y se bañará en agua; después de eso, él puede regresar al
campamento. 29 "Será una regulación permanente para ustedes que en el
décimo día del séptimo mes ustedes se negarán a sí mismos [ayuno] y no
harán ningún tipo de trabajo, ambos los ciudadanos y los extranjeros viviendo
con ustedes. 30 Porque en este día, expiación será hecha por ustedes para
purificarlos; ustedes estarán limpios delante de *YAHWEH* de todos sus
pecados. 31 Es un *Shabbat* de descanso completo [*Shabbat-Shabbaton*] para
ustedes, se negarán a sí mismos.[33] "Esta es una regulación permanente. 32 El
kohen ungido y dedicado como *Kadosh* para ser *kohen* en el lugar de su padre
hará la expiación; él se pondrá las vestiduras de lino, las vestiduras
Kadoshim; 33 hará expiación por el Lugar Kadosh Kadoshim; hará expiación
por el Tabernáculo del Testimonio y el altar; y hará expiación por los
kohanim y por toda la congregación de los hijos de Yisra'el. 34 Esta es una
regulación permanente para ustedes, para hacer expiación una vez

al año por los hijos de Yisra'el a causa de todos sus pecados."[34] Moshe hizo como *YAHWEH* le ordenó.

32 Ver nota en verso 8.
33 Eso era el sacrificio de *Yom Kippur* (Día de Expiación). Sólo una vez al año en el día más apartado e imponente del año, solamente un hombre, el *Kohen HaGadol*, podía entrar en el "Lugar Kadosh Kadoshim" y hacer la expiación de sangre para todos los hombres, mujeres, niños y extranjeros en sus moradas, en todo Yisra'el. En *Yom Kippur* todos los pecados de
omisión y todos los pecados de comisión eran **cubiertos** por otro año por la misericordia de *YAHWEH*. Este era y es un *Shabbat* anual, día de convocación *Kadosh* y ayuno para ser observado a perpetuidad.
34 En *Yom Kippur* se hace expiación por **todos** los pecados de Yisra'el una vez al año. El "todos" incluye los pecados intencionales y planeados.

Vayikra (El llamó) - arqyw - Levítico 17

Parashah 24: Vayikra (El llamó) 1:1-5:26 (6:7)

17 *YAHWEH* dijo a Moshe: 2 "Habla a Aharon y a sus hijos y a todos los hijos de Yisra'el. Diles que esto es lo que *YAHWEH* ha ordenado: 3 Cuando alguno de la congregación de los hijos de Yisra'el sacrifique un buey, oveja o macho cabrío dentro o fuera del campamento 4 sin traerlo a la entrada del Tabernáculo del Testimonio para presentarlo como sacrificio para una ofrenda quemada completa u ofrenda de *Shalom* a *YAHWEH*, para ser aceptado como ofrenda de aroma fragante, y cualquiera que lo sacrifique fuera y no lo traiga a la puerta del Tabernáculo del Testimonio, como para ofrecerlo como ofrenda a *YAHWEH* delante del Tabernáculo de *YAHWEH*, él será acusado de sangre – él ha derramado sangre, y esa persona será destruida de su pueblo. 5 La razón por esto es que los hijos de Yisra'el traerán sus sacrificios que ellos sacrifican fuera en el campo – así que ellos los traerán a *YAHWEH*, a la entrada del Tabernáculo del Testimonio, al *kohen*, y los sacrificarán como ofrenda de *Shalom* para *YAHWEH*. 6 El *kohen* salpicará la sangre contra el altar de *YAHWEH* a la entrada del Tabernáculo del Testimonio y hará subir la grasa en humo como aroma fragante para *YAHWEH*. 7 ¡Nunca más ofrecerán sacrificios a los demonios-macho cabríos delante de los cuales ellos se prostituyen a sí! [35] Esta es una regulación permanente por todas sus generaciones.'[36] 8 "También diles: 'Cuando alguno de la congregación de los hijos de Yisra'el o uno de los extranjeros que vive con ustedes ordene una ofrenda quemada o sacrificio 9 sin traerlo a la entrada del Tabernáculo del Testimonio para sacrificarlo para *YAHWEH*, esa persona será cortada de su pueblo. 10 Cuando alguno de la congregación de los hijos de Yisra'el o uno de los extranjeros que

vive con ustedes coma cualquier tipo de sangre, Yo me pondré contra esa persona que come sangre y la cortaré de su pueblo.
11 Porque la vida de toda carne está en su sangre, y Yo la he dado a ustedes en el altar para hacer expiación para ustedes mismos; porque es la sangre la que hace expiación a causa de la vida.'[37][38]
12 Por esto dije a los hijos de Yisra'el: 'Ninguno de ustedes comerá sangre, ni ningún extranjero viviendo con ustedes comerá sangre.'
13 "Cuando alguno de la congregación de los hijos de Yisra'el o uno de los extranjeros viviendo con ustedes cace y coja caza, ya sea de animal o ave que pueda ser comido, derramará su sangre y la cubrirá con tierra.
14 Porque la vida de toda criatura – su sangre es su vida. Por lo tanto Yo dije a los hijos de Yisra'el: 'Ustedes no comerán la sangre de ninguna criatura, porque la vida de todas las criaturas está en su sangre, cualquiera que la coma será destruido.[ver Hch c 15]'
15 "Cualquiera que coma un animal que muera naturalmente o sea desgarrado de muerte por un animal salvaje, ya sea ciudadano o extranjero, lavará sus ropas y se bañará en agua; estará inmundo hasta la noche; entonces estará limpio.
16 Pero si no las lava y se baña, cargará con las consecuencias de su transgresión.[ver Hch c 15]"

35 En nuestros días no hay Tabernáculo y el Templo está destruido, por tanto, no se pueden hacer sacrificios de sangre. Entonces la persona que no está limpia por la sangre del Mesías Yahshúa no tiene salvación, tales como los Judíos Ortodoxos que no han aceptado al Mesías Yahshúa, He 9:12-28. También se refiere a todos los sacrificios de labios [alabanza y adoración] que se hacen y no son traídos a *YAHWEH*, son llevados a los demonios de las iglesias y los HaShems de las "sinagogas" que no conocen el Nombre al cual hay que llevar los sacrificios, se los llevan a demonios machos cabríos pero no a ABBA *YAHWEH*. ¡Esto es igual que los hechiceros y brujos que sacrifican al diablo sin ocultarse!

36 Es para siempre, si no estás adorando, alabando, orando al Nombre de *YAHWEH*, lo haces a demonios, señores, *baalim*.

37 Esta es una referencia clara a la necesidad vital de la expiación de sangre para perdón de pecados y la limpieza de las almas de los hombres, como también el uso del altar de *Yom Kippur* para alcanzar este fin. Ahora ese mismo servicio está siendo ejecutado en los cielos de acuerdo al libro de Hebreos. ¡Qué todos los que no tienen al Mesías y los que lo desechan escuchen! Esto es, Los Judíos Ortodoxos, y los que quieren hacerse más Judíos que nadie y abandonan a Yahshúa Ha Mashíaj, los cristianos y los católicos que adoran ídolos y estatuas de mujeres muertas y un afeminado que llaman j-zeus.

38 El hombre no puede pagar el precio de redención eterna, todos nosotros, sin excepción, estamos destinados a morir. Todos: Judíos, Gentiles, libre, esclavo, todos contaminados por la sangre de Adam. **TODOS MENOS UNO, YAHSHÚA....**Yahshúa es la única excepción a la contaminación de Adam, porque El no tiene la sangre de Adam fluyendo en Sus venas. En vez, El tiene la Sangre Pura de Su Padre Celestial.

Vayikra (El llamó) - arqyw - Levítico 18
Parashah 24: Vayikra (El llamó) 1:1-5:26 (6:7)

18 *YAHWEH* dijo a Moshe: 2 "Habla a los hijos de Yisra'el; dile a ellos: 'Yo
soy *YAHWEH* tu Elohim. 3 No se ocuparán en las actividades encontradas en
el pueblo de Mitzrayim, donde ustedes vivían; y no se ocuparán en las
actividades encontradas en la tierra de Kenaan, donde Yo los estoy llevando;
ni vivirán por sus leyes. 4 Ustedes obedecerán mis estatutos y mis leyes y
caminarán conforme a ellos. 5 Ustedes observarán mis estatutos y
mandamientos; si una persona los hace, ella tendrá vida por medio de ellos,
Yo soy *YAHWEH*.[39] 6 "Ninguno de ustedes se acercará a nadie que sea
pariente cercano para tener relaciones sexuales; Yo soy *YAHWEH*. 7 No
tendrás relaciones sexuales con tu padre, y no tendrás relaciones sexuales con
tu madre. Ella es tu madre – no tengas relaciones sexuales con ella. 8 No
tendrás relaciones sexuales con la esposa de tu padre; esa es la prerrogativa de
tu padre. 9 No tendrás relaciones sexuales con tu hermana, la hija de tu padre
o la hija de tu madre, ya sea que nazca en casa o en otro lugar. No tengas
relaciones sexuales con ellas. 10 No tendrás relaciones sexuales con la hija de
tu hijo o con la hija de tu hija. No tengas relaciones sexuales con ellas, porque
la desgracia sexual de ellas será la propia tuya. 11 No tendrás relaciones
sexuales con la hija de la esposa de tu padre, nacida a tu padre, porque ella es
tu hermana, no tengas relaciones sexuales con ella. 12 No tendrás relaciones
sexuales con la hermana de tu padre, porque ella es la parienta cercana a tu
padre. 13 No tendrás relaciones sexuales con la hermana de tu madre, porque
ella es la parienta cercana a tu madre. 14 No tendrás relaciones sexuales con el
hermano de tu padre. No te acercarás a su esposa; porque ella es tu tía. 15 No
tendrás relaciones sexuales con tu nuera; porque ella es la esposa de tu hijo.
No tengas relaciones sexuales con ella. 16 No tendrás relaciones sexuales con
la esposa de tu hermano, porque ella es la prerrogativa de tu hermano. 17 "No
tendrás relaciones sexuales con ambas una mujer y su hija y tampoco tendrás
relaciones sexuales con la hija de su hijo ni la hija de su hija; ellas son
parientes cercanos a ella, y sería vergonzoso. 18 No tomarás mujer para ser la
rival con su hermana y no tendrás relaciones sexuales con ella mientras aún
su hermana esté viva. 19 No te acercarás a una mujer para tener relaciones
sexuales con ella mientras ella está inmunda de su tiempo de *niddah*. 20 No
irás a la cama con la esposa de tu vecino y así hacerte inmundo con ella.
21 "No permitirás que ninguno de tus hijos sea sacrificado a Molej, y así
profanando el Nombre de tu Elohim; Yo soy *YAHWEH*.[40] 22 "No irás a la
cama con un hombre como si con mujer; es una abominación.[41] 23 "No
tendrás relaciones sexuales con ningún tipo de animal y así hacerte inmundo

con él; ni una mujer se presentará a un animal para tener relaciones sexuales con él; es perversión.[42]

39 Esto no significa que por observar Toráh solamente tienes Salvación. Yahshúa es la Toráh encarnada, tienes que venir a El y después observar la Toráh Escrita que también es Yahshúa. El Tárgum Jonatan añade: "en la vida de la eternidad."
40 Molej significa un rey o gobernador, de importancia similar a Baal, señor (a quien adoran los cristianos), y el sol era adorado bajo su nombre, y particularmente como el fuego, que es usado en esta adoración. Está claro que los niños no sólo eran consagrados a él pasándolos por el fuego, lo que p arece que se alude aquí, sino que eran realmente hechos una ofrenda quemada a él. Que las muchas abominaciones mencionadas aquí y después eran practicadas por muchas naciones paganas es atestiguado por sus propios escritos. Los Rabinos de la antigüedad describen este ídolo hecho de bronce, sentado en un trono del mismo metal, en la forma de un hombre, con cabeza de becerro, adornado con una corona real, y sus manos extendidas para abrazar a cualquiera. Cuando ellos ofrecían cualquier niño a él, ellos calentaban la estatua por un gran fuego prendido dentro de él, y la víctima era puesta en sus brazos, y así consumida.
41 Tenemos en nuestros tiempos un gran número de pastores homosexuales y "pastoras" lesbianas y los afeminados, de los cuales hay muchísimos, también entran en este estatuto, ver 1C 6:9. La homosexualidad es abominación y no podemos traer a la casa ningún tipo de personas homosexuales ni con ningún tipo de perversión sexual. En los Estados Unidos, por la decadencia moral que hay, también en Europa, ya se han levantado muchas iglesias "cristianas" y católicas para homosexuales y dirigidas por homosexuales confesos, y a la escritura de estas notas ya el matrimo nio entre homosexuales está aprobado en la mayoría de los países Europeos, no tardará mucho que toda la América caiga; esto encaja perfectamente con lo que dice Shaúl en Ro 1:21-31. El mundo será dominado por los homosexuales de Roma y sus Jesuitas.
42 En el campo muchas personas tienen relaciones sexuales con animales, y en la ciudad, ustedes se asombrarían, pero las encuestas muestran que muchísima gente que conocemos y vemos a menudo, que viven solas, tienen un perrito o un animalito con el cual tienen relaciones sexuales, perversión. Ver nota en 20:16.

24 "No se hagan inmundos por ninguna de estas cosas; porque todas las
naciones que Yo estoy echando delante de ustedes están profanadas con ellas.
25 La Tierra se ha vuelto inmunda, y por eso es que Yo la estoy castigando –
La Tierra misma vomitará a sus habitantes. 26 Pero ustedes guardarán mis
estatutos y mandamientos y no se ocuparán en estas prácticas abominables, ni
los ciudadanos ni los extranjeros viviendo con ustedes; 27 porque la gente de
La Tierra ha cometido todas estas abominaciones, y La Tierra ahora está
profanada. 28 Si ustedes hacen a La Tierra inmunda, los vomitará a ustedes
también, así como está vomitando a la nación que estaba allí antes que
ustedes. 29 Porque aquellos que se ocupan en cualquiera de estas prácticas
abominables, quienesquiera que sean, serán destruidos de su pueblo. 30 Así
que guarden mi ordenanza de no seguir ninguna de estas costumbres
abominables que otros antes de ustedes han seguido y así se profanen a
ustedes mismos por hacerlas. Yo soy *YAHWEH* su Elohim.'"

Referencias;
Haftarah Ajarei Mot: Yejezkel (Ezequiel) 22:1-22
Lecturas sugeridas del Brit Hadashah para la Parashah Ajarei Mot:
Romanos 3:19-28; 9:30-10:13; 1 Corintios 5:1-13 con 2 Corintios 2:1-11;
Gálatas 3:10-14; Israelitas Mesiánicos 7:23-10:25
Parashah 30: K'doshim (Pueblo apartado) 19:1-20-27

Vayikra (El llamó) - arqyw - Levítico 19

Parashah 24: Vayikra (El llamó) 1:1-5:26 (6:7)

19 *YAHWEH* dijo a Moshe: 2 "Habla con la congregación completa de los
hijos de Yisra'el; dile a ellos: 'Ustedes pueblo serán *Kadoshim*, porque Yo,
YAHWEH, soy *Kadosh*. 3 "Cada uno de ustedes reverenciará a su padre y a su
madre, y ustedes guardarán mis *Shabbatot*; Yo soy *YAHWEH* su Elohim.[43]
4 "No se vuelvan a ídolos, y no fundan dioses de metal para ustedes; Yo soy
YAHWEH su Elohim. 5 "Cuando ustedes ofrezc an un sacrificio de *Shalom*
como ofrendas para *YAHWEH*, ofrézcanlo en una forma que ustedes sean
aceptados.[44] 6 Será comido el mismo día que lo ofrecen y al día siguiente;
pero si algo de ello queda para el tercer día, será quemado completamente. 7
Si algo de ello es comido en el tercer día; se habrá convertido en cosa
abominable y no será aceptado; 8 además, todos los que lo coman cargarán las
consecuencias de profanar algo *Kadosh* intencionado para *YAHWEH* – esa
persona será cortada de su pueblo. 9 "Cuando cosechen las plantaciones
maduras producidas en su tierra, no cosechen hasta el último rincón de su
campo, y no recojan las espigas de grano dejadas por los recogedores. 10
Asimismo, no recojan las uvas dejadas en la vid o las que se caigan a tierra
después de la cosecha; déjenlas para el pobre y el extranjero; Yo soy
YAHWEH su Elohim.[45] 11 "No se roben, defrauden o mientan el uno al otro.
12 No juren por Mi Nombre falsamente; lo cual sería profanar El Nombre de
su Elohim; Yo soy *YAHWEH*.[46] 13 No opriman ni roben a su vecino;
especialmente, no retraerán los jornales del trabajador a jornal toda la noche
hasta la mañana.

43 Aquí por este paralelismo, honrar y respetar a nuestros padres es tan importante como guardar el *Shabbat*.
44 Habían ofrendas voluntarias y otras obligatorias, esta es una ofrenda voluntaria.
45 ABBA *YAHWEH* siempre tiene gran cuidado y preocupación del pobre y del extranjero (v 33) **¡no los trates mal! Y ten misericordia igual que *YAHWEH* la tiene, también con la viuda y el huérfano. ¡Teme a *YAHWEH* tu Elohim!**
46 Esto no es en lo absoluto una prohibición de usar el Nombre de *YAHWEH*, lee bien el contexto, **Y NO LE AÑADAS** las cositas que tu "rabino" ha sacado del Talmud. **¡Jurar falsamente no es lo mismo que invocar el Nombre de *YAHWEH*!**

14 "No pronuncien una maldición contra una persona sorda, ni pongan un
obstáculo en el camino de la persona ciega; más bien, teman a su Elohim; Yo
soy *YAHWEH.* 15 "No seas injusto en juzgar – no muestres parcialidad al
pobre ni deferencia al grandioso, sino con justicia juzga a tu prójimo. 16 "No
vayas por ahí esparciendo calumnias entre tu pueblo, pero también no te
quedes quieto cuando la vida de tu prójimo esté en peligro; Yo soy
YAHWEH.[47] 17 "No odies en tu corazón a tu hermano, sino reprende a tu
prójimo francamente, para que no cargues pecado por causa de él. 18 No
tomes venganza sobre o cargues rencor contra ninguno de tu pueblo; más
bien, ama a tu prójimo como a ti mismo; Yo soy *YAHWEH.* 19 "Observa mis
estatutos. "No permitas que tus animales de crianza se junten con aquellos de
otra especie, no plantes tu campo con dos clases diferentes de grano, y no
uses un vestido de ropa hecho con dos diferentes clases de hilo.[48] 20 "Si un
hombre tiene relaciones sexuales con una mujer que es una esclava
intencionada para otro hombre, y él no la ha redimido ni le ha dado su
libertad, habrá una investigación. Ellos no serán puestos a muerte, porque ella
no era libre. 21 En reparación él traerá un carnero como ofrenda de culp a para
él mismo a la entrada del Tabernáculo del Testimonio. 22 El *kohen* hará
expiación delante de *YAHWEH* por él con el carnero de la ofrenda de culpa
por el pecado que cometió, y él será perdonado por el pecado que cometió.
23 "Cuando entren a La Tierra y planten varias clases de árboles frutales,
tendrán su fruto como prohibido – por tres años será prohibido a ustedes y no
se comerá. 24 En el cuarto año todo su fruto será *Kadosh*, para alabar a
YAHWEH. 25 Pero en el quinto año pueden comer de su fruto, para que así
produzca aún más para ustedes; Yo soy *YAHWEH* su Elohim. 26 "No coman
nada con sangre. No practiquen adivinación ni predigan la fortuna.[49] 27 No
redondeen su pelo en las sienes ni estropeen los bordes de su barba. 28 No se
hagan cortadas en su carne cuando alguien muera ni se hagan tatuajes; Yo soy
YAHWEH. 29 No degrades a tu hija por hacer de ella una prostituta, para que
La Tierra no caiga en prostitución y se llene de vergüenza. 30 Guarda mis
Shabbatot, y reverencia mi Lugar Kadosh; Yo soy *YAHWEH.* 31 "No te
vuelvas a espíritus- médium o hechiceros; no los busques, para ser profanado

por ellos; Yo soy *YAHWEH.*[50] 32 "Ponte de pie en la presencia de una persona de pelo canoso; muestra respeto por el anciano: temerás a tu Elohim; Yo soy *YAHWEH.* 33 "Si un extranjero se queda contigo en tu tierra, no le hagas el mal. 34 Más bien, trata al extranjero que se está quedando contigo como a los nativos entre ustedes – lo amarás como te amas a ti mismo, porque tú fuiste extranjero en la tierra de Mitzrayim; Yo soy *YAHWEH* tu Elohim.

47 Todo tipo de *lashon hara* es prohibido, mentiras, calumnias, chismes, falsos testimonios, tu propia maldición.
48 *YAHWEH* odia cualquier tipo de mezclas no permitidas. Ej. no puedes adorar en *Shabbat* y seguir adorando un ídolo en domingo para complacer a tu pastorcito pagano. La mezcla y unión que *YAHWEH* quiere es Efrayim y Yahudáh unidos bajo la Sangre del Mesías Yahshúa. Ver el CD "Limpio e Inmundo." Estas prácticas son consideradas como alterar la constitución original de *YAHWEH* en la Creación; y este es el significado que le da Josefo y Filón de Alejandría.
49 Esta prohibición es clara en cuanto a muchos que están utilizando la *kabbalah* para leer manos y rostros. Es adivinación y predecir la fortuna profanando el Nombre de *YAHWEH.* En los días de Moshe, tal como los presentes, la superstición era el *sensus communis* de la raza humana, lo que entonces era castigado por la muerte. Ahora los hechiceros se anuncian por radio y TV. ¿Cuántos hermanos oyen a la marica ex pastor evangélico de Walter Mercado y sus hechiceras? En los días de Moshe hubiera sido puesto a muerte por dos cargos, homosexual y hechicero.
50 Ibíd., verso 26.

35 "No seas deshonesto cuando midas largo, peso o capacidad. 36 Más bien, usa pesa de balanza honesta, pesos honestos, una medida seca ho nesta y una medida de líquidos honesta; Yo soy *YAHWEH* tu Elohim, quien los sacó de la tierra de Mitzrayim. 37 Observen toda mi ley y todas mis ordenanzas, y háganlos; Yo soy *YAHWEH.*

Vayikra (El llamó) – arqyw – Levítico 20

Parashah 24: Vayikra (El llamó) 1:1-5:26 (6:7)

20 *YAHWEH* dijo a Moshe: 2 "Dile a los hijos de Yisra'el: 'Si alguno de los hijos de Yisra'el o uno de los extranjeros que vive en Yisra'el sacrifica uno de sus hijos a Molej, él será puesto a muerte; el pueblo de La Tierra lo apedreará de muerte. 3 Yo también me pondré contra él y lo cortaré de su pueblo, porque él ha sacrificado a su hijo a Molej, mancillando mi Lugar Kadosh y profanando Mi Nombre *Kadosh.*[51] 4 Si el pueblo de La Tierra mira hacia el otro lado cuando ese hombre sacrifica su hijo a Molej y no lo ponen a muerte,
5 entonces me pondré contra él, su familia y todo el que lo siga para ir a fornicar tras Molej, y los cortaré de su pueblo.[52] 6 "La persona que se vuelva

a espíritus-médium y hechiceros para ir a fornicar tras ellos – Yo me pondré contra ella y la cortaré de su pueblo.[53] 7 Por lo tanto dedíquense a ustedes mismos como *Kadoshim* – ustedes pueblo serán *Kadoshim*, porque Yo soy *YAHWEH* su Elohim. 8 Observen mis ordenanzas, y obedézcanlas; Yo soy *YAHWEH*, quien los aparta para ser *Kadoshim*. 9 "Una persona que maldiga a su padre o madre será puesta a muerte; habiendo maldecido a su padre o madre su sangre está sobre él.[54] 10 "Si un hombre comete adulterio con la esposa de otro hombre, esto es, con la esposa de un prójimo paisano, ambos el adúltero y la adúltera serán puestos a muerte. 11 El hombre que vaya a la cama con la esposa de su padre ha deshonrado sexualmente a su padre, y ambos de ellos serán puestos a muerte; su sangre está sobre ellos. 12 Si un hombre va a la cama con su nuera, ambos de ellos serán puestos a muerte; ellos han cometido perversión, y su sangre está sobre ellos. 13 Si un hombre va a la cama con un hombre como si con mujer, ambos de ellos han cometido una abominación, ellos serán puestos a muerte; su sangre está sobre ellos.[55] 14 Si un hombre se casa con una mujer y su madre, es deprava ción ellos serán puestos a muerte por fuego, ambos él y ellas, para que así no haya depravación entre ustedes. 15 Si un hombre tiene relaciones sexuales con un animal, él será puesto a muerte, y matarán al animal. 16 Si una mujer se acerca a un animal y tiene relaciones sexuales con él, matarán a la mujer y al animal; su sangre será sobre ellos.[56] 17 Si un hombre toma a su hermana, la hija de su padre o la hija de su madre, y tiene relaciones sexuales con ella, y ella consiente, es una cosa vergonzosa; serán cortados públicamente – él ha tenido relaciones sexuales con su hermana, y él cargará con las consecuencias de la maldad de ellos.

51 Ver nota en verso 18:21.

52 Los hijos de *YAHWEH* tienen que denunciar y reprender el paganismo de entre sus filas donde quiera que se encuentre.

53 Ibíd., ver nota en 19:26.

54 El término *yekallel* significa no sólo maldecir, sino hablar despreciativamente, irrespetar, o poner a nada a una persona, así que toda habladuría que tienda a reducir a nuestros padres a los ojos de otros, o hacer su juicio, piedad, etc., sospechado o despreciable es aquí incluido, aunque el acto de maldecir, o tratar a los padres con lenguaje injurioso u oprobioso, es lo que es intencionado, y en estos últimos tiempos es muy común entre la juventud.

55 Ver nota en 18:22 .

56 Herodoto nos asegura (vv 15-16) que estas abominaciones existían entre los Egipcios, y aun formaban parte de su sistema religioso supersticioso, y tenemos razón para creer que no eran poco comunes entre los Kenaanim (18:24-25). ¿Necesitamos preguntarnos la razón por la cual *YAHWEH* hizo ordenanzas de esta naturaleza, y nombró juicios y castigo de muerte por estos crímenes? Esta observación dará explicación a algunos que creen que hay cosas extrañas en la Toráh de Moshe. Nuestro pueblo Yisra'el siempre iba tras las prácticas abominables de los *Goyim*.

18 Si un hombre va a la cama con una mujer en su período menstrual y tiene
relaciones sexuales con ella, él ha expuesto la fuente de su sangre, y ella ha
expuesto la fuente de su sangre; ambos de ellos serán cortados de su pueblo.
19 No tendrán relaciones sexuales con la hermana de su madre o la hermana
de su padre; una persona que hace esto tiene relaciones sexuales con un
pariente cercano; ellos cargarán las consecuencias de su maldad. 20 Si un
hombre va a la cama con la esposa de su tío, él ha deshonrado a su tío
sexualmente; ellos cargarán con las consecuencias de su pecado y morirán sin
hijos. 21 Si un hombre toma la esposa de su hermano, es inmundicia, él ha
deshonrado a su hermano sexualmente; ellos morirán sin hijos. 22 "Ustedes
observarán todas mis ordenanzas y estatutos y actuarán por ellos, para que La
Tierra donde Yo los estoy llevando no los vomite. 23 No vivan por las
costumbres de otras naciones que Yo estoy echando de delante de ustedes;
porque ellos hicieron todas estas cosas, lo cual es la causa que Yo los detesté.
24 Pero a ustedes Yo he dicho: "Ustedes heredarán la tierra de ellos; Yo la
daré a ustedes como una posesión, una tierra que fluye con leche y miel." Yo
soy *YAHWEH* su Elohim, quien los ha apartado de otros pueblos. 25 Por lo
tanto ustedes distinguirán entre animal limpio e inmundo y entre ave limpia e
inmunda; no se hagan detestables con un animal, ave o reptil que Yo he
separado para que ustedes los consideren inmundos. 26 Más bien, ustedes
pueblo serán *Kadoshim* para mí; porque yo, *YAHWEH*, soy *Kadosh*;[57] y Yo
los he apartado de todas las naciones,[58] para que ustedes me pertenezcan a
mí. 27 "Un hombre o una mujer que es un espíritu- médium o hechicero será
puesto a muerte; ellos lo apedrearán de muerte, su sangre será sobre ellos."

Referencias;

Haftarah K'doshim: Amos 9:7-15; Yejezkel (Ezequiel) 20:2-20
Lecturas sugeridas del Brit Hadashah para la Parashah K'doshim:
Mattityah (Mateo) 5:33-37; 5:43-48; 15:1-11; 19:16-30; 22:33-40;
Yojanán Mordejai (Marcos) 7:1-23; 12:28-34; Lucas 1º:25-39;
Romanos 13:8-10; Gálatas 5:13-26; Yaakov (Jacobo) 2:1-9;
1 Kefa (Pedro) 1:13-21
Parashah 31 Emor (Habla) 21:1-24:23

Vayikra (El llamó) - arqyw - Levítico 21

Parashah 24: Vayikra (El llamó) 1:1-5:26 (6:7)

21 *YAHWEH* dijo a Moshe; "Habla a los *kohanim*, los hijos de Aharon; dile
a ellos: 'Ningún *kohen* se hará a sí inmundo por ninguno de su pueblo que

muera, 2 excepto por sus parientes cercanos – su madre, padre, hijo, hija, y
hermano; 3 también se puede hacer inmundo por su hermana virgen que nunca
se haya casado y es, por tanto, dependiente de él. 4 El no se puede hacer
inmundo porque es un dirigente entre su pueblo; haciéndolo lo profanaría a él.
5 Los *kohanim* no se harán espacios calvos en sus cabezas, no se cortarán los
bordes de su barba ni se cortarán incisiones en su carne. 6 Más bien, ellos
serán *Kadoshim* para su Elohim y no profanarán El Nombre de su Elohim.
Porque ellos son los que presentan a *YAHWEH* con las ofrendas hechas por
fuego, el Pan de su Elohim; por lo tanto tienen que ser *Kadoshim*.

57 La "Kuf " la letra de la *kedushah* (apartado como Kadosh, separación para Elohim) de la cual viene la palabra *Kadosh* apartado para *YAHWEH*, puro, limpio, separado de toda inmundicia y contaminación idolátrica.
58 Término que corresponde con el Hebreo *Goyim* y con el Griego *Ethnos*, Gentiles, paganos, idólatras. Yisra'el es un pueblo apartado, un pueblo *Kadosh*.

7 "Un *kohen* no se casará con una mujer que sea una prostituta, quien ha sido
profanada o se haya divorciado; porque él es *Kadosh* para su Elohim. 8 Más
bien, lo apartarás como *Kadosh*, porque él ofrece el Pan de su Elo him; él será
Kadosh para ustedes, porque Yo, *YAHWEH*, quien los hace *Kadoshim*, soy
Kadosh. La hija de un *kohen* que se profana a sí por prostitución profana a su
padre; ella será puesta a muerte por fuego. 10 "El *Kohen HaGadol* que es
catalogado el más alto entre sus hermanos, el que en cuya cabeza el aceite de
la unción es derramado y quien es dedicado como *Kadosh* para ponerse las
vestiduras, no se descubrirá su cabeza,[59] no rasgará sus ropas, 11 no irá donde
hay un cuerpo muerto[60] ni se hará inmundo, aun si su padre o madre mueren.
12 El no podrá salir del Lugar Kadosh entonces ni profanará el Lugar Kadosh
de su Elohim, porque la dedicación del aceite de la unción de su Elohim que
está sobre él; Yo soy *YAHWEH*. 13 "El se casará con una virgen; 14 no se
podrá casar con una viuda, divorciada, mujer profana o prostituta; sino tiene
que casarse con una virgen de entre su propio pueblo 15 y no descalificará a su
zera entre su pueblo; porque Yo soy *YAHWEH*, quien lo hace a él
Kadosh."[61] 16 *YAHWEH* dijo a Moshe: 17 "Dile a Aharon: 'Ninguno de tu
zera en sus generaciones que tenga un defecto puede acercarse para ofrecer el
Pan de su Elohim. 18 Nadie con un defecto puede acercarse – nadie ciego,
cojo, con rostro mutilado o extremidad muy larga, 19 un pie quebrado o
brazo quebrado, 20 jorobado, enano, con cataratas en su ojo, que tenga llagas
supurando o ulcerosas, o con testículos dañados – 21 nadie de la *zera* de
Aharon el *kohen* que tenga tal defecto puede acercarse para presentar las
ofrendas para *YAHWEH* hechas por fuego; él tiene un defecto y no puede
acercarse a ofrecer el Pan de su Elohim.[62] 22 El puede comer el Pan de su
Elohim, ambos el Kadosh Kadoshim y el Makon Kadosh; 23 sólo que él no
puede entrar por la cortina ni acercarse al altar, porque él tiene un defecto –

para que él no profane mis Lugares Kadoshim, porque Yo soy *YAHWEH*, quien los hace *Kadoshim* a ellos." 24 Moshe dijo estas cosas a Aharon, a sus hijos y a todo los hijos de Yisra'el.

Vayikra (El llamó) - arqyw - Levítico 22

Parashah 24: Vayikra (El llamó) 1:1-5:26 (6:7)

22 *YAHWEH* dijo a Moshe: 2 "Dile a Aharon y a sus hijos que se aparten a
sí mismos de las cosas *Kadoshim* de los hijos de Yisra'el las cuales ellos
apartan como *Kadoshim* para mí, para que ellos no profanen mi Nombre
Kadosh; Yo soy *YAHWEH*.[63] 3 Diles a ellos: 'Cualquiera de la *zera* de
ustedes por todas sus generaciones que se acerque a las cosas *Kadoshim* que
los hijos Yisra'el dedican como *Kadosh* a *YAHWEH* y está inmundo será
cortado de delante de mí[64]; Yo soy *YAHWEH*. 4 "Cualquiera de la *zera* de
Aharon con *tzaraat* o un flujo no comerá las cosas *Kadoshim* hasta que esté
limpio. Cualquiera que haya tocado a una persona vuelta inmunda por un
cuerpo muerto, o que haya tenido emisión seminal, 5 o que haya tocado un
reptil o insecto que pueda hacerlo inmundo, o un hombre que está inmundo
por cualquier razón le puede transmitir su inmundicia – 6 la persona que toque
cualquiera de estos estará inmunda hasta el anochecer y no puede comer las
cosas *Kadoshim* si no baña su cuerpo en agua. 7 Después del anochecer estará
limpia; y después de eso, puede comer las cosas *Kadoshim*; porque es su
comida.

59 Este es otro verso y vv 8:9, 11 que los "rabinos" mentirosamente estiran las Escrituras para obligar el uso de la *kippah* para los hombres. Parece que estos "rabinos" no saben leer, y aquí dice claramente *Kohen HaGadol*. Esto está contra De 4:1-2.

60 Este estatuto es fundamentado en la importancia de sostener la decencia y pureza de la Adoración Divina. Los *kohahim* de *YAHWEH* habrían de mantenerse lejos de todo lo inmundo, y los cadáveres son inmundos.

61 Un creyente, y de igual forma, una creyente Israelita Mesiánica Nazarena no se puede casar con adoradores de domingo, o con nadie que sea para él o ella Yugo Desigual. Evitará un montón de problemas y discusiones, aparte del pecado.

62 De la misma forma que la ofrenda tiene que ser limpia y sin manchas, perfecta, tal como Yahshúa, el que la ofrece igual.

63 La base de la ordenanza es que tienen que preservar en sus mentes una reverencia *Kadosh* por la Majestad Divina.

64 Tárgum Jonatan: "será destruido con un golpe de muerte," y creo que esta debe de ser la lectura correcta.

8 Pero no comerá nada que muera naturalmente o es desgarrado de muerte por
animales salvajes y por tanto se hace a sí inmundo; Yo soy *YAHWEH*. 9 Los

kohanim tienen que observar esta ordenanza mía; de lo contrario, si ellos la
profanan, ellos cargarán con las consecuencias de su pecado por hacerlo y
morir en él: Yo soy *YAHWEH*, quien los hace *Kadoshim* a ellos.[65]
10 "Ningún extranjero o persona profana puede comer nada *Kadosh*, ni un hijo
de Yisra'el que sea empleado, ni ningún jornalero, de un *kohen* puede comer
nada *Kadosh*. 11 Pero si un *kohen* adquiere un esclavo, ya sea por medio de
compra o por ser nacido en su casa, él puede compartir su comida. 12 Si una
hija de un *kohen* está casada con un hombre que no es un *kohen*, ella no
tendrá una parte de la comida apartada de las cosas *Kadoshim*. 13 Pero si la
hija de un *kohen* es viuda o divorciada y no tiene hijo, y ella es regresada a la
casa de su padre como cuando era joven, ella puede compartir en la comida
de su padre; pero nadie que no sea *kohen* puede compartirla. 14 Si una persona
come comida *Kadosh* por error, él añadirá una quinta parte a ello y dará la
comida *Kadosh* al *kohen*. 15 Ellos no profanarán las cosas *Kadoshim* de los
hijos de Yisra'el que ellos han apartado para *YAHWEH*16 y así causen que ca
rguen culpa que requiera una ofrenda de culpa, por comer sus cosas
Kadoshim; porque Yo soy *YAHWEH*, quien los hace *Kadoshim*." 17 *YAHWEH*
dijo a Moshe: 18 "Habla a Aharon y a sus hijos y a toda la congregación de
los hijos de Yisra'el; dile a ellos: 'Cuando todos, ya sea un miembro de la casa
de Yisra'el o un extranjero viviendo en Yisra'el, traiga su ofrenda referente a
un voto o como ofrenda voluntaria, y la traiga a *YAHWEH* como ofrenda
quemada, 19 para que ustedes puedan ser aceptados, traerán un macho sin
defecto del ganado, las ovejas o los carneros. 20 No traerán nada con defecto,
porque no será aceptado de ustedes. 21 Cualquiera que traiga un sacrificio de
Shalom para ofrendas para *YAHWEH* cumpliendo un voto o como ofrenda
voluntaria, venga del ganado o del rebaño, será sin mancha y sin defecto para
que sea aceptado. 22 Si es ciego, dañado, mutilado, tiene un absceso anormal o
tiene llagas supurando o ulcerosas, no lo ofrecerán a *YAHWEH* ni harás tal
ofrenda por fuego en el altar a *YAHWEH*. 23 Si un toro o una oveja tiene una
pata que es muy larga o muy corta, pueden ofrecerlo como ofrenda
voluntaria; pero por un voto, no será aceptado. 24 Un animal con genitales
dañados, magullados, heridos o cortados no ofrecerán a *YAHWEH*. No harán
estas cosas en su tierra, 25 y no recibirán ninguno de estos de un extranjero
para que ustedes lo ofrezcan como Pan para su Elohim, porque su deformidad
es un defecto en ellos – no serán aceptados de ustedes." 26 *YAHWEH* dijo a
Moshe: 27 "Cuando un toro, oveja o carnero nazca se quedará con su madre
siete días; pero desde el octavo día en adelante será aceptado para ofrenda
hecha por fuego a *YAHWEH*. 28 Sin embargo, ningún animal será sacrificado
junto con su hijo en el mismo día, ni vaca ni cordera 29 "Cuando ofrezcan un
sacrificio de acción de gracias a *YAHWEH*, lo harán de una forma tal que
ustedes sean aceptados. 30 Será comido en el mismo día que es ofrecido; no
dejen nada de él para la mañana; Yo soy *YAHWEH*. 31 Ustedes guardarán mis

mitzvot y los obedecerán; Yo soy *YAHWEH.* 32 No profanarán Mi Nombre
Kadosh; por el contrario, Yo seré considerado como *Kadosh* entre los hijos de
Yisra'el; Yo soy *YAHWEH*, quien los hace *Kadoshim* a ustedes, 33 quien los
sacó de la tierra de Mitzrayim para ser su Elohim; Yo soy *YAHWEH.*"

> 65 Tárgum Jonatan: " Pero los hijos de Yisra'el observarán el guardar Mi Palabra, para que no traigan pecado sobre ellos mismos, ni mueran por el fuego ardiente, porque lo han profanado. Yo soy *YAHWEH* quien los aparta a ellos.

Vayikra (El llamó) - arqyw - Levítico 23

Parashah 24: Vayikra (El llamó) 1:1-5:26 (6:7)

23 [66] *YAHWEH* dijo a Moshe: 2 "Dile a los hijos de Yisra'el:[67] 'Los tiempos
designados de *YAHWEH* que proclamarán como convocaciones *Kadoshim*
son mis tiempos designados. 3 "El trabajo será hecho en seis días; pero el
séptimo día es *Shabbat* de descanso completo, una convocación *Kadosh*; no
harán ningún tipo de trabajo; es un *Shabbat* para *YAHWEH*, aun en todo lugar
de su habitación. 4 "Estos son los tiempos designados de *YAHWEH*, las
convocaciones *Kadoshim* que proclamarán en sus tiempos designados.
5 "En el primer mes, en el día catorce del mes, entre anocheceres, viene *Pésaj*
para *YAHWEH*.[68] 6 En el día quince del mismo mes es la Festividad de
matzah para el Nombre de *YAHWEH*; por siete días comerán *matzah.* 7 En el
primer día tendrán una convocación *Kadosh*; no hagan ningún tipo de trabajo
ordinario. 8 Traigan una ofrenda hecha por fuego al Nombre de *YAHWEH* por
siete días. En el séptimo día habrá convocación *Kadosh*; no hagan ningún tipo
de trabajo ordinario.'" 9 *YAHWEH* dijo a Moshe: 10 "Dile a los hijos de
Yisra'el: 'Después que entren a La Tierra que Yo les estoy dando y recojan
sus cosechas maduras, traerán un manojo de los primeros frutos de su cosecha
al *kohen.* 11 El mecerá el manojo delante de *YAHWEH*, para que sean
aceptados; el *kohen* lo mecerá el día después del primer día.[69] 12 En el día
que mezan el manojo, ofrecerán un cordero sin defecto, en su primer año,
como ofrenda quemada a *YAHWEH.* 13 Su ofrenda de grano será un galón de
harina fina mezclada con aceite de oliva, una ofrenda hecha por fuego a
YAHWEH como aroma fragante; la ofrenda de libación será de vino, un
cuarto. 14 No comerán pan, grano seco o grano fresco hasta el día que traigan
la ofrenda para su Elohim; ésta es una regulación permanente por todas sus
generaciones, no importa donde vivan.[70] 15 "Desde el día después del día de
descanso – esto es, desde el día que traigan el manojo para mecerlo –
contarán siete semanas completas,[71] 16 hasta el día después de la séptima
semana; contarán cincuenta días;[72] y entonces presentarán una ofrenda de
grano nuevo a *YAHWEH.* 17 Traerán pan de sus casas para mecerlo – dos
panes hechos de un galón de harina fina, horneado con levadura – como

primeros frutos para *YAHWEH.*[73] 18 Junto con el pan, presentarán siete ovejas sin defecto de un año, un novillo y dos carneros; estos serán ofrenda quemada para *YAHWEH,* con su ofrenda de grano y libación, ofrenda hecha por fuego como ofrenda fragante para *YAHWEH.*

66 En este capítulo, más que en otros, se puede ver y algunos aprender que los tiempos de *YAHWEH* están fijados por el calendario de *YAHWEH,* el calendario Lunar, desde Bereshit hasta Revelación. Los paganos de las iglesias no pueden entender nada porque cuando para nosotros es "un nuevo día," significa más o menos a las seis de la tarde, pero para ellos es las 12.01 de la madrugada. Todos heredaron un calendario Gregoriano de un papa de la Ramera de Roma.

67 Las ordenanzas y *mitzvot* en este capítulo son para Los Hijos de Yisra'el, las Doce Tribus, no sólo para "los Judíos," como enseña la tal iglesia llevando a los Israelitas equivocados dentro de ella a las puertas de infierno.

68 Tárgum Jonatan: "entre soles será el tiempo para sacrificar el *Pésaj* al Nombre de *YAHWEH.*"

69 Esto, entonces es en Aviv 16, de acuerdo con la LXX y el Tárgum Jonatan o de Palestina.

70 Este día también es Aviv 16. Y podemos ver que es una ordenanza perpetua para TODO Yisra'el.

71 Este día es Aviv 16 cuando se comienza la cuenta del Omer, que es la cuenta de los días hasta *Shavuot*/Pentecostés. En *Shavuot* la Toráh y el *Ruaj HaKodesh* fueron dados a Yisra'el, esto no comenzó para la iglesia en el "aposento alto."

72 Este verso hace muy claro que la cuenta de los días por parte de los hijos de Yisra'el, hasta la plena cosecha de trigo, y la plenitud del omer, es un estatuto por mandato. El mandato es "Ustedes contarán. Omer significa literalmente "atar los manojos de trigo, para amontonarlos" delante de *YAHWEH.*

73 Estos dos panes representan la futura división de Yisra'el en las Dos Casas de Israel. En Hch 2, vemos un remanente de Israelitas de ambas casas morando en diversos lugares, pre-figurados por las dos hogazas de pan, que representan a las dos casas de Yisra'el, que se convierten en una sola ofrenda unida de las primicias de trigo, mediante su llenura del *Ruaj HaKodesh* como sello de su fe. La levadura en las dos hogazas, prefiguraba el hecho de que aunque redimidos por la preciosa sangre pascual de Yahshúa, los dos panes, o dos casas de Yisra'el, todavía contienen grandes cantidades de levadura. En ambas casas o ambas hogazas, solo un remanente creyente (Ro 11:5), llegaría a ser la nueva masa sin levadura del Yisra'el del Nuevo Pacto en la mano de Yahshúa, Ez 37.

19 Ofrezcan un macho cabrío como ofrenda de pecado y dos corderos de un
año como sacrificio de ofrenda de *Shalom.* 20 El *kohen* los mecerá con el pan
de los primeros frutos como ofrenda mecida delante de *YAHWEH,* con los dos
corderos; esto será *Kadosh* para *YAHWEH* para el *kohen.*[74] 21 En el mismo
día, tendrán convocación *Kadosh*; no hagan ningún tipo de trabajo ordinario;
esta es una regulación permanente por todas sus generaciones, no importa
donde vivan.
22 "Cuando recojan las cosechas maduras producidas en La Tierra de ustedes,
no recojan hasta las esquinas de su campo, y no recojan las espigas de grano

dejadas por los recogedores, déjenlas para el pobre y el extranjero; Yo soy
YAHWEH su Elohim.'"[75] 23 *YAHWEH* dijo a Moshe: "Dile a los hijos de
Yisra'el: 'En el séptimo mes, el primero del mes será para ustedes un día de
descanso completo para recordatorio, una convocación *Kadosh* anunciada con
toques del *shofar*.[76] 25 No hagan ningún tipo de trabajo ordinario, y traigan
una ofrenda hecha por fuego a *YAHWEH*. 26 *YAHWEH* dijo a Moshe: 27 "El
décimo día de este séptimo mes es *Yom-Kippur*, tendrán convocación
Kadosh, se negarán a sí mismos, y traerán una ofrenda hecha por fuego a
YAHWEH. 28 No harán ningún tipo de trabajo en ese día, porque es *Yom-
Kippur*, para hacer expiación por ustedes delante de *YAHWEH* su Elohim. 29
Cualquiera que no se niegue a sí mismo [ayuno] en ese día será cortado de su
pueblo;[77] 30 y cualquiera que haga cualquier tipo de trabajo en ese día, Yo lo
destruiré de entre de su pueblo. 31 No harán ningún tipo de trabajo; es una
regulación permanente por todas sus generaciones, no importa donde habiten.
32 Será para ustedes un *Shabbat* de descanso completo, y se negarán a sí
mismos; descansarán en su *Shabbat* desde el anochecer del noveno día del
mes hasta el siguiente anochecer.[78]" 33 *YAHWEH* dijo a Moshe: 34 "Dile a los
hijos de Yisra'el: 'En el día quince de este séptimo mes es la Festividad de
Sukkot por siete días para el Nombre de *YAHWEH*. 35 En el primer día habrá
convocación *Kadosh*; no hagan ningún tipo de trabajo ordinario. 36 Por siete
días traerán una ofrenda hecha por fuego a *YAHWEH*, en el octavo día
tendrán convocación *Kadosh*, y traigan la ofrenda hecha por fuego a
YAHWEH; es un día de asamblea pública; no hagan ningún tipo de trabajo
ordinario.[79]

74 A pesar de que la todavía futura división del Tabernáculo de David en dos pueblos divididos, quienes en muchos sentidos se hicieron enemigos, se ve aquí a *YAHWEH* 600 años antes de la división, instruyendo al *kohen HaGadol* de Yisra'el, un tipo de Yahshúa, para restaurar el *Shalom* y la hermandad que se rompió, por medio de poner los dos corderos en sus manos, recordándonos así los dos palos de Ez 37 y Ef 2:14-19, que se vuelven un sólo palo otra vez en las manos de *YAHWEH*.

75 La misericordia de Yahshúa no llegó para la llamada iglesia como ellos reclaman, siempre ha sido Toráh para Yisra'el.

76 Esta Festividad se conoce como *Yom Teruah*.

77 Tárgum Jonatan: "para cualquier alma que se esconda del ayuno y no se abstenga en ese día, será cortado por muerte."

78 Había una necesidad imperiosa por un día específico de expiaciones *Yom HaKipurim* (literalmente significa Día de Expiaciones), puesto que todo Yisra'el y todos los pecados de Yisra'el estaban incluidos, como opuesto a día de ofrendas que eran aceptadas en una base limitada y no universal. Esto es que la sangre de toros, carneros y machos cabríos y las ofrendas de harina, aceite y pichones eran todos limitados y condicionales, (Heb. 10:4) pero no universales para ambos pecados de comisión y omisión para todos los hombres en todos los lugares. Un pecado particular por una violación particular era perdonada por cubrirla pero no remisión. ¡Pero en *Yom Kippur*, la persona era perdonada hasta el próximo año, y en Mesías la persona es perdonada por todos los tiempos y épocas por venir! Por esto la palabra clave en el libro de Hebreos es mejor (Heb. 7:25). Pero no que el *Brit Hadashah* sea mejor que la Toráh. De ningún modo. Sin embargo la sangre sobre la cual cada Pacto es basado, como visto por *YAHWEH* para recibir hombres pecadores, es mucho, mucho mejor.

79 El tercero del grupo de Festivales requeridos para celebración perpetua. También es llamado el "Festival de la recogida del producto de la tierra," Ex 23:16; De 16:13 . Era celebrado inmediatamente después de la cosecha. Durante este período la gente vivía en tiendas o cabañas hechas de ramas de árboles. Los sacrificios ofrecidos están en Nu 29:13-38. Fue en el tiempo de esta Festividad que el Templo de Shlomó fue dedicado (1R 8:2). Esta Festividad fue ordenada por *YAHWEH* para que los hijos de Yisra'el recordaran la vida en el desierto después de la salida de Egipto, v. 43 y era una cosecha de Acción de Gracias Ne 8:9-18. Se calcula que el nacimiento de Yahshúa fue en esta época y no en la pagana "navidad."

37 "Estos son los tiempos designados de *YAHWEH* que proclamarán como
convocaciones *Kadoshim* y traerán una ofrenda hecha por fuego a *YAHWEH*
– una ofrenda quemada, una ofrenda de grano, ofrendas de sacrificio y de
libación, cada una en su día – 38 aparte de los *Shabbatot* de *YAHWEH*, sus
regalos, todos sus votos y sus ofrendas voluntarias que ustedes dan a
YAHWEH. 39 "Pero en el día quince del séptimo mes, cuando hayan recogido
el producto de la tierra, observarán la Festividad de *YAHWEH* por siete días;
el primer día será de descanso completo y el octavo día será de descanso
completo. 40 En el primer día llevarán los frutos escogidos, limón, frondas de
palma, ramas espesas y sauces de río, y celebrarán en la presencia de
YAHWEH su Elohim por siete días. 41 Lo observarán como una Festividad a
YAHWEH siete días al año; es una regulación permanente, generación en
generación; guárdenla en el séptimo mes. 42 Vivirán en *sukkot* por siete días;
todo ciudadano de Yisra'el vivirá en una *sukkah*, 43 para que de generación
en generación de ustedes sepan que Yo hice que los hijos de Yisra'el vivieran
en *sukkot* cuando los saqué de la tierra de Mitzrayim; Yo soy *YAHWEH* su
Elohim.'" 44 "Así Moshe anunció a los hijos de Yisra'el los tiempos
designados de *YAHWEH*.

Vayikra (El llamó) - arqyw - Levítico 24

Parashah 24: Vayikra (El llamó) 1:1-5:26 (6:7)

24 *YAHWEH* dijo a Moshe: 2 "Dile a los hijos de Yisra'el que te traigan
aceite puro de olivas machacadas para la luz; para mantener lámparas
encendidas siempre. 3 Fuera de la cortina del Tabernáculo del Testimonio,
Aharon se ocupará que la luz esté ardiendo siempre desde el anochecer hasta
la mañana delante de *YAHWEH*; ésta será una regulación permanente
por todas sus generaciones. 4 El siempre mantendrá en orden las lámparas
sobre la *menorah* pura delante de *YAHWEH*. 5 Tomarás harina fina y la usarás
para hornear doce hogazas, un galón por hogaza. 6 Arréglalas en dos hileras,
seis en cada hilera, sobre la mesa pura delante de *YAHWEH*. 7 Pon incienso y
sal con cada hilera para que sea una ofrenda hecha por fuego a *YAHWEH*
sobre el Pan y como recordatorio de El.[80] 8 Regularmente, todos los
Shabbatot, él los arreglará delante de *YAHWEH*; ellos son de los hijos de
Yisra'el, como Pacto para siempre.[81] 9 Pertenecerán a Aharon y sus hijos; y
ellos las comerán en un lugar *Kadosh*; porque para él lo son, de las ofrendas
para *YAHWEH* hechas por fuego, especialmente *Kadoshim*, Este es un
estatuto permanente." 10 Había un hombre que era el hijo de una mujer de
Yisra'el y un padre Mitzrayimi. El salió de entre los hijos de Yisra'el, y este
hijo de la mujer de Yisra'el tuvo una pelea en el campamento con un hombre
de Yisra'el. 11 En el curso de la cual el hijo de la mujer de Yisra'el pronunció
El Nombre YHWH [*Yud-Heh-Vav-Heh*] en una maldición. Así que lo trajeron
a Moshe. (El nombre de su madre era Shlomit la hija de Dibri, de la tribu de
Dan).[82] 12 Ellos lo pusieron bajo guardia hasta que *YAHWEH* les dijera qué
hacer. 13 *YAHWEH* dijo a Moshe: 14 "Lleva al hombre que maldijo fuera del
campamento, haz que todos los que lo oyeron pongan sus manos sobre su
cabeza, y que la congregación completa de los hijos de Yisra'el lo apedree. 15
Entonces dile a los hijos de Yisra'el: 'Cualquiera que maldiga a su Elohim
cargará con las consecuencias de su pecado; 16 y cualquiera que blasfeme El
Nombre de *YAHWEH* será puesto a muerte; la congregación completa lo
apedreará, El extranjero como el ciudadano será puesto a muerte si él
blasfema El Nombre.[83]

80 Los 12 panes representan las 12 tribus de Yisra'el, en 2 hileras, la futura separación en dos casas. la sal es un presentante y las ofrendas tenían que tener sal, nosotros somos ofrenda *Kadosh* para *YAHWEH*, el incienso, las oraciones de los *Kadoshim*.
81 Se refrescarán los Panes para el descanso *Kadosh* del *Shabbat*, de la misma forma que *YAHWEH*, nos tiene en Su corazón.
82 El Antimesías de los últimos tiempos vendrá de Roma pero será un descendiente de Dan, maldiciendo el Nombre *Kadosh de YAHWEH* en un plano global, ver notas en Ge 49:16-17, y ésta es la razón por la cual no es uno de los 144,000 en Re.

17 "Cualquiera que golpee a otra persona y lo mate será puesto a muerte. 18
Cualquiera que golpee un animal y lo mate hará restitución, vida por vida. 19
Si alguien daña a su prójimo, lo que él hizo se le hará a él – 20 rotura por
rotura, ojo por ojo, diente por diente – cualquiera que sea el daño que ha
causado a la otra persona será hecho a él de regreso. 21 Aquel que mate un
animal hará restitución, pero aquel que mate otra persona será puesto a
muerte. 22 Aplicarás la misma regla de juicio al extranjero como al ciudadano,
porque Yo soy *YAHWEH* tu Elohim." 23 Así que Moshe habló a los hijos de
Yisra'el, y ellos llevaron al hombre que había maldecido fuera del
campamento y lo apedrearon de muerte, Así los hijos de Yisra'el hicieron
como *YAHWEH* había dicho a Moshe.

Referencias;
Haftarah Emor: Yejezkel (Ezequiel) 44:15-31
Lecturas sugeridas del Brit Hadashah para la Parashah Emor: Mattityah (Mateo) 5:38-42; Gálatas 3:26-29; [En conexión con las fiestas lean las
lecturas para la Parashah 41]
Parashah 32: B'har (En el Monte) 25:1-26:2
[En años regulares leer con Parashah 33, en años bisiestos leer por separado]

Vayikra (El llamó) - arqyw - Levítico 25

Parashah 24: Vayikra (El llamó) 1:1-5:26 (6:7)

25 *YAHWEH* habló a Moshe en el Monte Sinai; El dijo: 2 "Dile a los hijos
de Yisra'el: 'Cuando ustedes entren a La Tierra que Yo les estoy dando, la
tierra misma observará un descanso de *Shabbat* para *YAHWEH.* 3 Seis años
plantarán su campo; seis años podarán sus viñas y recogerán su producto. 4
Pero el séptimo año será un *Shabbat* de descanso completo para la tierra, un
Shabbat para *YAHWEH*; ustedes no plantarán sus campos ni podarán las
viñas. 5 No recogerán lo que crezca por sí solo de la *zera* dejada de cosechas
anteriores, y no recogerán las uvas de sus viñas sin atender; será un año de
descanso completo para la tierra. 6 Pero lo que la tierra produzca durante el
año de *Shabbat* será comida para todos ustedes – tú, tu sirviente, tu criada, tu
empleado, cualquiera que viva cerca de ti, 7 tus animales de cría y los
animales salvajes en La Tierra de ustedes; todo lo que produzca la tierra
puede usarse como comida.[84] 8 "Contarán siete *Shabbatot* de años, siete por
siete años, esto es cuarenta y nueve años. 9 Entonces en el décimo día del

séptimo mes, en *Yom-Kippur*, harán sonar un golpe de *shofar*, sonarán el *shofar* por toda La Tierra; 10 y dedicarán el año cincuenta, proclamando libertad por toda La Tierra a todos los habitantes. Será un *yovel* [jubileo] para ustedes; ustedes regresarán a todos a la tierra que les pertenece, y todos regresarán a su familia.[85] 11 Ese año cincuenta será un *yovel* para ustedes; en ese año no plantarán, recojan lo que crece por sí solo o recojan las uvas de las viñas que no se han atendido,

83 Estos versos son los usados por el Rabinismo Ortodoxo para su equivocada y abominable prohibición de no pronunciar EL NOMBRE DE *YAHWEH*. Ellos lo han tergiversado todo, y claramente los versos dicen que la blasfemia ocurre cuando usas EL NOMBRE en una maldición, v. 11. Por esta razón fue que mataron a Yahshúa, por dar a conocer EL NOMBRE DE *YAHWEH*, ver Jn 17:6, 26; Mt. 26:65. Ver "¡Blasfemia!" en el CD ROM en pag. web.

84 La tierra está profanada de sus *Shabbatot*, nadie ha observado la Toráh. Hay que abonar la tierra constantemente, ya no produce lo que producía antes, y cada día menos, la tierra está enferma. Yisra'el tampoco obedeció esta Toráh, y fue una de las razones del cautiverio, cuando *YAHWEH* dijo, "ahora la tierra tendrá sus *Shabbatot*."(2 Reyes). La tierra está enferma
porque no se la ha permitido cumplir la Toráh y no cumplir Toráh es la causa de enfermedades. (Ex 15:26; 23:25).

85 **libertad**, *deror* Strong #1865: Libertad, liberación, autonomía, ser puesto en libertad. Le 25.10 es el vers o inscrito en la campana de la libertad de USA. *Deror* es también la palabra Hebrea para «golondrina», un ave sumamente hábil en su vuelo. En este pasaje se ofrecen detalles acerca del año del *yovel* (vv. 8–17 y 39–55), los cuales indican que *deror* es un término que se aplica a la liberación de los esclavos y, según la Toráh, a la propiedad cada 50 años. Yahshúa cita Is 61.1 en su primer sermón, donde afirma que la unción Mesiánica y la Comisión Divina lo habilita para «proclamar libertad a los cautivos» (Lu 4.17– 19). Esto se aplica a ambas casas de Yisra'el donde Yahudáh pretende ser dueño de Efrayim, y el único dueño es *YAHWEH*. Las dos casas se tienen que tratar como la definición de la palabra *deror*, esperaremos por Yahshúa y haga esto.

12 porque es un *yovel*. Será *Kadosh* para ustedes; cualquier cosa que los campos produzcan será comida para todos ustedes. 13 En este año de *yovel*, cada uno de ustedes regresará a la tierra que posee.[86] 14 "Si vendes algo a tu prójimo o compras algo de él, ninguno de ustedes explotará al otro. 15 Más bien, tomarán en consideración el número de años después del *yovel* cuando compres tierra de tu prójimo, y él te venderá de acuerdo al número de años-cosechas que tendrá. 16 Si el número de años que queda es grande, subirás el precio; si quedan pocos años, lo bajarás; porque lo que realmente él te vende es el número de cosechas que se producirán. 17 Así no tomarán ventaja el uno del otro, ustedes temerán a su Elohim; porque Yo soy *YAHWEH* su Elohim.[87] 18 "Más bien, ustedes guardarán mis ordenanzas y mis estatutos y actuarán de acuerdo a ellos. Si lo hacen, vivirán seguros en La Tierra. 19 La Tierra producirá su producto, ustedes comerán hasta saciarse, y vivirán allí seguros.

20 "Si preguntan: "Si no nos es permitido sembrar *zera* o recoger la cosecha de
lo que produzca nuestra tierra, ¿qué comeremos el séptimo año?" 21 Entonces
Yo ordenaré mi bendición sobre ustedes durante el sexto año, para que la
tierra produzca suficiente para tres años. 22 En el octavo año sembrarán *zera*
pero coman la vieja, producto almacenado hasta el noveno año; esto es, hasta
que el producto del octavo año venga, ustedes comerán lo viejo, comida
almacenada. 23 "La tierra no será vendida a perpetuidad, porque la tierra me
pertenece a mí – ustedes solamente son extranjeros y residentes temporales
conmigo. 24 Por lo tanto, cuando vendan su propiedad, incluirán el derecho de
redención. 25 Esto es, si uno de ustedes se empobrece y vende parte de su
propiedad, su pariente cercano pude venir y comprar de regreso lo que su
pariente vendió. 26 Si el vendedor no tiene a nadie para redimirla pero se
enriquece lo suficiente para redimirla él mismo, 27 él calculará el número de
años por el cual la tierra fue vendida, devolverá el exceso a su comprador, y
regresará a su propiedad. 28 Si no tiene medios suficientes para tomarla de
regreso por sí mismo, entonces lo que vendió permanecerá en las manos del
comprador hasta el año del *yovel*; en el *yovel* el comprador la dejará vacante y
el vendedor regresará a su propiedad. 29 "Si alguien vende una casa en ciudad
amurallada, tiene un año después de la fecha de la venta en el cual redimirla.
Por un año completo él tendrá el derecho de redención; 30 pero si no ha
redimido la casa en la ciudad amurallada dentro del año, entonces el título en
perpetuidad pasa al comprador por todas sus generaciones; no se regresará en
el *yovel*. 31 Sin embargo, casa en aldeas que no son rodeadas por un muro
serán tratadas como los terrenos de los campos – pueden ser redimidos [antes
del *yovel*], y se revierten en el *yovel*. 32 "Referente a las ciudades de los
Leviim y las casas en las ciudades que ellos poseen, los *Leviim* tendrán
derecho permanente de redención. 33 Si alguien compra una casa de uno de
los *Leviim*, entonces la casa que él vendió en la ciudad donde posee la
propiedad se revertirá aun en el *yovel*; porque las casas en las ciudades de los
Leviim son posesión de su tribu entre los hijos de Yisra'el.

86 Las ventajas de estas ordenanzas eran muchas (vv 2-13): 1. Prevenía la acumulación de tierra por parte de los pocos en detrimento de la comunidad. 2. Lo hacía imposible para que nadie naciera en absoluta pobreza, puesto que todos tenían su tierra heredada. 3. Anticipaba esas desigualdades que son producidas por extrema riqueza y pobreza, y lo que hace a un
hombre dominar sobre el otro. 4. Abrogaba completamente la esclavitud. 5. Les daba una oportunidad fresca a aquellos que habían sido reducidos por circunstancias adversas de comenzar de nuevo su carrera en la industria en el patrimonio que ellos habían temporalmente prendado. 6. Rectificaba periódicamente los desórdenes que se metían en el estado en el curso del tiempo, anticipaba la división del pueblo en nobles y plebeyos, y preservaba la teocracia inviolable.

87 Ibíd., ver nota v 13.

34 Los terrenos en los campos abiertos alrededor de sus ciudades no se
venderán, porque esa es su posesión permanente. 35 "Si un miembro de tu
pueblo se ha empobrecido, así que no se puede sostener entre ustedes, lo
asistirás como lo harías con un extranjero o un residente temporal, para que
pueda continuar viviendo con ustedes. 36 No le cobres interés ni de otra forma
obtengas ganancia de él, sino teme a Elohim, para que tu hermano pueda
continuar viviendo con ustedes. 37 No tomes interés cua ndo le prestes dinero
ni tomes ganancia cuando le vendas comida. 38 Yo soy *YAHWEH* tu Elohim,
quien te sacó de la tierra de Mitzrayim para darte la tierra de Kenaan y ser tu
Elohim. 39 "Si un hermano de tu pueblo se ha empobrecido entre ustedes y se
vende a sí a ti, no le hagas hacer el trabajo de un esclavo. 40 Más bien, lo
tratarás como un empleado o como un inquilino; él trabajará para ti hasta el
año del *yovel*. 41 Entonces él te dejará, él y sus hijos con él, y regresarán a su
propia familia y recobrarán la posesión de su tierra ancestral. 42 Porque ellos
son mis esclavos, a quienes saqué de la tierra de Mitzrayim; por lo tanto no
serán vendidos como esclavos. 43 No lo trates duramente, sino teme a tu
Elohim. 44 Referente a los hombres y mujeres que puedas tener como
esclavos: comprarás esclavos y esclavas de las naciones que los rodean a
ustedes. 45 También puedes comprar los hijos de extranjeros que viven con
ustedes y miembros de su familia nacidos en tu tierra. 46 También los
puedes dejar en herencia para que los posean tus hijos; de estos grupos puedes
tomar tus esclavos para siempre. Pero en cuanto a tus hermanos los hijos de
Yisra'el, no se tratarán el uno al otro con dureza. 47 "Si un extranjero que vive
contigo se ha enriquecido, y un hermano de tu pueblo se ha empobrecido y se
vende a sí a este extranjero que vive contigo o a un miembro de la familia del
extranjero, 48 puede ser redimido después que haya sido vendido. Uno de sus
hermanos lo puede redimir; 49 o su tío o el hijo de su tío lo puede redimir; o
cualquier pariente de él lo puede redimir; o, si él se enriquece, él mismo se
puede redimir. 50 El calculará con la persona que lo compró el tiempo desde el
año que él se vendió a sí mismo a él al año del *yovel*; y la cantidad a ser
pagada será de acuerdo al número de años y su tiempo al jornal de un
empleado. 51 Si muchos años quedan, de acuerdo a ellos él devolverá la
cantidad de su redención de la cantidad por la cual fue comprado. 52 Si sólo
quedan pocos años hasta el año del *yovel*,[88] entonces calculará con él; de
acuerdo a sus años devolverá la cantidad para su redención. 53 El será como
un jornalero empleado año tras año. Tú te ocuparás de que no sea tratado con
dureza. 54 "Si él no ha sido redimido por ninguno de estos procedimientos, no
obstante quedará en libertad en el año del *yovel* – él y sus hijos con él.
55 Porque para mí los hijos de Yisra'el son esclavos; ellos son mis esclavos a
quienes saqué de la tierra de Mitzrayim; Yo soy *YAHWEH* tu
Elohim.

Vayikra (El llamó) - arqyw - Levítico 26
Parashah 24: Vayikra (El llamó) 1:1-5:26 (6:7)

26 "No se harán ningún ídolo para ustedes, ni erigirán una estatua tallada ni piedra de señal, ni pondrán piedra tallada en ningún sitio de su tierra para inclinarse a ella. Yo soy *YAHWEH* tu Elohim.

88 El *yovel* era una ordenanza maravillosa, y de gran servicio para la libertad e independencia de Yisra'el. Fue calculada para que el rico no oprimiera al pobre a esclavitud perpetua, y a impedir que no obtuvieran tierra por compra, hipoteca, o usurpación. Además fue intencionada, que las deudas no fueran multiplicadas, para que el pobre no fuera totalmente arruinado; que los esclavos no tendrían que servir para siempre; que la libertad personal, igualdad de propiedad, y el orden regular de las familias pudiera, tanto como fuera posible, ser preservado; y que el pueblo pudiera estar fuertemente vinculado a su tierra y herencias.

2 "Guarden mis *Shabbatot*, y reverencien mi Lugar Kadosh; Yo soy *YAHWEH.*

Referencias;
Haftarah B'har: Yirmeyah (Jeremías) 32:6-27
Lecturas sugeridas del Brit Hadashah para la Parashah B'har:
Lucas 4:16-21; 1 Corintios 7:21-24; Gálatas 6:7-10
Parashah 33: B'jukkotai (Por mis regulaciones) 26:3-27:34

3 "Si ustedes viven por mis ordenanzas, observan mis *mitzvot* y los obedecen;
4 entonces Yo proveeré la lluvia que necesitan en su temporada, La Tierra
dará su producto, y los árboles en el campo darán su fruto. 5 El tiempo de
trillar se extenderá hasta la cosecha de uvas, y la recogida de uvas se
extenderá hasta el tiempo de sembrar *zera*. Comerán tanta comida como
quieran y vivirán seguros en su tierra. 6 "Yo daré *Shalom* en La Tierra –
ustedes se acostarán y dormirán sin temor de nadie. Yo despojaré La Tierra
de animales salvajes. La espada no irá por entre tu tierra. 7 Perseguirán a sus
enemigos, y ellos caerán delante su espada. 8 Cinco de ustedes perseguirán a
cien, y cien de ustedes perseguirán a diez mil – sus enemigos caerán delante
de su espada. 9 "Yo me volveré hacia ustedes, los haré productivos, aumentaré
sus números y afirmaré mi Pacto con ustedes. 10 Ustedes comerán todo que
quieran de la cosecha del año anterior y echarán lo que queda de lo viejo para
hacer espacio para lo nuevo. 11 Yo pondré mi Tabernáculo entre ustedes, y Mi
alma no los aborrecerá, 12 sino que Yo caminaré entre ustedes y seré su
Elohim, y ustedes serán mi pueblo. 13 Yo soy *YAHWEH* su Elohim, quien los

sacó de la tierra de Mitzrayim, para que no fueran sus esclavos. Yo he
quebrantado los barrotes de su yugo, para que puedan caminar derechos.
14 "Pero si ustedes no me escuchan a mí y obedecen todos estos *mitzvot*, 15 si
aborrecen mis ordenanzas y rechazan mis estatutos, para no obedecer todos
mis *mitzvot* sino que quebrantan mi Pacto; 16 entonces Yo, por mi parte, haré
esto para ustedes: Yo traeré terror sobre ustedes – enfermedad extenuante y
fiebre crónica para nublar su vista y quebrantar su fuerza. Ustedes sembrarán
su *zera* para nada, porque sus enemigos comerán sus cosechas. 17 Yo pondré
mi rostro contra ustedes – sus enemigos los derrotarán, aquellos que los odian
los hostigarán, y huirán cuando nadie los persigue. 18 Si estas cosas no los
hacen escucharme, entonces Yo los disciplinaré siete veces más por sus
pecados. 19 Yo romperé el orgullo que ustedes tienen en su propio poder. Yo
haré su cielo como hierro su tierra como bronce – 20 gastarán sus fuerzas en
vano, porque la tierra no dará su producto o los árboles en el campo su fruto.
21 "Sí, si van contra mí y no me escuchan, Yo aumentaré sus calamidades
siete veces, de acuerdo a sus pecados. 22 Yo mandaré animales salvajes entre
ustedes; ellos les robarán de sus hijos, destruirán sus animales de cría y
reducirán sus números, hasta que sus caminos estén desiertos. 23 "Si, a pesar
de todo esto, ustedes rehúsan mi corrección y aún van contra mí; 24 entonces
Yo también iré en contra de ustedes; y Yo, si Yo, los golpearé siete veces más
por sus pecados. 25 Yo traeré la espada contra ustedes la cual ejecutará la
venganza del Pacto. Estarán apretujados dentro de sus ciudades, y Yo
mandaré enfermedad entre ustedes, y ustedes serán entregados al poder del
enemigo. 26 Yo cortaré su suministro de pan, para que diez mujeres horneen
su pan en un horno y les entregarán el pan por peso, y comerán pero no
estarán satisfechos. 27 "Y si, por todo esto, ustedes aún no me escuchan, sino
que van contra mí; 28 entonces Yo iré contra ustedes furiosamente, y Yo
también los castigaré aun siete veces más por sus pecados. 29 Comerán la
carne de sus propios hijos, comerán la carne de sus propias hijas.[89] 30 Yo
destruiré sus lugares altos, cortaré sus pilares para adorar al sol, y echaré sus
cadáveres sobre los cadáveres de sus ídolos; y Yo los detestaré. 31 Yo
desertaré sus ciudades y haré sus santuarios desolados, para así no oler sus
aromas fragantes. 32 Yo desolaré La Tierra, para que sus enemigos que viven
en ella estén atónitos por ello. 33 A ustedes Yo los dispersaré entre las
naciones, y Yo sacaré la espada en persecución tras ustedes; su tierra será una
desolación y sus ciudades desiertas. 34 Entonces, por fin, La Tierra se le
pagará sus *Shabbatot*. Por el tiempo que yazca desolada y ustedes estén en las
manos de sus enemigos, La Tierra descansará y se le pagarán sus *Shabbatot*.
35 Sí, por el tiempo que yazca desolada tendrá su descanso, el descanso que no
tuvo durante los *Shabbatot* de ustedes, cuando ustedes vivían allí.[90] 36 En
cuanto a aquellos de ustedes que quedaron, Yo llenaré sus corazones con
ansiedad en las tierras de sus enemigos. El sonido de una hoja al viento los
asustará, y así huirán como uno huye de la espada y caerán cuando nadie

los está persiguiendo. 37 Sí, con nadie persiguiendo ellos tropezarán unos con
otros como si huyeran de la espada – no tendrán poder para pararse delante de
sus enemigos. 38 Y entre las naciones ustedes perecerán; la tierra de sus
enemigos los devorará.[91] 39 Aquellos de ustedes que queden languidecerán
en las tierras de sus enemigos por la culpa de sus pecados y los de sus padres.
40 Entonces ellos confesarán sus pecados y los de sus padres los cuales
cometieron contra mí en su rebelión; ellos admitirán que me transgredieron y
me abandonaron y han caminado perversamente delante de mí. 41 En ese
tiempo Yo estaré yendo contra ellos, trayéndolos a la tierra de sus enemigos.
Pero sus corazones incircuncisos se harán humildes y ellos habrán sido
pagados el castigo de sus fechorías; 42 entonces Yo me acordaré de mi Pacto
con Yaakov, también de mi Pacto con Yitzjak y de mi Pacto con Avraham; y
Yo me acordaré de La Tierra. 43 Porque La Tierra yacerá abandonada sin
ellos, y será pagada sus *Shabbatot* mientras yace desolada sin ellos; y ellos
serán pagados el castigo por sus pecados, porque ellos rechazaron mis
estatutos y despreciaron mis ordenanzas. 44 Aun, a pesar de todo eso, Yo no
los rechazaré cuando estén en la tierra de sus enemigos, ni los despreciaré al
punto de destruirlos completamente y así romper mi Pacto con ellos, porque
Yo soy *YAHWEH* su Elohim. 45 Más bien, por amor a ellos, Yo me acordaré
del Pacto de sus padres a quienes saqué de la tierra de Mitzrayim – con las
naciones mirando – para que Yo pueda ser su Elohim; Yo soy *YAHWEH*.[92]'"
46 Estas son las leyes, estatutos y ordenanzas que el mismo *YAHWEH* dio a
los hijos de Yisra'el en el Monte Sinai por medio de Moshe.

89 Esta profecía fue literalmente cumplida, como todas las otras. En el asedio a Yerushalayim por los Romanos, en el año 70 de nuestra época, Josefo da un horrible relato respecto a una mujer llamada María [sic], quien, en la dureza extrema de la hambruna durante el asedio, ella mató a su infante de pecho, lo asó, y ya se había comido parte de él, cuando fue descubierta
por los soldados, aun los Romanos se horrorizaron. (ver "Las Guerras de los Judíos" de Flavio Josefo)

90 Esto fue cumplido en el cautiverio Babilónico, la tierra tuvo sus *Shabbatot*, el cautiverio duró 70 años y durante ese tiempo La Tierra de Yisra'el descansó. También fue cumplido en la destrucción de Yerushalayim, La Tierra tuvo descanso porque los habitantes fueron muertos, y los que sobrevivieron fueron echados de Yisra'el o vendidos como esclavos.

91 Los vv 14 -38 son las profecías de lo que ocurriría a Yisra'el por causa de la desobediencia, y esto ocurrió por medio de muchas desobediencias y culminando en el pecado del rey Shlomó , donde Yisra'el fue dividido en dos reinos, el reino del Norte y el del Sur (1R 11:1-13) y eventualmente dispersado con la completa destrucción de Yerushalayim en el año setenta y 132 E.C. como profetizado por el Mesías Yahshúa en Mt. 24:1-2. Y desde entonces Yisra'el ha estado dividida en las Dos Casas de Yisra'el, las cuales El está reuniendo en estos mismos tiempos y trayendo de los cofines de la tierra. Para una historia de estos acontecimientos podemos referirnos a "Las Guerras de los Judíos" de Flavio Josefo.

92 Ver Ezequiel capítulo 37, cuando ABBA *YAHWEH* volverá a juntar a las Dos Casas de Israel en Su propia mano.

Vayikra (El llamó) - arqyw - Levítico 27

Parashah 24: Vayikra (El llamó) 1:1-5:26 (6:7)

27 *YAHWEH* dijo a Moshe: 2 "Dile a los hijos de Yisra'el: 'Si alguno hace
un voto a *YAHWEH* claramente definido de darle una cantidad igual al valor
de un ser humano, 3 el valor que asignarás a un hombre entre las edades de
veinte y sesenta años será de cincuenta *shekels* de plata [una y cua rto libras],
con el *shekel* del Lugar Kadosh como medida, 4 si una mujer, treinta *shekels*. 5
Si es un muchacho entre cinco y veinte años de edad, asígnale un valor de
veinte *shekels* por un muchacho y diez por una muchacha 6 si es un bebé de
cinco meses a un año de edad, cinco *shekels* por un varón y tres por una
hembra; 7 si es una persona pasada de sesenta, quince *shekels* por un hombre
y diez por una mujer. 8 Si la persona es muy pobre para ser evaluada,
pónganla delante del *kohen*, quien le asignará un valor de acuerdo con los
medios de la persona que hizo el voto. 9 "Si el voto es por el valor de un
animal del tipo usado cuando el pueblo trae una ofrenda a *YAHWEH*, todo lo
que una persona dé de tales animales a *YAHWEH* será *Kadosh*. 10 El no lo
cambiará o lo reemplazará sustituyendo un animal bueno por uno malo o
viceversa; si él hace tal sustitución, ambos el animal original y el que lo
reemplaza serán *Kadoshim*. 11 Si el animal es inmundo, tal que no se pueda
usar en una ofrenda a *YAHWEH*, él lo pondrá delante del *kohen*; 12 y el *kohen*
le pondrá un valor sobre él con relación a sus buenos y malos puntos; el valor
puesto por ti, el *kohen*, permanecerá. 13 Pero si la persona que hace el voto
desea redimir el animal, él añadirá una quinta parte a tu evaluación.
14 "Cuando una persona dedica su casa para ser *Kadosh* para *YAHWEH*, el
kohen pondrá un valor sobre ella con relación a sus buenos y malos puntos; el
valor estimado por el *kohen* permanecerá. 15 Si el que la dedica desea redimir
su casa, debe añadir una quinta parte al valor que tú le has estimado; y se
revertirá a él. 16 "Si una persona dedica a *YAHWEH* parte de un campo que
pertenece a la posesión de su tribu, lo evaluarás de acuerdo a su producción
en *zera*, con un omer de *zera* de cebada teniendo un valor de cincuenta
shekels de plata [una y un cuarto de libras]. 17 Si él dedica su campo durante
el año del *yovel*, esta evaluación estará en firme. 18 Pero si él dedica el campo
después del *yovel*, entonces el *kohen* calculará el precio de acuerdo a los años
que quedan hasta el próximo *yovel*, con la correspondiente reducción de tu
evaluación. 19 Si el que está dedicando el campo desea redimirlo, añadirá una
quinta parte a tu evaluación, y el campo será apartado para que se devuelva a
él. 20 Si el vendedor no desea redimir el campo, o si [el tesorero de los
kohanim] ya ha vendido el campo a alguien más, ya no puede ser redimido.
21 Pero cuando el comprador tenga que evacuar el campo en el *yovel*, se
convertirá *Kadosh* para *YAHWEH*, como un campo dedicado
incondicionalmente; pertenecerá a los *kohanim*.

22 "Si él dedica a *YAHWEH* un campo el cual ha comprado, un campo que no
es parte de la posesión de su tribu, 23 entonces el *kohen* calculará su valor de
acuerdo a los años que quedan hasta el año del *yovel*; y el hombre en el
mismo día pagará esta cantidad; puesto que es *Kadosh* para *YAHWEH.* 24 En
el año del *yovel* el campo regresará a la persona de quien fue comprado;
esto es, a la persona a la cual cuya posesión tribal pertenece. 25 "Todas tus
evaluaciones serán de acuerdo al *shekel* del Lugar Kadosh [dos quintos de
una onza], veinte *gerahs* por *shekel.* 26 "Sin embargo, el primogénito entre
animales, puesto que ya nacido como primogénito para *YAHWEH,* nadie
puede dedicar – ni buey ni oveja – puesto que ya pertenece a *YAHWEH.*
27 Pero si es un animal inmundo, él puede redimirlo al precio que tú lo
evaluaste y añade una quinta parte; o si no lo redime, será vendido al precio el
cual tú lo evaluaste. 28 Sin embargo, nada dedicado incondicionalmente que
una persona puede dedicar a *YAHWEH* de todo lo que él posee – persona,
animal, o campo que posea – será vendido o redimido; porque todo lo
dedicado incondicionalmente es especialmente *Kadosh* para *YAHWEH.* 29
Ninguna persona que ha sido sentenciada a morir, y así incondicionalmente
dedicada, puede ser redimida; será puesta a muerte. 30 "Toda la décima parte
dada de la tierra, ya sea de *zera* plantada o fruto de los árboles, pertenece a
YAHWEH; es *Kadosh* para *YAHWEH.* 31 Si alguno quiere redimir algo de su
décima parte, añadirá una quinta parte a ello. 32 "Todas las décimas partes de
la manada o del rebaño, de todo lo que pasa por debajo del cayado del pastor,
la décima parte será *Kadosh* para *YAHWEH.* 33 El dueño no preguntará si el
animal es bueno o malo, y él no lo puede cambiar; y si lo cambia, ambos éste
y el que lo sustituye serán *Kadoshim*; no pueden ser redimidos.'" 34 Estos son
los *mitzvot* los cuales *YAHWEH* dio a Moshe para los hijos de Yisra'el en el
Monte Sinai.

Referencias;

Haftarah B'jukkotai: Yirmeyah (Jeremías) 16:19-17:14
Lecturas sugeridas del Brit Hadashah para la Parashah B'jukkotai:
Yojanán (Juan) 14:15-21; 15:10-12; 1 Yojanán (1 de Juan)

Notas concluyentes de Vayikra, arqyw

Esto concluye este muy interesante e importante libro, un libro que contiene el código de leyes de la *Toráh,* ceremonial, civil, y jurídicas, cuales por la pureza de su moralidad, la sabiduría, justicia y bondad de sus estatutos, y la sencillez, dignidad, y la naturaleza impresionante de sus ceremonias, están perfectamente sin rival, y completamente dignas de Su Divino Autor. Todas las ceremonias de la *Toráh* de Moshe son de inmediato dignificadas y expresivas, Apuntan a la *Kedushah* de Su Autor, y a la naturaleza pecaminosa del hombre, la necesidad de expiación, y el estado de excelencia moral a la cual la misericordia del Creador, hwhy, están destinadas a levantar el alma humana, Ella incluyen, como también especifican, la *besorah*/evangelio del Hijos de Elohim, Yahshúa, de quien reciben consumación y perfección. Los sacrificios y oblacio nes eran significativos de la expiación de Mashíaj Yahshúa, las cualidades necesarias de estos sacrificios eran emblemáticas de Su Carácter Impecable, y el modo prescrito en la forma de estas ofrendas, y las ceremonias Divinas ordenadas, eran instituciones alusivas, calculadas para enriquecer al pueblo de Yisra'el, y prepararnos para la recepción de nuestro Salvador, Yahshúa. La institución del *Kohen HaGadol* tipificó a Yahshúa, el *Kohen HaGadol* Celestial de la línea de Melki-Tzedek, hecho y preparado por ABBA hwhy. Yahshúa quien es *Kohen HaGadol*, se ofreció una vez para siempre por nuestros pecados, y es capaz de Salvar a TODOS los que vienen a ABBA hwhy y Yisra'el por medio de El.

B' midbar (En el desierto) - rbdmb - Números 1

Parashah 34: B'midbar (En el desierto) 1:1-4:20

1 *YAHWEH* habló a Moshe en el Desierto[1] Sinai, en el Tabernáculo del
Testimonio, en el primer día del segundo mes del segundo año después que
ellos habían salido de la tierra de Mitzrayim,[2] El dijo: 2 "Toma un censo de la
asamblea completa de los hijos de Yisra'el, por clanes y familias. Registra los
nombres de todos los hombres[3] 3 de veinte años de edad y más que están
sujetos al servicio militar en Yisra'el. Tú y Aharon los enumerarán compañía
por compañía. 4 Lleva contigo de cada tribu alguien que es jefe de un clan,
será de acuerdo a las casas de su familia. 5 Estos son los hombres que llevarás
contigo: De Reuven, Elitzur el hijo de Shedeur;
6 De Shimeon, Shlumiel el hijo de Tzurishaddai;
7 De Yahudáh, Najshon el hijo de Amminadav;
8 De Yissajar, Natanael el hijo de Tzuar;
9 De Zevulun, Eliav el hijo de Helon.
10 De los hijos de Yosef: De Efrayim, Elishama el hijo de Ammihud;
De Menas heh, Gamliel el hijo de Pedahtzur;
11 De Binyamin, Avidan el hijo de Gideoni;
12 De Dan, Ajiezer el hijo de Ammishaddai;
13 De Asher, Pagiel el hijo de Ojran;
14 De Gad, Elyasaf el hijo de Deuel;
15 De Naftali, Ajira el hijo de Enan."
16 Estos son los que fueron llamados de la asamblea, los jefes de los clanes de
sus padres y cabezas de miles en Yisra'el. 17 Así que Moshe y Aharon
tomaron estos hombres que habían sido designados por nombre; 18 y en el
primer día del segundo mes, ellos reunieron la asamblea completa para
declarar sus genealogías por familias y clanes y registraron los nombres de
todos aquellos de veinte años de edad y más, como también su número total.
19 Moshe los contó en el Desierto Sinai, tal como *YAHWEH* le había
ordenado. 20 Los hombres de veinte años de edad y más que eran sujetos a
servicio militar fueron registrados por nombre, familia y clan, empezando por
los hijos de Reuven, el primogénito de Yisra'el, aquí están los totales:

1 Todos los nombres de los libros de la Toráh han sido cambiados y manipulados por los traductores, sin embargo, cada libro lleva el nombre que está en la primera oración del libro, a saber "El llamó/Vayikra" y no Levítico.

2 El libro de Éxodo (19.1) data la llegada al Sinai tres meses después de la salida de Egipto. El Tabernáculo de reunión fue completado nueve meses más tarde, en el primer mes del segundo año (Ex 40.17), y ahora el libro de Números inicia su relato al mes de este último acontecimiento. Diecinueve días después (10.11), Yisra'el deja el Sinai. Números presenta al pueblo de *YAHWEH* moviéndose hacia La Tierra que heredarán.

3 Se debían contar los guerreros (vv 2-15) para determinar la fuerza militar de Yisra'el antes de entrar en La Tierra prometida. Además, las tribus debían estar organizadas para determinar la cantidad de tierra que necesitaría cada una de ellas, así como también para proporcionar los registros genealógicos. Sin dicho censo, la tarea de conquistar y organizar la tierra prometida hubiera sido más difícil.

21 Hijos de Reuven 46,400
22-23 Hijos de Shimeon 59,300
24-25 Hijos de Gad 46,650
26-27 Hijos de Yahudáh 74,600
28-29 Hijos de Yissajar 54,400
30-31 Hijos de Zevulun 57,400
32-33 Hijos de Efrayim 40,500
34-35 Hijos de Menasheh 32,200
36-37 Hijos de Binyamin 35,400
38-39 Hijos de Dan 62,700
40-41 Hijos de Asher 41,500
42-43 Hijos de Naftali 53,400
44 Moshe, Aharon y los doce jefes de Yisra'el, uno por cada tribu, ellos eran
de acuerdo a la tribu de las casas de su familia, 45 contaron a los hijos de
Yisra'el por sus clanes, aquellos veinte años de edad y más, elegibles para
servicio militar en Yisra'el; 46 y el total fue de 603,550.[4]

4 Este número era sin contar mujeres y niños, ni jóvenes de menos de edad militar, la población total era 2 o 3 millones. El registro de Éxodo, dice que los Israelitas que descendían de la familia de Ya'akov se multiplicaron en gran manera.

47 Pero los *Leviim*, no importa su clan, no fueron contados en el censo; 48
porque *YAHWEH* le había dicho a Moshe: 49 "No incluyas a la tribu de Levi
cuando tomes el censo de los hijos de Yisra'el. 50 En vez, los *Leviim* estarán a
cargo del Tabernáculo del Testimonio, su equipo y todo lo demás asociado
con ello. Ellos cargarán el Tabernáculo y todo su equipo, servirán en él y
pondrán el campamento alrededor de ello. 51 Cuando el Tabernáculo haya que
trasladarlo, son los *Leviim* los que lo desarmarán y lo armarán en la nueva
localización; cualquier otro que se incluya en esto será puesto a muerte. 52 El
resto de los hijos de Yisra'el acamparán, compañía por compañía, cada
hombre con su propia bandera. 53 Pero los *Leviim* acamparán alrededor del
Tabernáculo del Testimonio , para que no caiga ninguna ira sobre la asamblea
de los hijos de Yisra'el. Los *Leviim* estarán a cargo del Tabernáculo del

Testimonio ." 54 Esto es lo que los hijos de Yisra'el hicieron – ellos hicieron todo lo que *YAHWEH* había ordenado a Moshe.

B' midbar (En el desierto) - rbdmb - Números 2

Parashah 34: B'midbar (En el desierto) 1:1-4:20

2 *YAHWEH* dijo a Moshe y a Aharon: 2 "Los hijos de Yisra'el acamparán por clanes, cada hombre con su propia bandera[5] y bajo el símbolo de su clan; acamparán alrededor del Tabernáculo del Testimonio pero a la distancia.[6]
3-9 "Aquellos que acamparán al lado este hacia donde sale el sol estarán bajo la bandera del campamento y el príncipe de los hijos de Yahudáh; ellos acamparán de acuerdo a las compañías; por tribu y jefe como sigue.

5 Hay grupos haciendo banderas para las tribus de Yisra'el, pero la Escritura no nos da el diseño de dichas banderas, entonces están diseñadas por hombres y el Talmud y no por el *Ruaj* de Elohim.

6 La nación de Yisra'el estaba organizada en tribus por varias razones: (1) Era un medio eficaz de administrar y gobernar un grupo tan grande. (2) Hacía más fácil la división de La Tierra prometida. (3) Era parte de su cultura y herencia (la gente no era conocida por su apellido, sino por su familia, clan y tribu). (4) Se podía llevar más fácilmente un registro de las genealogías cuando las tribus estaban juntas. Las genealogías era la única forma de demostrar que uno era un miembro legítimo del pueblo escogido de *YAHWEH*, los hijos de Yisra'el. (5) Los viajes eran más eficientes. Todas las personas conocían el estandarte de su tribu (una especie de bandera) y de esta manera permanecían juntos y evitaban perderse.

Tribu Príncipe Número Yahudáh Najshon el hijo de Amminadav 74,600 Yissajar Natanael el hijo de Tzuar 54,400 Zevulun Eliav el hijo de Helon 57,400 Total 186,400 "Este grupo saldrá primero.

10-16 "Aquellos que acamparán en el sur estarán bajo la bandera del campamento y el príncipe de los hijos de Reuven; ellos acamparán de acuerdo a sus compañías; por tribu y jefe como sigue: Tribu Príncipe Número Reuven Elitzur el hijo de Shedeur 46,500 Shimeon Shlumiel el hijo de Tzurishaddai 59,300 Gad Elyasaf el hijo de Deu-El[7] 35,400 Total 151,450 "Este grupo saldrá segundo.
17 "Luego el Tabernáculo del Testimonio , con el campamento de los *Leviim*, saldrá con los otros campamentos al frente y detrás. Ellos irán en el mismo orden como sus campamentos están dispuestos – cada hombre saldrá adelante en su posición, bajo su bandera.

18-24 "Aquellos que acamparán en el oeste estarán bajo la bandera del
campamento y el príncipe de los hijos de Efrayim; ellos aca mparán de
acuerdo a sus compañías; por tribu y jefe como sigue: Tribu Príncipe Número
Efrayim Elishama el hijo de Ammihud 40,500
Menasheh Gamliel el hijo de Pedahtzur 32,200
Binyamin Avidan el hijo de Gideoni 35,400
Total 108,100
"Este grupo saldrá tercero.
25-31 "Aquellos que acamparán en el norte estarán bajo la bandera del
campamento y el príncipe de los hijos de Dan; ellos acamparán de acuerdo a
sus compañías; por tribu y jefe como
sigue:
Tribu Príncipe Número
Dan Ajiezer el hijo de Ammishaddai 62,700
Asher Pagiel el hijo de Ojran 41,500
Naftali Ajira el hijo de Enan 53,400
Total 157,600
"Este grupo saldrá el último con sus banderas.

7 En otras versiones aparece como Reuel, pero esto es a causa de que la *dalet* y la *resh* a veces se confunden, son similares.

32 Estos son los contados de los hijos de Yisra'el por clanes; el número total
registrado en el campamento, compañía por compañía, fue de 603,550. 33
Pero, como *YAHWEH* había ordenado a Moshe, los *Leviim* no fueron
contados con el resto de Yisra'el. 34 Los hijos de Yisra'el hicieron todo lo que
YAHWEH había ordenado a Moshe; ellos acamparon bajo sus banderas, y
ellos salieron, cada uno de acuerdo a su familia y clan.[8]

B' midbar (En el desierto) - rbdmb - Números 3

Parashah 34: B'midbar (En el desierto) 1:1-4:20

3 [9] Estas son las generaciones de Aharon y Moshe desde el día que
YAHWEH habló con Moshe y Aharon en Monte Sinai. 2 Los nombres de los
hijos de Aharon son: Nadav el primogénito, Avihu, Eleazar e Itamar. 3 Estos
eran los nombres de los hijos de Aharon el *kohen*, los cuales ellos ungieron y
ordenaron como *kohanim*. 4 Pero Nadav y Avihu murieron[10] en la presencia
de *YAHWEH* cuado ofrecieron fuego extraño delante de *YAHWEH* en el
Desierto Sinai, y ellos no tenían hijos; Eleazar e Itamar sirvieron como
kohanim en la presencia de Aharon su padre. 5 *YAHWEH* le dijo a Moshe: 6
"Haz que se acerque la tribu de Levi,[11] y asígnalos a Aharon el *kohen* para
que ellos lo puedan ayudar. 7 Ellos llevarán a cabo sus labores y las labores

de toda la congregación de los hijos de Yisra'el delante del Tabernáculo del
Testimonio desempañando el servicio del Tabernáculo. 8 Ellos estarán a cargo
de todo el mobiliario del Tabernáculo del Testimonio y llevarán a cabo todas
las labores de los hijos de Yisra'el referentes al servicio del Tabernáculo. 9
Asigna los *Leviim* a Aharon y sus hijos; la responsabilidad primaria referente
a los hijos de Yisra'el es servirle a Aharon. 10 Tú nombrarás Aharon y sus
hijos para desempeñar las labores de *kohanim*; cualquier otro que se incluya
será puesto a muerte.[12]" 11 *YAHWEH* dijo a Moshe: 12 "Yo he tomado a los
Leviim de entre los hijos de Yisra'el en lugar de todo primogénito varón que
es primero de la matriz[13] entre los hijos de Yisra'el; los *Leviim* serán míos. 13
Todos los primogénitos varones me pertenecen a mí, porque en el día que Yo
maté a todos los primogénitos varones en la tierra de Mitzrayim, Yo separé
para mí todos los primogénitos varones entre los hijos de Yisra'el, ambos
humanos y animales. Ellos son míos; Yo soy *YAHWEH*."

8 ¡Este debió haber sido uno de los campamentos más grandes que el mundo haya visto! Debió haber abarcado casi 31 Km. para levantar las tiendas de los 600,000 guerreros, sin considerar a las mujeres y a los niños. Moshe seguramente tuvo dificultades para manejar un grupo tan grande. En las primeras etapas del viaje y en el monte Sinai, el pueblo fue básicamente obediente tanto a *YAHWEH* como a Moshe. Pero cuando el pueblo abandonó el monte Sinai, repentinamente comenzó a quejarse, refunfuñar y a desobedecer.

9 Este capítulo cubre el censo de los levitas, quienes en los caps. 1 y 2 fueron exceptuados de cualquier tipo de servicio militar en el campamento. Se refiere a la tribu de Levi como los sustitutos de los hijos primogénitos de Yisra'el, a la posición de los campamentos de las familias levíticas, a sus responsabilidades, y a la superioridad de la familia de Aharon y Moshe sobre el resto de los levitas.

10 Ver Vayikra 10:1-2 para la historia de Nadav y Abihu.

11 La palabra aquí *hakraiv*, traducida traer cerca, y significa presentar los sacrificios ofrecidos a *YAHWEH*; como ofrenda, la tribu de Levi fue dada totalmente al servicio del Tabernáculo, por pertenecer a *YAHWEH*.

12 Cuando los Israelitas salieron de la tierra de Egipto la antigua forma de adoración aún estaba siendo observada por ellos, el hijo mayor de cada casa heredaba el oficio de kohen. En Sinai, el primer cambio a esta antigua práctica fue hecha. Un sacerdocio heredado en la familia de Aharon fue entonces instituido, Ex 18:1. Pero no fue hasta la escena terrible en conexión al pecado – becerro de oro – que la tribu de Levi se separó como *Kadosh* y comenzó a ocupar una posición definida, Ex 32:1. La primo genitura religiosa fue entonces conferida a esta tribu, la cual desde entonces estaba dedicada al servicio primero del Tabernáculo del Testimonio en el desierto cp 3:11-13 y después en el servicio del Templo de Shlomó 1R 8. Ellos fueron seleccionados por su celo por la Gloria de *YAHWEH* Ex 32:26. Ellos eran los gu ardianes especiales del Tabernáculo y después del Templo y no tenían herencia de porción de tierra en Yisra'el, *YAHWEH* era su herencia.

13 La palabra en Hebreo es *pehter*, abrir, como abrir la matriz. Pedro abrió la matriz del Yisra'el del Pacto Renovado en el día de *Shavuot* en el Templo de *YAHWEH*, no en el "aposento alto," en Griego significa roca, pero en Hebreo es abrir.

14 *YAHWEH* dijo a Moshe en el Desierto Sinai: 15 "Toma un censo de la tribu
de Levi por clanes y familias. Cuenta todo varón de un mes de nacido y
mayor." 16 Moshe los contó de la forma que *YAHWEH* había dicho, como El
había ordenado. 17 Los nombres de los hijos de Levi fueron Gershon, Kehat y
Merari. 18 Los nombres de los hijos de Gershon fueron Livni y Shimi;
ellos procrearon sus respectivos clanes; 19 asimismo los hijos de Kehat –
Amram, Yitzhar, Hevron y Uziel – 20 y los hijos de Merari – Majli y Mushi.
Estos procrearon los clanes de los *Leviim* 21 Gershon procreó los clanes de
Livni y Shimi; estos eran los clanes de Gershon. 22 De ellos, 7,500 varones de
un mes de nacidos y mayores fueron contados. 23 Los clanes de Gershon
acamparán detrás del Tabernáculo , hacia el oeste. 24 El jefe de los clanes de
Gershon era Elyasaf el hijo de Lael. 25 Referente al Tabernáculo del
Testimonio los hijos de Gershon estarán a cargo de lo siguiente: El
Tabernáculo propio, las cubiertas internas y externas, la pantalla para la
entrada del Tabernáculo del Testimonio, 26 las cortinas para alrededor del
patio, la pantalla para la entrada al patio que rodea al Tabernáculo y el altar, y
todos los accesorios y cuerdas para estos artículos, y su mantenimiento.
27 Kehat procreó los clanes de Amram, Yitzjar, Hevron y Uziel; estos eran los
clanes de Kehat. 28 De ellos, 8,600 varones de un mes de nacidos y mayores
fueron contados; ellos estaban a cargo del Lugar Makon Kadosh. 29 Los
clanes de Kehat acamparán junto al Tabernáculo, hacia el sur. 30 El jefe de los
clanes de Kehat era Elizafan el hijo de Uziel. 31 Ellos eran responsables por
el Arca, la mesa, la *menorah*, los altares, los utensilios que los *kohanim* usan
cuando sirven en el Lugar Makon Kadosh, la cortina, y todo lo usado para el
mantenimiento de estas cosas. 32 Eleazar el hijo de Aharon el *kohen* era
primero entre los jefes de los *Leviim* y supervisaba a aquellos a cargo del
Lugar Makon Kadosh. 33 Merari procreó los clanes de Majli y Mushi; estos
eran los clanes de Merari. 34 De ellos, 6,200 varones de un mes de nacidos y
mayores fueron contados. 35 El jefe de los clanes de Merari era Tzuriel el hijo
de Avijayil. Ellos acamparán junto al Tabernáculo, hacia el norte. 36 Al clan
de Merari le fue asignada la responsabilidad por la estructura del
Tabernáculo, junto con sus travesaños, postes, bases y herrajes, junto con su
mantenimiento; 37 también los postes del patio en derredor, con sus bases,
estacas de tienda y cuerdas. 38 Aquellos que acamparán delante del
Tabernáculo del Testimonio en el este, hacia la salida del sol, eran Moshe,
Aharon y sus hijos que estaban a cargo de Lugar Makon Kadosh. Ellos
llevaban a cabo su responsabilidad en nombre de los hijos de Yisra'el, y
cualquier otro que se incluyera a sí sería puesto a muerte. 39 El número total
de *Leviim* los cuales Moshe y Aharon contaron por sus clanes, todos los
varones de un mes de nacidos y mayores, eran 22,000. 40 *YAHWEH* dijo a

Moshe: "Registra a todos los varones primogénitos de los hijos de Yisra'el de
un mes de nacidos y mayores, y determina cuántos hay. 41 Entonces tomarás a
los *Leviim* para mí, *YAHWEH*, en lugar de todos los primogénitos entre los
hijos de Yisra'el, y el ganado de los *Leviim* en lugar de los primogénitos del
ganado perteneciente a los hijos de Yisra'el." 42 Moshe contó, como *YAHWEH*
le había ordenado, todos los primogénitos entre los hijos de Yisra'el. 43 El
número total de los varones primogénitos registrados, de un mes de nacidos y
mayores, de aquellos que fueron contados, era de 22,273. 44 *YAHWEH* le dijo
a Moshe: 45 "Toma a los *Leviim* en lugar de todos los primogénitos entre los
hijos de Yisra'el, y el ganado de los *Leviim* en lugar de su ganado; los *Leviim*
me pertenecerán a mí, *YAHWEH*. 46 Puesto que hay 273 más varones
primogénitos de Yisra'el que los varones de los *Leviim*, para redimirlos, 47
tomarás cinco *shekels* [dos onzas] por cada uno de estos (usa el *shekel* del
Lugar Kadosh, que es igual a veinte *gerahs*). 48 Da el dinero de redención por
esta gente sobrante a Aharon y sus hijos." 49 Moshe tomó el dinero de la
redención de aquellos que eran más que los redimidos por los *Leviim*; 50 la
cantidad de dinero que él tomó de los primogénitos de los hijos de Yisra'el
fue de 1,365 *shekels*, usando el *shekel* del Lugar Kadosh. 51 Moshe dio el
dinero de la redención a Aharon y sus hijos, cumpliendo lo que *YAHWEH*
había dicho, como *YAHWEH* había ordenado a Moshe.

B' midbar (En el desierto) - rbdmb - Números 4

Parashah 34: B'midbar (En el desierto) 1:1-4:20

4 *YAHWEH* dijo a Moshe y a Aharon: 2 "Toma un censo de los hijo s de
Kehat, que están entre los hijos de Levi, por clanes y familias, 3 todos
aquellos entre treinta y cincuenta años de edad; estos entrarán en el cuerpo
que hará el trabajo en el Tabernáculo del Testimonio . 4 "Así es como los
hijos de Kehat servirán en el Tabernáculo del Testimonio y tratarán con
las cosas especialmente *Kadoshim*: 5 cuando el momento llegue de desmontar
el campamento, Aharon irá con sus hijos, quitará la cortina que sirve como
malla, y cubrirá el Arca del Testimonio con ella. 6 Sobre eso ellos pondrán
una cubierta de piel fina, y encima de eso extenderán una tela toda azul,
entonces insertarán las varas para cargarlo. 7 Sobre la mesa del Pan
de la Presencia pondrán una tela azul y pondrán en ella los platos, incienso,
sartenes, tazones de ofrenda y jarras. El Pan de la Presencia permanecerá en
la mesa. 8 Ellos extenderán sobre estas cosas una tela escarlata, lo cubrirán
con una piel fina e insertarán las varas. 9 Tomarán una tela azul y cubrirán la
menorah para la luz, sus lámparas, sus tenazas, sus bandejas y las vasijas
usadas para añadirle aceite. 10 Ellos la envolverán y todos sus accesorios en
piel fina y lo pondrán en la armadura para cargar. 11 Sobre el altar de oro
extenderán una tela azul, lo cubrirán con una cubierta de piel fina e insertarán

sus varas de cargar. 12 Tomarán todos los utensilios que usan cuando sirven en
el Lugar Kadosh y los pondrán en una tela azul, los cubrirán con piel fina y
los colocarán en la armadura para cargar. 13 Después de remover las cenizas
grasientas del altar, extenderán una tela púrpura sobre él 14 y pondrán sobre él
todos los utensilios requeridos para el servicio del altar – los sartenes para el
fuego, los garfios de carne, palas, tazones y otros utensilios para el altar.
Entonces extenderán sobre él una cubierta de piel fina e insertarán las varas
para cargar. 15 Cuando Aharon y sus hijos hayan terminado de cubrir los
mobiliarios y todos los utensilios *Kadoshim*, cuando el campamento esté a
punto de moverse, entonces los hijos de Kehat vendrán y los cargarán. Pero
ellos no tocarán las cosas *Kadoshim*, para que no mueran. Estas cosas son la
responsabilidad de los hijos de Kehat en el Tabernáculo del Testimonio .
16 Eleazar el hijo de Aharon el *kohen* será responsable por del aceite para la
luz, el incienso fragante, la ofrenda de grano continua y el aceite de la unción.
El estará a cargo de todo el Tabernáculo y todo en él, incluyendo el Lugar
Kadosh y sus mobiliarios." 17 *YAHWEH* dijo a Moshe y a Aharon: 18 "No
cortes al clan de Kehat de entre los *Leviim*; 19 más bien, haz esto por ellos,
para que ellos vivan y no mueran: cuando ellos se acerquen a las cosas
especialmente *Kadoshim*, Aharon y sus hijos entrarán – y tú asignarás a cada
uno su tarea; 20 pero los hijos de Kehat no entrarán y mirarán las cosas
Kadoshim mientras están siendo cubiertas; si lo hacen, morirán."

Referencias;
Haftarah B'midbar: Hoshea (Oseas) 2:1-22
Lecturas sugeridas del Brit Hadashah para la Parashah B'midbar:
Lucas 2:1-7; 1 Corintios 12:12-31
Parashah 35: Naso (Toma) 4:21-7:89

21 *YAHWEH* dijo a Moshe: 22 "Toma un censo de los hijos de Gershon
también, por clanes y familias; 23 cuenta todos aquellos entre treinta y
cincuenta años de edad, todos los que formarán el cuerpo que hace el trabajo
de servir en el Tabernáculo del Testimonio. 24 "Las familias de Gershon serán
responsables sirviendo y para transportar cargas. 25 Ellos llevarán las cortinas
del Tabernáculo del Testimonio, su cubierta, la cubierta de piel fina sobre
ella, la pantalla para la entrada del Tabernáculo del Testimonio, 26 los tapices
para el patio, y la pantalla para la entrada al patio junto al Tabernáculo y
alrededor del altar, junto con las cuerdas y todos los utensilios que ellos
necesitan para su servicio; y ellos harán el trabajo relacionado con estas
cosas. 27 Aharon y sus hijos supervisarán todo el trabajo del clan de
Gershon transportando las cargas y sirviendo, y asígnales lo que cada uno
cargará. 28 Así es como la familia de Gershon servirá en el Tabernáculo del

Testimonio , y ellos estarán bajo la dirección de Itamar el hijo de Aharon el
kohen. 29 "En cuanto a los hijos de Merari, toma un censo por clanes y
familias 30 todos aquellos entre treinta y cincuenta años de edad, todos los que
estarán en el cuerpo de servir en el Tabernáculo del Testimonio. 31 "Su
servicio para el Tabernáculo del Testimonio será de cargar las armaduras, los
travesaños, postes, y las bases del Tabernáculo; 32 también los postes para el
perímetro del patio, con sus bases, estacas de tienda, cuerdas, y otros
accesorios, y todo lo que tenga que ver con su servicio. Asignarás cargas
particulares a personas específicas por nombre. 33 Así es como las familias de
Merari servirán en el Tabernáculo del Testimonio, dirigidos por Itamar el hijo
de Aharon el *kohen.*" 34 Moshe, Aharon y los jefes de la congregación de
Yisra'el tomaron un censo de los hijos de Kehat por sus clanes y familias, 35
todos aquellos entre treinta y cincuenta años de edad que eran parte del
cuerpo que sirve en el Tabernáculo del Testimonio 36 Registrados por sus
familias numeraron 2,750. 37 Estos son los que fueron contados de la familia
de Kehat de aquellos que sirven en el Tabernáculo del Testimonio , los cuales
Moshe y Aharon enumeraron, cumpliendo la orden dada por *YAHWEH* por
medio de Moshe." 38 El censo de los hijos de Ger shon, por sus clanes y
familias, 39 todos aquellos entre los treinta y cincuenta años de edad que eran
parte del cuerpo que sirve en el Tabernáculo del Testimonio, 40 numeraron
2,630, registrados por sus clanes y familias. 41 Estos son los contados de las
familias de los hijos de Gershon y todos aquellos que sirven en el
Tabernáculo del Testimonio los cuales Moshe y Aharon enumeraron,
cumpliendo la orden dada por *YAHWEH* por medio de Moshe. 42 El censo de
las familias de los hijos de Merari, por sus clanes y familias, 43 todos aquellos
entre treinta y cincuenta años de edad que fueron parte del cuerpo que servía
en el Tabernáculo del Testimonio 44 enumeraron 3,200 registrados por sus
familias. 45 Estos son los contados de las familias de los hijos de Merari, a
quienes Moshe y Aharon enumeraron, guardando la orden dada por *YAHWEH*
por medio de Moshe. 46 El censo de los *Leviim,* los cuales Moshe, Aharon y
los jefes de Yisra'el contaron por sus clanes y familias, 47 todos aquellos entre
treinta y cincuenta años de edad que eran parte de aquellos que trabajan para
servir y trabajan para llevar las cargas en el Tabernáculo del Testimonio, 48
enumeraron 8,580 personas. 49 Conforme a la orden de *YAHWEH* ellos fueron
nombrados por Moshe, cada uno para su servicio específico o trabajo. Ellos
fueron también enumerados, como *YAHWEH* había ordenado a Moshe.

B' midbar (En el desierto) - rbdmb - Números 5

Parashah 34: B'midbar (En el desierto) 1:1-4:20

5 *YAHWEH* dijo a Moshe: 2 "Ordena a los hijos de Yisra'el que echen del
campamento a todos con *tzaraat*, todos con un flujo y cualquiera que esté
inmundo a causa de tocar un cadáver.[14] 3 Ambos varones y hembras echarán;
ponlos fuera del campamento, para que ellos no profanen su campamento,
donde Yo habito entre ustedes." 4 Los hijos de Yisra'el hicieron esto y los
pusieron fuera del campamento – los hijos de Yisra'el hicieron lo que
YAHWEH había dicho a Moshe. 5 *YAHWEH* dijo a Moshe: 6 "Dile a los hijos
de Yisra'el: 'Cuando un hombre o una mujer cometa cualquier clase de pecado
contra otra persona y así rompa la fe con *YAHWEH*, él incurre en culpa. 7
Tiene que confesar el pecado que ha cometido; y hará restitución completa
por su culpa, añade veinte por ciento y lo das a la víctima de su pecado.[15] 8
Pero si la persona no tiene pariente a quien la restitución se debe hacer por la
culpa, entonces lo que es dado por la restitución por la culpa pertenecerá a
YAHWEH, esto es, al *kohen* – aparte del carnero de expiación por medio del
cual se le hace la expiación a él. 9 "Toda contribución cual los hijos de
Yisra'el dedican y presentan al *kohen* pertenecerá a él. 10 Cualquier cosa que
un individuo dedique será de él [para distribuir entre los *kohanim*], pero
lo que la persona dé al *kohen* pertenecerá a él.'" 11 *YAHWEH* dijo a Moshe: 12
"Dile a los hijos de Yisra'el: 'Si la esposa de un hombre se va en extravío y le
es infiel a él; 13 esto es, si otro hombre va a la cama con ella sin el
conocimiento de su esposo, así se convierte en impura secretamente, y no hay
testigo contra ella, y ella no fue sorprendida en el acto; 14 entonces, si un *ruaj*
de celos[16] viene sobre él, y él está celoso de su esposa, y ella ha cometido
impureza, o si un *ruaj* de celos viene sobre él, y él esta celoso de su esposa, y
ella no ha cometido impureza – 15 él la traerá al *kohen*, junto con la ofrenda
por ella, dos cuartos de harina de cebada en la cual no se ha derramado aceite
de oliva ni incienso, porque es una ofrenda de grano por celos, una ofrenda de
grano para recordatorio, para traer a la mente la culpa. 16 El *kohen* la traerá al
frente y la pondrá delante de *YAHWEH*. 17 El *kohen* pondrá agua *Kadosh* en
una vasija de barro, y entonces el *kohen* tomará un poco de polvo del suelo
del Tabernáculo y lo pondrá en el agua. 18 El *kohen* pondrá a la mujer delante
de *YAHWEH*, descubrirá la cabeza de la mujer[17] y pondrá la ofrenda de
grano para recordatorio en sus manos, la ofrenda de grano es por celos;
mientras el *kohen* tiene en su mano el agua de amargura y maldición.[18] 19 El
kohen la hará jurar diciéndole: "Si ningún hombre ha ido a la cama contigo, si
no te has ido extraviada para hacerte inmunda mientras bajo la autoridad de tu
esposo, entonces estarás libre de esta agua de amargura y maldición.

14 El campamento ahora establecido, con el Tabernáculo de *YAHWEH* en el medio. La expulsión era fundada bajo varios principios: 1. Por una razón puramente física, porque las enfermedades son contagiosas, y era necesario poner a los afligidos aparte para que las infecciones no fueran comunicadas. 2. Había una razón espiritual. El campamento era la morada de *YAHWEH*, y en honor a El, quien había condescendido en habitar con ellos, nada impuro debía ser permitido allí. 3. Había otra razón, el campamento era el emblema de la Asamblea de Yisra'el, donde nada que es profanado debe entrar, y donde cosas que no son *Kadoshim* pueden ser toleradas, esto aplica a las Congregaciones de hoy.
15 *YAHWEH* incluyó la restitución como parte de su Toráh para Yisra'el, un concepto único en esos días. Cuando alguien había sido asaltado, el culpable tenía que restituirle a la víctima lo que le había sido robado y pagar una multa adicional por los intereses. Cuando dañamos a otros, debemos hacer más que simplemente pedir disculpas. Deberíamos buscar la manera de componer las cosas y, si fuera posible, dejar a la víctima aun mejor de lo que estaba antes del incidente. Si hemos sido nosotros las víctimas de algún daño, debemos buscar restaurar el *Shalom*, en lugar de dar rienda suelta a una venganza.
16 Sospecha de la pureza de una esposa, una de las pasiones más fuertes Pr 6:34; Cantos de Salomón 8:6.
17 Esto muestra que la mujer Israelita tiene que usar velo, como lo dijo Shaúl en el capítulo 11 de 1 Corintios.
18 Estos versos fueron cumplidos por Yahshúa cuando El bebió el agua de amargura por la mujer adúltera, Yisra'el. (Jn 19: 28-30). Después de esto, sabiendo que todo había cumplido su propósito, Yahshúa, para cumplir lo dicho en el *Tanaj*, dijo: "Tengo sed." Allí tenían una vasija con vino barato y ácido; así que mojaron una esponja cubierta de hojas de orégano en el vino, y la pusieron a su boca. Después que Yahshúa hubo tomado el vino, dijo: "Consumado es." Y dejando su cabeza caer, entregó su *ruaj*.

20 Pero si tú de hecho te has ido extraviada mientras bajo la autoridad de tu
esposo y te has vuelto inmunda, porque algún otro hombre que no es tu
esposo ha ido a la cama contigo..." 21 Entonces el *kohen* hará que la mujer jure
con juramento que incluye una maldición; el *kohen* dirá a la mujer: "¡... que
YAHWEH te haga objeto de maldición y condenación entre tu pueblo
volviendo tus partes privadas marchitas y que tu abdomen se inflame! 22 ¡Qué
esta agua que causa la maldición entre en tus partes internas y haga que tu
abdomen se inflame y tus partes privadas se marchiten!" – y la mujer
responderá: "¡*Amein*! ¡*Amein*!" 23 El *kohen* escribirá estas maldiciones en un
rollo, las lavará con el agua de amargura 24 y hará que la mujer beba el agua
de amargura y maldición – el agua de maldición entrará en ella y se
convertirá en amarga. 25 Entonces el *kohen* removerá la ofrenda de grano por
celos de las manos de la mujer, mecerá la ofrenda de grano delante de
YAHWEH y la traerá al altar. 26 El *kohen* tomará un puñado de la ofrenda de
grano como su porción de recordatorio y la hará subir en humo en el altar;
después de eso, él hará que la mujer beba el agua. 27 Cuando él haya hecho
que ella beba el agua, entonces, si ella esta inmunda y ha sido infiel a su

esposo, el agua que causa la maldición entrará en ella y se convertirá en amarga, así su abdomen se inflamará y sus partes privadas se marchitarán; y la mujer se convertirá en objeto de maldición entre su pueblo. 28 Pero si la
mujer no está inmunda sino limpia, entonces ella será inocente y tendrá hijos.
29 Esta es la ley de celos cuando una mujer bajo la autoridad de su esposo se
va en extravío y se hace inmunda, 30 o el *ruaj* de celos viene sobre el esposo y
él se pone celoso de su esposa, entonces él pondrá a la mujer delante de
YAHWEH, y el *kohen* tratará con ella conforme a toda esta ley. 31 El esposo
estará limpio de pecado, pero la esposa cargará con las consecuencias de su
pecado.'"

B' midbar (En el desierto) - rbdmb - Números 6

Parashah 34: B'midbar (En el desierto) 1:1-4:20

6 *YAHWEH* dijo a Moshe: 2 "Dile a los hijos de Yisra'el: 'Cuando sea hombre
o mujer que haga un voto especial, el voto de *nazir*,[19] dedicándose a sí con
pureza a *YAHWEH*, 3 se abstendrá, con pureza, de vino o cualquier otro licor
intoxicante, no beberá vinagre de ninguna de ambas fuentes, no beberá jugo
de uvas, y no comerá uvas ni pasas. 4 Por el tiempo que permanezca *nazir* no
comerá nada derivado de la vid, ni aun las cáscaras de uva o la *zera*. 5 "Por el
tiempo de su voto como *nazir*, no se rapará la cabeza. Hasta el final del
tiempo cual se ha dedicado a sí a *YAHWEH*, será una persona *Kadosh*; dejará
crecer largo el pelo de su cabeza 6 "Por el período del voto por el cual se ha
dedicado a sí a *YAHWEH*, no se acercará a un cadáver. 7 No se hará inmundo
por su padre, madre, hermano o hermana cuando ellos mueran, puesto que su
dedicación a Elohim está sobre su cabeza. 8 Por todo su tiempo de su voto de
nazir, será *Kadosh* para *YAHWEH*. 9 "Cuando alguien junto a él muera muy
repentinamente, así él profana su cabeza dedicada, entonces se rapará la
cabeza en el día de su purificación; se la rapará el séptimo día. 10 En el octavo
día traerá dos palomas o dos pichones al *kohen* a la entrada del Tabernáculo
del Testimonio. 11 El *kohen* preparará una como ofrenda de pecado y la otra
como ofrenda quemada y así hará expiación por él, considerando que pecó a
causa de la persona muerta. Ese mismo día rededicará su cabeza; 12 dedicará
para *YAHWEH* el período completo de ser *nazir* trayendo un cordero en su
primer año como ofrenda de culpa. Los días anteriores no serán contados,
porque su dedicación se profanó.

19 *Lahazzir*, de *nazar*, ser separado; de ahí *nazir*, un Nazareno, a saber, una persona separada, uno peculiarmente sometido al servicio de *YAHWEH*, podía ser desde antes de nacer o desde la infancia ordenado por sus padres, como Shemuel o Shimshon, o después, hacer el voto la persona misma por un tiempo limitado.[Jue 13:2-5; 1S 1:11; Hch 18:18; 21:23-26]

13 "Esta es la ley para el *nazir* cuando su período de dedicación haya
terminado; será traído a la entrada del Tabernáculo del Testimonio , 14 donde
presentará su ofrenda a *YAHWEH*– un cordero en su primer año sin defecto
como ofrenda quemada, una cordera en su primer año sin defecto como
ofrenda de pecado, un carnero sin defecto como ofrendas de *Shalom*, 15 una
cesta de *matzah*, hogazas hecha s de harina fina mezclada con aceite de oliva,
obleas sin levadura untadas con aceite de oliva, su ofrenda de grano y
ofrendas de libación. 16 El *kohen* los traerá delante de *YAHWEH*, ofrecerá su
ofrenda de pecado, su ofrenda quemada, 17 y su carnero como sacrificio de
ofrendas de *Shalom* a *YAHWEH* con la cesta de *matzah*. El *kohen* también
ofrecerá la ofrenda de grano y la ofrenda de libación que van con la ofrenda
de *Shalom*. 18 El *nazir* rapará su cabeza dedicada a la entrada del Tabernáculo
del Testimonio , tomará el pelo removido de su cabeza dedicada y lo pondrá
en el fuego debajo del sacrificio de ofrendas de *Shalom*. 19 Cuando el carnero
haya sido cocido, el *kohen* tomará su espaldilla, una hogaza de *matzah* de la
cesta y una oblea sin levadura, y los pondrá en las manos del *nazir*, después
que él se haya rapado su cabeza dedicada. 20 El *kohen* los mecerá como
ofrenda mecida delante de *YAHWEH*; esto es apartado para el *kohen*, junto
con el pecho para mecer y la pierna alzada. Después de eso, el *nazir* puede
beber vino. 21 "Esta es la ley para el *nazir* que hace un voto y para su ofrenda
para *YAHWEH* por él ser *nazir* – además, de cualquier cosa más para lo cual
tiene suficientes medios. Para observar cualquier voto que él haga, lo hará
conforme a la ley para el *nazir*.'" 22 [20] *YAHWEH* dijo a Moshe:

[20] Lo que sigue es la bendición sacerdotal que todos conocemos, lo que yo me pregunto los que rehúsan usar el Nombre *Kadosh* de *YAHWEH*, ¿qué nombre ponen sobre los hijos de Yisra'el? ¿Será que ponen señor, o Hashem o D-os o quien sabe? No puede estar más claro que lo dicho en el verso 27. Los verdaderos hijos de *YAHWEH*, los verdaderos hijos de Yisra'el, llevan el Nombre de *YAHWEH* en su corazón y en su boca **TODOS** los días de su vida. Aquí se expone claramente que es un requisito para Yisra'el y los hijos de *YAHWEH*. Si tú como dirigente estás bendiciendo en otro nombre que no sea el verdadero Nombre de *YAHWEH*, estás avisado que estás bendiciendo en nombre de demonios y falsos dioses. No dice así pondrán mi apodo o mi nombre sustituto, dice **ASÍ PONDRÁN MI NOMBRE, Y ESE ES *YAHWEH*.**

23 "Habla a Aharon y sus hijos y diles que así es como bendecirán a los hijos
de Yisra'el, dirá a ellos: 24 '***Yevarejeja*** vuvh ***v'yishmereja***

[Que *YAHWEH* te bendiga y te guarde.]

25 ***Yaer*** vuvh ***panav eleija vijunekka.***

[Que *YAHWEH* haga su rostro resplandecer sobre ti y te muestre su favor.]

26 ***Yissa* vuvh *panav eleija v'yasem l'ja Shalom.***
[Que *YAHWEH* levante su rostro hacia ti y te dé Shalom.]'
27 "De este modo ellos pondrán Mi Nombre sobre los hijos de Yisra'el; para
que Yo los bendiga."

B' midbar (En el desierto) - rbdmb - Números 7

Parashah 34: B'midbar (En el desierto) 1:1-4:20

7 En el día que Moshe terminó de armar el Tabernáculo, él lo ungió y lo
dedicó como *Kadosh*, todos sus mobiliarios, y el altar con sus utensilios.
Después de ungirlos y dedicarlos como *Kadoshim*, 2 los príncipes de Yisra'el,
que eran los príncipes de los clanes de sus padres, hicieron una ofrenda. Estos
eran los jefes tribales a cargo de aquellos contados en el censo. 3 Ellos
trajeron su ofrenda delante de *YAHWEH*, seis vagones cubiertos y doce
bueyes – un vagón por cada dos príncipes y por cada uno un buey – y los
presentaron delante del Tabernáculo. 4 *YAHWEH* dijo a Moshe: 5 "Recibe esto
de ellos; será usado para el servicio en el Tabernáculo del Testimonio Dáselo
a los *Leviim* , a cada uno como lo necesiten para sus labores." 6 Así que
Moshe tomó los vagones y bueyes y los dio a los *Leviim*. 7 El dio dos vagones
y cuatro bueyes a los hijos de Gershon, conforme con las necesidades de sus
labores. 8 Cuatro vagones y ocho bueyes dio a los hijos de Merari, conforme a
las necesidades de sus labores dirigidas por Itamar el hijo de Aharon el *kohen*.
9 Pero a los hijos de Kehat no dio nada, porque sus labores incluían los
artículos *Kadoshim*, los cuales cargaban sobre sus propios hombros. 10 Los
príncipes trajeron la ofrenda para dedicar el altar el día que fue ungido. Los
príncipes trajeron su ofrenda ante el altar, 11 y *YAHWEH* dijo a Moshe: "Ellos
presentarán sus ofrendas para dedicar el altar, cada jefe en su propio día." 12
Najshon el hijo de Amminadav, príncipe de la tribu de los hijos de Yahudáh,
presentó su ofrenda el primer día. 13 El ofreció un plato de plata que pesaba
130 *shekels* [tres y cuarto libras] y una jofaina de plata de setenta *shekels*
(usando el *shekel* del Lugar Kadosh) [una y tres cuartos de libra], ambos
llenos de harina fina mezclada con aceite de oliva para una ofrend a de grano;
14 un sartén de oro de diez shekels [un cuarto de libra], lleno de incienso; 15 un
novillo, un carnero, un cordero en su primer año como ofrenda quemada, 16
un macho cabrío como ofrenda de pecado, 17 y, para sacrificio de ofrendas de
Shalom, dos bueyes, cinco carneros, cinco machos cabríos y cinco corderos
en su primer año. Esta fue la ofrenda de Najshon el hijo de Amminadav. 18 El
segundo día Natanael el hijo de Tzuar, príncipe de la tribu de los hijos de
Yissajar, presentó su ofrenda. 19 El ofreció un plato de plata que pesaba 130
shekels [tres y cuarto libras] y una jofaina de plata de setenta *shekels* (usando

el *shekel* del Lugar Kadosh) [Una y tres cuartos de libra], ambos llenos de
harina fina mezclada con aceite de oliva para una ofrenda de grano; 20 un
sartén de oro de diez *shekels* [un cuarto de libra], lleno de incienso; 21 un
novillo, un carnero, un cordero en su primer año como ofrenda quemada, 22
un macho cabrío como ofrenda de pecado, 23 y, para el sacrificio de las
ofrendas de *Shalom*, dos bueyes, cinco carneros, cinco machos cabríos
y cinco corderos en su primer año. Esta fue la ofrenda de Natanael el hijo de
Tzuar. 24 El tercer día Eliav el hijo de Helon, príncipe de la tribu de los hijos
de Zevulun, presentó su ofrenda. 25 El ofreció un plato de plata que pesaba
130 *shekels* [tres y cuarto libras] y una jofaina de plata de setenta *shekels*
(usando el *shekel* del Lugar Kadosh) [Una y tres cuartos de libra], ambos
llenos de harina fina mezclada con aceite de oliva para una ofrenda de grano;
26 un sartén de oro de diez *shekels* [un cuarto de libra], lleno de incienso; 27 un
novillo, un carnero, un cordero en su primer año como ofrenda quemada, 28
un macho cabrío como ofrenda de pecado, 29 y, para el sacrificio de las
ofrendas de *Shalom*, dos bueyes, cinco carneros, cinco machos cabríos y
cinco corderos en su primer año. Esta fue la ofrenda de Eliav el hijo de Helon
30 El cuarto día fue Elitzur el hijo de Shedeur, príncipe de la tribu de los hijos
de Reuven. 31 El ofreció un plato de plata que pesaba 130 *shekels* [tres y
cuarto libras] y una jofaina de plata de setenta *shekels* (usando el *shekel* del
Lugar Kadosh) [Una y tres cuartos de libra], ambos llenos de harina fina
mezclada con aceite de oliva para una ofrenda de grano; 32 un sartén de oro de
diez *shekels* [un cuarto de libra], lleno de incienso; 33 un novillo, un carnero,
un cordero en su primer año como ofrenda quemada, 34 un macho cabrío
como ofrenda de pecado, 35 y, para el sacrificio de las ofrendas de *Shalom*,
dos bueyes, cinco carneros, cinco machos cabríos y cinco corderos en su
primer año. Esta fue la ofrenda de Elitzur el hijo de Shedeur. 36 El quinto día
fue Shlumiel el hijo de Tzurishaddai, príncipe de la tribu de los hijos de
Shimeon.37 El ofreció un plato de plata que pesaba 130 *shekels* [tres y cuarto
libras] y una jofaina de plata de setenta *shekels* (usando el *shekel* del Lugar
Kadosh) [Una y tres cuartos de libra], ambos llenos de harina fina mezclada
con aceite de oliva para una ofrenda de grano; 38 un sartén de oro de diez
shekels [un cuarto de libra], lleno de incienso; 39 un novillo, un carnero, un
cordero en su primer año como ofrenda quemada, 40 un macho cabrío como
ofrenda de pecado, 41 y, para el sacrificio de las ofrendas de *Shalom*, dos
bueyes, cinco carneros, cinco machos cabríos y cinco corderos en su primer
año. Esta fue la ofrenda de Shlumiel el hijo de Tzurishaddai. 42 El sexto día
fue Elyasaf el hijo de Deuel, príncipe de la tribu de los hijos de Gad. 43 El
ofreció un plato de plata que pesaba 130 *shekels* [tres y cuarto libras] y una
jofaina de plata de setenta *shekels* (usando el *shekel* del Lugar Kadosh) [Una
y tres cuartos de libra], ambos llenos de harina fina mezclada con aceite de
oliva para una ofrenda de grano; 44 un sartén de oro de diez *shekels* [un cuarto
de libra], lleno de incienso; 45 un novillo, un carnero, un cordero en su primer

año como ofrenda quemada, 46 un macho cabrío como ofrenda de pecado, 47 y,
para el sacrificio de las ofrendas de *Shalom*, dos bueyes, cinco carneros, cinco
machos cabríos y cinco corderos en su primer año. Esta fue la ofrenda de
Elyasaf el hijo de Deuel. 48 El séptimo día fue Elishama el hijo de Ammihud,
príncipe de la tribu de los hijos de Efrayim. 49 El ofreció un plato de plata que
pesaba 130 *shekels* [tres y cuarto libras] y una jofaina de plata de setenta
shekels (usando el *shekel* del Lugar Kadosh) [Una y tres cuartos de libra],
ambos llenos de harina fina mezclada con aceite de oliva para una ofrenda de
grano; 50 un sartén de oro de diez *shekels* [un cuarto de libra], lleno de
incienso; 51 un novillo, un carnero, un cordero en su primer año como ofrenda
quemada, 52 un macho cabrío como ofrenda de pecado, 53 y, para
el sacrificio de las ofrendas de *Shalom*, dos bueyes, cinco carneros, cinco
machos cabríos y cinco corderos en s u primer año. Esta fue la ofrenda de
Elishama el hijo de Ammihud. 54 El octavo día fue Gamliel el hijo de
Pedahtzur, príncipe de la tribu de los hijos de Menasheh. 55 El ofreció un plato
de plata que pesaba 130 *shekels* [tres y cuarto libras] y una jofaina de plata de
setenta *shekels* (usando el *shekel* del Lugar Kadosh) [Una y tres cuartos de
libra], ambos llenos de harina fina mezclada con aceite de oliva para una
ofrenda de grano; 56 un sartén de oro de diez *shekels* [un cuarto de libra], lleno
de incienso; 57 un novillo, un carnero, un cordero en su primer año como
ofrenda quemada, 58 un macho cabrío como ofrenda de pecado, 59 y, para el
sacrificio de las ofrendas de *Shalom*, dos bueyes, cinco carneros, cinco
machos cabríos y cinco corderos en su primer año. Esta fue la ofrenda de
Gamliel el hijo de Pedahtzur. 60 El noveno día fue Avidan el hijo de Gideoni
príncipe de la tribu de los hijos de Binyamin. 61 El ofreció un plato de plata
que pesaba 130 *shekels* [tres y cuarto libras] y una jofaina de plata de setenta
shekels (usando el *shekel* del Lugar Kadosh) [Una y tres cuartos de libra],
ambos llenos de harina fina mezclada con aceite de oliva para una ofrenda de
grano; 62 un sartén de oro de diez *shekels* [un cuarto de libra], lleno de
incienso; 63 un novillo, un carnero, un cordero en su primer año como ofrenda
quemada, 64 un macho cabrío como ofrenda de pecado, 65 y, para el sacrificio
de las ofrendas de *Shalom*, dos bueyes, cinco carneros, cinco machos cabríos
y cinco corderos en su primer año. Esta fue la ofrenda de Avidan el hijo de
Gideoni. 66 El décimo día fue Ajiezer el hijo de Ammishaddai, príncipe de la
tribu de los hijos de Dan. 67 El ofreció un plato de plata que pesaba 130
shekels [tres y cuarto libras] y una jofaina de plata de setenta *shekels* (usando
el *shekel* del Lugar Kadosh) [Una y tres cuartos de libra], ambos llenos de
harina fina mezclada con aceite de oliva para una ofrenda de grano; 68 un
sartén de oro de diez *shekels* [un cuarto de libra], lleno de incienso; 69 un
novillo, un carnero, un cordero en su primer año como ofrenda quemada, 70
un macho cabrío como ofrenda de pecado, 71 y, para el sacrificio de las
ofrendas de *Shalom*, dos bueyes, cinco carneros, cinco machos cabríos y
cinco corderos en su primer año. Esta fue la ofrenda de Ajiezer el hijo de

Ammishaddai. 72 El undécimo día fue Pagiel el hijo de Ojran, príncipe de la
tribu de los hijos de Asher. 73 El ofreció un plato de plata que pesaba 130
shekels [tres y cuarto libras] y una jofaina de plata de setenta *shekels* (usando
el *shekel* del Lugar Kadosh) [Una y tres cuartos de libra], ambos llenos de
harina fina mezclada con aceite de oliva para una ofrenda de grano; 74 un
sartén de oro de diez *shekels* [un cuarto de libra], lleno de incienso; 75 un
novillo, un carnero, un cordero en su primer año como ofrenda quemada, 76
un macho cabrío como ofrenda de pecado, 77 y, para el sacrificio de las
ofrendas de *Shalom*, dos bueyes, cinco carneros, cinco machos cabríos y
cinco corderos en su primer año. Esta fue la ofrenda de Pagiel el hijo de
Ojran. 78 El día duodécimo fue Ajira el hijo de Enan, príncipe de la tribu de
los hijos de Naftali. 79 El ofreció un plato de plata que pesaba 130 *shekels*
[tres y cuarto libras] y una jofaina de plata de setenta *shekels* (usando el
shekel del Lugar Kadosh) [Una y tres cuartos de libra], ambos llenos de
harina fina mezclada con aceite de oliva para una ofrenda de grano; 80 un
sartén de oro de diez *shekels* [un cuarto de libra], lleno de incienso; 81 un
novillo, un carnero, un cordero en su primer año como ofrenda quemada, 82
un macho cabrío como ofrenda de pecado, 83 y, para el sacrificio de las
ofrendas de *Shalom*, dos bueyes, cinco carneros, cinco machos cabríos y
cinco corderos en su primer año. Esta fue la ofrenda de Ajira el hijo de Enan.
84 Esta fue la ofrenda para dedicar el altar la cual fue dada por los príncipes de
Yisra'el en el día de su unción: doce platos de plata, doce jofainas de plata y
doce sartenes de oro. 85 Cada plato de plata pesaba 130 *shekels* [tres y cuarto
libras] y cada jofaina setenta *shekels* [una y cuarto libra]; toda la plata de las
vasijas pesaba 2,400 *shekels* (usando el *shekel* del Lugar Kadosh) [justo
sobre sesenta libras] 86 Las doce jofainas de oro, llenas de incienso, pesaban
diez *shekels* cada una (usando el *shekel* del Lugar Kadosh) [un cuarto de
libra]; todo el oro de las jofainas pesaba 120 *shekels* [tres libras]. 87 Los
animales de cría para la ofrenda quemada eran doce novillos, doce carneros, y
doce corderos en su primer año, con su ofrenda de grano. Había doce machos
cabríos para la ofrenda de pecado. 88 Los animales de cría para el sacrificio de
ofrendas de *Shalom* eran veinticuatro bueyes, sesenta carneros, sesenta
machos cabríos y sesenta corderos en su primer año. Esta fue la ofrenda para
dedicar el altar después que había sido ungido. 89 Cuando Moshe entró en el
Tabernáculo del Testimonio para poder hablar con *YAHWEH*, él oyó la voz
hablando a él desde encima de la cubierta del Arca para el Testimonio,
de entre los dos *keruvim*, y El le habló.

Referencias;

Haftarah Naso: Shoftim (Jueces) 13:2-25
Lecturas sugeridas del Brit Hadashah para la Parashah Naso:
Yojanán (Juan) 7:53-8:11; Hechos 21:17-32
Parashah 36: B'ha'alotja (Cuando coloques) 8:1-12:16

Parashah 34: B'midbar (En el desierto) 1:1-4:20

8 *YAHWEH* dijo a Moshe: 2 "Dile a Aharon: 'Cuando coloques las lámparas,[21] las siete lámparas tienen que dar su luz hacia delante, al frente de la *menorah*.'" 3 Aharon hizo esto; él encendió sus lámparas para así dar luz al frente de la *menorah*, como *YAHWEH* había ordenado a Moshe. 4 Así es como la *menorah* fue hecha: era oro martillado desde su base hasta sus flores, labrado a martillo, siguiendo los modelos que *YAHWEH* le había enseñado a Moshe. Así es como él hizo la *menorah*.

21 Vemos que en toda la Escritura se usan lámparas de aceite, nunca velas. La palabra vela no es mencionada en las Escrituras. Las velas las inventaron en Egipto y se usaban para la adoración de sus dioses-demonios, lo mismo que la iglesia de Roma hace con sus ídolos-demonios. Por tanto, debemos usar pequeñas lámparas de aceite, para todas las celebraciones.

5 *YAHWEH* dijo a Moshe: 6 "Toma a los *Leviim* de entre los hijos de Yisra'el y purifícalos. 7 Así es como los vas a purificar: rocía el agua de purificación sobre ellos, haz que se rasuren todo su cuerpo con una navaja, y haz que laven sus ropas, y se laven a sí mismos. 8 Entonces ellos tomarán un novillo con su ofrenda de grano, la cual será harina fina mezclada con aceite de oliva; mientras tomas otro novillo para una ofrenda de pecado. 9 Presentarás a los *Leviim* al frente del Tabernáculo del Testimonio, y reunirás a toda la congregación de los hijos de Yisra'el. 10 Presentarás a los *Leviim* delante de *YAHWEH*, los hijos de Yisra'el pondrán sus manos sobre los *Leviim*, 11 y Aharon ofrecerá a los *Leviim* delante de *YAHWEH* como ofrenda mecida de los hijos de Yisra'el,[22] para que ellos puedan hacer el servicio de *YAHWEH*. 12 Los *Leviim* pondrán sus manos en la cabeza de los novillo s; uno lo ofrecerán como ofrenda de pecado y el otro como ofrenda quemada para *YAHWEH* para hacer expiación por los *Leviim*. 13 Pondrás a los *Leviim* delante de Aharon y sus hijos, y los ofrecerás como ofrenda mecida a *YAHWEH*. 14 De esta forma apartarás a los *Leviim* de los hijos de Yisra'el, y los *Leviim* me pertenecerán a mí. 15 "Después de eso, los *Leviim* entrarán y harán el servicio del Tabernáculo del Testimonio. Tú los purificarás y los ofrecerás como ofrenda mecida, 16 porque ellos son totalmente dados a mí de entre los hijos de Yisra'el; Yo los he tomado a ellos en lugar de aquellos que salieron primero de la matriz, esto es, los varones primogénitos del pueblo de Yisra'el. 17 Porque todos los primogénitos entre los hijos de Yisra'el son míos ambos humanos y animales; el día que Yo herí a todos los primogénitos en la tierra de Mitzrayim, Yo los aparté para mí mismo.

18 Pero Yo he tomado los *Leviim* en lugar de los primogénitos entre los hijos
de Yisra'el, 19 y Yo he dado los *Leviim* a Aharon y sus hijos de entre los hijos
de Yisra'el para hacer el servicio de los hijos de Yisra'el en el Tabernáculo del
Testimonio y para hacer expiación para los hijos de Yisra'el, para que
ninguna plaga caiga sobre los hijos de Yisra'el como consecuencia de
acercarse mucho al Lugar Kadosh." 20 Esto es lo que Moshe, Aharon y toda la
congregación de los hijos de Yisra'el hicieron a los *Leviim*. Los hijos de
Yisra'el actuaron conforme a todo lo que *YAHWEH* había ordenado a Moshe
referente a los *Leviim*. 21 Los *Leviim* se purificaron a sí mismos y lavaron sus
ropas. Entonces Aharon los ofreció como ofrenda *Kadosh* delante de
YAHWEH e hizo expiación por ellos para poder purificarlos. 22 Después de
eso, los *Leviim* subieron para hacer el servicio en el Tabernáculo del
Testimonio delante de Aharon y sus hijos; ellos actuaron conforme a las
órdenes de *YAHWEH* a Moshe referente a los *Leviim*. 23 *YAHWEH* dijo a
Moshe: 24 "Aquí están las instrucciones referente a los *Leviim* : cuando ellos
alcancen la edad de veinticinco años[23] comenzarán a hacer sus deberes
sirviendo en el Tabernáculo del Testimonio; 25 y cuando alcancen la edad de
cincuenta, ellos cesarán de hacer este trabajo y no servirán más.[24] 26 Asistirán
a sus hermanos que están cumpliendo con sus deberes en el Tabernáculo del
Testimonio, pero ellos mismos no harán ningún trabajo. Esto es lo que harás
con los *Leviim* referente a sus deberes. "

22 Algo análogo a toda la tribu de Levi tiene que haber sido hecho, o esto es un acto simbólico, ya que es imposible mecer una tribu completa, porque los levitas eran considerados como una ofrenda a *YAHWEH*.

23 En 4:3 los levitas son nombrados para servicio en el tabernáculo a la edad de 30 años, y en 1Cr 23:24, ellos son ordenados comenzar su trabajo a la edad de 20 años. Para poder reconciliar esta aparente discrepancia, tenemos que observar, 1. En el tiempo que Moshe habla en 4:3, el servicio levítico era extremadamente severo, y consecuentemente requería hombres,
robustos, hechos y derechos para hacerlo, la edad de 30 fue nombrada como el período para comenzar este servicio, la parte más pesada probablemente fue intencionada. 2. En este lugar *YAHWEH* habla del servicio de una forma general, de aquí la edad de 25 es establecida. 3. En el tiempo de David, y después, en el Tabernáculo estático y el Templo, el trabajo laborioso
ya no existía, entonces se estableció 20 años.

24 A esta edad el levita cesaba de sus labores y se quedaba de supervisor, el *kohen* no tenía edad de retiro puesto que el trabajo del levita era más laborioso, y el *kohen* tenía que seguir hasta la muerte, siempre que su salud se lo permitiera. Puesto que los *kohanim*, o la mayoría de ellos eran observantes de la Toráh, su salud se extendía hasta la muerte, algunos no fueron nada observantes, sino que desecharon la Toráh de *YAHWEH* y esa fue una de las causas del cautiverio y después la total destrucción de Yerushalayim en el año 70 de nuestra época.

B' midbar (En el desierto) - rbdmb - Números 9

Parashah 34: B'midbar (En el desierto) 1:1-4:20

9 *YAHWEH* habló a Moshe en el Desierto Sinai en el primer mes del
segundo año después que ellos habían salido de la tierra de Mitzrayim; El
dijo: 2 "Deja que los hijos de Yisra'el observen *Pésaj* en su tiempo
designado.[25] 3 En el día catorce de este mes, entre anocheceres, ustedes lo
observarán – a su tiempo designado. Ustedes lo observarán conforme a todas
sus regulaciones y ordenanzas." 4 Moshe le dijo a los hijos de Yisra'el que
observaran *Pésaj*. 5 Así que ellos observaron *Pésaj* al anochecer del día
catorce del mes en el Desierto Sinai; los hijos de Yisra'el actuaron de acuerdo
a todo lo que *YAHWEH* había ordenado a Moshe. 6 Pero había cierta gente
que se habían vuelto inmunda a causa del cadáver de alguien, por tanto no
podían observar *Pésaj* en ese día. Así que ellos vinieron delante de Moshe y
Aharon ese día, 7 y le dijeron: "Nosotros estamos inmundos a causa del
cadáver de alguien; pero ¿por qué seremos impedidos de traer la ofrenda para
YAHWEH en el tiempo designado para los hijos de Yisra'el?" 8 Moshe les
respondió: "Esperen para que yo pueda oír lo que *YAHWEH* me ordenará
referente a ustedes." 9 *YAHWEH* dijo a Moshe: 10 "Dile a los hijos de Yisra'el:
'Si alguno de ustedes ahora o en generaciones futuras está inmundo a causa de
un cadáver, o si está de viaje en el extranjero, no obstante observará *Pésaj*. 11
Pero lo observará en el segundo mes en el día catorce entre anocheceres.[26]
Ellos lo comerán con *matzah* y *marror*, 12 no dejarán nada de él hasta la
mañana, y no quebrarán ninguno de sus huesos[27] – ellos lo observarán de
acuerdo a las regulaciones para *Pésaj*. 13 Pero la persona que está limpia y no
está de viaje y no observa *Pésaj* será cortada de su pueblo; porque no trajo la
ofrenda a *YAHWEH* en su tiempo designado, esa persona cargará con las
consecuencias de su pecado. 14 Si un extranjero se está quedando con ustedes
y quiere observar *Pésaj* para *YAHWEH*, él lo hará de acuerdo a las
regulaciones y reglas de *Pésaj* – ustedes tendrán la misma ley para el
extranjero como para el ciudadano de La Tierra.'" 15 En el día que el
Tabernáculo fue montado, la nube cubrió el Tabernáculo del Testimonio; y en
el anochecer, sobre el Tabernáculo estaba lo que parecía fuego, cual
permaneció hasta la mañana. 16 Así que la nube siempre lo cubría, y lucía
como fuego de noche.[28] 17 Cuando fuera que la nube era levantada de encima
de la tienda, los hijos de Yisra'el continuaban sus viajes; y ellos acampaban
cuando la nube se detenía. 18 A la orden de *YAHWEH*, los hijos de Yisra'el
viajaban; a la orden de *YAHWEH*, ellos acampaban; y por el tiempo que la
nube se quedara sobre el Tabernáculo ellos se quedaban en el campamento. 19
Aun cuando la nube permanecía sobre el Tabernáculo por mucho tiempo, los
hijos de Yisra'el hacían lo que *YAHWEH* les había ordenado hacer y no
viajaban. 20 Algunas veces la nube estaba por unos días sobre el Tabernáculo;

conforme a la orden de *YAHWEH*, ellos permanecían en el campamento; conforme a la orden de *YAHWEH*, ellos viajaban.

25 **a su tiempo**, *moed* Strong #4150: Un tiempo fijado, una cita, una fiesta, temporada, festividad o asamblea solemne, un lugar seleccionado o designado. La raíz de *moed* es el *verbo ya'ad que* quiere decir «fijar» o «designar», como cuando se fija una hora, una fecha o se designa el lugar de una reunión. La primera vez que *moed* aparece es en Ge 1.14, donde las estrellas y los cuerpos celestes son creados para servir de señales a «las estaciones» (*moadim*) y separar el día de la noche. Los libros de Moshe frecuentemente se refieren a la tienda de la «asamblea»; quizá una mejor traducción de *moed* en esos contextos sea «lugar de reunión». *Moed* se usa para referirse a siete «Festividades» de *YAHWEH* (Le 23.2).
26 El permiso para celebrar la Pascua un mes después, subraya la obligación de mantener esta ordenanza aun en las más difíciles circunstancias.
27 Esta ordenanza y profecía acerca del Mesías fue cumplida cuando a El no le quebraron ningún hueso, Jn 19:36.
28 La nube (Yahshúa) no solo alumbraba a los Israelitas, sino también los protegía, y era una promesa continua de la presencia y protección de *YAHWEH*. A esta manifestación de la Gloria Divina, el profeta Isaías alude en. (Is 4.5).

21 Algunas veces la nube estaba ahí desde el anochecer hasta la mañana; así
que cuando la nube era levantada en la mañana, ellos viajaban. O aun si
continuaba levantada ambos día y noche, cuando la nube estaba levantada,
ellos viajaban. 22 Así fuera que la nube permaneciera sobre el Tabernáculo
dos días, un mes o un año, quedándose sobre él, los hijos de Yisra'el
permanecían en el campamento y no viajaban; pero tan pronto era levantada,
ellos viajaban. 23 A la orden de *YAHWEH*, ellos acampaban; y a la orden de
YAHWEH, ellos viajaban – ellos hicieron lo que *YAHWEH* les ordenó hacer
por medio de Moshe.

B' midbar (En el desierto) – rbdmb – Números 10

Parashah 34: B'midbar (En el desierto) 1:1-4:20

10 *YAHWEH* dijo a Moshe: 2 "Haz dos trompetas;[29] hazlas de plata
martillada. Usalas para llamar a la asamblea y para sonar el llamado para
mover el campamento. 3 Cuando sean sonadas, la congregación completa se
reunirá delante de ti a la entrada del Tabernáculo del Testimonio. 4 Si sólo una
es sonada, entonces sólo los jefes, los príncipes de los clanes de Yisra'el
se reunirán delante de ti. 5 "Cuando suenes una alarma, los campamentos al
este comenzarán a viajar. 6 Cuando suenes una segunda alarma, los
campamentos al sur se moverán;[30] ellos sonarán alarmas para anunciar

cuando viajar. 7 Sin embargo, cuando la congregación se debe reunir, sonarás;
pero no suenes una alarma. 8 Serán los hijos de Aharon, los *kohanim*, que
sonarán las trompetas; ésta será una regulación permanente para ti por todas
las generaciones. 9 "Cuando vayan a la guerra en su tierra contra un
adversario que los está oprimiendo, sonarán una alarma con las trompetas;
entonces ustedes serán recordados delante de *YAHWEH* su Elohim, y serán
salvados de sus enemigos. 10 "También en sus días de regocijo, en los tiempos
designados y en *Rosh-Hodesh*, sonarán las trompetas sobre sus ofrendas
quemadas y sobre los sacrificios de sus ofrendas de *Shalom*; esto será su
recordatorio delante de su Elohim, Yo soy *YAHWEH* su Elohim." 11 En el
vigésimo día del segundo mes del segundo año, la nube fue levantada del
Tabernáculo del Testimonio; 12 y los hijos de Yisra'el salieron en etapas del
Desierto Sinai. La nube se detuvo en el Desierto de Paran.[31] 13 Así que ellos
salieron en su primer viaje, obedeciendo la Palabra de *YAHWEH* por medio
de Moshe. 14 A la cabeza iba la bandera del campamento de los hijos de
Yahudáh, cuyas compañías se movieron hacia delante; al frente de su
compañía iba Najshon el hijo de Amminadav. 15 Sobre la compañía de la tribu
de los hijos de Yissajar iba Natanael el hijo de Tzuar. 16 Sobre la compañía de
los hijos de Zevulun iba Eliav el hijo de Helon. 17 Entonces el Tabernáculo
fue desarmado; y los hijos de Gershon y los hijos de Merari salieron,
cargando el Tabernáculo. 18 Después, la bandera del campamento de los hijos
de Reuven salió por compañías; sobre su compañía iba Elitzur el hijo de
Shedeur. 19 Sobre la compañía de la tribu de los hijos de Shimeon iba
Shlumiel el hijo de Tzurishaddai. 20 Sobre la compañía de los hijos de Gad iba
Elyasaf el hijo de Deuel.

29 Las dos trompetas de plata se usaban para coordinar a las tribus en su traslado por el desierto. Para mantener a tantas personas en formación ordenada hacían falta comunicación clara y control. El toque de la trompeta también recordaba a Yisra'el de la protección de *YAHWEH* sobre ellos. Estas dos t rompetas simbolizan las futuras Dos Casas de Yisra'el.

30 Aquí la LXX es más específica, continúa: "sonarás una tercera alarma y los campamentos al oeste se moverán; y sonarás una cuarta alarma, y aquellos acampados al norte se moverán. Ellos sonarán una alarma a su partida."

31 El texto Samaritano añade aquí las palabras de De 1:6-8: "*YAHWEH* habló con nosotros en Horev. El dijo: 'Ustedes han habitado suficiente tiempo junto a esta montaña "

21 Entonces los hijos de Kehat salieron, cargando el Lugar Kadosh, para que
[en el próximo campamento] el Tabernáculo pudiera estar montado antes de
que ellos llegaran. 22 La bandera del campamento de los hijos de Efrayim se
movió adelante por compañías; sobre su compañía estaba Elishama el hijo de
Ammihud. 23 Sobre la compañía de los hijos Menasheh estaba Gamliel el hijo
de Pedahtzur. 24 Sobre la compañía de los hijos de Binyamin iba Avidan el
hijo de Gideoni. 25 La bandera del campamento de los hijos de Dan, formaba

la retaguardia para todos los campamentos, se movió adelante por compañías;
sobre su compañía iba Ajiezer el hijo de Ammishaddai. 26 Sobre la compañía
de los hijos de Asher iba Pagiel el hijo de Ojran. 27 Sobre la compañía de los
hijos de Naftali iba Ajira el hijo de Enan. 28 Así es como los hijos de Yisra'el
viajaron por compañías; así se movieron hacia delante. 29 Moshe dijo a Hovav
el hijo de Reuel el Midyani, el suegro de Moshe: "Estamos viajando hacia el
lugar del cual *YAHWEH* habló: 'Yo se los daré a ustedes,' vengan con
nosotros, y los trataremos bien, porque *YAHWEH* ha prometido buenas cosas
a Yisra'el." 30 Pero él respondió: "Yo no iré; prefiero regresar a mi propio país
y mis propios hermanos." 31 Moshe continuó: "Por favor, no nos dejen,
porque ustedes saben que tenemos que acampar en el desierto y ustedes
pueden servir como nuestros ojos. 32 Si ustedes van con nosotros, entonces
cualquier cosa buena que *YAHWEH* haga por nosotros, nosotros haremos lo
mismo por ustedes." 33 Así que salieron del Monte de *YAHWEH* y viajaron
por tres días. El Arca del Testimonio fue delante de ellos en este viaje de tres
días, mientras buscaban por un lugar nuevo donde detenerse. 34 La nube de
YAHWEH estaba sobre ellos durante el día mientras salieron del campamento.
35 Cuando el Arca se movió hacia delante, Moshe dijo: **"¡Levántate
YAHWEH! ¡Tus enemigos sean esparcidos! ¡Aquellos que te odian huyan
delante de ti!"**[32] 36 Cuando se detuvo, él dijo: **"¡Regresa, *YAHWEH* de los
muchos, muchos miles de Yisra'el!"**[33][34]

32 Cuando salimos de nuestras casas debemos besar nuestra mano y tocar la mezuzah y mencionar estas palabras, y "protege mi salida y mi entrada," en Nombre de Yahshúa.

33 Esto de los muchos miles de Yisra'el era la realidad en aquellos tiempos, ya que *YAHWEH* estaba cumpliendo Su promesa de multiplicidad física, esa promesa será multiplicada muchas veces en los últimos tiempos, si tú estás rezagado en la iglesia, te invitamos a que te vengas a Yisra'el, porque con la iglesia no vas a llegar a la meta.

34 Tárgum Jonatan dice aquí: "Era cuando el Arca salía adelante. Moshe se paraba, con manos extendidas en oración, y decía: "Levántate ahora, O Palabra de *YAHWEH*, en el poder de Tu Grandeza, y que los adversarios de Tu pueblo sean dispersos, y haz que Tus enemigos huyan de ti. Pero cuando el Arca descansaba, Moshe levantaba sus manos en oración, y decía: "O
Palabra de *YAHWEH*, vuélvete de la fuerza de Tu ira, y regresa a nosotros en la bondad de Tu misericordia, y bendice a los millares y multiplica a los miles de los hijos de Yisra'el." [Obviamente Yahshúa, la Palabra de *YAHWEH*]

B' midbar (En el desierto) – rbdmb – Números 11

Parashah 34: B'midbar (En el desierto) 1:1-4:20

11 Pero el pueblo comenzó a protestar a *YAHWEH* acerca de sus
aflicciones. Cuando *YAHWEH* lo oyó, su ira se encendió, así que fuego de
YAHWEH se encendió contra ellos y consumió las orillas del campamento.[35]

2 Entonces el pueblo clamó a Moshe, Moshe oró a *YAHWEH*, y el fuego se
aplacó. 3 El lugar fue llamado Taverah [quemándose] porque el fuego de
YAHWEH se encendió contra ellos.

35 Tárgum Jonatan añade: "que destruyó algunos de los perversos en las orillas del campamento de Dan., con quienes había una imagen fundida."

4 Después, la multitud mixta[36] que estaban con ellos se volvieron lujuriosos
por una vida más fácil, mientras los hijos de Yisra'el, por su parte, también
renovaron su gemido, y dijeron: "¡Si sólo tuviéramos carne para comer! 5
Recordamos el pescado que comíamos en Mitzrayim – ¡No nos costaba nada!
– ¡y los pepinos, los melones, los puerros, los ajos! 6 Pero ahora nos estamos
desfalleciendo, no tenemos nada que mirar sólo este *man*." 7 El *man*, dicho
sea de paso, era como *zera* de cilantro y blanco como gomorresina. 8 El
pueblo salía para recogerlo, lo molían en molinos o lo machacaban en
morteros. Entonces lo cocían en calderos y hacían panes que sabían dulces
como tortas horneadas con aceite de oliva. 9 Cuando el rocío se asentaba en el
campamento durante la noche, el *man* venía con ello. 10 Moshe oyó los lloros
del pueblo, familia por familia, cada persona a la entrada de su tienda; la furia
de *YAHWEH* se encend ió violentamente; y Moshe también estaba
descomplacido. 11 Moshe preguntó a *YAHWEH*: "¿Por qué estás tratando a tu
siervo tan mal? ¿Por qué no he encontrado favor a tu vista, puesto que pones
la carga de este pueblo completo sobre mí? 12 ¿Fui yo quien concibió a este
pueblo? ¿Soy yo su padre, para que Tú me digas: 'Cárgalos en tus brazos,
como una nodriza carga a una criatura, hacia la tierra que Tú juraste a sus
padres? 13 ¿Dónde voy yo a conseguir carne para darle a todo este pueblo? –
porque ellos siguen molestando con su lloradera, y diciendo: '¡Danos un poco
de carne!' 14 ¡Yo solo no puedo cargar a este pueblo completo por mi cuenta –
es mucho para mí! 15 ¡Si me vas a tratar de esta forma, entonces sólo mátame!
– ¡por favor, si tienes alguna misericordia hacia mí! – ¡y no me dejes seguir
siendo tan miserable!" 16 *YAHWEH* dijo a Moshe: "Tráeme setenta de los
ancianos de Yisra'el, gente que tú reconozcas como ancianos del pueblo y
oficiales de ellos. Tráelos al Tabernáculo del Testimonio, y haz que se pare n
allí contigo. 17 Yo descenderé y hablaré contigo allí, y Yo tomaré algo del
Ruaj que reposa sobre ti y lo pondré sobre ellos. Entonces ellos llevarán la
carga del pueblo junto contigo, para que tú no la tengas que cargar solo. 18
"Dile al pueblo: 'Dedíq uense como *Kadosh* para mañana, y ustedes comerán
carne; porque lloraron en los oídos de *YAHWEH*: "¡Si sólo tuviéramos carne
para comer! ¡Teníamos la buena vida en Mitzrayim!" Está bien, *YAHWEH* les
va a dar carne, y ustedes se la comerán. 19 ¡No la comerá so lamente un día, o
dos días, o cinco, o diez, o veinte días, 20 sino un mes completo! – ¡hasta que
salga por sus narices y cause nauseas a ustedes! – porque ustedes han
rechazado a *YAHWEH*, quien está aquí con ustedes, y lo han molestado con

su lloradera y preguntando: "¿Por qué dejamos jamás a Mitzrayim?'" 21 Pero
Moshe dijo: "Aquí estoy con seiscientos mil hombres a pie, a pesar de eso Tú
dices: '¡Yo les daré carne para comer por un mes entero!' 22 Si manadas y
rebaños completos fueran sacrificados para ellos, ¿sería esto suficiente? Si
todos los peces del mar fueran juntados para ellos, ¿aun esto sería suficiente?"
23 *YAHWEH* respondió a Moshe: "¿Se ha encogido la mano de *YAHWEH*?
¡Ahora verás si lo que Yo dije sucederá o no!"[37] 24 Moshe salió y le dijo al
pueblo lo que *YAHWEH* había dicho. Entonces él reunió a setenta ancianos
del pueblo y los puso a todos alrededor de la tienda. 25 *YAHWEH* descendió
en la nube, le habló a él, tomó algo del *Ruaj* que estaba sobre él y lo puso
sobre los setenta ancianos. Cuando el *Ruaj* vino a reposar sobre ellos, ellos
profetizaron – en ese momento pero no después.

36 Esta expresión significa los extranjeros, mayormente Egipcios que salieron de Egipto con los hijos de Yisra'el cuando ellos salieron, Ex 12:38. Pero ahora debido a los cautiverios Yisra'el es totalmente una nación mixta.

37 Moshe había presenciado el poder de *YAHWEH* en milagros y señales espectaculares, y a pesar de eso en este momento cuestionaba Su capacidad para alimentar a los Israelitas.

26 Había dos hombres que se quedaron en el campamento, uno llamado Eldad
y el otro Medad, y el *Ruaj* vino a reposar sobre ellos. Ellos estaban entre los
que tenían que salir a la tienda, pero no habían ido, y ellos profetizaron en el
campamento. 27 Un joven corrió y se lo dijo a Moshe: "¡Eldad y Medad están
profetizando en el campamento!"[38] 28 Yahoshúa el hijo de Nun, quien desde
su juventud había sido el asistente de Moshe, respondió: "¡Mi señor, Moshe,
detenlos!" 29 Pero Moshe respondió: "¿Eres tú tan celoso en protegerme a mí?
¡Yo quisiera que todo el pueblo de *YAHWEH* fueran profetas! ¡Quisiera que
YAHWEH pusiera su *Ruaj* en todos ellos!" 30 Moshe y los ancianos de Yisra'el
regresaron al campamento; 31 y *YAHWEH* envió un viento cual trajo
codornices del otro lado del mar y las dejó caer cerca del campamento, como
un día de viaje en cada lado del campamento por todo derredor, cubriendo la
tierra a una profundidad de tres pies. 32 El pueblo estuvo levantado todo aquel
día, toda la noche y todo el día siguiente recogiendo codornices – la persona
que reunió menos, reunió diez montones; entonces las extendieron para ellos
mismos en todo derredor del campamento. 33 Pero mientras la carne aún
estaba en sus bocas, antes que la hubieran masticado, la furia de *YAHWEH* se
encendió contra el pueblo, y *YAHWEH* golpeó al pueblo con una terrible
plaga. 34 Por lo tanto esa plaga fue llamada Kivrot-HaTaavah [sepulcros de
lujuria], porque allí sepultaron a la gente que fue tan lujuriosa.[39] 35 De
Kivrot-HaTaavah el pueblo viajó a Hatzerot, y se quedaron en Hatzerot.

38 Tárgum Jonatan sigue aquí: "Medad profetizó que las codornices serían una ofensa para los hijos de Yisra'el. Ambos de ellos profetizaron: "En los últimos días, Gog y Magog con sus huestes vendrán contra Yerushalayim, pero por La Mano del Rey Mashíaj ellos caerán."

39 La lujuria es más que un deseo sexual inadecuado. La lascivia puede ser un deseo no natural o voraz por cualquier cosa, muy común en estos días por el amor al dinero.

B' midbar (En el desierto) - rbdmb - Números 12

Parashah 34: B'midbar (En el desierto) 1:1-4:20

12 Miryam y Aharon comenzaron a criticar a Moshe a causa de la mujer
Etíope[40] con la cual él se había casado, porque de hecho se había casado con
una mujer Etíope. 2 Ellos dijeron: "¿Es verdad que *YAHWEH* solamente ha
hablado a Moshe? ¿No ha hablado El con nosotros también?" *YAHWEH* los
oyó. 3 Ahora este hombre Moshe era muy manso, más que nadie en la tierra. 4
De repente *YAHWEH* le dijo a Moshe, Aharon y Miryam: "Salgan fuera,
ustedes tres, al Tabernáculo del Testimonio ." Los tres salieron. [41]
5 *YAHWEH* descendió en la columna de nube y se paró a la entrada del
Tabernáculo del Testimonio. El llamó a Aharon y Miryam, y ello s ambos
fueron hacia delante. 6 El les dijo a ellos: "Escuchen a lo que Yo digo: cuando
hay un profeta entre ustedes, Yo *YAHWEH*, me hago conocido a él en una
visión, Yo hablo con él en un sueño. 7 Pero no es de esa forma con mi siervo
Moshe. El es el único que es fiel en mi casa completa. 8 Con él Yo hablo cara
a cara y claramente, no en enigmas; él ve la imagen de *YAHWEH.* Así que
¿por qué no tienen temor de criticar a mi siervo Moshe?" 9 La furia *YAHWEH*
se encendió contra ellos, y entonces El se fue.

40 Los Etíopes (Kushim) son hijos de Kush (significa negro), nieto de Noaj por medio de Ham. Esto alude a quien debía haber sido la segunda mujer de Moshe, oriunda de Etiopía, no a Tzipporah la hija del madianita Yitro, mencionada en Ex 2.16– 21. El Tárgum nos da una más amplia explicación: "Y Miryam y Aharon hablaron en contra de Moshe, acerca de la Etíope que él había tomado: pero observen, la mujer Etíope no era Zipporah la esposa de Moshe, sino una cierta Etíope, de carne diferente de cualquier otra criatura, donde Zipporah, la esposa de Moshe era hermosa y de bello semblante, y más abundante en buenas obras que todas las mujeres de su edad."

41 La revelación de *YAHWEH* a Moshe es algo único (vv 4-8). Es directa e inmediata; *YAHWEH* se revela a los profetas de manera indirecta. La lección es clara; ni aun los profetas pueden presumir que su mensaje sea igual al de Moshe. Tárgum: "No así, mi siervo Moshe entre la compañía de los profetas, el jefe de jefes de Mi corte, fiel es él."

10 Pero cuando la nube fue levantada de encima de la tienda, Miryam tenía
tzaraat, tan blanco como la nieve. Aharon miró a Miryam, y ella estaba
blanca como la nieve. 11 Aharon dijo a Moshe: "O, mi señor, por favor no nos
castigues por este pecado que hemos cometido tan estúpidamente.[42] 12 ¡Por
favor no dejes que ella esté como uno que nace muerto, con su cuerpo

medio comido cuando sale de la matriz de su madre!" 13 Moshe clamó a
YAHWEH: "¡O *YAHWEH*, te suplico, por favor, sánala!" 14 *YAHWEH*
respondió a Moshe: "Si su padre hubiera sencillamente escupido en su cara,
¿no se escondería ella de vergüenza por siete días? Así que deja que ella sea
echada del campamento por siete días; después de eso, ella puede ser traída
de regreso." 15 Miryam fue echada del campamento por siete días, [43] y el
pueblo no viajó hasta que ella fue regresada. 16 Y después el pueblo fue de
Hatzerot y acampó en el Desierto de Paran.[44]

Referencias;
Haftarah B'ha'alotja; Zejaryah (Zacarías) 2:14-4:7
Lecturas sugeridas del Brit Hadashah para la Parashah B'ha'alotja:
Yojanán (Juan) 19:31-37; Israelitas Mesiánicos (Hebreos) 3:1-6
Parashah 37: Shlaj L'ja (Envía de parte tuya) 13:1-14:41

B' midbar (En el desierto) – rbdmb – Números 13

Parashah 34: B'midbar (En el desierto) 1:1-4:20

13 *YAHWEH* dijo a Moshe: 2 "Envía de parte tuya hombres a reconocer la
tierra de Kenaan, la cual Yo estoy dando a los hijos de Yisra'el. De cada tribu
ancestral manda a alguien que sea príncipe en su tribu." 3 Moshe los despachó
desde el Desierto de Paran como *YAHWEH* había ordenado; todos ellos eran
jefes entre los hijos de Yisra'el. 4 Aquí están sus nombres: de la tribu de
Reuven, Shamua el hijo de Zakur;
5 de la tribu de Shimeon, Shafat el hijo de Hori;
6 de la tribu de Yahudáh, Kalev el hijo de Yefuneh;
7 de la tribu de Yissajar, Yigal, el hijo de Yosef;
8 de la tribu de Efrayim, Hoshea el hijo de Nun;
9 de la tribu de Binyamin, Palti el hijo de Rafu;
10 de la tribu de Zevulun, Gadiel el hijo de Sodi;
11 de la tribu de Yosef, esto es, de la tribu de Menasheh, Gadi el hijo de Susi;
12 de la tribu de Dan, Ammiel el hijo de Gemalli;
13 de la tribu de Asher, Setur el hijo de Mijael;
14 de la tribu de Naftali, Najbi el hijo de Vofsi; y
15 de la tribu de Gad, Geuel el hijo de Maji.
16 Estos son los nombres de los hombres que Moshe mandó a reconocer La
Tierra. Moshe dio a Hoshea el hijo de Nun el nombre de Yahoshúa.

42 El castigo de la lepra (vv 5-15) afecta solamente a Miryam, pero es importante notar que Aharon es quien confiesa el pecado de ambos (v. 11).
43 Siete días: Este es el período de tiempo prescrito, en Le 13, para la primera y la segunda inspección de la lepra.

17 Moshe los mandó a reconocer la tierra de Kenaan, instruyéndolos: "Suban
al Neguev y a las colinas, 18 y vean cómo es La Tierra y observen al pueblo
que vive allí, si son fuertes o débiles, pocos o muchos; 19 y qué clase de país
ellos habitan, si es bueno o malo; y en que clase de ciudades ellos viven,
abiertas o fortificadas. 20 Miren si la tierra es fértil o improductiva y si hay
madera en ella o no. Finalmente, sean suficientemente valientes para traer de
vuelta algo del fruto de La Tierra." Cuando ellos salieron era la temporada
para que las primeras uvas maduraran. 21 Ellos subieron y reconocieron La
Tierra desde el Desierto de Tzin hasta Rejov cerca de la entrada de Hamat. 22
Ellos fueron adentro del Neguev y llegaron a Hevron; Ajiman, Sheshai y
Talmai, los Anakim, vivían allí. (Hevron fue edificado siete años antes que
Tzoan en Mitzrayim.) 23 Ellos llegaron al Valle de Eshkol; y allí cortaron una
rama que tenía un racimo de uvas, la cual cargaron en una vara entre dos de
ellos; ellos también cogieron granadas e higos. 24 Y ellos llamaron a ese lugar
el Valle de Eshkol (racimo), a causa del racimo que los hijos de Yisra'el
cortaron allí. 25 Cuarenta días después, ellos regresaron de reconocer La
Tierra 26 y fueron a Moshe, a Aharon y a la congregación completa de los
hijos de Yisra'el en Kadesh en el Desierto de Paran, donde trajeron de vuelta
palabra a ellos y a la congregación completa y les mostraron el fruto de La
Tierra. 27 Lo que ellos le dijeron fue esto: "Nosotros entramos en La Tierra
donde nos enviaste, y ciertamente fluye con leche y miel – ¡aquí está el fruto!
28 Sin embargo, el pueblo que vive en La Tierra es feroz, y las ciudades son
fortificadas y muy grandes. Además, vimos a los Anakim allí. 29 Amalek
habita en el área del Neguev; los Hitti, los Yevusi y los Emori viven en
las montañas; y los Kenaani viven junto al mar y en la ribera de Yarden."
30 Kalev escuchó a la gente alrededor de Moshe, y dijo: "Debemos subir
inmediatamente y tomar posesión de ella; no hay duda de que podemos
conquistarla." 31 Pero los hombres que habían ido con él dijeron: "Nosotros no
podemos atacar esos pueblos, porque son más fuertes que nosotros"; 32 y ellos
difundieron un reporte negativo acerca de La Tierra que ellos habían
reconocido para los hijos de Yisra'el por decir: "La tierra que pasamos por
ella para espiarla es una tierra que devora sus habitantes, ¡toda la gente que
vimos son gigantes![45] 33 Vimos los gigantes[46] [nefilim], los hijos de Anak,
que eran de los gigantes; ¡para nosotros, por comparación, lucíamos como
langostas, y lucíamos así para ellos también!

B' midbar (En el desierto) - rbdmb - Números 14

Parashah 34: B'midbar (En el desierto) 1:1-4:20

14 A esto los hijos de Yisra'el gritaron en desaliento y lloraron toda la
noche. 2 Además, los hijos de Yisra'el comenzaron a murmurar contra Moshe
y Aharon; toda la congregación les dijo: "¡Nosotros deseamos haber muerto
en la tierra de Mitzrayim! ¡O que hubiéramos muerto aquí en el desierto! 3
¿Por qué *YAHWEH* nos está llevando a esta tierra donde vamos a morir por
la espada? ¡Nuestras esposas y nuestros pequeños serán llevados como botín!
¿No sería mejor para nosotros regresar a Mitzrayim?" 4 Y ellos se dijeron uno
al otro: "¡Vamos a nombrar un jefe que nos devuelva a Mitzrayim!"[47]
5 Moshe y Aharon cayeron de bruces delante de toda la congregación reunida
de los hijos de Yisra'el. 6 Yaho shúa el hijo de Nun y Kalev el hijo de
Yefuneh[48] del destacamento que había reconocido La Tierra, rasgaron sus
ropas,

45 El informe pesimista no era fiel y desacreditaba la capacidad de *YAHWEH* para librar a su pueblo del peligro.

46 Ver nota en Ge 6:4.

47 Tárgum: "Vamos a nombrar un rey sobre nosotros..."

48 Yahoshúa significa *YAHWEH*-salva, prototipo del Mesías, y es de la tribu de Efrayim y Kalev de la tribu de Yahudáh, ellos representan las Dos Casas de Yisra'el, fueron los únicos que al regreso de espiar La Tierra dijeron que la podían tomar y no murmuraron contra Moshe.
Ellos dieron un buen reporte, igual que en los días de hoy Efrayim presenta al Mesías y Yahudáh presenta la Toráh, dos fieles siervos.

7 y dijeron a toda la congregación de Yisra'el: "¡La Tierra por la cual pasamos
para espiarla es una tierra tremendamente buena! 8 Si *YAHWEH* está
complacido con nosotros, entonces El nos llevará a esta tierra y nos la dará –
una tierra que fluye con leche y miel. 9 Solamente no se rebelen contra
YAHWEH. Y no teman a la gente que vive en La Tierra – ¡nosotros nos los
comeremos! ¡Su defensa ha sido quitada de ellos, y *YAHWEH* está con
nosotros! ¡No tengan temor de ellos!" 10 Pero así como toda la congregación
estaba diciendo que ellos debían ser apedreados de muerte, la Gloria de
YAHWEH apareció en el Tabernáculo del Testimonio para todos los hijos de
Yisra'el.[49] 11 *YAHWEH* dijo a Moshe: "¿Hasta cuando me tratará con
desprecio este pueblo? ¿Por cuánto tiempo más no confiarán en Mi Palabra,
especialmente considerando todas las señales que Yo he hecho entre ellos?[50]
12 ¡Yo los voy a golpear con enfermedad, los destruiré y haré de ti una nación
más grande y poderosa a la que ellos son!" 13 Sin embargo, Moshe respondió
a *YAHWEH*: "Cuando los Mitzrayimim oigan acerca de esto – [y ellos lo
oirán,] porque fue de entre ellos que Tú, por tu fuerza, sacaste a este pueblo, –
14 ellos lo dirán a la gente que vive en La Tierra. Ellos han oído que Tú,
YAHWEH, estás con este pueblo; que Tú, *YAHWEH*, eres visto cara a cara;
que tu nube está sobre ellos; que Tú sales delante de ellos en una columna de

nube por el día y en una columna de fuego por la noche. 15 Si Tú matas a este
pueblo con un solo golpe, entonces las naciones que han oído de tu reputación
dirán 16 que la razón que *YAHWEH* mató a su pueblo en el desierto es que El
no fue capaz de traerlos a la tierra cual prometió a ellos darles. 17 Así que
ahora, por favor que el poder de *YAHWEH* sea tan fuerte como cuando dijiste:
18 '*YAHWEH* es tardo para la ira, rico en misericordia, perdonando ofensas y
crímenes; aun no exonerando al culpable por sus hijos y aun hasta la tercera y
cuarta generaciones.' 19 ¡Por favor! Perdona las ofensas de este pueblo
conforme a la grandeza de tu misericordia, así como has cargado con este
pueblo desde Mitzrayim hasta ahora." 20 *YAHWEH* respondió: "Yo he
perdonado, como tú has pedido. 21 Pero tan seguro como Yo vivo, y toda la
tierra está llena con la Gloria de *YAHWEH*, 22 ¡ninguna de la gente que vio mi
Gloria y las señales que hice en Mitzrayim y en el desierto, aun me probaron
diez veces y no vieron mi Gloria, 23 verán La Tierra que juré a sus padres!
Ninguno de aquellos que me trataron con desprecio la verá. 24 Pero mi siervo
Kalev, porque él tenía un *Ruaj* diferente con él y me ha seguido
completamente – a él llevaré a La Tierra que él entró, y pertenecerá a sus
hijos. 25 "Ahora, puesto que los Amaleki y los Kenaani están viviendo en el
valle, mañana vuélvanse y vayan al desierto por el camino al mar de Suf."
26 *YAHWEH* dijo a Moshe y a Aharon: 27 "¿Hasta cuándo soportaré a esta
congregación perversa cual sigue murmurando acerca de mí? Yo he oído las
quejas de los hijos de Yisra'el, las cuales siguen levantando contra mí. 28 Diles
esto: 'Tan seguro como que Yo vivo, *YAHWEH* jura, tan seguro como que
ustedes han hablado en mi oído, Yo haré esto a ustedes: 29 ¡sus cadáveres
caerán en el desierto! Cada uno de ustedes que fueron incluidos en el censo
de más de veinte años, ustedes que han murmurado contra mí, 30 de cierto no
entrarán en La Tierra acerca de la cual Yo levanté mi mano para jurar que Yo
los haría habitar en ella – excepto por Kalev el hijo de Yefuneh y Yahoshúa el
hijo de Nun. 31 Pero sus pequeños que ustedes dijeron que serían llevados
como botín – a ellos Yo los entraré. Ellos conocerán La Tierra que ustedes
rechazaron. 32 Pero ustedes, sus cadáveres caerán en el desierto; 33 y sus hijos
errarán en el desierto por cuarenta años cargando las consecuencias de su
prostitución hasta que el desierto se coma sus cadáveres.

49 La decisión de la Asamblea de ejecutar a Yahoshúa y Kalev no se lleva a cabo debido a la intervención de *YAHWEH*. Son ejecutados por *YAHWEH* los otros diez enviados, mientras Yahoshúa y Kalev conservan la vida (vv. 35– 38).

50 Aquí tenemos la pluralidad, la *ejad* de *YAHWEH*; *YAHWEH* y Su Palabra, la cual es Yahshúa.

34 Será un año por cada día que ustedes se pasaron reconociendo La Tierra
que ustedes cargarán con las consecuencias de sus ofensas – cuarenta días,

cuarenta años. ¡Entonces ustedes sabrán lo que significa oponerse a mí! 35 Yo,
YAHWEH, he hablado. Yo ciertamente haré esto a esta congregación perversa
completa que se ha reunido junta contra mí – ellos serán destruidos en el
desierto y morirán allí." 36 Los hombres que Moshe había enviado a reconocer
y quienes, cuando ellos regresaron, hicieron que la congregación completa
murmurara contra él por dar información desfavorable acerca de La Tierra –
37 aquellos hombres que dieron un reporte desfavorable contra La Tierra
murieron por la plaga en la presencia de *YAHWEH*. 38 De los hombres que
fueron a reconocer La Tierra, sólo Yahoshúa el hijo de Nun y Kalev el hijo de
Yefuneh permanecieron vivos. 39 Cuando Moshe dijo todas estas cosas a los
hijos de Yisra'el, la gente sintió gran remordimiento 40 Ellos se levantaron
temprano en la siguiente mañana, subieron a la cumbre de la montaña, y
dijeron: "Aquí estamos, y nosotros sí pecamos, pero subiremos al lugar que
YAHWEH prometió." 41 Moshe respondió: "¿Por qué se están oponiendo a lo
que *YAHWEH* dijo? ¡No tendrán éxito! 42 No suban allí, porque *YAHWEH* no
está con ustedes. Si lo hacen, sus enemigos los derrotarán. 43 Los Amalekim y
los Kenaanim están allá delante de ustedes, y serán golpeados por la espada.
La razón será que ustedes se han vuelto de seguir a *YAHWEH*, así que
YAHWEH no estará con ustedes." 44 Pero ellos fueron presuntuosos y fueron
hacia las partes altas de la zona montañosa, pero el Arca para el Pacto de
YAHWEH – y Moshe – se quedaron en el campamento.[51] 45 Así que los
Amalekim y los Kenaanim que habitaban en esa zona montañosa
descendieron, los derribaron y los golpearon todo el camino de vuelta a
Hormah.

B' midbar (En el desierto) - rbdmb - Números 15

Parashah 34: B'midbar (En el desierto) 1:1-4:20

15 *YAHWEH* dijo a Moshe: 2 "Dile a los hijos de Yisra'el: 'Cuando ustedes
hayan entrado a La Tierra donde van a habitar, la cual Yo les estoy dando 3 y
quieran hacer una ofrenda por fuego a *YAHWEH* – una ofrenda quemada o
sacrificios para cumplir un voto especial o ser una ofrenda voluntaria, o a sus
tiempos designados, para hacer una aroma fragante para *YAHWEH* –
entonces, venga de la manada o del rebaño, 4 la persona que trae la ofrenda
presentará a *YAHWEH* una ofrenda de grano que consista de dos cuartos de
harina fina mezclados con un cuarto de aceite de oliva, 5 y un cuarto de vino
para la ofrenda de libación. Esto es lo que prepararán con la ofrenda quemada
o por cada oveja sacrificada. 6 "Para un carnero, prepararán un galón de harina
fina mezclada con uno y un tercio de cuarto de aceite de oliva; 7 Mientras que
por la ofrenda de libación, presentarán uno y un tercio de cuarto de vino como
aroma fragante a *YAHWEH*. 8 "Cuando preparen un novillo como ofrenda
quemada, como sacrificio para cumplir un voto especial o como ofrenda de

Shalom a *YAHWEH,* 9 presentarán con el novillo una ofrenda de grano de uno
y medio galón de harina fina mezclada con dos cuartos de aceite de oliva. 10
Para la ofrenda de libación, presentarán dos cuartos de vino para una ofrenda
hecha por fuego, un olor fragante para *YAHWEH.* 11 "Háganlo de esta forma
para cada novillo, carnero, cordero, o cabrito. 12 Para tantos animales como
preparen, hagan esto para cada uno, sin importar cuantos animales hay.

51 Esta gente miserable sólo un tiempo antes, que contaban con la Omnipotencia de *YAHWEH* estaba con ellos, no quisieron ir a conquistar La Tierra y estuvieron de acuerdo con aquellos que trajeron un mal reporte. Ahora se imaginaban que sin *YAHWEH* con ellos lo podían hacer, ¡la perpetua condición del hombre que desobedece a *YAHWEH*!

13 "Todo ciudadano hará estas cosas de esta forma cuando presente ofrenda
hecha por fue go como aroma fragante para *YAHWEH.* 14 Si un extranjero se
queda con ustedes – o quien sea que esté con ustedes, por todas sus
generaciones – y él quiere traer una ofrenda hecha por fuego como aroma
fragante para *YAHWEH,* él hará lo mismo que ustedes. 15 Porque en esta
congregación habrá la misma ley para ustedes que para el extranjero que vive
con ustedes; esta es una regulación permanente por todas sus generaciones; el
extranjero será tratado de la misma forma delante de *YAHWEH* que ustedes
mismos. 16 La misma *Toráh* y normas para juzgar serán aplicadas a ambos
ustedes y el extranjero que vive con ustedes."[52] 17 *YAHWEH* dijo a Moshe: 18
"Habla a los hijos de Yisra'el; diles: 'Cuando entren en La Tierra que Yo les
estoy dando 19 y coman pan producido en La Tierra, tienen que apartar una
porción como ofrenda para *YAHWEH.* 20 Pongan aparte de su primera masa
una hogaza como ofrenda; apártenla como apartarían una porción del grano
de la era. 21 De su primera masa ustedes darán a *YAHWEH* una porción como
ofrenda por todas sus generaciones. 22 "Quien sea que trasgreda y no observe
todos estos *mitzvot* que *YAHWEH* ha hablado a Moshe, 23 sí, todo lo que
YAHWEH ha ordenado a ustedes hacer por medio de Moshe desde el día
que *YAHWEH* dio la orden y de ahí por todas sus generaciones, 24 entonces, si
fue hecho por error por la congregación y no era conocido para ellos, toda la
congregación ofrecerá un novillo para ofrenda quemada como aroma fragante
para *YAHWEH,* con sus ofrendas de grano y libación, conforme a la regla, y
un macho cabrío como ofrenda de pecado. 25 El *kohen* hará expiación para
toda la congregación de los hijos de Yisra'el; y ellos serán perdonados,
porque fue un error; y ellos han traído su ofrenda, una ofrenda hecha por
fuego a *YAHWEH,* y su ofrenda de pecado delante de *YAHWEH* por su error.
26 Toda la congregación de los hijos de Yisra'el será perdonada,
asimismo el extranjero que se queda con ellos, porque para todo el pueblo fue
un error. 27 "Si un individuo peca por error, ofrecerá una cabra en su primer

año como ofrenda de pecado. 28 El *kohen* hará expiación delante de *YAHWEH*
para la persona que cometa un error y peque inadvertidamente; hará expiación
por él, y él será perdonado – 29 no importa si es un ciudadano de Yisra'el o un
extranjero viviendo con ellos. Ustedes tendrán una ley para quien sea que
haga algo mal por error. 30 "Pero un individuo que comete pecado
presuntuosamente, ciudadano o extranjero, está provocando a *YAHWEH.* Esa
persona será cortada de su pueblo. 31 Porque ha tenido desprecio por la
palabra de *YAHWEH* y ha desobedecido su mandamiento, esa persona será
cortada completamente; su ofensa permanecerá con ella." 32 Mientras los hijos
de Yisra'el estaban en el desierto, ellos encontraron un hombre recogiendo
leña en *Shabbat.* 33 Aquellos que lo encontraron recogiendo leña lo trajeron a
Moshe, Aharon y toda la congregación. 34 Ellos lo mantuvieron en custodia,
porque no había sido decidido qué hacer con él. 35 Entonces *YAHWEH* dijo a
Moshe: "Este hombre tiene que ser puesto a muerte; la congregació n
completa lo apedreará de muerte fuera del campamento." 36 Así que toda la
congregación lo trajo fuera del campamento y lo apedrearon hasta que murió,
como *YAHWEH* había ordenado a Moshe.[53] 37 *YAHWEH* le dijo a Moshe: 38
"Habla a los hijos de Yisra'el, instruyéndolos a hacer, por todas sus
generaciones, *tzitziyot* en las esquinas de sus atuendos, y pongan con los
tzitziyot en cada esquina un hilo de azul.

52 Todos los que vengan a Yisra'el, ya sean Efrayim, Yahudáh o *guerim*/extranjeros, tienen que venir a la Toráh, no se puede ser Yisra'ely establecer sus propias reglas, por tanto, la iglesia no es ni será Yisra'el. ¡"Yisra'el espiritual" no existe!

53 *YAHWEH* no cambia, hoy El le da la misma importancia para guardar el *Shabbat.* Ver "La importancia del *Shabbat.*" Este ejemplo parece haber sido puesto aquí para poder explicar los vv 30-31, actuó presuntuosamente, de forma altiva.

39 Será un *tzitzit* para que lo miren[54] y así recuerden todos los *mitzvot* de
YAHWEH y los obedezcan, para que no vayan a donde su propio corazón y
ojos los guíen para prostituirse a ustedes mismos; 40 sino los ayudará a
recordar y obedecer todos mis *mitzvot* y a ser *Kadoshim* para su Elohim. 41 Yo
soy *YAHWEH* su Elohim, quien los sacó de la tierra de Mitzrayim para ser su
Elohim. Yo soy *YAHWEH* su Elohim."

Referencias;

Haftarah Shlaj L'ja: Yahoshúa (Josué) 2:1-24
Lecturas sugeridas del Brit Hadashah para la Parashah Shlaj L'ja: Israelitas Mesiánicos (Hebreos) 3:7-19
Parashah 38: Koraj (Coré) 16:1-18:32

B' midbar (En el desierto) – rbdmb – Números 16

Parashah 34: B'midbar (En el desierto) 1:1-4:20

16 Ahora Koraj el hijo de Yitzhar, el hijo de Kehat, el hijo de Levi, junto
con Datan y Aviram, los hijos de Eliav, y On el hijo de Pelet, hijo de Reuven,
tomaron hombres y se 2 rebelaron contra Moshe. Uniéndose a ellos había 250
hombres de los hijos de Yisra'el, jefes de la asamblea, consejeros escogidos,
hombres de reputación. 3 Ellos se reunieron contra Moshe y Aharon y le
dijeron a ellos: "¡Ustedes han ido muy lejos! Después de todo, la
congregación completa es *Kadosh*, cada uno de ellos, y *YAHWEH* está entre
ellos. Así que, ¿por qué se levantan ustedes a sí mismos sobre la asamblea de
YAHWEH?"[55] 4 Cuando Moshe oyó esto él cayó de bruces. 5 Entonces dijo a
Koraj y a todo su grupo: "En la mañana, *YAHWEH* mostrará quiénes son de
El y quién es la persona *Kadosh* que El permitirá acercarse a El. Sí, El traerá
a quien El escoja cerca de El. 6 Hagan esto: tomen incensarios, Koraj y todo
tu grupo; 7 pongan fuego en ellos; y pongan incienso en ellos delante de
YAHWEH mañana. ¡El que *YAHWEH* escoja será el que es *Kadosh*! ¡Son
ustedes, ustedes hijos de Levi, los que han ido muy lejos!" 8 Entonces Moshe
dijo a Koraj: "¡Escuchen aquí, ustedes hijos de Levi! 9 ¿Es para ustedes
una mera frivolidad que el Elohim de Yisra'el los ha apartado a ustedes de la
congregación de Yisra'el para traerlos cerca de El, para que puedan hacer el
trabajo del Tabernáculo de *YAHWEH* y que estén delante de la congregación
sirviéndole? 10 El los ha traído cerca y a todos sus hermanos los hijos de Levi
con ustedes. ¡Ahora quieren el oficio de *kohen* también! 11 ¡Por eso tú y tu
grupo se han reunido juntos contra *YAHWEH*! Después de todo, ¿qué es
Aharon que ustedes protestan contra él?" 12 Entonces Moshe mandó a llamar a
Datan y Aviram, los hijos de Eliav. Pero ellos respondieron: "¡Nosotros no
subiremos! 13 ¡Es una mera frivolidad traernos de una tierra que fluye con
leche y miel para matarnos en el desierto, que ahora te impones sobre
nosotros como dictador! 14 Tú eres un príncipe, ¿nos has traído a una tierra
que fluye con leche y miel, y no nos has puesto en posesión de campos y
viñas? ¿Piensas que puedes sacar los ojos de estos hombres y dejarlos ciegos?
¡Nosotros no subiremos!

54 Para que los mires a la hora de vestirte y recuerdes todos Mis *mitzvot* para hacerlos.
55 Koraj y sus asociados habían visto las ventajas del sacerdocio en Egipto. Los sacerdotes Egipcios tenían grandes riquezas e influencia política, algo que Koraj deseaba para sí mismo. Koraj pudo haber asumido que Moshe, Aharon y sus hijos estaban tratando de hacer del sacerdocio Israelita la misma clase de máquina política. Él quería ser una parte de ella. No comprendió que la ambición principal de Moshe era servir a *YAHWEH* y no la de controlar a los demás. Hay muchos de ellos hoy día.

15 Moshe estaba muy furioso, y dijo a *YAHWEH*: "¡No aceptes su ofrenda de
grano! Yo no he tomado de ellos su deseo, ni siquiera un asno he tomado de
ninguno de ellos."[56] 16 Moshe dijo a Koraj: "Tú y tu grupo estén allá delante

de *YAHWEH* mañana – tú, ellos y Aharon. 17 Cada uno de ustedes tome su
incensario y pongan incienso en él; cada uno de ustedes, traiga delante de
YAHWEH su incensario; 250 incensarios, tú también, y Aharon – cada uno
con su incensario." 18 Cada hombre tomó su incensario, pusieron fuego en él,
pusieron incienso en él y se pararon a la entrada de la tienda de reunión con
Moshe y Aharon. 19 Koraj reunió todos los grupos que estaban contra él a la
entrada del Tabernáculo del Testimonio. Entonces la Gloria de *YAHWEH*
apareció a toda la asamblea. 20 *YAHWEH* dijo a Moshe y a Aharon: 21
"Sepárense ustedes de la asamblea; ¡Yo los voy a destruir ahora mismo!" 22
Ellos caye ron de bruces, y dijeron: "O *YAHWEH*, Elohim de los *ruajim*
de toda la humanidad, si una persona peca, ¿estarás enfurecido con toda la
asamblea?" 23 *YAHWEH* le respondió a Moshe: 24 "Dile a la asamblea que se
mueva lejos de las casas de Koraj, Datan y Aviram." 25 Moshe se levantó y
fue a Datan y Aviram, y los ancianos de Yisra'el lo siguieron. 26 Allí él dijo a
la asamblea: "¡Salgan de las tiendas de estos hombres perversos! No toquen
nada que pertenezca a ellos, o pueden ser barridos en todos sus pecados."[57]
27 Así que ellos se movieron de todo derredor del área donde Koraj, Datan y
Aviram vivían. Entonces Datan y Aviram salieron y se pararon a la entrada de
sus tiendas con sus esposas, hijos y pequeños. 28 Moshe dijo: "Así es como
sabrán que *YAHWEH* me ha mandado a hacer todas estas cosas y que yo no
las he hecho por mi propia ambición: 29 si estos hombres mueren una muerte
natural como otra gente, sólo compartiendo el destino común a toda la
humanidad, entonces *YAHWEH* no me ha mandado. 30 Pero si *YAHWEH* hace
algo nuevo[58] – si la tierra se abre y se los traga con todo lo que les
pertenece, y descienden al Sheol vivos – entonces entenderán que estos
hombres han tenido desprecio por *YAHWEH*." 31 En el momento que él
terminó de hablar, la tierra debajo de ellos se abrió – 32 la tierra abrió su boca
y se los tragó con sus casas, toda la gente murió con Koraj y todo lo que les
pertenecía. 33 Así que ellos y descendieron vivos al Sheol con todo lo que
poseían, la tierra se cerró sobre ellos y la existencia de ellos en la
congregación cesó. 34 Todo Yisra'el alrededor de ellos huyó a sus alaridos,
gritando: "¡La tierra nos pude tragar a nosotros también! 35 Entonces fuego
salió de *YAHWEH* y destruyó a los 250 hombres que habían ofrecido el
incienso. 36 *YAHWEH* dijo a Moshe: 37 "Dile a Eleazar el hijo de Aharon el
kohen que remueva los incensarios del fuego, y que esparza los carbones
humeantes a la distancia, porque ellos se han vuelto *Kadoshim*. 38 También
los incensarios de estos hombres, cuyo pecado les costó la vida, se han vuelto
Kadoshim, porque fueron ofrecidos delante de *YAHWEH*. Por lo tanto, haz
que los conviertan en platos martillados para cubrir el altar. Esta será una
señal para los hijos de Yisra'el." 39 Eleazar el *kohen* cogió los incensarios de
bronce los cuales los hombres que habían sido quemados hasta la muerte
habían ofrecido, y los martilló para hacer de ellos una cubierta para el

altar, 40 para recordar a los hijos de Yisra'el que una persona ordinaria, que no sea de la *zera* de Aharon, no se acercará y quemará incienso delante de *YAHWEH,* si quiere evitar el destino de Koraj y su grupo – como *YAHWEH* le había dicho a él por medio de Moshe.

56 A pesar que Moshe era su libertador y regidor, aun, lejos de oprimirlos, él no había impuesto el más pequeño impuesto, ni tomado como regalo tanto como un asno, ¿se parecerán a Moshe en su carácter íntegro los modernos pastores y auto nombrados "rabinos" que siempre están oprimiendo al pueblo? ¿Serán estos siervos de *YAHWEH,* o de su propia bolsa?
57 Los rebeldes, con todo lo que les pertenecía, eran cosa maldita, dada a destrucción. (Le 27:28, 29. Jos 7:13-15, 23-26.) Al pueblo le estaba prohibido tocar nada que perteneciera a ellos, para que pudieran entrar en una protesta solemne contra su perversidad, reconocieran la justicia de su castigo, y expresaran su temor de estar envueltos en ello.
58 *wëim beriah yivra YAHWEH.* "Y si *YAHWEH* crea una creación," o hace tal cosa como nunca ha sido hecha.

41 Pero justo al día siguiente, la congregación completa de los hijos de Yisra'el
murmuró contra Moshe y Aharon: "¡Ustedes han matado a la gente de
YAHWEH!" 42 Sin embargo, según la congregación se estaba reuniendo contra
Moshe y Aharon, ellos miraron en la dirección del Tabernáculo del
Testimonio y vieron la nube cubriéndola y la Gloria de *YAHWEH* aparecer. 43
Moshe y Aharon vinieron al frente del Tabernáculo del Testimonio.[59] 44
YAHWEH dijo a Moshe: 45 "Sepárate de esta asamblea, ¡y Yo los destruiré a
una!" Pero ellos cayeron de bruces. 46 Moshe dijo a Aharon: "¡Toma tu
incensario, pon fuego en el altar, pon incienso sobre él, y apúrate con él a la
asamblea para hacer expiación por ellos, porque furia ha salido de *YAHWEH,*
y la plaga ya ha comenzado!" 47 Aharon lo tomó, como Moshe había dicho,
y corrió al medio de la asamblea. Allí la plaga ya había comenzado entre el
pueblo, pero él añadió incienso e hizo expiación por el pueblo. 48 El se paró
entre los vivos y los muertos, y la plaga se detuvo. 49 Aquellos que murieron
de la plaga fueron 14,700 – aparte de los que murieron en el incidente de
Koraj. 50 Aharon regresó a Moshe a la entrada del Tabernáculo del
Testimonio, y la plaga fue detenida.[60]

Parashah 34: B'midbar (En el desierto) 1:1-4:20

17 *YAHWEH* dijo a Moshe: 2 "Habla a los hijos de Yisra'el, y toma de ellos
cetros, uno por cada tribu ancestral de cada jefe de tribu, doce cetros. Escribe
el nombre de cada hombre en su cetro; 3 y escribe el nombre de Aharon en el
cetro de Levi, porque cada jefe de tribu tiene que tener un cetro. 4 Ponlos en el
Tabernáculo del Testimonio delante del Testimonio, donde Yo me encuentro
contigo. 5 El cetro del hombre que Yo voy a escoger brotará capullos – de esta
forma Yo pondré fin a las protestas que los hijos de Yisra'el siguen
murmurando contra ustedes." 6 Moshe habló a los hijos de Yisra'el, y todos
los jefes le dieron cetros, uno por cada jefe, conforme a sus tribus ancestrales,
doce cetros. El cetro de Aharon estaba entre ellos. 7 Moshe puso los cetros
delante de *YAHWEH* en el Tabernáculo del Testimonio . 8 Al día siguiente
Moshe fue al Tabernáculo del Testimonio , y allí él vio que el cetro de
Aharon por la casa de Levi había brotado – había espigado no sólo capullos
sino flores y almendras maduras también.[61] 9 Moshe sacó todos los cetros de
delante de *YAHWEH* a todos los hijos de Yisra'el, y ellos miraron, y cada
hombre tomó de vuelta su cetro. 10 *YAHWEH* dijo a Moshe: "Regresa el cetro
de Aharon a su lugar delante del Testimonio. Será puesto allí como señal para
los rebeldes, para que ellos cesen de murmurar contra Mí y así no mueran." 11
Moshe hizo esto; él hizo como *YAHWEH* le había ordenado.

59 Parece que ellos se creyeron que Moshe y Aharon habían usado alguna astucia maliciosa en esto y que el terremoto y el fuego eran artificiales, porque si hubieran discernido la Mano de *YAHWEH* en este castigo, ellos no hubieran tentado la ira de *YAHWEH* en el mismo rostro de la justicia. Y ellos absurdamente imputaron el castigo a Moshe y a Aharon, ellos inicuamente llamaron a las personas que murieron en la rebelión, "el pueblo de *YAHWEH*."

60 Otra vez (vv 41-50) vemos la mortandad como un castigo de *YAHWEH* sobre un pueblo que tarda en aprender una serie de lecciones vitales. El incensario como un medio de expiación en manos de Aharon se aviene aquí con lo que fue el origen de la disputa inicial. *YAHWEH* honró la legítima ofrenda de Aharon en contraste con los que había castigado antes, quienes habían ofrecido incienso sin autorización (v. 35). Se confirma enérgicamente el ministerio de Aharon.

61 Este hecho fue tan incuestionable milagroso, que no podía quedar alguna duda en las mentes del pueblo, o los jefes envidiosos, del nombramiento Divino de Aharon; y había no sólo capullos sino flores y almendras maduras en el cetro al mismo tiempo, cual nunca fue el caso con ramas en el estado natural y curso ordinario, esto evidentemente probó el milagro, y quitó la sospecha de fraude cual tan inicuamente fue sugerida. Para un cetro o vara de mando, resumir su vida vegetal, era considerado una absoluta imposibilidad entre los antiguos, esta circunstancia añadió para confirmar la veracidad.

12 Pero los hijos de Yisra'el dijeron a Moshe: "¡O no! ¡Somos hombres
muertos! ¡Perdidos! ¡Estamos perdidos! 13 ¡Cuando sea que cualquiera se
acerque al Tabernáculo de *YAHWEH*, muere! ¿Moriremos todos?"[62]

B' midbar (En el desierto) - rbdmb - Números 18

Parashah 34: B'midbar (En el desierto) 1:1-4:20

18 *YAHWEH* dijo a Aharon: "Tú, tus hijos y la línea familiar de tu padre
serán responsables por cualquier cosa que vaya mal en el Lugar Kadosh. Tú y
tus hijos contigo serán responsables por cualquier cosa que vaya mal en el
servicio como *kohanim*. 2 Pero traerás a tus hermanos, la tribu de Levi, junto
con ustedes, para que trabajen junto contigo y te ayuden – tú y tus hijos
contigo – cuando estén allí delante del Tabernáculo del Testimonio. 3 Ellos
estarán a tu disposición y harán todo tipo de tareas relacionadas con el
Tabernáculo ; solamente que ellos no se acercarán a los mobiliarios *Kadoshim*
ni al altar, para que ni ellos ni tú mueran. 4 Ellos trabajarán junto contigo en
tus labores relacionadas al Tabernáculo del Testimonio, cualquiera que el
servicio en la tienda sea; pero una persona no autorizada no se acercará a ti. 5
Tú tendrás a tu cargo todas las cosas *Kadoshim* y del altar, para que ya no
haya ira contra los hijos de Yisra'el. 6 Yo mismo he tomado a tus hermanos
los *Leviim* de entre los hijos de Yisra'el; ellos han sido dados como ofrenda a
YAHWEH para ti, para que ellos puedan hacer el servicio en el Tabernáculo
del Testimonio. 7 Tú y tus hijos contigo ejercitarán sus prerrogativas y
deberes como *kohanim* referente a todo lo que tiene que ver con el altar y
dentro de la cortina. Yo confío el servicio requerido de los *kohanim* a ti; la
persona no autorizada que trate de hacerlo será puesta a muerte." 8 *YAHWEH*
dijo a Aharon: "Yo mismo te he puesto a cargo de las contribuciones dadas a
mí. Todo lo dedicado por los hijos de Yisra'el Yo he dado y apartado para ti y
tus hijos; ésta es una ley perpetua. 9 Aquí está lo que será tuyo de las cosas
especialmente *Kadoshim* tomadas del fuego: toda ofrenda que ellos hacen –
esto es, toda ofrenda de grano, ofrenda de pecado y ofrenda de culpa de ellos
que ellos entreguen a mí – será especialmente *Kadosh* para ti y tus hijos. 10 Tú
la comerás en un lugar especialmente *Kadosh*; todo varón puede comerla, tú y
tus hijos; y será *Kadosh* para ti. 11 "También tuya es la contribución que los
hijos de Yisra'el dan en la forma de ofrendas mecidas: Yo he dado éstas a ti,
tus hijos y tus hijas contigo; ésta es una ley perpetua. Todos en tu familia que
estén limpios pueden comerla 12 Todo lo mejor del aceite de oliva, vino y
grano, la primera porción de lo que ellos dan a *YAHWEH*, Yo te lo he dado a
ti.13 El primer fruto en madurarse de todo lo que está en su tierra, que ellos
traigan a *YAHWEH*, será tuyo; toda persona limpia en tu familia puede
comerlo. 14 Todo en Yisra'el que ha sido dedicado incondicionalmente será

tuyo. 15 "Todo lo que venga primero de la matriz, de todas las cosas vivientes
que ellos ofrecen a *YAHWEH*, sea humano o animal, será tuyo. Sin embargo,
el primogénito de un ser humano tú tienes que redimir. 16 La suma a pagar
para redimir a cualquiera de un mes o mayor será de cinco *shekels* de plata
[dos onzas], como tú lo evalúes, usando el *shekel* del Lugar Kadosh (esto es
lo mismo que veinte *gerahs*). 17 Pero el primogénito de un buey, oveja, o
carnero no lo redimirás; ellos son *Kadoshim* – salpicarás la sangre de ellos
contra el altar y harás su grasa subir en humo como ofrenda hecha por fuego,
como aroma fragante para *YAHWEH*. 18 Su carne será tuya, como
el pecho que es mecido y la pierna derecha – serán tuyos. 19 Todas las
contribuciones de cosas *Kadoshim* que los hijos de Yisra'el ofrezcan a
YAHWEH Yo he dado a ti, tus hijos y tu hijas contigo; ésta es una ley
perpetua, un Pacto eterno de sal[63] delante de *YAHWEH* para ti y tus hijos
contigo. "

62 Moriremos, *gawanu,* "expiramos," significa no tanto simplemente morir, como sentir una gran dificultad al respirar, cual produce asfixia, y al fin la muerte.

20 *YAHWEH* dijo a Aharon: "Tú no tendrás herencia o porción en la tierra de
ellos; Yo soy tu porción y herencia entre los hijos de Yisra'el. 21 "A los hijos
de Levi Yo he dado la décima parte completa del producto recogido en
Yisra'el. Es su herencia en pago por el servicio que ellos rinden en el
Tabernáculo del Testimonio.[64] 22 Desde ahora en adelante, los hijos de
Yisra'el no se acercarán al Tabernáculo del Testimonio , para que no carguen
las consecuencias de su pecado y mueran. 23 Solamente los *Leviim* harán el
servicio en el Tabernáculo del Testimonio y ellos serán responsables por
cualquier cosa que ellos hagan mal. Esta será una regulación permanente por
todas sus generaciones. Ellos no tendrán herencia de los hijos de Yisra'el, 24
porque Yo he dado a los *Leviim* como su herencia las décimas partes de la
producción que los hijos de Yisra'el apartan como ofrenda para *YAHWEH*.
Por esto Yo he dicho a ellos que ellos no tendrán herencia entre los
hijos de Yisra'el. 25 *YAHWEH* dijo a Moshe: 26 "Dile a los *Leviim*. 'Cuando
ustedes tomen de los hijos de Yisra'el las décimas partes del producto que Yo
les he dado de ello s como su herencia, ustedes apartarán de ello una ofrenda
para *YAHWEH*, una décima parte de la décima parte.[65] 27 La ofrenda que
ustedes aparten será contada para ustedes como si fuera grano de la era y jugo
de uvas de la tina de vino. 28 De esta forma ustedes apartarán un ofrenda para
YAHWEH de todas las décimas partes que ustedes reciben de los hijos de
Yisra'el, y de estas décimas partes darán a Aharon el *kohen* la ofrenda

apartada para *YAHWEH.* 29 De todo lo dado a ustedes, ustedes apartarán todo
lo que es debido a *YAHWEH,* la mejor parte de ello, es una porción *Kadosh.'*
30 Por lo tanto les dirás a ellos: 'Cuando aparten de la mejor parte, será
contado a los *Leviim* como si fuera grano de la era y jugo de uvas de la prensa
de vino. 31 Ustedes pueden comerlo donde quiera, ustedes y sus familias;
porque es su pago de vuelta por el servicio en el Tabernáculo del Testimonio.
32 Además, porque ustedes apartarán de ellos de su mejor parte, ustedes no
estarán cometiendo ningún pecado a causa de ello; porque ustedes no
profanarán las cosas *Kadoshim* de los hijos de Yisra'el, o morirán.'"

Referencias;

Haftarah Koraj: Sh'mu'el (1Samuel) 11:14-12:22
Lecturas sugeridas del Brit Hadashah para la Parashah Koraj:
2 Timoteo 2:8-21; Yahudáh (Judas) 1-25
Parashah 39: Hukkat (Regulación) 19:1-22:1

[En años regulares leer con Parashah 40, en años bisiestos leer por separado]

63 El término "pacto de sal" es indicativo de la naturaleza eterna de la relación entre sus hijos y *YAHWEH.* Cuando escuchamos el término sal, el entendimiento es que las cosas a las que *YAHWEH* se dirige son eternas , duran, nunca cambian, y son para siempre. Todos los pactos de sal entonces son eternos, y están eternamente presentes en los hijos e hijas de Yisra'el, no importa donde se encuentren, y sin importar si hay o no hay un Templo físico en pie en el Monte Moriyah.

64 Este verso y del verso 8 al 19 son usados por pastores cristianos y "rabinos" para arrancarle diezmos y contribuciones a sus ovejas. Estos pastores y "rabinos" están en un gran pecado, porque dice claramente que estas ofrendas son para Aharon y su descendencia como Ley perpetua, pero estos pastores y "rabinos" no son hijos de Aharon y están mintiendo para lucrar.

65 Este verso también es utilizado para hacer fiesta con el dinero de las ovejitas, el pastor y el auto nombrado "rabino" ilegalmente cogen el diezmo y de ahí le da el diezmo a la denominación. Pero ninguno de ellos son hijos de Levi. Ver estudio sobre los diezmos. El diezmo fue instituido para los que servían en el Tabernáculo (v 31) y después el Templo, esto es, la tribu de Levi y los h ijos de Aharon. Yisra'el está disperso y la tribu de Levi no es identificable, tampoco hay Templo.

B' midbar (En el desierto) - rbdmb - Números 19
Parashah 34: B'midbar (En el desierto) 1:1-4:20

19 *YAHWEH* dijo a Moshe y a Aharon: 2 "Esta es la regulación de la *Toráh*
que *YAHWEH* ha ordenado. Dile a los hijos de Yisra'el que te traigan una
novilla bermeja sin falta ni defecto y que nunca se le haya puesto yugo. 3 La
darás a Eleazar el *kohen*; ellos la llevarán fuera del campamento, a un lugar
limpio y la sacrificarán delante de él. 4 Eleazar el *kohen* tomará algo de su
sangre con su dedo y salpicará esta sangre hacia el frente del Tabernáculo del
Testimonio siete veces. 5 La novilla será quemada hasta que se vuelva cenizas
ante sus ojos – su cuero, carne, sangre y estiércol serán quemados hasta que
se vuelvan cenizas. 6 El *kohen* tomará madera de cedro, hisopo e hilo escarlata
y los tirará sobre la novilla mientras se quema. 7 Entonces lavará sus ropas y a
sí mismo en agua, después de lo cual él puede volver a entrar al campamento;
pero el *kohen* permanecerá inmundo hasta el anochecer. 8 La persona que
quemó la novilla lavará sus ropas y a sí mismo, pero él permanecerá inmundo
hasta el anochecer. 9 Un hombre que esté limpio recogerá las cenizas de la
novilla y las guardará fuera del campamento en un lugar limpio. Serán
guardadas para la congregación de los hijos de Yisra'el para preparar agua
para la purificación de pecado. 10 El que recoja las cenizas de la novilla lavará
sus ropas y estará inmundo hasta el anochecer. Para los hijos de Yisra'el y
para el extranjero que se está quedando con ellos ésta es una regulación
permanente. 11 "Cualquiera que toque un cadáver, no importa de quien es el
cuerpo muerto, estará inmundo por siete días. 12 Tiene que purificarse a sí con
[las cenizas] en el tercer y en el séptimo días, entonces estará limpio. Pero si
no se purifica a sí mismo el tercer y séptimo días, no estará limpio. 13
Cualquiera que toque un cadáver, no importa de quien es el cuerpo muerto, y
no se purifica a sí mismo ha profanado el Tabernáculo de *YAHWEH*. Esa
persona será cortada de Yisra'el, porque el agua de purificación no fue rociada
sobre él. Esa persona estará inmunda; su inmundicia aún está sobre ella.
14 "Esta es la ley: cuando una persona muera en una tienda, todos los que
entren en la tienda y todo en la tienda estarán inmundos por siete días. 15 Todo
recipiente abierto sin una tapa firmemente ajustada está inmundo. 16 También
cualquiera que esté en un campo abierto y toque un cadáver, sea de alguien
matado por un arma o alguien que murió naturalmente, o el hueso de una
persona, o un sepulcro, estará inmundo por siete días. 17 "Para La persona
inmunda ellos tomarán algo de las cenizas del animal quemado para
purificación de pecado y la añadirá a agua fresca en un recipiente. 18 Una
persona limpia tomará un manojo de hojas de hisopo, las mojará en el agua y
la rociará sobre la tienda, sobre todas las vasijas, sobre la gente que estaba
allí, sobre la persona que tocó el hueso o sobre la persona que fue matada o
sobre la persona que murió naturalmente o sobre el sepulcro. 19 La persona

limpia rociará a la persona inmunda al tercer y séptimo días. En el séptimo
día él lo purificará; entonces lavará sus ropas y a sí misma en agua; y
entonces estará limpia al anochecer. 20 La persona que permanece inmunda y
que no se purifique a sí será cortada de la congregación porque ha profanado
el Lugar Kadosh de *YAHWEH.* El agua para la purificación no ha sido rociada
sobre ella; está inmunda. 21 Esta será una regulación permanente para ellos.
La persona que rocía el agua para la purificación lavará sus ropas. Cualquiera
que toque el agua para la purificación estará inmunda hasta la noche. 22
Cualquier cosa que la persona inmunda toque será inmunda, y cualquiera que
lo toque a él estará inmundo hasta el anochecer."

B' midbar (En el desierto) - rbdmb - Números 20

Parashah 34: B'midbar (En el desierto) 1:1-4:20

20 Los hijos de Yisra'el, la congregación completa, entraron en el Desierto
Tzin en el primer mes, y ellos se quedaron en Kadesh. Allí Miryam murió, y
allí fue sepultada. 2 Porque la congregación no tenía agua, ellos se reunieron
contra Moshe y Aharon. 3 El pueblo riñó con Moshe, y dijeron: "Nosotros
deseamos haber muerto cuando nuestros hermanos murieron delante de
YAHWEH. 4 ¿Por qué trajiste a la congregación de *YAHWEH* a este desierto?
¿Para morir allí, nosotros y nuestros animales de cría? 5 ¿Por qué nos hiciste
salir de Mitzrayim? ¿Para traernos a este terrible lugar sin *zera*, higos, vides,
granadas o aun hasta agua para beber?" 6 "Moshe y Aharon se fueron de la
asamblea, fueron al Tabernáculo del Testimonio y cayeron de bruces; y la
Gloria de *YAHWEH* apareció a ellos. 7 *YAHWEH* dijo a Moshe: 8 "Toma el
cetro, reúne a la congregación, tú y Aharon tu hermano, y delante de sus ojos,
dile a la roca que produzca su agua. Tú les traerás agua de la roca y así
facilitarás que la congregación y sus animales de cría puedan beber." 9 Moshe
tomó el cetro de la presencia de *YAHWEH*, como El le había ordenado. 10
Pero después que Moshe y Aharon habían reunido a la congregación delante
de la roca, él les dijo a ellos: "¡Escuchen aquí, ustedes rebeldes! ¿Se supone
que les traigamos agua de esta roca?" 11 Entonces Moshe levantó su mano y
golpeó la roca con el cetro dos veces.[66] El agua fluyó en abundancia, y la
congregación y los animales de cría bebieron. 12 Pero *YAHWEH* dijo a Moshe
y a Aharon: "Porque ustedes no confiaron en mí, para que Yo fuera
considerado como *Kadosh* por los hijos de Yisra'el, ustedes no traerán a esta
congregación a La Tierra que Yo les he dado." 13 Esta es la fuente de Merivah
[Fuente de la disputa], donde los hijos de Yisra'el contendieron con
YAHWEH, y por lo cual El reafirmó su *Kedushah.*[67] 14 Moshe envió
mensajeros desde Kadesh al rey de Edom: "Esto es lo que tu hermano
Yisra'el dice: tú sabes de todas las aflicciones por las cuales hemos pasado –
15 que nuestros padres descendieron a Mitzrayim, vivimos en Mitzrayim por

mucho tiempo, y los Mitzrayimim nos trataron y a nuestros padres muy mal.
16 Pero cuando clamamos a *YAHWEH,* El nos oyó, envió un *Malaj* y nos sacó
de Mitzrayim. Ahora aquí estamos en Kadesh, una ciudad al borde de
tu territorio. 17 Por favor déjanos pasar por tu tierra. No pasaremos por tus
campos o viñas, y no beberemos agua alguna de los pozos, iremos por la
carretera de los reyes, no nos volveremos a un lado ni a la derecha ni a la
izquierda hasta que hayamos salido de tu territorio." 18 Pero Edom respondió:
"Ustedes no pasarán por mi tierra; si lo hacen, yo saldré contra ustedes con la
espada.[68]" 19 Los hijos de Yisra'el respondieron: "nos mantendremos en la
carretera; si bebemos el agua, nosotros o nuestros animales de cría,
pagaremos por ella. Sólo déjanos pasar a pie – no es nada." 20 Pero él dijo:
"No pasarán por ella"; y Edom salió contra ellos con mucha gente y mucha
fuerza. 21 Así que Edom rehusó permitir a Yisra'el paso por su territorio,
entonces Yisra'el se volvió. 22 Partieron de Kadesh; y los hijos de Yisra'el, la
congregación completa, llegaron al Monte Hor. 23 En el Monte Hor, en la
frontera de la tierra de Edom, *YAHWEH* dijo a Moshe y a Aharon: 24 "Aharon
está al ser añadido a su pueblo, porque él no entrará en La Tierra que Yo he
dado a los hijos de Yisra'el, pues to que ustedes se rebelaron contra lo que Yo
dije en la Fuente de Merivah.[69]

66 La Roca era el Mesías Yahshúa (1C 10:4), y Moshe no sólo la golpeó, sino lo hizo dos veces, desobedeciendo a *YAHWEH* quien dijo que le hablara a la Roca. Quizás fue una mala interpretación de Moshe por estar bajo la presión de Yisra'el murmurando constantemente, pero pecado es pecado, en ignorancia o voluntariamente.

67 Este fue el pecado que Moshe cometió y por el cual no pudo entrar a La Tierra. *YAHWEH* le dijo que le dijera a la roca, pero él golpeó la roca no una vez sino dos. En su ira contra el pueblo, desobedeció a *YAHWEH.* Ver De 32:51-52.

68 Hay muchas profecías contra Edom, los hijos de Esav, Is 34:5,6; Je 49:7-18 Ez 25:13 35:1-15; Jl 3:19; Am 1:11; Abd 1:1- 21; Mal 1:3,4, y éstas han sido cumplidas. La presente desolada condición de esa tierra es un testimonio de la inspiración de estas profecías. Pero reconocemos a Edom porque es la Roma de hoy, y con el mismo odio hacia los hijos de Yisra'el que antes .

25 Toma a Aharon y a Eleazar su hijo, tráelos al Monte Hor, 26 remueve las
vestiduras de Aharon y las pones a Eleazar su hijo. Aharon será reunido con
su pueblo – él morirá allí." 27 Moshe hizo como *YAHWEH* había ordenado.
Ellos subieron al Monte Hor ante los ojos de toda la congregación. 28 Moshe
removió las vestiduras de Aharon, y las puso a Eleazar su hijo, y Aharon
murió allí en la cumbre de la montaña. Entonces Moshe y Eleazar
descendieron de la montaña. 29 Cuando la congregación completa vio que
Aharon estaba muerto, le hicieron duelo a Aharon por treinta días, toda la
casa de Yisra'el.

B' midbar (En el desierto) - rbdmb - Números 21

Parashah 34: B'midbar (En el desierto) 1:1-4:20

21 Entonces el rey de Arad, un Kenaani que vivía en el Neguev, oyó que
Yisra'el se estaba acercando por el camino de Atarim,[camino de los espías]
así que él atacó a Yisra'el y tomó a algunos de ellos cautivos. 2 Yisra'el hizo
un voto a *YAHWEH*: "Si Tú me entregas este pueblo a mí, yo destruiré sus
ciudades completamente." 3 *YAHWEH* escuchó a lo que Yisra'el dijo y
entregó a los Kenaanim, así que los destruyeron completamente a ellos y a
sus ciudades y llamaron el lugar Hormah.[70] 4 Entonces ellos viajaron del
Monte Hor en la carretera hacia el Mar de Suf para poder rodear la tierra de
Edom; pero el alma del pueblo estaba muy desanimada a causa del desvío. 5
El pueblo habló contra Elohim y contra Moshe: "¿Por qué nos sacaste de
Mitzrayim? ¿Para morir en el desierto? ¡No hay verdadera comida, no hay
agua, y estamos hartos de esta cosa miserable que estamos comiendo!"[71]
6 Como respuesta, *YAHWEH* envió serpientes venenosas entre el pueblo; ellas
mordieron a la gente, y muchos de los hijos de Yisra'el murieron.[72] 7 El
pueblo vino a Moshe, y dijeron: "Nosotros pecamos por haber hablado contra
YAHWEH y contra ti. Ora a *YAHWEH* para que nos quite estas serpientes."
Moshe oró por el pueblo, 8 y *YAHWEH* respondió a Moshe: "Haz una
serpiente feroz y ponla sobre un poste, cuando cualquiera que haya sido
mordido la vea, vivirá." 9 Moshe hizo una serpiente de bronce[73] y la puso en
el poste; si una serpiente había mordido a alguien, entonces, cuando miraba
hacia la serpiente de bronce, permanecía vivo. 10 Los hijos de Yisra'el
siguieron de viaje y acamparon en Ovot. 11 De Ovot ellos viajaron y
acamparon en Iyei-Haavarim, en el desierto al frente de Moav en el este. 12
De allí ellos viajaron y acamparon en el Vadi Zered. 13 De allí ellos viajaron y
acamparon del otro lado de Arnon, en el desierto; este río sale del territorio de
los Emori; porque Arnon es la frontera entre Moav y los Emori. 14 Por esto
dice, en el Libro de las Guerrasde *YAHWEH*,"[74]...Vahev at Sufah, los vadis
de Arnon,

69 Ver nota en verso 13.

70 Poner bajo prohibición, o dedicado para destrucción completa. Después de la manifestación de la ira de *YAHWEH* en contra los hijos de Yisra'el, por causa de sus murmuraciones cuando los espías regresaron al campamento en Kadesh, con un reporte maligno acerca de La Tierra. Ellos rápidamente se arrepintieron de su conducta, y presumieron subir a la cumbre de la montaña, buscando entrar en La Tierra prometida, pero sin la presencia de *YAHWEH*, sin el Pacto para el Testimonio, y sin Moshe ni su bendición. Los Amalekim y los Kenaanim bajaron y los derrotaron en Hormah, cp 14:45.

71 El Salmo 78 nos dice por qué se quejaba Yisra'el: (1) sus *ruajim* no eran fieles a *YAHWEH* (78.8); (2) no quisieron obedecer la Toráh de *YAHWEH* (78.10); (3) olvidaban los milagros que *YAHWEH* les hacía (78.11).
72 *YAHWEH* utilizó serpientes venenosas para castigar al pueblo por su incredulidad y sus quejas. El desierto de Sinai cuenta con una gran variedad de serpientes. Algunas se esconden bajo la arena y atacan sin previo aviso. Los Israelitas y los Egipcios las temían mucho. La mordida de una serpiente venenosa significaba, una muerte lenta con un sufrimiento intenso.
73 Jn 3:14; 8:28, 34; este verso la iglesia Católica lo usa para justificar todos sus ídolos pero fue *YAHWEH* quien dio esa orden y no se la dio a la iglesia Católica. Después fue llevada por los Israelitas a Kenaan, y preservada hasta el tiempo de Hitzkiyah quien la hizo destruir porque el pueblo la había comenzado a idolatrar 2R 18:4. ¿Cómo entonces la iglesia Católica no utiliza este verso en 2 Reyes para destruir sus ídolos? Porque es la iglesia de ha satán, la Gran Ramera de Revelación. Esto es una alusión a la muerte del Mesías en la estaca de ejecución.
74 El documento a que se alude nos es desconocido. La cita establece las fronteras de Moav.

15 y la pendiente de los vadis extendiéndose tan lejos como el sitio de Ar, que
yace junto al territorio de Moav." 16 De allí ellos fueron adelante a Beer
[pozo]; ese es el pozo cual *YAHWEH* dijo a Moshe "Reúne al pueblo, y Yo
les daré agua." 17 Entonces Yisra'el cantó este canto: "¡Brota hacia arriba, o
pozo! ¡Canten al pozo 18 cavado por los príncipes, por los nobles del pueblo
lo cavaron por la dirección del dador de la ley, con sus cetros!" Del desierto
ellos fueron a Mattanah, 19 de Mattanah a Najaliel, de Najaliel a Bamot, 20 y
de Bamot al valle por los llanos de Moav al comienzo de la cordillera de
Pisgah, donde mira a Yeshimon [el desierto]. 21 Yisra'el envió mensajeros a
Sijon, rey de los Emori, con este mensaje: 22 "Déjanos pasar por tu tierra. No
nos volveremos a un lado a campos y viñas, y nosotros no beberemos ninguna
agua de tus pozos. Iremos por la Carretera del Rey hasta que hayamos salido
de tu territorio." 23 Pero Sijon no permitió a Yisra'el pasar por su territorio.
Por el contrario, Sijon reunió a toda su gente y fue al desierto para pelear con
Yisra'el. Al llegar a Yajatz, él peleó con Yisra'el. 24 Yisra'el lo derrotó con
fuerza de armas y tomó control de su tierra desde el Arnon hasta el Río
Yabok, pero sólo hasta el pueblo de Amón, porque el territorio del pueblo de
Amón estaba bien defendido. 25 Yisra'el tomó todas estas ciudades – Yisra'el
habitó todas las ciudades de los Emori, en Heshbon y todos sus pueblos que lo
rodeaban. 26 Heshbon era la ciudad de Sijon el rey de los Emori, quien había
peleado contra el que fue rey de Moav y conquistó toda su tierra hasta el
Arnon. 27 Por esto los que cuentan leyendas dicen: ¡Vengan a Heshbon! ¡Que
sea reedificada! ¡La ciudad de Sijon sea restaurada! 28 "Porque fuego salió de

Heshbon, una llama de la ciudad de Sijon. Consumió a Ar de Moav, los
señores de los lugares altos de Arnon. 29 "¡Ay de t i, Moav! ¡Estás destruido,
pueblo de Kemosh![75] El dejó que sus hijos fueran fugitivos y sus hijas
cautivas de Sijon, rey de los Emori. 30 "Nosotros los derribamos; Heshbon
está destruido, por todo el camino hasta Divon. Aun derribamos a Nofaj,
cual se extiende hasta Meidva."

75 Kemosh, el dios nacional de Moav, era adorado como dios de la guerra. Sin embargo, este dios falso no fue de ninguna ayuda a esta nación cuando peleó contra Yisra'el.

31 Así Yisra'el vivió en la tierra de los Emori. 32 Moshe envió hombres a
reconocer Yazer; ellos capturaron sus pueblos y echaron a los Emori que
había allí. 33 Entonces ellos se volvieron y fueron por el camino a Bashan; y
Og, el rey de Bashan, marchó contra ellos, él con toda su gente, para pelear en
Edrei. 34 *YAHWEH* dijo a Moshe: "No tengas temor de él, porque Yo lo he
entregado a ti con todo su pueblo y su tierra. Tú lo tratarás tal como hiciste a
Sijon, rey de los Emori, quien vivía en Heshbon." 35 Así que ellos lo
derribaron con sus hijos y todo su pueblo, hasta que no quedó nadie vivo; y
entonces ellos tomaron control de su tierra.

B' midbar (En el desierto) - rbdmb - Números 22

Parashah 34: B'midbar (En el desierto) 1:1-4:20

22 Entonces los hijos de Yisra'el partieron y acamparon en las llanuras de
Moav del otro lado del Río Yarden, frente a Yerijo.

Referencias;
Haftarah Hukkat: Shoftim (Jueces) 11:1-33
Lecturas sugeridas del Brit Hadashah para la Parashah Hukkat:
Yojanán (Juan) 3:9-21; 4:3-30; 12:27-50
Parashah 40: Balak (Balac) 22:2-25-9
[En años regulares leer con la Parashah 39, en años bisiestos por separado]

2 Ahora Balak el hijo de Tzippor vio todo lo que Yisra'el había hecho a los
Emori; 3 Moav tenía mucho temor del pueblo; porque había tantos de ellos;
Moav estaba sobrecogido con terror a causa de los hijos de Yisra'el. 4 Así que
Moav le dijo a los jefes de Midyan: "Esta horda se lamerá todo alrededor de
nosotros, como un buey se lame la hierba en el campo." Balak el hijo de
Tzippor era el rey de Moav en ese tiempo. 5 El envió mensajeros a Bilaam el
hijo de Beor,[76] a Petor junto al Río [Eufrates] en su tierra natal, para decirle:

"Escucha, un pueblo ha salido de Mitzrayim, se ha esparcido por toda la tierra
y se ha asentado junto a mí. 6 Por lo tanto, por favor ven, y maldice a este
pueblo por mí, porque son más fuertes que yo. Quizá yo pueda golpearlos y
echarlos de esta tierra, porque yo sé que a cualquiera que tú bendigas está de
hecho bendecido, y cualquiera que tú maldigas está de hecho maldecido." 7
Los jefes de Moav y Midyan se fueron tomando con ellos pago para
adivinación, vinieron a Bilaam y le hablaron las palabras de Balak. 8 El les
dijo a ellos: "Quédense aquí esta noche y yo traeré cualquier respuesta que
YAHWEH me dé." Así que los príncipes de Moav se quedaron con Bilaam.
9 Elohim vino a Bilaam, y le dijo a él: "¿Quiénes son estos hombres contigo?"
10 Bilaam dijo a Elohim: "Balak el hijo de Tzippor, rey de Moav, me ha
enviado este mensaje: 11 'El pueblo que salió de Mitzrayim se ha esparcido
por la tierra[77] y ha acampado cerca de mí; ahora, ven y maldícelos por mí;
quizá yo podré pelear contra ellos y echarlos de la tierra.'" 12 Elohim
respondió a Bilaam: "Tú no irás con ellos, no maldecirás al pueblo, porque
ellos están bendecidos."

76 Señor del pueblo. Es evidente que habitando entre idólatras él tenía algún conocimiento del verdadero Elohim; y era tenido con esa reputación. Por una tremenda interposición de *YAHWEH* él no pudo maldecir a los hijos de Yisra'el. Kefa se refiere a esto como un evento histórico, 1P 2:15-16. La doctrina de Bilaam es mencionada en Re 2:14 en alusión al hecho de que por medio de las enseñanzas de Bilaam, fue que Balak conoció la forma en la cual los Israelitas podían ser llevados a pecar.

77 Los *Goyim* saben que a Yisra'el va a pertenecer toda la tierra y en vez de venir a Yahshúa Ha Mashíaj y unirse, quieren evitarlo a toda costa. Obviamente esto no sucederá, como no fue posible en los tiempos de Balak.

13 Bilaam se levantó en la mañana y dijo a los príncipes de Balak: "Regresen
rápidamente a su señor, porque *YAHWEH* rehúsa darme permiso para ir con
ustedes." 14 Los príncipes de Moav se levantaron, regresaron a Balak, y
dijeron: "Bilaam rehúsa venir con nosotros." 15 Balak envió príncipes otra
vez, más de ello s y de rango más elevado que el primer grupo. 16 Ellos fueron
a Bilaam y le dijeron a él: "Aquí está lo que Balak el hijo de Tzippor dice:
'Por favor no dejes que nada te detenga en venir a mí. 17 Yo te recompensaré
muy bien, y lo que tú me digas yo lo haré. Así que por favor ven, y maldice a
este pueblo por mí.'" 18 Bilaam respondió a los sirvientes de Balak: "Aun si
Balak me fuera a dar su palacio lleno de plata y oro, yo no puedo ir por
encima de la palabra de *YAHWEH* mi Elohim para hacer nada grande o
pequeño en mi mente. 19 Ahora, por favor, tú también, quédate aquí esta
noche; para poder averiguar que otra cosa *YAHWEH* me dirá." 20 Elohim vino
a Bilaam durante la noche y le dijo a él: "Si los hombres han venido a
llamarte, levántate y ve con ellos; pero haz sólo lo que Yo te diga."
21 Así que Bilaam se levantó en la mañana, ensilló su asna y fue con los
príncipes de Moav. 22 Pero la ira de Elohim se encendió porque él fue, y el

Malaj de *YAHWEH*[78] se estacionó a sí mismo en la senda para interrumpir su
paso. El iba montado en su asna, y sus dos sirvientes estaban con él. 23 El asna
vio al *Malaj* de *YAHWEH* parado en el camino, con la espada desenfundada
en mano; así que el asna se volvió del camino hacia el campo, y Bilaam tuvo
que golpear al asna para llevarla de nuevo al camino. 24 Entonces el *Malaj* de
YAHWEH se paró en el camino donde se volvió estrecho mientras pasaba
entre las viñas y tenía paredes de piedra en ambos lados. 25 El asna vio al
Malaj de *YAHWEH* empujó contra la pared, machacando el pie de Bilaam
contra la pared. Así que él la golpeó otra vez. 26 El *Malaj* de *YAHWEH* se
movió hacia delante y se paró en un lugar tan estrecho que no había espacio
para volverse a la derecha ni a la izquierda. 27 Otra vez el asna vio al *Malaj* de
YAHWEH y se echó debajo de Bilaam, lo cual lo enfureció tanto que le pegó
al asna con un palo. 28 Pero *YAHWEH* facultó al asna para hablar, y le
dijo a Bilaam: "¿Qué te he hecho a ti para hacerte golpearme estas tres
veces?" 29 Bilaam dijo al asna: "¡Es porque te estás burlando de mí! ¡Quisiera
tener una espada en mi mano; te mataría aquí mismo!" 30 El asna dijo a
Bilaam: "¿Yo soy tu asna, correcto? ¿Me has montado toda tu vida,
correcto? ¿Te he tratado alguna vez como ésta?" "No," él admitió. 31 Entonces
YAHWEH abrió los ojos de Bilaam, para que pudiera ver al *Malaj* de
YAHWEH parado en el camino con su espada desenvainada en mano, y él
inclinó su cabeza y cayó de bruces. 32 El *Malaj* de *YAHWEH* le dijo a
él: "¿Por qué le pegaste así a tu asna tres veces? Yo he venido aquí para
interrumpir tu paso, porque tú te estás apresurando para oponerte a mí. 33 ¡El
asna me vio y se volvió a un lado estas tres veces; y ciertamente, si ella no se
hubiera apartado de mí, Yo ya te hubiera matado y a ella la hubiera dejado
viva!" 34 Bilaam dijo al *Malaj* de *YAHWEH*: "Yo he pecado. Yo no sabía que
Tú estabas en el camino para bloquearme. Ahora, por lo tanto, si lo que estoy
haciendo no te complace, regresaré." 35 Pero el *Malaj* de *YAHWEH* dijo a
Bilaam: "No, sigue con los hombres; pero dirás solamente lo que Yo te diga
que digas." Así que Bilaam siguió con los príncipes de Balak. 36 Cuando
Balak oyó que Bilaam había venido, él salió a recibirlo en la ciudad de Moav
en la frontera de Arnon, en los extremos mas alejados de su territorio. 37
Balak dijo a Bilaam: "¡Yo te mandé a llamar más de una vez! ¿Por qué no
viniste a mí? ¿Pensaste que yo no te podía pagar lo suficiente?" 38 Bilaam
respondió a Balak: "¡Mira, ya he venido a ti! Pero yo no tengo ningún poder
en mí mismo para decir nada. La palabra que Elohim ponga en mi boca es lo
que diré." 78 El *Malaj* de *YAHWEH* es Yahshúa, esto está explicado en el libro de Bereshit.
39 Bilaam fue con Balak. Cuando ellos llegaron en Kiryat-Hutzot, 40 Balak
sacrificó ganado y ovejas, entonces envió a Bilaam y los príncipes con él. 41
En la mañana Balak tomó a Bilaam y lo llevó a los lugares más altos de Baal;
desde allí él podía ver una porción del pueblo.

B' midbar (En el desierto) - rbdmb - Números 23

Parashah 34: B'midbar (En el desierto) 1:1-4:20

23 Bilaam dijo a Balak: "Edifícame siete altares aquí, y prepárame siete
toros y siete carneros aquí." 2 Balak hizo como Bilaam había dicho; entonces
Balak y Bilaam ofrecieron un toro y un carnero en cada altar. 3 Bilaam dijo a
Balak: "Párate junto a tu ofrenda quemada mientras yo me voy; quizá
YAHWEH venga a encontrarse conmigo; y lo que El me muestre yo te lo
diré." El fue a una colina yerma. 4 Elohim se encontró con Bilaam, quien le
dijo a él: "Yo preparé siete altares y ofrecí un toro y un carnero en cada altar."
5 Entonces *YAHWEH* puso una palabra en la boca de Bilaam, y dijo: "Vete de
vuelta a Balak, y habla como Yo te diga." 6 Fue de vuelta a él, y allí, parado
junto a la ofrenda quemada, él con todos los príncipes de Moav, 7 él hizo este
pronunciamiento: "Balak, el rey de Moav, me trae desde Aram, desde las
colinas del este, diciendo: 'Ven, maldice a Ya'akov por mí; ven y denuncia a
Yisra'el.' 8 "¿Cómo puedo yo maldecir a aquellos que Elohim no ha
maldecido? ¿Cómo voy a condenar a aquellos que *YAHWEH* no ha
condenado? 9 "Desde la cumbre de las rocas yo los veo, desde las colinas yo
los contemplo – sí, un pueblo que habitará solo[79] y no será reconocida como
una de las naciones. 10 "¿Quién ha calculado exactamente la *zera* de Ya'akov
o quien enumerará la cuarta parte de Yisra'el?[80] ¡Que yo alma muera como el
alma de los justos! ¡Que mi *zera* sea como la *zera* de ellos!" 11 Balak dijo a
Bilaam: "¿Qué me has hecho? ¡Para maldecir a mis enemigos es la razón
porque te he traído; y, aquí, tú los has bendecido totalmente! 12 El
respondió:"¿No debo tener cuidado de decir justo lo que *YAHWEH* ponga en
mi boca?" 13 Balak le dijo a él: "Está bien, ven conmigo a otro lugar donde los
puedas ver. Tú verás sólo algunos de ellos, no a todos; pero los puedes
maldecir por mí desde allí." 14 El lo llevó por entre el campo de Tzofim a la
cumbre de la Cordillera de Pisgah, edificó siete altares y ofreció un toro y un
carnero en cada altar. 15 Bilaam dijo a Balak: "Párate aquí junto a tu ofrenda
quemada, mientras yo voy a un encuentro." 16 *YAHWEH* se encontró con
Bilaam, puso una palabra en su boca, y dijo: "Ve de vuelta a Balak, y habla
como Yo te digo." 17 Vino a él y se paró junto a la ofrenda quemada, con
todos los príncipes de Moav. Balak le preguntó: "¿Qué dijo *YAHWEH*?"

79 Bilaam pronuncia varias profecías para los últimos tiempos, Yisra'el será una nación apartada, a los ojos de *YAHWEH* no pertenece al resto de las naciones. Naciones significa *Goyim*, así que Yisra'el está separado de los *Goyim*, tal como es.

80 Aquí nos dice que la promesa de *YAHWEH* de multiplicidad física será cumplida a su totalidad, no se podrá contar ni aun la cuarta parte de Yisra'el. Aun Yisra'el se encuentra dentro de las naciones, pero está siendo recogido por el Mesías Yahshúa.

18 Entonces Bilaam hizo este pronunciamiento: "¡Levántate, Balak, y escucha!
¡Vuelve tus oídos a mí, hijo de Tzippor! 19 "Elohim no es un humano que
miente ni como un hijo de hombre para ser amenazado. ¿Dirá El y no lo hará?
¿Hablará El y no cumplirá Su palabra? 20 He aquí que he recibido orden de
bendecir; yo bendeciré y no me volveré. 21 "Nadie ha visto iniquidad en
Ya'akov, ni ha percibido perversidad en Yisra'el; *YAHWEH* su Elohim está
con ellos y aclamado como Rey entre ellos. [81] 22 "Elohim fue quien los sacó
de Mitzrayim, él tiene como si fuera la gloria de un unicornio ;[82] 23 así que
uno no puede poner hechizo sobre Ya'akov ni la magia funcionará contra
Yisra'el.[83] Ahora puede ser dicho de Ya'akov y Yisra'el: '¿Qué es esto que
Elohim ha hecho?' 24 "Aquí hay un pueblo levantándose como una leona;
como un león se exalta a sí – él no se echará hasta que devore la presa y
beberá la sangre del muerto."[84] 25 Balak dijo a Bilaam: "Obviamente, tú no
los maldecirás. ¡Pero por lo menos no los bendigas!" 26 Sin embargo, Bilaam
respondió: "¿No te advertí que tengo que decir todo lo que *YAHWEH* dice?"
27 Balak dijo a Bilaam: "Ven, ahora te llevaré a otro lugar; quizá complacerá a
Elohim que tú los maldigas por mí desde allí." 28 Balak llevó a Bilaam a la
cumbre del Peor, mirando al desierto. 29 Bilaam dijo a Balak: "Edifica siete
altares para mí aquí, y prepara siete toros y siete carneros." 30 Balak hizo
como Bilaam dijo y ofreció un toro y un carnero en cada altar.

81 La LXX dice en este verso: ""No habrá aflicciones en Ya'akov, ni la tristeza será vista en Yisra'el; *YAHWEH* su Elohim está con ellos Las glorias de los regidores están en él." Esto es una profecía para el Milenio donde *YAHWEH* verá a Yisra'el limpio y sin mancha cuando el Rey Mesías venga y remueva toda la iniquidad.

82 El término *reaim* lo más probable es que signifique rinoceronte, así llamado por el cuerno en su nariz. En tamaño sólo es excedido por el elefante; y en fuerza y poder, inferior a ninguno. Es por lo menos, 12 pies de largo, 5 o 7 de alto, y la circunferencia de su cuerpo es igual a su largo. Es particularmente distinguido de los otros animales por la maravillosa arma defensiva que lleva en su nariz, que es un cuerno muy duro, sólido y dirigido hacia delante.

83 Ni el hechizo, ni la magia, ni la adivinación funcionan contra Yisra'el, puesto que la Toráh de *YAHWEH* prohíbe todas estas prácticas, Yisra'el guarda Toráh y es protegido contra ellas.

84 *YAHWEH*-Yahshúa está reuniendo a Yisra'el, se levantará como leona para su gloriosa y poderosa entrada en La Tierra.

B' midbar (En el desierto) - rbdmb - Números 24

Parashah 34: B'midbar (En el desierto) 1:1-4:20

24 Cuando Bilaam vio que complacía a *YAHWEH* bendecir a Yisra'el, él no
fue, como las otras veces, ni hizo uso de augurios, sino miró a lo lejos hacia el
desierto. 2 Bilaam levantó sus ojos y vio a Yisra'el acampado tribu por tribu.
Entonces el *Ruaj* de Elohim vino sobre él, 3 y él hizo este pronunciamiento.
"El tomó una parábola, y dijo: Bilaam hijo de Beor dice; el hombre que ve
verdad dice, 4 el dice quien oye los oráculos del *Shaddai*; que vio una visión
de Elohim mientras dormía, sus ojos fueron abiertos: 5 ¡Qué bellas es tuse
habitación, Ya'akov; y tus tiendas, Yisra'el! 6 Como arboledas con sombra,
como jardines en la ribera, como tiendas plantadas por *YAHWEH*. como
árboles de cedro junto al agua. 7 "Vendrá un hombre de su *zera*, y El regirá
sobre muchas naciones; y el Reino de Elohim será exaltado y su reino será
aumentado.[85] 8 Elohim, quien lo sacó de Mitzrayim, El lo ha hecho como si
fuera la gloria de un unicornio. Ellos consumirán las naciones de sus
enemigos, Vaciará sus tuétanos, atravesarán con sus flechas a sus
enemigos.[86] 9 "Cuando ellos se acuestan ellos se encorvan como león,[87]
o como una leona – ¿quién se atreve a despertarla? ¡Benditos serán todos los
que te bendigan! ¡Malditos serán todos los que te maldigan!"[88] 10 Balak se
encendió con furia contra Bilaam. El golpeó sus manos juntas y dijo a
Bilaam: "Yo te mandé a llamar para maldecir a mis enemigos. Pero mira, no
has hecho más que bendecirlos – ¡lo has hecho tres veces! 11 ¡Ahora mejor
escapa a tu propio lugar! Yo había planeado recompensarte muy bien, pero
ahora *YAHWEH* te ha privado de pago." 12 Bilaam respondió a Balak: "¿No
dije a los mensajeros que enviaste 13 que aun si Balak me diera su palacio
lleno de plata y oro, yo no podía de mi propio acuerdo ir por encima de la
palabra de *YAHWEH* para hacer bien o mal? ¿Y que lo que *YAHWEH* dijera
es lo que yo diría? 14 Pero ahora que voy de vuelta a mi propio pueblo, ven,
yo te advertiré lo que este pueblo hará a tu pueblo en el *ajarit-hayamim*.

85 Profecía sobre el Rey Mesías Yahshúa que regirá sobre todas las naciones del mundo, su pueblo Yisra'el será aumentado, reunido y recogido, cumpliendo la promesa a los Patriarcas, Avraham, Yitzjak y Ya'akov.
86 Cuando las dos casas de Yisra'el dejen de pelear entre sí y estén reunidas, todo Yisra'el tendrá el ejército con un gran poderío militar para vencer a todos sus enemigos.
87 Yahshúa es El León de la Tribu de Yahudáh, ¿quién se atreverá a incitarlo?
88 Esta promesa en Ge 12 es renovada y siempre ha estado y estará en vigor.

15 Así que él hizo este pronunciamiento: "El tomó su parábola y dijo, Bilaam
el hijo de Beor dice: el hombre que ve, verdad dice; 16 oyendo los oráculos de
Elohim; recibiendo el conocimiento de *Elyon*, sabe, y habiendo visto una

visión de *Shaddai* en sus sueños, sus ojos fueron abiertos; 17 "Yo lo veo, pero
no ahora; yo lo contemplo, pero no pronto – una estrella saldrá de Ya'akov,
un hombre se levantará de Yisra'el, para destrozar los príncipes de Moav
y saqueará a todos los hijos de Shet. 18 Y Edom será una herencia, Esav su
enemigo será una herencia a Yisra'el. Yisra'el se portará valientemente,
19 De Ya'akov se levantará alguien que reinará, y él destruirá de la ciudad
aquel que escapa."[89] 20 El vio a Amalek tomó esta parábola y dijo : "Primera
entre las naciones es Amalek, pero su *zera* perecerá. 21 El vio a los Keini tomó
esta parábola y dijo : "A pesar que tu morada está firme, tu nido puesto en la
roca, 22 A pesar que Keini[90] tenga un luga r de escondite hábilmente
encontrado Los Ashurim se lo llevarán cautivo." 23 Y miró hacia Og y tomó
esta parábola y dijo: "¡O no! ¿Quién puede vivir cuando Elohim hace esto?
24 Y uno vendrá de las manos de Kittim[91] y afligirá a Ashur y afligirá a
Heber [Ivrim],[92] pero ellos perecerán juntos." 25 Entonces Bilaam se levantó,
se fue y regresó a su casa; y Balak también fue por su camino.

89 Estos vv 17-19 son profecías para el *ajarit hayamim*, como dicho en v 14. La Estrella de la mañana es Yahshúa de acuerdo con 2P 1:19; y Yahshúa destruirá a Edom/Roma y será herencia para Yisra'el, y los hijos de incesto de Lot, Moav y Amón.

90 Keini son los hijos de Kayin/Cain, los Asirios no sólo se llevaron a Yisra'el/Efrayim cautivos, sino muchas otras naciones.

91 Algunos dicen que esto es China, pero los diccionarios lo describen como Chipre en el Mediterráneo.

92 Una profecía contra Bavel, Ivrim significa del otro lado del río.

B' midbar (En el desierto) – rbdmb – Números 25

Parashah 34: B'midbar (En el desierto) 1:1-4:20

25 Yisra'el se quedó en Sheetim, y allí el pueblo comenzó a prostituirse con
las hijas de Moav. 2 Estas mujere s invitaron al pueblo a los sacrificios de sus
dioses, donde el pueblo comió y se inclinó a sus dioses. 3 Con Yisra'el así
unido a Baal-Peor,[93] la furia de *YAHWEH* se encendió contra Yisra'el.[94]
4 *YAHWEH* dijo a Moshe: "Toma a todos los príncipes del pueblo, y ahórcalos
mirando al sol delante de *YAHWEH*, para que la furia ardiente de *YAHWEH*
se vuelva de Yisra'el." 5 Moshe dijo a los jueces de Yisra'el: "Cada uno de
ustedes pondrá a muerte aquellos en su tribu que se han unido a Baal-Peor."
6 Justo entonces, a la vista de Moshe y de toda la congregación de los hijos de
Yisra'el, mientras ellos estaban llorando a la entrada del Tabernáculo del
Testimonio , un hombre de los hijos de Yisra'el vino por allí, trayendo a su
familia una mujer de Midyan. 7 Cuando Pinjas el hijo de Eleazar, el hijo de
Aharon el *kohen*, lo vio, él se levantó de entre el medio de la multitud, tomó

una lanza en su mano, 8 y persiguió al hombre de Yisra'el hasta la parte
interna de la tienda, donde lanzó la lanza a través de ambos de ellos – el
hombre de Yisra'el y la mujer por su estómago. Así fue detenida la plaga
entre el pueblo; 9 sin embargo, 24,000 murieron en la plaga.

Referencias;
Haftarah Balak: Mijah (Miqueas) 5:6-6:8
Lecturas sugeridas del Brit Hadashah para la Parashah Balak:
2 Kefa (Pedro) 2:1-22; Yahudáh (Judas) 11; Revelación 2:14-15
Parashah 41: Pinjas (Fineés) 25:10-30:1 (29:40)

10 *YAHWEH* dijo A Moshe: 11 "Pinjas el hijo de Eleazar, el hijo de Aharon el
kohen, ha apartado mi furia de los hijos de Yisra'el por ser celoso como Yo
soy, así que Yo no los destruí en mi propio celo. 12 Por lo tanto di: 'Yo le
estoy dando mi Pacto de *Shalom*, 13 haciendo un Pacto con él y sus hijos
después de él que el oficio de *kohen* será de ellos para siempre.' Esto es por
causa que él fue celoso por a mor a su Elohim e hizo expiación por los hijos
de Yisra'el."[95]

93 El nombre apropiado al dios principal de los Fenicios (Tzidonim), es encontrado en muchos lugares en su plural, Baalim, cp 2:11; 10:10; 1R 18:18; Je 2:23; Os 2:17 . Baal es identificado con Molej Je 19:5. Era conocido por los Israelitas como Baal-Peor, Nu 25:3; De 4:3, y era adorado hasta el tiempo de Samuel, 1S 7:4 y después de eso fue la religión de las Diez
Tribus que se Gentilizaron (convirtieron en *Goyim*) en el tiempo de Ajav 1R 16:31-33; 18:19,22: Prevaleció también por un tiempo en el Reino del Sur o Yahudáh 2R 8:27 comparar 2R 11:18; 16:3; 2Cr 28:2. Hasta que finalmente se le puso fin por la severa disciplina del cautiverio, Sof 1:4-6. Los sacerdotes de Baal eran en grandes números 1R 18:19 y varias clases, 2R 10:19. Su modo de ofrecer sacrificios es descrito en 1R 18:25 - 29. El dios-sol, bajo el título general de Baal, o "señor" era el principal objeto de adoración de los Kenaanim. Cada localidad tenía su especial Baal, y los varios Baalim locales eran así llamados, lo cual significa "señores". Cada Baal tenía una esposa que era una reflexión descolorida de él mismo.

94 Esta combinación de pecado sexual e idolatría, como después se supo, fue idea de Bilaam (31.16; Re 2.14), el mismo Bilaam que acababa de bendecir a Yisra'el y que parecía estar de su lado. Es muy fácil entender por qué los israelitas se desviaron: Bilaam parecía decir y hacer lo correcto, al menos lo pareció por un tiempo (22–24). No fue sino hasta que Bilaam
ocasionó un gran daño en sus vidas personales y en su nación que los Israelitas se percataron de que era un hombre lleno de avaricia que utilizaba la hechicería y que estaba profundamente metido en las prácticas de religiones paganas. Debemos tomarnos el extremo cuidado con estos nuevos "rabinos" que predican Kabbalah y Zoar, son lo mismo que Bilaam.

14 El nombre del hombre de Yisra'el que fue muerto, puesto a muerte con la
mujer de Midyan, era Zimri el hijo de Salu, jefe de uno de los clanes de la
tribu de Shimeon. 15 El nombre de la mujer de Midyan que fue muerta era
Kozbi la hija de Tzur, y él era jefe del pueblo en uno de los clanes de Midyan.
16 *YAHWEH* habló a Moshe, diciendo: "Habla a los hijos de Yisra'el,
diciendo, 17 'Trata a los Midyanim como enemigos y atácalos; 18 porque ellos
los están tratando a ustedes como enemigos por el engaño en el incidente de
Peor y en el asunto de la hermana de ellos Kozbi, la hija de uno de los jefes
de Midyan, la mujer que fue muerta en el día de la plaga del incidente de
Peor.'"

B' midbar (En el desierto) - rbdmb - Números 26

Parashah 34: B'midbar (En el desierto) 1:1-4:20

26 Después de la plaga, *YAHWEH* dijo a Moshe y Eleazar, el hijo de
Aharon el *kohen*: 2 "Tomen un censo de la asamblea completa de los hijos de
Yisra'el de veinte años de edad y mayores, por sus clanes ancestrales, todos
aquellos capaces de ir a la guerra en Yisra'el." 3 Moshe y Eleazar el *kohen*
hablaron con ellos en las llanuras de Moav junto al Yarden del otro lado de
Yerijo, explicándoles: 4 "Aquellos que tengan veinte años o más que salieron
de la tierra de Mitzrayim, como *YAHWEH* ordenó a Moshe y los hijos de
Yisra'el."[96] 5 Reuven, el primogénito de Yisra'el. Los hijos de Reuven eran:
de Hanoj, la familia de los Hanoji; de Pallu, la familia de los Pallui; 6 de
Hetzron, la familia de los Hetzroni; y de Karmi, la familia de los Karmi. 7
Estas eran las familias de los Reuveni; de ellos fueron contados 43,730.
8 Los hijos de Pallu: Eliav; 9 y los hijos de Eliav: Nemuel, Datan y Aviram.
Estos son los mismos Datan y Aviram, hombres de reputación en la
congregación, que se rebelaron contra Moshe y Aharon en el grupo de Kora j,
cuando ellos se rebelaron contra *YAHWEH*; 10 y la tierra abrió su boca y se los
tragó junto con Koraj cuando ese grupo murió, y el fuego consumió 250
hombres, y ellos se convirtieron en una señal de advertencia. 11 (Sin embargo,
los hijos de Koraj no murieron.) 12 Los hijos de Shimeon, por sus familias,
eran: Nemuel, la familia de los Nemueli; de Yamin, la familia de los Yamini;
de Yajin, la familia de los Yajini; 13 de Zeraj, la familia de los Zeraji; y de
Shaúl, la familia de los Shauli. 14 Estas fueron las familias de los Shimeoni,
22,200. 15 Los hijos de Gad, por familias, eran: de Tzefon, la familia de los
Tzefoni; de Haggi, la familia de los Haggi; de Shuni, la familia de los Shuni;
16 de Ozni, la familia de los Ozni; de Eri, la familia de los Eri; 17 de Arod, la
familia de los Arodi; y de Areli, la familia de los Areli. 18 Estas eran las
familias de los hijos de Gad, conforme a aquellos contados de ellos, 40,500.

19 Los hijos de Yahudáh: Primero Er y Onan, pero Er y Onan murieron en la
tierra de Kenaan. 20 Los hijos de Yahudáh que tuvieron hijos fueron: de
Shelah, la familia de los Shelani; de Peretz, la familia de los Partzi; y de
Zeraj, la familia de los Zarji. 21 Los hijos de Peretz fueron: de Hetzron, la
familia de los Hetzroni; y de Hamul, la familia de los Hamuli.

95 De la historia de Pinjas (vv 7-12) se desprende con claridad que cierta ira es adecuada y justificada. El estaba enojado por su celo de las cosas de *YAHWEH*. El acto de Pinjas hizo expiación para el pueblo de Yisra'el; el castigo Divino cesó. Por causa de esto, sus descendientes llegarían a ser los *Kohen HaGadolim* de Yisra'el. Fue así a lo largo de la historia del Tabernáculo y del Templo.

96 Un nuevo censo para una nueva generación. Ya habían pasado treinta y ocho años desde el primer gran censo en Nu 1.1– 2.33. Durante ese tiempo, cada hombre o mujer Israelita mayor de veinte años (excepto Kalev, Yahoshúa y Moshe) habían muerto (vv. 64, 65), y todavía la Toráh de *YAHWEH* y el carácter espiritual de la nación permanecían intactos. Números
registra algunos milagros dramáticos. Este es un milagro tranquilo pero poderoso que por lo general se pasa por alto: una nación entera se traslada de una tierra a otra, pierde completamente su población adulta, y aún así se multiplica por la promesa de *YAHWEH* a los Patriarcas para mantenerse en la senda espiritual correcta.

22 Estas eran las familias de Yahudáh, conforme a aquellos contados de ellos,
76,500. 23 Los hijos de Yissajar por sus familias, eran: de Tola, la familia de
los Tolai; de Puvah, la familia de los Puni; 24 de Yashuv, la familia de los
Yashuvi; y de Shimron, la familia de los Shimroni. 25 Estas eran las familias
de Yissajar, conforme a aquellos contados de ellos, 64,300. 26 Los hijos de
Zevulun, por sus familias, eran: de Sered, la familia de los Sardi; de Elon,
la familia de los Elo ni; y de Yajleel, la familia de los Yajleeli. 27 Estas eran
las familias de los Zevuloni, conforme a aquellos contados de ellos, 60,500.
28 Los hijos de Yosef por sus familias, eran Menasheh y Efrayim. 29 Los hijos
de Menasheh eran: de Majir, la familia de los Majiri, Majir fue el padre de
Gilead; de Gilead, la familia de los Gileadi. 30 Estos son los hijos de Gilead:
de Iezer, la familia de Iezri; de Helek, la familia de los Helki; 31 de Asriel, la
familia de los Asrieli; de Shejem, la familia de los Shijmi; 32 de Shemida, la
familia de los Shemidai; y de Hefer, la familia de los Hefri. 33 Tzelofehad el
hijo de Hefer no tuvo hijos sino hijas; los nombres de las hijas de Tzelofehad
eran Majlah, Noah, Hoglah, Milkah, y Tzirtah. 34 Estas eran las familias de
Menasheh; de ellos fueron contados 52,700. 35 Estos son los hijos de Efrayim,
por sus familias: de Shutelaj, la familia de los Shutalji; de Bejer, la familia de
los Bajri; y de Tajan, la familia de los Tajani. 36 Estos son los hijos de
Shutelaj: de Eran, la familia de los Erani. 37 Estas eran las familias de los
hijos de Efrayim, conforme a aquellos de ellos que fueron contados, 32,500.
Estos eran los hijos de Yosef por sus familias. 38 Los hijos de Binyamin, por
sus familias eran: de Bela, la familia de los Bali; de Ashbel, la familia de los
Ashbeli; de Ajiram, la familia de los Ajirami; 39 de Shufam, la familia de los

Shufami; y de Hufam, la familia de los Hufami. 40 Los hijos de Bela fueron
Ard y Naaman; [de Ard,] la familia de los Ardi; y de Naaman, la familia de
los Naami. 41 Estos eran los hijos de Binyamin, por sus familias; de ellos
fueron contados 45,600. 42 Los hijos de Dan, por sus familias, eran: de
Shujam, la familia de los Shujami. Estas son las familias de Dan, por sus
familias. 43 Todas las familias de los Shujami, conforme a aquellos de
ellos que fueron contados, eran 64,400. 44 Los hijos de Asher, por sus
familias: de Yimnah, la familia de los Yimnah; de Yishvi, la familia de los
Yishvi; y de Beriah, la familia de los Berii. 45 De los hijos de Beriah: de
Hever, la familia de los Hevri; y de Malkiel, la familia de Malkiel. 46 El
nombre de la hija de Asher era Seraj. 47 Estas eran las familias de los hijos de
Asher, conforme a aquellos de ellos que fueron contados, 53,400. 48 Los hijos
de Naftali, por sus familias: Yajtzeel, las familias de los Yajtzeeli; de Guni, la
familia de los Guni; 49 de Yetzer, la familia de los Yitzri; y de Shillem, la
familia de los Shillemi. 50 Estas son las familias de Naftali conforme a sus
familias; aquellos de ellos que fueron contados eran 45,400. 51 Aquellos que
fueron contados de los hijos de Yisra'el eran 601,730. 52 *YAHWEH* dijo a
Moshe: 53 "La Tierra será parcelada entre estos como una posesión para ser
heredada, conforme al número de nombres. 54 A aquellas familias con más
personas darás mayor herencia, y a aquellos con menos darás menores
herencias – la herencia de cada familia será dada de acuerdo al número
contado de ella. 55 Sin embargo, La Tierra será adjudicada por lotes. Entonces
ellos heredarán conforme a los nombres de las tribus de sus padres, 56 pero la
herencia será parcelada por lotes entre las familias con más y aquellos con
menos."[97]

97 La proporción de las parcelas dependía del censo precedente. La tierra se dividiría echando suertes, y las heredades se asignarían a las tribus de acuerdo con su tamaño. Estos dos principios para la distribución de la tierra podrían causar conflictos si arrojaban resultados divergentes. En el texto *YAHWEH* controlaba el sorteo y que sus resultados corresponderían al tamaño de las tribus. De ahí en adelante no habría motivo para que una tribu desbordara sus límites, porque estos habían sido repartidos por suerte (un principio autorizado Divinamente), así como según su tamaño (un principio pragmático).

57 Aquellos contados de Levi, por sus familias, fueron de Gershon, la familia
de los Gershuni; de Kehat, la familia de los Kehati; y de Merari, la familia de
los Merari. 58 Estas son las familias de Levi: la familia de los Livni, la familia
de Hevroni, la familia de los Majli, la familia de los Mushi y la familia de los
Korji. Kehat era el padre de Amram. 59 El nombre de la esposa de Amram era
Yojavad la hija de Levi, que fue nacida a Levi en Mitzrayim; y ella dio a luz

para Amram a Aharon, Moshe y la hermana de ellos Miryam. 60 A Aharon le
nacieron Nadav, Avihu, Eleazar e Itamar; 61 pero Nadav y Avihu murieron
cuando ellos ofrecieron fuego no autorizado delante de *YAHWEH.* 62 Aquellos
varones de un mes de edad o más contados de Levi fueron 23,000. Estos no
fueron incluidos en el censo de los hijos de Yisra'el, porque ninguna tierra de
herencia fue dada a ellos entre los hijos de Yisra'el. 63 Estos son los que
fueron contados por Moshe y Eleazar el *kohen*, que tomaron un censo de los
hijos de Yisra'el en las llanuras de Moav junto al Yarden del otro lado de
Yerijo. 64 Pero no había un hombre entre ellos que tambié n había sido
incluido en el censo de Moshe y Aharon el *kohen* cuando ellos contaron los
hijos de Yisra'el en el Desierto Sinai; 65 porque *YAHWEH* les había dicho a
ellos: "Ellos ciertamente morirán en el desierto." Así que no había ni uno de
ellos que había quedado, excepto Kalev el hijo de Yefuneh y Yahoshúa el
hijo de Nun.

B' midbar (En el desierto) - rbdmb - Números 27

Parashah 34: B'midbar (En el desierto) 1:1-4:20

27 Entonces las hijas de Tzelofejad el hijo de Hefer, el hijo de Majir, el hijo
de Menasheh, de las familias de Menasheh, el hijo de Yosef, se acercaron.
Estos eran los nombres de sus hijas: Majlah, Noah, Hoglah, Milkah y Tirtzah.
2 Ellas se pararon delante de Moshe. Eleazar el *kohen*, los ancianos y toda la
congregación a la entrada del Tabernáculo del Testimonio, y dijeron: 3
"Nuestro padre murió en el desierto. El no era parte del gr upo que se reunió
para rebelarse contra *YAHWEH* en el grupo de Koraj, pero él murió en su
propio pecado, él no tuvo hijos.[98] 4 ¿Por qué será eliminado de su familia el
nombre de nuestro padre sólo porque él no tuvo hijos? Danos propiedad para
poseer junto con los hermanos de nuestro padre." 5 Moshe trajo la causa de
ellas delante de *YAHWEH.* 6 *YAHWEH* respondió a Moshe: 7 "Las hijas de
Tzelofejad están correctas en lo que ellas dicen: Tú les darás propiedad para
ser heredada junto con la de los hermanos de su padre; lo que su padre
heredaría pasará a ellas.[99] 8 Además, dile a los hijos de Yisra'el: 'Si un
hombre muere y no tiene un hijo, su herencia pasará a su hija.[100] 9 Si no
tiene hija, da su herencia a sus hermanos. 10 Si él no tiene hermanos, da la
herencia a los hermanos de su padre. 11 Si su padre no tiene hermanos, da la
herencia al pariente más cercano en su familia, y él la poseerá. Esta será la
norma para juzgar para ser usada por los hijos de Yisra'el, como *YAHWEH*
ordenó a Moshe." 12 *YAHWEH* dijo a Moshe: "Sube a esta montaña en la
cordillera Avarim, y mira La Tierra que Yo he dado a los hijos de Yisra'el. 13
Después que la hayas visto, tú también serás reunido con tu pueblo, así como
Aharon fue reunido; 14 porque en el Desierto Tzin, cuando la congregación
estaba disputando conmigo, tú te rebelaste contra mi orden para reafirmar mi

98 La intención es subrayar que su padre no era peor que otros miembros de la generación del éxodo, y no merecía ser privado de su identidad entre los clanes que integraban el pueblo de Yisra'el.
99 Aquí se demuestra que *YAHWEH* es justo para ambos hombres y mujeres, como demostrado por esta herencia.
100 La petición de las hijas de Tzelofejad se convirtió en Toráh para todos los tiempos.

Kedushah por medio de agua, cuando ellos estaban mirando." (Esta fue
Merivat-Kadesh, en el Desierto Tzin.)[101] 15 Moshe dijo a *YAHWEH*: 16 "Que
YAHWEH, Elohim de los *ruajim* de todos los seres humanos, nombre a un
hombre para estar sobre la congregación, 17 para salir y entrar al frente de
ellos, para guiarlos en las salidas y traerlos de regreso, para que la
congregación de *YAHWEH* no sea como ovejas sin pastor." 18 *YAHWEH* dijo
a Moshe: "Toma a Yahoshúa el hijo de Nun, un hombre en quien está el *Ruaj*,
y pon tus manos sobre él. 19 Ponlo delante de Eleazar el *kohen* y toda la
congregación, y lo nombrarás a la vista de ellos. 20 Delega a él algo de tu
autoridad, para que la congregación completa de los hijos de Yisra'el le
obedezca. 21 El se presentará a Eleazar el *kohen*, que sabrá por medios del
Urim cual será la voluntad de *YAHWEH* para las decisiones de Yahoshúa.
Entonces, a su palabra ellos saldrán, y a su palabra ellos entrarán, ambos él y
los hijos de Yisra'el, toda la congregación." 22 Moshe hizo como *YAHWEH* le
había ordenado. El tomó a Yahoshúa, lo puso delante de Eleazar el *kohen* y la
congregación completa, 23 impuso sus manos sobre él, y lo comisionó, como
YAHWEH había dicho por medio de Moshe.

B' midbar (En el desierto) – rbdmb – Números 28

Parashah 34: B'midbar (En el desierto) 1:1-4:20

28 *YAHWEH* dijo a Moshe: 2 "Dale una orden a los hijos de Yisra'el. Diles:
'Ustedes tienen que tener cuidado de ofrecerme en el tiempo apropiado la
comida presentada a mí como ofrenda hecha por fuego, que provean aroma
fragante para mí.' 3 Diles: 'Esta es la ofrenda hecha por fuego que tienen que
traer a *YAHWEH*: corderos en su primer año y sin defecto, dos diarios, como
ofrenda quemada regular. 4 Ofrezcan un cordero en la mañana y el otro entre
anocheceres, 5 junto con dos cuartos de harina fina como ofrenda de grano,
mezcladas con un cuarto de aceite de olivas prensadas. 6 Es la ofrenda
quemada regular, la misma que fue ofrecida en el Monte Sinai para dar un
aroma fragante, una ofrenda hecha por fuego a *YAHWEH*. 7 Su ofrenda de

libación será de un cuarto de *hin* por un cordero; en el Lugar Makon Kadosh
derramarán una ofrenda de libación de licor intoxicante para *YAHWEH.* 8 El
otro cordero presentarán entre anocheceres; lo presentarán con la misma clase
de ofrenda de grano y ofrenda de libación como en la mañana; es una ofrenda
hecha por fuego, con aroma fragante para *YAHWEH.* 9 "En *Shabbat* ofrezcan
dos corderos en su primer año y sin defecto, con un galón de harina fina
mezclado con aceite de oliva, y su ofrenda de libación. 10 Esta es la ofrenda
quemada para todos los *Shabbatot*, aparte de la ofrenda quemada regular y su
ofrenda de libación. 11 "En cada *Rosh-Hodesh* de ustedes, presentarán una
ofrenda quemada a *YAHWEH* que consiste de dos novillos, un carnero y siete
corderos en su primer año y sin defecto; 12 con seis cuartos de harina fina
mezclados con aceite de oliva como ofrenda de grano por el carnero; 13 y
dos cuartos de harina fina mezclados con aceite de oliva como ofrenda de
grano para cada cordero. Esta será la ofrenda quemada dando aroma fragante,
una ofrenda hecha por fuego para *YAHWEH.* 14 Sus ofrendas de libación serán
de dos cuartos de vino para un novillo, uno y tres cuartos para el carnero, y un
cuarto para cada cordero. Esta es la ofrenda quemada para cada *Rosh-Hodesh*
por todos los meses del año. 15 También un macho cabrío será ofrecido como
ofrenda de pecado a *YAHWEH*, además de la ofrenda de grano regular y su
ofrenda de libación.[102]

101 Ver notas en capítulo 20.
102 El comienzo de un nuevo mes abre un nuevo ciclo, distinto al semanal. Este también se celebra en el servicio de adoración. Así se dedica a *YAHWEH*, por medio de un acto de adoración, cada ciclo de tiempo (ver nota en 28:6).

16 "En el primer mes, en el día catorce del mes, es *Pésaj* de *YAHWEH.* 17 En el
día quince del mes habrá festividad. *Matzah* será comido por siete días. 18 El
primer día habrá convocación *Kadosh*; no hagan ningún tipo de trabajo
ordinario; 19 presenten una ofrenda hecha por fuego, una ofrenda quemada a
YAHWEH, que consista de dos novillos, un carnero, y siete corderos en su
primer año (ellos serán sin defecto para ustedes) 20 con su ofrenda de grano,
harina fina mezclada con aceite de oliva. Ofrezcan seis cuartos para un
novillo, cuatro cuartos para el carnero, 21 y dos cuartos para cada uno de los
siete corderos; 22 también un macho cabrío como ofrenda de pecado,
para hacer expiación por ustedes. 23 Ofrecerán estas además a la ofrenda
quemada de la mañana, que es la ofrenda quemada regular. 24 De esta forma
ofrecerán diariamente, por siete días, la comida de la ofrenda hecha por
fuego, haciendo aroma fragante para *YAHWEH*; será ofrecida además de la
ofrenda quemada regular y sus ofrendas de libación. 25 En el séptimo día
tendrán convocación *Kadosh*; no hagan ningún tipo de trabajo ordinario.

26 "En el día de los primeros frutos, cuando traigan una nueva ofrenda de
grano a *YAHWEH* en su festividad de *Shavuot*, tendrán una convocación
Kadosh; no hagan ningún tipo de trabajo ordinario; 27 sino presenten una
ofrenda quemada como aroma fragante para *YAHWEH*, que consista de dos
novillos, un carnero, siete corderos en su primer año, 28 y su ofrenda de grano
– harina fina mezclada con aceite de oliva, seis cuartos por cada novillo,
cuatro cuartos por el carnero, 29 y dos cuartos por cada uno de los siete
corderos – 30 además un macho cabrío para hacer expiación por ustedes. 31
Ofrecerán estos además de la ofrenda quemada regular y su ofrenda de grano
(serán sin defecto para ustedes), con su ofrenda de grano.

B' midbar (En el desierto) - rbdmb - Números 29

Parashah 34: B'midbar (En el desierto) 1:1-4:20

29 "En el séptimo mes, en el primer día del me s, tendrán convocación
Kadosh; no harán ningún tipo de trabajo ordinario; es un día para sonar el
shofar[103] para ustedes. 2 Preparen una ofrenda quemada para hacer aroma
fragante para *YAHWEH* – un novillo, un carnero y siete corderos en su primer
año y sin defecto – 3 con su ofrenda de grano, que consiste de harina fina
mezclada con aceite de oliva – seis cuartos para el novillo, cuatro cuartos para
el carnero, 4 y dos cuartos para cada uno de los siete corderos – 5 también un
macho cabrío como ofrenda de pecado para hacer expiación por ustedes. 6
Esto será además de la ofrenda quemada para *Rosh- Hodesh*[104] con su
ofrenda de grano, la ofrenda quemada regular con su ofrenda de grano, y sus
ofrendas de libación, de acuerdo a la regla para ellas; esto será aroma
fragante, una ofrenda hecha por fuego a *YAHWEH*. 7 "En el décimo día de
este séptimo mes tendrán una convocación *Kadosh*. Se negarán a sí mismos, y
no harán ningún tipo de trabajo;[105] 8 presentarán una ofrenda a *YAHWEH*
para hacer aroma fragante: un novillo, un carnero, y siete corderos en su
primer año (serán sin defecto para ustedes), 9 con su ofrenda quemada, harina
fina mezclada con aceite de oliva, seis cuartos para el novillo, cuatro cuartos
para el carnero, 10 y dos cuartos para cada uno de los siete co rderos; 11
también un macho cabrío como ofrenda de pecado; además de la ofrenda de
pecado para expiación y la ofrenda quemada regular con su ofrenda de grano,
y sus ofrendas de libación. 12 "En el decimoquinto día del séptimo mes
tendrán una convocación *Kadosh*. No harán ningún tipo de trabajo ordinario,
y observarán una festividad para *YAHWEH* por siete días. 13 Presentarán una
ofrenda quemada, una ofrenda hecha por fuego, trayendo aroma fragante para
YAHWEH. Consistirá de trece novillos, dos carneros, cato rce corderos en su
primer año (ellos serán sin defecto),

103 *Yom Teruah* (Ex 19:16; He. 12:19 1Ts. 4:16; 1C. 15:52; Re. 8:2 a 9:14). Tenía lugar en el primer día del mes séptimo. Indicaba una renovación y era seguido por el día de expiación (*Yom Kippur*) y la Festividad de Tabernáculos (*Sukkot*) en el mismo mes. Constituye un prototipo del futuro día del *despertamiento* de Yisra'el, cuando será inminente el derramamiento de bendiciones sobre la nación.
104 Rosh Hodesh/Luna Nueva es una festividad mensual muy importante y es requerida guardarla. Siendo que los meses eran Lunares, la Luna Nueva marcaba su comienzo. Se presentaban ofrendas, se tocaban los shofarot/trompetas (10:10; Sal 81:3), cesaba el trabajo (Am 8:5); el tiempo puede ser dedicado a la enseñanza de la Toráh (2 Re 4:23; Ez 46:1), era apartado con gozo (1 S. 20:5). La fecha de la Luna Nueva se computaba ya desde una época temprana (1S 20:5). Los astrólogos Babilonios se mantenían a la espera de la aparición del astro, para determinar su aspecto. El sanedrín se reunía siete veces al año en el día 30 de un mes. Situados sobre las alturas de los alrededores de Yerushalayim, unos observadores señalaban la aparición del tenue filo de la luna nueva justo creciente, el sanedrín pronunciaba la palabra *M'kuddah* (dedicado como Kadosh); así comenzaba el día primero del nuevo mes. Se anunciaba la aparición de la luna nueva mediante una fogata en el Monte de los Olivos, a continuación se encendían fogatas en otras cumbres, y se propagaba el pronunciamiento del sanedrín con gran velocidad.
105 Yom Kippur/Día de Expiación, ver Vayikra capítulo 23, día de ayuno por ordenanza de *YAHWEH*.

14 con su ofrenda quemada – harina fina mezclada con aceite de oliva, seis
cuartos para cada uno de los trece novillos, cuatro cuartos para cada uno de
los dos carneros, 15 y dos cuartos para cada uno de los catorce corderos; 16
también un macho cabrío como ofrenda de pecado; además de la ofrenda
quemada regular con sus ofrendas de grano y de libación. 17 "En el segundo
día presentarán doce novillos, dos carneros, catorce corderos en su primer
año, sin defecto; 18 con las ofrendas de grano y de libación para los novillos,
carneros y corderos, de acuerdo a su número, conforme a la regla; 19 también
un macho cabrío como ofrenda de pecado; además de la ofrenda quemada
regular, su ofrenda de grano y sus ofrendas de libación. 20 "En el tercer día
once novillos, dos carneros, catorce corderos en su primer año, sin defecto; 21
con las ofrendas de grano y de libación para los novillos, carneros y corderos,
de acuerdo a su número, conforme a la regla; 22 también un macho cabrío
como ofrenda de pecado; además de la ofrenda quemada regular con sus
ofrendas de grano y de libación. 23 "En el cuarto día diez novillos, dos
carneros, catorce corderos en su primer año sin defecto; 24 con sus ofrendas de
grano y de lib ación para los novillos, carneros y corderos, de acuerdo a su
número, conforme a la regla; 25 también un macho cabrío como ofrenda de
pecado; además de la ofrenda quemada regular con sus ofrendas de grano y
de libación. 26 "En el quinto día nueve novillos, dos carneros, catorce corderos
en su primer año, sin defecto; 27 con sus ofrendas de grano y de libación para

los novillos, carneros y corderos, de acuerdo a su número, conforme a la
regla; 28 también un macho cabrío como ofrenda de pecado; además de la
ofrenda quemada regular con sus ofrendas de grano y de libación. 29 "En el
sexto día ocho novillos, dos carneros, catorce corderos en su primer año sin
defecto; 30 con sus ofrendas de grano y de libación para los novillos, carneros
y corderos, de acuerdo a su número, conforme a la regla; 31 también un macho
cabrío como ofrenda de pecado; además de la ofrenda quemada regular con
sus ofrendas de grano y de libación. 32 "En el séptimo día siete novillos, dos
carneros, catorce corderos en su primer año sin defecto; 33 con sus ofrendas de
grano y de libación para los novillos, carneros y corderos, de acuerdo a su
número, conforme a la regla; 34 también un macho cabrío como ofrenda de
pecado; además de la ofrenda quemada regular con sus ofrendas de grano y
de libación. 35 "En el octavo día ustedes tendrán asamblea festiva: no harán
ningún tipo de trabajo ordinario; 36 pero presentarán una ofrenda quemada,
una ofrenda hecha por fuego, dando aroma fragante a *YAHWEH* – un novillo,
un carnero, siete corderos en su primer año, sin defecto; 37 con las ofrendas de
grano y de libación para el novillo, carnero y corderos, de acuerdo a su
número, conforme a la regla; 38 también un macho cabrío como ofrenda de
pecado, además de la ofrenda quemada regular con sus ofrendas de grano y
de libación. 39 "Ofrecerás estos a *YAHWEH* a sus tiempos designados además
de sus votos y ofrendas voluntarias – fueran estas sus ofrendas quemadas,
ofrendas de grano, ofrendas de libación u ofrendas de *Shalom*." 40 Moshe le
dijo todo a los hijos de Yisra'el, así como *YAHWEH* había ordenado a Moshe.

B' midbar (En el desierto) – rbdmb – Números 30

Parashah 34: B'midbar (En el desierto) 1:1-4:20

30 [106] Entonces Moshe habló con los jefes de las tribus de los hijos de
Yisra'el. El dijo: "Aquí está lo que *YAHWEH* ha ordenado: 2 Cuando un
hombre hace un voto a *YAHWEH* o formalmente se obligue a él mismo por
hacer un juramento, no romperá su palabra sino que hará todo lo que él dijo
que haría. 3 "Cuando una mujer hace un voto a *YAHWEH*, formalmente
obligándose a sí misma, mientras ella es una menor viviendo en la casa de su
padre; 4 entonces, si su padre ha oído lo que ella juró o se obligó a sí misma
hacer y mantiene su *Shalom*, entonces todos sus votos permanecerán firmes –
toda obligación a la que ella se ha hecho sujeta permanecerá firme. 5 Pero
si en el día que su padre lo oiga, él expresa su desacuerdo, entonces ninguno
de sus votos u obligaciones con los cuales ella se ha comprometido a sí se
mantendrán; y *YAHWEH* la perdonará, porque su padre expresó su
desacuerdo.

6 Si habiendo hecho votos o irracionalmente ella se compromete a una
obligación, se casa; 7 y su esposo oye pero mantiene su *Shalom* con ella en el
día que él lo conoce, entonces sus votos y obligaciones por las cuales se ha
comprometido a sí quedarán firmes. 8 Pero si su esposo expresa su desacuerdo
en el día que él lo conozca, él anulará el vo to que está sobre ella y la
obligación a la cual ella se ha comprometido; y *YAHWEH* la perdonará. 9 "El
voto de una viuda, sin embargo, o de una divorciada, incluyendo todo a lo que
ella se ha comprometido, quedará firme contra ella. 10 "Si una mujer hizo voto
en la casa de su esposo o se obligó con un juramento; 11 y su esposo oyó de
ello pero mantuvo su *Shalom* con ella y no expresó desacuerdo, entonces
todos sus votos y obligaciones quedarán firmes. 12 Pero si su esposo los anula
en el día que él oiga de ello, entonces cualquier cosa que ella haya dicho,
votos u obligaciones comprometedoras, no permanecerán firmes; su esposo
los ha anulado; y *YAHWEH* la perdonará. 13 Su esposo puede dejar todo voto
y toda obligación comprometedora en firme, o él puede anularlos. 14 Pero si
su esposo completamente mantiene su *Shalom* con ella día tras día, entonces
él confirma todos sus votos y obligaciones; él debe mantenerlos firmes
porque él mantuvo su *Shalom* en el día que él oyó de ello. 15 Si él los anula
después que él los haya oído, entonces él cargará con la culpa consecuente."
16 Estas son las leyes que *YAHWEH* ordenó a Moshe entre un hombre y su
esposa, y entre un padre y su hija, si ella es una menor viviendo en la casa de
su padre.

106 Se discute aquí las condiciones bajo las cuales podía ser alguien liberado de un voto. No se ofrece provisión alguna para el varón, aun para aquel que todavía estuviese bajo la protección de su padre. De la misma manera, tampoco se menciona la mujer independiente, que nunca se hubiese casado.

B' midbar (En el desierto) - rbdmb - Números 31

Parashah 34: B'midbar (En el desierto) 1:1-4:20

31 *YAHWEH* dijo a Moshe: 2 "Por amor a los hijos de Yisra'el, toma
venganza sobre los Midyanim.[107] Después de eso tú serás reunido a tu
pueblo." 3 Moshe dijo al pueblo: "Equipen hombres de entre ustedes para la
guerra. Ellos irán y pelearán con Mid yan,[108] para poder llevar a cabo la
venganza de *YAHWEH* sobre Midyan. 4 Mandarás a la guerra mil hombres de
cada tribu de Yisra'el." 5 Así que de entre los miles de hombres de los hijos de
Yisra'el, mil hombres de cada tribu, 12,000 por todos, fueron reunidos para la
guerra. 6 Moshe los mandó, mil de cada tribu, a la guerra, él los mandó y a
Pinjas el hijo de Eleazar el *kohen* a la guerra, con utensilios *Kadoshim* y las
trompetas para sonar la alarma a su cargo. 7 Ellos pelearon contra Midyan,

como *YAHWEH* había ordenado a Moshe, y mataron a todos los varones. 8
Ellos mataron a los reyes de Midyan junto con los otros que fueron muertos –
Evi, Rekem, Tzur, Hur, y Reva, los cinco reyes de Midyan. Ellos también
mataron a Bilaam el hijo de Beor con la espada. 9 Los hijos de Yisra'el
tomaron cautivos a las mujeres de Midyan y a sus pequeños, y ellos tomaron
como botín todo su ganado, rebaños y otros bienes. 10 Prendieron fuego a
todas sus ciudades en las áreas donde ellos vivían y en todos sus
campamentos. 11 Ellos tomaron todo el botín, toda la gente y animales que
habían capturado, 12 y trajeron a los cautivos, botín y despojos a Moshe,
Eleazar el *kohen* y a la congregación de los hijos de Yisra'el en el
campamento en las llanuras de Moav junto al Yarden al otro lado de Yerijo.
13 Moshe, Eleazar el *kohen* y los jefes de la congregación fueron a recibirlos
fuera del campamento. 14 Pero Moshe estaba furioso con los oficiales del
ejército, los comandantes de miles y los comandantes de cientos que venían
del campo de batalla. 15 Moshe les preguntó: "¿Ustedes dejaron a las mujeres
vivir? 16 ¡Pues, estas son las que – a causa del consejo de Bilaam – causaron
que los hijos de Yisra'el se rebelaran, rompiendo la fidelidad con *YAHWEH*
en el incidente de Peor, y la plaga brotó dentro de la congregación de
YAHWEH! 17 Ahora maten a todo varón entre los pequeños, y maten a toda
mujer que haya dormido con un hombre. 18 Pero a las muchachas jóvenes que
nunca hayan dormido con un hombre, mantengan vivas para ustedes. 19
Armen sus tiendas fuera del campamento por siete días. Cualquiera que haya
matado una persona o haya tocado el cadáver de alguien muerto, purifíquense
en el tercer y séptimo días, ustedes y sus cautivos. 20 También todo artículo,
sea de piel o de pelo de cabra, y todo lo hecho de madera." 21 Eleazar el *kohen*
dijo a los soldados que habían ido al frente: "Esta es la regulación de la *Toráh*
cual *YAHWEH* ordenó a Moshe. 22 Aun cuando el oro, plata, bronce, hierro,
latón y plomo 23 pueden soportar el fuego, para que así ciertamente purifiquen
lo hecho de estos materiales pasándolos por el fuego; no obstante ellos
también los purificarán con el agua para la purificación. Todo lo que no
pueda soportar el fuego lo harán pasar por el agua. 24 Al séptimo día lavarán
sus ropas, y ustedes estarán limpios; después de eso pueden entrar al
campamento." 25 *YAHWEH* dijo a Moshe: 26 "Toma todo el botín, ambos
gente y animales, tú, Eleazar el *kohen* y los jefes de los clanes de la
congregación; 27 y divide el botín en dos partes; la mitad para los soldados
escogidos que salieron a la batalla, y la mitad para el resto de la
congregación. 28 De la porción de los soldados que salieron a la batalla,
impón un impuesto para *YAHWEH* que consiste de una parte de quinientas de
las personas, ganado, asnos y ovejas,

107 Bilaam, quien había sido enviado para maldecir a Yisra'el fracasó en esto por orden de *YAHWEH* Elohim pero se quedó entre los Midyanim y los indujo a entrar en correspondencia con los Israelitas, para traerlos en asociación con ellos a las orgías licenciosas conectadas a la adoración de Ba'al-Peor. Este consejo prevaleció. Los Israelitas tomaron parte en los festivales paganos, y trajeron sobre ellos mismos una maldición. Su apostasía les trajo castigo severo. Pero los Midyanim no habrían de ser dejados sin castigo. Una terrible venganza fue anunciada sobre ellos, donde también pereció Bilaam recibiendo el pago de su perversidad.
108 Midyan era un pueblo nómada que descendía de Avraham y de su segunda esposa, Keturah. La tierra de Midyan quedaba al sur de Kenaan, pero grandes grupos de madianitas vagaban a muchas millas de distancia de su tierra natal en busca de pastizales para sus rebaños. Uno de esos grupos estaba cerca de la tierra prometida cuando llegaron los israelitas. Cuando Moshe huyó de Egipto (Ex 2), se refugió en la tierra de Midyan. Su esposa y su suegro eran madianitas. Pero a pesar de esta alianza, los israelitas y los madianitas fueron siempre grandes enemigos.

29 tómalo de su mitad y lo das a Eleazar el *kohen* como una porción apartada
para *YAHWEH.* 30 De la mitad que va para los hijos de Yisra'el, tomarás una
parte de cincuenta de las personas, y del ganado, asnos y ovejas, esto es, de
todos los animales; y los das a los *Leviim* que se ocupan del Tabernáculo de
YAHWEH." 31 Moshe y Eleazar el *kohen* hicieron como *YAHWEH* ordenó a
Moshe. 32 El botín, aparte de lo que los soldados habían saqueado, fue de
675,000 ovejas, 33 72,000 reses, 34 61,000 asnos, 35 y 32,000 personas por
todo, que consist ía de mujeres que nunca habían dormido con un hombre.
36 La mitad que era la porción de los soldados que salieron a pelear, era de
337,500 ovejas, 37 de la cual el tributo de *YAHWEH* fue de 675; 38 36,000
reses, de la cual la porción de *YAHWEH* fue de setenta y dos; 39 30,500 asnos,
de la cual el tributo de *YAHWEH* fue de sesenta y uno; 40 y 16,000 personas,
de las cuales el tributo de *YAHWEH* fue de treinta y dos personas. 41 Moshe
dio el tributo apartado para *YAHWEH* a Eleazar el *kohen*, como *YAHWEH* le
había ordenado a Moshe. 42 De la mitad que fue a los hijos de Yisra'el, que
Moshe separó de lo de los hombres que fueron a pelear – 43 ahora la mitad de
la congregación consistió en 337,500 ovejas, 44 36,000 reses, 45 30,500 asnos
46 y 16,000 personas – 47 de la mitad de los hijos de Yisra'el, Moshe tomó
una parte de cincuenta de las personas y animales y los dio a los *Leviim* que
están a cargo del Tabernáculo de *YAHWEH*, como *YAHWEH* había ordenado
a Moshe. 48 Los oficiales a cargo de los miles que pelearon, los comandantes
de miles y los comandantes de cientos, se acercaron a Moshe, 49 y le dijeron:
"Tus sirvientes han contado a todos los soldados bajo nuestro mando, y ni uno
de nosotros falta. 50 Hemos traído una ofrenda para *YAHWEH*, lo que cada
hombre ha obtenido en la forma de joyas – manillas, brazaletes, anillos de
señal, aretes y cintos – para hacer expiación para nosotros delante de

YAHWEH."[109] 51 Moshe y Eleazar el *kohen* aceptaron su oro, todas las joyas.
52 Todo el oro en estas ofrendas que los comandantes de miles y los
comandantes de cientos apartaron para *YAHWEH* pesaba 420 libras. 53 Porque
los soldados habían tomado el botín, cada hombre por sí mismo. 54 Moshe y
Eleazar el *kohen* tomaron el oro de los comandantes de miles y de cientos y lo
trajeron al Tabernáculo del Testimonio como recordatorio para los hijos de
Yisra'el delante de *YAHWEH.*

B' midbar (En el desierto) - rbdmb - Números 32

Parashah 34: B'midbar (En el desierto) 1:1-4:20

32 Los hijos de Reuven y los hijos de Gad tenían cantidades vastas de
ganado.[110] Cuando ellos vieron que la tierra de Yazer y la tierra de Gilead
eran buenas para ganado, 2 los hijos de Gad y de Reuven vinieron y hablaron
con Moshe, Eleazar el *kohen* y los jefes de la congregación. Ellos dijeron: 3
"Atarot, Divon, Yazer, Nimrah, Heshbon, Elealeh, Nevo y Beon, 4 en el país
que *YAHWEH* conquistó delante de la congregación de los hijos de Yisra'el,
es país de ganado; y tus sirvientes tienen ganado. 5 Si tu nos consideras
favorablemente," ellos siguieron, "deja que esta tierra sea dada a tus sirvientes
los hijos de Gad y de Reuven; y no nos hagas cruzar el Yarden."

109 Una milagrosa preservación de las vidas de los soldados motivó la presentación de una ofrenda especial a *YAHWEH*. Su propósito era hacer expiación (v. 50) por los soldados que habían salvado sus vidas. El término expiación se usa aquí con el sentido de «pago por el pecado», como en el caso del tributo de Ex 30.15, 16. La ofrenda era para el Tabernáculo (v. 54).

110 Tres tribus (Reuven, Gad, y la mitad de la tribu de Menasheh) querían vivir al este del río Yarden (área al oriente del Jordán) en la tierra que ya habían conquistado. Moshe asumió de inmediato que tenían motivos egoístas y trataban de evitar ayudar a los demás a pelear por la tierra que estaba del otro lado del río. Pero Moshe sacó una conclusión equivocada.

6 Moshe respondió a los hijos de Gad y de Reuven: "¿Irán a la guerra sus
hermanos mientras ustedes se quedan aquí? 7 Además, ¿por qué están tratando
de desanimar a los hijos de Yisra'el cruzar a La Tierra que *YAHWEH* les dio?
8 Esto es lo que sus padres hicieron cuando yo los mandé desde Kadesh-
Barnea para ver La Tierra. 9 Porque cuando ellos subieron al Valle de Eshkol
y vieron La Tierra, ellos descorazonaron a los hijos de Yisra'el, para que no
entraran en Las Tierra que *YAHWEH* les había dado. 10 La furia de *YAHWEH*
se encendió en ese día, y El

juró: 11 'Ninguna de la gente de edad de veinte o mayores que salieron de
Mitzrayim verá La Tierra jurada a Avraham, Yitzjak y Ya'akov; porque no
me han seguido sin reservas – 12 excepto Kalev el hijo de Yefuneh el Kenizi y
Yahoshúa el hijo de Nun, porque ellos han seguido a *YAHWEH* sin reservas.'
13 Así que la furia de *YAHWEH* se encendió contra Yisra'el, y El los hizo
errar en el desierto de aquí para allá en los cuarenta años, hasta que toda la
generación que había hecho el mal a la vista de *YAHWEH* había muerto. 14
¡Ahora ustedes, otra camada de pecadores, se han levantado en el lugar de sus
padres para aumentar aún más la furia feroz de *YAHWEH* hacia Yisra'el! 15
¡Porque si ustedes se vuelven de El, El los dejará en el desierto otra vez, y así
ustedes causarán la destrucción de todo este pueblo!" 16 Pero ellos vinieron y
le dijeron a él: "Mira nosotros edificaremos vallados para nuestro ganado y
nuestras ciudades para nuestros pequeños, 17 pero nosotros mismos estaremos
armados y listos para la acción para marchar a la cabeza de los hijos de
Yisra'el, hasta que los hayamos llevado a su lugar. Nuestros pequeños se
quedarán en las ciudades fortificadas aquí a causa de la gente que vive ahora
en La Tierra. 18 Sin embargo, no regresaremos a nuestras casas hasta que
todo hombre entre los hijos de Yisra'el haya tomado posesión de su tierra de
herencia.[111] 19 Nosotros no tendremos una herencia con ellos en el otro lado
del Yarden, al oeste, porque nuestra herencia ha caído a nosotros en este lado
del Yarden, al este." 20 Moshe les dijo a ellos: "Si ustedes hacen esto – si
ustedes se arman para ir delante de *YAHWEH* a la guerra, 21 y si todos sus
soldados cruzan el Yarden delante de *YAHWEH*, hasta que hayan echado a
sus enemigos delante de El, 22 y si La Tierra ha sido conquistada delante de
YAHWEH, y sólo después de eso ustedes regresan – entonces ustedes estarán
sin culpa delante de *YAHWEH* y delante de Yisra'el, y esta tierra aquí será
suya para poseer delante de *YAHWEH*. 23 Pero si ustedes no hacen esto,
entonces habrán pecado contra *YAHWEH*, y deben entender que su pecado los
perseguirá.[112] 24 Edifiquen ciudades para sus pequeños y vallados para sus
ovejas; luego hagan lo que dijeron que harían." 25 Los hijos de Gad y los hijos
de Reuven dijeron a Moshe: "Tus sirvientes harán lo que mi señor ordene. 26
Nuestros pequeños, esposas, rebaños y todos nuestros animales estarán aquí
en las ciudades de Gilead 27 pero tus sirvientes cruzarán, cada hombre armado
para la guerra, delante de *YAHWEH* para la batalla, como mi señor dice."
28 Así que Moshe dio órdenes referentes a ellos a Eleazar el *kohen*, Yahoshúa
el hijo de Nun y a los jefes de los clanes de las tribus de los hijos de Yisra'el.
29 Moshe les dijo a ellos: "Si los hijos de Gad y de Reuven cruzan el Yarden
contigo, cada hombre armado para la batalla, delante de *YAHWEH*; y si La
Tierra es conquistada delante de ti, entonces les darás la tierra de Gilead
como de ellos para poseer. 30 Pero si ellos no cruzan contigo armados para
hacer la guerra delante de *YAHWEH*, entonces tú causarás que ellos pasen sus
posesiones y sus esposas y su ganado delante de ti a la tierra de Kenaan, y
ellos heredarán la tierra junto contigo en Kenaan."

111 Esto es lo que todo Yisra'el tiene que hacer ahora, esperar a que todos estemos reunidos y después seremos llevados a
Eretz Yisra'el por el propio Mesías Yahshúa. No podemos estar haciendo *aliyah* en la carne.
112 Ningún pecado puede ser escondido, todo pecado persigue a su víctima y la atrapa. Es un mensaje de igualdad en Yisra'el,
buen mensaje para la casa de Yahudáh, que se despojen de la soberbia, porque para allá vamos con Mashíaj.

31 Los hijos de Gad y de Reuven respondieron: "Nosotros haremos como
YAHWEH ha dicho a tus sirvientes. 32 Cruzaremos a la tierra de Kenaan
armados delante de *YAHWEH*, y la tierra que nosotros poseeremos por
herencia estará en este lado del Yarden." 33 Así que Moshe le dio a los hijos
de Gad y de Reuven, y también a la media tribu de Menasheh el hijo de
Yosef, el reino de Sijon rey de los Emori y el reino de Og rey de Bashan – el
país y sus ciudades dentro de sus fronteras, junto con sus pueblos alrededor.
34 Los hijos de Gad edificaron Divon, Atarot, Aroer, 35 Atrot-Shofan, Yazer,
Yogbehah, 36 Beit-Nimrah y Beit-Haran – ciudades fortificadas; y también
vallados para ovejas. 37 Los hijos de Reuven edificaron Heshbon, Elealeh,
Kiryatayim, 38 Nevo, Baal-Meon (estos nombres han sido cambiados) y
Sivmah; ellos renombraron las ciudades que ellos edificaron. 39 Los hijos de
Majir el hijo de Menasheh fueron a Gilead y la conquistaron, desposeyendo a
los Emori que estaban allí. 40 Moshe dio Gilead a Majir el hijo de Menasheh,
y él vivió en ella. 41 Yair el hijo de Menashe h fue y capturó sus aldeas y las
llamó Havot-Yair [aldeas de Yair] 42 Novaj fue y capturó Kenat con sus
aldeas y lo llamó Novaj como él mismo.

Referencias;
Haftarah Mattot: Yirmeyah (Jeremías) 1:1-2:3
Lecturas sugeridas del Brit Hadashah para la Parashah Mattot:Mattityah (Mateo) 5:33-37
Parashah 43: Masa'ei (Etapas) 33:1-36:13

B' midbar (En el desierto) - rbdmb - Números 33

Parashah 34: B'midbar (En el desierto) 1:1-4:20

33 Estas son las etapas en el viaje de los hijos de Yisra'el cuando salieron de
la tierra de Mitzrayim divididos en grupos bajo el liderazgo de Moshe y
Aharon. 2 Moshe escribió cada una de las etapas de su viaje por orden de
YAHWEH; aquí están los puntos de partida de cada etapa: 3 Ellos comenzaron
su viaje de Raamses en el primer mes. En el día quince del primer mes, la
mañana después de *Pésaj*, los hijos de Yisra'el salieron enorgullecidos a la
vista de todos los Mitzrayimim; 4 mientras los Mitzrayimim estaban
sepultando a aquellos entre ellos que *YAHWEH* había matado, a todos sus
primogénitos; *YAHWEH* también había ejecutado juicio sobre sus dioses.[113]
5 Los hijos de Yisra'el fueron de Raamses y acamparon en Sukkot. 6 Ellos
salieron de Sukkot y acamparon en Etam, en el borde del desierto. 7 Salieron
de Etam y se volvieron hacia Pi-Hajirot, al frente de Baal- Tzefon, y
acamparon delante de Migdol. 8 Salieron de Pi-Hajirot, pasaron por el mar
hacia el desierto, continuaron el viaje por tres días hasta el Desierto Etam y
acamparon en Marah. 9 Salieron de Marah y llegaron a Eilim, en Eilim
había doce fuentes de agua y setenta palmeras, así que acamparon allí.[114] 10
Ellos salieron de Eilim y acamparon junto al Mar de Suf.

113 Por medio de las plagas *YAHWEH* ejecutó juicio no sólo sobre Egipto, sino también sobre sus dioses, el gran dios Nilo quedó contaminado; el mismo Faraón que e ra considerado como divino quedó humillado y su hijo muerto; el sol, el mayor de los dioses de Egipto, se sumió en tinieblas.

114 Eilim: árboles, estos representan las doce tribus de Yisra'el y las setenta palmeras, los 70 ancianos que conformarían el sanedrín. (Ex 15:27)

11 Salieron de junto al Mar de Suf y acamparon en el Desierto Seen. 12
Salieron del Desierto Seen y acamparon en Dofkah. 13 Salieron de Dofkah y
acamparon en Alush. 14 Salieron de Alush y acamparon en Refidim, donde no
había agua para el pueblo beber. 15 Salieron de Refidim y acamparon en el
Desierto Sinai. 16 Salieron del Desierto Sinai y acamparon en Kivrot-
HaTaavah. 17 Ellos salieron de Kivrot-HaTaavah y acamparon en Hatzerot. 18
Salieron de Hatzerot y acamparon en Ritmah. 19 Salieron de Ritmah y
acamparon en Rimmon-Peretz. 20 Salieron de Rimmon-Peretz y acamparon en
Livnah. 21 Salieron de Livnah y acamparon en Rissah. 22 Salieron de Rissah y
acamparon en Kehelah. 23 Salieron de Kehelah y acamparon en el Monte
Shefer. 24 Salieron del Monte Shefer y acamparon en Hadarah. 25 Salieron de
Hadarah y acamparon en Majelot. 26 Salieron de Majelot y acamparon en
Tajat. 27 Salieron de Tajat y acamparon en Teraj. 28 Salieron de Teraj y
acamparon en Mitkah. 29 Salieron de Mitkah y acamparon en HaShmonah. 30

Salieron de HaShmonah y acamparon en Moserot. 31 Salieron de Moserot y
acamparon en Benei-Yaakan. 32 Salieron de Benei-Yaakan y acamparon en
Hor- HaGidgad. 33 Salieron de Hor-HaGidgad y acamparon en Yotvatah. 34
Salieron de Yotvatah y acamparon en Avronah. 35 Salieron de Avronah y
acamparon en Etzyon-Gever. 36 Salieron de Etzyon-Gever y acamparon en el
Desierto Tzin, esto es, Kadesh. 37 Salieron de Kadesh y acamparon en el
Monte Hor, en la frontera con Edom. 38 A la orden de *YAHWEH* Aharon el
kohen subió al Monte Hor, y él murió allí en el primer día del primer mes del
año cuarenta después que los hijos de Yisra'el habían salido de la tierra de
Mitzrayim. 39 Aharon era de 123 años de edad cuando murió en el Monte Hor.
40 El rey Kenaani de Arad, que vivía en el Neguev en la tierra de Kenaan,
había oído que los hijos de Yisra'el estaban viniendo; 41 así que ellos salieron
del Monte Hor y acamparon en Tzalmonah. 42 Ellos salieron de Tzalmonah y
acamparon en Punon. 43 Salieron de Punon y acamparon en Ovot. 44 Salieron
de Ovot y acamparon en Iyei- HaAvarim, en la frontera con Moav. 45 Salieron
de Iyei-HaAvarim y acamparon en Divon-Gad. 46 Salieron de Divon-Gad y
acamparon en Almon- Divlatayim. 47 Salieron de Almon-Divlatayim y
acamparon en la Cordillera Avarim, frente a Nevo. 48 Salieron de la Cordillera
de Avarim y acamparon en las llanuras de Moav junto al Yarden, del otro
lado de Yerijo. 49 El campamento del Yarden se extendía de Beit-Yeshimot
todo el camino hasta Avel-HaSheetim en las llanuras de Moav. 50 *YAHWEH*
habló a Moshe en las llanuras de Moav junto al Yarden del otro lado de
Yerijo. El dijo 51 que dijera a los hijos de Yisra'el: "Cuando crucen el Yarden
a la tierra de Kenaan, 52 echarán a toda la gente que vive en La Tierra delante
de ustedes. Destruyan todas sus estatuas de piedra, destruyan todas sus
estatuas de metal y demuelan todos sus lugares altos. 53 Echen a los habitantes
de La Tierra, y vivan en ella, porque Yo he dado La Tierra para que ustedes la
posean. 54 Ustedes heredarán La Tierra conforme a sus familias. Darán más
tierra a las familias más grandes y menos a las más pequeñas. Donde caiga la
suerte para una persona en particular, esa será su propiedad. Ustedes
heredarán conforme a las tribus de sus padres. 55 Pero si ustedes no echan a
los habitantes de La Tierra de delante de ustedes, entonces aquellos que
ustedes permitan permanecer se convertirán como en espinas para sus ojos y
aguijones en sus costados – ellos los acosarán a ustedes en La Tierra donde
están viviendo. 56 Y en este evento, Yo les haré a ustedes lo que tenía
intención de hacerles a ellos."

B' midbar (En el desierto) - rbdmb - Números 34

Parashah 34: B'midbar (En el desierto) 1:1-4:20

34 *YAHWEH* le dijo a Moshe 2 que diera esta orden a los hijos de Yisra'el:
"Cuando entren en la tierra de Kenaan, se volverá La Tierra de ustedes para
pasar como herencia, la tierra de Kenaan como es definida por sus fronteras.
3 "Su porción sur se extenderá desde el Desierto Tzin cerca de la frontera de
Edom. El término este de su frontera sur está al extremo del Mar Muerto. 4
Desde allí su frontera gira, va hacia el sur desde el Ascenso Akrabbim y pasa
de allí a Tzin. De allí va hacia el sur a Kadesh- Barnea, sigue a Hatzar-Adar,
y de allí a Atzmon. 5 Entonces la frontera gira y va desde Atzmon hacia el
Vadi de Mitzrayim y junto a él hasta el Mar. 6 "Su frontera oeste será el Gran
Mar. 7 "Su frontera norte será como sigue: Del Gran Mar marquen una línea
hacia el Monte Hor, 8 y del Monte Hor marquen una línea hacia la entrada de
Hamat. La frontera sigue hacia Tzedad. 9 Entonces la frontera va hacia Zifron
y finalmente a Hatzar-Einan; ésta es su frontera norte. 10 "Para la frontera este
marquen una línea desde Hatzar-Enan hasta Shefam. 11 Entonces la frontera
desciende de Shefam hasta Rival, al este de Ayin, luego hacia abajo hasta que
choque con la elevación este del lago Kinneret. 12 Desde allí desciende por el
Río Yarden hasta que siga hasta el Mar Muerto. Estas serán las fronteras de
su tierra." 13 Moshe dio esta orden a los hijos de Yisra'el. "Esta es La Tierra
en la cual recibirán las herencias por suertes,[115] cual *YAHWEH* ha ordenado
dar a las nueve tribus y la media tribu. 14 La tribu de los hijos de Reuven ya
ha recibido la tierra para herencia conforme a sus clanes, y así también los
hijos de Gad y la media tribu de Menasheh. 15 Estas dos y media tribus han
recibido su herencia en este lado del Yarden, del otro lado de Yerijo y al este,
hacia la salida del sol." 16 *YAHWEH* dijo a Moshe: 17 Estos son los nombres
de los hombres que tomarán posesión de La Tierra por ustedes: Eleazar el
kohen y Yahoshúa el hijo de Nun. 18 También nombren un jefe de cada tribu
para que tome posesión de La Tierra. 19 Los nombres de esos hombres son:
de la tribu de Yahudáh, Kalev el hijo de Yefuneh;
20 de la tribu de los hijos de Shimeon, Sh'mu'el el hijo de Ammihud;
21 de la tribu de Binyamin, Elidad el hijo de Kislon;
22 de la tribu de los hijos de Dan, un príncipe, Buki el hijo de Yogli;
23 de los hijos de Yosef: de la tribu de los hijos de Menasheh, un príncipe,
Haniel el hijo de Efod;
24 de la tribu de los hijos de Efrayim, un príncipe, Kemuel el hijo de Shiftan;
25 de la tribu de los hijos de Zevulun, un príncipe, Eitzafan el hijo de Parnaj;
26 de la tribu de los hijos de Yissajar, un príncipe, Paltiel el hijo de Azan;
27 de la tribu de los hijos de Asher, un príncipe, Ajihud el hijo de Shlomi;
28 de la tribu de los hijos de Naftali, un príncipe, Pedahel el hijo de Ammihud.

29 Estos son los que *YAHWEH* ordenó dividir la herencia entre los hijos de
Yisra'el en la tierra de Kenaan.

B' midbar (En el desierto) - rbdmb - Números 35

Parashah 34: B'midbar (En el desierto) 1:1-4:20

35 En las llanuras de Moav junto al Yarden, del otro lado de Yerijo,
YAHWEH dijo a Moshe: 2 "Ordena a los hijos de Yisra'el dar a los *Leviim*
ciudades para habitar de la herencia que ellos poseen, y tú también darás a los
Leviim campo abierto alrededor de las ciudades.3 Ellos tendrán las ciudades
para habitar, mientras que el campo abierto será para sus animales de cría,
para cosechar y para todos sus animales. 4 El campo abierto alrededor de las
ciudades que des a los *Leviim* comenzará con una línea trazada alrededor del
muro de la ciudad1,500 pies afuera de ella y se extenderá hacia afuera desde
allí.

115 Echar suertes siempre fue un recurso para los Hebreos con la más estricta referencia a la interposición de *YAHWEH*, y como un método de determinar la voluntad Divina (Pr 16:33) y en casos serios de dudas (Est 3:7). 1 En la división de la tierra de Kenaan entre las tribus, (Nu 26:55; 34:13; Jos 18-19). 2 En el descubrimiento del crimen de Ajan, (Jos 7:14-18). 3 La
elección del rey Shaúl, (1S 10:20-21). 4 La distribución de oficios sacerdotales en el servicio del Templo, (1Cr 24: 3, 5-19;
Lu 1:9). 5 Sobre los dos machos cabríos en la Festividad de *Yom Kippur*, (Le 16:8). 6 La elección de Mattityah como reemplazo de Yahudáh de Keriot, (Hch 1:24-26).

5 Mide 3,000 pies hacia fuera desde el muro de la ciudad hacia el este, sur,
oeste y norte, con la ciudad en el centro. El espacio entre la línea de los 1,500
pies y la línea de los 3,000 será su campo abierto alrededor de las ciudades. 6
Las ciudades que des a los *Leviim* serán las seis ciudades de refugio[116] a las
cuales permitirás a la persona que mate a alguien huir; más unas cuarenta y
dos ciudades adicionales. 7 Así darás a los *Leviim* cuarenta y ocho ciudades,
con el campo abierto que las rodea. 8 En cuanto a las ciudades que darás de
aquellas que poseen los hijos de Yisra'el, de las muchas tomarás muchas, y de
las pocas tomarás pocas – cada tribu contribuirá de sus ciudades a las
ciudades de los *Leviim* conforme al tamaño de su herencia." 9 *YAHWEH* dijo a
Moshe: 10 Dile a los hijos de Yisra'el: 'Cuando crucen el Yarden a la tierra de
Kenaan, 11 designarán para ustedes mismos ciudades que serán ciudades de
refugio para ustedes, a las cuales cualquiera que mate a alguien accidentalmente puede huir. 12 Estas ciudades serán un refugio para ustedes del

pariente más cercano de la persona muerta, que puede, de otra forma, vengar
la muerte de su pariente matando al que lo mató antes del juicio delante de la
congregación. 13 Referente a las ciudades que darán, habrá seis ciudades de
refugio para ustedes. 14 Darán tres ciudades este del Yarden y tres ciudades en
la tierra de Kenaan; ellas serán ciudades de refugio. 15 Estas seis ciudades
servirán como refugio para los hijos de Yisra'el, como también para el
extranjero y residente extranjero con ellos; para que cualquiera que mate a
alguien por error pueda huir allí. 16 "Sin embargo, si lo golpea con un
instrumento de hierro y así causa su muerte, él es un asesino; el asesino será
puesto a muerte. 17 O si lo golpea con una piedra en su mano lo suficientemente grande para matar a alguien, y muere, él es un asesino; el asesino
será puesto a muerte. 18 O si lo golpea con un utensilio de madera en su mano
que sea capaz de matar a alguien, y él muere, él es un asesino; el asesino será
puesto a muerte. 19 El pariente más cercano vengador será el que pone a
muerte al asesino – al encontrarse con él, lo pondrá a muerte. 20 Asimismo si
lo empuja por odio; o intencionalmente tira algo a él, causando su muerte, 21 o
por hostilidad lo golpea con su mano, y así muere; entonces el que lo golpeó
será puesto a muerte; él es un asesino; y el pariente más cercano pondrá al
asesino a muerte al encontrarse con él. 22 "Pero supón que lo empuje de
repente, pero sin hostilidad; o le tira algo sin intenciones; 23 o sin verlo, sin
ser su enemigo o sin querer hacerle daño, le tira una piedra lo suficientemente
grande para causarle la muerte; y la persona muere; 24 entonces la asamblea
juzgará entre el que lo golpeó y el pariente vengador más cercano de acuerdo
a estas reglas; 25 y la congregación salvará al homicida del pariente más
cercano. La congregación lo devolverá a la ciudad de refugio a la cual él
huyó, y él vivirá allí hasta que el *kohen hagadol*, que fue ungido con aceite
Kadosh, muera. 26 Pero si el homicida sale de los límites de la ciudad de
refugio a la cual huyó, 27 y el pariente vengador más cercano mata al homicida, él no será culpable de la sangre del hombre; 28 porque él debe quedarse
en su ciudad de refugio hasta la muerte del *kohen hagadol*. Pero después de la
muerte del *kohen hagadol* el homicida puede regresar a la tierra que posee. 29
Estas cosas continuarán siendo sus normas para juicio por todas sus generaciones, dondequiera que vivan. 30 "Si alguno mata a otro, el asesino será
puesto a muerte por el testimonio de testigos; pero el testimonio de sólo un
testigo no será suficiente para causar que una persona sea puesta a muerte. 31
También, no aceptarás rescate a cambio de la muerte de un asesino condenado a muerte; más bien, él será puesto a muerte.

116 Al oeste del Río Yarden era n: 1. Kadesh, en Naftali; 2. Shejem, en el Monte Efrayim; 3. Hevron, en Yahudáh. Al este del Yarden eran: 1. Golan, en Bashan; 2. Ramot-Gilead, en Gad y 3. Bet zer, en Reuven. (De 4:41; 19:1-8 Jos 20:2, 7, 8 y 21:3, 13, 21, 27, 32, 36, 38)

32 Asimismo, no aceptarás de alguien que haya huido a su ciudad de refugio
un rescate que le permitiría regresar a su tierra antes de la muerte del *kohen*
hagadol. 33 De esta forma no profanarás La Tierra en la cual estás ahora
viviendo. Porque la sangre profana la tierra, y en esta tierra no se puede hacer
expiación para la sangre derramada en ella excepto la sangre de aquel que la
derramó.[117] 34 No, no profanarás La Tierra en la cual vives y en la cual Yo
habito; porque Yo, *YAHWEH*, habito entre los hijos de Yisra'el.'"

B' midbar (En el desierto) - rbdmb - Números 36

Parashah 34: B'midbar (En el desierto) 1:1-4:20

36 Los jefes de los clanes de la tribu de los hijos de Gilead el hijo de Majir,
el hijo de Menasheh, de la tribu de los hijos de Yosef, se acercaron y se
dirigieron a Moshe y a Eleazar el *kohen* y a los ancianos, los jefes de los
clanes de los hijos de Yisra'el. 2 Ellos dijeron: "*YAHWEH* ordenó a mi señor
dar por lote la tierra a ser heredada por los hijos de Yisra'el, y mi señor fue
ordenado por *YAHWEH* dar la herencia de nuestro hermano Tzelofejad a sus
hijas. 3 Pero si ellas se casan con cualquiera que pertenezca a otra de las tribus
de los hijos de Yisra'el, entonces su herencia será quitada de la herencia de
nuestros padres y será añadida a la herencia de la tribu a la que ellas entonces
pertenezcan; entonces será quitada de la suma total de nuestra herencia. 4 Y
cuando el *yovel* de los hijos de Yisra'el venga, su herencia será añadida a la
tierra poseída por la tribu a la que ellas entonces pertenezcan y será sustraída
de la herencia perteneciente a la tribu de nuestros padres." 5 Moshe dio esta
orden a los hijos de Yisra'el, conforme a la palabra de *YAHWEH*: "La tribu de
los hijos de Yosef está correcta en lo que dice. 6 Aquí está lo que *YAHWEH*
ha ordenado referente a las hijas de Tzelofejad: "Dejen que ellas se casen con
cualquiera que ellas crean mejor, pero ellas se casarán con hombres de la
tribu de su padre. 7 De esta forma ninguna herencia de los hijos de Yisra'el se
moverá de una trib u a la otra; porque cada uno de entre los hijos de Yisra'el
guardará la tierra de la herencia perteneciente a la tribu de su padre. 8 Todas
las hijas que posean herencia en cualquier tribu de los hijos de Yisra'el se
casarán de algún hombre de la tribu de su padre, para que todos los hijos de
Yisra'el se queden en posesión de la herencia de su padre. 9 Así que ninguna
herencia se moverá de una tribu a otra, porque cada una de las tribus de los
hijos de Yisra'el guardará su propia herencia."[118] 10 Las hijas de Tzelofejad
hicieron como *YAHWEH* le había ordenado a Moshe. 11 Majlah, Tirtzah,
Hoglah, Milkah y Noah todas se casaron con hijos de los hermanos de su
padre. 12 Ellas se casaron con hombres de la tribu de los hijos de Menasheh el
hijo de Yosef, y sus herencias permanecieron en la tribu de la familia de su
padre.

13 Estos son los *mitzvot* y estatutos y los juicios que *YAHWEH* dio por medio de Moshe a los hijos de Yisra'el en las llanuras de Moav junto al Yarden, del otro lado de Yerijo.

Referencias;
Haftarah Masa'ei: Yirmeyah (Jeremías) 2:4-3:4
Lecturas sugeridas del Brit Hadashah para la Parashah Masa'ei: Ya'akov (Jacobo) 4:1-12

117 En los tiempos de hoy, si ese asesino viene con arrepentimiento/*teshuvah* a los pies de Yahshúa, entonces la Sangre derramada de Yahshúa hace expiación por él y es perdonado de su pecado.

118 Podemos ver que cada uno tiene su herencia en Yisra'el, el Mesías Yahshúa es el que las distribuirá cuando El junte los dos palos de Ez 37, mientras tanto no tienes ni puedes hacerte más Judío que nadie, solamente dedícate a ser Yisra'el que es la voluntad de *YAHWEH*-Yahshúa en estos momentos. Ningún Judío puede demostrar que es Judío, yo puedo demostrar que soy Yisra'el, ¿cómo? Por la Sangre de Yahshúa, esa Sangre me da ciudadanía física y espiritual n Yisra'el, Ef 2.

D'varim (Palabras) - Myrbd - Deuteronomio 1

Parashah 44: D'varim (Palabras) 1:1-3:22

1 Estas son las palabras[1] que Moshe habló a todo Yisra'el en el lado
extremo del Río Yarden, en el desierto, en el Aravah, del otro lado de Suf,
entre Paran y Tofel, Lavan, Hatzerot y Di- Zahav.[2] 2 Es un viaje de once días
de Horev a Kadesh-Barnea por el camino del Monte Seir. 3 En el primer día
del mes undécimo del año cuarenta, Moshe habló a los hijos de Yisra'el,
repasando todo lo que *YAHWEH* le había ordenado a él decirles. 4 Esto fue
después que él derrotó a Sijon, rey de los Emori, que vivía en Heshbon, y a
Og, rey de Bashan, que vivía en Ashtarot, en Edrei. 5 Allí, del otro lado del
Yarden, en la tierra de Moav, Moshe lo tomó sobre sí mismo exponer esta
Toráh y dijo: 6 "*YAHWEH* habló con nosotros en Horev. El dijo: 'Ustedes han
habitado suficiente tiempo junto a esta montaña. 7 Vuélvanse, muévanse y
vayan a la zona montañosa de los Emori y a todos los lugares cerca del
Aravah, la zona montañosa, el Shefelah, el Neguev y por la costa – la tierra
de los Kenaani, y el Levanon, hasta el gran río, el Río Eufrates. 8 ¡Yo he
puesto La Tierra delante de ustedes! Vayan y tomen posesión de La Tierra
que *YAHWEH* juró dar a sus padres Avraham, Yitzjak y Ya'akov, y a su *zera*
después de ellos.' 9 "En aquel tiempo yo les dije: 'Ustedes son una carga muy
pesada para mí para llevar solo. 10 *YAHWEH* su Elohim los ha multiplicado,
así que hay tantos de ustedes hoy como hay estrellas en el firmamento.[3] 11
¡Qué *YAHWEH*, el Elohim de sus padres, los multiplique aun mil veces más y
los bendiga, como El les ha prometido![4] 12 ¡Pero ustedes son pesados,
molestosos y peleadores! ¿Cómo los puedo soportar yo solo? 13 Escojan para
ustedes mismos hombres de sus tribus que sean sabios, entendidos y con
conocimiento; y yo los haré jefes sobre ustedes.' 14 "Ustedes me respondieron:
"Lo que tú has dicho sería una cosa buena para nosotros hacer.' 15 Así que
tomé jefes de sus tribus, hombres sabios y con conocimiento, y los hice jefes
sobre ustedes – jefes a cargo de miles, de cientos, de cincuentas y de decenas,
y oficiales, tribu por tribu. 16 En ese tiempo yo comisioné a sus jueces: 'Oigan
los casos que se levanten entre sus hermanos; y juzguen justamente entre un
hombre y su hermano, y el extranjero que está con él. 17 No mostrarán
favoritismo cuando juzguen, sino den atención igual al pequeño como al
grande. No importa como una persona se presente, no tengan temor de ella,
porque la decisión es de *YAHWEH*. El caso que sea muy difícil para ustedes,
tráiganlo a mí y yo lo oiré.' 18 Yo también les di órdenes todo ese tiempo
referente a todas las cosas que debían hacer. 19 "Así que salimos de Horev y
fuimos por todo el vasto y temeroso desierto que ustedes vieron en el camino
a la zona montañosa de los Emori, como *YAHWEH* nuestro Elohim nos
ordenó; y llegamos a Kadesh-Barnea.

1 Todos los nombres de los libros de la Toráh han sido cambiados y manipulados por los traductores, sin embargo, cada libro lleva el nombre que está en la primera oración del libro, a saber "Palabras/D'varim" y no Deuteronomio.
2 En este capítulo Moshe da una breve historia de los años en el desierto.
3 De 2 a 3 millones de Israelitas salieron de Egipto, a pesar de esto, Moshe dijo que aún *YAHWEH* (v 11) los multiplicaría más. En los últimos tiempos Yisra'el será una multitud que abarcará casi todas las naciones conocidas, billones.
4 *YAHWEH*, el que guarda el Pacto, se encuentra en Su promesa de multiplicidad física y en la adopción espiritual de nuestros Patriarcas. A fin de que pueda quedar totalmente validado Su Pacto con Avraham, Yitzjak y Ya'akov, la *zera* de Ya'akov debe de llenar la tierra gracias a los melo hagoyim, una multitud de naciones Israelitas Gentilizadas. Moshe declaró en los vv 9-11 que *YAHWEH* mostrará un día la fidelidad al Pacto, haciendo que se cumpla la promesa a Yisra'el en los últimos días, por medio de miríadas de descendientes biológicos. Solamente la verdad acerca de las dos casas retrata con claridad este cumplimiento enseñando la suma colectiva de Yahudáh y las naciones de Efrayim todas juntas, como la semilla de Ya'akov.

20 Allí yo les dije a ustedes: 'Ustedes han venido a la zona montañosa de los
Emori, cual *YAHWEH* nuestro Elohim nos está dando. 21 ¡Miren! *YAHWEH*
su Elohim ha puesto La Tierra delante de ustedes, tomen posesión, como
YAHWEH, el Elohim de sus padres, les ha dicho. No tengan temor, no se
desanimen.' 22 "Ustedes se me acercaron, cada uno de ustedes, y dijeron;
'Vamos a mandar hombres delante de nosotros para explorar el país para
nosotros y traigan de vuelta noticia de qué ruta debemos usar subiendo, y
cómo son las ciudades que nos encontraremos.' 23 La idea me pareció buena a
mí, así que escogí doce hombres de entre ustedes, uno de cada tribu; 24 y ellos
salieron, fueron a las montañas, vinieron al Valle Eshkol, y lo reconocieron.
25 Ellos cogieron algo del producto de La Tierra y lo trajeron a nosotros; ellos
también trajeron noticias a nosotros – 'La Tierra que *YAHWEH* nuestro
Elohim nos está dando es buena.' 26 "Pero ustedes ni quisieron subir. Al
contrario se rebelaron contra la orden de *YAHWEH* su Elohim; 27 y en sus
tiendas murmuraron: 'Es porque *YAHWEH* nos odiaba que nos ha sacado
de la tierra de Mitzrayim, sólo para entregarnos a los Emori para destruirnos.
28 ¿Qué clase de lugar es ese al cual nos dirigimos? Nuestros hermanos
hicieron que nuestro valor nos faltara cuando ellos dijeron: "La gente es más
grande y más altos que nosotros; las ciudades son grandes y fortificadas hasta
el cielo; y, finalmente, hemos visto a los Anakim allí,'" 29 "Yo les respondí:
'No tengan miedo, no les teman a ellos. 30 *YAHWEH* su Elohim, que está
yendo delante de ustedes, peleará de parte de ustedes, así como El cumplió
todas esas cosas para ustedes en Mitzrayim delante de sus ojos, 31 y asimismo
en el desierto, donde ustedes vieron como *YAHWEH* su Elohim los cargó,
como un hombre carga a su hijo, por todo el camino que ustedes viajaron
hasta que llegaron a este lugar. 32 Aun en este asunto ustedes no confiaron en
YAHWEH su Elohim, 33 aun cuando El fue delante de ustedes, buscando los
lugares para que ustedes armaran sus tiendas y mostrándoles qué camino

tomar; por fuego por la noche y por la nube de día.' 34 "*YAHWEH* oyó lo que
ustedes estaban diciendo, se enfureció y juró: 35 'Ni uno sólo de este pueblo,
esta generación perversa completa, verá la buena tierra que Yo juré a sus
padres darles, 36 excepto Kalev el hijo de Yefuneh – él la verá; Yo les daré a
él y a sus hijos la tierra sobre la cual caminó, porque él ha seguido a
YAHWEH completamente.' 37 "También, por causa de ustedes, *YAHWEH* se
enfureció conmigo, y dijo 'Tú tampoco entrarás allí. 38 Yahoshúa el hijo de
Nun, tu asistente – él entrará allí. Así que anímalo, porque él habilitará a
Yisra'el tomar posesión de ella. 39 Además, sus pequeños, que ustedes dijeron
que serían tomados como botín, y sus hijos que todavía no conocen el bien
del mal – ellos entrarán allí; Yo se la daré a ellos, y ellos tendrán posesión de
ella. 40 Pero en cuanto a ustedes, vuélvanse y vayan al desierto por el camino
del Mar de Suf.' 41 "Entonces ustedes me respondieron: 'Nosotros hemos
pecado contra *YAHWEH*, ahora subiremos y pelearemos, conforme todo lo
que *YAHWEH* nuestro Elohim nos ordenó.' Y todos los hombres de entre
ustedes se pusieron su armamento, considerando que era cosa fácil subir a la
zona montañosa. 42 Pero *YAHWEH* me dijo a mí: 'Diles: "No suban, y no
peleen, porque Yo no estaré allí con ustedes; si lo hacen, sus enemigos los
derrotarán."' 43 Así Yo les había dicho, pero ustedes no quisieron escuchar, en
cambio, se rebelaron contra la orden de *YAHWEH*, tomaron las cosas en sus
propias manos y subieron a la zona montañosa; 44 donde los Emori que vivían
en esa zona montañosa salieron contra ustedes como abejas, los derrotaron en
Seir y los persiguieron hasta Hormah. 45 Ustedes regresaron y lloraron delante
de *YAHWEH*, pero *YAHWEH* no escuchó lo que ustedes dijeron ni les prestó
ninguna atención. 46 Por esto se tuvieron que quedar en Kadesh por el tiempo
que se quedaron.

D'varim (Palabras) - Myrbd - Deuteronomio 2

Parashah 44: D'varim (Palabras) 1:1-3:22

2 Entonces nos volvimos y comenzamos a viajar por el desierto por el
camino del Mar de Suf, como *YAHWEH* me había dicho; y rodeamos el
Monte Seir por mucho tiempo. 2 Finalmente *YAHWEH* me dijo a mí: 3 ¡Ya
han estado circulando esta montaña por suficiente tiempo! Diríjanse al norte,
4 y da esta orden al pueblo: "Pasarán por el territorio de sus parientes los hijos
de Esav que viven en Seir. Ellos tendrán temor de ustedes, así que tengan
cuidado, 5 y no se metan en peleas con ellos; porque Yo no voy a darles nada
de su tierra, no, ni siquiera para pararse sobre un pie; puesto que ya he dado el
Monte Seir a Esav como su posesión.[5] 6 Páguenles dinero por la comida que
coman, y páguenles dinero por el agua que beban. 7 Porque *YAHWEH* su
Elohim los ha bendecido en todo lo que sus manos han producido. El sabe

que ustedes han estado viajando por este vasto desierto; estos cuarenta años
YAHWEH su Elohim ha estado con ustedes; y no les ha faltado nada.'
8 "Así pasamos a nuestros parientes los hijos de Esav que vivían en Seir,
dejamos el camino por el Aravah desde Eilat y Etzyon-Gever, y nos volvimos
para ir por el camino por el desierto a Moav. 9 *YAHWEH* me dijo: 'No seas
hostil hacia Moav ni pelees con ellos, porque Yo no les daré nada de su tierra
para poseer, puesto que ya Yo he dado Ar a los hijos de Lot como su
territorio.'" 10 (Los Emim[Ge 14:5] vivían allí, un gran y numeroso pueblo tan
altos como los Anakim. 11 Ellos también son considerados Refaim, como son
los Anakim, pero a los Moavim llámenlos Emim. 12 En Seir vivían los Horim,
pero los hijos de Esav los desposeyeron y los destruyeron, asentándose en su
lugar. Yisra'el hizo similarmente en la tierra que llegó a poseer, cual
YAHWEH le dio.) 13 "'¡Ahora muévanse y crucen el Vadi Zered!' "Así que
cruzamos el Vadi Zered. 14 El tiempo entre que nosotros salimos de Kadesh-
Barnea y cuando cruzamos el Vadi Zered fue de treinta y ocho años – hasta
que toda la generación de hombres capaces de portar armas había sido
eliminada del campamento, como *YAHWEH* había jurado que sería. 15
Además, la mano de *YAHWEH* estaba contra ellos para desarraigarlos del
campamento hasta que el último de ellos hubiera desaparecido. 16 Cuando
todos los hombres que eran capaces de portar armas murieron y ya no eran
parte del pueblo, 17 *YAHWEH* me dijo a mí: 18 'Hoy cruzarás la frontera de
Moav en Ar. 19 Cuando te acerques a los hijos de Amón, no los molestes ni
pelees con ellos, porque Yo no te daré ningún territorio de los hijos de Amón
para poseerlo, puesto que lo he dado a los hijos de Lot como su territorio.
20 (Esta también es considerada una tierra de los Refaim: Refaim, a quienes
los Emori llaman Zamzumim, vivían allí. 21 Ellos eran un pueblo grande y
numeroso, tan altos como los Anakim; pero *YAHWEH* los destruyó mientras
el pueblo de Amón avanzó y se asentó en su lugar – 22 así como El destruyó a
los Horim según los hijos de Esav avanzaron a Seir y se asentaron en su
lugar, donde viven hasta este día. 23 Fue lo mismo con los Avim, que vivían
en aldeas hasta tan lejos como Azah – los Kaftorim, que vienen de Kaftor, los
destruyeron y se asentaron en su lugar.) 24 "'¡Levántense, muévanse, y crucen
el Valle Arnon! ¡Miren, Yo he puesto en sus manos a Sijon el Emori, rey de
Heshbon, y su tierra; comiencen la conquista, empiecen la batalla! 25 Hoy
Yo empezaré a poner terror de ustedes dentro de todos los pueblos debajo del
cielo, para que la mera mención de su nombre los hará agitar y temblar
delante de ustedes.'[6] 26 "Yo envié embajadores desde el Desierto Kedemot a
Sijon rey de Heshbon con un mensaje pacífico. 27 'Déjame pasar por tu tierra.
Me mantendré en el camino sin volverme a la derecha ni a la izquierda.

[5] Esav es la moderna Roma/Edom, la cual nunca ha estado complacida con su herencia, en aquellos tiempos ni ahora, siempre
ha querido arrebatar Eretz Yisra'el de manos de los Israelitas.
[6] Yisra'el siempre ha sido temido por los *Goyim*, por eso es que han querido destruirlo, los Árabes, a pesar que son más de 500
millones, le temen al pequeño Yisra'el, han querido destruirlo pero han sido vencidos.

28 Tú me venderás comida para comer por dinero y me darás el agua
para beber por dinero. Yo sólo quiero pasar. 29 Haz como los hijos de Esav
que viven en Seir y los Moavim que viven en Ar hicieron conmigo, hasta que
cruce el Yarden a La Tierra que *YAHWEH* nuestro Elohim nos está dando.'
30 "Pero Sijon rey de Heshbon no nos quiso dejar pasar por su territorio,
porque *YAHWEH* nuestro Elohim había endurecido su *ruaj* y lo hizo
testarudo, para que lo pudiera entregar a ustedes, como es el caso hoy. 31
YAHWEH me dijo: 'Mira, Yo he empezado a entregar a Sijon y su territorio
delante de ti; comienza a tomar posesión de su tierra.' 32 Entonces Sijon salió
contra nosotros, él y todo su pueblo, para pelear en Yahatz; 33 y *YAHWEH*
nuestro Elohim lo entregó a nosotros, así que nosotros lo derrotamos, a sus
hijos y a todo su pueblo. 34 En ese tiempo nosotros capturamos todas sus
ciudades y destruimos completamente todas sus ciudades – hombres, mujeres,
niños pequeños – no dejamos a ninguno de ellos. 35 Como botín para nosotros
tomamos solamente ganado, junto con el despojo de las ciudades que
capturamos. 36 Desde Aroer, al borde del Valle Arnon, y desde la ciudad en el
valle, todo el camino hasta Gilead, no hubo una ciudad muy bien fortificada
que nosotros no capturáramos – *YAHWEH* nuestro Elohim nos dio todas ellas.
37 A la única tierra que ustedes no se acercaron fue a la de los hijos de Amón
– la región alrededor del Río Yabok, las ciudades en las colinas y donde
quiera que *YAHWEH* nuestro Elohim nos prohibió ir.

D'varim (Palabras) – Myrbd – Deuteronomio 3

Parashah 44: D'varim (Palabras) 1:1-3:22

3 "Entonces nos volvimos y fuimos por el camino de Bashan, y Og el rey de
Bashan salió contra nosotros con todo su pueblo para pelear en Edrei. 2
YAHWEH me dijo: 'No tengas temor de él; porque Yo lo he entregado, todo
su pueblo y su territorio, a ti; tú harás a él como hiciste a Sijon rey de los
Emori, que vivía en Heshbon.' 3 Así que *YAHWEH* nuestro Elohim también

nos entregó a Og rey de Bashan con todo su pueblo, y nosotros lo derrotamos
hasta que no le quedó nadie. 4 En ese tiempo nosotros capturamos todas sus
ciudades; no hubo ni una ciudad de ellos que nosotros no capturáramos.
Había sesenta ciudades, toda la región de Argov, el reino de Og en Bashan;
5 todas ellas ciudades fortificadas con muros altos, puertas y barrotes –
además de un gran número de pueblos sin muralla. 6 Nosotros los destruimos
completamente, como hicimos con Sijon rey de Heshbon, aniquilando todas
las ciudades – hombres, mujeres y pequeños. 7 Pero tomamos todo el ganado,
junto con el botín de las ciudades, como botín para nosotros. 8 "En ese tiempo
nosotros capturamos el territorio de los dos reyes de los Emori al este del
Yarden entre el Valle Arnon y Monte Hermon," 9 el Hermon que los
Tzidonim llaman Siryon y los Emori llaman Senir, 10 "Todas las ciudades de
la llanura, todo Gilead y todo Bashan, tan lejos como Saljah y Edrei, ciudades
del reino de Og en Bashan." 11 'Og rey de Bashan fue el último sobreviviente
de los gigantes [Refaim][7]. Su cama era hecha de hierro; aún está en Rabbah
con los hijos de Amón. Era de nueve codos de largo y cuatro codos de ancho,
usando el codo normal [trece y medio por seis pies]. 12 "De esta tierra que
nosotros tomamos posesión entonces, yo asigné a los Reuveni y a los Gadi el
territorio que se extiende desde Aroer junto al Valle Arnon junto con la mitad
de la zona montañosa de Gilead, incluyendo sus ciudades. 13 El resto de
Gilead y todo Bashan, el reino de Og, yo di a la media tribu de Menasheh."
Toda la región de Argov junto con todo Bashan de lo que es llamado la tierra
de Refaim. 14 Yair el hijo de Menasheh tomó toda la región de Argov, hasta la
frontera con los Gerushi y los Maajati; él nombró toda esta área, incluyendo a
Bashan, con su nombre – permanece Havot-Yair hasta este día. 7 Ver nota en Jos
12:4. 15 "Yo di Gilead a Majir; 16 y a los Reuveni y a los Gadi yo di el territorio
desde Gilead hasta el Valle Arnon, con el medio del valle como frontera,
hasta el Río Yabok, que es la frontera con los hijos de Amón; 17 el Aravah
también, el Yarden siendo su frontera, desde Kinneret hasta el Mar del
Aravah, el Mar Muerto, el pie de las laderas de Pisgah hacia el este. 18 "En ese
tiempo yo les di esta orden: ' *YAHWEH* su Elohim les ha dado esta tierra para
poseer. Pero todos entre ustedes que están entrenados para pelear tienen que
cruzar, armados, delante de sus hermanos los hijos de Yisra'el. 19 Sus esposas,
sus pequeños y su ganado – Yo sé que tienen mucho ganado – se quedarán en
sus ciudades las cuales he dado a ustedes, 20 hasta que *YAHWEH* permita a
sus hermanos descansar, como se lo ha permitido a ustedes; y ellos también
tomen posesión de La Tierra que *YAHWEH* su Elohim les está dando al lado
oeste del Yarden. En ese punto ustedes regresarán, cada hombre a su propia
posesión que Yo les he dado.' 21 "También en ese tiempo yo di esta orden a
Yahoshúa: 'Tus ojos han visto todo lo que *YAHWEH* tu Elohim ha hecho a
estos dos reyes. *YAHWEH* hará lo mismo a todos los reinos que ustedes se
encuentren cuando crucen. 22 No tengan temor de ellos, porque *YAHWEH* tu
Elohim peleará por ustedes.'

Referencias;
Haftarah D'varim: Yeshayah (Isaías) 1:1-27
Lecturas sugeridas del Brit Hadashah para la Parashah
D'varim: Yojanán (Juan) 15:1-11; Israelitas Mesiánicos
(Hebreos) 3:7-4:11
Parashah 45: Va'etjanan (Yo supliqué) 3:23-4:11

23 "Entonces yo supliqué a *YAHWEH*: 24 '*YAHWEH* Elohim, Tú has
comenzado a revelar tu grandeza a tu siervo, y tu brazo fuerte – porque ¿qué
otro dios hay en el cielo o en la tierra que pueda hacer las obras y los hechos
grandiosos que Tú puedes hacer? 25 ¡Por favor! ¡Déjame cruzar y ver la buena
tierra en el otro lado del Yarden, esa maravillosa zona montañosa y el
Levanon! 26 Pero *YAHWEH* estaba enojado conmigo por culpa de ustedes, y
El no me escuchó. *YAHWEH* me dijo: '¡Suficiente para ti! ¡No me digas ni
otra palabra acerca de este asunto! 27 Sube a la cumbre del Pisgah y mira al
oeste, norte, sur y este. Mira con tus ojos – pero no cruzarás de este lado del
Yarden. 28 Sin embargo, comisiona a Yahoshúa, anímalo y fortalécelo; porque
él guiará a este pueblo para cruzar y los facultará a heredar La Tierra que tú
ves.' 29 Así que nos quedamos en el valle del otro lado de Beit-Peor.

D'varim (Palabras) - Myrbd - Deuteronomio 4

Parashah 44: D'varim (Palabras) 1:1-3:22

4 "Ahora, Yisra'el, escucha las leyes y estatutos que yo les estoy enseñando,
para seguirlos, para que vivan; entonces entrarán y tomarán posesión de La
Tierra que *YAHWEH*, el Elohim de sus padres, les está dando. 2 Para obedecer
los *mitzvot* de *YAHWEH* tu Elohim que yo les estoy dando, no añadan a lo
que yo les estoy diciendo, y no le resten.[8] 3 Ustedes vieron con sus propios
ojos lo que *YAHWEH* hizo a Baal Peor, que *YAHWEH* lo destruyó de entre
todos ustedes y a todos los hombres que siguieron a Baal Peor; 4 pero ustedes
que permanecieron con *YAHWEH* su Elohim aún están vivos hoy, cada uno
de ustedes. 5 Miren, yo les he enseñado leyes y estatutos, así como *YAHWEH*
mi Elohim me ordenó, para que se puedan comportar conforme a ellos en La
Tierra donde ustedes van para tomar posesión de ella.

8 Muchos han cambiado la Bendita Toráh de *YAHWEH* por el Talmud y Kabbalah, un gran pecado, por el cual tendrán que pagar. No hay que hablar de la iglesia que no la ha cambiado, la ha desechado por completo. [cp 12:32; Re 22:18-19]

6 Por lo tanto, obsérvelos; y háganlos; porque entonces todos los pueblos los
verán como teniendo sabiduría y entendimiento. Cuando ellos oigan de todas
estas leyes, ellos dirán: 'Esta gran nación es de cierto un pueblo sabio y con
entendimiento.'[9] 7 Porque ¿cuál nación hay que tiene a Elohim tan cerca de
ella como *YAHWEH* Eloheinu, cuando sea que clamemos a El? 8 ¿Cuál nación
hay que tiene las leyes y estatutos como justo esta *Toráh* completa que yo
estoy poniendo delante de ustedes hoy? 9 Solamente tengan cuidado, y
vigílense a ustedes mismos diligentemente por todo el tiempo que vivan, para
que no se olviden de lo que vieron con sus propios ojos, para que estos
estatutos no se desvanezcan de sus corazones todos los días de sus vidas.
Antes bien, enséñenselos a sus hijos y nietos – 10 el día que se pararon delante
de *YAHWEH* su Elohim en Horev, cuando *YAHWEH* me dijo: 'Reúne al
pueblo hacia mí, y Yo les haré oír mis propias palabras, para que aprendan a
tenerme temor por todo el tiempo que vivan en La Tierra, y así ellos
enseñarán a sus hijos.' 11 Ustedes se acercaron y se pararon al pie de la
montaña; y la montaña ardió con fuego hacia el corazón del cielo, con
oscuridad, nubes y niebla densa. 12 ¡Entonces *YAHWEH* habló con ustedes
desde el fuego! Ustedes oyeron el sonido de palabras pero no vieron figura
alguna, sólo había una voz. 13 El proclamó su Pacto a ustedes, cual El ordenó
a ustedes obedecer, las Diez Palabras; y El las escribió en dos tablas de
piedra. 14 En ese tiempo *YAHWEH* me ordenó a enseñarles a ustedes leyes y
estatutos, para que vivieran por ellos en La Tierra cual están entrando para
tomar posesión de ella. 15 "Por lo tanto, ¡cuídense! Puesto que no vieron
figura de ninguna clase en el día que *YAHWEH* les habló en el Monte Horev
desde el fuego, 16 no se vuelvan corruptos y se hagan una imagen tallada que
tenga la forma de ninguna figura – ni una representación de un ser humano,
varón o hembra, 17 o representación de ningún animal sobre la tierra, o
representación de un ave que vuela en el aire, 18 o representación de nada que
se arrastre sobre el suelo, o representación de ningún pez en el agua debajo de
la línea costera. 19 Por la misma razón no miren al firmamento, al sol, la luna,
las estrellas y todo en el firmamento, y se vuelvan extraviados para adorarlos
y servirlos; *YAHWEH* su Elohim los ha otorgado a todos los pueblos debajo
de todo el firmamento. 20 No, *YAHWEH* los sacó y los trajo del horno de
fundición, fuera de Mitzrayim, para ser un pueblo de herencia para El, como
lo son hoy.[10] 21 "Pero *YAHWEH* se enojó conmigo por culpa de ustedes y
juró que yo no cruzaría el Yarden para ir a La Tierra buena, cual *YAHWEH* su
Elohim les está dando para heredar. 22 Antes bien, yo tengo que morir en esta
tierra y no cruzar el Yarden; pero ustedes cruzarán y tomarán posesión de esa
buena tierra. 23 Cuídense de ustedes mismos, para que no olviden el Pacto de

YAHWEH su Elohim, el cual El hizo con ustedes, y se hagan una imagen tallada, una representación de nada prohibido a ustedes por *YAHWEH* su Elohim. 24 Porque *YAHWEH* su Elohim es fuego consumidor, un Elohim celoso.[11] 25 "Cuando ustedes ya hayan tenido hijos y nietos, hayan vivido un largo tiempo en La Tierra, se hayan corrompido y hayan hecho una imagen tallada, una representación de algo, y así hayan hecho lo que es maldito a los ojos de *YAHWEH* su Elohim y lo hayan provocado;

9 Todas las naciones entonces verían que sólo una gente sabia (en el *Ruaj*) y comprensiva sería esta GRAN nación (física). Yisra'el pasó adelante, y apartados para que brillen ante los hombres. De igual manera Yahshúa renovó aquel llamado en Mt 5:13-14. La Toráh se convertiría en la sabiduría, después de su entrega a Yisra'el en Horev. Cuando Yisra'el obedezca los caminos de *YAHWEH*, todas las naciones confesarán nuestra grandeza, y nuestra misericordia ante el hombre y ante *YAHWEH*. En Sinai/Horev *YAHWEH* se comprometió con Yisra'el. A este compromiso matrimonial se le llama *eruzin*.
10 Hay hermanos y hermanas que tienen su casa llena de adornos de animalitos, soles y lunas, aquí pueden ver la ordenanza de no tenerlos y es muy clara. Ver Ro 1:24-32.
11 Aquí se nos aclara más, algunos dicen que tienen imágenes pero no las adoran. La ordenanza es **NO TENERLAS**, está PROHIBIDO, v 23. Está prohibido hacerlas, tenerlas o adorarlas.

26 yo pongo hoy al cielo y la tierra que sean testigos contra ustedes que rápidamente desaparecerán de La Tierra a la cual están cruzando el Yarden para poseer. Ustedes no prolongarán sus días allí sino que serán completamente destruidos. 27 *YAHWEH* los esparcirá entre los pueblos; y entre las naciones que *YAHWEH* los llevará lejos, ustedes quedarán pocos en números.[12] 28 Allá servirán dioses que son el producto de manos humanas, hechos de madera y de piedra, cuales no pueden ver, oír, comer ni oler. 29 Sin embargo, desde allá ustedes buscarán a *YAHWEH* su Elohim; y lo encontrarán si lo buscan con todo su corazón y ser. 30 En la aflicción de ustedes, cuando todas estas cosas hayan caído sobre ustedes, en el *ajarit-hayamim*, ustedes regresarán a *YAHWEH* y escucharán lo que El dice; 31 porque *YAHWEH* su Elohim es un Elohim misericordioso. El no les fallará, ni los destruirá, ni se olvidará del Pacto con sus padres el cual El juró a ellos.[13] 32 "De cierto, indaguen acerca del pasado, antes de que ustedes nacieran; desde el día que Elohim creó a los seres humanos en la tierra, desde un extremo del cielo hasta el otro, ¿ha habido algo tan maravilloso como esto? ¿Ha oído alguien algo como esto? 33 ¿Algún otro pueblo ha oído la voz de Elohim hablando desde el fuego, como ustedes han oído, y permanecen vivos? 34 ¿O ha tratado Elohim ir y tomar para sí una nación de las mismas entrañas de otra nación, por medios de pruebas penosas, señales, maravillas, guerra, una mano poderosa, un brazo extendido[14] y grandes terrores – como todo lo que *YAHWEH* su Elohim hizo por ustedes en Mitzrayim delante

de sus propios ojos? 35 Esto fue mostrado a ustedes, para que supieran que
YAHWEH es Elohim, y no hay otro aparte de El. 36 Desde el cielo El causó
que ustedes oyeran su voz, para instruirlos; y en la tierra El causó que ustedes
vieran su gran fuego; y ustedes oyeron sus propias palabras saliendo del
fuego.[15] 37 Porque El amó a sus padres, escogió a su *zera* después de ellos y
los sacó a ustedes de Mitzrayim con su presencia y gran poder, 38 para echar
delante de ustedes naciones mayores y más fuertes que ustedes, para que El
los pudiera traer y darles la tierra de ellos como herencia, como es el caso
hoy; 39 sepan hoy, y establezcan en su corazón, que *YAHWEH* es Elohim en el
cielo arriba y en la tierra abajo – no hay otro. 40 Por lo tanto, ustedes
guardarán sus leyes y *mitzvot* los cuales yo les estoy dando hoy, para que les
vaya bien y a sus hijos después de ustedes, y prolongarán sus días en La
Tierra que *YAHWEH* su Elohim les está dando para siempre." 41 Entonces
Moshe separó tres ciudades en el lado este del Yarden, hacia donde sale el
sol, 42 para donde un homicida pudiera huir, esto es, alguien que mate por
error a una persona a quien no odiaba previamente, y al huir a una de estas
ciudades pueda vivir allí. 43 Las ciudades fueron Betzer en el desierto, en las
llanuras, para los Reuveni; Ramot en Gilead para los Gadi; y Golan en
Bashan para los Menashi.

12 Esta profecía dada por Moshe se cumplió en los tiempos de Shlomó por la desobediencia de Yisra'el y culminó en el pecado de Shlomó, Yisra'el fue cortada en dos casas, la Casa de Yisra'el (reino del norte) y la Casa de Yahudáh (reino del sur) 1 Reyes cap. 11. Yisra'el se gentilizó por completo entre los *Goyim* y desechó la Toráh.

13 En estos precisos momentos que estamos en el *ajarit hayamim* (últimos tiempos) *YAHWEH* está recogiendo a todo su pueblo Yisra'el de las cuatro esquinas del mundo, como profetizado por Moshe y todos los profetas.

14 Esta expresión siempre es una metáfora para Yahshúa en toda la Escritura.

15 Vemos que *YAHWEH* deja que Yisra'el escuche Su voz. No fue un derecho de nacimiento, sino fue más como una manifestación de misericordia. Su voz de misericordia fue acompañada por fuego, porque *YAHWEH* mostró y manifestó Su voz en lenguas por y mediante el fuego. Se dijo que Yisra'el "escucharía Su voz de entre el fuego." Las instrucciones de la Toráh vinieron por intermedio de fuego, acompañado de los truenos y las lenguas. Luego, 1,500 años después, El dejó que la misma nación, al observar una de las tres Festividades de ascensión escuchara la misma voz, y con el mismo gran fuego y lenguas. Ellos escucharon la PALABRA en lenguas pero vieron fuego. Cuando Moshe fue llamado a rescatar a Yisra'el, *YAHWEH* también causó que Su voz se escuchara en y mediante el fuego. Entonces, los eventos de Hch 2, *YAHWEH* dejó que se repitieran los mismos eventos al mismo pueblo que había recibido Su voz y Su Toráh en el Monte Sinai. ¡*YAHWEH* declaró Sus maravillas [Yahshúa] en Sinai! Después de la resurrección del Mesías, El nuevamente declaró Sus maravillas.

44 Esta es la *Toráh* que Moshe puso delante de los hijos de Yisra'el – 45 estas
son las instrucciones, leyes y estatutos que Moshe presentó a los hijos de
Yisra'el después que habían salido de Mitzrayim – 46 del otro lado del Río

Yarden, en el valle frente a Beit-Peor, en la tierra de Sijon rey de los Emori,
quien vivía en Heshbon, a quien Moshe y los hijos de Yisra'el derrotaron
cuando salieron de Mitzrayim; 47 y tomaron posesión de su tierra y de la tierra
de Og rey de Bashan, dos reyes de los Emori, que estaban del otro lado del
Yarden hacia la salida de sol; 48 desde Aroer en el borde del Valle Arnon
hasta el Monte Sion, esto es, Monte Hermon, 49 con todo el Aravah más allá
del Yarden hacia el este, hasta el Mar Muerto al pie de la cordillera
de Pisgah.

D'varim (Palabras) - Myrbd - Deuteronomio 5

Parashah 44: D'varim (Palabras) 1:1-3:22

5 Entonces Moshe llamó a todo Yisra'el, y les dijo: "Escucha, Yisra'el, las
leyes y estatutos que yo te estoy anunciando a tu oído hoy, para que las
aprendas y tomes cuidado en obedecerlas. 2 *YAHWEH* nuestro Elohim hizo un
Pacto con nosotros en Horev.[16] 3 *YAHWEH* no hizo este Pacto con nuestros
padres, sino con nosotros – con nosotros, que estamos aquí todos nosotros
vivos hoy. 4 *YAHWEH* habló con ustedes cara a cara desde el fuego en la
montaña. 5 En ese tiempo yo me paré entre *YAHWEH* y ustedes para decirles
lo que *YAHWEH* estaba diciendo; porque, a causa del fuego, ustedes tenían
temor[17] y no subieron a la montaña. El dijo:

6 א "Yo soy vuvh tu Elohim, quien los sacó de la tierra de Mitzrayim,
donde ustedes vivían como esclavos.

7 ב "No tendrás otros dioses delante de mí. 8 No te harás para sí imagen
tallada de ninguna clase de representación de nada en el cielo arriba, en la
tierra abajo o en el agua debajo de la línea de la costa – 9 no te inclinarás a
ellas ni las servirás; porque Yo, vuvh tu Elohim, soy un Elohim celoso,
visitando a los hijos por los pecados de los padres, también la tercera
y cuarta generación de aquellos que me odian, 10 pero mostrando misericordia
hasta la milésima generación de aquellos que me aman y obedecen mis
mitzvot.

11 ג "No usarás El Nombre de vuvh tu Elohim a la ligera, porque vuvh
no dejará sin castigo a alguien que mal use Su Nombre.[18]

12 ד "Observen el día de *Shabbat*, para apartarlo como *Kadosh*, como
vuvh tu Elohim te ordenó hacer.[19] 13 Tienes seis días para laborar y hacer
todo tu trabajo, 14 pero el séptimo día es un *Shabbat* para vuvh tu Elohim.
En él no harás ningún tipo de trabajo – ni tú, tus hijos o hijas, ni tus esclavos

o esclavas, ni tu buey, tu asno, u otra clase de animal de cría, y ni el extranjero que se está quedando dentro de las puertas de tu propiedad – para que tus sirvientes y sirvientas puedan descansar así como lo hacen ustedes.

16 ERAS es donde sacamos el término Hebreo *Erusim*. Hay dos etapas del matrimonio Hebreo. *Erusim* y *Nisuim*. *Erusim* es el compromiso; *Nisuim* es llevarla para la casa. Cuando Yisra'el vino al Monte Sinai para recibir el contrato Matrimonial (Toráh), estaban en *Erusim*, compromiso. Estaban supuestos a llegar a *Nisuim* a la Casa del Padre, pero no lo hicieron hasta cuarenta años después, a causa de la desobediencia.
17 En aquel tiempo Yisra'el tenía su intercesor, Moshe; ahora es la misma verdad, ambas casas tienen al Mesías Yahshúa, quien los está llamando porque ninguna de las dos casas de Yisra'el oye claramente y sin temor, tal como antes.
18 Esconder u ocultar el Nombre de *YAHWEH* es un pecado contra este mandamiento, ya que lo están tratando a la ligera, lo están trayendo a nada; también sustituirlo por nombres o apelativos paganos es un gran pecado.

15 Recordarás que fueron esclavos en la tierra de Mitzrayim, y vuvh tu
Elohim los sacó de allí con una mano fuerte y un brazo extendido. Por lo
tanto vuvh tu Elohim les ha ordenado guardar el día de
Shabbat.

16 ה "Honra a tu padre y madre para que te vaya bien en La Tierra que vuvh tu Elohim les está dando.

17 ו "No asesines.

18 ז "No cometas adulterio.

19 ח "No robes.

20 ט "No des falso testimonio contra tu prójimo.

21 י "No codicies la esposa de tu prójimo, no codicies la casa de tu prójimo,
su campo, su esclavo o su esclava, su buey, su asno o nada que pertenezca a
tu prójimo.
22 Estas palabras *YAHWEH* habló a su asamblea completa en la montaña
desde el fuego, nube y niebla densa, en alta voz; luego cesó. Pero El las
escribió en dos tablas de piedra, las cuales me dio a mí. 23 Cuando ustedes
oyeron la voz que salía de la oscuridad, mientras la montaña ardía
con fuego, ustedes vinieron a mí, todos los jefes de sus tribus y sus ancianos,
24 y dijeron: '¡Aquí está, *YAHWEH* nuestro Elohim nos ha mostrado su Gloria
y su Grandeza! Hemos oído su voz viniendo del fuego, y hemos visto hoy que
Elohim habla con seres humanos, y ellos permanecen vivos. 25 Pero, ¿por qué
vamos a seguir arriesgando la muerte? ¡Este gran fuego nos consumirá! ¡Si
seguimos oyendo la voz de *YAHWEH* nuestro Elohim, moriremos! 26 Porque

¿quién hay en toda la humanidad que haya oído la voz del Elohim viviente
hablando desde el fuego, como lo hemos oído nosotros, y haya permanecido
vivo? 27 Tú, acércate; y oye todo lo que *YAHWEH* nuestro Elohim dice.
Entonces tú nos dirás todo lo que *YAHWEH* nuestro Elohim te diga a ti; y
nosotros lo escucharemos y lo haremos.' 28 "*YAHWEH* oyó lo que ustedes
estaban diciendo cuando ustedes me hablaron, y *YAHWEH* me dijo: 'Yo he
oído lo que este pueblo ha dicho cuando hablaban contigo, y todo lo que tú
has dicho es bueno. 29 ¡O, cómo deseo que sus corazones se queden así
siempre, que ellos me teman y obedezcan todos mis *mitzvot*, para que todo
vaya bien con ellos y sus hijos para siempre!

19 En este mandamiento está claro que el día de observar es el *Shabbat* y no domingo, ABBA *YAHWEH* no le dio potestad a ningún hombre para cambiar **NADA** en Su Palabra (cp 4:2). Los que en desobediencia adoren en domingo pertenecen al Papa de Roma. El papado ha dicho que ellos han tenido la osadía de cambiar este *mitzvah*, por tanto los domingueros son de él.

30 Ve, diles que regresen a sus tiendas. 31 Pero tú, quédate parado aquí junto a
mí; y Yo te diré todos los *mitzvot*, estatutos y los juicios, que tú les enseñarás,
para que ellos los puedan obedecer en La Tierra que Yo les estoy dando a
ellos como su posesión.' 32 "Por lo tanto tendrán cuidado de hacer como
YAHWEH su Elohim les ha ordenado; no se desviarán a la derecha ni a la
izquierda. 33 Ustedes seguirán el camino completo que *YAHWEH* su Elohim
les ha ordenado; para que vivan, las cosas les vayan bien, y vivan una larga
vida en La Tierra que están al poseer.

D'varim (Palabras) – Myrbd – Deuteronomio 6

Parashah 44: D'varim (Palabras) 1:1-3:22

6 Ahora esta es la *mitzvah*, los estatutos y los juicios que *YAHWEH* su
Elohim me ordenó enseñarles para que ustedes obedezcan en La Tierra a la
cual están cruzando para poseer, 2 para que teman a *YAHWEH* su Elohim y
observen todos sus estatutos y *mitzvot* que yo les estoy dando – ustedes, sus
hijos y sus nietos – por todo el tiempo que vivan, para que tengan larga vida.
3 Por tanto escucha, Yisra'el, y toma cuidado en obedecer, para que las cosas
te vayan bien, para que te multipliques grandemente, como *YAHWEH*, el
Elohim de tus padres, te prometió por darte una tierra que fluye con leche y
miel.

4 "***¡Sh'ma, Yisra'el!*** vuvh ***Eloheinu,*** vuvh ***ejad***
[¡Escucha, Yisra'el! *YAHWEH* nuestro Elohim, *YAHWEH* uno es];[20]
5 y amarás a *YAHWEH* tu Elohim con todo tu corazón, con todo tu ser y con
todos tus recursos. 6 Estas palabras, las cuales te estoy ordenando hoy, estarán

en tu corazón; 7 y las enseñarás cuidadosamente a tus hijos. Hablarán de ellas
cuando se sienten en su casa, cuando viajen en el camino, cuando se acuesten
y cuando se levanten. 8 Atenlas en su mano como señal, pónganlas alrededor
de la frente con una banda,[21] 9 y escríbanlas en los marcos de las puertas de
sus casas y en sus postes.[22] 10 "Cuando *YAHWEH* su Elohim los haya llevado
a La Tierra que El juró a sus padres Avraham, Yitzjak y Ya'akov que El les
daría – ciudades grandes y prósperas, las cuales ustedes no edificaron; 11 casas
llenas de todo tipo de cosas buenas, que ustedes no llenaron; cisternas de agua
cavadas, que ustedes no cavaron; viñas y olivares, que ustedes no plantaron –
y que hayan comido hasta saciarse; 12 entonces tengan cuidado de no
olvidarse de *YAHWEH* su Elohim, quien los sacó de la tierra de Mitzrayim,
donde vivían como esclavos. 13 Tienen que temer a *YAHWEH* su Elohim,
sírvanle y juren por Su Nombre. 14 No seguirán a otros dioses escogidos de
entre los pueblos alrededor de ustedes; 15 porque *YAHWEH* su Elohim, quien
está aquí con ustedes, es un Elohim celoso. Si lo hacen la furia de *YAHWEH*
su Elohim se encenderá contra ustedes y El los destruirá de la faz de la tierra.
16 No pongan a *YAHWEH* su Elohim a prueba, como lo pusieron a prueba en
Massah [prueba]. 17 Observen diligentemente los *mitzvot* de *YAHWEH* su
Elohim, y sus instrucciones y leyes que El les ha dado. 18 Ustedes harán lo
recto y bueno a la vista de *YAHWEH*, para que las cosas les vayan bien, y
entrarán y poseerán la buena tierra que *YAHWEH* juró a sus padres, 19
echando a todos sus enemigos delante de ustedes, como *YAHWEH* ha dicho.
20 "Algún día su hijo les preguntará: '¿Cuál es el significado de las
instrucciones, estatutos y juicios que *YAHWEH* nuestro Elohim ha dado para
ustedes?' 21 Entonces ustedes dirán a sus hijos: 'Nosotros éramos esclavos de
Faraón en Mitzrayim, y *YAHWEH* nos sacó de Mitzrayim con mano fuerte.

20 En el *shema YAHWEH* nos está diciendo que El es una unidad/ejad, no una trinidad, aquí no hay 3 personas.
21 Esto se conoce como *Tefillim*.
22 La porción de la Toráh que se pone en los marcos se llama *mezuzah*. Oramos cuando salimos que ABBA *YAHWEH* nos proteja, que disperse Sus enemigos y cuide nuestra salida y nuestra entrada, en Nombre de Yahshúa Ha Mashíaj.

22 *YAHWEH* hizo grandes y terribles señales y maravillas contra Mitzrayim,
Faraón y toda su casa, delante de nuestros propios ojos. 23 El nos sacó de allí
para traernos a La Tierra que El había jurado a nuestros padres que El nos
daría. 24 *YAHWEH* nos ordenó observar todas estas leyes, temer a *YAHWEH*
nuestro Elohim siempre por nuestro propio bien, para que El nos mantenga
vivos, como estamos hoy. 25 Será justificación para nosotros si tenemos
cuidado de obedecer todos estos *mitzvot* delante de *YAHWEH* nuestro Elohim,
así como El nos ordenó hacer.'"[23]

D'varim (Palabras) - Myrbd - Deuteronomio 7

Parashah 44: D'varim (Palabras) 1:1-3:22

7 "*YAHWEH* su Elohim los va a llevar a La Tierra a la cual entrarán para
tomar posesión de ella, y El echará muchas naciones mayores y más fuertes
que ustedes – los Hitti, Girgashi, Emori, Kenaani, Perizi, Hivi y Yevusi, siete
naciones mayores y más fuertes que ustedes. 2 Cuando El haga esto, cuando
YAHWEH su Elohim los entregue delante de ustedes, y ustedes los derroten,
¡los destruirán completamente! No hagan ningún pacto con ellos. No les
muestren ninguna misericordia.[24] 3 No se unan por casamiento con ellos – no
den su hija al hijo de ellos, y no tomen la hija de ellos para su hijo.[25] 4
Porque ellos volverán a sus hijos de seguirme a mí para servir a otros dioses.
Si esto sucede, la furia de *YAHWEH* se encenderá contra ustedes, y El los
destruirá rápidamente.[26] 5 No, trátenlos de esta forma: destruyan sus altares,
quiebren sus imágenes de piedra en pedazos, corten sus postes sagrados y
quemen sus imágenes talladas completamente. 6 Porque ustedes son un pueblo
apartado como *Kadosh* para *YAHWEH* su Elohim. *YAHWEH* su Elohim los
ha escogido a ustedes de entre todos los pueblos en la faz de la tierra para ser
su propio tesoro preciado.[27] 7 *YAHWEH* no puso su corazón en ustedes o los
escogió porque ustedes numeraban más que ningún otro pueblo – al contrario,
ustedes eran los menos de todos los pueblos. 8 Más bien, fue porque
YAHWEH los amó, y porque El quiso guardar la promesa que hizo a sus
padres, que *YAHWEH* los sacó con mano fuerte y los redimió de una vida de
esclavitud bajo la mano de Faraón rey de Mitzrayim. 9 De esto ustedes pueden
saber que *YAHWEH* su Elohim es ciertamente Elohim, el Elohim lleno de
fidelidad, quien guarda Su Pacto y extiende su misericordia a aquellos que le
aman y observan sus *mitzvot*, hasta la milésima generación.[28] 10 Pero El paga
a aquellos que le odian en su cara y los destruye. El no será tardo en tratar con
alguien que le odia; El le pagará en su cara.[29] 11 Por lo tanto, ustedes
guardarán sus *mitzvot*, estatutos y juicios los cuales yo les estoy dando hoy, y
los obedecerán.

Haftarah Va'etjanan; Yeshayah (Isaías) 40:1-26
Lecturas sugeridas del Brit Hadashah para la Parashah Va'etjanan: Mattityah (Mateo) 4:1-11; 22:33-40; Yojanán Mordejai (Marcos) 12:28-34; Lucas 4:1-13; 10:25-37; Hechos 13:13-43; Romanos 3:27-31; 1 Timoteo 2:4-6; Ya'akov (Jacobo) 2:14-26; y todas las lecturas para la Parashah 17
Parashah 46: 'Ekev (Porque) 7:12-11:25

23 Esto no significa que tenemos justificación por la Toráh sin el Mesías Yahshúa. Primero tenemos al Mesías Yahshúa, y después estamos ordenados a obedecer la Toráh, ya que El no vino a abolir la Toráh ni los profetas, Mt 5:17-21.
24 No se puede tener amistad, negocios o matrimonios con los enemigos de ABBA *YAHWEH.*
25 No pongan yugo sobre ustedes mismos, uniéndose en una yunta con los incrédulos...(2C. 6:14-18). Yugo desigual siempre ha sido terrible para Yisra'el, un gran tropiezo de pecado, por el cual el rey Shlomó pecó contra *YAHWEH.*
26 Si el hombre más sabio del mundo, Shlomó, fue llevado a pecar por yugo desigual, ¿crees que tú no?
27 Estas son palabras bellas y maravillosas de la boca de ABBA *YAHWEH*, si quieres ser Su especial tesoro, camina en Toráh.
28 Estos son miles de miles de años a las próximas generaciones de los que son obedientes y caminan en Su Toráh.
29 ¿Qué es odiar a *YAHWEH*? Odiar Su Toráh, odiar (esconder) Su Nombre, odiar a Su Palabra, Yahshúa.

12 "Porque ustedes están escuchando estos estatutos, guardándolos y
obedeciéndolos, *YAHWEH* su Elohim guardará con ustedes el Pacto y la
misericordia que El juró a sus padres. 13 El los amará, los bendecirá y
multiplicará sus números; El también bendecirá el fruto de sus cuerpos y el
fruto de su tierra – su grano, vino, aceite de oliva y los jóvenes de sus reses y
ovejas – en La Tierra que El juró a sus padres que El les daría. 14 Ustedes
serán más bendecidos que todos los otros pueblos; no habrá varón o hembra
estéril entre ustedes, y lo mismo con su ganado. 15 *YAHWEH* removerá todas
las enfermedades de entre ustedes – El no los afligirá con ninguna de las
espantosas enfermedades de Mitzrayim, las cuales ustedes han conocido; al
contrario, El las echará sobre aquellos que los odian a ustedes.[30] 16 Ustedes
devorarán todos los pueblos que *YAHWEH* su Elohim les entregue – no les
muestren ninguna piedad, y no sirvan a sus dioses, porque eso se convertirá
en una trampa para ustedes. 17 Si ustedes piensan para sí: 'Estas naciones
son más numerosas que nosotros; ¿cómo las podemos desposeer?' 18 No
obstante, no les tendrán temor, recordarán bien lo que *YAHWEH* su Elohim
hizo a Faraón y a todo Mitzrayim – 19 las grandes pruebas penosas que
ustedes mismos vieron, y las señales, maravillas, mano fuerte y brazo
extendido por medio de los cuales *YAHWEH* su Elohim los sacó. *YAHWEH*
hará lo mismo a todos los pueblos de los cuales ustedes temen. 20 Además,
YAHWEH su Elohim enviará la avispa entre aquellos de ellos que hayan
quedado y aquellos que se hayan escondido perezcan delante de ustedes. 21
Ustedes no temerán de ellos, porque *YAHWEH* su Elohim está allí con
ustedes, un Elohim grande y temible. 22 *YAHWEH* su Elohim echará a
aquellas naciones delante de ustedes poco a poco; no pueden terminar con
ellas de una sola, o los animales salvajes se volverán muy numerosos para
ustedes. 23 Sin embargo, *YAHWEH* su Elohim los entregará a ustedes,
enviando un desastre tras el otro sobre ellos hasta que hayan sido destruidos.

24 El entregará a los reyes de ellos a ustedes, y ustedes borrarán sus nombres de debajo del cielo; ninguno de ellos podrá soportarlos hasta que ustedes los hayan destruido. 25 Ustedes quemarán completamente las estatuas talladas de sus dioses. No sean avariciosos por la plata u oro de ellos; no lo tomen con ustedes, o ustedes serán entrampados por ello; porque es aborrecible a *YAHWEH* su Elohim. 26 No traigan a su casa nada aborrecible, o compartirán en la maldición que está sobre ello; más bien, lo detestarán completamente, lo aborrecerán totalmente; porque está apartado para destrucción.[31]

D'varim (Palabras) - Myrbd - Deuteronomio 8

Parashah 44: D'varim (Palabras) 1:1-3:22

8 "Todos los *mitzvot* que yo les estoy dando hoy tendrán cuidado de
obedecer; para que vivan, multipliquen sus números, entren y tomen posesión
de La Tierra que *YAHWEH* juró a sus padres. 2 Ustedes recordarán todo lo del
camino por el cual *YAHWEH* los llevó por estos cuarenta años en el desierto,
humillándolos y probándolos para saber lo que había en su corazón – si iban a
obedecer sus *mitzvot* o no. 3 El los humilló, permitiendo que tuvieran hambre,
y después les dio a comer *man*, cual ni ustedes ni sus padres jamás habían
conocido, para hacerlos entender que una persona no vive por comida
solamente sino de toda palabra que sale de la boca de *YAHWEH*.[32] 4
Durante estos cuarenta años la ropa que estaban usando no se puso vieja, y
sus pies no se hincharon.[33] 5 Piensen profundamente acerca de ello:
YAHWEH los estaba disciplinando, así como un hombre disciplina a su
hijo.[34

30 La obediencia a toda la Toráh de *YAHWEH* es la mejor vacuna contra las enfermedades, miren cómo están los hospitales del mundo llenos de gente que no guarda la Toráh.

31 Las personas están acostumbradas a traer a su casa cualquier cosa aborrecible a *YAHWEH*, escuchen esta mitzvah y háganla. (Jos 6:17-18; 7:1)

32 Tendremos vida en abundante y el *Shalom* que sobrepasa todo entendimiento. (Mt 4:4; Lu 4:4)

33 ABBA *YAHWEH* cuidó a Su pueblo, hasta se ocupó de su calzado y su ropa. (cp 29:5; Ne 9:21)

] 6 Así que obedezcan los *mitzvot* de *YAHWEH* su Elohim, viviendo como El
dirige y temiéndole. 7 Porque *YAHWEH* su Elohim los está trayendo a una
buena tierra, una tierra con arroyos, fuentes, y agua que sube al pozo de las
profundidades de valles y laderas de montañas. 8 Es una tierra de trigo y
cebada, viñas, árboles de higo y granadas; una tierra de aceite de oliva y miel;
9 una tierra donde ustedes comerán en abundancia y no les faltará nada en
ella; una tierra donde las piedras contienen hierro y las colinas pueden ser

minadas por cobre. 10 Así que comerán y estarán satisfechos, y bendecirán a
YAHWEH su Elohim por La Tierra buena que El les ha dado.[35] 11 "Tengan
cuidado de no olvidarse de *YAHWEH* su Elohim por no obedecer sus *mitzvot*,
estatutos y juicios que yo les estoy ordenando hoy. 12 De lo contrario, después
que hayan comido y estén satisfechos, edifiquen casas y vivan en ellas, 13 y
hayan multiplicado sus manadas, rebaños, plata, oro y todo lo demás que
posean, 14 ustedes se ensoberbezcan olvidando a *YAHWEH* su Elohim – quien
los sacó de la tierra de Mitzrayim, donde vivían como esclavos; 15 quien los
guió por el vasto y temible desierto, con serpientes venenosas, escorpiones y
suelo sediento y sin agua; quien sacó agua de la roca para ustedes; 16 quien los
alimentó en el desierto con *man*, desconocido a sus padres; todo el tiempo
humillándolos y probándolos para hacerles el bien al final – 17 pensarán para
sí: 'Mi propio poder y fuerza de mi propia mano me han dado esta riqueza.' 18
No, ustedes recordarán a *YAHWEH* su Elohim, porque es El quien les está
dando el poder para adquirir riqueza, para confirmar su Pacto, el cual juró a
sus padres, como está sucediendo hoy.[36] 19 Si ustedes se olvidan de
YAHWEH su Elohim, siguen a otros dioses y los adoran, yo llamo al cielo y a
la tierra de testigos hoy contra ustedes que ustedes ciertamente perecerán. 20
Ustedes perecerán así como las naciones que *YAHWEH* está causando perecer
delante de ustedes, porque no habrán escuchado la voz de *YAHWEH* su
Elohim."[37]

D'varim (Palabras) – Myrbd – Deuteronomio 9

Parashah 44: D'varim (Palabras) 1:1-3:22

9 "¡Escucha, Yisra'el! Cruzarás el Yarden hoy, para ir a desposeer naciones
más grandes y fuertes que tú, grandes ciudades fortificadas hasta el cielo; 2
una gente grande y alta, los Anakim, de quien ustedes conocen y de quien han
oído decir: '¿Quién se puede parar delante de los hijos de Anak?' 3 Por tanto,
entiendan hoy que *YAHWEH* su Elohim, El mismo, cruzará delante de ustedes
como fuego devorador; El los destruirá y los derrumbará delante de ustedes.
Así ustedes los echarán fuera y causarán que perezcan rápidamente, como
YAHWEH les ha dicho a ustedes. 4 "No piensen para sí mismos, después que
su Elohim los haya destruido de delante de ustedes: 'Es para recompensar mi
rectitud que *YAHWEH* me ha traído para tomar posesión de esta tierra.' No, es
porque estas naciones han sido tan perversas que *YAHWEH* las está echando
de delante de ustedes. 5 No es por la rectitud de ustedes, o porque el corazón
de ustedes sea tan recto, que van a tomar posesión de la tierra de ellos; sino
para castigar la perversidad de estas naciones que *YAHWEH* su Elohim las
está echando de delante de ustedes, y también para confirmar la palabra cual
YAHWEH juró a sus padres, Avraham, Yitzjak y Ya'akov. 6 Por lo tanto,
entiendan que no es por la rectitud de ustedes que *YAHWEH* su Elohim les

está dando esta buena tierra para poseer. "¡Porque ustedes son un pueblo de dura cerviz!

34 *YAHWEH* nos pasa por el desierto, nos pasa por el horno de fuego. (2S 7:14; Sal. 89:32; He. 12:5, 6; Re. 3:19)
35 Antes de la comida se bendice a *YAHWEH*, dador de la provisión, las gracias se dan después de comer.
36 Esta riqueza es para la nación de Yisra'el, no es una promesa individual para cada uno. *YAHWEH* nos promete riquezas eternas, no efímeras de este mundo. El nos promete Sanidad, Shalom, tranquilidad, bienestar, regocijo, alegría, etc.
37 Estas promesas se cumplieron por la desobediencia de todo Yisra'el, todo Yisra'el fue cautiva, y Yerushalayim destruida.

7 Recuerden, no se olviden, como hicieron a *YAHWEH* furioso en el desierto.
Desde el día que dejaron la tierra de Mitzrayim hasta que llegaron a este
lugar, ustedes se han estado rebelando contra *YAHWEH*. 8 También en Horev
ustedes pusieron a *YAHWEH* furioso – ¡*YAHWEH* estaba lo suficientemente
furioso con ustedes para destruirlos! 9 Yo había subido a la montaña para
recibir las tablas de piedra, las tablas en las cuales estaba escrito el Pacto que
YAHWEH había hecho con ustedes. Yo me quedé en la montaña cuarenta días
y noches sin comer comida ni beber agua. 10 Entonces *YAHWEH* me dio las
dos tablas de piedra inscritas por el dedo de *YAHWEH*; y en ellas estaba
escrita toda palabra que *YAHWEH* les había dicho a ustedes desde el fuego en
la montaña el día de la asamblea. 11 Sí, después de cuarenta días y noches
YAHWEH me dio las dos tablas, las tablas del Pacto. 12 Entonces *YAHWEH*
me dijo: 'Levántate, y apúrate, desciende de aquí, porque tu pueblo, a quien
sacaste de Mitzrayim, se ha corrompido. ¡Tan pronto se han vuelto ellos del
camino que Yo les ordené a seguir! ¡Ellos se han hecho una imagen de metal!'
13 Además, *YAHWEH* me dijo: 'Yo he visto a este pueblo, ¡y qué pueblo de
cerviz tan dura son ellos! 14 ¡Déjame solo, para que pueda poner fin a ellos y
borrar su nombre de debajo del cielo! Yo haré de ti una nación más grande y
fuerte de lo que son ellos.' 15 Yo descendí de la montaña. La montaña era
fuego ardiente, y las dos tablas del Pacto estaban en mis dos manos. 16 Miré, y
allí, ¡ustedes habían pecado contra *YAHWEH* su Elohim! Se habían hecho un
becerro de metal, se habían vuelto rápidamente del camino que *YAHWEH* les
había ordenado a seguir. 17 Yo tomé las dos tablas, las tiré fuera de mis dos
manos y las rompí delante de sus ojos. 18 Entonces caí delante de *YAHWEH*,
como lo hice la primera vez, por cuarenta días y noches durante cuyo tiempo
no comí nada ni bebí agua, todo a causa del pecado que ustedes cometieron
por hacer lo que era malvado a los ojos de *YAHWEH*, y provocarlo. 19 Yo
estaba aterrorizado de que a causa de lo enfurecido que *YAHWEH* estaba con
ustedes y lo ardientemente descomplacido que El estaba, que El los hubiera
destruido. Pero *YAHWEH* me escuchó esa vez también. 20 Además, *YAHWEH*

estaba muy furioso con Aharon y lo hubiera destruido; pero yo oré por
Aharon también en ese tiempo. 21 Yo tomé el pecado de ustedes, el becerro
que habían hecho, y lo quemé en el fuego, lo golpee en pedazos, y lo
machaqué aún para hacer los pedazos más pequeños, hasta que eran tan finos
como polvo; entonces eché el polvo en el arroyo que baja de la montaña.
22 "Otra vez en Taverah, Massah y Kivrot-HaTaavah ustedes enfurecieron a
YAHWEH; 23 y cuando *YAHWEH* los mandó de Kadesh-Barnea diciendo:
'Vayan y tomen posesión de La Tierra que Yo les he dado,' ustedes se
rebelaron contra la orden de *YAHWEH* su Elohim – ustedes no confiaron en
El y ni escucharon a lo que El dijo. 24 ¡Ustedes se han estado rebelando contra
YAHWEH desde el primer día que yo los conocí! 25 "Así que yo caí delante de
YAHWEH por aquellos cuarenta días y noches; y estuve tendido allí; porque
YAHWEH había dicho que El los destruiría. 26 Yo oré a *YAHWEH*; dije:
'¡*YAHWEH*! ¡Elohim! ¡No destruyas a tu pueblo, tu herencia! ¡Tú los
redimiste por medio de tu grandeza, Tú los sacaste de Mitzrayim con una
mano fuerte! 27 ¡Recuerda a tus siervos Avraham, Yitzjak y Ya'akov! No te
enfoques en obstinación de este pueblo, ni en su perversidad ni en su pecado.
28 De lo contrario, la tierra de la cual nos sacaste dirá: "Es porque *YAHWEH*
no pudo llevarlos a la tierra que El les prometió y porque El los odia que El
los sacó al desierto para matarlos." 29 Pero de hecho ellos son tu pueblo, tu
herencia, a quienes tú sacaste por tu gran poder y tu brazo extendido.'

D'varim (Palabras) - Myrbd - Deuteronomio 10

Parashah 44: D'varim (Palabras) 1:1-3:22

10 "En ese tiempo *YAHWEH* me dijo: 'Corta dos tablas de piedra como las
primeras, sube a la montaña, y haz un arca de madera. 2 Yo inscribiré en las
tablas las palabras que había en las primeras tablas, las cuales tú quebraste, y
las pondrás en el arca.' 3 Así que yo hice un arca de madera de acacia y corté
las tablas de piedra como las primeras, entonces subí a la montaña con
las dos tablas en mi mano. 4 El inscribió las tablas con la misma inscripción
que antes, Las Diez Palabras que *YAHWEH* proclamó a ustedes desde el
fuego en la montaña el día de la asamblea; y *YAHWEH* me las dio. 5 Yo me
volví, descendí de la montaña y puse las tablas en el Arca que yo había
hecho; y allí permanecen, como *YAHWEH* me ordenó. 6 "Los hijos de Yisra'el
viajaron de los pozos de Benei-Yaakan hacia Moserah, donde Aharon murió
y fue sepultado; y Eleazar su hijo tomó su lugar, sirviendo en el oficio de
kohen. 7 De allí viajaron hacia Gudgod, y de Gudgod a Yotvatah, una región
con arroyos fluyentes. 8 En ese tiempo *YAHWEH* apartó la tribu de Levi para
cargar el Arca para el Pacto de *YAHWEH* y para estar delante de *YAHWEH*
para servirle y para bendecir Su Nombre, como aún hacen hoy. 9 Por esto
Levi no tiene parte ni herencia con sus hermanos; *YAHWEH* es su herencia,

como *YAHWEH* su Elohim le ha dicho. 10 "Yo me quedé en la montaña
cuarenta días y noches, como anteriormente; y *YAHWEH* me escuchó en ese
momento también – *YAHWEH* no los destruyó. 11 Entonces *YAHWEH* me
dijo: 'Levántate, y ve por tu camino al frente del pueblo, para que ellos
puedan entrar y tomar posesión de La Tierra que Yo juré a sus padres que Yo
les daría.' 12 "Así que ahora, Yisra'el, todo lo que *YAHWEH* su Elohim pide de
ustedes es que teman a *YAHWEH* su Elohim, sigan sus caminos, que lo amen
y sirvan a *YAHWEH* su Elohim con todo su corazón y con todo su ser; 13 que
le obedezcan, por el propio bien de ustedes, los *mitzvot* y regulaciones de
YAHWEH que yo les estoy dando hoy. 14 Miren, el firmamento, el cielo más
allá del firmamento, la tierra y todo en ella todo pertenece a *YAHWEH* su
Elohim. 15 Sólo que *YAHWEH* tomó suficiente placer en sus padres para
amarlos y escogió a su *zera* después de ellos – a ustedes – por sobre todos los
pueblos, como aún El hace hoy. 16 Por lo tanto, ¡circunciden el prepucio de su
corazón; y no sean más de dura cerviz![38] 17 Porque *YAHWEH* su Elohim es
Elohim de dioses y Amo de señores, el gran, poderoso e imponente Elohim,
quien no tiene favoritos y no acepta sobornos. 18 El asegura justicia para el
huérfano y la viuda; El ama al extranjero, dándole comida y ropa.[39] 19 Por lo
tanto ustedes amarán al extranjero, porque fueron extranjeros en la tierra de
Mitzrayim.[40] 20 Ustedes temerán a *YAHWEH* su Elohim, le servirán,
agárrense de El y juren por Su Nombre. 21 El es su alabanza, y El es su
Elohim, que ha hecho por ustedes grandes e imponentes cosas, cuales ustedes
han visto con sus propios ojos. 22 Sus padres descendieron a Mitzrayim con
sólo setenta y cinco personas,[41] pero ahora ¡*YAHWEH* su Elohim ha hecho
sus números tantos como las estrellas del firmamento!

D'varim (Palabras) - Myrbd - Deuteronomio 11

Parashah 44: D'varim (Palabras) 1:1-3:22

11 "Por lo tanto, ustedes amarán a *YAHWEH* su Elohim y siempre
obedecerán su comisión, regulaciones, estatutos y *mitzvot*. 2 Hoy es a ustedes
a quienes me dirijo – no a sus hijos, que no han conocido ni experimentado la
disciplina de *YAHWEH* su Elohim, su grandeza, su mano fuerte, su brazo
extendido, 3 sus señales y sus obras cuales hizo en Mitzrayim a Faraón el
rey de Mitzrayim y a su país completo. 4 Ellos no experimentaron lo que El le
hizo al ejército de Mitzrayim, caballos y carruajes – como *YAHWEH* los
sobrecogió con el agua del Mar de Suf según ellos los perseguían a ustedes,
de modo que permanecen destruidos hasta este día. 5 Ellos no experimentaron
lo que El se mantuvo haciendo por ustedes en el desierto hasta que llegaron a
este lugar;

38 Circuncidar el corazón es aparte de circuncidar el prepucio, los dos son mandamientos y hay que hacerlos.

39 En muchos países hay exilados por problemas políticos y económicos en sus propios países, y los ciudadanos de estos países normalmente odian al extranjero, terrible pecado delante del Rostro de ABBA *YAHWEH*; la viuda y el huérfano también son de gran importancia para *YAHWEH*, trátalos bien, con amor y bondad, extiende tu mano, no seas tacaño.

40 Efrayim se gentilizó entre las naciones, Yahudáh tiene el deber de tratarlo como hermano, no de poner un cerco alrededor de la Toráh llamado Talmud.

41 En otras versiones dice 70, pero 75 está confirmado por la LXX; Ex 1:5 y Hch 7:14.

6 o lo que hizo a Datan y Aviran los hijos de Eliav, los hijos de Reuven –
cómo la tierra abrió su boca y se los tragó, junto con sus casas, tiendas y todo
ser viviente en compañía de ellos, allí delante de todo Yisra'el. 7 Pero ustedes
han visto con sus propios ojos todas estas poderosas obras de *YAHWEH*. 8 Por
lo tanto, ustedes guardarán toda *mitzvah* que yo les estoy dando hoy; para que
vivan y se multipliquen y tomen posesión de La Tierra que están cruzando el
Yarden para conquistar; 9 y así vivirán larga vida en La Tierra que *YAHWEH*
juró dar a sus padres y a su *zera* después de ellos, una tierra que fluye con
leche y miel. 10 "Porque La Tierra a la cual están entrando para tomar
posesión de ella no es como la tierra de Mitzrayim. Allá plantaban su *zera* y
tenían que usar sus pies para operar su sistema de irrigación, como en un
huerto de hortalizas. 11 Pero La Tierra a la cual están cruzando para tomar
posesión de ella es una tierra de colinas y valles, que se empapa de agua
cuando la lluvia cae del cielo. 12 Es La Tierra que *YAHWEH* su Elohim cuida.
Los ojos de *YAHWEH* su Elohim están siempre sobre ella, desde el comienzo
del año hasta el final del año. 13 "Así que si ustedes escuchan cuidadosamente
a mis *mitzvot* que les estoy dando hoy, amar a *YAHWEH* su Elohim y servirle
con todo su corazón y todo su ser; 14 entonces Yo daré a su tierra la lluvia en
las temporadas correctas, incluyendo la lluvia temprana de otoño y la lluvia
tardía de primavera;[42] para que recojan su trigo, vino nuevo, y aceite de
oliva; 15 y Yo les daré hierbas de campo para su ganado; con el resultado que
ustedes comerán y estarán satisfechos. 16 Pero tengan cuidado no se dejen ser
seducidos, para que se vuelvan a un lado, sirviendo a otros dioses y
adorándolos. 17 Si lo hacen, la furia de *YAHWEH* se encenderá contra ustedes.
El cerrará el cielo, para que no haya lluvia. La tierra no dará su producto, y
ustedes rápidamente pasarán de la buena tierra que *YAHWEH* les está dando.
18 Por lo tanto, ustedes almacenarán estas palabras mías en su corazón y en
todo su ser; átenlas en su mano como señal, pónganlas al frente, delante
de sus ojos; 19 enséñenlas cuidadosamente a sus hijos, hablando de ellas
cuando se sienten en su casa, cuando viajen por el camino, cuando se
acuesten y cuando se levanten; 20 y escríbanlas en los marcos de las puertas de
su casa y en sus postes – 21 para que ustedes y sus hijos vivan larga vida en La

Tierra que *YAHWEH* juró a sus padres que les daría a ellos por el tiempo que
haya cielo sobre la tierra. 22 "Porque si ustedes tienen cuidado de obedecer
todos estos *mitzvot* que yo les estoy dando para hacerlos, amar a *YAHWEH* su
Elohim, seguir todos su caminos y agarrarse a El; 23 entonces *YAHWEH*
echará a todas estas naciones delante de ustedes; y ustedes desposeerán
naciones más grandes y fuertes que ustedes. 24 Donde quiera que se plante la
planta de su pie será de ustedes; su territorio se extenderá desde el desierto
hasta el Levanon y desde el Río, el Río Eufrates, al Mar del Oeste. 25 Nadie
los podrá hacer soportar;[43] *YAHWEH* su Elohim pondrá el temor y terror de
ustedes en toda la tierra que ustedes pisen, como El les dijo.

Referencias;

Haftarah 'Ekev: Yeshayah (Isaías) 49:14-51:3

Lecturas sugeridas del Brit Hadashah para la Parashah 'Ekev: Mattityah (Mateo) 4:1-11; Lucas 4:1-13; Ya'akov (Jacobo) 5:7-11

Parashah 47: Re'el (Miren) 11:26-16:17

42 "Así que, hermanos, sean pacientes hasta que el Adón regrese. Miren como el labrador espera el precioso "fruto de la tierra"; él es paciente hasta que vengan **las lluvias de otoño y primavera.** Ustedes también sean pacientes; mantengan en alto su valor, porque el regreso del Adón está cerca." Ya 5:7-8. Después de dos días, El nos revivirá, en el tercer día, El nos levantará; y viviremos en su presencia. Conozcamos, esforcémonos para conocer a YAHWEH. Que El vendrá es tan cierto como la mañana; El vendrá a nosotros como la lluvia, como las lluvias de primavera que riegan La Tierra. Os 6:2-3.

43 La Tierra que *YAHWEH* le dio a Yisra'el, por causa del pecado, se ha reducido mucho, ya no son las dimensiones que tenía.

26 "Miren, yo estoy poniendo delante de ustedes hoy una bendición y una
maldición – 27 la bendición, si escuchan a los *mitzvot* de *YAHWEH* su Elohim
que yo les estoy dando hoy;[44] 28 y la maldición, si no escuchan a los *mitzvot*
de *YAHWEH* su Elohim, sino que se vuelven a un lado del camino que yo les
ordeno hoy y siguen otros dioses que ustedes no han conocido.[45] 29 "Cuando
YAHWEH su Elohim los traiga a La Tierra a la cual están entrando para tomar
posesión de ella, ustedes pondrán la bendición en el Monte Gerizim y la
maldición en el Monte Eival. 30 Ambos están al oeste del Yarden, en la
dirección de la puesta del sol, en la tierra de los Kenaani que viven en el
Aravah, del otro lado de Gilgal, cerca de los árboles de pistacho de Moreh. 31
Pues ustedes cruzarán el Yarden para entrar y tomarán posesión de La Tierra
que *YAHWEH* su Elohim les está dando; ustedes la poseerán y vivirán en ella.
32 Y tomarán cuidado de seguir todas las leyes y estatutos que yo estoy
poniendo delante de ustedes hoy.

D'varim (Palabras) - Myrbd - Deuteronomio 12
Parashah 44: D'varim (Palabras) 1:1-3:22

12 Aquí están las leyes y estatutos que ustedes observarán y obedecerán en
La Tierra que *YAHWEH*, el Elohim de sus padres, les ha dado a ustedes para
poseer por todo el tiempo que vivan en la tierra. 2 Ustedes destruirán todos los
lugares donde las naciones que ustedes están desposeyendo sirven a sus
dioses, ya sea en montañas altas, en colinas, o debajo de algún árbol frondoso.
3 Destruyan sus altares, destrocen sus estatuas de piedra en pedazos, quemen
sus postes sagrados completamente y corten sus imágenes talladas de sus
dioses. Exterminen el nombre de ellos de ese lugar.[46] 4 "Pero no tratarán a
YAHWEH su Elohim de esta forma. 5 Más bien, ustedes vendrán al lugar
donde *YAHWEH* su Elohim pondrá Su Nombre. El lo escogerá de entre todas
sus tribus; y ustedes buscarán ese lugar, que es donde El habitará, e irán allá. 6
Ustedes llevarán allá sus ofrendas quemadas, sus sacrificios, sus décimas
partes [que aparten para *YAHWEH*], las ofrendas que dan, las ofrendas de los
votos, sus ofrendas voluntarias, y los primogénitos de sus reses y ovejas. 7
Allí comerán en la presencia de *YAHWEH* su Elohim; y se regocijarán sobre
todo lo que emprendan a hacer, ustedes y la casa de ustedes, en las cuales
YAHWEH su Elohim los ha bendecido. 8 Ustedes no harán las cosas de la
forma que las hacemos hoy aquí, donde todos hacen lo que en su opinión
parezca correcto; 9 porque aún no han llegado al descanso y herencia cual
YAHWEH su Elohim les está dando. 10 Pero cuando crucen el Yarden y vivan
en La Tierra que *YAHWEH* su Elohim los está haciendo heredar, y El les dé
descanso de todos sus enemigos que los rodean, y estén viviendo en
seguridad; 11 entonces traerán todo lo que yo les estoy ordenando
al lugar que *YAHWEH* su Elohim escoja para que Su Nombre habite – sus
ofrendas quemadas, sacrificios, décimas partes, las ofrendas de su mano, y
todas sus mejores posesiones que ustedes dediquen a *YAHWEH*; 12 y ustedes
se regocijarán en la presencia de *YAHWEH* su Elohim – ustedes, sus hijos e
hijas, sus esclavos y esclavas y el Levi que se esté quedando con ustedes,
puesto que no tiene parte o herencia con ustedes. 13 "Tengan cuidado de no
ofrecer sus ofrendas quemadas en cualquier sitio que vean, 14 sino háganlo en
el lugar que *YAHWEH* escogerá en uno de los territorios de las tribus; allí es
donde ofrecerán sus ofrendas quemadas y harán todo lo que yo les ordene
hacer. 15 Sin embargo, ustedes pueden matar y comer carne dondequiera que
vivan y cuando quieran, guardando el grado con el cual *YAHWEH* su Elohim
los ha bendecido. Los inmundos que están entre ustedes y los limpios pueden
comerlo, como si fuera gacela o venado.[47]

44 "Si ustedes me aman, guardarán mis mandamientos. (Jn 14:15) Todo el que tiene mis mandamientos, y los guarda es el que me ama, y el que me ama, será amado por mi Padre, y Yo lo amaré, y me revelaré a mí mismo a él. (Jn 14:21)

45 Muchas veces Yisra'el abandonó a *YAHWEH* para servir otros dioses, y recibió su castigo profetizado en la Toráh.

46 ¿Cómo se las arreglan los que sustituyen Su Nombre por el nombre de falsos dioses? Es un gran pecado hacerlo.

16 Pero no coman sangre; derrámenla en la tierra como agua.[48] 17 "No
comerán en su propiedad la décima parte de su grano, vino nuevo o aceite de
oliva [que han apartado para *YAHWEH*], o el primogénito de sus reses u
ovejas, o cualquier ofrenda por un voto, o su ofrenda voluntaria, o la ofrenda
de su mano. 18 No, ustedes comerán estos en la presencia de *YAHWEH* su
Elohim en el lugar que *YAHWEH* su Elohim escogerá – ustedes y sus hijos,
hijas, esclavos y esclavas, y el Levi que es tu huésped; y se regocijarán
delante de *YAHWEH* su Elohim en todo lo que emprendan para hacer. 19 Por
el tiempo que vivan en su propiedad, tengan cuidado de no abandonar al
Levi.[49] 20 "Cuando *YAHWEH* su Elohim expanda su territorio, como El les
prometió, y ustedes digan: 'Yo quiero comer carne,' simplemente porque
quieren comer carne, entonces pueden comer carne, toda la que quieran. 21 Si
el lugar que *YAHWEH* su Elohim escoge para poner Su Nombre está muy
lejos de ustedes; entonces matarán animales de sus reses y ovejas, cuales
YAHWEH les ha dado; y lo comerán en su propiedad, tanto como quieran. 22
Cómanlo como lo hicieran con una gacela o venado; los inmundos que están
entre ustedes y los limpios por igual lo pueden comer[50] 23 Sólo tengan
cuidado de no comer la sangre, porque la sangre es la vida, y ustedes no
comerán la sangre con la carne. 24 No la coman, sino derrámenla en la tierra
como agua.[51] 25 No la coman, para que las cosas vayan bien con ustedes y
sus hijos después de ustedes, mientras hacen lo que *YAHWEH* ve como recto.
26 Sólo las cosas apartadas para Elohim las cuales tienen, y los votos que han
hecho para cumplirlos, ustedes llevarán al lugar que *YAHWEH* escogerá. 27
Allí ofrecerán sus ofrendas quemadas, la carne y la sangre, en el altar de
YAHWEH su Elohim. La sangre de sus sacrificios será derramada en el altar
de *YAHWEH* su Elohim, y ustedes comerán la carne. 28 Obedezcan y presten
atención a todo lo que yo les estoy ordenando hacer, para que las cosas vayan
bien para ustedes y con su *zera* después de ustedes para siempre, mientras
hacen lo que *YAHWEH* ve como bueno y recto. 29 "Cuando *YAHWEH* su
Elohim haya cortado de delante de ustedes a las naciones que ustedes están
entrando para desposeer, y cuando las hayan desposeído y estén viviendo en
la tierra de ellos; 30 tengan cuidado, después que ellos hayan sido destruidos
delante de ustedes, no sean entrampados en seguirlos; para que averigüen por
sus dioses, y pregunten: '¿Cómo servían a sus dioses estas naciones? Yo
quiero hacer lo mismo.' 31 ¡Ustedes no harán esto a *YAHWEH* su Elohim!
¡Porque ellos han hecho con sus dioses todas las abominaciones que
YAHWEH odia! ¡Ellos aun queman sus hijos e hijas en el fuego a sus dioses!
32 "Todo lo que yo les estoy ordenando, ustedes tendrán cuidado en hacer. No
añadan a ello ni substraigan de ello.[52]

47 Esto no significa que se pueda comer cosas inmundas, sino que las personas inmundas que están con Yisra'el pueden comer cualquier cosa que Yisra'el pueda comer de acuerdo a Le 11 y De 14. Ver nota del Tárgum en verso 22.
48 Tienes que asegurarte de comer carne sin su sangre, y las morcillas paganas olvidarlas. Comer y beber sangre es muy característico de países y festivales (fiesta a Baal) paganos.
49 Aquí yo leo la palabra Levi, y no pastor o auto nombrado "rabino." Shaúl trabajaba, ¿Es muy humillante trabajar?
50 Ver nota en verso 15. Tárgum: "Aquel que es restringido de las cosas *Kadoshim*, y el que es limpio para las cosas *Kadoshim*, pueden comer igual."
51 Ver nota en verso 16.
52 Este gran pecado se comete a diario por los "rabinos" que han abandonado Toráh por Talmud y Zohar. (cp 4:2; Re 22:18-19)

D'varim (Palabras) – Myrbd – Deuteronomio 13

Parashah 44: D'varim (Palabras) 1:1-3:22

13 Si un profeta o alguien que recibe mensajes mientras duerme se levanta
entre ustedes y él les da una señal o maravilla, 2 y la señal o maravilla resulta
ser como él predijo cuando él dijo: 'Vamos a seguir a otros dioses, cuales
ustedes no han conocido; y vamos a servirles,' 3 ustedes no escucharán lo que
ese profeta o soñador dice. Porque *YAHWEH* su Elohim los está probando,
para averiguar si ustedes en verdad aman a *YAHWEH* su Elohim con todo su
corazón y ser. 4 Ustedes seguirán a *YAHWEH* su Elohim, le temerán,
obedecerán sus *mitzvot*, escucharán lo que El dice, le servirán y se agarrarán
de El;[53] 5 y ese profeta o soñador será puesto a muerte; porque él incitó
rebelión contra *YAHWEH* su Elohim, quien los sacó de la tierra de Mitzrayim
y los redimió de una vida de esclavitud; para seducirlos fuera del camino que
YAHWEH su Elohim les ordenó seguir. Así librarán a su congregación de
perversidad. 6 "Si tu hermano el hijo de tu padre o de tu madre, o tu hijo, o tu
hija, o tu esposa la cual amas, o tu amigo que significa tanto para ti como tú
mismo, secretamente trata de incitarte para ir a servir otros dioses, los cuales
tú no has conocido, ni tú ni tus padres – 7 dioses de los pueblos alrededor de
ustedes, ya sea cerca o lejos de ustedes, en cualquier lugar del mundo – 8 no
consentirás, y no le escucharás a él; y no tendrás piedad ni lo perdonarás; y no
lo ocultarás. 9 ¡Más bien, lo matarás! Tu propia mano será la primera sobre él
al ponerlo a muerte, y después las manos del pueblo. 10 Lo apedrearás hasta la
muerte; porque él ha tratado de alejarte de *YAHWEH* tu Elohim, quien te sacó
de la tierra de Mitzrayim, fuera de una vida de esclavitud. 11 Entonces todo
Yisra'el oirá acerca de ello y tendrán temor, para que cesen de hacer tal
perversidad como ésta entre ellos. 12 "Si ustedes oyen decir que una de las
ciudades que *YAHWEH* su Elohim les está dando para vivir, 13 ciertos
bribones se han levantado entre ustedes y han atraído a los habitantes de su
ciudad diciendo: 'Vamos a ir a servir otros dioses, los cuales ustedes no han
conocido,' 14 entonces ustedes investigarán el asunto, averiguarán y buscarán

diligentemente. Si el rumor es verdad, si es confirmado que tales cosas
detestables están siendo hechas entre ustedes, 15 ustedes pondrán a los
habitantes de esa ciudad a muerte con la espada,[54] destruyéndola
completamente con la espada, todo en ella, incluyendo su ganado. 16
Amontonen todo su despojo en un lugar abierto, y quemen la ciudad con su
despojo hasta la tierra para *YAHWEH* su Elohim; permanecerá un *tel* [montón
de ruinas] para siempre y no será edificada jamás – 17 nada de lo que ha sido
apartado para destrucción quedará en sus manos.[55] Entonces *YAHWEH* se
volverá de su furia fiera y les mostrará misericordia, tendrá compasión de
ustedes y multiplicará sus números, como El juró a sus padres – 18 con tal de
que ustedes escuchen a lo que *YAHWEH* dice y obedezcan todos sus *mitzvot*
que yo les estoy dando hoy, así haciendo lo que es bueno y placentero delante
de *YAHWEH* su Elohim.

53 Esto precisamente es lo que está sucediendo hoy día cuando tantos hermanos están yendo en pos de farsantes que han cambiado la Bendita y Eterna Toráh de *YAHWEH* por el Talmud y Zohar que fueron escritos por seres humanos sin la autoría del *Ruaj HaKodesh.* Mezclando lo *Kadosh* con lo profano. ¿Estudias tú las Escrituras para no ser extraviado?

54 Hay mandamientos de la Toráh, como éste y los versos anteriores, que no se pueden cumplir hasta el regreso de Yahshúa, porque vivimos en países paganos que no respetan la Toráh de *YAHWEH*, pero estamos ordenados a cumplir las leyes locales. "Todos tienen que obedecer las autoridades gobernantes. Porque no hay autoridad que no sea de *YAHWEH*, y las autoridades existentes han sido puestas por *YAHWEH*." (Ro 13:1)

55 ¿Está tu casa llena de figuritas de animales de todos tipos? El paganismo es la causa de la destrucción de Yisra'el. No puedes tener cosas en tu casa que han sido llamadas a destrucción por los creyentes. [cp. 9:26; Jos 6:17-18; 7:1]

D'varim (Palabras) – Myrbd – Deuteronomio 14

Parashah 44: D'varim (Palabras) 1:1-3:22

14 "Ustedes son el pueblo de *YAHWEH* su Elohim. No se rasgarán a sí
mismos ni se raparán el pelo por encima de sus frentes en duelo por los
muertos,[56] 2 porque ustedes son un pueblo apartado como *Kadosh* para
YAHWEH su Elohim. *YAHWEH* su Elohim los ha escogido para ser su
especial tesoro de todos los pueblos en la faz de la tierra.

56 Estas son costumbres paganas de los Egipcios y los Musulmanes.

3 "Ustedes no comerán nada asqueroso. 4 Los animales que pueden comer son:
el buey, la oveja, la cabra, 5 el ciervo, la gacela, el gamo, la cabra montés, el

antílope, el búfalo, la gamuza. 6 Pueden comer todo animal que rumie y tenga
pezuña hendida. 7 Sin embargo, de los que rumian o de pezuña hendida, no
comerán el camello, la liebre y el damián, porque rumian, pero no tienen
pezuña hendida. 8 Ni el puerco,[57] porque tiene pezuña hendida, pero no
rumia; no comerás la carne de estos ni tocarás su cadáver. 9 "De todo lo que
vive en el agua, puedes comer estos: cualquier cosa en el agua que tenga
aletas y escamas, estos puedes comer. 10 Pero lo que no tenga aletas y
escamas no podrás comer; es inmundo para ti. 11 "Puedes comer cualquier ave
limpia; 12 pero estos no comerás: águilas, azores, quebrantahuesos, 13 milanos,
ni cualquier tipo de alfaneque, 14 ningún tipo de cuervo, 15 avestruces,
lechuzas, gaviotas, ni ningún tipo de gavilán, 16 búhos, íbices, calamones, 17
pelícanos, buitres y mergos, 18 cigüeñas, ningún tipo de garzas, abubillas y
murciélagos. 19 "Todas las criaturas de enjambre con alas son inmundas para
ustedes; no pueden ser comidas; pero todos los animales limpios que vuelan,
pueden comer. 21 "No comerán ningún animal que muera naturalmente; a
pesar de que pueden dejar que el extranjero que se queda con ustedes lo
coma, o lo venderás al extranjero; porque tú eres un pueblo *Kadosh* para
YAHWEH tu Elohim. No cocerás al cabrito en la leche de su madre.[58]
22 "Todos los años tomarás una décima parte de todo lo que produzca tu *zera*
en el campo, 23 y lo comerás en la presencia de *YAHWEH* tu Elohim. En el
lugar donde El escoja para que Su Nombre habite ustedes comerán la décima
parte de su grano, vino nuevo, y aceite de oliva, y el primogénito de sus reses
y ovejas, para que aprendan a temer a *YAHWEH* su Elohim siempre. 24
Pero si la distancia es muy grande para ustedes, de manera que no lo pueden
transportar, porque el lugar que *YAHWEH* escoja para poner Su Nombre está
muy lejos de ustedes; entonces, cuando *YAHWEH* su Elohim los prospere, 25
lo convertirán en dinero, como el dinero con ustedes, van al lugar cual
YAHWEH su Elohim escogerá, 26 y cambiarán el dinero por cualquier cosa
que ustedes quieran – ganado, ovejas, vino, u otro licor intoxicante, o
cualquier cosa que plazcan – y lo comerán allí en la presencia de *YAHWEH*
su Elohim, y disfrutarán, ustedes, y su casa.[59] 27 "Pero no descuiden al Levi
que se queda con ustedes, porque él no tiene parte o herencia como ustedes. 28
Al final de cada tres años llevarán todas las décimas partes de su producto de
ese año y lo almacenan en sus pueblos. 29 Entonces el Levi, porque él no tiene
parte o herencia como ustedes, junto con el extranjero, el huérfano y la viuda
que viva en sus pueblos, vendrán, comerán y estarán satisfechos – para que
YAHWEH su Elohim los bendiga en todo lo que su manos producen.

D'varim (Palabras) - Myrbd - Deuteronomio 15

Parashah 44: D'varim (Palabras) 1:1-3:22

15 "Al final de cada siete años tendrán una *shemittah* [remisión]. 2 Así es
como la *shemittah* será hecha: todo acreedor desistirá de lo que ha prestado a
su hermano miembro de la congregación – él no forzará a su prójimo o a su
pariente que lo pague, porque el tiempo de remisión de *YAHWEH* ha sido
proclamado. 3 Pueden demandar que el extranjero pague su deuda, pero tienen
que liberar su reclamación sobre lo que sea que su hermano les deba.

57 El puerco es un animal tan inmundo que era el emblema en los escudos de Roma cuando destruyó a Yerushalayim.
58 Ver nota en Shemot 23:19.
59 En este verso no dice que se le des el diezmo al pastor cristiano o "rabino" que no honra la Toráh de *YAHWEH*. ¡Más bien dicen que lo comas tú mismo! Siempre sin descuidar al Levita v. 27, y esto, cada tres años. ¡La tribu de Levi está dispersa! El cambio de dinero en el templo no era ilegal, lo que Yahshúa condenó fueron las prácticas deshonestas de los cambistas.

4 A pesar de esto, no habrá nadie necesitado entre ustedes; porque *YAHWEH*
de cierto los bendecirá en La Tierra cual *YAHWEH* su Elohim les está dando
como herencia para poseer – 5 si sólo ustedes escuchan cuidadosamente a lo
que *YAHWEH* su Elohim dice y tienen cuidado de obedecer todos estos
mitzvot que yo les estoy dando hoy. 6 Sí, *YAHWEH* su Elohim los bendecirá
como El prometió – ustedes prestarán dinero a muchas naciones sin tener que
pedir prestado, y ustedes reinarán sobre muchas naciones sin que ellas reinen
sobre ustedes.[60] 7 "Si alguno entre ustedes está necesitado, uno de sus
hermanos en cualquiera de sus pueblos cuales *YAHWEH* su Elohim les está
dando, no endurecerá su corazón o cerrará su mano de dar a su hermano
necesitado. 8 No, tú abrirás tu mano a él y le prestarás suficiente para
satisfacer su necesidad y lo habilitarás para obtener lo que él quiera. 9
Guárdate contra permitir a tu corazón de entretener el pensamiento de
ruaj de mezquindad que porque el séptimo año, el año de *shemittah* está
cerca, y así seas tacaño hacia tu hermano necesitado y no le des nada; porque
entonces él puede clamar a *YAHWEH* contra ti, y será tu pecado. [61] 10 Más
bien, tú le darás a él; y no lo darás de mala gana cuando le des a él. Si haces
esto, *YAHWEH* tu Elohim te bendecirá en todo tu trabajo, en todo lo que
emprendas – 11 porque siempre habrá gente pobre en La Tierra. Por eso les
estoy dando esta orden: 'Abrirán su mano a sus hermanos pobres y

necesitados en su tierra.'[62] 12 Si tu hermano, un Hebreo hombre o mujer, es
vendido a ti, él te servirá por seis años; pero en el séptimo año tú le darás la
libertad. 13 Además, cuando lo liberes no lo dejarás irse con las manos vacías;
14 sino súplelo generosamente de tu rebaño, tu era y prensa de vino; de lo que
YAHWEH tu Elohim te ha bendecido, le darás a él. 15 Recuerda que tú fuiste
esclavo en la tierra de Mitzrayim, y *YAHWEH* tu Elohim te redimió; por esto
te estoy dando hoy esta orden. 16 Pero si él te dice: 'Yo no quiero dejarte,'
porque él te ama a ti y a tu casa, y porque su vida contigo es buena; 17
entonces toma un punzón, y punza su oído a través, hasta la puerta; y él será
tu esclavo para siempre. Haz lo mismo con tu esclava. 18 No lo resientas
cuando lo dejes libre, puesto que durante sus seis años de servicio él ha valido
el doble que un empleado asalariado. Entonces *YAHWEH* tu Elohim te
bendecirá en todo lo que hagas. 19 "Todos los primogénitos en tus manadas de
reses y en tus rebaños serán apartados para *YAHWEH* tu Elohim; pues tú no
harás ningún trabajo con un primogénito de tus manadas ni trasquilarás el
primogénito de la oveja. 20 Cada año tú y tu casa lo comerán en la presencia
de *YAHWEH* tu Elohim en el lugar que *YAHWEH* escoja. 21 Pero si tiene un
defecto, está cojo o ciego, o tiene cualquier otra falta, no lo sacrificarás a
YAHWEH tu Elohim; 22 más bien, lo comerás en la propiedad tuya; los
inmundos que estén entre ustedes y los limpios lo pueden comer, como la
gacela o el venado. 23 Sólo no coman su sangre, sino derrámenla en la tierra
como agua.

D'varim (Palabras) - Myrbd - Deuteronomio 16

Parashah 44: D'varim (Palabras) 1:1-3:22

16 [63] "Observen el mes de Aviv, y guarden *Pésaj* para *YAHWEH* su
Elohim; porque en el mes de Aviv, *YAHWEH* su Elohim los sacó de la tierra
de Mitzrayim en la noche. 2 Ustedes sacrificarán la ofrenda de *Pésaj* del
rebaño y la manada a *YAHWEH* su Elohim en el lugar que El escoja para que
Su Nombre habite.

60 Este verso nos da a entender que los hermanos no pueden estar endeudados hasta el cuello. Tenemos que vivir con lo que ganemos y no tener tarjetas de crédito. Esto es y ha sido un gran problema para la mayoría de los hermanos, comprar todo a crédito. La Toráh no permite que estés endeudado, es una práctica de ha satán para destruir tus finanzas. (cp 28:12-13)

61 Supongan que un hermano o hermana está sin ropa y sin comida para el diario, y alguno le dice: "¡*Shalom*! ¡Mantente abrigado y come hasta saciarte!," sin darle lo que necesita. ¿De qué le sirve? Así que, la fe sola, si no está acompañada con obras, está muerta. (Ya 2:15-16)

62 En TODO Yisra'el hay que tratar a los hermanos sin mezquindad, en cuanto sea posible ayudar al hermano pobre.

63 Para las Festividades ver Ex 12 y Le 23.

3 No comerán *jametz* con él; por siete días lo comerán con *matzah*, el pan de
la aflicción; porque salieron precipitados de la tierra de Mitzrayim. Así
recordarán el día que salieron de la tierra de Mitzrayim por todo el tiempo
que vivan. 4 Ninguna levadura será vista con ustedes en ningún sitio de su
territorio por siete días. Nada de la carne de su sacrificio del anochecer del
primer día quedará toda la noche hasta la mañana. 5 No sacrificarán la ofrenda
de *Pésaj* en cualquiera de los pueblos que *YAHWEH* su Elohim les está
dando; 6 sino en el lugar que *YAHWEH* su Elohim escoja para que Su Nombre
habite – allí es donde sacrificarán la ofrenda de *Pésaj*, en el anochecer,
cuando se ponga el sol, en el tiempo del año que ustedes salieron de
Mitzrayim.[64] 7 Lo cocerán y lo comerán en el lugar que *YAHWEH* su Elohim
escoja; en la mañana regresarán e irán a sus tiendas. 8 Por seis días comerán
matzah; en el séptimo día habrá una asamblea de Festividad para *YAHWEH*
su Elohim; no hagan ningún tipo de trabajo. 9 "Contarán siete semanas;
comenzarán a contar desde el momento que primero pongan la hoz al grano
en pie. 10 Observarán la Festividad de *Shavuot* [semanas] para *YAHWEH* su
Elohim con una ofrenda voluntaria, la cual darán de acuerdo al grado de
prosperidad que *YAHWEH* su Elohim les haya dado. 11 Se regocijarán en la
presencia de *YAHWEH* su Elohim – ustedes, sus hijos e hijas, sus esclavos y
esclavas, los *Leviim* que viven en sus pueblos, y los extranjeros, huérfanos y
viudas que viven entre ustedes – en el lugar que *YAHWEH* su Elohim escoja
para que Su Nombre habite. 12 Recuerden eran esclavos en Mitzrayim;
entonces guardarán y obedecerán estas leyes. 13 "Guardarán la Festividad de
Sukkot por siete días después que hayan recogido el producto de su era y
prensa de vino. 14 Regocíjense en su Festividad – ustedes, sus hijos e hijas,
sus esclavos y esclavas, los *Leviim*, y los extranjeros, huérfanos y viudas que
vivan entre ustedes. 15 Por siete días guardarán la Festividad para *YAHWEH*
su Elohim en el lugar que *YAHWEH* su Elohim escoja, porque *YAHWEH* su
Elohim los bendecirá en todas sus cosechas y en todo su trabajo, ¡así estarán
llenos de alegría! 16 "Tres veces al año todos sus hombres comparecerán en la
presencia de *YAHWEH* su Elohim en el lugar que El escoja[65] – en la
Festividad de *Matzah*, en la Festividad de *Shavuot* y en la Festividad de
Sukkot. No se presentarán delante de *YAHWEH* con las manos vacías, 17 sino
que todo hombre dará lo que pueda, de acuerdo a la bendición que *YAHWEH*
les haya dado.

Referencias;

Haftarah Re'eh: Yeshayah (Isaías) 54:11-55:5
Lecturas sugeridas del Brit Hadashah para la Parashah Re'eh:
1 Corintios 5:9-13; 1 Yojanán (Juan) 4:1-6
Parashah 48: Shof'tim (Jueces) 16:18-21:9

18 "Ustedes nombrarán jueces y oficiales para todas las puertas [en las
ciudades] que *YAHWEH* su Elohim les está dando, tribu por tribu; y ellos
juzgarán al pueblo con juicio recto. 19 No torcerán la justicia o mostrarán
favoritismo, y no aceptarán un soborno, porque un regalo ciega los ojos del
sabio y tuerce las palabras de aun el recto. 20 Justicia, sólo justicia,
perseguirán; para que vivan y hereden La Tierra que *YAHWEH* su Elohim les
está dando.

64 Esta ordenanza era para el Templo, pero antes de que hubiera Templo había *Pésaj*. Ahora no hay Templo, pero guardar *Pésaj* es una ordenanza a perpetuidad. Algunos me han preguntado porque quieren justificarse en que no hay Templo.

65 El lugar que *YAHWEH* escogió para poner Su Nombre fue Yerushalayim y el Templo de Yerushalayim, el cual está destruido. Nosotros en la diáspora tenemos que guardar todas la Festividades de *YAHWEH*, los Tiempos designados.

21 "No plantarán ningún tipo de árbol como poste sagrado junto al altar de
YAHWEH su Elohim que ustedes hagan para sí mismos. 22 Asimismo, no
levanten una estatua de piedra; *YAHWEH* su Elohim odia tales cosas.

D'varim (Palabras) - Myrbd - Deuteronomio 17

Parashah 44: D'varim (Palabras) 1:1-3:22

17 "No sacrificarán para *YAHWEH* su Elohim una vaca u oveja que tenga
defecto o cualquier tara; eso sería abominación para *YAHWEH* su Elohim.
2 "Si se ha encontrado entre ustedes, dentro de cualquiera de sus puertas [en
cualquier ciudad] que *YAHWEH* su Elohim les haya dado, un hombre o mujer
que hace lo que *YAHWEH* su Elohim ve como perverso, transgrediendo su
Pacto 3 por ir a servir otros dioses y adorarlos, el sol, la luna, o cualquier cosa
en el firmamento – algo que Yo he prohibido – 4 y se lo dicen a ustedes,
u oyen acerca de ello; entonces investigarán el asunto diligentemente. Si es
verdad, si es confirmado que tales cosas detestables están siendo hechas en
Yisra'el; 5 entonces traerán al hombre o mujer que ha hecho esta cosa perversa
a las puertas de su ciudad, y apedrearán al hombre o mujer de muerte. 6 La
sentencia de muerte será llevada a cabo solamente si hay testimonio de dos o
tres testigos; no será sentenciado a muerte con el testimonio de solamente un
testigo. 7 Estos testigos serán los primeros en apedrearlo a muerte; después,
todo el pueblo lo apedreará. Así pondrán fin a esta perversidad entre ustedes.
8 "Si un caso viene ante ustedes a las puertas de la ciudad que es muy difícil
para ustedes juzgar, referente a derramamiento de sangre, pleito civil, daño

personal o cualquier otro asunto controversial; se levantarán, irán al lugar que *YAHWEH* su Elohim escoja, 9 y comparecerán delante de los *kohanim*, que son *Leviim*, y el juez en oficio en ese momento. Buscarán su opinión, y ellos adjudicarán un veredicto para ustedes.[66] 10 Actuarán de acuerdo a lo que ellos les hayan dicho allí en el lugar que *YAHWEH* escoja; tendrán cuidado de actuar conforme a las instrucciones de ellos. 11 De acuerdo con la *Toráh* que ellos enseñan, ustedes llevarán a cabo la sentencia que ellos adjudiquen, sin volverse a un lado a la derecha o la izquierda del veredicto que ellos les declaren a ustedes. 12 Cualquiera lo suficientemente presuntuoso para no prestar atención al *kohen* nombrado para servir a *YAHWEH* su Elohim o al juez – esa persona tiene que morir. Así ustedes exterminarán tal perversidad de Yisra'el – 13 todo el pueblo oirá acerca de ello y tendrá temor de continuar actuando presuntuosamente. 14 "Cuando hayan entrado en La Tierra que *YAHWEH* su Elohim les está dando, hayan tomado posesión de ella y estén viviendo allí, ustedes pueden decir; 'Yo quiero tener un rey sobre mí como todas las otras naciones alrededor de mí.[67]'

66 El Judaísmo Ortodoxo y algunos pastores y "rabinos" que se creen que son levitas, se creen en el derecho de juzgar y emitir condenas, pero aquí claramente dice *kohanim* de la tribu de Levi. No ha habido *kohanim* de la Tribu de Levi desde que los Fariseos y Saduceos usurparon el gobierno del Templo, antes de los tiempos de Yahshúa, bajo el dominio de Roma, ellos fueron nombrados por Roma y hacían lo que Roma dictaba porque eran poderes políticos.

67 En tiempos de Shemuel Yisra'el prefirió un rey humano a *YAHWEH.* [1S 8:5, 19-20; 1S 9:15, 10:24; 16:12 1Cr. 22.10]

15 En ese evento, nombrarán como rey el que *YAHWEH* su Elohim escoja. El debe ser uno de sus hermanos, este rey que nombren sobre ustedes – les está prohibido nombrar un extranjero sobre ustedes que no sea su hermano. 16 Sin embargo, él no adquirirá muchos caballos para sí o hará que el pueblo regrese a Mitzrayim para obtener más caballos, puesto que *YAHWEH* les dijo que nunca regresaran por ese camino.[68] 17 Asimismo, no tomará para sí muchas mujeres,[69] para que su corazón no se extravíe; y no adquirirá cantidades excesivas de plata y oro.

68 A pesar de haber sido el hombre más sabio, Shlomó no obedeció este y el v-17. [Je 42:15.17; Os 11:5, cp 28:68]

18 "Cuando él haya llegado a ocupar el trono de su reino, él escribirá una copia de esta *Toráh* en un rollo para sí mismo, de la que los *kohanim* y los *Leviim* usan.[70] 19 Permanecerá con él, y él la leerá todos los días, por todo el

tiempo de su vida; para que él aprenda a temer a *YAHWEH* su Elohim y
guarde todas las palabras de esta *Toráh* y estas leyes y las obedezca; 20
para que él no piense que es mejor que sus hermanos; y para que no se vuelva
a la derecha ni a la izquierda de los *mitzvot* de *YAHWEH*.[71] De esta forma él
prolongará su propio reino y el de sus hijos en Yisra'el.

D'varim (Palabras) – Myrbd – Deuteronomio 18

Parashah 44: D'varim (Palabras) 1:1-3:22

18 Los *kohanim*, que son *Leviim*, y ciertamente toda la tribu de Levi, no
tendrán parte o herencia con Yisra'el. En cambio su sustento vendrá de la
comida ofrecida por fuego a *YAHWEH* y de cualquier otra cosa que venga a
ser de él. 2 Ellos no tendrán herencia con sus hermanos, porque *YAHWEH* es
su herencia – como El les ha dicho a ellos. 3 "Los *kohanim* tendrán el derecho
de recibir del pueblo, de aquellos ofreciendo sacrificios, sea buey u oveja, la
espaldilla, las papadas y el estómago. 4 También les darán los primeros frutos
de su grano, vino nuevo y aceite de oliva, y lo primero de la lana de sus
ovejas. 5 Porque *YAHWEH* su Elohim lo ha escogido a él de todas las tribus
de ustedes para que se levante y sirva en El Nombre de *YAHWEH*, él y sus
hijos para siempre.[72] 6 "Si un Levi de uno de sus pueblos en cualquier sitio
en Yisra'el donde él vive, viene altamente motivado al lugar que *YAHWEH*
escoja, 7 entonces él servirá allí en El Nombre de *YAHWEH* su Elohim, así
como sus hermanos los *Leviim* que se paran y sirven en El Nombre de
YAHWEH. 8 Tal Levi recibirá la misma porción a la de los otros, además de lo
que pueda recibir de la venta de su propiedad ancestral heredada. 9 "Cuando
ustedes entren en La Tierra que *YAHWEH* su Elohim les está dando no
aprenderán a seguir las prácticas abominables de aquellas naciones. 10 No se
encontrará entre ustedes a ninguno que haga pasar a su hijo o hija por el
fuego, un adivino, un agorero, un sortílego, un hechicero, 11 un encantador,
uno que consulte fantasmas o *ruajim*, o uno que practique la necromancia. 12
Porque cualquiera que haga estas cosas es detestable a *YAHWEH*, y a causa
de estas abominaciones *YAHWEH* su Elohim los está echando delante de
ustedes. 13 Ustedes serán de corazón puro con *YAHWEH* su Elohim. 14 Porque
estas naciones, que ustedes están al desposeer, escuchan a los agoreros y
adivinos; pero a ustedes *YAHWEH* su Elohim no les permite hacer esto.
15 "*YAHWEH* levantará un profeta como yo de entre ustedes, de sus propios
hermanos. Tienen que prestarle atención a él. 16 Así como estaban
congregados en Horev y le pidieron a *YAHWEH* su Elohim: 'No nos dejes oír
la voz de *YAHWEH* mi Elohim más, ni me dejes ver este gran fuego jamás; si
lo haces, ¡moriré!' 17 En aquella ocasión, *YAHWEH* me dijo: 'Ellos están
correctos en lo que están diciendo. 18 Yo levantaré para ellos un profeta como
tú de entre sus hermanos. Yo pondré mis palabras en su boca, y él les dirá

todo lo que Yo les ordene.[73] 19 Cualquiera que no escuche a mis palabras, las cuales él hablará en Mi Nombre, tendrá que rendirme cuenta a mí.

69 El pecado de Shlomó, por el cual Yisra'el *YAHWEH* lo dividió en Dos Casas, reino del Norte y del Sur. Efrayim/Yisra'el y Yahudáh, Las Dos Casas de Yisra'el hasta el día de hoy. (1R 11:3-4)
70 *Mishne HaToráh Hazzot* "un duplicado de esta Toráh." Y todo creyente lo debe hacer. [2R 11:12, 17; 22:8-13; 2Cr.34:15]
71 Muchos dirigentes deben tomar nota y poner seria atención a este verso para que no se conviertan en dictadores y no se vuelvan a la derecha (Talmud), ni a la izquierda (Kabbalah), sino que teman a *YAHWEH* y caminen por Su Toráh.
72 De nuevo, estos versos los utilizan para arrancarle dinero a la ovejitas incautas, dice claramente *kohanim*.
73 Felipe se encontró con Natanael, y le dijo: "Encontramos a aquel del cual Moshe escribió en la *Toráh*, también los profetas; ¡es Yahshúa Ben-Yosef de Netzaret!" (Jn 1:45). "Este tiene que ser el profeta que está vaticinado venir al mundo." (Jn 6:14b).

20 "'Pero si un profeta presuntuosamente habla una palabra en Mi Nombre la cual Yo no le ordené decir, o si él habla en Mi Nombre de otros dioses, entonces ese profeta tiene que morir.'[74] 21 Ustedes estarán pensando: '¿Cómo vamos a saber si una palabra no ha sido hablada por *YAHWEH*?' 22 Cuando un profeta hable en El Nombre de *YAHWEH*, y las predicciones no se hagan realidad – esto es, la palabra no es cumplida – entonces *YAHWEH* no habló esa palabra. El profeta que lo dijo habló presuntuosamente; no tienen nada que temer de él.

D'varim (Palabras) – Myrbd – Deuteronomio 19

Parashah 44: D'varim (Palabras) 1:1-3:22

19 "Cuando *YAHWEH* su Elohim corte a las naciones cuya tierra *YAHWEH* su Elohim les está dando, y ustedes tomen el lugar de ellos y se asienten en sus ciudades y en sus casas, 2 ustedes apartarán tres ciudades para ustedes en su tierra que *YAHWEH* les está dando para poseer. 3 Dividan el territorio de su tierra, cual *YAHWEH* su Elohim les está haciendo heredar, en tres partes; y preparen los caminos, para que cualquier homicida pueda huir a estas ciudades. 4 El homicida que vivirá si huye hacia allí es alguien que ha matado accidentalmente a su prójimo miembro de la congregación, quien no le odiaba en el pasado. 5 Un ejemplo sería si un hombre va al bosque con su vecino para cortar leña y da un golpe con el hacha para cortar un árbol, pero el hierro del hacha vuela fuera de su mango, le pega a su vecino y éste muere. Entonces él huirá a una de estas ciudades y vivirá allí. 6 De lo contrario el pariente más cercano vengador de la sangre, en el calor de su ira, puede perseguir al homicida, alcanzarlo porque la distancia [a la ciudad de refugio] es larga, y lo golpee de muerte – a pesar de que no merecía morir, puesto que no lo odiaba en el pasado. 7 Por esto les estoy ordenando que aparten para ustedes mismos tres ciudades. 8 "Si *YAHWEH* su Elohim expande el territorio de ustedes, como El juró a sus padres que El haría y les da toda La Tierra que prometió dar a sus padres – 9 siempre y cuando guarden y observen todos estos *mitzvot* que yo les estoy dando hoy, amar a *YAHWEH* su Elohim y siempre seguir sus caminos – entonces ustedes añadirán tres ciudades más para ustedes mismos, aparte de estas tres; 10 para que sangre inocente no sea derramada en La Tierra que *YAHWEH* su Elohim les está dando como herencia, y así culpa de sangre esté sobre ustedes. 11 "Sin embargo, si alguno odia a su prójimo miembro de la congregación, yace en espera por él, lo ataca, lo golpea de muerte, y entonces huye a una de estas ciudades; 12 entonces los ancianos de su propio pueblo mandarán a traerlo de regreso de allí y lo entregarán al pariente más cercano vengador de la sangre, para que sea puesto a muerte. 13 Ustedes no le tendrán piedad. Más bien, tienen que poner fin al derramamiento de sangre inocente en Yisra'el. Entonces las cosas irán bien para ustedes. 14 "Ustedes no moverán los marcadores de los límites de la propiedad de su vecino del lugar que fueron puestos hace tiempo, en la herencia que pronto será de ustedes en La Tierra que *YAHWEH* su Elohim les está dando para poseer.

Verdaderamente este hombre es 'el profeta' (Jn 7:40b). Aquí ABBA *YAHWEH* no está hablando de cualquier profeta, sino uno como tú (Moshe), y sólo hubo uno como Moshe, Mashíaj Yahshúa, que además es nuestro Salvador y Mesías.
74 El Islam reclama que Mahoma es ese profeta del cual se habla en v 18; pero ni ellos mismos saben que el propio Islam y Mahoma fueron creados por Roma, quien casó a Mahoma con una mujer llamada "Fátima," ¿suena familiar esto?

15 "Un testigo solamente no será suficiente para condenar a una persona de ninguna ofensa o pecado de cualquier tipo; el asunto será establecido sólo si hay dos o tres testigos testificando contra él.[75] 16 "Si un testigo malicioso viene al frente y da falso testimonio contra alguien, 17 entonces ambos hombres envueltos en la controversia se presentarán delante de *YAHWEH*, delante de los *kohanim* y los jueces en oficio en ese momento. 18 Los jueces investigarán cuidadosamente. Si ellos encuentran que el testigo está mintiendo y ha dado falso testimonio contra su hermano, 19 ustedes tienen que hacerle a él lo que él tenía intenciones de hacer a su hermano. De esta forma, ustedes pondrán fin a tal perversidad entre ustedes. 20 Aquellos que queden oirán acerca de ello, tendrán temor y no cometerán más tal perversidad entre ustedes. 21 Muestren ninguna piedad: vida por vida, ojo por ojo, diente por diente, mano por mano.

D'varim (Palabras) - Myrbd - Deuteronomio 20

Parashah 44: D'varim (Palabras) 1:1-3:22

20 "Cuando salgan a pelear contra sus enemigos y vean caballos, carruajes
y una fuerza mayor que la de ustedes, no tendrán temor de ellos; porque
YAHWEH su Elohim, quien los sacó de la tierra de Mitzrayim, está con
ustedes. 2 Cuando estén al ir a la batalla, el *kohen* vendrá adelante y se dirigirá
al pueblo. 3 El debe decirles: '¡Escucha Yisra'el! Ustedes están al ir a la
batalla contra sus enemigos. Que el corazón de ustedes no desmaye y no
tengan temor; no estén alarmados ni asustados por ellos; 4 porque *YAHWEH*
su Elohim va con ustedes para pelear de su parte contra sus enemigos y para
darles la victoria.' 5 "Entonces los oficiales hablarán a los soldados. Ellos
dirán: '¿Hay algún hombre aquí que haya edificado una casa nueva, pero
todavía no la ha dedicado? El debe regresar a casa ahora; de lo contrario, él
puede morir peleando y otro hombre la dedicará. 6 "¿Hay algún hombre aquí
que haya plantado una viña, pero que todavía no haya hecho uso de su fruto?
El debe regresar a casa; de lo contrario, él puede morir peleando y otro
hombre la usará. 7 "¿Hay algún hombre aquí que esté comprometido para
casamiento con una mujer, pero todavía no se ha casado con ella? El debe
regresar a casa; de lo contrario él puede morir peleando y otro hombre se
casará con ella.' 8 "Los oficiales entonces añadirán a lo que han dicho a los
soldados: '¿Hay algún hombre aquí que tenga temor o que su corazón
desmaye? El debe regresar a casa; de lo contrario su temor puede
desmoralizar a sus compañeros también.' 9 Cuando los oficiales hayan
terminado de hablar con los soldados, comandantes serán nombrados para ir a
la cabeza del ejército. 10 "Cuando ustedes avancen a un pueblo para atacarlo,
primero le ofrecen términos de paz. 11 Si acepta los términos de paz y abre sus
puertas a ustedes, entonces toda la gente de allí será puesta a trabajos forzosos
y trabajarán para ustedes. 12 Sin embargo, si ellos rehúsan hacer la paz
con ustedes sino prefieren hacer la guerra contra ustedes, la pondrán bajo
asedio. 13 Cuando *YAHWEH* su Elohim la entregue a ustedes, pasarán a todos
los hombres por la espada. 14 Sin embargo, tomarán como botín para ustedes
las mujeres, los pequeños, el ganado, y todo en la ciudad – todo su saqueo. Sí,
comerán del botín de sus enemigos, que *YAHWEH* su Elohim les ha dado. 15
Esto es lo que harán a todos los pueblos que están a gran distancia de ustedes,
que no son de los pueblos de estas naciones. 16 "En cuanto a los pueblos de
estas naciones, que *YAHWEH* su Elohim les está dando como su herencia, no
permitirán que nada que respire viva. 17 Antes bien, los destruirán por
completo – los Hitti, los Emori, los Kenaani, los Perizi, los Hivi y los Yevusi
– como *YAHWEH* su Elohim les ha ordenado;

75 Esto también lo tenemos que observar cuando hablemos de las Escrituras, no se pueden sacar los versos fuera de contexto, hay que presentar testigos, esto es, otros versos que confirman. [Nu 35:30; Mt.18:16; 2C 13:1; He 10:28; 1T 5:19]

18 para que ellos no les enseñen seguir sus prácticas abominables, cuales ellos
hacen para sus dioses, y así causándolos pecar contra *YAHWEH* su Elohim.
19 "Cuando al hacer la guerra contra un pueblo para capturarlo, ustedes
pongan asedio por mucho tiempo, no destruirán sus árboles cortándolos con
un hacha. Ustedes pueden comer su fruto; así que no los corten. Después de
todo, ¿son los árboles del campo seres humanos, que los tienen que asediar
también? 20 Sin embargo, si ustedes saben que ciertos árboles no llevan fruto,
pueden destruirlos y los pueden cortar para edificar terraplenes contra el
pueblo que está haciendo la guerra con ustedes, hasta que caiga.

D'varim (Palabras) - Myrbd - Deuteronomio 21

Parashah 44: D'varim (Palabras) 1:1-3:22

21 "Si en La Tierra que *YAHWEH* su Elohim les está dando para poseer,
una víctima de asesinato es encontrada tendida en un campo; y el que
perpetró el asesinato no es conocido; 2 entonces los ancianos y jueces de
ustedes saldrán y medirán la distancia entre él y los pueblos adyacentes. 3
Después que haya sido determinado cuál pueblo es el más cercano, los
ancianos de ese pueblo tomarán una novilla que nunca haya sido puesta a
trabajar o llevado yugo para uso como animal de arrastre. 4 Los ancianos de
ese pueblo traerán la novilla a un valle con un arroyo en él que nunca se
seque, a un lugar que nunca es arado o sembrado; y quebrarán la cerviz de la
novilla allí en el valle. 5 Entonces los *kohanim*, que son *Leviim*, se acercarán;
porque *YAHWEH* su Elohim los ha escogido a ellos para servirle y para
pronunciar bendiciones en El Nombre de *YAHWEH*; ellos decidirán la
solución a toda disputa y asuntos que envuelven violencia. 6 Todos los
ancianos de los pueblos más cercanos a la víctima del asesinato lavarán sus
manos sobre la cabeza de la novilla a la cual le quebraron la cerviz en el valle.
7 Entonces ellos hablarán y dirán: 'Esta sangre no fue derramada por nuestras
manos, ni hemos visto quien lo hizo. 8 *YAHWEH*, sé misericordioso hacia tu
pueblo Yisra'el, a quien redimiste; no permitas que sangre inocente sea
derramada entre tu pueblo Yisra'el.' Y ellos serán expiados por este
derramamiento de sangre. 9 Así ustedes desvanecerán el derramamiento de
sangre inocente de entre ustedes, haciendo lo que *YAHWEH* ve como recto.

Referencias;
Haftarah Shof'tim: Yeshayah (Isaías) 51:12-53:12
Lecturas sugeridas del Brit Hadashah para la Parashah Shof'tim: Mattityah (Mateo) 5:38-42; 18:15-20; Hechos 3:13-26; 7:35-53; 1 Corintios 5:9-13; 1 Timoteo 5:17-22; Israelitas Mesiánicos (Hebreos) 10:28-31
Parashah 49: Ki Tetze (Cuando salgas) 21:10-25-19

10 "Cuando salgas a la guerra contra tus enemigos, y *YAHWEH* tu Elohim los
entregue en tu mano, y tomes prisioneros, 11 y ves entre los prisioneros una
mujer que luce bien para ti, y te sientes atraído a ella y la quieres como tu
esposa; 12 la traerás a tu casa, donde ella se rapará su cabeza, se cortará las
uñas 13 y se quitará su ropa de prisión. Ella se quedará allí en tu casa, y hará
duelo por su padre y su madre por un mes completo; después de lo cual
puedes entrar y tener relaciones sexuales con ella y ser su esposo, y ella será
tu esposa. 14 En el evento que tú pierdas el interés en ella, la dejarás ir donde
ella quiera; pero no puedes venderla por dinero o tratarla como una esclava,
porque tú la humillaste. 15 "Si un hombre tiene dos esposas, la una amada y la
otra aborrecida, y ambas la amada y la aborrecida le han dado a luz hijos a él,
y si el primogénito es el hijo de la aborrecida; 16 entonces, cuando venga el
tiempo para que él pase su herencia a sus hijos, no podrá dar la herencia del
primogénito al hijo de la esposa amada en lugar del hijo de la aborrecida, que
es de hecho el primogénito. 17 No, él tiene que reconocer como primogénito al
hijo de la esposa aborrecida por darle una doble porción de todo lo que posee,
porque él es los primeros frutos de su hombría, el derecho de primogénito es
de él. 18 "Si un hombre tiene un hijo que es testarudo y rebelde que no
obedece lo que dice su padre o su madre, y aun después que ellos lo
disciplinan él aún rehúsa prestarles atención; 19 entonces su padre y su madre
lo agarrarán y lo sacarán a los ancianos de su pueblo, a la puerta de ese lugar,
20 y dirán a los ancianos de su pueblo: 'Este hijo de nosotros es testarudo y
rebelde, él no nos presta atención a nosotros, vive salvajemente, se
emborracha.' 21 Entonces todos los hombres del pueblo lo apedrearán de
muerte; de esta forma pondrás fin a tal perversidad entre ustedes, y todo
Yisra'el oirá de esto y tendrá temor. 22 Si alguno ha cometido un crimen
capital y el juicio de muerte está sobre él, él es puesto a muerte y luego
colgado de un árbol,[76] 23 su cuerpo no permanecerá toda la noche en el árbol,
pero tienen que sepultarlo el mismo día; porque una persona que ha sido
colgada ha sido maldecida por Elohim[77] – así que no profanarás tu tierra, la
cual *YAHWEH* tu Elohim te está dando para heredar.

D'varim (Palabras) - Myrbd - Deuteronomio 22

Parashah 44: D'varim (Palabras) 1:1-3:22

22 "No verás el buey o la oveja de tu hermano extraviado y te comportarás
como si no lo hubieras visto; los traerás de regreso a tu hermano. 2 Si tu
hermano no está cerca; o no sabes quien es el dueño; lo traerás a tu casa; y
permanecerá contigo hasta que tu hermano pregunte por él, entonces lo
regresarás a él. 3 Harás lo mismo con su asno, su atuendo o cualquier

otra cosa que él pierda, no lo ignorarás. 4 "Si ves al asno o al buey de tu
hermano colapsado en el camino, no te comportarás como si no lo hubieras
visto; lo ayudarás a levantarse y ponerse en pie de nuevo. 5 "Una mujer no
puede usar ropa de hombre, y un hombre no puede ponerse ropa de mujer;
porque cualquiera que haga estas cosas es detestable a *YAHWEH* tu
Elohim.[78] 6 "Si cuando estás caminando ves un nido de ave en un árbol o en
el suelo con pichones o huevos, no te llevarás a la madre con los pollitos. 7
"Dejarás a la madre ir, pero puedes tomar los pollitos para ti; para que las
cosas vayan bien contigo, y prolongues tu vida.[79] 8 "Cuando edifiques una
casa nueva, edificarás un parapeto bajo alrededor de la azotea; de lo contrario
alguien se puede caer, y tú serás responsable por su muerte.[80]

76 Esto no es muerte por ahorcarlo sino colgar a un hombre después que haya sido apedreado a muerte; que era hecho más ignominiosamente de algunos atroces malhechores. Rejav y Baanah, quienes asesinaron a Ish-Boshet, fueron puestos a muerte por David, sus manos y pies fueron cortados y después fueron colgados (2S 4:12).[Jos 8:29; 10:26; Nu 25:4]

77 Este es el grado más alto de reproche que puede ser mostrado a un hombre, y lo proclama bajo maldición de Elohim. Aquellos que lo ven colgado entre cielo y tierra, concluirán que ha sido abandonado por ambos, el hombre y Elohim, e indigno de los dos. Este pasaje se aplica a la muerte del Mesías Yahshúa, El llevó nuestros pecados y fue expuesto a deshonra, y
también porque fue bajado de la estaca de maldición en el anochecer y sepultado. [Le 18:25; Nu 35: 33, 34]

78 Este estatuto sin duda fue puesto para excluir costumbres idólatras de los paganos., como también para prevenir el mal que sería producido por tales costumbres. No había nada más común que un hombre se vistiera con ropas de mujer, particularmente en adoración a Venus, como también las mujeres aparecían con armaduras delante de Ashtarot. (cp 18:12).

79 La extirpación de aves produce grandes calamidades, ellas se alimentan de serpientes, escorpiones, moscas, langostas, y ratones. Y esta es la razón para este estatuto. También para inculcar misericordia y bondad aún hacia las aves. Porque el que es culpable de tal crueldad, si las circunstancias son favorables, será cruel hacia sus hermanos. [Lu. 12:6, 7; 16:10; Pr. 22:4]

80 Las casas del oriente eran edificadas con techo plano y el techo usado para propósitos varios, como caminar, almacenar, dormir, entonces era necesario edificar alguna protección, para prevenir que la gente se cayera.

9 "No sembrarás dos clases de *zera* entre las hileras de la viña; si lo haces,
ambos la siembra cosechada y el producto de la viña será perdido. 10 No
ararás con un buey y un asno juntos.[81] 11 No usarás ropa tejida con dos clases
de hilo, lana y lino juntos.[82] 12 "Te harás cuerdas torcidas en las cuatro
esquinas del atuendo con el cual te cubres.[83]

81 No puedes tener a Yisra'el y a la iglesia juntos sembrando, Yisra'el es *Kadosh*, la iglesia es pagana.

82 Esta prohibición es literal, pero ABBA *YAHWEH* no está diciendo que El no permite las mezclas, Yisra'el es una mezcla de naciones, pero hay mezclas que no permite, lo demuestra con un animal inmundo y uno limpio, v. 10. "No nos unamos en yugo desigual." (2C 14-16). Apartémonos de las cosas de mundo, "Salgan de en medio de ellos; apártense a sí mismos; ni siquiera toquen lo que es inmundo." (Is 52:11). "¿No saben que el amor al mundo es odio hacia *YAHWEH*? ¡Cualquiera que quiera ser amigo del mundo se hace enemigo de *YAHWEH*!" (Ya 4:4)

83 *Tzitziyot*, Nu 15:38-40….Es un recordatorio, no un instrumento de protección, ni un amuleto.

13 "Si un hombre se casa con una mujer, tiene relaciones sexuales con ella y
después, habiéndole tomado aversión, 14 trae falsos cargos contra ella y
difama su carácter diciendo: 'Yo me casé con esta mujer, pero cuando tuve
relaciones con ella no encontré evidencia de que era virgen'; 15 entonces el
padre y la madre de la muchacha llevarán la evidencia de su virginidad a los
ancianos del pueblo a la puerta. 16 El padre de la muchacha dirá a los
ancianos: 'Yo dejé que mi hija se casara con este hombre, pero él la odia, 17
así que él ha traído falsos cargos que no encontró evidencia de la virginidad
de ella; aun aquí está la evidencia de la virginidad de mi hija' y ellos pondrán
la tela delante de los ancianos del pueblo.[84] 18 Los ancianos del pueblo
tomarán al hombre, lo castigarán, 19 y lo multarán dos y media libras de
shekels de plata, cuales darán al padre de la muchacha, porque él ha difamado
públicamente a una virgen de Yisra'el. Ella permanecerá su esposa, y él le
está prohibido divorciarse de ella por el tiempo que él viva. 20 "Pero si el
cargo es sustanciado que la evidencia de la virginidad de la muchacha no
pudo ser encontrada; 21 entonces ellos guiarán a la muchacha hacia la puerta
de la casa de su padre, y los hombres de su pueblo la apedrearán de muerte,
porque ella ha cometido en Yisra'el el acto vil de ser una prostituta mientras
aún en la casa de su padre. De esta forma pondrán fin a tal perversidad entre
ustedes. 22 "Si un hombre es encontrado acostado con una mujer que tiene
esposo, ambos de ellos tienen que morir – el hombre que fue a la cama con la
mujer y la mujer también. De esta forma quitarán tal perversidad de Yisra'el.
23 "Si una muchacha que es virgen está comprometida con un hombre, y otro
hombre viene sobre ella en el pueblo y tiene relaciones sexuales con ella; 24
traerás a ambos a las puertas de la ciudad y apedrearlos de muerte – la
muchacha porque ella no gritó por ayuda, allí en la ciudad, y el hombre
porque él ha humillado la esposa de su prójimo. De esta forma pondrán fin a
tal perversidad entre ustedes. 25 "Pero si el hombre viene sobre la muchacha
comprometida fuera en el campo, y el hombre la agarra y tiene relaciones
sexuales con ella, sólo el hombre que tuvo relaciones con ella morirá. 26 No
harás nada a la muchacha, porque ella no ha hecho nada que merezca la
muerte. La situación es como el caso del hombre que ataca a su prójimo y lo
mata. 27 Porque él la encontró en el campo, y la muchacha comprometida
gritó, pero no había nadie para salvarla.[85]

84 Los padres tenían que traer evidencia para establecer la castidad e inocencia de la hija extendiendo las ropas de cama ante los ancianos, y mostrar las marcas del primer acto sexual en las ropas.

85 En los casos de los vv 23-27, la muchacha comprometida para casamiento es considerada esposa del hombre con quien había adquirido el compromiso, a pesar de que no habían tenido relaciones sexuales, en cuyo caso es juzgado como adulterio. Pero una suposición de caridad es admitida en el caso de que la muchacha haya sido violada en un lugar solitario.

28 "Si un hombre viene sobre una muchacha que es virgen pero no está
comprometida, y él la agarra y tiene relaciones sexuales, y ellos son
sorprendidos en el acto, 29 entonces el hombre que ha tenido relaciones con
ella tiene que dar al padre de la muchacha una y cuarto libra de *shekels* de
plata, y ella será su esposa, porque él la humilló; él no puede divorciarse de
ella por todo el tiempo de su vida.[86] 30 "Un hombre no tomará la esposa de su
padre, ni descubrirá el manto de su padre.[87]

D'varim (Palabras) - Myrbd - Deuteronomio 23

Parashah 44: D'varim (Palabras) 1:1-3:22

23 "Un hombre con partes privadas machacadas o dañadas no puede entrar
en la asamblea de *YAHWEH*.[88] 2 "Un *mamzer* [uno nacido de una ramera] no
puede entrar en la asamblea de *YAHWEH*, ni su *zera* hasta la décima
generación pueden entrar a la asamblea de *YAHWEH*.[89] 3 "Ningún Amoni o
Moavi puede entrar en la asamblea de *YAHWEH*, ni ninguno de su *zera* hasta
la décima generación puede entrar en la asamblea de *YAHWEH*, 4 Porque
ellos no te suplieron con comida y agua cuando estabas de camino después
que saliste de Mitzrayim, y porque emplearon a Bilaam el hijo de Beor de
Petor en Aram-Naharayim para poner una maldición sobre ti. 5 Pero
YAHWEH tu Elohim no escuchó a Bilaam; más bien, *YAHWEH* tu Elohim
volvió la maldición en bendición para ti; porque *YAHWEH* tu Elohim te
amaba. 6 Así que nunca buscarás la paz o el bienestar de ellos, por todo el
tiempo que vivas.[90] 7 "Pero no detestarán a un Edomi, porque él es tu
hermano; y no detestarás a un Mitzrayimi, porque viviste como extranjero en
la tierra de ellos. 8 La tercera generación de hijos nacida a ellos puede entrar a
la asamblea de *YAHWEH*.[91] 9 "Cuando estés en el campamento, en guerra
con tus enemigos, tienes que guardarte contra cualquier cosa mala. 10 Si hay
un hombre entre ustedes que está inmundo a causa de emisión nocturna, él irá
fuera del campamento; no entrará en el campamento. 11 Cuando llegue el
anochecer él se bañará en agua, y después de la puesta del sol puede entrar en
el campamento. 12 También tienes que tener un área fuera del campamento
para usar como letrina. 13 Tienes que incluir una paleta con tu equipo, y
cuando evacues, cavarás un hueco antes, y después cubrirás tu excremento.[92]
14 Porque *YAHWEH* tu Elohim se mueve en tu campamento para rescatarte y
entregarte tus enemigos. Por lo tanto tu campamento será un lugar *Kadosh*.
YAHWEH no debe ver nada indecente entre ustedes, o El se volverá de ti.

15 "Si un esclavo se ha escapado de su amo y ha tomado refugio contigo, no lo
entregarás de regreso a su amo. 16 Permítele quedarse contigo, en cualquier
lugar que le venga bien entre tus asentamientos; no lo maltrates.[93]

86 Este caso es diferente porque la muchacha no estaba comprometida.
87 Un hombre viejo puede haberse casado con una mujer joven, y a su muerte, su hijo de otra mujer puede desear casarse con ella, y esto es prohibido. [cp 27.20; Ge 35:22; 49:3, 4; Le 18:8; 20:11; 1Cr. 5:1; 1C 5:1, 13]
88 Esta ley no fue diseñada para excluir a Israelitas mutilados de los beneficios comunes de la sociedad civil, o de ninguna relación religiosa, sino para ponerlos en una distinción vergonzosa. Esto tendía a desalentar a los padres a mutilar a sus hijos y convertirlos en eunucos, una costumbre sumamente común en el oriente en esas épocas.
89 Bastardo, este número redondo implica que nunca pueden obtener este privilegio.
90 Estas naciones eran sujetas por su maldad, perversidad, y enemistad para con Yisra'el a una vergüenza peculiar. Pero esto no los descalificaban para ser prosélitos, ya que Rut era una Moabita, se casó con Boaz y fue una progenitora de nuestro Salvador Yahshúa. (Rut 4:6; 10:22)
91 Edom, aunque es la moderna Roma y odia a Yisra'el, tiene muchos Israelitas de conversiones forzadas. Y Egipto se unirá a Yisra'el en los últimos días de acuerdo a Is 19:18-20.
92 En un campamento tan grande como el de los Israelitas el aseo era indispensable. Los vapores putrefactos de los excrementos producen enfermedades y, por tanto, hay que alejarse de ellos para mantener la salud.
93 No podemos suponer que esta ley requería a los Israelitas mantener a esclavos que habían robado o hecho mal a sus amos, o habían dejado su servicio sin causa; sino sólo esos a quienes se habían tratado cruelmente y habían huido para buscar protección, especialmente de las naciones vecinas. A esos se le tenía que dar refugio y mostrar bondad.

17 "No habrá rameras entre las hijas de Israel, y no habrá fornicadores de los
hijos de Israel, no habrá prostitutas rituales entre las hijas de Israel, y no
habrá sodomitas entre los hijos de Israel.[94] 18 No traerás las ganancias de una
prostituta, ni el precio de un perro (sodomita) a la asamblea de *YAHWEH* tu
Elohim, para ningún voto, porque aun ambos son abominaciones a *YAHWEH*
tu Elohim.[95] 19 "No prestarás con interés (usura) a tu hermano; no importa si
el préstamo es de dinero, comida o cualquier otra cosa que pueda acumular
interés. 20 A un extranjero puedes prestar con interés, pero a tu hermano no
prestarás con interés, para que *YAHWEH* tu Elohim te prospere en cualquier
cosa que te empeñes en hacer en La Tierra que estás entrando para tomar
posesión de ella. 21 "Cuando hagas un voto a *YAHWEH* tu Elohim, no
demorarás el cumplimiento de él, porque *YAHWEH* tu Elohim de cierto lo
demandará de ti, y no hacerlo será tu pecado. 22 Si escoges no hacer ninguna

clase de votos, eso no será pecado para ti; 23 pero si un voto pasa tus labios,
tendrás cuidado de hacerlo de acuerdo a lo que voluntariamente prometiste a
YAHWEH tu Elohim, lo que prometiste en palabras habladas en voz alta.
24 "Cuando entres en la viña de tu prójimo, puedes comer suficientes uvas
para satisfacer tu apetito, pero no pondrás ninguna en tu cesta. 25 Cuando
entres en el campo de tu prójimo donde cosecha granos, puedes arrancar
espigas con tu mano; pero no pondrás la hoz en el grano de tu prójimo.

D'varim (Palabras) - Myrbd - Deuteronomio 24

Parashah 44: D'varim (Palabras) 1:1-3:22

24 "Supón que un hombre se case con una mujer y ejecute el matrimonio
pero después la encuentra desagradable, porque él la ha encontrado ofensiva
de alguna forma. El le escribe un documento de divorcio, se lo da a ella y la
envía fuera de su casa. 2 Ella se va de la casa de él, va y se hace la esposa de
otro hombre; 3 pero al segundo hombre ella le desagrada y él le escribe
un documento de divorcio, se lo da a ella y la envía fuera de su casa; o el
segundo esposo con el cual ella se casó muere. 4 En tal caso su primer esposo,
quien la envió fuera, no puede tomarla otra vez como su esposa, porque ahora
ella está profanada. Sería detestable para *YAHWEH,* y no traerás pecado en
La Tierra que *YAHWEH* tu Elohim te está dando como tu herencia.[96] 5 "Si un
hombre se casó con su esposa recientemente, él no estará sujeto a servicio
militar; estará libre de obligaciones externas y dejado en casa por un año para
hacer a su esposa feliz. 6 "Nadie puede tomar un molino o ni siquiera la piedra
superior como prenda para un préstamo, porque eso sería tomar los mismos
medios de subsistencia del deudor.[97] 7 "Si un hombre secuestra a cualquiera
de sus hermanos de la congregación de los hijos de Yisra'el, y lo hace su
esclavo o lo vende, ese secuestrador tiene que morir; de esta forma pondrás
fin a tal perversidad entre ustedes.[98]

94 Esta ley intencionaba guardar a Yisra'el de las prácticas abominables de las naciones vecinas. *kadeish o caediza,* indican personas dedicadas a la prostitución en conexión a la adoración de algún dios abominable.

95 Ibíd. Ver nota en verso 17.

96 Mashíaj Yahshúa vino como el agente del principal (*YAHWEH*) para restaurar a Yisra'el al contrato matrimonial después que ella (Efrayim Yisra'el) estaba divorciada. Yisra'el no podía regresar a no ser por medio de la muerte y resurrección del esposo, creando un nuevo hombre para que así esa relación de matrimonio pudiera ser restaurada y todos pudieran regresar a La Tierra y convertirse en uno de nuevo.

97 Bajo esta ley es entendido que no se puede tomar nada de todas las cosas necesarias para el sustento, el tomarlo va en contra de las leyes de caridad y prudencia.

98 El secuestro es tratado como asesinato.

8 "Cuando haya un brote de *tzaraat*, ten cuidado de observar y hacer justo lo
que los *kohanim*, que son *Leviim*, te enseñen. Toma cuidado de hacer lo que
Yo ordené a ellos. 9 Recuerda lo que *YAHWEH* tu Elohim hizo a Miryam en
el camino después que salieron de Mitzrayim.[99] 10 "Cuando hagas cualquier
tipo de préstamo a tu prójimo, no entrarás en su casa para tomar la prenda. 11
Tienes que pararte afuera, y el deudor traerá la prenda afuera a ti. 12 Si él es
pobre, no irás a la cama con lo que él dio como prenda en tu posesión; 13 más
bien, tienes que regresar el artículo prendado al anochecer; entonces él irá a
dormir usando su atuendo y te bendecirá. Esta será una obra justa de tu parte
delante de los ojos de *YAHWEH* tu Elohim. 14 "No explotarás a un empleado a
jornal quien es pobre y necesitado, sea uno de tus hermanos o un extranjero
viviendo contigo en tu tierra en tu pueblo. 15 Le pagarás sus jornales el día
que los gane, antes del anochecer; porque él es pobre y espera ser pagado. De
lo contrario él clamará a *YAHWEH* en contra de ti, y será tu pecado.[100]
16 "Los padres no serán ejecutados por los hijos, ni los hijos serán ejecutados
por los padres; cada persona será ejecutada por su propio pecado.[101] 17 "No
torcerás la justicia del extranjero ni del huérfano que es debida a él, y no
tomarás la ropa de una viuda como prenda para un préstamo. 18 Más bien,
recuerda que fuiste esclavo en Mitzrayim; y *YAHWEH* tu Elohim te redimió
de allí. Por esto te estoy ordenando hacer esto. 19 "Cuando coseches el grano
en tu campo, si olvidas un manojo de grano allí, no regresarás para buscarlo;
se quedará allí para el extranjero, el huérfano y la viuda, para que *YAHWEH*
tu Elohim te bendiga en todo el trabajo que hagas. 20 Cuando sacudas el árbol
de olivo, no te volverás a las ramas otra vez; las olivas que quedan serán para
el extranjero, el huérfano y la viuda. 21 Cuando recojas las uvas de tu viña, no
regresarás y recogerás uvas una segunda vez; lo que quede es para el extranjero, el huérfano y la viuda. 22 Recuerda que fuiste esclavo en la tierra de
Mitzrayim. Por eso te ordeno hacer esto.[102]

D'varim (Palabras) - Myrbd - Deuteronomio 25

Parashah 44: D'varim (Palabras) 1:1-3:22

25 "Si la gente tiene una disputa, busca una solución en la corte, y los
jueces dictan una decisión a favor del justo y condenan al perverso; 2
entonces, si el perverso merece ser azotado, el juez lo hará tenderse y será
azotado en su presencia: El número de azotes será proporcional a su ofensa; 3
pero el máximo número de azotes es cuarenta. El no se excederá de esto, si va
por encima de este límite y lo golpea más que esto, tu hermano será
humillado delante de tus ojos.[103] 4 "No pondrás bozal a un buey cuando está
trillando el grano.

99 *YAHWEH* afligió a Miryam con tzaarat por la murmuración contra su hermano Moshe, este verso nos indica que pecado de murmuración, chismes, calumnias producen enfermedades de la piel y otras.

100 Lo próximo, una palabra para los ricos: ¡Lloren y aúllen sobre las opresiones que se avecinan para ustedes! 2 Sus riquezas se han podrido, sus ropas han sido comidas por la polilla. ¡Su oro y plata están corroídos, y su corrosión será evidencia en contra de ustedes y devorará sus carnes como fuego! ¡Este es el *ajarit-hayamim*, y han estado acumulando sus riquezas! ¡Escuchen! Los jornales que fraudulentamente han rehusado pagar a sus empleados, los que han segado sus campos están clamando en contra de ustedes, y los gritos alborotados de los que trabajaron en la cosecha han llegado a los oídos de *YAHWEH-Tzavaot*. (Ya 5: 1-4). [Le 25:40-43; 19:13; Pr 3:27; 23:10; Sal 35:10; 140:12; Je 22:13; Ez 16:49; Mal. 3:5; Lu 10:7; Ef. 6:9].

101 Esta ley es dada a los hombres y no a Elohim, porque *YAHWEH* sí visita los pecados de los padres en los hijos, Ex 20:5, aun El no permite a los hombres hacer lo mismo. De aquí las maldiciones generacionales.

102 Para ABBA *YAHWEH* el extranjero, la viuda y el huérfano eran y son muy importantes y tenemos que tratarlos con bondad. De estos se olvidan la mayoría de los pastores y "rabinos" que exigen diezmos ilegales.

103 Usualmente se daba treinta y nueve azotes, o cuarenta menos uno, por alguna equivocación. "Cinco veces he recibido "cuarenta azotes menos uno" de manos de Yahudím." (2C 11:24)

5 "Si hermanos viven juntos, y uno de ellos muere sin hijos, su viuda no se
casará con alguien que está emparentado a él; el hermano de su esposo irá a
ella y ejecutará los deberes de cuñado casándose con ella. 6 El primer hijo que
ella tenga sucederá al nombre de su hermano muerto, para que su nombre no
sea eliminado de Yisra'el. 7 Si un hombre no quiere casarse con la viuda de su
hermano, entonces la viuda de su hermano irá a la puerta, a los ancianos, y
dirá: 'Mi cuñado rehúsa levantar para su hermano un nombre en Yisra'el; él
no ejecutará los deberes del hermano del esposo para mí.' 8 Entonces los
ancianos de su pueblo lo harán llamar y hablarán con él. Si al presentarse
delante de ellos, él continúa diciendo: 'Yo no quiero casarme con ella,' 9
entonces la viuda de su hermano se acercará a él en la presencia de los
ancianos, se quitará la sandalia de su pie, escupirá en su rostro, y dirá: Esto es
lo que es hecho a un hombre que rehúsa levantar la familia de su hermano.' 10
Desde ese momento en adelante, su familia será conocida en Yisra'el como 'la
familia del hombre que le fue quitada su sandalia.'[104] 11 "Si hombres están
peleando uno con el otro, y la esposa de uno viene para ayudar a su esposo
huir del hombre que lo está atacando y agarra con sus manos las partes
privadas del atacante, 12 cortarás la mano de ella; no muestres piedad.
13 "No tendrás en tu equipo dos juegos de pesas, uno pesado, el otro ligero. 14
No tendrás en tu casa dos juegos de medidas, una grande, la otra pequeña. 15
Tendrás un peso justo y correcto, y tendrás una medida correcta y justa, para
que prologues tus días en La Tierra que *YAHWEH* tu Elohim te está dando. 16

Porque todos los que hacen tales cosas, todos los que traten deshonestamente, son abominación a *YAHWEH* tu Elohim.[105] 17 "Recuerda lo que Amalek te hizo en el camino cuando estabas saliendo de Mitzrayim, 18 como él te esperó en el camino, atacó a aquellos en la retaguardia, aquellos que estaban exhaustos y esforzándose detrás cuando estabas cansado y débil. El no temió a Elohim. 19 Por lo tanto, cuando *YAHWEH* tu Elohim te haya dado descanso de todos los enemigos que te rodean en La Tierra que *YAHWEH* tu Elohim te está dando como tu herencia para poseer, borrarás toda memoria de Amalek de debajo del cielo. ¡No lo olvides![106]

Referencias;
Haftarah Ki Tetze; Yeshayah (Isaías) 52:13-54:10
Lecturas sugeridas del Brit Hadashah para la Parashah Ki Tetze: Mattityah (Mateo) 5:31-32; 19:3-12; 22:23-32; Yojanán Mordejai (Marcos) 10:2-12; 12:18-27; Lucas 20:27-38; 1 Corintios 9:4-18; Gálatas 3:9-14; 1 Timoteo 5:17-18
Parashah 50: Ki Tavo (Cuando vengas) 26:1-29:8

D'varim (Palabras) – Myrbd – Deuteronomio 26

Parashah 44: D'varim (Palabras) 1:1-3:22

26 "Cuando vengas a La Tierra que *YAHWEH* tu Elohim te está dando como tu herencia, hayas tomado posesión de ella y asentado allí; 2 tomarás los primeros frutos de todas las siembras que la tierra dé, cuales tú cosecharás de tu tierra que *YAHWEH* tu Elohim te está dando, los pondrás en una cesta e irás al lugar que *YAHWEH* tu Elohim escoja para que Su Nombre habite.

104 Por esta ley (vv 5 y 6) fue que *YAHWEH* mató a Onan el segundo hijo de Yahudáh, porque él vertía el semen en tierra y no quiso darle descendencia a su hermano muerto. (Ge 38: 5-10). Quitarse la sandalia expresa ser degradado a la condición de esclavo que generalmente iban descalzos, y escupirle su cara era una señal de la más alta ignominia.
105 Heb. Una piedra y una piedra. Diversas piedras o pesos de diferente valor para engañar a los clientes, porque los pesos eran hechos de piedras antiguamente. Es de notar que estas acciones deshonestas son etiquetadas como "abominación a *YAHWEH*", igualmente con la idolatría, y otros crímenes escandalosos.
106 Amalek siendo hijo (nieto) de Evav (Edom), Roma (la Gran Ramera), será completamente destruida por su odio a los hijos de Yisra'el, Re 14:9; 16:19; 18:2, 10, 21. El rey Shaúl de Yisra'el los aplastó pero no completamente, 1S 15:33; 1Cr 4:43.

3 Te acercarás al *kohen* que esté en oficio en ese tiempo y dirás a él: 'Hoy yo declaro a *YAHWEH* tu Elohim que yo he venido a La Tierra que *YAHWEH*

juró a nuestros padres que El nos daría.' 4 El *kohen* tomará la cesta de tu mano
y la pondrá frente al altar de *YAHWEH* tu Elohim. 5 "Entonces, en la
presencia de *YAHWEH* tu Elohim, dirás: 'Mi padre era un nómada de Aram
donde Lavan el Arami trató de destruir a mi padre.[107] El descendió a
Mitzrayim pocos en números y se quedó. Allí se hizo grande, fuerte y una
nación populosa. 6 Pero los Mitzrayimim nos maltrataron; ellos nos
oprimieron e impusieron dura esclavitud sobre nosotros. 7 Así que clamamos
a *YAHWEH*, el Elohim de nuestros padres. *YAHWEH* nos oyó y vio nuestra
miseria, trabajo y opresión; 8 y *YAHWEH* nos sacó de Mitzrayim con una
mano fuerte y brazo extendido, con gran terror, y con señales y maravillas. 9
Ahora El nos ha traído a este lugar y nos ha dado esta tierra, una tierra que
fluye con leche y miel. 10 Por lo tanto, como puedes ver, yo ahora he traído
los primeros frutos de La Tierra cuales, *YAHWEH*, me ha dado.' Entonces
pondrás la cesta delante de *YAHWEH* tu Elohim, te postrarás delante de
YAHWEH tu Elohim, 11 y te alegrarás de todo el bien que *YAHWEH* tu
Elohim te ha dado, a tu casa, al Levi y al extranjero que vive contigo.
12 "Después que hayas apartado una décima parte de lo que las siembras
produjeron en el tercer año, el año de separar la décima parte, y la hayas dado
al Levi, al extranjero, al huérfano y la viuda, para que ellos tengan suficiente
comida para satisfacerlos mientras se quedan contigo; 13 dirás, en la presencia
de *YAHWEH* tu Elohim: 'Yo he sacado de mi casa las cosas apartadas para
Elohim y las he dado al Levi, al extranjero, el huérfano y la viuda, guardando
cada uno de los *mitzvot* que Tú me diste. Yo no he desobedecido ninguno de
tus *mitzvot* ni me he olvidado de ellos. 14 Yo no he comido nada de esta
comida durante mi luto, ni he apartado nada de ello cuando he estado
inmundo, ni he dado nada de ellos para los muertos. He obedecido a lo que
YAHWEH mi Elohim ha dicho, y he hecho todo lo que me has ordenado
hacer. 15 Mira desde tu morada *Kadosh*, desde el cielo; y bendice a tu pueblo
Yisra'el y La Tierra que nos has dado, como juraste a nuestros padres, una
tierra que fluye con leche y miel.[108] 16 "Hoy *YAHWEH* tu Elohim te ordena
obedecer estas leyes y estatutos. Por lo tanto, los observarás y obedecerás con
todo tu corazón y todo tu ser. 17 Tú estás declarando hoy estar de acuerdo que
YAHWEH es tu Elohim y que seguirás sus caminos; observarás sus leyes,
mitzvot y estatutos; y harás lo que El dice. 18 A su vez *YAHWEH* está
acordando hoy que tú eres su propio especial tesoro, como El te prometió;
que tú observarás sus *mitzvot*; 19 y que El te levantará alto por encima de
todas las naciones que El ha hecho, en alabanza, reputación y gloria; y que,
como El dijo, tu serás un pueblo *Kadosh* para *YAHWEH* tu Elohim."

D'varim (Palabras) - Myrbd - Deuteronomio 27

Parashah 44: D'varim (Palabras) 1:1-3:22

27 Entonces Moshe y todos los ancianos de Yisra'el dieron órdenes al
pueblo. Ellos dijeron: "Observen todos los *mitzvot* que yo les estoy dando
hoy. 2 Cuando crucen el Yarden a La Tierra que *YAHWEH* tu Elohim te está
dando, pondrás piedras grandes, pondrás yeso en ellas, 3 y, después de cruzar,
escribe esta *Toráh* en ellas, toda palabra – para que puedas entrar en La Tierra
que *YAHWEH* tu Elohim te está dando, una tierra que fluye con leche y miel,
como *YAHWEH*, el Elohim de tus padres, te prometió.

107 Ya'akov era llamado un Arameo/Sirio por su larga estadía en Padam-Aram y fue maltratado y engañado por Lavan el Arami /Sirio, hasta el punto que lo persiguió para matarlo, pero *YAHWEH* no se lo permitió, (Ge 30 y 31). Los patriarcas tenían mezcla de Arameos y fueron los Padres de Yisra'el. Todos los que vengan a Yisra'el por medio de Mashíaj son Israelitas.

4 Cuando hayas cruzado el Yarden, pondrás estas piedras como yo te estoy
ordenando hoy, en el Monte Eival; y pon yeso en ellas. 5 Allí erigirás un altar
para *YAHWEH* tu Elohim, un altar hecho de piedras. No usarás ninguna
herramienta de hierro sobre ellas, 6 sino que edificarás el altar de *YAHWEH* tu
Elohim de piedras sin cortar; y ofrecerás ofrendas quemadas sobre él para
YAHWEH tu Elohim. 7 También sacrificarás ofrendas de paz, comerás allí y
estarás gozoso en la presencia de *YAHWEH* tu Elohim. 8 Escribirás
claramente en las piedras todas las palabras de esta *Toráh*.[109]" 9 Después
Moshe y los *kohanim*, que son *Leviim*, hablaron a todo Yisra'el. Ellos dijeron:
"¡Guarda silencio, y escucha, Yisra'el! Hoy te has convertido en el pueblo de
YAHWEH tu Elohim. 10 Por lo tanto escucharás lo que *YAHWEH* tu Elohim
ordena y obedece sus *mitzvot* y leyes, que yo te estoy dando hoy." 11 Ese
mismo día Moshe ordenó al pueblo como sigue: 12 "Estos son los que se
pararán en el Monte Gerizim y bendecirán al pueblo después que hayan
cruzado el Yarden: Shimeón, Levi, Yahudáh, Yissajar, Yosef y Binyamin; 13
mientras estos se pararán en el Monte Eival para la maldición: Reuven, Gad,
Asher, Zevulun, Dan y Naftali. 14 Los *Leviim*, hablando altamente, proclamarán a todos los hombres en Yisra'el: 15 [110] "¡Una maldición sobre cualquiera
que haga una imagen de talla o de metal, algo que *YAHWEH* detesta, la obra
de un artesano, y la ponga en secreto!' Todo el pueblo responderá diciendo:
'¡*Amein*!'[111] 16 "'Una maldición sobre cualquiera que deshonre a su padre o
madre.' Todo el pueblo dirá: '¡*Amein*!' 17 "'Una maldición sobre cualquiera que
mueva los linderos de la propiedad de su prójimo.' Todo el pueblo dirá:
'¡*Amein*!'
18 "'Una maldición sobre cualquiera que haga a una persona ciega perder su
senda en el camino.' Todo el pueblo dirá: '¡*Amein*'! 19 "'Una maldición sobre

cualquiera que interfiera con la justicia para el extranjero, el huérfano o la
viuda.' Todo el pueblo dirá: '¡*Amein*!' 20 "'Una maldición sobre cualquiera que
tenga relaciones sexuales con la esposa de su padre, porque él ha violado los
derechos de su padre.' Todo el pueblo dirá: '¡*Amein*!' 21 "'Una maldición sobre
cualquiera que tenga relaciones sexuales con cualquier tipo de animal.' Todo
el pueblo dirá: '¡*Amein*!' 22 "'Una maldición sobre cualquiera que tenga
relaciones sexuales con su hermana, no importa si ella es la hija de su padre o
de su madre.' Todo el pueblo dirá: '¡*Amein*!' 23 "'Una maldición sobre
cualquiera que tenga relaciones sexuales con su suegra.' Todo el pueblo dirá:
'¡*Amein*!' 24 "'Una maldición sobre cualquiera que secretamente ataque a su
compañero miembro de la congregación.' Todo el pueblo dirá: '¡*Amein*!'

109 Estos vv 3-8 son otra prueba de que no hay ninguna "Toráh Oral" dada por *YAHWEH* Elohim a Moshe. El escribió toda la Toráh. Si Moshe no escribió **TODA** palabra y dejó algo para que fuera "Oral," Moshe desobedeció a *YAHWEH*. Puesto que Moshe fue un hombre manso y obediente, él obedeció y lo escribió **TODO**, sin dejar nada fuera.
110 Ver capítulo 26 de Vayikra para las bendiciones y maldiciones.
111 Por decir Amein a cada una de las maldiciones, como también a las bendiciones, para indicar una profesión de su fe en la verdad de ellas, que eran declaraciones reales de la ira de *YAHWEH*, y un reconocimiento de la equidad de estas bendiciones. Era tal imprecación sobre ellos mismos, tan fuertemente los obligaba a no tener nada que ver con esas prácticas abominables sobre las cuales la maldición se fundaba. Todo el pueblo por decir Amein se vinculaban uno con el otro, que ellos observarían la Toráh de *YAHWEH*, por la cual cada miembro estaba obligado a prevenir a su prójimo de quebrantar estas leyes, y reprender a aquellos que habían ofendido.

25 "'Una maldición sobre cualquiera que acepte un soborno para matar a una
persona inocente.' Todo el pueblo dirá: '¡*Amein*!' 26 "'Una maldición sobre
cualquiera que no confirme las palabras de esta *Toráh* por
ponerlas en práctica.' Todo el pueblo dirá: '¡*Amein*!'[112]

D'varim (Palabras) – Myrbd – Deuteronomio 28

Parashah 44: D'varim (Palabras) 1:1-3:22

28 "Si escuchas atentamente a lo que *YAHWEH* tu Elohim dice, observando
y obedeciendo todos sus *mitzvot* que yo te estoy dando hoy, *YAHWEH* tu
Elohim te levantará por sobre todas las naciones de la tierra; 2 y todas las
siguientes bendiciones serán tuyas en abundancia – si tú haces lo que
YAHWEH tu Elohim dice: 3 "Una bendición sobre ti en la ciudad, y una
bendición sobre ti en el campo. 4 "Una bendición sobre el fruto de tu cuerpo,

el fruto de tu tierra y el fruto de tu ganado – los jóvenes de tus reses y
rebaños. 5 "Una bendición sobre tu cesta de grano y tu tazón de amasar.
6 "Una bendición sobre ti cuando salgas, y una bendición sobre ti cuando
entres. 7 "*YAHWEH* causará que tus enemigos que te ataquen sean derrotados
delante de ti; ellos avanzarán sobre ti por un camino y huirán delante de ti por
siete caminos. 8 "*YAHWEH* ordenará que una bendición esté sobre ti en tus
graneros y en todo lo que emprendas; El te bendecirá en La Tierra que
YAHWEH tu Elohim te está dando. 9 "*YAHWEH* te establecerá como un
pueblo apartado para El mismo, como El te ha jurado – si observas los *mitzvot*
de *YAHWEH* tu Elohim y sigues sus caminos. 10 Entonces todos los
pueblos de la tierra verán El Nombre de *YAHWEH*, Su Presencia, está
contigo; así que ellos tendrán temor de ti.[113] 11 "*YAHWEH* te dará gran
abundancia de buenas cosas – del fruto de tu cuerpo, el fruto de tu ganado y el
fruto de tu tierra en La Tierra que *YAHWEH* juró a tus padres darte. 12
YAHWEH abrirá para ti su buen tesoro, el cielo, para dar a tu tierra su lluvia
en las temporadas correctas y bendecir todo lo que emprendas. Tú prestarás a
muchas naciones y no pedirás prestado; 13 *YAHWEH* te hará la cabeza y no la
cola; y estarás sólo encima, nunca debajo – si tú escuchas, observas y
obedeces los *mitzvot* de *YAHWEH* tu Elohim 14 y no te vuelves de ninguna de
las palabras que yo te estoy ordenando hoy, ni a la derecha ni a la izquierda,
de seguir tras otros dioses y servirlos. 15 "Pero si rehúsas prestar atención a lo
que *YAHWEH* tu Elohim dice, y no observas y obedeces todos sus *mitzvot* y
regulaciones cuales te estoy dando hoy, entonces todas las siguientes
maldiciones serán tuyas en abundancia: 16 "Una maldición sobre ti en la
cuidad, y una maldición sobre ti en el campo. 17 "Una maldición sobre tu cesta
de grano y tazón de amasar. 18 "Una maldición sobre el fruto de tu cuerpo, el
fruto de tu tierra y las manadas de tus reses y rebaños de tus ovejas. 19 "Una
maldición sobre ti cuando entres, y una maldición sobre ti cuando salgas. 20
"*YAHWEH* enviará sobre ti maldiciones, desastres y frustraciones en todo lo
que emprendas hacer, hasta que seas destruido y perezcas rápidamente, a
causa de tus obras perversas en abandonarme a mí.

112 Efrayim, al desechar la Toráh, no confirmó sus Palabras y tampoco las obedeció; *YAHWEH* se divorció de todo Efrayim. Yahudáh sí las confirmó, pero a pesar de haberlas confirmado las desobedeció algunas veces peor que Efrayim. ABBA *YAHWEH* no se divorció de Yahudáh por la promesa que le hizo a David, "David mi siervo siempre tendrá una luz quemando delante de mí en Yerushalayim." [1R 11:36; 15:4; 2Cr 21:7]. Yahudáh no tiene espacio para la jactancia.

113 En este verso dice claramente "El Nombre de *YAHWEH*" y no HaShem , Adonai, el Señor, El Eterno.

21 "*YAHWEH* traerá sobre ti una plaga que se quedará contigo hasta que El te
haya exterminado de La Tierra a la cual estás entrando para tomar posesión

de ella. 22 *YAHWEH* te golpeará con enfermedades que te destruyan, fiebre,
inflamación, calor feroz, sequía, vientos violentos y moho; y ellos te
perseguirán hasta que perezcas. 23 "El cielo sobre tu cabeza será bronce y la
tierra debajo de ti hierro. 24 *YAHWEH* convertirá la lluvia que tu tierra
necesita en ceniza y polvo que caerán sobre ti del cielo hasta que seas
destruido. 25 "*YAHWEH* tu Elohim te causará ser derrotado delante de tus
enemigos; avanzarás sobre ellos por un camino y huirás por siete. Te
convertirás en objeto de horror para todos los reinos de la tierra. 26 Tus
cadáveres se convertirán en comida para todas las aves en el aire y los
animales salvajes, y no habrá nadie para espantarlos.[114] 27 "*YAHWEH* te
golpeará con los tumores que brotaron sobre los Mitzrayimim, tumores,
lesiones de la piel y picazón, todos incurables. 28 *YAHWEH* te golpeará con
locura, ceguera y total confusión. 29 Andarás a tientas al medio día como una
persona ciega anda a tientas en la oscuridad, sin poder encontrar tu camino.
[115] "Serás constantemente oprimido y robado, y no habrá nadie para salvarte.
30 Te comprometerás con una mujer, pero otro hombre se casará con ella.
Edificarás una casa pero no vivirás en ella. Plantarás una viña pero no usarás
su fruto. 31 Tu buey será sacrificado delante de tus ojos, pero tú no comerás
nada de su carne. Tu asno te será quitado por la fuerza mientras miras, y no lo
tendrás de regreso. Tus ovejas serán dadas a tus enemigos, y no habrá nadie
para ayudarte. 32 Tus hijos e hijas serán entregados a otro pueblo; los añorarás
todo el día pero no los verás; y no habrá nada que puedas hacer al respecto.
[116] 33 Una nación desconocida comerá el fruto de tu tierra y tu labor. Sí, serás
oprimido continuamente y machacado, 34 hasta que te vuelvas loco de lo que
tus ojos tienen que ver. 35 *YAHWEH* te golpeará en las rodillas y piernas
con dolorosos e incurables tumores; ellos se extenderán desde la planta de tu
pie hasta la coronilla de tu cabeza. 36 *YAHWEH* te traerá a ti y a tu rey al cual
habrás puesto sobre ustedes a una nación que no has conocido, ni tú ni tus
padres; y allí servirás a otros dioses hechos de madera y piedra. 37 Serás tan
devastado mientras te conviertes en un proverbio y el hazmerreír entre todos
los pueblos a los cuales *YAHWEH* te llevará.[117] 38 "Llevarás mucha *zera* al
campo pero recogerás poco, porque la langosta la devorará. 39 Plantarás viñas
y las labrarás pero no beberás el vino ni recogerás las uvas, porque las
lombrices los comerán. 40 Tendrás árboles de olivo por todo tu territorio pero
no te ungirás con el aceite, porque tus olivas caerán verdes. 41 Engendrarás
hijos e hijas, pero no te pertenecerán, porque irás a la cautividad. 42 Los
insectos heredarán todos tus árboles y el producto de tu tierra. 43 "El
extranjero que vive contigo se levantará más y más mientras tú te hundes más
y más. 44 El te prestará, pero tú no le prestarás a él; él será la cabeza y tú la
cola. 45 "Todas estas maldiciones vendrán sobre ti, persiguiéndote y alcanzan-
dote hasta que seas destruido, porque no prestaste atención a lo que *YAHWEH*
dijo, observando sus *mitzvot* y regulaciones que El te dio. 46 Estas maldiciones
estarán sobre ti y tu *zera* como señal y maravilla para siempre. 47 Porque no

serviste a *YAHWEH* tu Elohim con alegría y gozo en tu corazón cuando tenías tal abundancia de todo;

114 Profecía del cautiverio y dispersión de **TODO** Yisra'el, fue cumplida con el cautiverio de Yahudáh por Bavel, y de Efrayim por Ashur; después, por la destrucción de Yerushalayim y el Templo por Roma en el año 70 EC.

115 Por esta misma maldición es que los hospitales están llenos y muchos con lista de espera.

116 En los países de Europa los niños de los Judíos han sido secuestrados por orden de los gobiernos para educarlos en la fe Católica Romana. Ha habido instancias de tal crueldad aun en los países Protestantes. De ahí la historia verídica del "Santo de Maguncia, un Papa Judío," en la página web de Hora Mesiánica

117 Aquí se profetiza el cautiverio y exilio de nuevo, pero Yisra'el no escuchó las Palabras de *YAHWEH*.

48 *YAHWEH* mandará tu enemigo contra ti; y tú le servirás cuando estés
hambriento, sediento, pobremente vestido y faltándote todo; El pondrá un
yugo de hierro en tu cuello hasta que El te destruya. 49 Sí, *YAHWEH* traerá
contra ti una nación de muy lejos y caerá sobre ti desde los confines de la
tierra como un buitre, una nación cuyo idioma no entiendes, 50 una nación de
apariencia temeraria, cuya gente no respeta al anciano ni tiene piedad por el
joven. 51 Ellos devorarán las crías de tu ganado y el producto de tu tierra,
hasta que hayas sido destruido. Ellos te dejarán sin grano, vino, aceite de
oliva, o ganado joven u ovejas – hasta que ellos te hayan causado perecer. 52
Ellos asediarán todos tus pueblos hasta que tus muros altos y fortificados, en
los cuales has confiado, colapsen en todos los lugares de tu tierra, la cual
YAHWEH tu Elohim te dio. 53 Entonces, a causa de la severidad del asedio y
la aflicción que tus enemigos están infligiendo sobre ti, te comerás los hijos
de tu propio cuerpo, la carne de tus propios hijos e hijas, quienes *YAHWEH* tu
Elohim te ha dado. 54 Aun el hombre más manso y sensitivo entre ustedes
estará sin piedad para con su hermano, su amada esposa o hijos que
sobrevivan, 55 al grado que él rehúse compartir con ninguno de ellos la carne
de sus hijos los cuales se está comiendo; porque si lo hiciera, no quedaría
nada para él – en la severidad del asedio y la aflicción que tus enemigos están
infligiendo sobre ti en todos tus pueblos. 56 La más delicada y sensitiva mujer
entre ustedes, tan sensitiva y delicada que ella no pensaría en tocar la tierra
con la planta de su pie, despreciará tanto a su propio esposo amado, hijo e hija
57 que ella secretamente comerá lo que sale de ella después del parto y aun a
sus propios hijos según les da a luz – tan desesperadamente hambrienta ella
estará en al severidad del asedio y aflicción que tus enemigos están
infligiendo sobre ti en tus pueblos. 58 "Si tú no observas y obedeces todas las
palabras de esta *Toráh* que están escritas en este libro, para que temas a este
Glorioso e Imponente Nombre, *YAHWEH* tu Elohim; 59 entonces *YAHWEH* te
golpeará a ti y a tu *zera* con plagas extraordinarias y enfermedades severas
que duran y duran. 60 El traerá sobre ti todas las enfermedades que los

Mitzrayimim tuvieron, que tú estabas aterrorizado de ellas; y ellas se
agarrarán a ti. 61 No sólo eso, pero *YAHWEH* traerá sobre ti todas las
enfermedades y plagas que no están escritas en este libro de la *Toráh* – hasta
que seas destruido. 62 Acabarás siendo pocos en números, donde eran tan
numerosos como las estrellas del firmamento – porque no prestaste atención a
la voz de *YAHWEH* tu Elohim.[118] 63 "Así vendrá a ser que como una vez
YAHWEH tomó alegría para hacerte bien y aumentar tus números, así ahora
YAHWEH tomará alegría en causarte a ser destruido y perecer, y serás
arrancado de La Tierra a la cual estás entrando para tomar posesión de ella. 64
YAHWEH te esparcirá entre todos los pueblos de un extremo a otro de la
tierra, y allí servirás otros dioses, hechos de madera y piedra, cuales ni tú ni
tus padres han conocido. 65 Entre estas naciones no encontrarás reposo, y no
habrá descanso para la planta de tus pies; más bien, *YAHWEH* te dará allí
angustia de corazón, ojos nublados, y apatía de *ruaj*. 66 Tu vida colgará en
duda delante de ti; estarás con temor noche y día y no tendrás seguridad que
permanecerás vivo. 67 En la mañana dirás: '¡O, cómo deseo que fuera de
noche! Y en la noche dirás: '¡O, cómo deseo que fuera de mañana!' – a causa
del temor sobrecogiendo tu corazón y las escenas que vean tus ojos. 68
Finalmente, *YAHWEH* te traerá de regreso en barcos a Mitzrayim, el lugar
que yo te dije: 'Tú jamás lo verás otra vez'; y allí tratarás de venderte a ti
mismo como esclavo a tus enemigos, pero nadie te comprará. [119]"

118 Efrayim fue al cautiverio y de allí se confundió entre los *Goyim*. Efrayim se gentilizó y fue guardada entre ellos. Pero Yahudáh sí fue diezmada en el año 70 EC, el año 135 EC por Roma, y después en el Holocausto por Hitler.

119 A pesar que muchas de estas cosas sucedieron cuando el asedio de Yerushalayim por los Kasdim, y su rey Nevujadretzar, todas estas cosas también sucedieron al pueblo Hebreo a causa de la desobediencia a la Toráh, cuando ejércitos Romanos asediaron, saquearon y totalmente destruyeron a Yerushalayim y el Templo en el año 70 EC y después en el 135 EC; y durante este asedio, la hambruna fue tan severa que aun los ricos y personas delicadas, ambos mujeres y hombres, ¡se comieron a sus propios hijos y escondían el horrible ágape, a menos que otros se los arrebataran! Las mujeres arrancaban la comida de las
bocas de sus esposos, y de los hijos de sus padres, y lo que es más miserable, las madres de sus infantes. En todas las casas si aparecía un semblante de comida una batalla le seguía, y los amigos queridos y parientes más cercanos peleaban uno con el otro robándose las miserables provisiones para la vida. Una mujer distinguida de nacimiento y riquezas, después que ella fue
saqueada por los tiranos de todas sus posesiones, hirvió su hijo y se comió la mitad, y escondió la otra mitad para otro momento. Flavio Josefo, "Las Guerras de los Judíos."

D'varim (Palabras) - Myrbd - Deuteronomio 29

Parashah 44: D'varim (Palabras) 1:1-3:22

29 Estas son las palabras del Pacto cual *YAHWEH* ordenó a Moshe hacer
con los hijos de Yisra'el en la tierra de Moav, además del Pacto que El hizo
con ellos en Horev.[120] 2 Entonces Moshe llamó a todos los hijos de Yisra'el,
y les dijo a ellos: "Ustedes vieron todo lo que *YAHWEH* hizo delante de sus
ojos en la tierra de Mitzrayim a Faraón, a todos sus sirvientes y a toda su
tierra; 3 las cosas que ustedes vieron con sus propios ojos, y las señales y
aquellas grandes maravillas. 4 ¡No obstante, hasta este día *YAHWEH* no les ha
dado un corazón para entender, ojos para ver u oídos para oír! 5 Yo los dirigí
cuarenta años en el desierto. Ni las ropas en su cuerpo ni las sandalias en sus
pies se gastaron. 6 No comieron pan, y no bebieron vino u otro licor
intoxicante; esto fue así para que ustedes supieran que 'Yo soy *YAHWEH* tu
Elohim.' 7 Cuando llegaron a este lugar, Sijon el rey de Heshbon y Og rey de
Bashan avanzaron contra nosotros en batalla, y nosotros los derrotamos, 8
tomamos la tierra de ellos y la dimos como herencia a los Reuveni, los Gadi y
a la media tribu de los Menashi. 9 Por lo tanto observen las palabras de este
Pacto y obedézcanlas; para que puedan hacer prosperar todo lo que hacen.

Referencias;
Haftarah Ki Tavo: Yeshayah (Isaías) 60:1-22
Lecturas sugeridas del Brit Hadashah para la Parashah Ki Tavo: Mattityah (Mateo) 13:1-23; Lucas 21:1-4; Hechos 28:17-31; Romanos 111-16
Parashah 51: Nitzavim (Parados) 29:9(10)-30:20
[En años regulares leer con Parashah 52, en años bisiestos leer por separado]

10 "Hoy ustedes están parados, todos ustedes, delante de *YAHWEH* su Elohim
– sus jefes de sus tribus, sus ancianos, sus jueces y sus oficiales – todos
hombres de Yisra'el, 11 junto con sus pequeños, sus esposas y sus extranjeros
aquí con ustedes en su campamento, desde el que corta su leña hasta el que
saca su agua. 12 El propósito es que ustedes deben entrar en el Pacto de
YAHWEH su Elohim y en este juramento que *YAHWEH* su Elohim está
haciendo hoy, 13 para que El los establezca hoy para El mismo como un
pueblo, y así para ustedes El será Elohim – como El dijo a ustedes y como El
juró a sus padres, a Avraham, Yitzjak y Ya'akov. 14 "Pero yo no estoy
haciendo este Pacto y este juramento sólo con ustedes. 15 Más bien, Yo estoy

haciéndolo ambos con el que está parado aquí con nosotros hoy delante de *YAHWEH* nuestro Elohim y también con quien no está aquí hoy.[121] 16 Porque ustedes saben como vivimos en la tierra de Mitzrayim y como vinimos por medio de las naciones que pasamos por medio de ellas; 17 y ustedes vieron sus cosas detestables y sus ídolos de madera, piedra, plata y oro que ellos tenían. 18 Así que no haya entre ustedes un hombre, mujer, familia o tribu cuyo corazón se vuelva lejos hoy de *YAHWEH* nuestro Elohim para ir y servir los dioses de esas naciones. Que no haya entre ustedes tal veneno amargo y ajenjo. 19 Si aquí hay tal persona, cuando ella oiga las palabras de esta maldición, él se bendiga a sí secretamente, diciéndose: 'Yo estaré bien, aun cuando seguiré haciendo lo que yo quiera hacer; así que yo, aun "seco" [pecador], seré añadido a los "regados" [justos].[122]'

120 Algunos dicen que éste es otro Pacto, pero es el mismo Pacto del Monte Sinai que fue renovado en las llanuras de Moav.
121 Todos nosotros y nuestros hijos no estábamos allí, pero el Pacto fue hecho con nosotros también.

20 Pero *YAHWEH* no lo perdonará. Más bien, la furia y celo de *YAHWEH* se encenderán contra esa persona. Todas las maldiciones escritas en este libro serán sobre él. 21 *YAHWEH* borrará su nombre de debajo de cielo. *YAHWEH* lo separará de todas las tribus de Yisra'el para que experimente lo que es malo en todas las maldiciones del Pacto en este libro de la *Toráh*. 22 "Cuando la próxima generación, tus hijos que crecerán después de ti, y el extranjero que viene de una tierra distante, vean las plagas de esa tierra y las enfermedades con las cuales *YAHWEH* la ha enfermado, 23 y toda La Tierra se haya convertido en azufre ardiente y sal, que no está siendo sembrada o llevando cultivos ni aun produciendo hierba – como la destrucción de Sedom, Amora, Admah y Tzevoyim, cuales *YAHWEH* derribó en su ira furiosa – 24 entonces todas las naciones preguntarán: '¿Por qué *YAHWEH* hizo esto a esta tierra? ¿Cuál es el significado de tal frenesí, ira furiosa?' 25 La gente responderá: 'Es porque ellos abandonaron el Pacto de *YAHWEH*, el Elohim de sus padres, el cual El hizo con ellos cuando los sacó de la tierra de Mitzrayim. 26 Ellos fueron y sirvieron otros dioses, postrándose delante de ellos, dioses que ellos no habían conocido y los cuales El no les había asignado. 27 Por esta razón, la furia de *YAHWEH* se encendió contra esta tierra y trajo sobre ella todas las maldiciones escritas en este libro; 28 y *YAHWEH*, en ira, furia e exasperado con indignación, los desarraigó de su tierra y los echó en otra

tierra – como es hoy.[123]' 29 "Las cosas que están escondidas pertenecen a *YAHWEH* nuestro Elohim. Pero las cosas que han sido reveladas nos pertenecen a nosotros y a nuestros hijos para siempre, para que podamos observar todas las palabras de la *Toráh*.[124]

D'varim (Palabras) - Myrbd - Deuteronomio 30

Parashah 44: D'varim (Palabras) 1:1-3:22

30 "Cuando el tiempo llegue que todas estas cosas caigan sobre ustedes, ambas la bendición y la maldición que yo les he presentado delante de su rostro; y ustedes estén allí entre las naciones cuales *YAHWEH* su Elohim los ha dispersado; entonces, al fin, ustedes empezarán a pensar lo que les ha sucedido; 2 y regresarán a *YAHWEH* su Elohim y prestarán atención a lo que El ha dicho, que será exactamente lo que les estoy ordenando hacer hoy – a ustedes y sus hijos, con todo su corazón y todo su ser.' 3 En ese punto, *YAHWEH* su Elohim revertirá el exilio de ustedes y les mostrará misericordia; El regresará y los recogerá de entre todos los pueblos a los cuales *YAHWEH* su Elohim los esparció. 4 Si uno de ustedes fue esparcido a un extremo del cielo, *YAHWEH* tu Elohim te traerá de regreso aun de allí; El irá allí y te recogerá. 5 *YAHWEH* tu Elohim te traerá de regreso a La Tierra que tus padres poseyeron, y tú la poseerás; El te hará prosperar allí, y te harás aun más numeroso que tus padres.[125] 6 Entonces *YAHWEH* tu Elohim circuncidará tus corazones y los corazones de tus hijos, para que ames a *YAHWEH* tu Elohim con todo tu corazón y todo tu ser, y así vivirás.

122 Una muy contundente alusión, denotando el progreso natural y la creciente avidez de las pasiones pecaminosas e inclinaciones depravadas; cuales conducen a los hombres e beber la iniquidad como el borracho hace con su licor, sin importarle las consecuencias. "Añadir sed a la borrachera" y después da a entender la insaciabilidad de las pasiones pecaminosas de los hombres cuales anhelan por más y más indulgencia después de los más grandes excesos. 123 Este verso refleja que las diez tribus perdidas de Yisra'el serán preservadas en "otro lugar," ***éretz ajéret*** o también entendido como el "Nuevo Mundo." ***Éretz ajéret*** por implicación significa otra tierra en un nuevo mundo revelado en el tiempo del fin. 124 Muchos humanos quieren buscar los secretos de *YAHWEH* yendo por senderos prohibidos, en escritos que no tienen la autoría del *Ruaj HaKodesh* de *YAHWEH*, tales como el Zohar y el Talmud, entonces comienzan a predicar cosas que llegan al punto de la hechicería, ¡cuidado con esta gente! Las cosas ocultas *YAHWEH* las revelará en su tiempo adecuado. Nosotros y nuestros hijos dediquémonos a las cosas que El ya ha revelado. 125 Aquí está hablando de un cautiverio más extenso que el de Babilonia, puesto que dice que nos regresará de todas las naciones, el cautiverio que todos los hijos de Yisra'el (las doce tribus) vivimos hoy, dispersos por todas las naciones y ahora es que ABBA *YAHWEH* nos está recogiendo desde los confines del mundo, reuniéndonos para el retorno final a Eretz Yisra'el cuando Mesías Yahshúa regrese por Su pueblo. En el *ajarit hayamim.* claras referencias a la reunificación de Yisra'el. La "*khataf* consistirá la reunificación del Yisra'el nacional (Yahudáh y Efrayim así como sus compañeros) de regreso a la tierra al final de la edad actual, como dos casas que se han unido totalmente (Ez 37:16-28) a fin de participar en la gloria, la autoridad y el poder del milenio.

7 *YAHWEH* tu Elohim pondrá estas maldiciones sobre tus enemigos, sobre
aquellos que te odiaron y te persiguieron; 8 pero tú regresarás y prestarás
atención a lo que *YAHWEH* dice y obedecerás todos sus *mitzvot* cuales te
estoy dando hoy. 9 Entonces *YAHWEH* tu Elohim te dará más que suficiente
en todo lo que emprendas para hacer – el fruto de tu cuerpo, el fruto de tu
ganado y el fruto de tu tierra todos les irá bien; porque *YAHWEH* una vez más
se regocijará en verte que te vaya bien, como se regocijó en tus padres. 10 "Sin
embargo, todo esto sucederá sólo si prestas atención a lo que *YAHWEH* tu
Elohim dice, para que obedezcas sus *mitzvot* y regulaciones que están escritas
en este libro de la *Toráh*, si te vuelves a *YAHWEH* tu Elohim con todo tu
corazón y todo tu ser. 11 Porque esta *mitzvah* que yo te estoy dando hoy no es
muy dura para ti, no está fuera de tu alcance. 12 No está en el cielo, para
que necesites preguntar: '¿Quién irá al cielo por nosotros, la traerá a nosotros
y nos la haga oír, para que podamos obedecer?' 13 Asimismo, no está del otro
lado del mar, para que necesites preguntar: '¿Quién cruzará el mar por
nosotros, la traerá a nosotros y nos la haga oír, para que podamos
obedecerla?' 14 Al contrario, la palabra está muy cerca de ti – en tu boca, aun
en tu corazón; por lo tanto, ¡lo puedes hacer![126] 15 "¡Mira! Yo te estoy
presentando hoy con, en una mano, vida y el bien; y en la otra, muerte y el
mal – 16 en que te estoy ordenando hoy amar a *YAHWEH* tu Elohim, a seguir
sus caminos, y a obedecer sus *mitzvot*, regulaciones y estatutos; porque si lo
haces, vivirás y aumentarás tus números; y *YAHWEH* tu Elohim te bendecirá
en La Tierra que estás entrando para tomar posesión de ella. 17 Pero si tu
corazón se vuelve, si rehúsas escuchar, si eres atraído para postrarte delante
de otros dioses y servirles; 18 te estoy anunciando hoy que de cierto perecerás
totalmente; no vivirás largo tiempo en La Tierra que estás cruzando el Yarden
para entrar y poseer. 19 "Yo llamo al cielo y la tierra para testificar contra ti
hoy que yo te he presentado con la vida y la muerte, la bendición y la
maldición. Por lo tanto, escoge vida, para que vivas, tú y tu *zera*, 20 amando a
YAHWEH tu Elohim, prestando atención a lo que El dice y sujetándote a El –
¡porque ese es el propósito de tu vida! De esto depende el lapso de tiempo
que vivirás en La Tierra que *YAHWEH* juró que El le daría a tus padres
Avraham, Yitzjak y Ya'akov."

Referencias;

Haftarah Nitzavim: Yeshayah (Isaías) 61:10-63:9

Lecturas sugeridas del Brit Hadashah para la Parashah Nitzavim: Romanos 9:30-10:13; Israelitas Mesiánicos (Hebreos) 12:14-15

Parashah 52: Vayelej (El fue) 31:1-30

[En años regulares leer con la Parashah 51, en años bisiestos leer por separado]

D'varim (Palabras) - Myrbd - Deuteronomio 31

Parashah 44: D'varim (Palabras) 1:1-3:22

31 Moshe fue y habló las siguientes palabras a todos los hijos de Yisra'el: 2
"Yo tengo 120 años de edad hoy.[127] Ya no me puedo mover de aquí para
allá; además, *YAHWEH* me ha dicho: 'Tú no cruzarás este Yarden.'

126 La Palabra, se habla de Yahshúa y de la Toráh escrita la cual es Yahshúa también, He 2:1-3; Ro 10:8-10.
127 La vida de Moshe, el gran profeta de *YAHWEH*, Libertador y Dador de la Toráh a nuestro pueblo, el pueblo Hebreo, fue exactamente el mismo tiempo que Noaj utilizó predicando rectitud a la generación antes del diluvio. Estos 120 años fueron divididos en tres extraordinarios períodos. Cuarenta años él vivió en Egipto, en la corte de Faraón, adquiriendo todo el conocimiento y sabiduría de los Egipcios. (Hch 7:20-23); cuarenta años fue su estadía en Midyan, en un estado de preparación para su gran e importante misión (Hch 7:29) y en cuarenta años él guió, llevó y gobernó a los Israelitas bajo la directa dirección y autoridad de *YAHWEH* en todos sus 120 años.

3 *YAHWEH* tu Elohim – El cruzará delante de ustedes. El destruirá estas
naciones delante de ti, y tú las desposeerás. Yahoshúa – él cruzará delante de
ustedes, como *YAHWEH* ha dicho. 4 *YAHWEH* hará a ellos lo que hizo a Sijon
y Og los reyes de los Emori, a la tierra de ellos – El los destruyó. 5 *YAHWEH*
los derrotará delante de ustedes, y ustedes les harán a ellos justo como yo les
he ordenado. 6 Sé fuerte, sé valiente, no tengan temor ni se asusten por ellos,
porque *YAHWEH* tu Elohim va con ustedes. El no les fallará ni los
abandonará." 7 Después Moshe mandó a llamar a Yahoshúa y, a la vista de
todo Yisra'el, le dijo: "Sé fuerte, sé valiente, porque tú irás con este pueblo a
La Tierra que *YAHWEH* juró a sus padres que El les daría. Tú serás el que
cause que ellos la hereden. 8 Pero *YAHWEH* – es El quien irá delante de ti. El
estará contigo. El no fallará ni te abandonará, así que no temas ni desmaye tu
corazón." 9 Entonces Moshe escribió esta *Toráh* en un libro[128] y la dio a los
kohanim, los hijos de Levi quienes cargan el Arca con el Pacto de *YAHWEH*,
y a todos los ancianos de Yisra'el. 10 Moshe les dio estas órdenes: "Al final de
todos los siete años, durante la Festividad de *Sukkot* en el año de la *shemittah*,
11 cuando todo Yisra'el haya venido a presentarse delante de la presencia de
YAHWEH en el lugar que El escoja, tienen que leer esta *Toráh* delante de
todo Yisra'el, para que ellos la oigan. 12 Congreguen a la gente – los hombres,
las mujeres, los pequeños y los extranjeros que tengan en sus pueblos – para
que ellos oigan, aprendan, teman a *YAHWEH* su Elohim y tengan cuidado de
obedecer todas las palabras de esta *Toráh*;[129] 13 y así los pequeños que no
saben, puedan oír y aprender a temer a *YAHWEH* tu Elohim, por todo el
tiempo que vivas en La Tierra que estás cruzando el Yarden para poseer."
14 *YAHWEH* dijo a Moshe: "El tiempo está llegando para que mueras. Llama a
Yahoshúa, y preséntense ambos en el Tabernáculo del Testimonio, para que

Yo pueda ordenarlo." Moshe y Yahoshúa fueron y se presentaron en el
Tabernáculo del Testimonio. 15 *YAHWEH* se apareció en el Tabernáculo del
Testimonio en una columna de nube; la columna de nube se estacionó encima
de la entrada del Tabernáculo. 16 *YAHWEH* dijo a Moshe: "Tú estás al dormir
con tus padres.[130] Este pueblo se levantará y se ofrecerá como prostitutas a
dioses extraños de la tierra donde están yendo. Cuando ellos vean esos dioses,
ellos me abandonarán a mí y romperán mi Pacto el cual Yo hice con ellos. 17
Entonces mi ira se encenderá, y Yo los abandonaré y esconderé mi rostro de
ellos.[131] Ellos serán devorados, y muchas calamidades y aflicciones caerán
sobre ellos. Luego ellos preguntarán: '¿No han venido estas calamidades
sobre nosotros porque nuestro Elohim no está aquí con nosotros?' 18 Pero Yo
estaré escondiendo mi rostro de ellos a causa de todo el mal que ellos habrán
hecho volviéndose a otros dioses.

128 Otra prueba que no hay más nada que la Toráh Escrita de Moshe, la "Toráh Oral" es un invento humano.
129 El enviar fuera a los niños para hacerles cuentecitos y ponerlos a dibujar cosas prohibidas por la Toráh, es una costumbre pagana-cristiana. Aquí los niños fueron ordenados que escucharan la Toráh, tal como los mayores.
130 Expresión idiomática que significa morir.
131 A pesar que esta expresión alude a retraer Su Shejinah, o la Gloria de *YAHWEH*, el sentido general en Las Escrituras es retraer Su aprobación y protección, de lo cual Su apariencia visible, la Shejinah, era anteriormente la señal y promesa.

19 "Por lo tanto, escribe este canto[132] para ustedes mismos, y enséñalo a los
hijos de Yisra'el. Haz que ellos lo aprendan de memoria, para que este canto
pueda ser mi testigo contra los hijos de Yisra'el. 20 Porque cuando Yo los haya
llevado a La Tierra que Yo prometí a sus padres, que fluye con leche y miel,
y ellos hayan comido hasta saciarse, hayan engordado y se hayan vuelto a
otros dioses, sirviéndolos a ellos y despreciándome a mí, y roto mi Pacto; 21
entonces, después que muchas calamidades y aflicciones hayan venido sobre
ellos, este canto testificará delante de ellos como testigo, porque su *zera* aún
lo estará recitando y no lo habrán olvidado. Porque Yo sé como ellos piensan
aun ahora, aun antes que Yo los haya llevado a La Tierra acerca de la cual Yo
juré." 22 Así que Moshe escribió este canto ese mismo día y lo enseñó
a los hijos de Yisra'el. 23 *YAHWEH* también ordenó a Yahoshúa el hijo de
Nun con estas palabras: "Sé fuerte y lleno de valor; porque tú traerás a los
hijos de Yisra'el a La Tierra acerca de la cual Yo juré a ellos; y Yo estaré
contigo." 24 Moshe siguió escribiendo las palabras de esta *Toráh* en un libro
hasta que hubo terminado.[133] Cuando había terminado, 25 Moshe dio estas
órdenes a los *Leviim* quienes cargaban el Arca con el Pacto de *YAHWEH*: 26
"Tomen este libro de la *Toráh* y pónganlo junto al Arca con el Pacto de
YAHWEH su Elohim, para que pueda estar allí para testificar contra ustedes.

27 ¡Porque yo sé lo rebeldes y duros de cerviz que ustedes son! Miren, aun
mientras yo todavía estoy vivo con ustedes hoy, ustedes se han rebelado
contra *YAHWEH*; así que ¿cuánto mucho más harán después de mi muerte? 28
Congreguen para mí todos los jefes de sus tribus y sus ancianos y sus jueces y
sus oficiales, para que yo pueda decir estas cosas a sus oídos, llamando al
cielo y la tierra para que testifiquen contra ellos – 29 porque yo sé que después
de mi muerte ustedes se volverán muy corruptos y se volverán a un lado del
camino que yo les ordené, y que el desastre vendrá sobre ustedes en el *ajarit-
hayamim*, porque ustedes harán lo que *YAHWEH* ve como perverso y lo
provocarán por sus obras."[134] 30 Entonces Moshe habló en el oído de la
asamblea completa de Yisra'el las palabras de este canto, de principio a fin:

Referencias;

Haftarah Vayelej: Hoshea (Oseas) 14:1-9; Mijah (Miqueas) 7:18-20;
Yoel (Joel) 2:15-27
Lecturas sugeridas del Brit Hadashah para la Parashah Vayelej:
Israelitas Mesiánicos (Hebreos) 13:5-8
Parashah 53: Ha'azinu (Oye) 32:1-52

132 El inimitable canto que sigue en el próximo capítulo. Cosas de gran importancia y de interés general eran, entre los antiguos, puestas en versos; puesto que esto no sólo era atractivo y agradable, sino el mejor método para retenerlo y fijarlo en la memoria, especialmente en aquellos tiempos tempranos, cuando la escritura no era muy practicada. Para este propósito *YAHWEH* estaba complacido en adaptar Sus instrucciones. Un canto apartado como *Kadosh*, conteniendo la sustancia del anterior discurso, fue ordenado para ser escrito por Moshe. Al pueblo le fue requerido aprenderlo, y enseñar a sus hijos de generación en generación. El canto testificaría, cuando sus predicciones fueran verificadas, que ellos habían sido suficientemente advertidos; testifica de la justicia de *YAHWEH*; y hace un enérgico llamado al arrepentimiento.

133 Ibíd. Ver nota en verso 9.

134 Los últimos tiempos son desde después de la primera venida de Yahshúa, por tanto, esto se cumplió en 70 EC.

D'varim (Palabras) – Myrbd – Deuteronomio 32

Parashah 44: D'varim (Palabras) 1:1-3:22

32 "¡Oye, o cielos, mientras yo hablo![135] ¡Escucha, tierra, a las palabras de
mi boca! 2 Las enseñanzas caigan como lluvia. Mi oratoria se condense con
rocío, Como nieve sobre la hierba. 3 "Porque yo proclamaré El Nombre de
YAHWEH.[136] ¡Vengan, declaren la grandeza de nuestro Elohim! 4 ¡La Roca!
Su obra es perfecta, porque todos sus caminos son justos. Un Elohim
confiable que no hace el mal, El es justo y *Kadosh*. 5 "Ellos han pecado, a El
no le ha complacido; hijos manchados, una generación torcida y perversa.

6 ¿Recompensan ustedes a *YAHWEH*? ¿Es el pueblo necio, tan faltos de
sabiduría? ¿No fue El su Padre quien los compró, quien los formó? 7
"Recuerden como eran los días de antaño; consideren los años de épocas
pasadas. Pregunta a tu padre – él te dirá; a tus ancianos también – ellos te
informarán. 8 Cuando *Elyon* dio a cada nación su herencia, cuando El dividió
los hijos de Adam, El asignó las fronteras de los pueblos de acuerdo al
número de los *malajim* de Elohim;[137] 9 Y Su pueblo Ya'akov fue la porción
de *YAHWEH*, Yisra'el era la línea de su herencia.[138] 10 "El mantuvo su
pueblo en tierra de desierto, en un aullador, desolado desierto. El lo protegió
y lo cuidó, lo guardó como la pupila de su ojo, 11 como un águila que revuela
sobre su nido, cubre con sus alas a sus pichones, extiende sus alas y los toma,
y los carga mientras vuela.

135 Canto de Moshe. Contrastando las perfecciones de *YAHWEH* y Su especial bondad hacia Yisra'el, con la ingratitud y apostasía de Yisra'el (vv 1-18). La ira de *YAHWEH* y juicios futuros sobre ellos por sus pecados (vv19-26). Aun las naciones idólatras serán destruidas, y Yisra'el al fin será engrandecido en misericordia (vv 27-43). Moshe los exhorta a poner su corazón en estas palabras por el propio bien de ellos (vv 44-47). Y entonces *YAHWEH* le ordena ir a la cumbre del Monte Nevo, para ver La Tierra Prometida y morir.

136 Moshe Proclamó, Invocó, Enseñó El Nombre de *YAHWEH*, un requisito para ser Yisra'el. ¿A dónde pertenecen los que rehúsan pronunciar el Nombre *Kadosh* de *YAHWEH*? ¿Los que lo sustituyen? Vemos que muchos de estos están llevando a congregaciones completas a negar al Mesías Yahshúa y perder la Salvación eterna. Doctrinas de ha satán.

137 El texto de la LXX dice así, en el texto Masoreta dice hijos de Yisra'el, y también tiene una explicación, porque a pesar que los hijos de Yisra'el no estaban nacidos cuando *YAHWEH* dividió las naciones en Ge 10:25, *YAHWEH* sabía cuantos hijos y tribus tendría Yisra'el y dividió las naciones de acuerdo a lo que se necesitaría para las dispersiones de Yisra'el, puesto que El también sabía que Su Pueblo Yisra'el sería desobediente y sería disperso entre las naciones.

138 Recordemos que a Ya'akov le fue cambiado el nombre a Yisra'el, entonces su herencia, aquí sobretodo la de Efrayim, llenaría las naciones, como ha venido a suceder.

12 "*YAHWEH* solo guió a su pueblo; ningún dios extraño estaba con El. 13 El
los hizo montar sobre las alturas de la tierra. El los alimentó con el fruto de
los campos. El hizo que ellos lamieran miel de las rocas y aceite de oliva de la
Roca sólida, 14 cuajada de las vacas y leche de las ovejas, con grasa de
corderos y carneros, de terneros y cabritos, con la mejor harina de trigo;
y ustedes bebieron vino, la sangre de las uvas. 15 "Pero Yeshurun [Ya'akov,
Yisra'el] comió y se llenó ¡te volviste gordo, ancho y grosero! El abandonó a
Elohim su Hacedor; él despreció la Roca, su salvación. 16 Ellos me provocaron a ira con dioses extraños, con sus abominaciones ellos amargamente me
enfurecieron. 17 Ellos sacrificaron a demonios, y no a Elohim, dioses que
nunca habían conocido, dioses nuevos que habían surgido últimamente,

cuales sus padres no habían temido. 18 Tú ignoraste La Roca quien te
engendró, te olvidaste de Elohim, quien te da de comer. 19 "*YAHWEH* vio y
fue lleno de celos y fue provocado por la ira de sus hijos e hijas. 20 El dijo:
'Yo esconderé mi rostro de ellos y veré lo que será de ellos en los últimos
días; porque ellos son una generación perversa, hijos en los cuales no hay fe.
21 Ellos provocaron mi celo con eso que no es Elohim, me han exasperado
con sus ídolos; Yo provocaré el celo de ellos con eso que no es una nación, y
los enfureceré con una nación nula de entendimiento.[139] 22 "Porque un fuego
ha sido prendido de mi ira. arde hasta las profundidades de Sheol, devorando
la tierra y el fruto en ella, abrasando los propias cimientos de las montañas.

139 Todo Yisra'el fue tras ídolos y vanidades, *YAHWEH* provocó a celos con una no-nación – la iglesia – la cual no es nación, sino llena de pequeñas naciones (denomi-naciones), algo que reclamaron ser "la nueva Israel," pero Yahshúa ya les está quitando la máscara y está sacando a sus hijos de allí para llevarlos a Eretz Yisra'el. La iglesia tiene que hacer una decisión se va para Roma, de donde salió, porque es su Hija Ramera, o sale de allí individualmente y viene a Yisra'el. En los últimos tiempos no quedará nada que se llame "iglesia cristiana evangélica," es Roma o Yisra'el, tan sencillo como eso, lo más pronto que lo entiendas, mejor para ti; **¡TU VIDA ETERNA ESTÁ EN JUEGO!**

23 Yo amontonaré desastres sobre ellos y usaré todas mis saetas contra ellos.
24 "Fatigados por el hambre, ellos estarán consumidos por la fiebre y la
derrota amarga; Yo les mandaré los colmillos de las bestias salvajes, y la furia
de serpientes arrastrándose en el polvo. 25 Afuera, la espada quita los hijos de
los padres; el terror estará en las cámaras secretas, mientras muchachos y las
vírgenes son asesinados, así al bebé junto al anciano con barba canosa.
26 "Yo dije, los dispersaré, borrando su memoria de la raza humana; 27 Si no
hubiera sido por la insolencia de su enemigo, temí que sus adversarios en
error pensaran: 'Nuestro propio brazo hizo esto; *YAHWEH* no tuvo nada que
ver con esto.'" 28 "Ellos son una nación sin sentido común, totalmente faltos
de discernimiento. 29 Si ellos fueran sabios lo pudieran discernir, que reserven
estas cosas para el tiempo venidero.[140] 30 Después de todo, ¿cómo uno puede
perseguir a mil y dos poner a diez mil a huir, si su Roca no los vende a sus
enemigos, si *YAHWEH* no los entrega? 31 Porque nuestros enemigos no tienen
una roca como nuestra Roca – ¡Nuestros enemigos están nulos de entendí-
miento! 32 "Más bien, su viña es de la viña de Sedom, y la rama de la vid es
de Amora – sus uvas son uvas de hiel, sus racimos son de amargura; 33 su
vino es veneno de serpiente, el cruel veneno de víboras. 34 "¿No está esto
almacenado por mi, sellado entre mis tesoros? 35 En el día de la venganza Yo
recompensaré. para el momento cuando su pie resbale; porque el día de su
destrucción está llegando pronto, su condena se está apresurando sobre ellos.

140 Este tiempo venidero es ahora y TODO Yisra'el está cobrando sabiduría, Yahudáh para aceptar a Yahshúa como su Mesías, y Efrayim para aceptar la Toráh de *YAHWEH* y obedecerla.

36 "Sí, *YAHWEH* juzgará a su pueblo, tomando piedad sobre sus siervos,
porque El vio que estaban totalmente débiles, y fracasaron en la invasión
hostil y se aflojaron. 37 Entonces El preguntará: '¿Dónde están sus dioses
la roca en la cual confiaron? 38 ¿La grasa de sus sacrificios que comiste
y bebiste el vino de la libación de ellos? ¡Deja que él se levante y te ayude,
deja que te proteja! 39 He aquí, he aquí, que Yo aún Yo, soy El; y no hay dios
aparte de mí. Yo pongo a muerte, y Yo revivo; Yo hiero, y Yo sano; ¡nadie
salva a nadie de mi mano! 40 "Porque Yo levanto mi mano a los cielos y juro
por mi mano derecha: "Tan seguro como que Yo vivo para siempre, 41 si Yo
afilo mi resplandeciente espada y pongo mi mano a juicio, Yo dictaré
venganza a mis enemigos, Y recompensaré a aquellos que me odian. 42 Yo
emborracharé con sangre mis flechas, mi espada devorará carne – se hartará
de la sangre de los muertos y los cautivos, y de la cautividad de las cabezas de
sus enemigos que rigen sobre ellos." 43 "¡Regocíjense, ustedes cielos, con El,
cuando El traiga su primogénito al mundo[141] y que todos los *malajim* de
Elohim lo adoren! Gentiles, con su pueblo, y se inclinen a El todos ustedes
dioses. Porque El vengará la sangre de sus hijos, Y El dictará venganza y
recompensará justicia a sus enemigos, Y retribuirá a aquellos que le odian;
Y purgará La Tierra de su pueblo." 44 Moshe vino y proclamó todas las
palabras de este canto al oído del pueblo y de Hoshea el hijo de Nun.
45 Cuando él había terminado de hablar todas estas palabras a Yisra'el, 46 él les
dijo a ellos: "Tomen de corazón todas las palabras de mi testimonio contra
ustedes hoy, para que puedan usarlas ordenando a sus hijos que tengan
cuidado de obedecer todas las palabras de esta *Toráh*. 47 Porque este no es un
asunto trivial para ustedes; ¡por el contrario, es su vida! Por medio de ella
ustedes tendrán larga vida en La Tierra que están cruzando el Yarden para
poseer." 48 El mismo día *YAHWEH* le dijo a Moshe: 49 "Sube a la cordillera
del Avarim, al Monte Nevo, en la tierra de Moav frente a Yerijo; y mira la
tierra de Kenaan, la cual estoy dando a los hijos de Yisra'el como una
posesión.

141 Este verso falta en el texto Masoreta, como otros, para esconder al Masías Yahshúa, está en la LXX, y en He 1:6.

50 En la montaña que estás ascendiendo morirás y serás reunido con tu pueblo,
así como Aharon tu hermano murió en el Monte Hor y fue reunido con su
pueblo. 51 La razón por esto es que ambos de ustedes rompieron fidelidad
conmigo allí entre los hijos de Yisra'el en la fuente de Merivat-Kadesh, en el
Desierto Tzin, tú no demostraste mi *Kedushah* allí entre los hijos de Yisra'el.
52 Así que verás La Tierra desde la distancia, pero no entrarás a La Tierra que
Yo estoy dando a los hijos de Yisra'el."

Referencias;

Haftarah Ha'azinu: Sh'mu'el Bet (2 Samuel) 22:1-51
Lecturas sugeridas del Brit Hadashah para la Parashah Ha'azinu: Romanos 10:14-21; 12:14-21; Israelitas Mesiánicos (Hebreos) 12:28-39
Parashah 54: V'Zot HaBrajah (Esta es la bendición) 33:1-34:12

D'varim (Palabras) - Myrbd - Deuteronomio 33

Parashah 44: D'varim (Palabras) 1:1-3:22

33 Esta es la bendición que Moshe, el hombre de Elohim, pronunció sobre
los hijos de Yisra'el antes de su muerte: 2 "*YAHWEH* vino desde el Sinai;
desde Seir amaneció sobre su pueblo, resplandeció desde el Monte Paran;
y con El había millares de *Kadoshim*; a su mano derecha [Yahshúa] había una
ley fiera para ellos. 3 El en verdad ama los pueblos – todos sus *Kadoshim*
están en su mano; sentados a sus pies, ellos reciben tu instrucción, 4 la *Toráh*
que Moshe nos ordenó como herencia de las asambleas de Ya'akov. 5
Entonces un rey se levantó en Yeshurun [Ya'akov, Yisra'el] cuando los
príncipes del pueblo sean reunidos, con todas las tribus de Yisra'el juntas.[142]
6 "Viva Reuven y no muera, y que sea él muchos en números." 7 Y esta es la
bendición para Yahudáh: "¡Escucha, *YAHWEH*, el clamor de Yahudáh!
Y sí, visita a su pueblo, sus propias manos lo defiendan; pero Tú, ayúdalo
contra sus enemigos."

142 El éxodo no sólo fue para sacar a Yisra'el de la esclavitud sino también para dejar que todas las naciones, y los reyes de todas las naciones escucharan la palabra de *YAHWEH* conocida como la Toráh. *YAHWEH* reveló, y ofreció Su misericordia a los hijos de Esav/Edom/Roma, como está escrito en el verso 2. Pero ellos rechazaron a *YAHWEH*, a pesar de que *YAHWEH* se acercó primero a Esav para ofrecerle la Toráh. Sin embargo, Esav rechazó la Toráh del Sinai cuando *YAHWEH* procedió en Seir sólo para ser rechazado. ¡De ahí *YAHWEH* ofreció la Toráh al resto de los hijos de Yishmael simbolizado por la montaña Paran, entonces se la dio a Ya'akov/Yisra'el en los versos 4 y 5, porque Esav/Roma odia a *YAHWEH*!

8 De Levi él dijo: "Tu *Tumim* y *Urim*, sus verdades al hombre *Kadosh* cuales
probaste en Massah, con quien luchaste en la fuente de Merivah. 9 De su
padre y madre él dijo: 'Yo no los conozco'; él no reconoció a sus hermanos y
rehusó conocer a sus hijos. Porque él observó tus oráculos, y él guardó tu
Pacto. 10 Ellos enseñarán a Ya'akov tus estatutos, a Yisra'el tu *Toráh*. Ellos
pondrán incienso delante de ti En el tiempo de tu ira continuamente sobre tu
altar. 11 *YAHWEH*, bendice su fortaleza, acepta las obras de sus manos;
quebranta los lomos de sus enemigos que se han levantado contra él; aquellos
que lo odian nunca se levanten." 12 De Binyamin dijo: "El amado de
YAHWEH vivirá seguro. Elohim lo protege día tras días. El descansó entre
sus hombros." 13 De Yosef él dijo:[143] "Su mano es de la bendición de
YAHWEH con lo mejor del cielo, con el rocío, y con lo que sale de las
profundidades abajo, 14 con los frutos de los cambios del sol, y con lo mejor

producto de cada mes, 15 con lo mejor de las montañas de antaño, con lo
mejor de las colinas eternas, 16 con lo mejor de la tierra y todo lo que la llena,
y el favor de El quien vivió en la zarza [ardiente]. Bendición venga sobre la
cabeza de Yosef, sobre la frente del príncipe entre sus hermanos.

143 Moshe profetizó acerca de la diáspora efraimita, en D'varim Moshe dijo en el verso 16 que Efrayim estaba siempre separado de sus hermanos y en el verso 17 reitera la condición de Efrayim, como el primogénito eterno, pero al mismo tiempo testarudo o constante. A continuación describe, sorprendentemente, a Efrayim como el unicornio, que es una alegoría para un rinoceronte, simbolizando que cuando Efrayim experimente su aún futura diáspora en el 721 A.E.C., sería echado de Yisra'el sólo (un solo cuerno), sin su hermano Yahudáh. ¡El final de De 33:17 vuelve a confirmar que este unicornio (es decir, Efrayim) empujaría al pueblo de Yisra'el a los confines de la tierra y estando allí dispersado, se multiplicaría y se convertiría en el conocido diez miles de Efrayim y los miles de Menasheh!

17 Su primogénito toro – la gloria es suya; sus cuernos son aquellos de un
unicornio;[144] con ellos acorneará a los pueblos de una vez, a todos ellos,
hasta los confines de la tierra. Estos son los millares de Efrayim; estos son los
miles de Menasheh." 18 De Zevulun él dijo: "Regocíjate, Zevulun, según sales
adelante, y tú, Yissajar, en tus tiendas 19 Ellos totalmente destruirán las
naciones y tú llamarás hombres allí; porque ellos sacarán de la abundancia de
los mares y de los tesoros escondidos en la arena." 20 De Gad él dijo:[145]
"Bendito es aquel quien hace a Gad tan grande; El yace allí como un león,
arrancando brazo y corona. 21 Escogió lo mejor para sí cuando la posición
principesca fue asignada. Cuando los ancianos del pueblo vinieron, él llevó a
cabo la justicia de *YAHWEH* y los estatutos referentes a Yisra'el." 22 De Dan
él dijo: "Dan es como cachorro de león saltando hacia delante desde Bashan."
23 De Naftali él dijo: "Tú, Naftali, satisfecho con favor y lleno de bendición de
YAHWEH, toma posesión del mar y del sur."

144 Unicornio, ver nota en Números B'midbar 23:22.

145 El Bendito o Apartado de Yisra'el (*YAHWEH*-Yahshúa Mismo) agrandará a GAD en los últimos días, para realizar una función importante. La tribu de GAD morará como un león o como el león sobre Yisra'el, mientras recibe el brazo de gobierno arrancado y removido de la tribu de Yahudáh, poniéndose y llevando así la corona o el cetro sobre todo Yisra'el. Fue
profetizado por Moshe que el Apartado de Yisra'el arrancaría el brazo de salvación, y el poder legislativo de Yahudáh por medio de permitir que la tribu de GAD lleve la corona de autoridad *halájika* sobre todo Yisra'el. GAD se dice que se pone la corona, siendo que Gad y NO YAHUDÁH mora en autoridad regia sobre el Yisra'el de los últimos días, después del primer advenimiento de Shiloh/Mesías. Fue Shiloh Mismo quien arrancó la corona y el cetro de Yahudáh, y se lo dio a GAD. "¡Por eso les digo que a ustedes, se les quitará el Reino de *YAHWEH*, y se le dará a una tribu que producirá frutos!" (Mt 21:43)

24 De Asher él dijo: "Asher sea mayormente bendecido de los hijos, él será
aceptable a sus hermanos y bañe sus pies en aceite. 25 Sean tus sandalias de
hierro y bronce y tu fuerza dura por el tiempo que vivas. 26 "Yeshurun, no hay
nadie como Elohim, cabalgando por los cielos para ayudarte, montado en las
nubes en su majestad. 27 "El Elohim de antaño es una morada, con brazos
eternos abajo. El echó al enemigo delante de ti y El dijo: '¡Destruye!' 28 Así
Yisra'el vive en seguridad; la fuente de Ya'akov está sola en una tierra de
grano y vino nuevo, donde los cielos gotean con rocío. 29 ¡Feliz eres tú,
Yisra'el! ¿Quién es como tú, un pueblo salvado por *YAHWEH*, tu defensor
ayudándote y tu espada de triunfo? Tus enemigos se arrastrarán ante ti,
pero tú pisotearás sus lugares altos."[146]

146 La teología del reemplazo afirma que comenzando en el año 33 EC en *Shavuot* o Pentecostés, los Judíos heredaron todas las maldiciones de la Toráh, que se encuentran en los capítulos 28 a 33 de D'varim, mientras que no conservaron ninguna de las bendiciones prometidas, que se destacan en esos mismos capítulos. Las promesas de bendición se han separado de las maldiciones, haciendo que las maldiciones cayesen sobre el Yisra'el Judío y, naturalmente, las bendiciones cayesen sobre el regazo del Pontif Maximus (Rey Supremo y Divino), el padre impío de Roma, y sus discípulos. "La iglesia" inventa la llamada doctrina "del nacimiento de la iglesia en Pentecostés" a fin de justificar esta separación entre la maldición Judía y la bendición cristiana. La verdad es que las claras promesas de bendición hechas al Yisra'el Judío son con frecuencia incondicionales, tal y como pueda ser la promesa relacionada con la tierra de Yisra'el. El no ha revocado jamás la bendición de la tierra prometida. Llevado a su conclusión falsa e ilógica, si la iglesia es el nuevo Yisra'el, que reemplaza al Yisra'el Judío como el pueblo escogido, entonces "la iglesia" es la propietaria por derecho de la tierra de Yisra'el, puesto que la tierra fue una bendición y no una maldición. Según el papismo (que, por cierto, sigue sin reconocer ni al moderno estado de Yisra'el ni a la ciudad *Kadosh* de Yerushalayim) la tierra de Yisra'el le pertenece, puesto que ahora ellos son Yisra'el en lugar de y ocupando el puesto del Yisra'el Judío. En los círculos protestantes e incluso en algunos círculos cristianos hebreos (un dinosaurio moribundo si es que alguna vez lo hubo), la promesa eterna e incondicional sobre Eretz Israel hecha a todo Yisra'el (a las 12 tribus, incluyendo a los Judíos) se menciona con frecuencia como el Pacto de la Tierra de Palestina. A pesar de la realidad viviente del moderno estado de Yisra'el, muchos en la llamada "iglesia" se han referido y continúan refiriéndose a Yisra'el como Palestina, nombrado por los palestinos actuales, descendientes de los filisteos, que eran los antiguos enemigos de Yisra'el. No es de sorprender, por tanto, que el papa se niegue a reconocer a Yerushalayim, puesto que según la teología del reemplazo de Roma, y sus falsos profetas privadamente adiestrados, dentro de muy poco el Vaticano trasladará su central, o al menos lo intentará, a Yerushalayim. Después de todo si la "iglesia" ha reemplazado al Yisra'el Judío, necesita una capital Judía que gobernar con lo cual sellar este reemplazo no solo de un pueblo, sino también de su capital eterna. Pero puedes estar tranquilo, sabiendo que el Rey de los Judíos, Yahshúa, no va a permitir que suceda eso jamás a pesar de los deseos ansiosos de los papistas y de los que apoyan el ecumenismo por todo el mundo.

D'varim (Palabras) - Myrbd - Deuteronomio 34

Parashah 44: D'varim (Palabras) 1:1-3:22

34 Moshe ascendió desde las llanuras de Moav al Monte Nevo, a la cumbre
de Pisgah, frente a Yerijo. Allí *YAHWEH* le mostró toda La Tierra – Gilead
hasta Dan, 2 todo Naftali, la tierra de Efrayim y Menasheh, la tierra de
Yahudáh todo el camino hasta el mar detrás, 3 el Neguev, y el Aravah,
incluyendo el valle donde Yerijo, la Ciudad de Las Palmas de Dátiles, hasta
Tzoar. 4 *YAHWEH* le dijo a él: "Esta es La Tierra que Yo juré a Avraham,
Yitzjak y Ya'akov: 'Yo la daré a su *zera*.' Yo te he dejado verla con tus
propios ojos, pero tú no cruzarás allí." 5 Así que Moshe, el siervo de
YAHWEH, murió allí en la tierra de Moav, como *YAHWEH* había dicho. 6 El
fue sepultado en el valle frente a Beit-Peor en la tierra de Moav, pero hasta
este día nadie sabe donde está su sepulcro. 7 Moshe tenía 120 años de edad
cuando murió,[147] con sus ojos sin nublar y su vigor sin disminuir. 8 Los hijos
de Yisra'el lloraron a Moshe en las llanuras de Moav por treinta días; después
de esto, los días de llorar y enlutarse por Moshe terminaron. 9 Yahoshúa el
hijo de Nun estaba lleno del *Ruaj* de sabiduría, porque Moshe había impuesto
sus manos sobre él, y los hijos de Yisra'el le escucharon e hicieron lo que
YAHWEH había ordenado a Moshe. 10 Desde ese tiempo no se ha levantado
en Yisra'el un profeta como Moshe, a quien *YAHWEH* [Yahshúa] conoció
cara a cara. 11 ¡Qué señales y maravillas que *YAHWEH* le ordenó hacer en la
tierra de Mitzrayim sobre Faraón, todos sus sirvientes y toda su tierra! 12 ¡Qué
poder había en su mano! ¡Qué gran terror él evocó delante los ojos de todo
Yisra'el!

147 Se cree, y yo comparto esa creencia, que Moshe no murió como lo entendemos nosotros, sino que murió para el pueblo de Yisra'el para que no lo convirtieran en un ídolo después de llegar a La Tierra. Moshe será uno de los dos testigos con Eliyah que aparecerán en Yerushalayim en los últimos tiempos para profetizar. "También les daré poder a mis dos testigos y profetizarán por mil doscientos sesenta días vestidos de cilicio." Estos son los dos árboles de olivo y los dos *menorot* de pie delante del Adón de la tierra. Si alguien trata de hacerles daño, fuego sale de sus bocas y consume sus enemigos; sí, si alguno trata de dañarlos, así mismo es como él tiene que morir. Ellos tienen autoridad para cerrar el cielo, a fin de que ninguna lluvia caiga durante el tiempo que estén profetizando; también tienen la autoridad para convertir las aguas en sangre; y asestar a la tierra toda clase de plagas tan frecuentemente como quieran." (Re 11:3-6) Eliyah fue el que oró y el cielo se cerró por tres años,Moshe fue el que convirtió el agua del Nilo en sangre. "Cuando Mijael, uno de los *malajim* prominentes, contendía con ha satán, disputando sobre el cuerpo de Moshe, no se atrevió hacerle juicio con acusaciones insultantes, sino dijo: "Que *YAHWEH* te reprenda." (Yahudáh 9)

www.ingramcontent.com/pod-product-compliance
Lightning Source LLC
Chambersburg PA
CBHW062011090426
42811CB00005B/817
* 9 7 8 1 6 4 1 5 3 3 9 7 3 *